大一统文明：中国梦的文化诠释

毛峰 著

知识产权出版社
全国百佳图书出版单位

图书在版编目(CIP)数据

大一统文明：中国梦的文化诠释 / 毛峰著. —北京：知识产权出版社，2014.12
ISBN 978-7-5130-0142-7

Ⅰ.①大… Ⅱ.①毛… Ⅲ.①中华文化－研究 Ⅳ.①K203

中国版本图书馆CIP数据核字(2014)第069780号

内容提要

本书作为国家社会科学基金重点项目"中国梦的国家传播战略"的理论部分，阐明的一个基本观点是：中华文明的根本特质，在于其"大一统"，即在所有文明成员一体遵奉的文明价值、文明制度的引领与治理下，中华民族表现出惊人的向心性和凝聚力。

本书共分为三篇：上篇《大一统文明之梦》展示中华文明在伏羲、炎黄、尧舜时代的大一统文明构建。中篇《大一统文明之美》深入探讨了夏商周文明的伟大建构，尤其突出了西周文明在古典宪政治理、公共教化、公共服务、学术教育、人文建设诸方面的辉煌成就。下篇《大一统文明之路》展现了中华民族如何从炎黄尧舜以来的"联邦大一统"制度，向单一制的"中央集权大一统"演进。

"中国梦"的伟大构想，是中华民族实现伟大复兴并引领全球步入繁荣太平盛景的文明大战略。而大一统文明，是"中国梦"展翅翱翔的最深动力！

责任编辑：于晓菲 李海波 张 珑 许 波　　责任出版：孙婷婷

大一统文明：中国梦的文化诠释
DAYITONG WENMING：ZHONGGUOMENG DE WENHUA QUANSHI

毛峰 著

出版发行：知识产权出版社有限责任公司	网　址：http://www.ipph.cn
电　话：010-82000860-8363	http://www.laichushu.com
社　址：北京市海淀区马甸南村1号	邮　编：100088
责编电话：010-82000860转8363	责编邮箱：yuxiaofei@cnipr.com
发行电话：010-82000860转8101/8029	发行传真：010-82000893/82003279
印　刷：北京中献拓方科技发展有限公司	经　销：各大网上书店、新华书店及相关专业书店
开　本：787mm×1092mm 1/16	印　张：34.5
版　次：2014年12月第1版	印　次：2014年12月第1次印刷
字　数：694千字	定　价：98.00元

ISBN 978-7-5130-0142-7

出版权专有　侵权必究
如有印装质量问题，本社负责调换。

序论一　中国梦，大一统文明的光辉拓展

中华文明在漫长的历史发展中，经常出现"奇迹般"的复兴，原有文明非但没有出现巨大断裂，反而在新的历史条件下，获得复原、扩充、提升和持久复兴，这一复兴的文明奥秘何在？

作为国家社会科学基金重点项目"中国梦的国家传播战略"的理论部分，本书想要阐明的一个基本观点是：中华文明的根本特质，在于其"大一统"，即在所有文明成员一体遵奉的文明价值、文明制度的引领与治理下，中华民族表现出惊人的向心性和凝聚力，大一统的文明观念与文明制度，标举"社群利益"（民族利益、国家利益、文明秩序）高于每一个人、每一局部的暂时利益，这一"社群主义"的独特历史形态，笔者概括为"中华古典宪政体系"，即完全不同于西方近代的特殊历史形态——启蒙主义观念下的"近代宪政治理模式"，呈现出"精英民主"和"有序治理"的历史特色，这一鲜明特色沿续至今。

当代中国的迅速崛起，导致了全球文明的一个全新的格局：最近200多年来，全球文明按照西方模式加以建构的现实，正在迅速成为过去；与此同时，人们对于过往中国的历史究竟是怎样的？当前成就是如何取得的？未来发展趋势如何？这些根本性、全局性、战略性的问题，必然展开深入的思考。

英国历史哲学大师阿诺德·汤因比在其名著《展望21世纪》里鲜明提出的"中国必将给整个世界带来久觅不得的持久和平与统一"的伟大预言，精辟揭示了"中国古典文明及其传人——当代中国的历史地位、战略意义、未来趋势"。

目前需要深究的是，哪些核心要素，确立了中华文明的地位、现状与前途。本书论述的根本要点，在于用"大一统"这一历史哲学概念，整合古今中外学者对中国历史、现状与未来发展趋势的分析、梳理，进而树立对中华民族全面复兴的坚定信念。

中华民族在近万年的文明绵延中，一再成功地应对来自内外的巨大挑战而进步。譬如，黄帝平定蚩尤之乱、建立大一统原始国家制度；尧舜禹推进国家体制的建构与完善，成功战胜大洪水。再譬如，晚周礼乐文明秩序崩颓瓦解，齐桓公、晋文公等强大诸侯，主持华夏联盟，一再打退周边蛮族势力的进犯；魏文侯、秦孝公等战国时代政治家，毅然推行变法改革，凭强有力的新体制和新的国力提升，积极谋求统一并最

终获得了成功！

历史地看，中国最突出的文明特性，是她的"大一统特性"，即在文明观念、文明制度、道德信仰、伦理规范、生活秩序等所有方面，呈现出一种水乳交融、鲜活稳定的大一统格局。

首先，《河图易经》哲学框架，赋予中国人"海纳百川，有容乃大"的安闲气度，相信在一定空间和条件里貌似无从解决的问题与困难，放入宇宙生命不断随机扩展、往复生发的超时空框架内，立即消散无形、迎刃而解，深深蕴含在"三百六十周天公度"的时空进展中，万物内在的生命转机与拓展，必然最终解决一切问题与困难。

其次，自炎黄尧舜创立大一统联邦国家制度，尤其是秦汉大一统中央集权制国家形成以来，中国人形成了"普天之下，一视同仁"的人文主义、理性主义的文明观念体系，中国人更普遍认为，地方、局部、个人权益，应当服从、协调于大一统"天下秩序"、万物稳定丰足之合理权益下，在获得大一统国家保障的前提下，地方、局部和个人权益也获得了合理发抒，这一向心主义的文明制度体系，构成全球史上独一无二的"中国历史的大一统向心运动"，在国家建制、民生保障、抵御外侮等重要方面产生了巨大的文明效能。

再次，大一统文明秩序下长期保持稳定繁荣的古典中国，以最少的耕地与自然资源，养育繁衍了全球最多的人口，涵养造就了光辉灿烂的古典文明一系列伟大成就，确保了全球历史上最古老的文明大一统机体，在对复杂地域、种族、文化等差异极大的所有社群一贯采取兼容并蓄的文明格局下，实现了长达一万年之久的惊人的文明绵延，堪称全球文明一大奇迹。

最后，当晚清近代中国的人口和社会规模一再跃出农耕文明所能承受的"最高极限"，达致"人口、社会、经济与生态可持续"的"临界点"之时，数代中国人在内忧外困的不利局面下，毅然探索"自强运动"的种种途径，直至1978年开始的改革开放事业，很好地解决了中国内外的许多根本问题，使中华文明重新占据此前数千年来雄踞全球前列的文明地位。

《礼记》曰："天下一家，中国一人"，这一大同太平世界的文明梦想，即"中国梦"的古典形态："天下一家"意味着永久和平、人类相爱；"中国一人"意味着全体中国人，以合理的态度对待自己、对待他人，亦即"自爱而爱人"（仁），实现中华民族的普遍和谐与坚固统一。这一切文明观念与文明制度的根源与基础，就是本书的核心主题——大一统文明。

大一统文明，是中国梦展翅翱翔的最深动力！

一、中国梦是对全球挑战的积极应战

习近平总书记有关"中国梦"的思想，是中华民族伟大复兴、中华文明引领全球步入繁荣太平盛景的文明大战略。

放眼全球，人类遭遇三重巨大文明挑战：首先，美欧日、新兴经济体、中国都在金融危机的阴影下进行极其艰难的经济社会转型，各自遭遇内在治理的大风险、大危机与大挑战；其次，国际关系持续混乱动荡，局部对峙与冲突不断，随时可能激发为战争；最后，全球共同遭遇能源、资源、环境等不可预控的大危机。

追根溯源，全球三大危机的治理困境，在于西方自启蒙主义以来，对个人权利、多党民主的固执迷信，催生出不负责任、不受约束的个人、局部权利主张，以及在对立政党缠斗下的盲目跟从，金融危机、公共危机一再爆发；与此同时，缺乏天下情怀的强大民族国家，高踞于盲从个人之上，被各自党派利益劫持，企图以霸道手段转嫁国内危机，置全球于动荡之中。

从古至今，中国文明是举世罕见的和平主义、世界主义的文明体系，在中央集权的大一统国家体制下，上至天子、贵卿、士绅，下至黎民百姓，全在儒家"敬天保民"古典宪政精神下自我约束、彼此制衡，个人自由受到儒家道德自治的合理约束，四民社会稳定繁荣，百业自由兴旺，是长期保持自身文明体系广大坚固，同时又兼容并蓄、善待周边文明的国家典范。

对"中国大一统文明的精神、制度、智慧核心"的成功梳理、提炼，将致力于促使中国古典遗产、当代改革开放伟大成就与合理诉求，获得全球舆论的理解、接纳、正面评价，极大改善、充实国内传播，提升中国国际地位，促进全球关系的战略重组。

二、让中国梦在中国生根、在世界开花

中国大一统文明战略的基本定位，在于中国人一向怀抱着一个稳定繁荣、长治久安、天下太平的"中国梦"，这一伟大文明之梦，在每一个中国人自强不息的奋斗历程中，扎下了深深的心灵之根、生命之根，而以儒家思想为集中体现的"中国文明核心"，则是这一奋斗精神的最高哲理概括——每个人的自由，必然是在善待他人、报效家国的基础上获得合理实现。

以中国典籍《论语》《易经》《道德经》等为代表的诸子各派的深湛智慧，博大而深邃地哺育了天地人大一统的中国宇宙人生观，哺育了中国古典哲学-科学-人文体系

的惊人成就，从中精选提炼出的"中国文明核心"，是建构"中国国家文明战略"的概念、框架、理论、体系的基础。

"中国大一统文明核心"是向世界智慧开放的概念体系与操作系统，希腊-希伯来-文艺复兴-近现代的西方智慧，东西方的古典治理、近现代治理的有益经验（譬如市场经济的理念等），将汇入这一概念体系和系统，获得本土表达。

借鉴日本著名汉学家沟口雄三的观点，"以中国为方法，以世界为目的"，不仅是中国古典文明的大同理想，也是当代"中国梦"拥抱一个开放、合理、融会贯通的全球世界的精神取向。

中国大一统文明战略，以中国文明核心为基本概念，建构起人类文明合理秩序的话语体系、全球互动的传播平台与操作系统，将极大地充实、改善、提升我国的国内宣传与国际传播。

三、中国梦是全球文明的永恒活火

时至今日，奉西方近代启蒙-功利思维为唯一圭臬的全球主流文明，正遭遇前所未有的危机。危机的深度和广度正逐渐超出人类掌控的范围。阿诺德·汤因比预言，人类的觉醒将伴随"更大灾难的来临"出现，马丁·海德格尔甚至预言"一切人类的图谋都不能改变世界现状"。深陷西方近代思维的全球文明，正把困境中的希望目光，投向中华文明。

中国自1949年重新获得独立、稳定和基本统一以来，就日益成为世界事务中不可忽视的力量，这种力量的源泉，既来自中国人的祖先在1万年的漫长历史中为子孙后代留下的极其丰厚的自然遗产和文化遗产，更来自人们对中国社会的一贯观察：每个新兴的朝代如果致力于正确的"休养生息"政策，这个朝代就会迅速地走向繁荣。

雅斯贝尔斯在《历史的起源与目标》（1949）这一里程碑式的作品中预言："今天，世界上有因工业发达造成其实力的大国，与现存大国并列的，还有未来的强国。首先是中国。它凭借其原料、人口、才能、文化遗产和地理位置，也许在不太遥远的未来，成为政治事件的中心。"

与他有同感的，是与之双峰并峙的历史哲学大师汤因比。汤因比于20世纪70年代一再预言中国的崛起。在《人类与大地母亲》（1976）第四章"文明中心"的结尾，汤因比写道："在20世纪，当西欧人由于发动了两次自相残杀的战争而丧失了世界霸权后，主导作用转移到了美国。在本书写作的年代里，人们已经看到，美国在各个文明中心中所处的优势，似乎也将是昙花一现的，就像蒙古人曾经取得的优势那样。未来是难以预测的，但在文明中心历史的下一个章节中，主导作用可能会从美洲转移到东亚。"自古以来，中国就是整个东亚的"文明中心"。

中华古典文明是高度可持续文明的典范。

中国之所以能继美国之后，成为世界各主要文明的主导力量之一，关键在于她所具有的使不同种族、文化、信仰和社会阶层融合为一体的惊人力量。与罗马帝国、蒙古帝国一旦崩溃无法复原不同，中国社会经历了晚周五百余年的分裂和汉末四百年的分裂，最终仍能统一并且成功地复原、扩大。每一次政治统一体的破碎，其结果却是种族、文化的大融合，从而为新的政治统一准备了条件。

雅斯贝尔斯对此论述道："所有统一的一致性，在中国建立了大一统帝国之后达到了顶峰。文化、宗教和国家，全体一致。对于中国人的意识来说，这是一体的人类世界，是独一无二的帝国。……倘若把'中央帝国'与罗马帝国相比，差别是相当大的。罗马帝国是个较为短暂的现象……"❶

秦朝统一中国和汉朝成功地巩固这种统一是决定世界历史格局的最重大事件之一。

在享有盛誉的长河般的巨著《历史研究》（1920—1972）中，汤因比提出了人类文明史的两个基本模式——希腊模式和中国模式。汤因比分别论述道："希腊世界在文化上的统一与政治上的分裂形成了鲜明的对照。……如果一个社会在政治上不能团结，那么它必然要分裂。""在东亚，历史运行中的革命成分较少。……直至1911年，中国的大一统国家依然故我，受过儒学教育的文职官员仍旧治理着国家。这种大一统的国家、治理国家的传统制度、知道使这个制度如何运转的文职人员、儒家思想熏陶下的贵族士绅作为文职人员长期的招募来源，所有这些构成了一个绝无仅有的、完整伟大的体制。这一体制的连续性，即使是在中华文明的其他要素发生最严重断裂的情况下，也没有出现任何中断。……中国历史具有漫长的跨度，它表现为一个大一统国家的理想不断变为现实……在公元前221年政治统一之前，中国早已实现了文化统一。在这方面，中国最伟大、最富创造性的思想文化运动，发生在兵连祸结的春秋战国时代，即完成政治统一之前。这是包括孔子在内的几乎所有中国哲学学派奠基人所在的时代，儒学最终被推崇为经典。……由始皇帝完成并经刘邦加以拯救的那种有效的政治统一，实际上必定是史无前例的成就……中国模式同希腊模式一样，在历史中闪烁着耀眼的光芒，如把这两种模式联系起来观察，它们更加光彩夺目。"❷

汤因比是真正洞悉了中国历史之奥秘的伟大思想家：与希腊模式相比，中国模式是人类社会的更为成功的模式。在《展望21世纪》（1972、1973）中，汤因比指出："从整体上看，帝政中国的历史是一部在政治上富有成功经验的历史，而且今天还在以'人民共和国'的形式继续存在着。这跟在西方企图实现持久的政治统一与和平而没有成功的罗马帝国的历史，形成了鲜明的对照。罗马帝国崩溃后，西欧世界再也没能够挽回原来的政治统一。……不仅如此，西方对政治上的影响是使世界分裂。西方对自

---

❶ 雅斯贝尔斯. 历史的起源与目标[M]. 北京：华夏出版社，1989：294.
❷ 汤因比. 历史研究（修订插图本）[M]. 上海：上海人民出版社，2000：33-39.

己以外地区推行的政治体制是地区性民族主权国家体制。罗马帝国解体后，西方的政治传统是民族主义的，而不是世界主义的。由此看来，今后西方也似乎不能完成全世界的政治统一。"❶

浸透了深沉历史感、时代感和责任感的汤因比的历史哲学，将因这一伟大预言而永铭史册："按照我的设想，全人类发展到形成单一社会之时，可能就是实现世界统一之日。在原子能时代的今天，这种统一靠武力征服——过去把地球上的广大部分统一起来的传统办法——已经难以做到。同时，我所预见的和平统一，一定是以地理和文化主轴为中心，不断结晶扩大起来的。我预感到这个主轴，不在美国、欧洲和苏联，而是在东亚。……世界统一是避免人类集体自杀之路。在这点上，现在各民族中具有最充分准备的，是两千年来培育了独特思维方法的中华民族。"❷

中国之为中国，就在于她数千年一贯的伟大文明传统，尤其是这种传统孕育出的"独特思维方式"——笔者称为"中国大一统世界观"。这种世界观的核心是"中华民族一直保持下来的美德"与大一统信念，正如中国圣贤一再教诲的，如果中国人抛弃了数千年形成的美德与教养，就如同现代中国人在"现代世界观"的实用主义、虚无主义的教唆下所做的那样，中国社会的繁荣和稳定就会被断送。

中国大一统世界观，是对天地万物"一视同仁"的生命主义、生态主义、自然主义的大一统世界观，是不分种族、文化、信仰，对人和万物一体尊重的、"天下大同"的世界主义世界观，是超越了西方人道主义的、堪称"仁道主义"的伟大世界观。这种世界观对世间万物采取合理的态度，主张对人、对一切生命"一视同仁"，不因种族、文化、信仰、社会阶层、进化程度的不同而予以差别对待，这种世界主义的仁爱精神，并不过分张扬人对万物的宰制，因为人和万物同样受制于更高的、更神秘的力量——道（自然）。

中国世界观，因其深湛博大的仁道主义与诗意蓬勃的神秘主义的大一统结合，蕴藏着高度尊重自然、与自然相和谐的伟大的宇宙性智慧。汲取这一智慧，探索出一条不同于西方现代化的可持续发展的道路，不仅是中国当代社会的燃眉之急，也关系着整个地球、人类和全部文明的命运。正如同富于创造性的中国古人成功地将来自印度的佛教"中国化"一样，当代中国人正摸索一条"富于中国特色的市场社会主义的道路"，从而把来自西方的两种对立的意识形态——资本主义的市场活力与社会主义的国家集权融合在一起，使之一步步"中国化"，同时发挥悠久文明传统的道德力量，使中国社会走上可持续发展的康庄大道。

汤因比在为《历史研究》（修订插图本）第78幅彩色插图"中国的回应"所做的说明文字中，精辟地概括了现代中国的历史："中国为了清除传统的那种稳定但压抑的士大夫统治的残余而借鉴了西方技术；然而，西式工业化虽然能医治某些社会弊病，

---

❶ 汤因比，池田大作. 展望21世纪[M]//东西文化议论集（上）. 北京：经济日报出版社，1997：276-285.
❷ 汤因比，池田大作. 展望21世纪[M]//东西文化议论集（上）. 北京：经济日报出版社，1997：276-285.

但也制造出一些新的社会弊病——工业化的西方发起者们既没有预料到,也没有提出任何解救的方案。不过,西方观察者不应低估了这样一种可能性:中国有可能自觉地把西方更灵活也更激烈的火力,与自身保守的、稳定的传统文化融于一炉。如果这种有意识、有节制地进行的恰当融合取得成功,其结果可能为文明的人类提供一个全新的文化起点。"❶

全球文明新生必将从无尽的中华历史之圣泉中汲取生命的甘霖。汤因比在1973年的伟大遗嘱《人类与大地母亲》最后一章的最后几节中,再次将饱含希望的目光投向中国:"公元前2世纪,汉武帝在中国首倡以政绩征募文职官吏的制度,并通过考试对候选者的能力进行评判。中国皇帝的文职官吏是人类文明世界中的佼佼者;他们长期平安有序地管理着这么庞大的人口,这是其他国家的文职人员所不可企及的。但是,他们也一次次地失去民心,他们为了自己个人的特权而滥用权力,从而一次次地把中国带入灾难。中国的领袖们正在采取措施防止悲剧的重演。……如果中国人真正从中国的历史性错误中吸取教训,如果他们成功地从这种错误的循环中解脱出来,那他们就完成了一项伟业,这不仅对于他们自己的国家,而且对处于深浅莫测的人类历史长河关键阶段的全人类来说,都是一项伟业。"❷

汤因比的话就像是针对当代中国的"深化改革、反腐倡廉"说的一样。与"深化改革、反腐倡廉"紧密相连的紧迫时代课题,是如何保证社会公正与可持续发展。

可以预言,中国社会的长治久安与中华民族的全面复兴,有赖于经济上的可持续发展和文化上主流意识形态的进一步"中国化"。启蒙独断主义,急功近利的实用、实证主义,不可持续的西方话语霸权及其近代主流意识形态,最终将被中国大一统的世界观、文明观所吸收、消化。政治自由、开放和稳定,将被强调道德自我约束的中国文化传统大大充实与提升;市场经济、可持续发展、秩序与公正,也将从这一伟大传统中获得强有力的支持。

四、中华大一统文明的传播使命

世界观察研究所的经济学家梅根·瑞安和克里斯托夫·弗莱文在探讨"中国发展面临的限制"这一至关重要的问题时,一开始便称赞道:"数千年来,中国文化和中国哲学中就一直存在两个在当今世界引起强烈共鸣的主题,这就是:与大自然保持和谐,对家人——不仅现存者,也包括祖先和未来的子孙——负有责任。与大多数主要文明相比,中国的传统和哲学更符合关于可持续发展的社会——一种能满足当代人的

---

❶ 汤因比. 历史研究(修订插图本)[M]. 上海:上海人民出版社,2000:344.
❷ 汤因比. 人类与大地母亲[M]. 上海:上海人民出版社,2001:529.

种种需求而又不以损害自然环境为代价、人的行为举动有益于子孙后代的现代念。"❶

久经历史和时间考验的中华文明,是当代社会可持续发展的智慧源泉。英国当代学者马丁·雅克(Martin Jacque)在引起传媒热议的著作《当中国统治世界:中国的崛起和西方世界的衰落》(*When China Rules the World: The Rise of the Middle Kingdom and the End of the Western World*, 2009)中重复了汤因比、斯宾格勒、雅斯贝尔斯等贤哲的论断,从中又添加了他自己对中国历史、现实以及未来的若干鲜明而独到的理解:

> 直到现今,西方研究中国的主流思潮都倾向于认为,中国将不可避免地紧跟西方的脚步,发展成为一个西方式的国家。我完全不赞同这种说法……一个多世纪以来,中国被迫去适应一个西方主导的世界,遵从民族国家的规范与机制,被迫接受西方国家那种经济至上的现代化发展道路。自从1978年以来,中国几乎所有注意力都集中在经济增长和削减贫困,没有时间去思考一个现代的中国将会如何呈现。……在过去150年里,中国文化出现了很多断层和裂变……实际上,中国这种长期不稳定的根本原因是,(西方)殖民扩张和经济至上现代化道路的失败。……即使有那么多的断层和混乱,我们也不能忽视中国文化的延续性。实际上,共产党的执政并没有完全排斥中国的传统遗产,相反,很多儒家传统思想延续下来了,直到今天,这种传统思想还是了解中国人、中国家庭传统、政府角色、教育体制以及秩序和稳定重要性的根本要素……从长期看,我非常确信中国的崛起将改变国际体系。❷

马丁·雅克在该书第10章"当中国统治世界"的开篇部分,概要提出了他的观察,"中国将提供西方模式的替代品,包含完全不同的政治传统:后殖民时代的发展中国家、共产党政权、高度成熟的治国方略、儒家传统。"❸与前辈一流的思想巨匠、学术宗师利玛窦、伏尔泰、汤因比、宇野哲人等人相比,马丁·雅克的观察既有鲜活之处,也显现出在观察的深入细致和自我连贯上的欠缺。

冷静地观察历史会发现,工业革命之后的欧洲、北美的一些国家,由于"经济单边崛起"或"经济至上",忽略了文明的整体平衡,也造成了剧烈的社会动荡(贫富悬殊、劳资冲突、金融危机、两次世界大战、冷战、局部战争、全球生态危机等),而中国在人口、资源需求、生态环境、社会稳定方面的巨大问题,更迫使中外人士思考:什么是中华文明的独特发展道路,如何吸取西方文明的有益经验(分权制衡的宪政机制,兼顾公平与社会福利的经济、社会政策,注重发挥舆论监督作用,培育国民独立

---

❶ 梅根·瑞安,克里斯托夫·弗莱文.世界现状——1995[M].北京:科技文献出版社,1998:150.
❷ 马丁·雅克.当中国统治世界:中国的崛起和西方世界的衰落[M].北京:中信出版社,2010:中文版自序.(此处译文作者略简化)
❸ 马丁·雅克.当中国统治世界:中国的崛起和西方世界的衰落[M].北京:中信出版社,2010:287.

自主的判断力与创造力等），如何尽快恢复儒家文化传统中的古典宪政资源、道德教化资源，确保各级政府的权力，切实向人民的物质环境（生活环境、自然环境）与精神环境（社会风气）采取高度负责的态度与机制（儒家"敬天保民"机制），切实预防、纠正官僚腐败专断、学制腐败僵化等体制性尖锐挑战，切实解决国人痛切形容的住房、教育、医疗、养老、分配制度改革等民生、社会保障上的一些新问题……这些巨大的社会问题、文明问题，绝非如马丁·雅克所乐观估计的"当中国统治世界"那样轻而易举；相反，这些巨大挑战，深刻考验着中华民族如何避免历史上一再重蹈的"经济至上"覆辙，发挥古典文明之优长，为全球文明探索建树起经济、社会、生态、人文多重协调、鲜活互动与长久和谐的传播秩序。

五、中华古典宪政遗产的全球示范意义

中华文明的古典宪政遗产，也是中国政治改革的重要资源：儒家士大夫的精英民主，比起西方近代的多党普选民主制，具有不可替代的稳定优势。近现代以来，鲜明提出并推崇"华夏民主制"这一学术概念的众多贤哲中的一位代表人物，是英国历史哲学家托马斯·卡莱尔。他与埃德蒙·柏克一样，从法国大革命这一近代无序民主的恐怖教训中汲取智慧，深刻意识到华夏士大夫主导的古典宪政机制下精英主义的有序民主，对全球历史的深远意义。

在《论英雄和英雄崇拜》和《过去与现在》等名著中，卡莱尔极其精辟地论述了华夏民主制的运作机制：

> 中国的皇帝是一个比许多人所想象的要聪明得多的大祭司！……他做了一个独特的、系统的尝试，想获得我们称之为一切宗教的最终结果，即"实际的英雄崇拜"，他以真正的热情，尽其所能、永不止息地从众多百姓中寻找并筛选最聪明的人；是这些最聪明的人、天生的国王，统治着这三亿人民……他们不像其余几百万（欧洲）人一样，有什么七年战争、三十年战争、法国大革命战争以及相互之间令人恐怖的战争！❶

卡莱尔极其鲜明地指出："人类的一线光明，是中国的民主思想"❷，而在当代思想家中，与卡莱尔所见略同且论述更系统、考察更深入的，则是《先贤的民主：杜

---

❶ 世界名人论中国文化[M]. 武汉：湖北人民出版社，1991：396.
❷ 转引自 黄兴涛. 文化怪杰辜鸿铭[M]. 北京：中华书局，1995：25.

威、孔子与中国民主之希望》[1]的作者、美国学者郝大维（David Hall）与安乐哲（Roger Ames）。两位学者从当代社群主义民主理论、杜威实用主义哲学与孔子民主思想之间的深刻共鸣出发，系统论述了华夏民主制不同于西方近代自由主义民主的根本特点，是20世纪90年代以来全面刷新对中华文明过往真相与全球文明未来走向之间关系的最强有力的论著之一。

与利玛窦、蒙田、莱布尼茨、伏尔泰、魁奈、卡莱尔、汤因比等西方贤哲，与辜鸿铭、陈寅恪、柳诒征、梁漱溟、熊十力、马一浮、钱穆（笔者称之为"民国七贤"）以及杜亚泉、吴宓、朱谦之等一大批学术思想宗师一脉相承，郝大维与安乐哲对所谓"现代化即西方化"这一当今某些人信奉的假设，予以严正批驳并指出了一个新的思想方向：

> 对于启蒙运动、现代性及现代化的冠冕堂皇的单一说明，只是另一种偏执的神话而已。……亦即这种心照不宣或清晰论述的一些普遍信仰，诸如理性、科学、人权等，不过是戴在西方种族优越论脸上的面具而已。……需要反过来看问题，要把中国同时看成是全球化的对象和源泉。……"现代化即西方化"这一被默认的假设，必须抛弃。
>
> 本书第二编论证两点：一是中国从来都是而且将继续是社群社会（Communitarian Society）；二是实现中国人民的正当欲望，需要提倡一种社群社会的民主形式，而这种形式与当前支配西方各国的自由主义民主模式，是有抵触的。此事可达致圆满，只要我们在美式民主传统之外，能对社群主义的特色有所心仪。为此，我们请大家领略一下约翰·杜威看待民主的实用主义眼光。这种眼光极适合用来关注中国社会的种种现实，也极适合用来支持在中国实现一种"儒家民主"。[2]

郝大维、安乐哲触及了华夏民主制的一些核心价值，这些世界主义、人道主义、理性主义、和谐主义的共享价值，不仅可以社群主义民主的形式，促成中国社会的政治改革与全面振兴，更足以在全球广大地区实现一种"有活力、充满人情味、有条理的民主模式"[3]，从而促进全人类的文明传播、交流、对话与共同繁荣。

这一切的学术前提和制度前提，在于如何从战略上和策略上全面刷新对中华文明与全球文明的积极互动关系的理解，摆脱"现代化即西方化"这一"全盘西化"派的错误迷思，充分认识到"把中国同时看成是全球化的对象和源泉"[4]这一卓越见解的战

---

[1] 郝大维，安乐哲. 先贤的民主：杜威、孔子与中国民主之希望[M]. 南京：江苏人民出版社，2004.
[2] 郝大维，安乐哲. 先贤的民主：杜威、孔子与中国民主之希望[M]. 南京：江苏人民出版社，2004：1-14.
[3] 郝大维，安乐哲. 先贤的民主：杜威、孔子与中国民主之希望[M]. 南京：江苏人民出版社，2004：10.
[4] 郝大维，安乐哲. 先贤的民主：杜威、孔子与中国民主之希望[M]. 南京：江苏人民出版社，2004：8.

略意义：中华文明是全球具高度共享价值的文明传播的伟大整体，其保持自然生态-社会政经-道德人文三大系统协调一致、和谐互动、和平有序传播的高度可持续性民主模式，不仅在近代早期发挥了"启明"西方世界的历史进步作用，更可以在吸收西方自由主义民主若干优点的基础上，探索建树渊源于华夏民主制的当代中国的社群主义民主机制，进而为全球文明奋力挣脱当前三大系统彼此分崩离析的重重危机，发挥不可替代的主导作用。

六、重新定位："讲述不一样的中国"

以史为鉴，我们遗憾地发现：近现代"中国形象"的建构，主要是由欧洲思想家完成的，中华文明所蕴含的理性主义、人文主义精神，在欧洲促成了伟大的启蒙运动，却由于种种传播失败（譬如程朱理学被清代统治者利用为专制主义资源等），不仅没有成为中国现代思想学术转型中最强大的资源，甚至在清末民初"全盘西化"的主流舆论中，中华文明整体，被扭曲误判为"封建专制、僵化落后"，最终演化成"文革"时代的一系列割裂文明传统的巨大悲剧。

流风所及，16—18世纪"中国热"对近代欧洲的思想文化启蒙，中华文明蕴含的理性主义、人文主义精神，在塑造"轴心时代"文明、中古文明、近代文明中所发挥的积极作用，其活跃的传播角色、深远的传播效应，在"西方中心论"的"西方正史模式"中也难得一见，秦汉以后的中国历史，仍然被笼罩在"封建专制主义"这一概念所引发的不良想象中，这一想象不仅与中古中国所取得的伟大文明成就自相矛盾，更不符合13—19世纪欧洲人士通过实地考察与深入研究后对当时中国所作出的综合评判。

简言之，重新树立民族自信，重新体察认识中华文明传统所饱含的理性主义、人文主义等举世共享价值，包括重新体察认识中华文明在塑造近代历史、启发人类自由思想方面所担当的传播角色，不仅是建构"中国形象"的第一步，更是将高度世界主义的中华文明传播秩序，经现代现象学、生命哲学、宗教哲学、经验主义、社群主义以及文明传播学等综合而现代的诠释与实践探索，与西方当代自由主义、人文主义学术思想主流，实现"高端对接"的关键环节。

实现中华文明的共享价值传播，彻底扭转国际上不断出现的"妖魔化中国"的被动局面，需要在国家传播战略和策略上，进行下列紧迫的文明重建与文明传播事业。

第一，从中央到地方，开展持续不断的有关"中华文明的独特价值与伟大传播战略"的学术培训，使全中国各阶层深刻认识到：从古至今，中国人就参与了人类"共享价值"的伟大发现、诠释与传承，无论是炎黄尧舜时代"协和万邦""天下为公"的大同政治理想与公推任贤的华夏民主制、夏商周时代联邦大一统王制下的天子-诸侯彼此约束的封建礼乐秩序，还是以孔子等为代表的原始儒家，对"仁义""公平""和谐""自然""法制""博爱""平等""自由"等人类普遍价值的体系建构，或是晚周秦汉中央大一统集权制下，天子-文官-士绅精英-平民百姓之间相互制约、彼此互动的儒家文治主义民主治理结构[1]……以分权制衡为制度、以敬天保民为宗旨、以社群民主为形式的中华文明传播秩序，理应成为探索建构主导"全球有序民主"最强大、最持久的资源，从而在思想、战略、学术、舆论等领域，廓清近代以来盘踞学界和传媒的全盘西化论者"自我矮化中华文明"这一意识形态的巨大误区。

第二，采纳1700年莱布尼茨向康熙皇帝提出的建议，设立专门的国家指导机构和国家科研机构，专门研究、推展、统筹、规范对"中华文明的共享价值传播"的各项合理措施与机制建构，逐步使全世界以信任的目光而不是以怀疑乃至猜疑、畏惧的目光打量中国，在彼此尊重差异的基础上，共同推进全球文明的交流、对话、互动与共同繁荣。同时发挥各种教育、学术、传媒等民间、半民间机构和非政府组织的巨大影响力，使民间交流逐步成为对外交流的重要渠道。

第三，作为一项重要的基本国策，把中华文明的伟大传统以及共享价值传播课程，纳入"国民教育"体系和教育部大中小学教学大纲，中国传统文化应当成为考核、评价学生和选拔干部的重要内容，培养一大批学贯中西的思想学术精英，让这些精英主导统筹学术教育机构对外传播的实际战略与策略，将"中国形象"以高端形式展现。

第四，制定国家传媒发展的合理战略，让传媒机构担负起建构"中华文明共享人类价值"的道德责任，举凡电影、电视、广播、网络、出版物等各种文化产品，应当接受"中华文明共享价值"指导机构的统一规划、管理、评价、奖惩，变单向说教式的"宣传模式"传播策略，为双向、多向互动式的"传播模式"和"传播思维"，从各行各业、各阶层人士中选拔一批"形象大使"，让他们兼职充当中外交流与"中国形象"传播的、极具亲和力的代表。

第五，重建对全体国民道德素养进行社会教育、公共普及、规范管理、社会评价、法定奖惩的"传统美德"规范体系，一切企事业单位，应当担负起传播中华文明举世共享价值的文明传统的道德义务，国家设立公开透明、民主规范的道德奖惩体制，让中国公民以较高的道德素质和文明素质，出现在世人面前，这些公民的言行，是对"中华文明共享人类价值"最好的建构及对全球文明的道德教化。

目前亟须为中华文明重新定位，告诉全世界一个"不一样的中国"，一个面向世界、拥抱全球、给人类文明以"深深一吻"的中国，一个青春勃发的鲜活中国！

在当今全球化与本土化互动、共进的时代，世界各国都在积极探索、建构、规

---

[1] 参见 钱穆.国史大纲（第七编"元明之部"，第八编"清代之部"）[M].北京：商务印书馆，1996；钱穆.国史新论（"中国社会演变""再论中国社会演变"等）[M].北京：三联书店，2001.

划、实施"大一统文明秩序下的国家文明战略以及内外传播战略",即在政治、经济、文化、外交、军事等所有国际交往、国内传播中,建构起一体多元的传播理念、传播战略、传播路径、传播方法、传播平台、传播体系,促使本国文明进步,与他国文明进行良性互动,提升本国在全球化时代的战略地位,改善本国的战略环境。

"中国大一统文明战略"的基础,是从我国历史、现实和未来愿景中,提炼出"中国大一统文明的精神、制度、智慧核心",全面把握我国文明的核心要素,建构顺应全球话语环境的核心思想、价值、理论体系、操作系统,全面提升、改进、充实国内传播,促进国际传播,实现让"中国梦"生根于中国、开花于世界的伟大文明复兴与精神腾飞!

本书分为三篇:上篇"大一统文明之梦"展示中华文明在伏羲、炎黄、尧舜时代的大一统文明建构,巍峨灿烂的中华文明观念与古典宪政制度体系,博大深厚地哺育了全民族兼容并包一切文明的经验,在天地人宇宙生命大一统的哲学-科学-人文框架下,善待一切生命的天下主义情怀;尧帝高悬"克明俊德,协和万邦"的全人类文明大一统的崇高理想,揭示了全球文明的"大同之梦",这是中华民族对全人类"合理度过美好一生"的伟大信念的高端表述,也是当代中国引领全世界步入广大自由、持久和平与繁荣的"巅峰价值"资源与全民族鼓舞奋发的"中国梦"的精神核心。

本书中篇"大一统文明之美"深入探讨了夏商周文明的伟大建构,尤其突出了西周文明在古典宪政治理、公共教化、公共服务、学术教育、人文建设诸方面的辉煌成就。正是这些辉煌成就,深广地哺育了以孔子为代表的晚周诸子百家的杰出智慧,从孔子儒家宪政哲学传统中,有所继承又有所更新的法家治国之策,适应了战国时代诸侯兼并、百姓苦于战乱、全民族渴望统一的政治需求,发挥了重建大一统的社会效能,与儒家坚守的爱民如子、反抗暴政的理想主义精神,从正反两面用力,合理推动了"中国伟大的向心运动",堪称古今大一统文明制度与文明智慧的荟萃。

本书下篇"大一统文明之路"展现了中华民族如何从炎黄尧舜以来的"联邦大一统"制度,向单一制的"中央集权大一统"演进,这一演进奠定了中国此后2200余年的文明规模、文明观念、文明秩序。大一统文明传播秩序,不断自我调适完善,不仅是古典中国创造全球史上最悠久灿烂文明的基础,也是当代中国在合理吸纳西方智慧的条件下,保持自身文明特质、实现全民族伟大复兴的根基所在!

序论二　中国人的挺身站立

一段时期以来，中国人的精神，被束缚在西方近代主流世界观的精神枷锁之中，被启蒙空想-独断主义、实证主义的概念体系长期误导、自我捆绑，不敢用自己民族广大独立的心灵去思考，不敢用自己的胆识与魄力去创造。

启蒙空想-独断主义标榜"个人权利与自由的无限度伸张"，误导全球各色人等，根本否定、脱离一个社会的具体历史条件，追求虚幻夸诞的权利、自由、激进变革，将全球各种社群整体、文明秩序推入混乱的境地；实证考据主义，貌似反对主观妄想，实则陷入一个更深的妄想：举凡宇宙时空、自然规律、历史法则、人文精神等广大无边、难以穷尽的事物，都被实证主义强行纳入某个可疑的框架、参照系统或某个预先设计的实验仪器和设备的"可监测系统"之内，把有限获得的数据，推论为无限适用的"权威数据"，实际上仍是"启蒙"教条的碎片化而已。

启蒙独断主义、实证主义，作为西方近代推行"全球殖民地化"的话语霸权形态，渗透到全球各种公私话语和"议题设置"之中，使全球知识界，不自觉地成为西方"帝国思维"的塑造物。具体到中国，"全盘西化派"的学术-政治主张，就是长期阻挠中国稳定、独立自主发展与民族精神觉醒的巨大障碍。

伟大的改革开放事业，从各种"启蒙主义的独断教条"中奋力挣脱出来，赢得了举世瞩目的巨大成功，也同时重建起中国人的自信心、自豪感，中国人终于可以挺身站立了！

中国人自古挺立于全球文明之林，其"傲立于天地之间，挺拔乎宇宙之外"的伟大文明风范，根源于其全球史上唯一绵延、持续长达一万年之久的大一统文明，根源于贯通天地人三大宇宙生命要素的大一统文明实践。

具体来说，中国大一统文明的突出特质，有以下几个要点。

第一，大一统哲学。

"天地人大一统宇宙生命秩序"的哲学-科学-人文框架，赋予中国人不崇尚宗教形而上幻想的特质，而把文明实践的中心，始终围绕人类自身生活的合理建构与统一和谐。

第二，大一统政治。

中华古典大一统的文明治理模式、传播秩序，长期形成中国人对人类合理生活的基本信念与基本制度，围绕"仁义礼智信"这一儒家精神核心建构起来，全社会养成懂礼守法的道德习惯，在权益分配上，地方服从中央、个人服从国家，乃天经地义之事，上至天子、贵卿、百官、士绅，下至百姓，都恪守"家国一体"的大一统信念，奠定了中国历经数百年动荡而能恢复统一并不断作"伟大向心运动"的基础，一再铸就重生的文明奇迹。

第三，大一统秩序。

中国人相信，天下一家、人类一体，以儒家思想为文明智慧的精神核心，同时旁接道家和佛教的智慧，在宇宙生机主义的大一统观念下，中国自古形成海纳百川、包容天下、诸教并盛、万国来朝、一视同仁、以德服人的开放文明制度体系，各种容易引起教派冲突、种族仇杀的宗教形而上问题，在中国人的大一统哲学与大一统政治，尤其是儒家"仁者爱人、反求诸己"的合理教化下，消弭于无形，成功避免了惨酷的文明冲突、分裂、破坏。

第四，大一统智慧。

中国大一统智慧——从天子以至百姓，全都接受儒家道德规范"礼"（古典宪政）的柔性束缚，创造出古典文明在农耕经济社会水平上"士农工商"的长期稳定与最高繁荣，其广大自由的道德理性精神，不仅哺育了中华文明诸多灿烂的哲学-科学-人文成就，也是启发近代西方摆脱天主教思想僵化的东方智慧之源（本书下篇多章予以分析），更是中国现当代学术思想，与西方文艺复兴以来人文理性主义等思想"高端对接"的基础。

第五，大一统体制。

中国大一统体制的稳定性、合理性，自汉代"宪政文治政府"体系及其教育、甄别、选拔文官的各项制度确立以来，绵延2200多年，把中国经济、社会、教育、宗教信仰与生活方式等所有纷繁复杂的要素，凝聚抟合为一个牢不可破的统一整体，这不仅是当代中国改革开放取得辉煌成就的核心要素之一，更是此下全球文明逐步挣脱自然、经济、社会、人文秩序的失衡与紊乱，走向大一统均衡协调的治理典范与未来趋势。

一、挺身站立之一：全球现代化，必将"以中国为师"

自近代以来，由于中国农耕文明的经济水平，难以满足激增的人口、社会规模，西方列强的野蛮侵略、掠夺、摧残和威逼变本加厉，中华民族根本无从展开其"自强运动"，一些激进到浮躁程度的知识分子提出错误的"全盘西化"主张，不断照搬、照抄西欧、北美乃至苏俄、东欧僵化模式的全盘西化思维，虽屡遭败绩，却痼疾深重，被严重扭曲的"中华文明形象"如此建构于世，似乎唯有西方近代文明模式，才是人类历史的"唯一模式",中国历史作为一种"国故"应当"速就博物馆之位"供人"发思古之幽情"而已。

与这一学术思想的"自我殖民地化"相一致,全盘西化派急于照搬、照抄的西方近现代经济、社会、文化模式本身,日益暴露其急功近利、破绽百出、后患无穷的各种"文明病""城市病"和"现代病",全球自然-经济-社会-人文危机日益加深,那些自始至终奉"西方祖师爷"为唯一参照系的西化分子,蓦然发现,早在近代文明创立之初,一大批西方思想家,深刻洞悉了"现代性的两面"——物质进步与精神颓废的内在机制,毅然发起了对近代主流思想——启蒙运动、法国大革命、唯心主义、机械论唯物主义等各种形而上学独断论、工商实用主义、科学实证主义、西方话语霸权的全面反思与深刻批判,这一思潮至今方兴未艾,中华民族的精神自信被改革开放事业唤醒:原来人类历史是一个开放的架构,根本没有单一模式,文明外在形态的多元开放与全人类内在精神的古今中外的融贯统一,灿然启明了全人类对自身文明的"同情之了解"(陈寅恪先生语),全球文明踏上挣脱"近代西化枷锁"、合理吸纳一切文明经验的正大光明之途。

《易》曰:"生生之谓易,阴阳不测之谓神。"历史的奥秘,一如自然之奥秘,我们只能窥伺其一二,而不能掌握其全体。在奋力勘破全球史奥秘的伟大思想家中,一代贤哲梁漱溟堪称典范。他在1921年发表的巨著《东西文化及其哲学》,以融贯古今中西的开阔眼光,提出了"世界文化三路向"说,至今仍荣居全球历史哲学、文化哲学、传播哲学的领先地位。

梁先生认为,全球现代化进程的第一阶段,必须解决"物质进步"这一层面的迫切问题,西方近代文明模式最为擅长,全球现代化的第一阶段必然要"以西方为师";伴随物质进步问题获得相当程度的解决,人类精神层面的问题变得日益紧迫、亟待解决,对此问题,以儒家思想为治理与教化核心,旁参道家、佛教、诸子智慧的中华古典文明模式,日益显出重要性,因此,全球现代化的第二阶段,必然转为"以中国为师",曾经被"物质进步问题"长期压抑的"中国文化"、儒道佛诸家的生命智慧必然全面复兴;全球在物质、精神层面获得相当程度的充裕之后,全球现代化的第三阶段,必然是全球每一人格的内在充实与高度完善,在这方面,印度文化的优长日益突显出来,个人通过宗教修炼、感悟与超越,与宇宙的终极本体(神性自然、宇宙大生命)完全融为一体,人心不再有任何分隔与计较,完全与宇宙大生命(道)融合为一。

本书的浅计愚衷,是斗胆把梁漱溟先生"世界文化三路向"说诠释为全球现代化的三个"并进"的层次:全球物质进步的模式,仍可尽力吸纳西方文明工商科技之长;全球道德与精神进步的模式,必然将以儒家思想为治理与教化的核心,而佛老诸子的生命智慧、希腊罗马以来的西方生命智慧等为之补充;与此同时,全球宗教智慧的优点,举凡印度、阿拉伯、犹太、基督教的生命智慧,给予全球现代化以必要补充。如此古今中西融贯一体，人类破除一切近代妄设的藩篱而广大自由，予谓之"大一统"。

二、挺身站立之二：重建生机主义的中国哲学

人类生命活动的整体，谓之文明。

汉儒马融注释《尚书·尧典》曰："经纬天地谓之文，照临四方谓之明。"天地浩瀚无垠，人类以生命活动赋予其"经纬"，即合理的秩序；四方大自然幽暗难测，人类以智慧活动赋予其"照临之光"，使之澄明自身，使之袒露自身的美色，即获得合理的领悟、理解、把握。人类建构自身的生命活动、智慧活动，这一番"经纬"与"照临"的伟大事业，即文明史、历史。

每个中国人都要学会培养自己对过往一切文明，尤其是祖先血泪交流而成的中华文明，始终葆有高度尊崇之心，这是全民族挺身站立的第一步：从《尚书·尧典》及其汉代注释中，我们切身体会出中华祖先那"血液流动的温度"，那元气淋漓的生命智慧，历经数千年仍传递给我们——天地浩瀚，人赋予其"经纬"，即精神秩序，人的生命智慧，不仅与天地同其浩瀚，更能驾驭其上；四方幽暗，而人心的光明，足以"照临"其上，即赋予其生命之光、智慧之光，使宇宙时空内的一切，那些方便权设为东西南北、上下左右、古今中西等的纷繁万象，挣脱其幽暗莫名的禁锢，在人心之前，绽放其光明、自由和美丽！

中国人的挺身站立，首要在于恢复中华文明"天地人大一统生命秩序"的生机主义宇宙观、人生观，培育全民族旷观宇宙的广大自由之心，挣脱近代妄设的精神藩篱——各种物质分隔、利益计较、学科壁垒等启蒙空想主义-实证考据主义的精神枷锁，把一个活生生的人，从自我捆绑中解放出来，让他在一个活生生的自然、活生生的历史之中呼吸、畅游，让他学会去创造！

把宇宙自然与人文活动融贯为伟大的整体（大一统文明），对其合理秩序加以领悟、理解、透视、把握，构成人类史的主体。离开了对天地人宇宙生命大一统秩序的领悟、理解、透视和把握，离开了人自身此时此刻的生命感受、生命智慧、生命进程这一系列价值传递、赋予、缔造，就无历史可言。

美国圣哲梭罗在名著《瓦尔登湖》中，极其透澈地写道："历史是我的垂钓之溪。"换言之，人类历史犹如潺潺不尽的溪流，而"我"是历史认识的主体，"我"的独立智慧，君临其上，为之主宰，为之把握，为之"垂钓"，即从川逝不息的宇宙事件的洪流中，从纷纭万象的澎湃生命中，汲取广大自由的"我"之生命的滋养——一条鲜明美丽的鱼，亦即从万象中"钓取"一个同样鲜活美丽、瞬息生

成、独立不倚的"我"！

涵咏、品味梭罗的这句名言，眼前立即浮现出美国电影《秋日传奇》中金发男孩布拉德·皮特的俊美身姿：在水花迸溅的清澈溪流中，他和挚爱的父亲、兄弟奋力在湍急的水流和礁石上站稳，抛出鱼线，钓取父兄三人亲密相依的无价时光——这部经典电影过目难忘之美，恰在于布拉德·皮特的英俊身姿所呈露出来的少年豪放不羁之美、父子三人激流中垂钓的生活之美、连绵青山和激流迸溅之中扑面而来的大自然的清新之美，至于电影后半部费尽心机描写的远游浪子如何归乡，重拾亲情、友情、爱情等寻常主题，则典型是好莱坞电影的俗套了。

那水花和激流中亲密相依但又迅疾流逝的美丽生命瞬间，才是人的"历史性存在"的实质，而非虚幻、夸诞、僵滞的世俗虚构——诸如名利、权势、荣耀之类，才是人类历史活动的本体所在，才是中国自古信奉的宇宙生机主义的伟大哲学的真谛。

中国生机主义哲学，主张万物相依的大智慧，这一哲学传统的恢复、重建与传播，是全球自然人文协调的关键。

三、挺身站立之三：挣脱西方概念体系的长期束缚

人文社会科学的一大精神枷锁，就是西方启蒙独断主义、实证主义的概念体系，这一体系的核心精神，是对自然、历史、人性等复杂现象与运行法则，采取了"同一律"和"因果律"的割裂、片断式的僵化理解和自我意识的内外捆绑，似乎万物都是随时随地"自我绝对同一"的，都被束缚在妄设的"因果链条"之中，举凡古今、中西、体用诸"方便权设"都被固执化，人类自我捆绑而无法融会贯通，无法进行根本性的变革与创造。

自我捆绑的根源，在于对流逝、变化的无力把握。

对流逝的恐惧，贯穿于宇宙间一切生命活动的最深本能之中，也是一切文明形态力图规避、内在挣扎的最高目标——巍巍的教堂与宫殿、赫赫的武功与财富，举凡一切荣华富贵、美貌年华，注定被无坚不摧的时光一一击倒，川逝于变化的潮汐之中！

著名历史哲学家威廉·文德尔班的《哲学史教程》透彻地揭示说："什么东西永远生成却不存在？什么东西永远存在但不生成？这是希腊哲学的主要问题。"何止希腊哲学！一切哲学沉思，一切生命活动，都围绕这一根本问题——什么东西能抗拒时间的侵蚀，获得永恒的持存，获得那恒久的"存在"？

回答是：没有什么东西！万物川逝不息，一刻不停，无从分辨，这不可见的"无声之水"自太初之始，自奥秘之中涌出，不断奔流，滋养一切，穿透一切，不可阻挡，漫过万物，又流回无边的永恒之中！

自古希腊人巴门尼德创立"思维与存在同一"说，柏拉图提出"理念的洞喻"说以来，直至笛卡尔的"我思故我在"，西方哲学总是企图获得"数理性的清晰与确定"，即畏惧"流变""生成"而翘盼一个"不生不灭、不增不减"的本体世界，因此错谬、破绽百出。西方智慧偏执于"实在"而遗落了生命的本质，海德格尔精辟地谓之"2000年未进展分毫"！

与之截然相反，中国《河图易经》被尊为"变易之书"（The Book of Change），自伏羲创立中华文明以来，中国人旷观宇宙，蓦然发现，根本就没有一成不变的东西，宇宙时空内的一切，都在"变易"之中，中国人日益懂得"唯一不变的，就是变易本身"，这无法固置的、不可捕捉的变易本身，就是宇宙生命本身，就是大一统中国哲学框架内一切随机性展开的事物及其奔放自由之美，这创自伏羲的天地人大一统之生命智慧，贴近了所有生命血脉的温暖搏动，中国人由此养成了"以流变为师、与变化为友"的仁爱善良之心、广大自由之心。

圣哲孔子在伏羲、神农、黄帝、尧舜、文王周公等历代圣贤智慧的基础上，系统研究了《河图易经》等上古易经哲学和中国历史，提出了光照千秋的历史哲学思想，后形成《易传》和《春秋》，董仲舒、司马迁继承而兴，把无限多样的中华民族，缔造成繁荣昌盛、兼容并包、长治久安的大一统文明；此举奋然超越了上下美索不达米亚、埃及、印度、波斯、犹太、希腊、马其顿、罗马等所有两河沿岸（幼发拉底、底格里斯；印度河、恒河等）、三海（红海、黑海、里海；爱琴海、亚德里亚海、地中海等）、三洋（印度洋、大西洋、西太平洋等）沿岸各城邦文明盛衰不定、转瞬即逝的文明命运。

四、挺身站立之四：重新学会"如其本然地看待世界"

西方近代思维主流，无论是卢梭、康德、笛卡尔，还是洛克、孟德斯鸠、密尔、边沁、孔德、杜威，都有一种精神层面的"启蒙独断思维"，表征有三：首先是"强不知以为知"，即把大自然与人类历史的纷繁万象，虚妄分隔为自然与社会、古代与近代、理工商与文史哲等彼此分隔的孤立领域，再依据一种相当局限的科学观测、数理推导或数据归纳，硬性把一种概率性的"定律"强加于大自然、人类历史的纷繁万象之上，造成对大自然的自组织系统、历史人文悠久系统的巨大摧残与不可修复的破坏；其次，"强不齐以为齐"，所有概率性"定律"以外的情况，不是被近代科学草率地称为"例外"而不予考虑，就是被武断地打入"蒙昧""野蛮""落后""倒退"的冷宫，永世不得翻身；再次，"强不能以为能"，倘若发现那些被打入"思维冷宫"的事物，胆敢反抗或仍具有顽强的生命力，启蒙-实证主义就宣布其为"另类""可疑"

"伪造""神秘""奇怪""深奥""晦涩""无用""疯癫"等；最后，这种学术思想上的"顺者昌、逆者亡"的"帝国思维"，伴随着西方殖民主义的霸权行径，以潜移默化的形式深入东方社会，建构起爱德华·萨义德所谓的"东方主义"的话语帝国，使东方知识界沦为西方的"永久殖民地"。

印度诗圣泰戈尔称赞中国人："你们是世上唯一的、如其本然地看待事物的人"，即不夸诞渲染事物的某一方面（譬如机械唯物论、唯心论等），也不"强不知以为知"地想象神秘之物的样貌、品性（如各种宗教神学之美丽想象），而是坚持一种开明活泼、广大自由的理性精神，亦即"知之为知之，不知为不知，是知也"（孔子告诫弟子语）的本然生命的合理态度，这一态度解放了世界，也解放了自身，使不知终始的世界，解脱了沉重的形而上负担，万物萌然如新、不知究底、相互抚慰、浩然前行，这就是儒道佛、诸子百家、东方伟大宗教所谓的"道"。

孔子在川上，浩然喟叹："生生之谓易，阴阳不测之谓神"；又曰："逝者如斯，不舍昼夜"；又曰："四时行焉、百物生焉"。这些绝美的"哲学诗"，其智慧明澈、坚韧、旷达，广大而精美，启迪深广、指示精确、超乎群伦；老庄列子等诸子百家"知其不可而安之若素"之顺天智慧，更开启人类智慧与自由、万物生命澄澈而广大的奥秘——历史就是一切时刻、一切形式之中，那不可替代、独一无二、无懈可击、不可复制的生命万象的不息绽放、展开、流变、回归本身！

回归到何处？回归到神，即大自然，即天地人宇宙生命的奥秘深处，这一在深奥处不可理喻、不可言表、不可究诘的生命整体，佛教谓之"不可思议"，印度教谓之"神我"，基督教谓之"我是我所是"（摩西在一片燃烧的荆棘中看到上帝的形象，上帝面临摩西之问"你是谁？"上帝回答"我是我所是"），惠特曼《草叶集》所谓"那超乎一切之上的，又是什么呢？""时间指示着瞬息间。又有什么能指示永恒呢？"叔本华、尼采、维特根斯坦、海德格尔、汤因比、雅斯贝尔斯亦同此"道"。每当北京师范大学的新生课临近尾声时，我反复讲述这一部分——人的历史活动如何向神学智慧、向生命广大而诗性的智慧提升，这是21世纪中国精神重建的一大关键！

五、挺身站立之五：中国人的自我缔造与自我建构

中国人应当学会深刻地把握历史与现实，学会把历史与现实的"活生生的本质"，把握为"人类对自身生命的缔造与建构"，亦即古人的生命探索、生命视野，与今人的生命探索、生命视野的不息交融、互动、对话、合作，而不是启蒙空想-实证主义自我标榜的所谓"对往昔遗迹的批判、考证、凭吊"。

作为近代思想主流的启蒙-实证主义，往往把"历史认识"定义为"对往昔人类

活动的客观记录的考证",在此基础上的"近代历史学"必然是对这些记录的"客观性"先怀疑、批判,后牵强考证,实乃把自己的当代认识野蛮"强暴"地横加历史之上。

启蒙-实证主义的根本缺陷与迷误在于,无法界定:哪些才是"往昔的活动"(万象奔流不息,割裂了历史,现在、未来又是什么)?哪些才是"客观的记录"(万象乃主客观统一体,主客观分离,万象支离破碎,历史又是什么)?

自启蒙独断主义-实证考据主义占据全球学术思想的主流地位以来,近现代人文社会学科,日益堕入"怀疑""考据""戏说"的荒芜之路,《易传》的伟大精神、赫西俄德《神谱》的美丽想象、《圣经·创世纪》的宏大叙事,全被遮蔽在各种夸诞自欺的启蒙历史框架妄加批判、怀疑和琐碎考据之下。

譬如,启蒙主流哲学,尤其是卢梭的"人民主权说""社会契约论""绝对平等说"等,对人类史与法国现实予以草率、武断的评判,激化的社会矛盾触发法国大革命的恐怖,造成法国八分之一人口的非正常死亡和社会长期动荡,更断送了国王路易十四开创的开明专制的合理秩序与欧洲一等强国的地位;再譬如,笛卡尔的数理确定主义、康德的空想主义、孔德的实证主义,隔绝于人类历史进程与生命存在的感性实际,人文学术思想日益干枯、贫瘠,丧失了对工商科技的工具理性本应具有的、极其紧要的人文精神、道德理性精神的抗衡能力。

人类近代以来丰富多彩的历史实践与现实探索,根本冲破了近代启蒙史学妄设的所谓"单一模式""历史必然性"等"因果链条"的束缚,中华文明的伟大复兴,是一条融贯、吸纳古今中外一切文明经验的独特之路、独立之路、创新之路。

六、挺身站立之六:深入汲取西方人的生命智慧

中国人的挺身站立的关键,在于坚固树立中华文明的"主体地位",在独立精神的引导下,对西方智慧予以合理分辨、合理取舍:西方近代工商科技知识,纳入物质进步的领域,但不许"旁逸斜出"到推尊其为"人文社科领域的唯一法则"这一僵化思维模式上,而是将其限定在近代主流之一的合理地位上。

西方近代智慧的另外两大主流——一是反启蒙-实证主义的浪漫主义、现代主义的生命智慧,二是保守主义、自由主义、开放社会理论等渐进改良思想,都值得大力借鉴与汲取。实际上,西方现代化进程的一大动力源泉,在于它从自身内部孕育出了对近代主流意识形态——启蒙-实证主义的强有力的批判思潮,这些反启蒙、反实证的生命哲学、历史哲学以及传播哲学,极大解放了西方的创造活力,是西方至今领先全球的关键之一。

第一个旗帜鲜明地举起"反启蒙空想、反实证主义"伟大旗帜的近代贤哲，被尊为"第一个历史哲学大师"的学者，是意大利人乔万尼·巴蒂斯塔·维柯（1668—1744）。

他出生于那不勒斯一个小书商之家，自幼"对经院派的区分和争论感到不耐烦"，凭博览群书而自学成材，受聘担任家庭教师和大学教授，一生清贫自守、默默无闻，却完成了划时代巨著《论意大利的古老智慧》《普遍法》《新科学》等，开启"用哲学反思历史，用历史确证哲学"的"新科学"（"历史哲学"）之路，这意味着"第一次成功解决了最基本的哲学问题，即真实（普遍性）和确实（个别性）之间的统一"❶，换言之，维柯以深沉的历史感与生命统一感，开辟了现代人文思想的康庄大道。

维柯毅然决然地挑战、抛弃了自巴门尼德、柏拉图、笛卡尔以来西方哲学的主流传统和主导趋向，"维柯感觉到他不得不向其挑战的哲学，其根子牢牢扎于整个西方哲学的传统之中"❷。维柯反对巴门尼德和柏拉图崇奉永恒不变的东西为真实、把变化（历史）的过程蔑视为"不真实"的思想，尤其反对笛卡尔受16—17世纪自然科学进展鼓舞而提出的"确切真理"这一启蒙-实证标准——"我思故我在"，即唯有清楚、明晰的东西，才构成"确切无疑"的理性，凭此理性，人不仅能确证自我存在，也能确证一切外在事物，获得不容怀疑的确切知识。

换言之，似乎只有"合乎确定性的东西，才是理性值得认识与追求的"，这一启蒙空想哲学的"理性主义教条"，贯穿于卢梭、孟德斯鸠、康德、黑格尔等一切独断论和教条主义乌托邦之中，造成对复杂多样、变化莫测的历史运动（自然运动、人性自然）的极大伤害——凡是不符合其虚拟、空想出来的人为"启蒙"标准，诸如"不进步""倒退的""反革命的"所有事物，都被这启蒙-实证主义的"一伙"人，宣判为"蒙昧的""反动的""不合乎理性的"，都被其"扫入历史垃圾堆"，举凡全人类数千年来艰辛累积而成的宗教信仰、道德伦理、公共秩序、精神遗产、文明传统，乃至个人财产与基本自由，只要是不符合"这伙人"凭空杜撰的"启蒙-实证-进步标准"，就注定要遭受"被剥夺、打倒、推翻、砸烂，踏上一只脚，使其永世不得翻身"的悲惨命运。

全部历史、自然、人性，都在反抗并奋力挣脱这套强加于其身的粗暴逻辑。这生搬硬套在历史、自然与人性上的无形枷锁，正被全球自由市场经济的开放社会（卡尔·波普等哲学家予以概括）及其各种渐进改良所解构、证伪。

中国自1979年以来的所有伟大进步，都是不断挣脱这一自我捆绑的"紧身衣"、内外开放与渐进改革的积极成果。

维柯在《论意大利的古老智慧》和《新科学》等名著中，对以笛卡尔"我思故我

---

❶ 詹姆斯·莫里森.维柯和马基雅维利[M]//韩震.西方历史哲学导论.济南：山东人民出版社，1992：32.

❷ 彼得·里克曼.维柯的第一原理和历史理性批判[M]//韩震.西方历史哲学导论.济南：山东人民出版社，1992：32.

在"为起点的近代哲学认识论进行了猛烈的抨击与深刻的批判,进而提出了哲学史和史学史上具有革命意义的伟大命题:"真理就是创造",即人类恰恰在创造流动变迁的自身历史的伟大进程中,把握到了宇宙生命的真理,这一真理不是外在于人自身历史流变的、确定无疑的理型、图式、数理凭据,而是内在于人的生命、每天都在更新变化的历史流动,人类创造出了"这一流动"的本质,同时也从万物的神圣本源(上帝、自然)处,辨认出这一历史本质的根源、法则、规律。

著名维柯专家彼得·里克曼(Peter Rickman)把维柯有关"人只能认识自己的创造物"这一认识论原则,称为"历史理性批判的拱顶石"❶;另一著名维柯专家乔吉奥·塔格利亚科佐(Giorgio Tagliacozzo)则认为,维柯在哲学领域的新创造"其解放力堪与物理学中的爱因斯坦革命相比美",他"开创了一个哲学新时代,是新的更广泛的哲学思维的奠基人"❷。

维柯建造了一座雄伟瑰丽的"西斯廷教堂"——米开朗基罗在这座美丽教堂穹顶上,绘出精美绝伦的壁画、宇宙创造的伟大史诗《上帝创造亚当》等艺术史和文明史上的惊人杰作,象征着近代早期文明的瑰丽日出,可惜被工业化的精神灰霾——启蒙进步主义——彻底遮蔽了:与自然科学那种靠实验室的有限技术获得的,对外在自然的近似的、模糊的"科学认识"(实质为概然率的猜测而已,卡尔·波普在名著《猜想与反驳》《客观知识》等名著中加以论析)根本不同,人类的"历史认识"是透彻地、有机地认识、把握了自己的生命创造,才是真理性的全面知识。

维柯深刻地指出:"当人向外探索自然事物时,最终都会认识到,实现这一目标是不可能的,因为他未包含在组成事物存在的成分之中,而且这是他自己思想的必然界限,原因在于,所有的自然事物,都存在于他自身之外。"❸

维柯此举把西方哲学自巴门尼德、柏拉图的传统——抗拒流变、探究真实本体(实则"木乃伊"情结在作祟,法国电影评论家巴赞妙喻之)这一有关虚幻本体的空想乌托邦传统,在笛卡尔那里变本加厉为"自然科学确切可靠、历史人文学科不可靠"的启蒙-理性主义崇拜、理性-实证主义教条(现当代的学术科研体系依然固执于此),予以"爱因斯坦革命一般"的扭转:

> 这个民族世界确是由人类创造出来的,所以它的面貌必须在人类心智本身的变化中找到:如果谁创造了历史,也就由谁来叙述历史,这种历史就是最确切可凭的了。……我们的新科学也是如此,它替自己创造出民族世界,

---

❶ 彼得·里克曼.维柯的第一原理和历史理性批判[M]//韩震.西方历史哲学导论.济南:山东人民出版社,1992:33.

❷ 乔吉奥·塔格利亚科佐.维柯:过去与现在(前言)[M]//韩震.西方历史哲学导论.济南:山东人民出版社,1992:33-34.

❸ 维柯选集(英译本第51页)[M]//韩震.西方历史哲学导论.济南:山东人民出版社,1992:33.

这一科学（比几何学）更为真实，因为它涉及人类的事务，比起点线面形来，更真实。……认识与创造是一回事。……以往哲学家们倾全力认识自然界，这个世界既然是上帝创造的，那就只有上帝才能认识；同时，他们却忽视了民族世界的思考，这个世界既然是由人类创造的，那么人类就能认识它。❶

维柯博大而深刻地揭开人类文明史（民族世界）的本源与奥秘：

第一，从哲学认识论出发，维柯告诉我们，人类只能认识自己的创造物——历史活动及其内在生命，这可变化的东西（历史）才是可以真确完整认识的东西，因为人类全面参与其中；而固定不变的东西（自然、上帝、神、理念等）却是无从予以根本认识的，因为人不能创造（制造）出永恒不变的东西；唯其可变化，人类才能参与其中，犹如《中庸》所谓"参赞化育"；因此，人类的历史认知、人文认知，比自然科学认识更加确定、可靠，也更加鲜活、亲切、诗意，其间跳动着人类生命的温热脉搏。

第二，由于历史是人类缔造、构筑自身生命的创造性活动，文明史的本真面貌，必在古今一贯的"人类心智"中，才能完整一贯地被辨认出来，其诞生、演化之谜，亦蕴含在这种思想形态中，而非如近代西方史学主流那样——挥舞着从自然科学那里借来的"手术刀"，凭着"启蒙-实证-进步"的僵化标准，对活生生的历史生命、人性真实，予以破碎化的切割、解剖。

中国近代主张全盘西化的学者曾武断提出的所谓"层累地造成的古史"，恰恰说明了，在历史哲学的深刻意义上，人类历史认知的合法性：每一代后来人，对前辈创造的"解读"都是"层累地造成"，是后代人对前辈人的"创造性的理解"，这一"层累地造成"的"传统"，正是历史认识"确切可凭"的根本依据与合法性所在。后代学者，不能依凭某个虚幻的标准，譬如"进步"或"倒退"，来武断地评判古人的创造，更不应贸然推翻古人依据"心灵的创造性认知"而"层累地"建构起来的历史样貌，进而奢望自己可以"去伪存真"、获得"层累之外"的免疫性，否则势必造成对文明传统与文明认知的极大伤害——近代疑古、辨伪学派的迷误，即源于此。

简言之，"层累地造成"恰是人类创造性地自我认识、自我建构的核心，是人类历史认识的基本法则，体现了每一代人的完整心智，历史就是"层累地造成的"文明价值体系，后起者无权对前辈成就妄加怀疑与非议，而应予以"同情的了解"（史学宗师陈寅恪先生树立的伟大中国史原则）。

第三，人生活在自己创造的世界中，不断缔造着自己的生命，他的生活不是"一次性给定的"，而是从无尽的境遇中自我探索、独立建构出来的，他的创造与认识、行

---

❶ 维柯.新科学[M].北京：人民文学出版社，1986：第349段，第331段.

动与理解完全统一，构成了可变化的、不断生成的生命统一体。

叔本华、尼采、柏格森、狄尔泰等生命哲学家，惠特曼、波德莱尔、兰波、"垮掉的一代"、博尔赫斯等人，不断跨越西方哲学与西方社会的"木乃伊"情结与僵化形态，不断开辟出现代生命自我建构的广大自由之路。海德格尔在《艺术作品的本源》等一系列巨著中，创造性地"高端对接"了希腊生命哲学对"真理的涌现""存在的天命"的诗意解释，东方哲学对"现象自行演出"的伟大关注，荷尔德林、里尔克、格奥尔格、特拉克尔、梵高作品等"诗性智慧"的荣耀之光，三者融贯为一，预示着人类整体生存与个体生存的"自我拯救"之路。

第四，人的鲜活的可变性、人类历史鲜活的可塑性，从根本上揭示了西方哲学自柏拉图直至笛卡尔、卢梭、康德、黑格尔等所有独断论教条主义的根本谬误——抽象的、静态的、原子式的个人，被西方哲学固置在一个完全隔绝于历史境遇与人性实际之上的"理性乌托邦"之中——永无解脱；相反，在中国哲学儒道佛智慧"不齐而齐"的生命大一统宇宙观的哲学框架下，人的自由、文明的自由，恰如让-保罗·萨特《存在主义是一种人道主义》所谓"决定论是没有的，人就是自由"一般，开启一个鲜活变动、不知终始、纷繁多样的人类世界与文明前景。

第五，维柯从历史哲学的高度，极其博大而精湛地解释了各民族创造文明史的"诞生与演进之谜"：

人类本着"共同本性"（Common Nature）创造出历史，"起源于互不相识的各民族之间的一致观念，必有一个共同的真理基础"❶，这基础就是人性天赋的创造力。把行动和理解统一为"可变化的真理性认知"，正是这一认知，促成了人类文明在世界各地的伟大诞生和不断演进。汉代贤哲董仲舒曰："天不变，道亦不变"，在苍天神明的奥秘秩序与人类自身创造的文明秩序下，人作为血缘、文化等历史性存在的构造物，不断"层累地"（姑且反其道用之）创造出各民族的伟大历史，也就是"人类本性的共通历史"，这根本建基于人类本性、自然本性之上的历史，决定了人类文明之间的共享、传播、互动、交流与相互影响，这一古今之间、中西各民族之间的不息对话与不尽交融，正是天地人大一统宇宙生命整体秩序（道）的鲜活体现。

在维柯心目中，历史由神意（神性大自然）开创，而由人性不断予以完成。在《论意大利的古老智慧》里，维柯指出："作为统治者，全能的上帝注意的是共同的善，而个体的人，作为私人，关心的是他自己特殊的事务。这样，私人的恶或许成为公共的善。……正像私人的幸福服从公共的幸福，个人的特殊利益也必然屈从于全人类的事业。"❷

上帝，也就是世俗人文意义上的大自然，创造出全宇宙的共同的善，是历史运动的"第一因"，而人类的心智，则自觉或不自觉地完成了上帝的意志，同时也锤炼了自

---

❶ 维柯.新科学[M].北京：人民文学出版社，1986：第144段.

❷ 维柯选集（英译本第77—78页）[M]//韩震.西方历史哲学导论.济南：山东人民出版社，1992：39.

身的意志："这个民族世界所源自的心智，往往不一致，有时彼此相反，而且常常超出意料之外；用这些狭隘的目的，却能服务于广泛的目的，人类心智经常用这种方法，把人类保存在这个地球上。"❶

换言之，大自然（上帝）意志贯穿着、担保着、成全着人类心智，使之局部地、渐进地、反复顿挫地缓慢推进"共同的善"，人类由于这种心智的局限性，被意外地"保存在这个地球上"；倘若人类的心智完全遮蔽了上帝的意志，无疑，文明必遭毁灭，因为依凭有限感官与理智而自谋生计的人类僭越了神的地位。

维柯发现，"所有民族的民事世界，都是从宗教开始的"，"从这种畏惧天神的思想中，一定产生出人类意志所特有的冲动力或动因，来控制肉体加于心灵的那种激动，使之完全平静下来，像明智者应有的样子，或至少把它转向较好的文明人的样子。这种对肉体激动的控制，当然就是人类的自由选择即自由意志的一种结果"。❷

由此可以了解，宗教崇拜、道德观念、科学知识等一切社会文明制度与人文形态，都在对大自然（天神上帝）的深刻博大的崇拜与道德理性的基础上，被建造起来了：一个民族的诞生，也就是一个伟大宗教、伟大文明的诞生过程。

各民族的文明制度具有惊人的一致性，乃源于人性的内在一致，从这些普遍人性中，诞生了各种文明制度的基本原则："根据这些原则，一切民族才被创建出来，而且现在仍能生存下去"❸。维柯发现，各个民族都保持了三个习俗：一是宗教；二是婚礼；三是埋葬死者。维柯把这三种普遍永恒的习俗，作为"新科学"的三个"头等重要的原则"，并推断文明史经历了三个时代：一是神的时代，预兆和神谕是世俗生活中最古老的制度；二是英雄时代，贵族政体统治一切；三是人的时代，两种人道政体分别建立了不同形式的政权——民主制和君主制，以确保人性的基本平等。三个时代的基本结构是一致的："信仰一种有预见力的天神的宗教，这就形成和赋予了这个民族世界以生命的精神整体。"❹

值得注意的是维柯把"君主制"和"民主制"同时列为"人道政体"，作为不同的政权组织形式，君主制和民主制都能确保人的平等与自由。这一看法明显与启蒙空想-实证主义总是吹嘘"民主制"而批评"君主制"的草率态度有别，也不同于欧洲保守主义思想家约瑟夫·德·迈斯特、埃德蒙·柏克、浪漫主义思想家如卡莱尔等对"民主制"采取的批判态度。或许，造成恐怖大屠杀和欧洲连年动荡、战争的法国大革命尚未爆发，维柯对"民主制"尚抱有一定的幻想，因此采取了一定的肯定态度。

维柯揭示了文明史的重演法则：

---

❶ 维柯.新科学[M].北京：人民文学出版社，1986：第1108段.（此处译文作者略简化）
❷ 维柯.新科学[M].北京：人民文学出版社，1986：第340段，第1043段.（此处译文作者略简化）
❸ 维柯.新科学[M].北京：人民文学出版社，1986：第332段.（此处译文作者略简化）
❹ 维柯.新科学[M].北京：人民文学出版社，1986：第915段.（此处译文作者略简化）

> 如果人民腐化到听任自己成为无羁情欲的低贱奴隶（诸如铺张、妖冶、贪婪、嫉妒、骄横和虚荣等），总是追求淫逸的乐趣，又陷入奴隶般的丑行（说谎、欺骗、搬弄是非、盗窃、懦夫和冒牌者）中，天意就让这种人按各民族的部落自然法沦为奴隶，受制于比较优秀的民族。……显示自然秩序的两大光辉原则是：首先，凡是不能自我统治的，必由能统治他们的人去统治；其次，世界总是由本性适宜统治的人来统治。❶

这种文明史的反复重演与不断更新，恰是历史认识的基础。与笛卡尔主义和启蒙空想主义有关"自然法""社会契约"等"反历史"的先验僵化图式不同，维柯认为，历史认识不同于也高于自然科学对事物外在形式的粗浅认知，能深入到事物的内在生命之中，把握其灵魂的脉动，那些"距离我们很久远的、最早的历史文物，（虽然）沉浸在漆黑的长夜中"，但它们"确切无疑地闪耀着真理的永不褪色的光辉"，因为它们是人类心智所造就，所以，"它的原则必然会从我们自己心灵的变化中找到"❷，当我们用自己的心灵去把握过往文明世界的遗迹，尤其是把握这些遗迹蕴含的普遍的"人类精神"时，我们就理解了历史。

维柯认为，历史思考与认识的方法，比较重要的有：一是字源学的方法，"必然有一种通用于一切民族的内心语言"，又可称为"内心词典"，而其表象形态、表达方式的不同，可发现各民族对某一事物的源初认知。譬如"祖业、家财"，拉丁语 pecunia 从"牛羊群"pecus 而来，表明古罗马和日耳曼人从游牧民族演化而来；"自由"liberalis 最早的含义是"出身好"，"自由人"liberalitas 即贵族、不受奴役的意思；而古埃及人称"尼罗河"为"流金河"表明埃及文明对河流生态、农业灌溉与丰盛收成之间紧密关系的伟大认知，"谷物是世界上最早的黄金"❸。二是神话学，神话是文明社会的基本结构的诗意表达，各种神话、寓言、传说、习俗、宗教等，"都是真实可靠的历史"，"凡是对人类必需的或有用的东西，本身都是神，这种诗的作者就是最初各民族的……神学诗人"❹，记载着人类建构文明的业绩；三是把各种传说与历史文物结合起来考察，我们就能获得人类思想史、习俗史和事迹史的有机统一❺。其中居第一位的，是普遍的人类心智，这是历史认知的基础，是历史认知者对历史活动的精神思辨，即历史哲学；神话传说与文献、文物，是贯穿这一思辨的凭证与进而诠释的基础，三者完整呈现了人类历史活动的法则与规律。

---

❶ 维柯.新科学[M].北京：人民文学出版社，1986：第1105段.（此处译文作者略简化）
❷ 维柯.新科学[M].北京：人民文学出版社，1986：第331段.（此处译文作者略简化）
❸ 维柯.新科学[M].北京：人民文学出版社，1986：第545段、第556段、第546段、第3段.（此处译文作者略简化）
❹ 维柯.新科学[M].北京：人民文学出版社，1986：第7段.（此处译文作者略简化）
❺ 维柯.新科学[M].北京：人民文学出版社，1986：第368段.（此处译文作者略简化）

作为整体性的思想家，维柯的著作是"所有塑造现代人文思想的名著的基础"[1]，尽管在18世纪默默无闻，却在19世纪初，经由德国历史哲学大师赫尔德、法国著名历史学家米什莱等人推崇，受到当代一大批人文学者的重视、研究与传播。

维柯穿透了启蒙空想主义-实证主义的浓重阴霾，开辟出现代性批判、反思与重建的伟大人文主义思想潮流。赫尔德、斯宾格勒、汤因比、雅斯贝尔斯、欧文·白璧德、柏格森、维特根斯坦、海德格尔、狄尔泰、文德尔班、李凯尔特、克罗齐、科林伍德、卡尔·波普、"民国七贤""法兰克福学派"、伊尼斯、波兹曼等一大批历史哲学、传播哲学大师，巍然接续而起，把全人类的历史认识与现实认知，提升到一个全新的水平。

七、挺身站立之七：重建全民族对自身文明的高度自觉

2014年春节前夕，笔者因雾霾笼罩大脑昏沉，无奈之下，只好暂停写作，欣赏由美国指挥大师伯恩施坦指挥、维也纳爱乐乐团演奏的贝多芬《第九交响曲》（DVD），蓦然，一股浩然正气，自宇宙深处奔涌而出，人类的不朽激情与奋进向上的意志，如万马奔腾一般，冲决了大都会的灰霾，也清洗了体内郁积的阴暗。久久聆听、萃取，我不禁热泪盈眶：这就是《大易》所谓"元亨利贞、刚健中正"的乾刚之气，这就是中华民族挺身站立的伟大精神、生命意志的绝佳表达，这就是全人类正大光明之途的瑰丽宣言，被近代西方文明的一大巅峰——维也纳古典乐派的三位大师海顿、莫扎特、贝多芬予以淋漓尽致的表达，尤其被第四乐章的磅礴浩大的"合唱"所赖以发抒的伟大诗篇——席勒的《欢乐颂》那广大自由的精神加以绝妙表达。

赫尔德、歌德、席勒、荷尔德林等浪漫主义大师，与文艺复兴以来诸大师如但丁、蒙田、莎士比亚、维柯、约瑟夫·德·迈斯特、埃德蒙·柏克等贤哲一道，构成了西方启蒙空想-实证考据之外的精神抗衡力量，这一力量呼吁：自然、历史、人性、文明，全是内在完整的生命大一统机体，不断挥舞"解剖刀"的工商科技势力，在解决物质进步问题的同时，不得僭越物质实用界，粗暴横加"工具理性"于人的生命精神、道德意志之上！

蓦然间，我领悟了西方文明被历史哲学大师奥斯瓦尔德·斯宾格勒（1880—1936）在名著《西方的没落》（1918—1922）中毅然宣判为"西方文明已经没落"的深刻含义：启蒙空想独断主义-实证、实用主义的近代人文思想的"锁链"，一步步把西方拖入"帝国思维"的固执与僵化之中，难以自拔。

贝多芬《第九交响曲》那种"高歌猛进"的生命主义、大同主义，日益遭到工

---

[1] 唐纳德·菲利普·维里恩.维柯关于想象力的科学[M].纽约：康奈尔大学出版社，1981：22.

商科技权势扩张主义的深度腐蚀，文艺复兴时代开启的、被全人类翘首企盼的、由西方生命主义哲学表达的巨大可能性——在物质进步的基础上，全人类道德、精神进步的无限"希望"，被全球权势主义摧残殆尽；曾经自我吹嘘为"自由、平等、博爱"的启蒙空想-实证考据-实用主义锁链，如今成了权贵阶层巧取豪夺的思想工具，在大量经济泡沫、金融危机、军事冲突和生态破坏的巨大阴影下，在虚假不实的"人民主权状态"下的原子式的个人，无可选择地匍匐于大企业、大机构以及"大"学机器的盘剥下，疲于奔命、苟延残喘，却心甘情愿地被蒙骗为"度过了时尚、靓丽、富足的一生"！

如今，中国人挺身站立的关键一步，在于挣脱启蒙独断-实证考据-实用主义的精神枷锁，树立中华文明的主体地位，与西方文明的生命智慧，不断进行"高端对接"，哺育全民族的文明自觉和民族自信，在天地人宇宙生命大一统的哲学-科学-人文框架下，变革全盘西化派长期盘踞的官方公共话语、教育学术话语、文明观念与文明制度，同时，坚持改革开放伟大事业，不断提升民生水平，恢复中国在千百年来的全球前列地位，在全球文明的重新建构、规划、布局与更新中，加入复兴了的"中国生命要素"，引领全人类踏上长期稳定繁荣、广大自由的新生之路。

目 录

上篇　大一统文明之梦

第一章　百万年绵延 …………………………………………3
　　一、伟大文明的百万年绵延 ……………………………4
　　二、通向中华文明的伟大进程 …………………………5
　　三、中国旧石器文明的长足进步 ………………………7
　　四、新石器农业革命与中华文明创立 …………………9
　　五、扫除近代成见，尊重古典文明 ……………………10

第二章　神州大传 …………………………………………13
　　一、伏羲时代的文明曙光 ………………………………13
　　二、具有全球意义的文明建构 …………………………14
　　三、伏羲时代的生命大一统智慧 ………………………17
　　四、伏羲时代的伟大文明成就 …………………………19
　　五、河图易经的大一统框架 ……………………………20
　　六、伏羲时代的宇宙大一统图景 ………………………22

第三章　大一统的文明意蕴 ………………………………24
　　一、宇宙大一统，万物系于天 …………………………24
　　二、大一统政治，中华稳固根基 ………………………26
　　三、大一统生态秩序，顺天而立 ………………………27
　　四、大一统生命交感 ……………………………………28
　　五、大一统生命的鲜活节奏 ……………………………30
　　六、大一统的终极文明信仰 ……………………………31

第四章　中华大一统之道 …………………………………33
　　一、中国人创造的"大一统文明奇迹" …………………33

二、龙腾、凤舞、虎跃、玄武：中国历史四大生命进程……………34
　　三、"为学日益，为道日损"：全球文明传播的两大模式………………37
　　四、国史源流：司马谈《论六家要旨》……………………………………38
　　五、中国绽放光明：司马谈毅然"改宗儒家"……………………………40
　　六、司马迁透彻论述儒家"六经"要旨……………………………………41
　　七、古今一概：从司马迁到汤因比…………………………………………42
　　八、大一统融贯：文明传播学的崇高宗旨…………………………………43

第五章　中华大一统国体……………………………………………………45
　　一、灿烂礼乐教化，涵养天人之和…………………………………………48
　　二、大小宇宙之间：融贯、共振、交欢……………………………………50
　　三、中华大一统：包裹广大，牢笼万有……………………………………51
　　四、礼乐政教，匹配天地之德………………………………………………53
　　五、律历星官，挥洒万物光辉节奏…………………………………………55
　　六、天文星宿，繁育万物瑰丽风姿…………………………………………58
　　七、从封禅河渠，到黄帝内经：内外光明…………………………………63

第六章　伏羲大一统：融会贯通的哲学-科学-人文智慧框架……………68
　　一、伏羲七法：萃取宇宙大一统精华………………………………………68
　　二、宇宙万象：阳刚健进之德………………………………………………69
　　三、天地之道：一切生命，勇猛精进………………………………………70
　　四、天地人神大一统：自然人文妙合无垠…………………………………72
　　五、生命现象学：宇宙大一统图景…………………………………………74
　　六、全球大一统：文明传播全景图…………………………………………75

第七章　炎黄时代：古典宪政的创始………………………………………78
　　一、炎黄创始中华古典宪政机制……………………………………………78
　　二、黄帝的大一统古典宪政制度……………………………………………79
　　三、炎黄时代的文明大一统传播……………………………………………82
　　四、黄帝继任者的文明传播…………………………………………………86
　　五、黄帝时代古典宪政秩序的确立…………………………………………87

第八章　尧舜古典宪政体系……………………………………………………90
　　一、尧舜大时代的标志性成就………………………………………………90
　　二、古典宪政机制与近代宪政制的对比……………………………………91
　　三、天下为公：中华古典宪政秩序…………………………………………95
　　四、尧帝创设大一统制度体系………………………………………………100

第九章　尧舜古典宪政制度……104
一、养民、选士：古典宪政的传播奥秘……104
二、中华古典宪政机制的有序互动……105
三、中夏古典宪政体系的二十六项制度……107

第十章　尧舜时代的生命大一统……115
一、宇宙形而上问题的率先解决……115
二、神州古典知识的深湛系统……117
三、洞彻中华大一统的精神核心……118
四、焕发内心之光：文明传播学的方法与步骤……120
五、中华共享主义的大一统秩序……122
六、中华大一统传播的生命境界……124
七、智慧大一统：融贯古今，汇通中西……126

第十一章　尧舜时代的九州大一统……129
一、中华古典宪政体系的五权制衡……129
二、中华道德理性，可纠西方人权观念之偏……130
三、尧舜宪政文治政府系统……132
四、尧舜政府宪政制衡机制……135
五、九州朝贡体系与神州大一统……138
六、尧舜时代抵达文明巅峰的历史原因……143

第十二章　尧舜时代的全球意义……145
一、中华古典宪政制的历史演进……145
二、古典宪政体系，确保九州大一统……146
三、尧舜禹时代完备的公共服务系统……147
四、夏商周宪政体系的历史演变……148
五、稽古鉴今：大一统文明精神的传播……149

中篇　大一统文明之美

第十三章　联邦大一统……161
一、从大同宪政到小康宪政的演变……161
二、夏文明的古典宪政秩序……163
三、商文明的古典宪政秩序……166
四、西周礼乐文明的兴起……174

第十四章　西周古典宪政体系……179
一、华夏古典民主宪政制的内在机理……179

二、城邦的命定循环与西周文明的突破……………………………………182
　　三、西周伟大的人道主义观念………………………………………………185
　　四、西周宪政体系的经济社会基础…………………………………………186
　　五、《周书·牧誓》展现的大一统框架………………………………………187

第十五章　西周古典宪政治理……………………………………………190
　　一、伟大灿烂的西周封建制度………………………………………………190
　　二、伟大灿烂的西周礼乐秩序………………………………………………195
　　三、《尚书》《周礼》构筑中华宪政体系……………………………………198
　　四、天官冢宰制度：德法匹配的宪政治理…………………………………201

第十六章　西周宪政治理之美……………………………………………206
　　一、地官司徒制度：文明教化之美…………………………………………206
　　二、教治政令：四重宪政治理之美…………………………………………209
　　三、西周公共教化-服务系统之美…………………………………………211
　　四、西周文明民选自治制度之美……………………………………………215
　　五、古典教育学术文化制度之美……………………………………………218

第十七章　西周礼教风俗之美……………………………………………223
　　一、妙和神人：春官宗伯制度………………………………………………223
　　二、寓美善政教，于乐舞歌诗之中…………………………………………229
　　三、安宁天地：古典史官、天文官系统……………………………………232

第十八章　西周公共治理之美……………………………………………234
　　一、军民整合：夏官司马制度………………………………………………234
　　二、严明完备的选贤进士系统………………………………………………236
　　三、周密完善的民意上达系统………………………………………………238
　　四、教治并举：秋官司寇制度………………………………………………240
　　五、完备合理的民意采纳系统………………………………………………242
　　六、绵密细致的民事治理系统………………………………………………244
　　七、华夏古典民主制的多元宪政结构………………………………………245
　　八、轻赋爱民：冬官司空制度与井田制……………………………………246

第十九章　孔子命世而出……………………………………………………250
　　一、晚周礼乐大一统秩序的衰颓……………………………………………250
　　二、华夏民主制的崩溃与诸侯共和制的试行………………………………252
　　三、晚周巨大的生态-社会-文明危机………………………………………254
　　四、古学衰微：天下道术分裂………………………………………………255
　　五、孔子启纳百家，折衷一是………………………………………………259

第二十章　孔子集大成 ······264
　　一、捍卫人类生命的价值 ······264
　　二、仁爱是生命的深度交流 ······268
　　三、德福一致的生命信念 ······269
　　四、礼是社群协调的大一统秩序 ······270
　　五、中华古典宪政哲学的确立 ······273

第二十一章　宪政道统：儒门众派及其传播 ······277
　　一、孔子世家的宪政道统 ······278
　　二、儒门私学的宪政道统 ······281
　　三、子思之学：傲然与天地相仿佛 ······283
　　四、从尸子到商鞅：儒家事功别派 ······287
　　五、穆如清风：从孔子到钱穆之中国正统 ······292

下篇　大一统文明之路

第二十二章　中央集权大一统 ······297
　　一、中国历史是人类史的光辉正统 ······297
　　二、暴秦覆灭的深刻历史教训 ······298
　　三、楚亡汉兴的历史玄机与文明奥秘 ······300
　　四、汉廷勃兴之根基：重申中华古典宪政哲学 ······303
　　五、中华古典宪政体制的君臣制衡 ······305

第二十三章　文武并用之道 ······310
　　一、汉文明的新生："并天下，行仁义" ······311
　　二、贤哲陆贾，畅论古今兴废 ······312
　　三、儒家智慧乃人生博大根基 ······315
　　四、华夏宪政体系之广大自由 ······316
　　五、汉代宪政机制的良性运行 ······317
　　六、宪政根本：重德爱民，休养生息 ······319

第二十四章　中华大一统盛景 ······323
　　一、对人民负责：汉文帝的罪己诏制度 ······323
　　二、汉文帝的古典宪政精神 ······326
　　三、文景之治下中华大一统盛景 ······328
　　四、景帝的轻赋劝农与清明吏治 ······331

第二十五章　大一统文明奥秘 ······334
　　一、儒家大一统传播秩序巍然确立 ······334

二、《天人三策》：奠定中华文明不朽基础⋯⋯⋯⋯⋯⋯⋯⋯⋯⋯⋯⋯336
　　三、树立古今道义：儒家三统⋯⋯⋯⋯⋯⋯⋯⋯⋯⋯⋯⋯⋯⋯⋯⋯⋯338
　　四、太学与乡学：养士、选贤制度⋯⋯⋯⋯⋯⋯⋯⋯⋯⋯⋯⋯⋯⋯⋯340
　　五、融贯百家，独尊儒道⋯⋯⋯⋯⋯⋯⋯⋯⋯⋯⋯⋯⋯⋯⋯⋯⋯⋯⋯342
　　六、独步全球的文明奥秘：古典宪政体系⋯⋯⋯⋯⋯⋯⋯⋯⋯⋯⋯⋯344

第二十六章　大一统文明智慧⋯⋯⋯⋯⋯⋯⋯⋯⋯⋯⋯⋯⋯⋯⋯⋯⋯⋯346
　　一、《春秋繁露》：普世一贯，三统合一⋯⋯⋯⋯⋯⋯⋯⋯⋯⋯⋯⋯347
　　二、全球文明新生：古今宪政秩序重整⋯⋯⋯⋯⋯⋯⋯⋯⋯⋯⋯⋯⋯350
　　三、民生邦本：中外宪政大一统贯通⋯⋯⋯⋯⋯⋯⋯⋯⋯⋯⋯⋯⋯⋯353

第二十七章　大一统民族精神⋯⋯⋯⋯⋯⋯⋯⋯⋯⋯⋯⋯⋯⋯⋯⋯⋯⋯357
　　一、大一统文明：内建宪政，外靖边疆⋯⋯⋯⋯⋯⋯⋯⋯⋯⋯⋯⋯⋯358
　　二、古典宪政奥秘：整肃权贵，剪抑豪强⋯⋯⋯⋯⋯⋯⋯⋯⋯⋯⋯⋯360
　　三、古典宪政秩序：君臣制衡，社稷安康⋯⋯⋯⋯⋯⋯⋯⋯⋯⋯⋯⋯363
　　四、中国大一统的文明传播精神⋯⋯⋯⋯⋯⋯⋯⋯⋯⋯⋯⋯⋯⋯⋯⋯365
　　五、仁义礼智信：文明价值的稳固传递⋯⋯⋯⋯⋯⋯⋯⋯⋯⋯⋯⋯⋯367

第二十八章　中国作为现代之源⋯⋯⋯⋯⋯⋯⋯⋯⋯⋯⋯⋯⋯⋯⋯⋯⋯371
　　一、深思欧洲"中国热"的当代传播意义⋯⋯⋯⋯⋯⋯⋯⋯⋯⋯⋯⋯371
　　二、"置身中国，犹如置身天堂！"⋯⋯⋯⋯⋯⋯⋯⋯⋯⋯⋯⋯⋯⋯375
　　三、"中国形象"的建构与传播⋯⋯⋯⋯⋯⋯⋯⋯⋯⋯⋯⋯⋯⋯⋯⋯377
　　四、利玛窦主义：合情合理地诠释中华文明⋯⋯⋯⋯⋯⋯⋯⋯⋯⋯⋯378
　　五、蒙田、斯卡利哲：透彻论析中国⋯⋯⋯⋯⋯⋯⋯⋯⋯⋯⋯⋯⋯⋯380
　　六、莱布尼茨、伏尔泰：盛赞伟大中国⋯⋯⋯⋯⋯⋯⋯⋯⋯⋯⋯⋯⋯381
　　七、魁奈、米拉波、歌德：揭示中国灵魂⋯⋯⋯⋯⋯⋯⋯⋯⋯⋯⋯⋯383
　　八、"中国热"的短暂退潮与再度复兴⋯⋯⋯⋯⋯⋯⋯⋯⋯⋯⋯⋯⋯385

二十九章　利玛窦的伟大发现⋯⋯⋯⋯⋯⋯⋯⋯⋯⋯⋯⋯⋯⋯⋯⋯⋯⋯388
　　一、中华民族的伟大特质，永世长存⋯⋯⋯⋯⋯⋯⋯⋯⋯⋯⋯⋯⋯⋯388
　　二、利玛窦珍贵的第一手观察⋯⋯⋯⋯⋯⋯⋯⋯⋯⋯⋯⋯⋯⋯⋯⋯⋯391
　　三、利玛窦眼中的中华古典宪政⋯⋯⋯⋯⋯⋯⋯⋯⋯⋯⋯⋯⋯⋯⋯⋯392
　　四、从利玛窦到何炳棣：人口与资源的临界点⋯⋯⋯⋯⋯⋯⋯⋯⋯⋯395
　　五、明清史料中的宪政制衡与民生问题⋯⋯⋯⋯⋯⋯⋯⋯⋯⋯⋯⋯⋯397
　　六、重新认识中华古典文明的精髓⋯⋯⋯⋯⋯⋯⋯⋯⋯⋯⋯⋯⋯⋯⋯398

第三十章　中国照亮世界⋯⋯⋯⋯⋯⋯⋯⋯⋯⋯⋯⋯⋯⋯⋯⋯⋯⋯⋯⋯402
　　一、文明传播大智慧的三个层次⋯⋯⋯⋯⋯⋯⋯⋯⋯⋯⋯⋯⋯⋯⋯⋯402
　　二、欧洲自由思想对孔子智慧的发现⋯⋯⋯⋯⋯⋯⋯⋯⋯⋯⋯⋯⋯⋯404
　　三、孟德斯鸠的失误与一则公案的初步破解⋯⋯⋯⋯⋯⋯⋯⋯⋯⋯⋯407

- 四、重建文明自信：朱谦之、范希衡、范存忠的伟大志业……409
- 五、清明广大的道德理性：伏尔泰的中国观……410
- 六、伏尔泰《中国孤儿》：揭示中国道德精神……412
- 七、伏尔泰高度推崇中华文明的传播秩序……414
- 八、洞彻古今：苏格兰医生的第一手观察……417

第三十一章　深湛之见：从伏尔泰到钱穆……421
- 一、伏尔泰精辟揭示中华文明精髓……421
- 二、对"伏尔泰-李约瑟疑问"的解答……424
- 三、孟德斯鸠的误判与莫斯卡的矫正……427
- 四、钱穆精准评判近代大变局……433

第三十二章　以中国为典范……435
- 一、约翰逊论古典中国三大法则……435
- 二、向中国古典谏议制度学习……437
- 三、世界公民，以中国为镜鉴……438
- 四、启蒙诸家的"科学艺术之争"……441
- 五、对启蒙"中国观"的合理分析……445

第三十三章　洞见真实：从维柯到宇野哲人……448
- 一、维柯深刻批判启蒙空想主义……448
- 二、德配天地、道贯古今的儒家智慧……450
- 三、华夏民主制：阿尔弗雷德·韦伯论断中华文明……452
- 四、亲近体认中国历史实际与文明灵魂……455
- 五、宇野哲人："中国自古为民主政体！"……461

第三十四章　翘盼东方：从谢和耐到汤因比……464
- 一、谢和耐论析中华文明大一统精髓……465
- 二、汤因比的伟大历史哲学洞见……466
- 三、全球危机源于西方启蒙独断思维……468

第三十五章　捍卫大一统完整世界……475
- 一、主权国家是一系列历史条件的耦合……476
- 二、文明奥秘："古来如此，必将永恒！"……479
- 三、变迁之谜：人口与社会规模的临界点……480
- 四、文明的凝聚，仰赖伟大的民族精神……482
- 五、开明的大一统王权，优于民主制……485
- 六、古今宪政机制的大一统模式……486
- 七、捍卫、重建全球大一统文明……488

第三十六章　为中国正名……491
- 一、孟德斯鸠的误判与讹传……491

二、伏尔泰等人对孟德斯鸠的批驳……………………………………497
三、安逊船长与富察中丞的交涉……………………………………500
四、百年公案一朝廓清………………………………………………503
五、中国坚韧四维，托举人类大厦…………………………………504

结语　让广大自由的中国梦，展翅翱翔！……………………………508

上篇

大一统文明之梦

第一章　百万年绵延

　　大一统，是中国人对于天地万物、宇宙时空、人类生命活动与文明活动的终极本质的精妙概括。《论语》曰："唯天为大，唯尧则之"，博大深邃地确立起大一统中国历史哲学的两大主题：一是中国人确信，在宇宙万物之中，唯天最大，亦即大自然是一切生命的本源和归宿，决定着万物的生长、繁衍、回归，苍天之下，一切为小，唯有大自然的生命运动，浩浩不息、刚健鲜活、至大至纯、至善至美，伏羲氏创立的《河图易经》融会贯通万象为一体的、哲学—科学—人文的伟大智慧体系，堪称孔子这一历史哲学的宇宙观源头；二是中华文明自伏羲氏创立以来，文明经验绵绵累积不息，历经神农炎帝、轩辕黄帝、少昊、颛顼、帝喾、尧帝、舜帝等圣贤之君的代代建构与传承，荟萃为"大道之行，天下为公；选贤与能，讲信修睦"的尧舜大同精神、古典宪政机制，普天之下，自天子公卿，以至庶民百姓，都要遵循"贤能居位，诚信和睦"的宪政精神与道德精神，天地人大一统之道，贯彻到人文世界，就是由神农率先逊位、黄帝受诸侯公推为天子这一套古典宪政制度，由尧帝再度施行，再由舜帝予以贯彻，从此，不私权位、谦逊禅让、公推为君的"天下为公"精神，深入人心，万民敬仰。这一由尧帝重申并确立的宪法原则，把"天意"不私一家一人的公平浩大，予以宪法化，使之遥遥高踞于世俗拥有权力的一切人、一切势力之上。尧帝所创设的文明观念与文明制度，在中国历史哲学上，乃至在普通百姓的心目之中，居人类文明、宪政与美德的最高峰巅，故而孔子称为"唯尧则之"，以寄托儒家宪政哲学对夏禹之后小康之世、天子世袭制的批评。

　　大一统乃中国历史哲学的崇高概念。尧帝在《尚书·尧典》中最早提出了"克明峻德……协和万邦"，即将之树立为全人类的最高理想，这大同主义的文明信念，标榜天下万邦、万民、万类，都应当彼此善待、协调一致，从而奠定了中华民族大一统的最高信念；《春秋》《易传》《礼记》《论语》等巍巍巨著接续而起，进一步确立起全民族"普天之下，一视同仁"的大同主义、仁道主义的文明信念，历经子夏、孟子、董仲舒、司马迁、孔安国等一系列儒家大师的精辟论述与发挥、弘扬，成为中华文明的核心要素。

一、伟大文明的百万年绵延

大一统文明有着悠久而独特的历史传承。

著名考古学家苏秉琦（1909—1997）在《中国文明起源新探》最后一章里，总结中国历史的基本国情为："超百万年的文化根系，上万年的文明起步，五千年的古国，两千年的中华一统实体"，并且认为："世界上没有哪一个像中国如此之大的国家有始自百万年前至今不衰、不断的文化发展大系。"[1]堪称允当之论：中华历经超百万年的原始文化积累，在新石器晚期即距今1万年的伏羲时代起步，至今不衰。

在《中国文明起源新探》中，苏秉琦认为，渤海湾西侧之桑干河畔，河北、山西交界处之阳原县东谷坨（在涿鹿和大同之间），出土有100万年前之旧石器文化遗物，东谷坨人已能选用优质燧石为原料，打制小型石器，此一原始文化一直延续至1万年前之虎头梁遗址，构成中华"龙脉"之一。

而北起辽西、内蒙之红山文化，尤其是其出土了大量龙形文物，更是"龙"文化的重要源头；中经燕山南北、太行山两侧之中原文化；东起海岱龙山文化；直抵环太湖地区之东南良渚文化；环洞庭湖、四川盆地之西南文化；环鄱阳湖、珠江之南方文化等巨大的、复杂的原始文化体系，犹如盘根错节的巍巍大树，奠立了中华文明的原始文化根基。

苏秉琦主编、张忠培与严文明等先生撰写的《中国远古时代》，是白寿彝总主编的多卷本《中国通史》的第二卷，其中，苏秉琦先生在1991年为该书撰写的序言，具有鸟瞰全球史与中华史的总揽全局的文明意义。

苏秉琦认为，中国旧石器时代文化，分别与考古学上的直立人、早期智人和晚期智人对应，其基本的文化特征是"向背面加工的小石器（细石器）为主的石器组群"和"华北地区呈现为两个平行发展的文化传统"，苏秉琦认为这两个基本特征"很好地表述了中国六十余年旧石器时代考古的主要成果"[2]。

新石器时代文化则呈现如下几个文化特点：①农业的发生、发展；②社会分工与分化；③文化区系的组合、重构；④有了文明起源的历史传说，中国史由此开端。

这一时代的生产工具是铜器与石器并用。其中，最具根本意义的，是在全球少数几个农业起源中心里，中国独居其二，形成了中国北方以粟和黍为主的旱地作物系统与中国南方以水稻为主的耕作系统，进而形成了精耕细作、栽培灌溉十分精细的灿烂的农业文明，同时，蔬菜种植、园艺、畜牧业也非常发达，各种先进农具应运而生。

中国两大农耕经济系统，大致经历了各自对应的文化发展阶段，北方一系历经磁山文化、仰韶文化、龙山文化诸文化阶段；南方一系历经彭头山-河姆渡文化、大溪-

---

[1] 苏秉琦. 中国文明起源新探[M]. 北京：三联书店，1999：176.
[2] 苏秉琦. 中国远古时代[M]. 上海：上海人民出版社，2010：序言第3页.

马家浜文化、石家河-良渚文化诸文化阶段❶。

伴随新石器时代农业的大发展，手工业也获得巨大进步，快轮制陶技术、制玉技术、金属冶炼制造技术飞速成长，在公元前三四千年之交的红山文化和公元前3000年中期的良渚文化里，形成南、北两大玉礼器系统。成组的大型玉礼器的出土，表明新石器时代的礼仪制度、宗教信仰、文明共同体意识，伴随大型礼仪建筑而集中出现，说明人类已跃入文明的门槛（西方学者认为5000人口聚居的城市、文字以及大型礼仪建筑的出现，是文明开始的标志）。

东北、华北等地的旱作农业经济文化区，华中、华南的水田稻作农业经济文化区以及东北北部，内蒙古、新疆、青藏高原为主的畜牧经济文化区，构成中华文明起源时代鼎足而三、博大开阔的文明建构格局。

苏秉琦认为，公元前3500年前后的仰韶文化后期，应是《史记·五帝本纪》开篇所记炎黄联合大败蚩尤的年代；而《尚书·尧典》所载尧舜时代的一系列政治建制，"已经是一种雏形的国家"❷。这大约对应着龙山文化时代，山东章丘龙山镇城子崖的城内面积高达20多万平方米，城内有政治、军事和文化中心，制造铜器、玉器和陶器的水平极高，表明当时的中华世界，已经是以发达城市为中心、以广大农村为腹地的、葆有高级礼仪制度的伟大文明时代了。

这百万年一脉相承之伟大文明，其精神根基、道德根基，就在于中国人之根本信念："近来我曾反复思考，中国传统文化的核心——对'天、地、君、亲、师'的崇拜与敬重，是中国人传统信仰的最高、最集中的体现。……面对人类（如今）面临的人与自然界以及国与国、人与人关系这一难题，西方人希望从中国文化中寻找出路。21世纪的中国学（汉学）将要成为世界学。"❸

天地君亲师，构成中华文明价值传递的伟大链条：天地乃大自然宇宙生命的代称；君者，群也，天下大一统文明下社群稳定凝聚的象征；亲者，双亲也，宗族也，代表人类生命经验的最亲密的血缘、姻缘传递；师者，师长也，上述四者荟萃于师尊，师尊再传递给学生弟子，文明经验如此代代相传、绵延不断，构成中华文明百万年绵延的最深根基。

二、通向中华文明的伟大进程

著名古文献学家李学勤在论文集《通向文明之路》❹中，探索中国古史如何破除

---
❶ 苏秉琦.中国远古时代[M].上海：上海人民出版社，2010：序言第4-7页.
❷ 苏秉琦.中国远古时代[M].上海：上海人民出版社，2010：序言第12-13页.
❸ 苏秉琦.中国文明起源新探[M].北京：三联书店，1999：180-182.
❹ 李学勤.通向文明之路[M].北京：商务印书馆，2010.

"疑古学派"的迷雾而获得实质性进展。正是他于1997年在辽宁大学出版社出版的专著《走出疑古时代》最先提出了破除"疑古"迷信这一正确主张。

在《河北与古代文明的起源》一文中，李学勤援引《逸周书·尝麦》，佐证《史记·五帝本纪》的记载真确无疑。笔者查阅《逸周书》相关记载，在《明堂解》而非《尝麦解》（两篇相连，或许，有的版本将其合为一篇），其曰："昔天之初，诞作二后，乃设建典。命赤帝分正二卿，命蚩尤于宇少昊，以临四方，司……上天未成之庆。蚩尤乃逐帝，争于涿鹿之阿，九隅无遗。赤帝大慑，乃说之黄帝，执蚩尤，杀之于中冀。"❶

文献家言神农氏炎帝（赤帝）无从辖制蚩尤，乃说于黄帝，杀蚩尤于河北（中冀），其言与《史记·五帝本纪》若合符节，说明了中华文献彼此印证，古史确切可靠。

在《中华文明起源与山西》一文中，李学勤认为，山西夏县西阴村出土的襄汾陶寺遗址，是新石器时代中国北方最大的城址，足以容纳5000人以上，有大量礼器、墓葬，还有绘制蟠龙的陶盆，陶壶上有红色陶文"文"等字，距今4200~4600年，当是尧舜文明的遗迹❷。

李学勤在"全国大禹文化研讨会"上透露，2002年保利艺术博物馆收藏的一件西周青铜器遂公盨上铭文"天命禹敷土，随山浚川"，与《尚书·禹贡》所载一字不差，李学勤先生进而据此认为，"这件东西的存在，从文体、内容上，证明了《尚书》头几篇，包括《尧典》《皋陶谟》《禹贡》这几篇，是有根据的。"❸

更具启迪意义的，是李学勤《古史研究的当前趋向》一文。文中指出，由于近来郭店简、上海博物院所藏简牍、马王堆帛书等文献的考古发现与释读，再将这些出土文献与传世典籍加以对比，结果证明：过去遭受无端怀疑的许多经典，包括《礼记》和《大戴礼记》的一系列篇章，均是与孟子、庄子同时代的先秦文献古籍，绝非清代、民国疑古学派所"厚诬"之汉魏儒生伪造而成之"伪书"。

李学勤援引考古学家李伯谦在《考古学视野里的三皇五帝时代》❹中的列表"考古学重建中国古史体系与传统史学中国古史体系的对应表"，将"伏羲时代"列为旧石器时代早、中、晚三期，约当12000年至200万年间（原列表分别为有巢氏、伏羲氏、燧人氏三时代交叉重叠，笔者予以简化）；神农氏约当新石器时代早期、中期的7000~12000年前。

炎帝神农、黄帝时代，约当新石器晚期之4500~7000年前，中国已是部落联盟基础上的"古国"；新石器时代末期，约当4000~4500年前，即颛顼、帝喾、尧舜禹时代的国（初级）和夏商周的王国（高级）以及从秦到清的帝国阶段（唯"帝国"之名不

---

❶ 帝王世纪 世本 逸周书 古本竹书纪年[M]. 济南：齐鲁书社，2010：73-75.
❷ 李学勤. 通向文明之路[M]. 北京：商务印书馆，2010：36.
❸ 李学勤. 通向文明之路[M]. 北京：商务印书馆，2010：43-44.
❹ 李伯谦. 考古学视野里的三皇五帝时代[J]. 古代文明研究通讯，2008（36）.

恰，笔者注）❶。

李伯谦列表虽有值得商榷之处（如古国、王国、帝国的概念区分），但已全面冲破了1909年日本学者白鸟库吉《中国古传说的研究》所谓"尧舜禹抹杀论"和1923年开始编撰的《古史辨》疑古思潮的错误，重新肯定传统史学有关古史体系的合理性，堪称当下中华文明史重建的正确趋向。

三、中国旧石器文明的长足进步

由于四面环绕高山、高原、大漠和和海洋，中华文明依托的是一个相对独立、完整的地理大单元。中国地势西高东低，依次形成四个大的自然生态区：长城以北的东北、内蒙古、新疆、青藏等地的塞北-塞外区；长城以南、秦岭淮河以北的华北区；秦岭淮河以南、南岭以北的华中区；南岭以南的华南区。因为气候、土壤等自然生态条件的不同，依次形成了高原农牧区文明、中原旱作农耕文明、南方稻作文明和华南的亚热带、热带作物与水稻耕作文明。

全国发现许多古冰川遗迹，大致经历了龙川冰期、鄱阳冰期、大姑冰期、庐山冰期和大理冰期，显示自300万年前至1万年前中华大地的气候变迁。

依据考古发现，至少在189万年前，中华大地上已经有了人类足迹，亦可谓有了原始文明的人类印迹。

目前已知最早的旧石器时代文明遗址，是山西南部芮城县西北、中条山阳坡的西侯度村出土的原始文化遗址，称"西侯度文化"，出土的一批石器制品、有切割痕迹的鹿角、烧骨和大量动物化石，表明原始人类已经可以制造石器并用火烧烤猎物，据古地磁法测定，西侯度文化的年代约距今180万年，换言之，中华文明在旧石器时代的历史，可远溯至180万年前的原始器物遗迹。

最早的人类遗骸，发现于云南北部金沙江支流——龙川江与那蚌河交汇处的元谋盆地，称"元谋直立人"，形体与后来的"北京直立人"有一定联系，距今约170万年。遗址除石器外，还有一些烧骨和大量炭屑，说明已经用火。

河北阳原小长梁的原始石器尤其是附近东谷坨发现的文化遗址表明，石器体积较小且加工精细，能分出不同类型与用途，距今100万年，明显比西侯度石器与元谋石器精致，表明原始文明的持续进步，有人称为"东谷坨文化"。

如果说西侯度人、元谋人、东谷坨人代表更新世早期的原始文明，那么，距今100万年前后崛起的蓝田人、北京人，则代表着原始文明获得较大发展的更新世的中期与晚期成就。

---

❶ 李学勤. 通向文明之路[M]. 北京：商务印书馆，2010：59-61.

陕西蓝田县陈家窝和公王岭出土的原始人骸骨，脑容量为778毫升，较后来的北京人要小。西侯度西南、黄河岸边，出土了"合河文化"遗址，其石器类型分明，显然是继承西侯度文化而来。

周口店位于北京西南郊的西山脚下，很早就有人在此挖掘"龙骨"（古动物化石）。1918—1921年，瑞典地质学家在周口店龙骨山发现丰富的动物化石，预言在此将发现人类化石。经1927—1937年的不断发掘，发现6具完整的人头盖骨和大量肢体碎片，石器制品数以万计，伴生的动物化石100多种，是目前我国发现资料最丰富的旧石器文明遗址之一。1966年发现的5号头盖骨，脑容量高达1140毫升，肢体与现代人十分接近，称"北京直立人"。

北京人洞穴有大量用火痕迹，有成堆的灰烬、烧过的骨头、石头、土块和树枝等，说明北京人已经成功地控制和管理火种，距今23万~71万年。

考古学家把只能打制石器而基本不能磨制石器的原始文化，称为旧石器文化。我国发现的旧石器文明遗迹，经历了自10万年到180万年的漫长岁月。这一漫长时期的主要文明成就，一是掌握了制造石器的一套方法；二是使用火和管理火，促使原始人脑力和体力增长。

在北京人向现代人过渡的时期，人类体质与脑力变化的中间阶段，又称"早期智人"和"晚期智人"时期，以辽宁营口永安乡金牛山出土的金牛山人、陕西大荔甜水沟出土的大荔人等为代表。西山阳高许家窑出土的许家窑人遗址，发现3万多件石器制品，其中1000多件石球，具有重要特征。周口店新洞、山西襄汾丁村、辽宁喀左鸽子洞等早期智人遗址出土的人体化石表明，这一时期人类脑盖较薄、脑容量增大、动脉枝较发达，说明智力有明显提升。

距今5万年前，地质年代进入更新世晚期，人类体质进入晚期智人时期，中国境内的人骨化石全部呈现原始蒙古人种特征，是现代中国人的直系祖先。

这一时期，也是旧石器文明的晚期。

周口店龙骨山顶发现的山顶洞人，就是这一原始蒙古人种的代表，与爱斯基摩人、美洲印第安人体质接近。山顶洞的上洞，有烧火的灰烬，属人居场所；下洞比较集中摆放着人骨，伴以红色的赤铁矿粉和不少装饰品，属于墓葬，表明旧石器文明，已有生者与死者分别安置的原始生活制度。

旧石器文明的主要特征是：①出现了细石器，石器制作普遍使用间接打击法、压制法等复杂工艺，有专门的加工台面，出现了复合工具与个别的箭头，说明狩猎经济有很大发展；②大量出现骨器和角器，锥、针、鱼叉、刀、铲等复杂工具出现，锯、切、削、割、磨、钻等复杂工艺已然掌握，说明当时工艺水平的提高；③多种装饰品出现，穿孔石珠、砾石、兽牙、青鱼眼骨、海蚶壳、鸟骨管、鱼脊椎骨等，装饰在头颈部的佩饰、项饰、坠饰，可知美的观念已诞生；④旧石器时代晚期遗址的数量，远远超过早期、中期原始遗址数量的总和，说明原始文明的稳步成长，其分布范围，最北到黑龙江漠河、呼玛十八站，东到江浙、台湾，南达云贵两广，西抵青藏高原的大部分地区。

华北地区的旧石器文明遗址，以山西最密集，东北次之。辽宁海城小孤山遗址出土1万件石器制品，其中有很多精美的骨器、蚌器和牙器。骨器中的一件鱼叉，有双排倒刺，此外还有骨枪头、穿孔骨针，骨鼻由两面对钻而成，比山顶洞人的骨针先进，说明当时狩猎渔业的进步。哈尔滨阎家岗遗址位于松花江右岸，发现猎人营地与营房，由兽骨垒成，工艺先进。❶

总之，旧石器文明分布中华各地，精细复合的工具、细石器镶嵌技术、磨制与穿孔技术等工艺制度与文明成就，被后起的新石器文明全面继承与迅猛发展。

四、新石器农业革命与中华文明创立

在新石器晚期文明阶段，由于新石器农业革命的发展与经验积累，伏羲率领中华民族率先建构并逐步确立起以《河图易经》（包括《伏羲易》《连山易》《归藏易》等《易经》早期形态）的原始生机主义为核心的哲学-科学-人文的智慧体系，与此同时，炎帝神农氏确立的农业耕作、饮食起居、医药养生、市场贸易等文明制度，黄帝建构、逐渐确立起来的大一统联邦制国家制度、创始期的古典宪政制度体系，在尧舜时代得到进一步的建构、扩充、完善，中国人因此创造了全球文明的第一个巅峰，《易传》《史记·五帝本纪》《今古文尚书》《黄帝内经》等儒家诸子文献，记载了这些举世罕匹的文明成就的建构过程，堪称全球人文治理与人文纪录的光辉典范之一。

今治国学、西学者，最大障碍有二：一是自启蒙运动以来根深蒂固的"古不如今"之说，即对古典文明的价值误判，这种自我膨胀与夸诞的误判，肇始于卢梭、孟德斯鸠和康德，流毒深广。启蒙派主流史学一口咬定：唯近现代才是"文明的"，而古典文明，尽管外在形式有诸多优美、精致之处，但究其实质，则要么是野蛮蒙昧的、黑暗专制的，要么就是腐朽僵化的，最起码也是停滞、压抑的；与此相反，近现代文明被自我夸诞为"人道的、进步的、文明的"，似乎人类自文明起源至今，都一直在"黑暗中摸索"，渴望着"发展、进步到现代"，历史以"无情的铁律"（黑格尔等人喜欢如此渲染）向现代人道文明一再挺进，人性也为此目标而一再获得极大改善、提高，自然、社会、人性逐步进入一个"理想国"、一个"乌托邦社会"，等等。

历史与现实的实际情形是：尽管规模、样式翻新，全球社会的基本现实、人性依然故我，少有改进（某些悲观史学家甚至认为大有倒退之势，至少，全球生态环境的恶化、全球治安形势的恶化等现状，有力地支持了这一派意见）。

---

❶ 苏秉琦.中国远古时代[M].上海：上海人民出版社，2010：1-30.

然而，种种乌托邦，犹如银幕上的爱情故事，不断变幻其"白日梦"的形态，并一再被别有用心地激活，害人不浅：从柏拉图的斯巴达式"共产、共妻、共子"的空想城邦、圣奥古斯丁与圣阿奎那的"上帝之城"，一直到培根的"大西洋岛"、康帕内拉的"太阳城"……里根与撒切尔代表的"消费主义社会"，这些美梦，以好莱坞歌舞片的规模与速度，一一绽放又一一凋谢。

稍稍比较近代社会道德说教与基本现实之间的巨大鸿沟，就可以洞悉"进步理想"之空洞、虚妄、伪善，再来仔细反思、审查一番，古典文明长达数百年的王朝治理、道德教诲的切实可行——从仁义礼智信的道德操守，到修齐治平、协和万邦的远大理想，这些历经数千年而屹立不倒的大一统文明体系，其高下如何，真洞若观火也！

另一学术障碍，就是清末、民国以来"疑古学派""全盘西化派"对中华固有文明及其传世典籍悍然采取的全盘怀疑、否定、批判、毁弃的错误态度，最著名的公案之一，就是《尚书》二典（《尧典》《舜典》）等记述尧舜禹时代政教文明制度的篇章，一律被斥为"伪书"，且不容分辩地写入主流记述，称为"伪古文尚书"，并堂而皇之地出版各种"伪书考"，不仅经史子集可疑，连同被古代文献与地下考古一一印证者，也往往被武断地置于"可疑"之列，不予采信、使用。后学者视为雷池，望而却步。

李学勤在《尧典与甲骨卜辞的叹词"俞"》一文中，援引民国时代著名学者胡厚宣所著《甲骨文四方风名考》[1]和胡厚宣、丁声树所著《甲骨文四方风名考补正》[2]，以确凿无疑的材料证明，《尧典》开端部分，尧帝命羲和敬授民时一节，与早至商王武丁时甲骨文所记四方风名可相互印证（著名气象学家竺可桢亦早在民国时代就予以天文学的印证与论述）。

李学勤进一步对《尧典》《舜典》《皋陶谟》等几篇文字所用叹词"俞"进行古文字研究，进一步证明《尚书》用法与甲骨文用法完全一致，"《尧典》确有古远的渊源"[3]，而非疑古学派所谓"汉魏伪造"。

五、扫除近代成见，尊重古典文明

中国当代学术思想的拨乱反正之一，须深入批判清末民初"疑古辨伪"不良学风以及"全盘西化派"错误思潮造成的各种误判、污损和扭曲，全面解放中华民族的文化自信与中国学者的学术自信：古籍非有确证，不得妄加怀疑！

1993年10月，湖北荆门郭店楚墓大批竹简的出土，1998年5月这批原始儒家、道家典籍的出版问世，连同近来大批考古遗址的发现、海外流失竹简的不断回归，足以

---

[1] 胡厚宣. 甲骨文四方风名考[J]. 责善，1941，2（19）.
[2] 胡厚宣，丁声树. 甲骨文四方风名考补正[J]. 责善，1942，2（22）.
[3] 李学勤. 通向文明之路[M]. 北京：商务印书馆，2010：93-96.

"根本改变'五四'以来的诸多成见"❶。

其中,最具根本性的,是对中华第一经典《尚书》的重要组成部分之一"古文尚书"的重新认定。学者们发现:"《古文尚书》早已被历代学者(主要是清代以及近现代某些学者,非全部。笔者注)判定为伪书,甚至冠以'伪'字,称《伪古文尚书》。但是,郭店竹简引用了多条《古文尚书》的材料,其中大部分见于今传《古文尚书》(有几条不见于今本,说明今本有佚文),这足以证明《古文尚书》不伪。更有意思的是,《古文尚书》中有一篇叫《大禹谟》,《尚书》的《小序》却称此篇为《大禹》,而在郭店楚简中,此篇正叫《大禹》,这说明《小序》相当原始,这就为孔子作《小序》的说法,增添了新的可靠证据。"❷

《尚书》今古文写本,比较完备地记载着中华文明在尧舜禹、夏商周伟大时代的文明建制与历史沿革,居儒家六经(后扩为《十三经注疏》)核心地位,是中华文明古典宪政体系之伟大渊薮。《尚书》历经秦火焚灭等巨大摧残,岿然存世,仰赖晚周儒生誓死捍卫其传承。

秦末,济南伏胜冒着生命危险,将《尚书》全凭记忆全文背诵默记下来,西汉初年,朝廷特派晁错前往济南,根据九十老翁伏胜的记忆,以西汉通行的隶书复写《尚书》,是为"今文尚书";西汉末年,鲁共王企图毁坏孔子宅第以扩建自家园林,不料在孔宅墙壁中,竟然隐隐传出当年儒生讲习礼乐之声,共王恐,遂不敢毁坏,后来,自孔宅墙壁中发现了用晚周、秦代小篆字体书写的《尚书》《论语》等,篇章、词句,与"今文尚书"多有出入,称"古文尚书"。

《今古文尚书》同为中华文明伟大成就的忠实记录,历经秦火焚灭而文辞有异,非但不足为怪,更应无比珍视。不料,清政府时,中国知识分子大多"避席畏闻文字狱,著书都为稻粱谋"(龚自珍诗),更有学者阎若璩(百诗)为了炫耀自己破碎考据之功,妄议《古文尚书》为东晋学者伪造,盲目追随者一时间蜂拥而起、毁谤经典,甚至有主张将《古文尚书》清除出《四库全书》者。著名学者毛奇龄(西河)为此专门著《古文冤词》予以有力驳斥。

近现代国学宗师钱穆,著有《两汉经学今古文评议》一书,精辟揭示了"古文经"传自西周王室之"王官学"官方档案、记述传统,"今文经"则传自晚周诸子学之私人著述传统,两大经学传统并行不悖、相互补充、一体重要。

尽管如此,"疑古学风"一度挟近代国运衰颓、全盘西化思潮甚嚣尘上之势,横决漫溢,连"民国七贤"有时立论,也对《古文尚书》以及《周礼》《列子》等众多古籍不敢采信,更不必指望那些本自摇摆不定的一般学者了。

巍巍《今古文尚书》,好不容易从秦火暴政下喘息得全,不料却被"疑古学派"打

---

❶ 郭店楚简国际学术研讨会论文集[C]. 武汉:湖北人民出版社,2000:662.
❷ 郭沂. 郭店楚简与中国哲学(论纲)[C]//郭店楚简国际学术研讨会论文集. 武汉:湖北人民出版社,2000:572.

入"伪书"冷宫,连同《尚书》被胡适、顾颉刚等人一起扫入"可疑之故纸堆"的,还有《史记·五帝本纪》《易传》《礼记》等众多伟大文献记载,中华浩瀚绵延万年以上的文明全史,被腰斩为仅仅剩下"基本不可疑"的殷商时代。这股学术思潮,与"东洋史学"的阴暗论调、积极策划"满洲独立"的白鸟库吉等人所谓"尧舜禹抹杀论"等遥相呼应,顾颉刚就有"大禹治水全为神话、大禹是一条虫"等言论,为之推波助澜。

如今,时雨骤至,洗清尘霾,中国人终于可以重新认定自己伟大祖先的文明创造、建制能力以及对全球文明的巨大贡献:今古文《尚书》《易传》《史记·五帝本纪》等经世典籍和诸子记述,均是中华文明光辉创造的真确记录,也是全球古典宪政体系、古典人文主义事业的伟大创始!

第二章 神州大传

中华古称神州。

神州者，苍天神灵钟爱之厚土也。宇宙自然，深邃博大，无以称之，乃谓之神。《易·说卦》云："神也者，妙万物而为言"者也。神灵所指，特自然万物之奇妙莫测也。州者，陆也，象众水流经之地。中华文明常尊称四岳、四渎❶，即指此雄伟奇崛、绵延不尽之高山大河，足以养育无数生命。

一、伏羲时代的文明曙光

神州大地在旧石器时代早期就孕育着人类最古老、最悠久、最具可持续性与全球共享价值的文明——中华文明。

较早出版的《简明中国历史地图集》"原始社会遗址图说"称中国大地上发现最早的人类旧石器文化遗址，为山西芮城西侯度、云南元谋、河北阳原小长梁、东谷坨四处，分别距今180万年直至100万年。❷

在距今1万年前后的新石器时代，中华文明就迈出雄浑辉煌的步伐，北起燕山南北、长城一线，包括内蒙古、辽西、辽东等地，东至胶东半岛、泰山一线，以甘陕、关中、晋南、豫西为中心的中原地带，南至以环太湖为中心的东南地带，以环洞庭湖与四川盆地为中心的西南地带，以鄱阳湖-珠江三角洲为中轴的南方地区，大量发现新石器时代文化遗址，说明此时神州大地已普遍进入文明时代，文明传播之深广程度，已涵括中国全境并旁及海外广大地区。

这一时期的中国人不仅能进行农耕、畜牧、渔猎、桑蚕，还能营造房屋、各种器具，并且开始建造庙宇、城邑，有了文字、书契、图画，形成了宗教仪制、婚姻家族礼制以及原始城邦体制，开始了伟大的文明生活。

中国人依据尚德尊贤的悠久传统与传播观念，称这一时期为"三皇五帝

---

❶ 四岳者，东岳泰山，西岳华山，北岳恒山，南岳衡山也；四渎者，江、河、淮、济也。
❷ 简明中国历史地图集[M]. 北京：中国地图出版社，1991：3-5.

代"，即把全民族积累凝聚而成的文明创造，归功于造福全民族的圣明贤德之王。

王者，贯通、畅遂天、地、人三才之志，而凝为一伟大文明整体之道德称谓也。中华文明传播观念和传播制度的伟大秩序、体系、框架，经历了三个大阶段。

第一大阶段，称"天文大轴心"时代，即伏羲时代的文明观念创始期，包括阴阳和谐的宇宙图式、婚姻家族制度等。

第二大阶段，称"地文大轴心"时代，是神农、黄帝、少昊、颛顼、帝喾等远古政治领袖进行政治制度、社会秩序等文明传播秩序的创设建制期，这一时期对中华文明的传播观念和传播制度的稳固、完善、成熟、有序扩大有重大贡献。

第三大阶段，称"人文大轴心"时代，以尧舜禹为代表的虞夏殷周历代政治领袖们，在大洪水泛滥的巨大自然挑战下，以"克明俊德、协和万邦"的伟大人文观念为基础，巍然建树起华夏城邦民主制、文治主义的全国治理体系、九州朝贡体系、五服拱卫体系等一系列深具全球共享价值和历史意义的伟大文明制度，从而直接确保了中华文明在全球各大文明体系中率先取得人文突破，不仅使中华民族早于世界其他民族率先进入"大轴心"期文明传播秩序中，更直接决定了夏商周之伟大礼乐封建制度体系、秦汉隋唐等王朝之文治主义制度体系以及宋元明清中央集权与地方分治之耦合等根本传播机制与文明传播秩序。晚周孔子继起，创立儒家学派，将天文、地文、人文三大轴心，合理诠释为"仁义礼智信"的价值体系，从而终极性地完善了中华文明的价值构造。

尧舜禹时代遂成为中华文明的最高理想境界，堪称中华文明和全球文明之"大轴心之轴心"，乃三重大轴心之核心，中华文明的所有文明建树，几乎都在这天文、地文、人文三大轴心所规范的文明传播秩序之宏伟框架内，斟酌损益而成，这三大文明传播秩序的观念与制度框架一脉相承、垂世建统，奠定了中华文明绵延兴盛万年以上的伟大古典宪政秩序和绵延至今的伟大精神秩序、传播秩序的基础。

二、具有全球意义的文明建构

深入溯源全球共享价值观，可知中国人具有在创始共享文明观念与探索共享文明制度诸方面的全球优先话语权和发言权：早在轴心时代之前的新石器时代晚期、中华文明的起步时代，由于中华民族在此前数万年的文明传播过程中进行了波澜壮阔的种族、宗教、技术、制度、观念等全方位的交流、碰撞、融合，以伏羲、炎黄、尧舜为代表的"三皇五帝时代"乃能进展中华文明的伟大创制，其传播观念和传播制度的萌芽、发皇、创立，一举奠定中华文明数万年绵延的伟大文化根基。

民国学术宗师蒙文通先生在《古史甄微》中提出的中原、海岱、江汉、西南等几大系文化之间的创制、交流，苏秉琦先生在《中国文明起源新探》等著作中提出的中华文明更大范围的文化融合，可证全人类融会一体的共享价值的提出，已经具备了充足的文明创始与建构的历史条件。

伏羲时代作为中华文明的创始时代，最伟大的文明建树，就是解决了困扰人类文明始终不断触发种族、宗教、地缘、文化冲突的形而上学问题、哲学问题，即中国人率先将宇宙基本要素设立为一种神秘而博大的生命体（太极），进而在两种既冲突又和谐的宇宙元素（阴、阳）彼此演化的哲学基础上，奠立一种完美恢宏的宇宙图式（太极图，河图），从而比较成功地解释了宇宙本源、宇宙归宿、人类命运等神学、玄学等宗教、哲学之根本问题，可谓廓清了人类文明长期纠缠不清、困扰深重的形而上学迷惑、哲学迷惑，为中华文明以及全球文明积极探索人文主义、理性主义的传播秩序和治理模式，扫清了思想道路。

天地人大一统秩序、宇宙生命的神秘本源之合理诠释，是人文治理体系和文明传播秩序的重大突破和瑰丽黎明：此后，中华文明在一万年的诞生、绵延、发展和变革中，从来没有发生全国规模的种族、宗教战争，即源于此。

　　研究这一时期人类思想的运思范式，亦即破解人类文明传播活动的价值模式、运行机制，应当从中国文化的源头处寻得其表征图式与价值范式，这一范式即中华文明传播之伟大泉源之一"河图"。从现代人文哲学的角度诠释此图，就可以深刻揭示一切文明的内在传播秩序，演化出将宇宙万物融摄为全球共享价值、人类文明统一整体，即天文-地文-人文"三大轴心"协调一致、天下大同之"文明传播全景图"。

《大易·系辞》曰：

> 古者包牺氏之王天下也，仰则观象于天，俯则观法于地，观鸟兽之文，与地之宜，近取诸身，远取诸物，于是始作八卦，以通神明之德，以类万物之情。[1]

这段文献告诉我们，伏羲时代是中华文明的曙光初现期，是人类文明、人类共享哲学的"创世纪"：宇宙人生之根本问题以及初始思考、命名、创设、建构，均蕴含其间！

据最新考古发现与研究，中国新石器文明，最早可追溯至距今8000~9100年前的湖南彭头山文化、距今8000年前的中原磁山·裴李岗文化、关中老官台文化、内蒙古辽河流域的兴隆洼文化、浙江河姆渡文化等新石器时代早期、中期农耕聚落的原始考古文化。

经初步发掘，在彭头山遗址的400平方米内，已经发现有房屋、墓葬、灰坑（垃

---

[1] 黄寿祺，张善文.周易译注[M].上海：上海古籍出版社，1989：572.

圾坑）和水稻遗存，同类遗址还有李家岗、刘家湾、肖家岗、曹家湾等十余处，说明距今9000年乃至上万年前，中国人已发明农业种植并开始定居生活。

河北武安磁山遗址，占地8万平方米，内含很大规模的窖穴，储有粮食约14万斤，说明当时农业生产水平的提高。这一时期黄河流域以及东北地区的原始文化遗址中，已发现有成套的、制作精细、功能齐全的农具。

在距今7000~7500年的内蒙古隆洼遗址，整个聚落被宽约2米、深约1米的壕沟围绕，聚落内有一排排整齐的半地穴式房屋，显然这是一处经过周密规划、精心设计、统一营建的家族-氏族聚落。聚落中间有两间100多平方米的大房子，应当是原始氏族聚会、举行公共仪式的场所，50~80平方米和20~30平方米不等、分排排列的中小型房屋，则标志着形成了小家庭（小房间）-大家庭（大房间）-家族（一排房屋）-氏族（若干排房屋）的社会共同体结构，而房屋内的布局：中间圆坑形的火塘、四周放置着陶罐等生活用品和石铲、骨锥等生产工具以及地上遗留的兽骨等，表明当时家庭生产、生活的一般情形以及熟食、肉食对促进人脑发育、文明成熟方面的作用。

在距今6000~7000年前的新石器时代晚期，陕西仰韶文化的半坡期、山东大汶口文化、辽河流域的红山文化、长江流域的大溪文化等遗址表明，这一时期的农业生产、陶器制造、家畜饲养、聚落建设等水平更加提高。在陕西临潼姜寨遗址，100多座房屋分成5个群落，向心围出一个1400平方米的广场，构成公共生活的神圣空间，这一聚落所供养的人口已近500人。在山东泰安大汶口遗址，大型墓葬内的随葬品高达180余件，精美的陶器、玉器、象牙器等，表明这一时期的生活水平、工艺水平、文化水平之高超。

在距今4000~5000年前的龙山文化时代，黄河中游山西襄汾的陶寺遗址、黄河下游海岱地区泗水尹家城遗址、长江下游的良渚文化遗址等的考古发现表明：城市或都邑文明已形成。成套礼器的出土，表明此时已形成一套固定的礼制。综合而言，这些城市的特点是：有统一规划与合理布局；宗庙、宫室等象征王权的建筑一般居中央；城内有专门的石器作坊以及冶炼材料、残片等遗物；城垣之外，一再加修防御性建筑、护城河等设施，表明此时城邑彼此的战争激烈，说明这一时期正是炎黄、颛顼、尧舜诸时代"万邦林立"的政治局面，而尧帝在《尚书·尧典》中提出的"协和万邦"的伟大文明理想以及"万邦来朝"的记载，也获得了考古与文献的双重佐证。❶

伏羲部落崛起于黄河下游地区，主要靠其创制原始文化之高超优越，而为其他部落所钦服：《大易·系辞》所谓"古者包牺氏之王天下也，仰则观象于天，俯则观法于

---

❶ 参见 蒙文通. 古史甄微[M]//中国现代学术经典：廖平、蒙文通卷. 石家庄：河北教育出版社，1996：333-410；李学勤，王宇信，等. 中国古代文明与国家形成研究[M]. 昆明：云南人民出版社，1997：14-70；中国社科院考古研究所. 21世纪的中国考古学[M]. 北京：文物出版社，2006.

地，观鸟兽之文，与地之宜，近取诸身，远取诸物，于是始作八卦，以通神明之德，以类万物之情。作结绳而为网罟，以佃以渔……"说明伏羲部落此时已创制出原始文字前身、能准确记录生产生活资料、进行人际沟通、交流、传播的基本符号"八卦"，这一符号体系，极便于部落成员彼此交流、熟练掌握结网捕鱼、蓄养牲畜（伏羲又称包牺氏，"养牺牲以充庖厨"）等重要的生产、生活技术。

更具传播意义的，是伏羲部落在人际关系上的一系列原始文明制度的建构。《史记·补三皇本纪》载："太昊庖羲氏，风姓，代燧人氏继天而王。母曰华胥，履大人迹于雷泽，而生庖羲于成纪，蛇身人首，有圣德。……造书契以代结绳之政，于是始制嫁娶，以俪皮为礼。结网罟以教佃渔，故曰宓牺氏，养牺牲以充庖厨，故曰包牺。"

伏羲、女娲二人共同率领着太昊氏这一部落，其"制嫁娶，以俪皮为礼"等重大文明制度之建构，不仅可以防止部落内部血缘关系、性爱关系之混乱、争斗，更便于公平合理地分配生产生活资料，从而极大增进部落内部成员之向心力、凝聚力、对部落的忠诚。

值得注意的是，伏羲部落之所以能继"燧人氏"而在黄河中下游各部落间崛起称"王"，恰恰在于这些文明制度、文明传播机制之建构，而不在于其原始生产生活技术之发明、使用。换言之，一个部落能发明并率先使用某项生产生活技术固然重要，但更重要的是使这一技术能够迅速传播于部落内部的每个成员、能够公平合理地将这一技术带来的收益分配给每个成员，技术背后的文明传播机制、道德秩序、价值观念，就成为这一部落能否稳步扩大之关键！

推而论之，在有关上古的文献记录中昙花一现的"燧人氏"部落，虽然发明了"取火"技术并因此称名于众部落，但这一部落却未能如伏羲部落这样继而创制出"八卦"符号传播体系以及婚姻、嫁娶、蓄养牺牲等文明传播机制，因此，"燧人氏"部落在文献记录上逐渐消失，而伏羲氏却被各部落推尊为"王"、被后世推尊为"人文初祖"。

三、伏羲时代的生命大一统智慧

伟大宇宙图式和哲学景观的大一统建树，来源于每一时代生活的实际感触，即生命实感。这些生命实感之内部，其所蕴含的深刻矛盾与尖锐冲突，凭借一种博大的宇宙图式和合理的哲学景观，即宇宙生命大一统秩序，获得提炼、澄清、提升、转化和消解，从而打通了文明传播扩大的通道。《河图》就是这种超越现象纷纭混乱之歧途，而综合融贯地解决人类生活的根本秩序与各种挑战的伟大图景与价值秩序。

王充《论衡·齐世篇》曰："宓羲之前，人民至质朴，卧者居居，坐者于于，群居聚处，知其母不识其父。至宓羲时，人民颇文，知欲诈愚，勇欲恐怯，强欲凌弱，众欲暴寡，故宓羲作八卦以治之。"

据此可知：伏羲时代，由于渔猎、蓄养、取火等生产生活技术的提高，各部落面临一系列的文明混乱，所谓"人民颇文，知欲诈愚，勇欲恐怯，强欲凌弱，众欲暴寡"，因此，伏羲乃制作八卦以救济、治理这一文明乱局。换言之，河图、八卦，不仅仅是天地运行之自然图式，更是凭借这一自然图式以寓文明传播之秩序、意义之价值模式：河图之天地之数，八卦之彼此相推，给予"生活在瞬间经验中"的原始人类以全新的宇宙观照与自我观照，大致次序如下：

（1）绵延不尽的时空感：人类不是偶然存在者；
（2）彼此依存的关系感、归属感：万物彼此关爱、彼此担负，联为一体；
（3）人对宇宙的敬畏感：浩然不息、神秘莫测之宇宙，唤起最渊深、最博大的敬畏感、神秘感，为原始宗教之树立，亦即文明之价值源泉、道德秩序奠定基础；
（4）文明之秩序感：从杂多到整一、从混乱到有序、从无根之漂泊到根脉分明、渊源深广之和谐感；

……

河图八卦，实乃上古中国人对宇宙万物之第一次图式规整、第一次哲学概括、第一次诗意描绘、第一次文化把握、第一次传播尝试、第一个全人类价值统一的"大全景"！伏羲氏部落，最早称"太昊"，昊者日也，太者大也、初也、始也，太昊即最早把人文的太阳照临于人类心灵之上者。

文明传播之义大矣哉！

伏羲部落不仅创制文明，更依靠内外传播的巨大凝聚力，首次对当时各部落最大的生存威胁——水患，发起冲击：《史记·补三皇本纪》载："共工与祝融战，不胜，怒，头触不周山崩，天柱折，地维缺，女娲乃炼五色石以补天，断鳌足以立四极，聚芦灰以止滔水，于是地平天成，不改旧物。故功高而充三皇也。"《路史·后纪》卷二《太昊氏下·女皇氏》亦载："太昊氏衰，共工维始作乱，振滔洪水以乱天下，毁天网，绝地纪，覆中冀，人不堪命，于是女皇氏役其神力以与共工氏较，灭共工氏而迁之，然后四极正，冀州宁，地平天成，万民复生，女娲氏乃立，号曰女皇氏，治于中皇山之原，所谓女娲山也。"

共工是当时熟悉水利的原始部落，此时凭仗其占据黄河中游有利地势以及水利设施的便利，"振滔洪水以乱天下"，女娲遂率众而攻之，不仅平息据险作乱的共工部落之乱，更进一步平整水利、土地，为下一个文明时代——神农氏农耕文明之兴起奠定了基础。共工部落从此归顺、融合于中原华夏各族，世世代代成为华夏族"治水之官"。

相传上古三皇之"第一皇"伏羲（包牺氏），率众结网渔猎，在黄河中游（今河南孟津）获得一匹龙首马身的神兽"龙马"，此兽背上有一幅图案，即古河图。伏羲即用此图案草创了中国最原始的文字与哲学，中华文明由此诞生❶！

四、伏羲时代的伟大文明成就

刘勰《文心雕龙·原道第一》曰："人文之元，肇自太极，幽赞神明，易象维先。"文明传播秩序，其与太古作《易》者，同一忧患耶？朱熹《伏羲先天图诗》云："吾闻庖羲氏，爰初辟乾坤。乾行配天德，坤布协地文。仰观玄浑周，一息万里奔。俯察方仪静，颓然千古存。悟彼立象意，契此入德门。勤行当不息，敬守思弥敦。"

清人王穆《登高观秋涨》诗云："滔滔东去抵蓬壶，此际登临意兴孤。长啸一声秋色老，苍波犹似起龙图。"中华文明之传播，其腾飞之"龙图"，正跃出大河、喷薄大地耶？莽莽中原，小小孟津，相传为伏羲获龙马、制河图处，现有龙马负图寺一座，其伏羲殿前，有一幅对联曰："读无字书，忽想到羲皇以上；过负图里，恍神游太极之初"，亦善道中华文明曙光乍现之太初神境也。

近阅"中国十大历史演义小说"之一、明代五岳山人编著之《开辟演义》，深深叹服中国古人对历史文献、对人类至为珍贵的文明经验以及传播遗产的高度尊重、严谨负责的态度，被认为是"小说杂家"的历史演义小说，其搜罗文献之完备、编排史料之整齐、表达文明观念之精准，令人惊叹！

譬如小说第十回"龙马负河图洛书"，先记叙太昊伏羲帝得仓颉所造文字，遂命传示天下，从此"代去燧人氏结绳之政"；再记叙伏羲帝命人造琴瑟，"与民修身理性，反其天真"，次第谨严地提示古人造字、造琴等文明创造过程；又叙孟津河边龙马产出"河图""洛书"，伏羲据此画出八卦，进而演成六十四卦，随即命人作甲历："甲历者，始于甲子，终于癸亥……依《河》《洛》推算，则年、月、日、时定矣。"

小说记叙伏羲帝之臣民称颂伏羲"得先天卦爻而兴教，实万世文明之主也"，伏羲亦自称"观变于阴阳而立卦，教民决嫌疑、定犹豫，便民不迷于吉凶悔吝之途"，指明伏羲"河图"之哲学意义、文明传播意义，在于以恢宏无比的宇宙图式解释万物本原、意义、归宿，进而促使人民摆脱种种"嫌疑、犹豫"等人生困惑，摆脱原始巫术种种荒唐无稽之解说，此即小说所谓"得先天卦爻而兴教"之义，伏羲《河图》之本质，亦昭然若揭也：《河图》乃人类理性把握宇宙万象、文明传播、人类进步之"大全景"也！

作者在对小说前十回的"总释"中评论说："此伏羲所以为五帝之首君，而万古文明之会肇基于此。"❷作者依据一些文献、传说，将三皇分别为天皇、地皇、人皇，把

---

❶ 钱穆. 国学概论[M]. 北京：商务印书馆，1997：3-5.
❷ 五岳山人，等. 开辟演义·杨家府演义[M]. 沈阳：辽宁古籍出版社，1996：20-22.

伏羲尊为五帝之一,确实精准地把握了历史演进的关键环节:万古文明之"会",即超越具象之纷纭歧途,融会贯通于阴阳和合的宇宙观念之中,人类共享文明与价值秩序,肇基于此时,荟萃于《河图》!笔者进而据此认为,全球一体、全人类价值统一的"大全景文明"亦根源于伟大中华文明也!

"河图"实乃上古天文星象历法的伟大图示,伏羲时代根据该图进行农耕生产、确定岁月时序、传播文明生活的观念与技术,使中华民族很早就确立了农业文明的各项制度,促进了此下神农(炎帝)、黄帝时代华夏广大地区的农业、畜牧业之发达,确保了定居、耕作、熟食、文字、政教、文明拓展、婚姻家族等文明制度协调下的人类文明生活的繁盛有序,为黄帝时代平定蚩尤、荤粥等蛮族部落的作乱,初创伟大的华夏城邦联盟、文治主义、人文主义的古典民主宪政制度体系,奠定了不朽基础。

五、河图易经的大一统框架

《河图易经》乃中华文明传播之最高智慧图式,专家以为"'图'(河图)、'书'(洛书)所寓阴阳数理,谅非古人虚创,盖为古代文明所产生的数学、哲理观念"[1]。

朱熹(1130—1200)《河图赞》曰:"河之图兮开天地赜,五十有五兮阴阳相索。惟皇昊羲兮肇端乎神,尽心妙契兮不知其千万年之隔!"[2]

古河图,实乃宇宙之道圆转流通、宇宙生命大一统秩序下阴阳元气浩然不息运行之伟大图示:

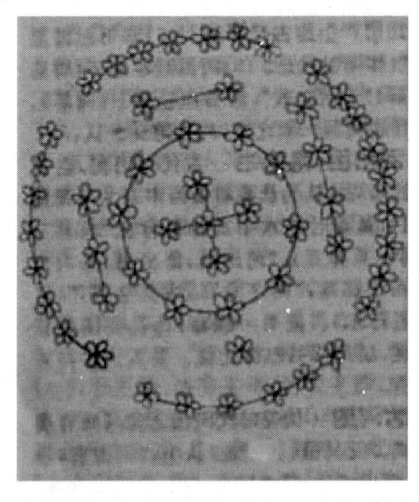

古河图

---

[1] 黄寿祺,张善文.周易译注[M].上海:上海古籍出版社,1989:53.
[2] 孙顺通.龙马负图寺志——河图之源[M].郑州:中州古籍出版社,1997:16.

流传最广的"河图"则由圆变方，象征着人类文明由大道混沌、诗意朦胧向阴阳分判、彼此对峙的智慧层次演进：

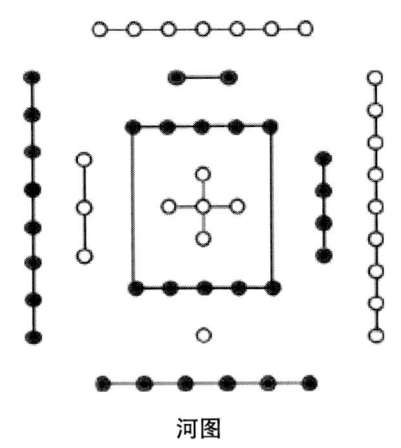

河图

以文明传播的角度观之，《河图》实乃上古人类对天地万物、宇宙万象、文明传播进程的哲学概括：图中一、三、五、七、九，乃天德奋进的宇宙阳刚之气，创生万物之"天数"；二、四、六、八、十则象征着地德包容的宇宙阴柔之气，化育万物之"地数"，前者累加为二十五，后者累加为三十，合为五十五。其间，阴阳二气、刚柔二性、金木水火土之五行、东南西北之方位错综推演，即为"河图"图式及寓意❶。

朱熹诗云"尽心妙契兮不知其千万年之隔"，即笔者所谓"古今中外一切文明价值之大统一""天地人宇宙生命大一统秩序下万物生命家园之感"的诗意-哲理描绘❷。

在以中、西两大文明体系为代表的全球文明中，西方文明肇始自古希腊罗马时代，中经基督教、近代人文主义诸阶段，目前成为在全球获最广泛传播的文明体系，而无论其价值理念，还是其典章制度，虽与中华文明体系有一定程度的差异，但在"全人类价值统一"的文明传播学视域、模式观照下，运用当代阐释学的"视界融合"的理论、方法进行对话、交流、相互诠释，我们发现：西方文明体系，不仅不与中华文明体系相抵触，恰恰相反，其与中华文明体系之契合，达到如此之深广程度，使我们不得不赞叹全人类在血缘、文化、价值上的高度统一，而领悟这种伟大统一的途径，就是朱熹所谓的"尽心妙契"或陈寅恪先生所谓"同情之了解"，思想者必须超越近代学科体系对某一论题的人为区隔或论者个体经验之种种先入为主的近代局限乃至偏见❸而跃入与万物生命渊深而灵动的对话、沟通与交流之中。

笔者之观念深深契合于德国现代作家卡尔·克劳斯之名言"起源即目标"：宇宙万象，恰如《太极图》之阴阳合抱、首尾相交，对立两极必相通、相合，乃为"圆成"，

---

❶ 黄寿祺，张善文. 周易译注（"河图"图形及解释）[M]. 上海：上海古籍出版社，1989：50-53.
❷ 参见 毛峰《万千鹤鸟，飞返家园：以〈沉思录〉观照古今人际传播与文明传播》（未刊论文）。
❸ 英国近代作家吉卜林所谓"西方永是西方，东方永是东方，决不相遇"之说以及中国近代"全盘西化"之种种主张，均被证明为殖民主义、文化虚无主义之偏见，流毒深广，学者必须时时提防之。

即在协调、统一、和谐（图式为圆形）中成熟、成就。

近代启蒙主义历史哲学虚拟出来的"一元单进"模式，即人类由"原始社会"单线演进为"奴隶制""封建制""资本主义"等图式，早已被当代学术思想所否弃、批判。因此，在中华文明价值图式的基础上，融会中西古今文明传播之图式，有可能产生更具生命力、洞察力和解释力的哲学、文明传播学等思想模式与价值秩序。

六、伏羲时代的宇宙大一统图景

伏羲之所以被后世尊为"三皇五帝"第一皇、中华文明的人文初祖，不仅因为伏羲时代确立了人类文明生活的几个重要制度：采火烹制的饮食制度、穴居式的房屋制度、社群同居制度、祭祀制度、丧葬制度、婚姻家族制度、石器陶器等器具使用制度、采集游猎的生产制度等，表明此时中国人已经告别燧人氏、有巢氏等时代的原始生活状态，进入文明生活状态；更重要的是，中国人在生命实践中，通过对天地万物的广泛接触、体验，在世界历史上提出了第一个包罗万象的宇宙图式——"河图"，标志着人类思维超越了现象流变，构筑起一个饱含哲学智慧与宗教信念的宇宙万物的"大全景"，人类超越种族、信仰等一切外在局限汇合为一个伟大生活的连贯整体（太极阴阳、万物和谐）的文明传播范式，即笔者所谓"文明传播的大全景"❶稳固树立起来。

伏羲"河图"是将天地人三大宇宙要素、三大文明轴心融合为一的伟大宇宙图式，是笔者所谓"中国世界观"❷的哲学-科学-人文基石。

演化伏羲"河图"、八卦乃至六十四卦之数字、图像、文字，称《河图易经》，被尊为"群经之首"。

伏羲易、连山易、归藏易、周易乃不同时代对易经的诠释，由孔子后学荟萃提炼为《易传》，《易经》遂由占卜术数之书一跃而为全球哲学-科学-人文宝典！

孔子后学作《易传》，一扫远古占卜术数学之神秘，而为之博大瑰伟之哲学、人文诠释也，遂垂为千古不移之鸿教；此后周秦汉魏隋唐宋元明清直至近代易学家，对易经的解释日益纷纭杂乱，迷误颇多。

旷世奇哲、现代新儒家代表人物熊十力（1885—1968）在《新唯识论》《体用论》和《乾坤衍》等论著中揭明"大易乃解决宇宙人生根本问题之哲学宝典"这一宏论，可谓扫除纷纭，有以重振孔子后学创立《易传》之苦心深衷也❸。

---

❶ 参见 毛峰《大全景：21世纪关键词》（2009年未刊稿）.
❷ 参见 毛峰《文明传播的秩序：中国人的智慧》（有关"中国世界观"的论述）.
❸ 参见 熊十力.熊十力全集[M].武汉：湖北教育出版社，2001；郭齐勇.天地间一个读书人——熊十力传[M].上海：上海文艺出版社，1994.

余沉思深味人类文明之困境，领悟全球文明价值的树立、文明传播秩序的巨大更新等全球难题的解决，仰赖全人类对"第一义谛"之根本问题——诸如"宇宙人生为何存在？宇宙本原、人生意义何在？社会之根本法则何在？文明之传播秩序何在？"此类问题的先行解决；否则，宇宙哲学、文明规矩既失，文明传播之方寸(秩序)必然大乱，一切局部问题的暂时解决，非但不能促进根本问题的改善，反而促使根本问题更加难以解决！

余为之读书、思索，沉潜良久，深知西方文明之运思途径，只能局部廓清、暂时缓解这些根本问题，却无法根本予以解决：无论印度教、犹太教、基督教、伊斯兰教文明之天人分居两端、彼此思慕之神学途径[1]，还是希腊罗马文明、西欧北美文明从某一现象局部出发、运用归纳演绎诸逻辑方法向整体掘进之所谓"科学方法"，虽不无重大创获，但毕竟无法使宇宙人生"第一义谛"问题获得合理解决，恰如盲人摸象、执一端而妄测全体，最易堕入空虚庸俗之边见，陷入功利主义独断论的泥潭。

宇宙人生本来是一个巨大生命体，这一生命体的本原、意义、秩序，虽不能完全被年寿不足百年之人类的短暂思维完全洞悉，但其大体却可予以精深把握，中华文明的特有大一统哲学范式——余谓之"伏羲七法"，就是恢复和谐的宇宙大一统图景，全球文明价值时代的思维方法革新的重要智慧源泉之一。

上篇 大一统文明之梦

---

[1] 宗教神学大多把天神与人生割裂为两端，正统神学主张人欲自我压抑以追求天国幸福，异端派之神秘主义神学则主张人神之间的彼此思慕、深度沟通，二者虽有约束人欲的作用，但易陷独断论泥潭。

第三章　大一统的文明意蕴

"大一统"一词较早出现在《春秋公羊传》对孔子《春秋》开篇首书"元年春王正月"的哲学解释中:"春王正月,元年者何?君之始年也。春者何?岁之始也。王者孰谓?谓文王也。曷为先言王而后言正月?王正月也。何言乎王正月?大一统也。"这里的"大"不是形容词,在《春秋公羊传》里,是动词的用法,如"大居正""大复仇",即推尊、尊崇、崇仰,大一统就是以中华统一为大的意思。

一、宇宙大一统,万物系于天

汉儒何休注"大一统"曰:"统者,始也,总系之辞。夫王者始受命改制,布政施教于天下,自公侯至于庶人,自山川至于草木昆虫,莫不一一系于正月,故云政教之始。政,莫大于正始。故《春秋》以元之气,正天之端;以天之端,正王之政;以王之政,正诸侯之即位;以诸侯之即位,正境内之治。诸侯不上奉王之政则不得即位,故先言正月而后言即位;政不由王出则不得为政,故先言王而后言正月也;王者不承天以制号令则无法,故先言春而后言王;天不深正其元则不能成其化,故先言元而后言春。王者同日并见,相须成体,乃天人之大本,万物之所系,不可不察也。"

可见"大一统"的含义是,推崇万事万物皆属于一正、一元。西汉大儒董仲舒在巨著《春秋繁露·二端》中说:"《春秋》之道,以元之深,正天之端,以天之端,正王之政,以王之政,正诸侯之即位,以诸侯之即位,正竟内之治,五者俱正,而化大行。"

大一统从人间事务,一直往上推,直到宇宙最高的价值本原——太极之"元",这里的"元"也就是《易经》里"大哉乾元,万物资始,乃统天"的统天之元,也就是宇宙至高至尊的本体、天地人之生命大一统。

《春秋》变一为元,指的是:原来的鲁史记录为一年,经孔子改为元年。这小小的改动,却是《春秋》里最核心、最深奥,也是对复兴中华文明信仰最具启迪意义的地方。

孔子学生有子曰:"君子务本,本立而道生。"本就是宇宙太极生命大一统,君子在一切文明活动中致力于建树根本——天地人大一统宇宙框架下的仁爱互助,万事万物的合理秩序（道）就能巍然树立、怡然理顺了。

《春秋》是孔子在晚周礼崩乐坏之时，为当时、后世、中华文明乃至全人类确立的最高价值尺度。

《易经·系辞》里的一段论述，可以帮我们理解这一价值尺度："易与天地准，故能弥纶天地之道；与天地相似，故不违；范围天地之化而不过，曲成万物而不遗。"

在现实生活当中，宇宙本体作为万物起源、本质与归宿，和每一个生灵、人都密切联系着，本原的一，让万事万物都属于它、正于它、系于它，它是一切存在的价值依据。

中国人自古至今，一直生活在一个完整瑰丽、广大自由的大一统的生命体世界里。在这个世界中，每一事、物，无不具太极-阴阳-五行之性。无论是天体运行、季节变化，还是人体机能、个人命运，都是阴阳消长、五气盛衰之象。太极大一统，把纷繁杂多，把纷纭变幻，统一、稳固为一个和谐、秩序、交感、互应的生命整体。

大一统，是中国最具特色、最令人惊叹的文明特性。

虽然在中国以外的文明中心、文明边缘地带里，也不乏短暂具有"大一统"特性的帝国，譬如苏美尔-阿卡德帝国、古巴比伦帝国、古印度的孔雀王朝和笈多王朝、古罗马帝国、查理曼帝国等，但这些所谓的"统一帝国"，在漫长的人类历史中宛如一现的昙花，很快闭合。

在中国，绵延一万年之久的大一统文明，尽管其间经历了多次周期性的分裂和动乱，却始终保持了大一统的文明理想与文明状态。

中华万年大一统，让人们感受到其中巨大的凝聚力量。然而，这一伟大而神秘的凝聚力，学理上却始终是个谜。

可以说，造成文明形态的大一统的内在凝聚力，源自人类内心深处对宇宙大一统的生命体验。

从现存资料来看，中国人的大一统体验，始于伏羲，肇基于河图易经体系，大易把天文-地理-物候-人伦等宇宙万象，统一纳入以太极-阴阳-五行为生命核心的大秩序中。

苍天，就是宇宙太极大一统的象征。

天，是大、是一；《春秋纬·说题辞》训天："立字一、大为天。"中国人认为，宇宙万物出于天，苍天为一切事物与一切价值的本源，"天"，就是"大""一"的统一，就是天地人完整协调一致的根本象征。

《庄子》曰："至大无外，谓之大一；至小无内，谓之小一。"用以形容宇宙大一统之广大无垠、微妙莫测。

宇宙者，至大无外，至小无内，又谓之太极。

伏羲的河图易经体系，把宇宙万象，编织进一个天文-地理-物候-人伦的太极生命大秩序中，让每个中国人"乐天知命而不忧"（《易传》）和"磅礴万物而为一"

（《庄子》），每天生活在广大自由、恢宏壮美的生命世界里。

这就是中国大一统文明的最深哲理意蕴。

二、大一统政治，中华稳固根基

宇宙万象纷纭错综，人类感官与心智多有局限，因此，对任何一个事物，人类的意见往往彼此分歧，莫衷一是。

伏羲先祖有见于此，乃制作河图八卦之象，将林林总总、纷纭错综的宇宙万象，予以整合、协调，把天文-地理-物候-人伦种种复杂关系，纳入一个稳固合理的秩序中，如此，人类感官、心智不再烦乱，稳固、宁静的宇宙生命大秩序，同时建构、维系着稳固、宁静的人文大秩序。

中华民族，从三皇五帝、虞夏殷周、晚周秦汉、魏晋隋唐，下贯宋元明清，在各文明史阶段，从"太极生命大一统"秩序中，提炼、概括出"敬天保民"的古典宪政治理体系，大一统政治，成为中国长期稳定繁荣的根本保障。

孔子把大一统的文明秩序、政治秩序，称做"道"。

此道，源于天人万物的交感、共振，贯彻到人际关系中，就是与人为善、自立立人，孔子谓之"仁爱"。

仁义公平，即为中华文明大一统秩序的根基。

董仲舒在应对汉武帝举贤良对策即《天人三策》中说："《春秋》大一统者，天地之常经，古今之通谊也。"

意即孔子《春秋》所揭示的仁义大一统法则，超越了时代与地域的各种变化，乃不易的文明法则。

具体到政治活动中，体现为天子以仁义道德、公平合理法则来治理国家；体现为天子、诸侯、贵卿、士绅、百姓拥戴天子域中央文治政府；体现为全社会受到有形无形的礼乐制度即古典宪法的约束、制衡。

大一统政治的最大优点，是天下主义、大同主义的文明观，即普天之下，全人类不分种族、宗教、文化、生活方式，全为一家人般地友爱、和睦、协调的大一统政治文明理念，使中国避免了西方史上的剧烈种族战争与大破坏。

大一统政治的另一个大优点，就是中央集权主义赋予全国政治的超强稳定、统一、坚固。孔子旗帜鲜明地反对晚周诸侯分裂，指出："天下有道，则礼乐征伐自天子出；天下无道，则礼乐征战自诸侯出。……天下有道则政不在大夫；天下有道，则庶人不议。"（《论语·季氏》）

大一统之道，推尊仁政王道，反对压迫霸道。

王者，往也，天子治国，敬天保民，尊贤守德，天下诸侯、百姓，自愿归附，谓之王道。

大一统王道，是中华文明对人类社会、历史进步与天地自然生命过程的大法则——大一统秩序的最高概括。

在大一统的王道秩序、文明观念中，蕴含着对历史进步规律、节奏的深度把握与精微体察。孟子曰："天之生民久矣，一治一乱"，"五百年必有王者兴"。相反，霸政可推行于一时，却不能推行永久。

在中国人的大一统世界观中，大一统秩序的创立、维系，全赖人为的努力，因此，是彻底理性主义、人文主义的文明观念、人生观念：只要"恭明德"，就能"享天永命"。

董仲舒曰："古之造文者，三画而连其中，谓之王。三画者，天地与人也。连其中者，通其道也。取天地与人之中以为贯而参通之，非王者孰能当是！"（《春秋繁露·王道通三》）

中国人认为王道的核心是仁政及其对万民的教化："王，天下所归往也。"（《说文》）而《说文通论》说："王者，则天之明，因地之义，通人之情，一以贯之；故于文，贯三为王"，都是在论述中国人的大一统秩序观念。

董仲舒把天列为"十端"，即天、地、人、阴、阳、木、火、土、金、水，其中的核心是天、地、人（"王道通三"）；因此，作为世界整体的天，是天、地、人的大一统。在这个大一统的体验世界中，除了天、地、人，还有阴阳五行。阴阳五行"渗透"在天、地、人中，勾勒出天、地、人的大一统秩序井然、生机无限之象，天象、地象、（人）象、物象、气象……无一不统摄于大一统文明之象。

董仲舒曰："王者唯天之施……仁之美者在于天。天，仁也。"（《王道通三》）"恶之属尽为阴，善之属尽为阳。阳为德，阴为刑。"（《阳尊阴卑》）"阴阳，理人之法也。阴，刑气也；阳，德气也。"（《王道通三》）因此，"为政而任刑，谓之逆天，非王道也。"（《阳尊阴卑》）

大一统王道秩序，规范着人类行为的善恶是非。

三、大一统生态秩序，顺天而立

《礼记·月令》所载十二个月的"政令之所行"，就是对大一统生命-生态秩序的经典表达。《月令》全篇，与《吕氏春秋·十二纪》各篇，相互印证，呈现中华文明的绿色生机主义的天然生活形态、优美的文明秩序。

举《孟春纪》有关段落，以观其大体：

孟春之月，日在营室，昏参中，旦尾中。其日甲乙。其帝太昊，其神句芒。其虫鳞；其音角；律中太蔟；其数八；其味酸；其臭膻。其祀户，祭先脾。天子居青阳左个。乘鸾辂，驾苍龙。载青旂，衣青衣，服苍玉。食麦与羊，其器疏以达。是月也，以立春。先立春三日，太史谒之天子曰："某日立春，盛德在木"。天子乃斋立春之日，天子亲率三公九卿诸侯大夫，以迎春于东郊。还，乃赏公卿诸侯大夫于朝。是月也，天子乃以元日祈谷于上帝。乃择元辰，天子亲载耒耜，措之参于保介之御间。率三公九卿诸侯大夫，躬耕帝籍田。天子三推，三公五推，卿诸侯大夫九推。是月也，天气下降，地气上腾，天地和同，草木萌动。王布农事，命田舍东郊。是月也……乃修祭典，命祀山林川泽，牺牲毋用牝。禁止伐木。是月也，不可以称兵，称兵必有天殃。兵戎不起，不可以从我始。毋变天之道，毋绝地之理，毋乱人之纪。孟春行夏令，则风雨不时，草木早落，国时有恐。行秋令，则其民大疫，飙风暴雨总至，藜莠蓬蒿并兴。行冬令，则水潦为败，雪霜大挚，首种不入。

十二月政令所行的基本原则是"凡举大事，毋逆大数；必顺其时，慎因其类"，这是明白无误的古典宪政的基本法律和行政命令的基础，体现着天地人大一统文明秩序，对完整生命世界的宇宙节奏与完美韵律的深刻把握。

四、大一统生命交感

记得儿时在母亲的怀抱中，听父亲以浑厚的男声惟妙惟肖地学唱印度电影《流浪者》插曲《拉兹之歌》中一句神秘而感人的歌词"命运啊，星辰！"连同扮演者——印度著名影星拉兹·卡普尔，那豪放不羁而又率真善良的流浪者形象以及美丽纯洁深情的少女丽达形象，影片绚丽多姿的歌舞、跌宕感人的情节一起，深深刻入稚嫩的心灵：

命运啊！我的星辰！请回答我：
为什么这样残酷地捉弄我？
……命运虽如此凄惨，但我并没有
一点悲伤，我忍受心中的痛苦，
幸福地来歌唱，谁能阻止我来歌唱？
到处流浪，到处流浪！

天上繁渺星辰，在人的心目中，始终是宇宙间一种至为高远、至为神圣的所在，一种投向万千生灵奇异莫名之生活的、充满神秘感、命运感的真元之气，一种浩瀚的、莫名的、神秘的、诗意的、美的象征。

无论是屈原、陶潜、李白、杜甫，还是荷马、但丁、荷尔德林、歌德、席勒、拜伦、雪莱、普希金、叶赛宁、惠特曼、叶芝，或是梵高、莫奈、马蒂斯、夏加尔、米罗、高更，或是阿兰·金斯堡、杰克·凯如阿克、路易·博尔赫斯，古今中外的诗哲、画圣，都沉湎于星象之学的神秘之中。古巴比伦的星占术，至今影响着不同星座下的人类命运，而天文星历之学（三坟之学），在中国古典时代，独独成长、发育、扩展、演化为伏羲炎黄尧舜科学-哲学-人文合一的大智慧体系，用以督导官府治理、指导百姓农耕、安排朝廷祭祀、天子与诸侯之间的巡守、朝觐等天下大政的措置等，堪称宪政大法。迟至晚清、近代，天文历书在中国称"宪书""时宪"，史官对官方文献档案的保管研究，也以天文星历之学为重中之重。

西汉初年，太史令司马谈，因为在"封禅大典"礼制问题上，与汉武帝支持的一派学者有意见分歧而"不得与从事"，竟然为此抱恨而亡！

司马迁受父临终遗命，修成《史记》，亦以"究天人之际、通古今之变、成一家之言"为一生大志所在，不惜忍辱负重、生死以之。

其"究天人之际"即太史令之官学职责所在，天子、诸侯、贵卿、士大夫、庶民等全民各阶层，皆以官府每月朔望所颁布之历法月令，为措置天下大政、一国之计、一方民生之计乃至一家之计的根本依据。

其"通古今之变、成一家之言"则是司马迁"传承父学、别立新宗"之志：《尚书》《周礼》《春秋》皆为中国史渊源，但三巨著仅记录尧舜以来文明事迹，司马迁《史记》首立"五帝本纪"且以黄帝开篇，则"古今之变"至此完全贯"通"，司马迁更从纵横恣肆的百家私学之言（家言）中，萃取出儒家学说（孔子家言）为古典宪政治理之根本，同时并存不废道家、阴阳五行家、刑名法术家等百家议论，真不愧为"融贯百家、定于一是""卓然一家"之瑰伟巨构！

观《史记》八书，在记叙五帝以来文明事迹的历朝本纪和三代以来的君王世袭、将相名臣功德的年表之后，八书（《礼》《乐》《律》《历》《天官》《封禅》《河渠》《平准》）横空而出，实乃太史公的一套伟大的"历史哲学"，亦即上接帝王将相之学，深入论析上述文明事业成败、帝王将相兴衰的内在原因，下开描摹绘影吴、齐、鲁、燕诸世家之利弊得失、伯夷诸列传人物特立独行风采之文明精神之先河，在全史、通史之长篇巨制中，插入一段历史哲学的宏论，真乃太史独蕴之博大机枢也！

司马迁的学术雄心，是以《史记》八书直接继承《尚书》之《虞书》《夏书》《商书》《周书》之宏伟规模、高超境界，以实现其"究天人之际"的伟大思想抱负，故而其礼乐之论述，律、历、天官（星象）学之剖析，封禅典仪之考察，河渠平准之修正，均围绕着自黄帝尧舜史官系统创立以来"太史令"的官方职责——以天文星历之学推阐人间宪政治理之成败得失这个核心,大一统井井有条也!

天上星辰运行一度,地上众生(无论尊卑如何)亦当敦行不怠地贯彻、实施一分,举凡万民之春种秋收、婚丧嫁娶,天子之巡狩、朝觐、祭祀、代天籍田、选贤举能、兴学修政、惩戒刑徒、功成封禅等,全要遵循天文星历之规制,遵循天道、地德、人文之太极大一统文明秩序,中华文明长盛不衰的奥秘,尽在此宏伟论述与精密考察之中!

五、大一统生命的鲜活节奏

大一统生命秩序,以美妙绝伦的天籁节奏和韵律展开,故而,中国人深通"八音克谐,神人以和"(《尚书·舜典》《礼记·乐记》等均予以精辟论述)的妙理。

譬如《史记·律书第三》开篇曰:"王者制事立法,物度轨则,一禀于六律,六律为万事根本焉。"❶

《律书第三》接续上一篇《乐书第二》而来,集中讨论音律(奇数六律为阳律,偶数六律为阴律,称六吕,阴阳合称为六律、十二律),文中主要是讨论音律与五行、八正(东西南北、东南西南西北东北)之风(八风)以及天上星辰与地上音律之间的对应关系:

> 武王伐纣,吹律听声,推孟春以至于季冬,杀气相并,而音尚宫。同声相从,物之自然,何足怪哉!……递兴递废,胜者用事,所受于天也。……《书》曰"七正",二十八舍。律历,天所以通五行八正之气,天所以成熟万物也。舍者,日月所舍。舍者,舒气也。不周风居西北……太史公曰:在璇玑玉衡以齐七政,即天地二十八宿。十母,十二子,钟律调自上古。建律运历造日度,可据而度也。合符节,通道德,即从斯之谓也。❷

令人遗憾的是,《史记注译·律书第三》的注译者,竟然将此篇著名论述定性为:"此是论述军事的专文。律指音律,古时军出皆听律声,所以《律书》即《兵书》。但它实际上还包括乐律、星象、气象等多方面的内容。"❸呜呼!以此喧宾夺主之注译,再引导出是非昭然轻重得宜之研读,真南辕北辙之论!

近代以来,一段时期内,由于国困民穷,国学、西学失范,乃至正学衰退,伪学

---

❶ 王利器. 史记注译[M]. 西安: 三秦出版社, 1988: 897.
❷ 王利器. 史记注译[M]. 西安: 三秦出版社, 1988: 897–907.
❸ 王利器. 史记注译[M]. 西安: 三秦出版社, 1988: 897.

当道，大宇宙（天）与小宇宙（人）同时晦暗紊乱，天上星辰黯然隐遁，人间万象、音律、思想、学术一度发生混乱，人的身心又如何与天地、日月、星星协调一致呢？

《礼记·乐记》曰："阴阳相摩，天地相荡，鼓之以雷霆，奋之以风雨，动之以四时，暖之以日月，而百化兴焉。如此，则乐者，天地之和也。"伏羲作五十弦，黄帝乐官伶伦分别雄风之声为六律，雌风之声为六吕，合称十二律（吕）。颛顼乐官飞龙效八风而作八音，舜帝遂有"八音克谐，无相夺伦，神人以和"的深妙之论。

中国古人认为天乐得自神明，和宇宙星历度数妙合无垠。宋代学者朱震在《六十律相生图》引《太玄》曰："声生于日，律生于辰。"郑康成曰：甲乙，角也；丙丁，徵也；戊己，宫也；庚辛，商也；壬癸，羽也。六律益六吕十二辰四七二十八而周天。律有十二，一律合五声，五声演成六十律，正配合八卦"消息卦"阴阳升降之六十卦象。

阳气发声，阴气成律，阴阳互生，卦、爻、律、历、度、数浑然一体，一一围绕北辰极星而运转奔腾不息，演奏出天文地文人文的完美乐章！庄子言"听之以气"诚然不虚也；庄生列子"天籁之和"真美盛神妙哉！

六、大一统的终极文明信仰

晚周政治家叔孙豹在回答有人问及"神灵是否存在"等形而上学问题时，给出了一个截然划分中华文明与其他一切文明的根本性揭示："太上有立德，其次立功，再次立言。此三者，虽久不废，谓之不朽。"

一代文史宗师、被余尊为"民国七贤"之一的钱穆宾四先生，把叔孙豹此言列为其名著《中国思想史》的开篇章节，实乃独具匠心：三不朽信仰，就是中国人对困扰全人类数千年、至今仍然搅扰世界不能安宁的形上问题的终究回答，意即人如果树立道德、功业、文章于世界，并且其德、其功、其言，能经受住浩瀚时间、多变人世的反复检验，那么，人就是不朽的，就能臻于神明的境界！

孔子、孟子、董子、司马迁、老庄、佛陀、耶稣·基督等圣贤，就是这样不朽的、如同神明一样的人。

中国人直接把这些伟人，包括诸葛亮、关公等造福人民的历史人物，奉为神明，其实中国人奉为神明、予以敬仰的，不是这些人物的"神迹"，而是这些伟大人物身上体现的仁义精神、道德理性精神、广大自由的文明精神、生命精神！

西方形上哲学、神学体系，却误入歧途，喜欢对这些伟人、圣贤的"神迹"进行考索、探究、幻想，往往堕入独断主义和烦琐主义的泥潭。

近代历史学、考古学、人类学等社会科学系统，受到牛顿绝对物理时空观、达尔文生物竞争观的误导,偏执性地以为,物理世界、生物世界确有某种静止不变的"实物"存在,因而完全不能领会闵科夫斯基将时间之维纳入物理三维的意义,不能领会爱因斯坦所言"场是如何测量的,场就是什么"、玻尔的量子物理学、海森堡"测不准原理"等现代数理科学的基本结论,硬是在宇宙起源、人类起源等伪命题上,虚耗大量精力,令人想起"盲人摸象"的故事,还有蒙田大师对近代学术系统的绝妙嘲讽:"从困惑开始,以研究为中间阶段,以无知而告终",诚哉!悲夫!

经久不废者,是古典文明在悠久岁月中被反复检验、累积而成的伟大智慧;顷刻崩解、自误误人的,是启蒙运动中的浅俗偏执之辈(譬如孟德斯鸠《论法的精神》肆意曲解、诋毁中国)、自相矛盾者(卢梭《论科学与艺术》把科学艺术进步和道德完善予以简单对立)。究其错误实质,仍然是启蒙-经验-实用主义的近代思维在作祟。

技术官僚们偏执僵化而一厢情愿地认为,水库发电了、工商科技进步了,就可以解决一切社会问题。结果却是各种社会问题的激化,落入恶性循环。古人所谓"生心(急功近利的工具理性、不直不仁不义的邪心)害政(宪政治理、道德教化彼此平衡的文明状态)",当前尤须警惕。

幸福的奥秘、生命的绵延、文明的存续,这些困扰人类已久的哲学问题已然分晓。宇宙运行的密码、生命的遗传密码、人类的基因密码,都遵循着同一个法则:太极六十四卦象的大一统阴阳结构,其无止境的繁衍生息是其表象,全人类上下求索、苦苦寻觅生命的幸福感,原来这奥秘,就在我们的每一滴血液中,我们身体的每一汗毛、呼吸的每一律动、万物微妙莫测、深广无际的爱之潮汐的每一涌动中!

第四章　中华大一统之道

《大易》曰：天下一致而百虑，同归而殊途。《庄子》云：道通为一。一乃道也，亦即宇宙人生之通途。无论其如何纷纭繁复、千变万幻，终究归于一，归于无古无今、无内无外、不复分别之一派大生命、大法则，此大生命、大法则，无以名之，强字之曰道。苏格拉底、柏拉图谓之不朽灵魂，海德格尔谓之"在者之在"，虽殊名而同质也。

一、中国人创造的"大一统文明奇迹"

中华文明自伏羲肇启以来，悠悠万年之久，横跨全球最大大陆——欧亚大陆之东部，绵亘数万里、养育数十亿芸芸众生，不亦世上最大奇迹耶！谓之文明奇迹者，乃在其文明观念（仁义礼智信）与文明制度（天子、诸侯、贵卿、士绅、庶民彼此担负、彼此制衡之宪政体系），其单体独立之文字系统、惊人美丽之文化符号系统等一系列文明建树，这些建树连绵万年以上而竟不断裂，可谓冲破西方史凡数百年必发生巨变而断裂、中绝之"全球史通则"，确属举世罕有。

中华文明之包容性和凝聚力亦殊堪惊奇：儒道佛耶回众教合一、并行不悖；汉藏蒙满回等多民族融洽共存、唇齿相依；传统习俗与现代景观既相对立又彼此互动，人们对花样翻新、层出不穷的现代冲突见怪不怪，依然信心满满地汇入看似杂乱无章的现代生活秩序中。西人乍到中国立刻产生"乱花渐欲迷人眼"之困惑，经修习、调适乃陶醉、融化、合一。

中国诚乃创造出人类大一统文明之"奇迹国度"：

其一，中华文明观念，渊源于对天地人宇宙生命大一统的哲学-科学-人文领悟和诗意观感，而非宗教形而上的狂放想象与推理，遂无僵化蒙昧的教派独尊、宗教战争、种族迫害，此哲学-科学-人文诸多层面"大一统奇迹"；

其二，中华文明制度，极早就突破了部族社群的狭隘眼界，决然采纳了"天下主义"亦即全球化的"一视同仁"态度，将各种族文明融汇在一起，此种族、宗教、信

仰、文化、社群生活之"大一统奇迹";

其三,中华文明治理,极早抛弃了特权阶层独掌政府的封闭模式,自天子、公卿、士绅等一切社会等级,均由公平参与政府的宪政机制予以保障:天子作为国家元首,受宰相为首的文官系统限制;天子一度由诸侯公推产生(如炎黄、尧舜),后虽由王朝创立集团拥戴产生并世袭,但其储君(皇太子)的选任、新天子的继任,仍由政府文官首脑宰相以及朝廷重臣(顾命大臣)参与意见;政府的一切施政,必须守法,全国法治系统与民意表达系统,均以参议、监督、封驳、官民上书等形式对政府施政予以节制;而全国平民精英,经过荐举、察举、科举等选士制度,源源不断地汇入政府治理与主持社会事务,此融贯全社会各阶层为一体,诚王国维《殷周制度论》所谓"纳上下为一体"之"大一统奇迹";

其四,中华自古兼采私营经济之活跃自足与国营经济之保障供给,因此迟至1800年前后,仍为全球第一大国民经济体,此士农工商通力合作,各种经济成分相互补充、协调、完善,确保经济社会繁荣之"大一统奇迹";

其五,中华教育学术,向一切阶层开放,负有教化全民的神圣使命,全民爱慕学问、尊崇道德、礼敬圣贤、标举谦让,因此,全国秩序井然,其公共秩序的维护,主要依靠全民的道德自治与地方乡绅的自治系统,法庭、监狱、警察等近代社会须臾难离之势力,在中国仅具很低规模,无须供养像西方社会那样庞大的军警、教会势力,而永葆长期稳定繁荣、和平宽松之气象,此融贯百家、包容众教、兼采众长、广大自由之"大一统奇迹";

其六,全球凡有华人移民社群之处,必有中华文明巍然、灿然之传承、之表征——华裔人士之勤奋好礼、职业事业成功,此融合吸纳全球一切文明经验于中华一炉之"大一统奇迹"……"中华大一统文明奇迹"之多,不胜枚举。

二、龙腾、凤舞、虎跃、玄武:中国历史四大生命进程

中华自古信仰天地四时所运行之宇宙生命元气蕴养万物也。东方春气之象乃青龙,伏羲部族起源东方,横跨东西,肇启神农、黄帝、尧舜,遂称"龙腾时代";南方夏气之象乃丹凤,夏商周三代文明辉煌灿烂,尤其楚、越、吴、西南少数民族等地区文化繁盛,故称"凤舞时代";西方秋气之象乃白虎,秦、汉、唐诸王朝均定都西部(咸阳、长安),其国力之充盈洋溢,雄冠欧亚大陆,其文明声威广泛传播至西域、东海诸国,可谓之"虎跃时代"。

宋元明三朝,可谓"虎跃"向"玄武"的蜕变:中国国力日渐衰落,但文明生活的品质仍极高。入据中原的辽、金、元、清等军事集团,必须在自己部族中推行相当

程度的"汉化"乃能立足中原，然其偏执落后的种族歧视与高压政策，终究在内忧外患的不利情势下，促使其统治的"合法性"急剧丧失而最终灭亡。

虎跃时代的晚期，自宋元开端，中经明代中枢宪政的废弛，至清完全蜕变为君主皇族独裁而崩颓，中华文明的虎虎元气，至此磨损殆尽，民族生机处于幽隐沉潜乃至衰颓之境，故谓之"玄武时代"，玄者幽潜也。

准此，中华文明四大进程，可概括为如下四阶段：

第一，"龙腾时代"。

中华文明历经伏羲、神农、黄帝时代之垂宪立统，在尧舜时代达致第一个文明巅峰，中华古典宪政体系巍然屹立，舜禹平治水土大获成功，中华各民族以"九州""五服"制的古典宪政结构，结成联邦制大一统国家。

第二，"凤舞时代"。

夏商周三代，中华古典宪政制度体系更趋完善，尤其是周文王、武王、周公等西周政治家、制宪家，将中华大一统联邦制，进一步巩固、完善为《周礼》封建礼乐大体系，与华夏民族交错而居的蛮族部落进一步融入华夏体系，史称"周公兼夷狄"，中华版图扩展至长江、珠江等广大东南、西南地区以及欧亚大陆东端的沿海地域。

夏商周三代教育学术体系完备，孕育出晚周诸子百家学术思想之光辉灿烂、众流澎湃，其中，孔子之儒家学术系统最为辉煌博大，孔子整理编撰的"六经"文献体系，不仅荟萃了此前两千余年中华文明的精粹，更开创出此后两千余年中华儒教国家之宪政基础和智慧核心；而伴随晚周各诸侯国的国力扩充与彼此争锋，中华各文明区系更迅猛扩展、提升，中华文明达致第二个光辉灿烂的高峰。

第三，"虎跃时代"。

在晚周争霸中，崛起于西北边陲的秦国，靠广揽东部人才、大力开发西南地区等内外政策之得宜，最终统一全国；秦始皇误以为秦王朝可万世永固，遂偏听法家之言，不体恤民情，不容民非议，焚书坑儒、大兴土木，士民疲敝愤怒而纷纷起兵，不旋踵而灭暴秦，其兴亡之教训永垂后世。

汉高祖崛起于民间，深知人民疾苦，即位之初就"与民休息""尽除秦苛政"，西汉历经高祖、惠帝、文帝、景帝等各朝治理，国力空前强盛，更有陆贾、贾谊、董仲舒、司马谈和司马迁父子等一大批汉初思想家、政治家，将晚周诸子思想之精华——阴阳五行家之天人感应说、黄老道家之清静无为说、刑名法家之循名责实说等，予以创造性的综合，重新树立孔子儒家之学术正宗地位，史称"汉代新儒家"。

此时恰逢汉武帝以少年英俊而即位，深知儒学可致太平，乃延揽儒生董仲舒、公孙弘等入朝策问，董仲舒《天人三策》成功呼应了汉武帝谋求"长治久安"的政治宏图，儒家五经博士制度巍然确立，太学选士制度渐次施行，中华宪政体系成功实现了由"天子-诸侯-贵卿（以军功封爵者）"主政的三代联邦大一统治理模式，向"天子-宰相及御史大夫等三公九卿-博士官及太学生-士绅等文官阶层"主政的秦汉中央集权大一统治理模式的伟大转变。

中华大一统王朝宪政体系，建立在不断吸收平民精英参与国家治理的"宪政文治政府"的伟大基础上，而以儒家经学、史学系统博大深微之"宪政精神"为灵魂、为文治体系合理运行之血脉，同时，太学造士系统井然有序地将人才输送到中央、地方各级政府中，因此，其文官法治系统日益缜密完备。凭此充溢盛大的文明元气，汉武帝等两汉天子、文武百官、士绅庶民，不断开辟西域、海疆，中华文明的光辉，在秦汉隋唐大时代达致第三个文明巅峰。

余谓之"虎跃时代"❶，其文明传播光辉，远被整个东亚地区，引起全球艳羡，后虽历宋元明三朝中原政治之衰弱、少数民族军事集团之不断入侵和军事占领而愈显弥足珍贵，少数民族族统治者（辽金元等）积极推行"汉化"政策而获得不同程度之政治成功，马可•波罗、利玛窦、蒙田、伏尔泰等西方贤哲，更对中华各族互动融合之文明模式赞叹不已、借鉴有加，遂触发西方近代启蒙运动和宪政改革运动，儒家宪政治理经验、文官治国体系、世俗人文主义哲学等高超人文智慧，直接启迪了全球近现代化进程。❷

第四，"玄武时代"。

清人入关后，一方面推行"汉化"政策以抄袭宋明文明体制，另一方面悍然推行君主独裁下皇族集团垄断政权，同时不断推行戮辱、猜忌汉人知识分子的"高压"政策，中华古典宪政体系至此全然荒芜废弛，加以外患内乱迭乘，清人仍固执其狭隘种族之私，钱穆先生《国史大纲》谓其为"狭义部族政权"，不啻揭示精确之千古定评也！

国父孙中山先生以"驱除鞑虏、恢复中华"相号召，全民一呼百应，中华文明遂告光复。

民国肇建，陷于内战、外寇、党争之泥潭，非但中华文明之精粹难以恢复，且其基本传播制度（譬如大中小学读经修身体系）亦遭废除，终至"文革"中，传统文化被打、砸、抢、烧而摧残，永垂殷鉴。

然而，伴随国力恢复，国学复兴趋势不可阻挡，人心困惑既久而思变，目睹西方近代化生态、经济、社群、人文系统之大动荡、大灭绝及其不测前景，反思自身文明之可大可久，中华正统之光复，指日可待也。

余谓此剧烈变化时代为"玄武时代"，玄者幽也，武者力也，自晚清至近代，中华文明之内在活力沉潜幽隐、难以发抒，然其生命力，发源于天地、灌溉乎人心，其生气虽潜藏但不绝如缕，存亡绝续之间，恰如生机孕育之灵——神龟（玄武）之韬光养晦、秘藏阳气，以待无限春光之照耀天下、复苏重建全球大一统文明！

---

❶ 参见 蒙文通《古史甄微》；苏秉琦《中国文明起源新探》等。

❷ 对此，民国以来著名学者朱谦之、范希衡、范存忠等，均有专门著作以论证，诠释引申参见毛峰《中国照亮世界》及《一万年的诞生：中华宪政体系》等专论。

三、"为学日益，为道日损"：全球文明传播的两大模式

全球文明传播之两大模式、两大类型，一曰西方"日益"模式，亦即凭借技艺知识、工具理性的累进，谋求物质世界之探索、开辟，以满足人欲；一曰东方"日损"模式，亦即凭借道德理性、人文智慧的自我反省、自我归趋这一由外返内的自我减损、自我节制功夫，谋求精神世界之自由、解脱，以稳定人的心灵。二者规律、法则、方法、途径不同，又彼此互补、生发，缺一不可。

老子《道德经》曰："为学日益，为道日损"，物质世界的探索开辟，遵循"日益"模式，即不断细密化的进程，人类欲望也因物质便利的不断提供而愈益膨胀、难以满足；此时此刻，精神世界的"日损"模式就应当迅速发挥功效，即人类在追求物质便利、满足物质欲望的同时，必须发扬理性智慧与道德良知，自觉克制、减损物质欲望的过度膨胀，稳定心灵、自求解脱与自由，进而深刻呼应天地神明的生命节律，达致"天人合一"的幸福人生境界。

西方近代文明代表"日益"模式，因此长于工商科技的开发、组织；中华古典文明代表"日损"模式，长于道德人文的维系、传承。中西互补、互动，乃能平衡而双赢共进也。

孔子生活于晚周各国征战、"日益"模式大肆盛行的社会泥潭中，以天纵之圣智，洞穿古今，他概括人类历史的进步之道、文明传播之道、人文思想之道，曰"传习"、曰"损益"，兼顾损与益：传乃承袭，习乃温故，损乃减损无益之知识、有害之技能，益乃增益道德之良知、人文之智慧。

孔子意谓：人类智慧的真实进步，绝非蛊惑家所鼓吹之"再造一种新文化"者，而是循序渐进，有所传承（传习）、有所减损、有所增益（损益，日益与日损结合），后一时代的文明建制，必是融会吸纳前一时代的文明经验而逐步凝成，世上绝无一蹴而就之事，更不可只"增益"不"减损"，形成人欲蔽天、文明崩溃的局面。

孔子的大一统文明洞见，维系中华文明达两千五百年之久，其中，秦汉时代由融会百家到独尊儒术之历史进程，最具揭示性的示范意义。

中国历史观念的确立，远自尧舜二帝及其史官传统（王官学），近承孔子儒家所记载评价之《春秋》传统（私家学），两大传统荟萃为董仲舒《春秋繁露》和司马迁《史记》。

董仲舒、司马迁师徒，将王官古学、诸子今学融会贯通、荟萃一炉，以呼应秦汉时代确立中国大一统宪政文明的历史需求，《春秋繁露》乃中国历史哲学之巅峰，而《史记》海纳百川、博采众长，在新的历史条件下"考信六艺、归宗儒家、垂世立范"，遂为光照千秋的不朽巨著。

四、国史源流:司马谈《论六家要旨》

太史公司马谈、司马迁父子,崛起于晚周秦汉之际,深悉孔子传习损益之文明要义,乃奋然将自己时代之前3000余年的中华文明经验予以总结,遂有辉耀千秋之《史记》问世;《史记》全文末尾之《太史公自序》,合理吸纳、融会晚周诸子智慧,最后归宗孔子六艺,诚伟略卓识也。

司马迁之父司马谈,乃世典经籍、博贯淹通之汉初史官和学问大家。《太史公自序》在自述家谱、学承之后,将司马谈《论六家要旨》全篇加以称引:

> 易大传:"天下一致而百虑,同归而殊途。"夫阴阳、儒、墨、名、法、道德,此务为治者也,直所从言之异路,有省不省耳。尝窃观阴阳之术,大祥而众忌讳,使人拘而多所畏;然其序四时之大顺,不可失也。❶

司马谈概括曰:晚周诸子号称"百家",实乃六大家——阴阳家、儒家、墨家、名家、法家、道家,此六家均汲汲于人间治理,对思路不同的学派,有省察较全者,亦有省察片面者。司马谈首论"阴阳家",所谓"大祥而众忌讳"者,祥者善也,自天地四时之吉凶祸福处立论,祈望人间事务匹配天地阴阳之运行,与《尚书·尧典》开篇尧帝"乃命羲和,钦若昊天,历象日月星辰,敬授人时"云云,同一宏大旨趣——人间事务必须顺从阴阳节律而不能随意违背,因此,为了大其吉祥,言动必忌讳众多,流弊在于使人措置百业时往往拘束畏惮而不敢放手,但其顺应时令、保护农桑之天下根本,却深有见地也。

紧接着,司马谈再论儒家:

> 儒者博而寡要,劳而少功,是以其事难尽从;然其序君臣父子之礼,列夫妇长幼之别,不可易也。❷

司马谈认为,儒家主张的礼制十分烦琐、难以从事,然而其规范君臣父子、夫妇长幼之基本社会关系,则不可变易也。司马谈学承晚周、秦汉初年之天文星历、大易阴阳、黄老道术之学,这派学者对儒家主张的"礼治"深意多有疑难,同时又看到儒

---

❶ 司马迁. 史记(卷三)[M]. 北京:中华书局,1999:2485.
❷ 司马迁. 史记(卷三)[M]. 北京:中华书局,1999:2486.

家思想对人类社群基本关系的协调治理之功，遂有贬有褒、褒贬各半也。

接下来，论及墨、法、名三家：

> 墨者俭而难遵，是以其事不可遍循；然其强本节用，不可废也。法家严而少恩；然其正君臣上下之分，不可改矣。名家使人检而善失真；然其正名实，不可不察也。❶

墨者提倡节俭，但其主张过分自苦，民人不悦而难以推行；法家严酷少恩，促秦早亡，然而，其申明上下尊卑之义，国家法度之严，亦不可废；名家检点名实以循名责实，有助于法条、政令的制定、审查、贯彻、维护，但往往流于苛察失真，后来的申韩刑名之学，即渊源于此。

斟酌比较五家之利弊得失，司马谈认同于道家：

> 道家使人精神专一，动合无形，赡足万物。其为术也，因阴阳之大顺，采儒墨之善，撮名法之要，与时迁移，应物变化，立俗施事，无所不宜，指约而易操，事少而功多。❷

晚周诸子大多尚智，流弊在于智巧（日益）过甚、权谋诈术蜂起，秦以软硬兼施之诈术灭六国、建一统，犹不恤民力、骚扰民生，焚书坑儒"以愚黔首"，士民不堪暴政，遂揭竿而起、众举而灭秦。汉初吸收秦灭之重大历史教训，扫除暴政、与民休息，黄老清静养民之学大兴，司马谈如此持论，更将阴阳家、儒墨法名诸家优点吸纳至道家思想中，实现了汉初思想对晚周诸子智慧的"初步综合"。

汉初黄老之学盛行，呼应秦灭汉兴、休养生息的时代需求，阴阳、名法、儒墨之学，被"初步综合"吸纳于道家思想中。诸子智慧经过一番综合吸纳包容，灌溉于世道人心，促进中华文明体系日渐成熟、深厚。

作出更高层次与境界之综合吸纳、融会贯通的，是以汉初著名思想家陆贾（《新语》）、贾谊（《新书》）、董仲舒（《天人三策·春秋繁露》）为代表的一大批杰出的儒学思想家、政治家、外交家、学问家等汉初精英之士。

这些人呼应时代需求，将阴阳法名诸家思想，纳入儒家思想的主体之中，遂在人类文明史上开创了一个垂世立范、影响深远的学派——西汉新儒家，其与晚唐宋明新

---

❶ 司马迁.史记（卷三）[M].北京：中华书局，1999：2486.
❷ 司马迁.史记（卷三）[M].北京：中华书局，1999：2486.

儒家、民国新儒家，并称中国人文思想史最大学术流派之三阶段、中华文明正统之三进程，孔子思想亦借此，在数百、数千年间重生为中华文明之宪政基础与智慧核心，全球史亦谱出一大"返本开新"之恢宏优美乐章也。

五、中国绽放光明：司马谈毅然"改宗儒家"

司马迁笔力千钧，将父亲司马谈《论六家要旨》洋洋洒洒之原文全文收录、称引后，笔锋一转：

> 太史公既掌天官，不治民。有子曰迁。
> 迁生龙门，耕牧河山之阳。年十岁则诵古文。二十而南游江淮，上会稽，探禹穴，窥九嶷，浮于沅湘，北涉汶泗，讲业齐鲁之都，观孔子之遗风……迁仕为郎中，奉使西征巴蜀以南，南略邛、笮、昆明，还报命。
> 太史公执迁手而泣曰："余先周室之太史也。自上世尝显功名于虞夏，典天官事。后世中衰，绝于予乎？……余死，汝必为太史；为太史，无忘吾所欲论著矣。且夫孝始于事亲，中于事君，终于立身。扬名于后世，以显父母，此孝之大者。……幽厉之后，王道缺，礼乐衰，孔子修旧起废，论诗书，作春秋，学者至今则之。自获麟以来四百有余岁，诸侯相兼，史记放绝。今汉兴，海内一统，明主贤君忠臣死义之士，余为太史而弗论载，废天下之史文，余甚惧焉，汝其念哉！"迁俯首流涕曰："小子不敏，请悉论先人所次旧闻，弗敢阙。"
> 太史公曰："先人有言：'自周公卒五百岁而有孔子。孔子卒后至今五百岁，有能绍明世，正易传，继春秋，本诗书礼乐之际？'意在斯乎！意在斯乎！小子何敢让焉。"❶

司马迁在这段感人至深的记述中，先申明太史公之职掌在"天官星历"，不负担治理民众的责任，因此，其学问归宗在阴阳家、道家思想。

然而人间文明治理之奥妙，太史公未尝不予深思穷究，故而司马谈临终，遗命儿子司马迁接续祖业，"论次"先人旧闻、天下史文，隐然以《诗》《书》《礼》《乐》《易》《春秋》（六经）思想为楷模、为准绳，换言之，司马谈临终遗教，已然改宗儒家，他寄望儿子能发挥"孝"的根本精神，阐发弘扬"明主贤君忠臣死义之士"的伟

---

❶ 司马迁. 史记（卷三）[M]. 北京：中华书局，1999：2489-2491.

大儒教传统，进而"绍明世，正易传，继春秋，本诗书礼乐之际"，亦即完成其祖、其父未竟之论著伟业，续成六经之根本宗旨，以垂宪千古，不负先人之德、周公孔子五百年来礼乐政教之大也！

中华文明的历史巨变开始了！

六、司马迁透彻论述儒家"六经"要旨

司马迁恭受父亲司马谈遗命，借上大夫壶遂之设问，以阐明自己学承汉初伟大思想家董仲舒，追步父亲司马谈，毅然归宗儒家思想的哲理依据、学问缘由：

> 上大夫壶遂曰："昔孔子何为而作春秋哉？"太史公曰："余闻董生曰：'周道衰废，孔子为鲁司寇，诸侯害之，大夫壅之。孔子知言之不用，道之不行也，是非二百四十二年之中，以为天子仪表，贬天子，退诸侯，讨大夫，以达王事而已矣。'"❶

伟哉董仲舒！不愧为炎汉儒宗！

他教诲司马迁，亦即教诲全民族古典宪政治理之根本途径，在于上自天子、诸侯、大夫，下至庶民百姓，都必须遵行"道"，都必须"达王事"。董仲舒《春秋繁露·天人三策》解"王"曰：王者，往也，天下万民自愿归附、自愿效忠也；"达王事"就是依据华夏宪法（又称"王法"），天子、诸侯、大夫等一切权贵阶层，必须善待万民、合法治理，以求得万民的归附效忠，否则，天下万民就有权"贬天子、退诸侯、讨大夫"，重新创立政府。这一套宪政哲学，与欧美近代宪政运动的理论、实践，毫无二致。

司马迁深明渊源于炎黄尧舜之宪政体系，中经文武、周公、孔子，直至汉初董仲舒，这一脉相承之中华宪政体系之崇高理想（王道）与实践，他予以揭示、阐发、弘扬：

> 夫春秋，上明三王之道，下辨人事之纪，别嫌疑，明是非，定犹豫，善善恶恶，贤贤贱不肖，存亡国，继绝世，补弊起废，王道之大者也。易著天地阴阳四时五行，故长于变；礼经纪人伦，故长于行；书记先王之事，故长于政；诗记山川溪谷禽兽草木牝牡雌雄，故长于风；乐乐所以立，故长于

---

❶ 司马迁. 史记（卷三）[M]. 北京：中华书局，1999：2491.

和；春秋辨是非，故长于治人。是故礼以节人，乐以发和，书以道事，诗以达意，易以道化，春秋以道义。拨乱世反之正，莫近于春秋。❶

伟哉司马迁倜傥之言！

儒家"六经"之宏伟宗旨、中华古典宪政体系之深谋远虑、中华文明之顺天应人之大一统有序治理与传播，一一指示分明：《易经》顺应天地阴阳之节律，故长于把握宇宙自然之变化（变）；《礼经》（周礼、仪礼、礼记）规范人伦社群，故长于社群交往（行）；《书经》（尚书）记录尧舜禹等先王施政事迹，故长于依法推行宪政；《诗经》借山川草木雌雄万物之形象隐喻，发抒万民对生活秩序的观感，故长于风（讽喻），即感化；《乐经》让万民深通"所以安然独立"之欢乐所在，故长于和谐上下、安宁万民；《春秋》明辨是非善恶，故长于治理世道人心。

总括以上可知，儒家"六经"彼此匹配，堪称范围天地、安定人伦、拨乱反正，天下长治久安之文明常轨、中华古典宪政之宪法准则、全球文明可以深入汲取之太极大道！

七、古今一概：从司马迁到汤因比

予举目四望，古今全球文明的治理体系以及人文思想，其大端不过有二：一是英美近代自由主义宪政体系，足以满足人类情欲、解放人类聪明才智，证据就是近现代西方文明在物质科技层面之辉煌进步。

另一大端，则是中华古典文明，中国儒家古典宪政文治体系（由精英即士大夫民主主导、大众民主辅助），最少欧美各种"独断论"意识形态的弊害，最符合卡尔·波普所谓《开放社会及其敌人》的理想文明状态。

倘若儒家精英民主宪政机制能巍然重树，同时，适当吸纳英美自由民主机制的若干优点，则有望实现阿诺德·汤因比在巨著《历史研究》中的深刻洞见与伟大预言：

> 西方观察者不应低估这样一种可能性：中国有可能自觉地把西方更灵活也更激烈的火力，与自身保守的、稳定的传统文化融为一炉。如果这种有意识、有节制地进行的恰当融合取得成功，其结果可能为文明的人类提供一个全新的文化起点。❷

---

❶ 司马迁. 史记（卷三）[M]. 北京：中华书局，1999：2492.
❷ 汤因比. 历史研究（彩图78"中国的回应"说明文）[M]. 上海：上海人民出版社，2000：345.

一流的历史哲学大师，如孔夫子、司马谈、董仲舒、司马迁、汤因比之属，乃能穿透历史事件与时间长河的旋涡，看清人类文明的本质与命运。

自1978年中国开启伟大的改革开放进程以来，恰是10余年前伟大"汤因比预言"之逐一应验，中国精英之士，唯需记取汤因比的伟大忠告，即将西方自由主义主导下的现代化进程，其"灵活而激烈"地释放出来的经济、社会、文化能量与活力，与本国稳定、保守、灵活、有秩序开放的儒家传统，恰当而巧妙地结合，不仅可以促成中国现代化的成功，更可以为全球文明的新生铺平道路。

网罗、穷究古今中外人文智慧，乃可深知：英美自由主义最能满足人类情欲、解放人类心智；而中国儒家人文主义以及佛老耶回诸教，最能节制人类情欲、提升人类智慧，如此东西文明互补、互动，中外两大人文智慧（欧美个人本位的人文主义与儒家社群本位的人文主义）之伟大合流、共振，恰足以弥补当今诸多全球性危机，赋予人类安康太平之道。

八、大一统融贯：文明传播学的崇高宗旨

司马迁自人类历史的深奥隐秘处，揭示了全球文明传播的大一统法则、节奏与韵律：

> 余闻之先人曰："伏羲至纯厚，作易八卦。尧舜之盛，尚书载之，礼乐作焉。汤武之隆，诗人歌之。春秋采善贬恶，推三代之德，褒周室，非独刺讥而已也。"……士贤能而不用，有国者之耻；主上明圣而德不布闻，有司之过也。……余所谓述故事，整齐其世传，非所谓作也……故述往事，思来者。❶

顺应天地自然，则人心纯厚，可观《大易》，伏羲有以启迪之；思慕尧舜宪政之辉煌，可观《尚书》，中华礼乐之盛，有以美善之；汤武周孔之教，高隆博大、垂诸久远，是非善恶千古分明，可观《春秋》。中华文明之光芒，以儒家为本体、以诸子为旁支、以西学为扩充，则"往事"可述、可采，"来者"可企、可为、可盼，人的一生能俯仰、畅游于这一宇宙川流不息之浩荡清波泉流之中，不亦"磅礴万物而为一"之文明大美也哉！

文明传播学，就是以古今中西的融会贯通，为学术立场、思想态度与生命精神，

---

❶ 司马迁.史记（卷三）[M].北京：中华书局，1999：2493-2494.

冲破启蒙-实证主义枷锁,还天地人宇宙生命大一统秩序之真面貌,解放近代以来西方物质工商科技传播"独大"失衡的世道人心,还人类以广大自由!

余尝告北京师范大学诸生,所谓幸福人生者,依世俗立论,概不外乎二者,曰:"兜内有钱,架上有书"。要想兜内有钱,则必须发展市场经济、保障公平竞争;架上有书,则必须自我培育古典教养与时代精神,深究《十三经注疏》等中华经典与希腊罗马以来之西方经典,尤其要在二者之"会通处"垂注精神、赋予生命,从而洞明人生智慧与公共治理的奥妙,中西融会贯通,则天下太平、人生美善也!

人生之崇高宗旨,在于物质与精神之双重自由:非欧美自由主义,不足以满足前者,非儒家人文主义,不足以满足后者,二者互补融合,斯为文明会通、共振之传播正道也。

揆之《史记·太史公自序》,其文末曰:

> 网罗天下放失旧闻,王迹所兴,原始察终,见盛观衰……扶义俶傥,不令己失时,立功名于天下……以拾遗补(六)艺,成一家之言,厥协六经异传,整齐百家杂语,藏之名山,副在京师,俟后世圣人君子。❶

司马迁实乃瑰奇伟男子:其志趣博大,深悉文明盛衰之理、原始反终之变、王者兴起之迹象、扶义俶傥之气节,整齐百家杂乱之语,协调六经不同之传注,将这一切旧闻新论,归纳融会,以补足儒家"六经"之大义,成一家之光辉言谈,藏之名山、传之后世,诚哉《报任安书》谓之"究天人之际,通古今之变,成一家之言"也。

余读其书、慕其人、壮其道,心神俱旺,不胜慷慨,乃付诸笔墨,中国人倘能领悟此大道,大一统中华文明之传播,全人类的幸福、自由与繁荣,"中国梦"与"世界梦"必能联翩起舞、展翅翱翔也!

---

❶ 司马迁.史记(卷三)[M].北京:中华书局,1999:2507-2508.

第五章　中华大一统国体

太史公司马迁所著《史记》，是晚周、秦汉之际，总结此前中华文明6000余年文明经验的惊世巨著，尤其是作为论述"中华文明总纲"的"八书"，即《礼》《乐》《律》《历》《天官》《封禅》《河渠》《平准》，囊括中华文明大一统建构的六次高潮，代表着中华民族自我理解、自我建树、自我奋斗的根本智慧，也奠立了未来人类必须遵循之文明正道，堪称光辉巨典。

唐司马贞《史记索隐》解题《史记》八书第一篇《礼书》之命名含义曰："此之八书，记国家大体。"❶张守节《史记正义》进一步解释曰："天地位，日月明，四时序，阴阳和，风雨节，群品滋茂，万物宰制，君臣朝廷、尊卑贵贱有序，咸谓之礼。五经六籍，咸谓之书。故《曲礼》云'道德仁义非礼不成，教训正俗非礼不备，分争辩讼非礼不决'云云。"❷

司马贞、张守节等唐代学者，均深切知晓"国家大体"所在：国体在"礼"，《史记》论列之《礼》《乐》《律》《历》《天官》《封禅》《河渠》《平准》"八书"，把中华文明的具有根基性的古典宪政观念、制度和盘托出，中华"礼乐"协调人道（人文）正大；"律、历、天官"协调天道之适当、天人之和谐；"封禅、河渠、平准"以国家祭祀、水利兴修、度量核准、交易公平来匹配地德之博厚，《史记》八书巍然揭示了大一统国家之大体、大一统文明之宪纲！

礼之义，大矣哉！举凡天地之正位、日月之鲜明、四时八节之井然有序、阴阳五行之和顺相生、风雨燥湿之翩然节制、万事万物之滋生不息，乃至君臣朝廷之守道仁义，社会上下品级之守法协调，"咸谓之礼"，均需"礼制、礼教秩序"来调节，所以《礼记·曲礼》宣称：贯彻仁义道德、推行教训正俗、解决纠纷疑惑等人间事务万端，均靠礼（宪法）。

司马迁正是在这一深刻认识的基础上，将"礼"列在"国体第一"的最重要位置并予以深刻阐释曰：

---

❶ 司马迁. 史记[M]. 北京：中华书局，1999：1023.
❷ 司马迁. 史记[M]. 北京：中华书局，1999：1023.

> 洋洋美德乎！宰制万物，役使群众，岂人力也哉？……人道经纬万端，规矩无所不贯，诱进以仁义，束缚以刑罚，故德厚者位尊，禄重者宠荣，所以总一海内而整齐万民也。
>
> 礼由人起。人生有欲，欲而不得则不能无忿，忿而无度量则争，争则乱。先王恶其乱，故制礼义以养人之欲，给人之求，使欲不穷于物，物不屈于欲，二者相待而长，是礼之所起也。故礼者养也。……人苟生之为见，若者必死；苟利之为见，若者必害；怠惰之为安，若者必危；情胜之为安，若者必灭。故圣人一之于礼义，则两得之矣；一之于情性，则两失之矣。❶

太史公之深见，贯穿烛照古今文明之幽隐：中华古典文明，诱导人群以仁义道德之理、尊卑长幼之序，以礼义协调、节制人间经纬万端、纷纭复杂、常因私欲不遂而纷争惑乱的人类事务，社会因此而安宁，人群因此而各遂其私欲。所以，一言以蔽之："礼者养也"，即养护人类大小群生，足以各自安全从事其满足私欲之生活；所以，礼制，即西方学术所谓"宪法法制"者，居于文明生活的核心。

近现代浅学俗儒不明个中奥妙，以为中华礼制就是一味压抑人生私欲，胡乱标榜"礼教吃人"说而误导人群陷入"苟生、苟利、怠惰、情胜"之泥潭以自溺，最终"若者必灭"而已矣！

礼制、礼教的根本精神，在于"道义"，故而"礼义"二字常连称、互释。司马迁《礼书》开篇即言明："人力不足以役使群众，唯道义、礼制足以役使群众、组织社会、扩展文明"，其秉承、发扬之礼教精神，与法家推崇权势、西方马基雅弗利主义推崇权术等古今中外实用主义之说高下悬隔焉：

> （礼者）治辨之极也，强固之本也，威行之道也，功名之总也。王公由之，所以一天下，臣诸侯也；弗由之，所以捐社稷也。故坚革利兵不足以为胜，高城深池不足以为固，严令繁刑不足以为威。由其道则行，不由其道则废。……古者帝尧之治天下也，盖杀一人刑二人而天下治。传曰"威厉而不试，刑措而不用"。❷

古今政权更迭，印证了司马迁的历史哲学：秦始皇任力暴虐，十五年而亡；楚霸王大军披靡，乌江自刎；汉高尽除苛法、与民休息，国祚四百载；文武周公奠立礼乐政教体系，国祚八百载；德日法西斯猖狂一世，天人共诛……礼教之道德仁义精神，是中华道德主义历史观的根本精神，国人常言并恒信"一时胜负在于力，千秋胜负在

---

❶ 司马迁. 史记[M]. 北京：中华书局，1999：1023-1027.
❷ 司马迁. 史记[M]. 北京：中华书局，1999：1028-1029.

于理",而天理人心之公正,其传承、维护的规制,即礼制:

> 天地者,生之本也;先祖者,类之本也;君师者,治之本也。无天地恶生?无君师恶治?三者偏亡,则无安人。故礼,上事天,下事地,尊先祖而隆君师,是礼之三本也。
>
> ……天地以合,日月以明,四时以序,星辰以行,江河以流,万物以昌,好恶以节,喜怒以当。……礼者,人道之极也。然而不法礼者不足礼,谓之无方之民;法礼足礼,谓之有方之士。礼之中,能思索,谓之能虑;能虑勿易,谓之能固。能虑能固,加好之焉,圣矣。天者,高之极也;地者,下之极也;日月者,明之极也;无穷者,广大之极也;圣人者,道之极也。[1]

礼义之大,在于三个根本:天地宇宙是生命之本,必须恭敬祭祀;祖先圣贤,是文明之本,必须礼拜效法;君主、老师,是治道根本,必须礼敬尊仰。三本树立,礼义大明,则天地众生交合繁茂、日月星辰辉耀、四季时行、江河浩荡、万物昌盛、人情舒畅,庶民守道(有方)依德,士子法礼(以礼为法),天下强固坚韧,永久和平,天人欢洽,广大无极矣!

中华戏曲常含礼教真精神:荀慧生在1925年曾首演《铁弓缘》(全本名《大英杰烈》),遂成名剧。余撰叙《史记》八书札记之余,观赏京剧音配像精品剧《铁弓缘》,叹服久之:名伶李玉茹配音、陈朝红配像扮演的剧中少女"陈秀英",名丑孙正阳扮演的"陈母",完美展现一对卖茶母女不畏强暴、活泼敢为的形象,鲜活而逼真地呈现出伟大"礼教"的真精神。

考量剧情可知,孤苦无依的秀英母女,遭"高干子弟"——太原总镇石老爷之子石文的纠缠、刁难,石文企图强娶秀英,母女俩不畏强暴,坚决拒绝、奋力反抗,向萍水相逢、主持正义的青年匡忠主动求嫁,剧情转折,全在一"礼"字:石文膏粱子弟、倚势欺人,秀英母女非但不答应婚事,陈母还把石文及其喽啰打得抱头鼠窜;匡忠温文有礼,不仅主持正义,而且深通世务,又一表人才,秀英母女主动提亲,成就一段美妙姻缘。

由此可知:"知书达礼"成为中国人对人类交往、公共生活与人格、道德品行的最起码、最基本的要求,"礼"非但不会"吃人",恰是"养人以正道"的文明根本!

---

[1] 司马迁.史记[M].北京:中华书局,1999:1032-1033.

一、灿烂礼乐教化，涵养天人之和

音乐诚然是人间最神奇之物：每一生命情绪的内在呼吸、波动，哪怕是极微细到本人尚未清晰察觉的程度，音乐都能把这些无以表达的色彩表达出来。听孔子习琴于师襄的《文王操》，一个深稳安详的世界，如海洋一般浩瀚展开在远方；听贝多芬的《悲怆钢琴奏鸣曲》，青年人对庸鄙现实的激烈义愤、对内心情绪的细密梳理、对超越现实的生命壮阔前景的美丽憧憬，立刻纤毫毕现……更为神奇的是，音乐竟然是宇宙运动秩序、天体运行规律在人间音律上的对应体现！此外，更有奇中尤奇者：中国人认为，音乐是人类文明生活的基本秩序是否合理、能否持久延续的最集中体现！

《史记》八书之二《乐书》，就是从乐本、乐施、乐情、乐化、乐象等各个侧面，完整揭示出人类音乐活动的文明内涵以及社会协调等功能的本质。

中国一向以"礼乐"并称，亦即礼是人类文明生活的基本规制，而乐则是由这种规制的良好遵循而产生出来的人类文明生活的和谐、自由与美好，这种和谐、自由、美，恰恰呼应着天上繁星、宇宙秩序的和谐、自由与美，故而礼乐即文明的同义语。

唐张守节《史记正义》为此篇《乐书》开言解题曰："天有日月星辰，地有山陵河海，岁有万物成熟，国有圣贤宫观、周域官僚，人有言语衣服、体貌端修，咸谓之乐。"❶

换言之，细究天文星历之学，乃知日月星辰皆有天籁之乐；俯瞰大地山川，附耳聆听浩浩汤汤之《高山》《流水》（古琴曲名）；投身青翠森林、牧草波涛、金黄麦穗之间，人可呼吸畅饮万物节节拔高之嫩绿声息；置身巍峨宫殿、漫步广大国土、亲近各地风俗，人可目睹大街之俊男、小巷之美女，其搔首弄姿、翩翩而过，其顾盼生辉、迷惑一世，不啻一曲别样"天籁"：凡发乎天然、情不自禁之生命韵律之流露，咸称为"乐"。乐者，大自然之乐趣、小宇宙之欢欣也！

君子明道守德，既能领受"扑面而来"之美，亦能领悟"转头即空"之色。故而以"礼"相节制、以"乐"相和谐，如此，天清地净、河晏海平，万物深稳安详，欣欣自乐，每一人生皆饱满而悠扬，此之谓"礼乐教化"。

太史公论曰：

> 余每读虞书，至于君臣相敕，维几是安，而股肱不良、万物堕坏，未尝不流涕也。……君子不为约则修德，满则弃礼，佚能思切，安能惟始，沐浴膏泽而歌咏勤苦，非大德谁能如斯！传曰："治定功成，礼乐乃

---

❶ 司马迁. 史记[M]. 北京：中华书局，1999：1037

兴。"……凡作乐者，所以节乐。君子以谦退为礼，以损减为乐，乐其如此也。以为州异国殊，情习不同，故博采风俗，协比声律，以补短移化，助流政教。天子躬于明堂临观，而万民咸荡涤邪秽，斟酌饱满，以饰厥性。……及其调和谐合，鸟兽尽感，而况怀五常、含好恶，（岂）自然之势也？❶

司马迁自述其研读《尚书·虞书》的经历：读至尧舜二帝与大禹、皋陶、伯益之际，君臣相互劝诫、警告，维持天下万民生计之安（几）、大小宇宙之和谐、欢洽，经典记载深刻揭示古今兴衰之根本，常在于股肱之臣不良，因而万物堕落毁坏、文明断裂沦丧之悲剧，史公不禁涕泪交迸！

《尚书》曰："满招损，谦受益"，君子推行政教，贵节制、勤俭、恭敬于苍天和人民，故而尧舜三代之音乐，歌之舞之于祖先庙堂（明堂）、天子布政之所，足以"荡涤邪秽、斟酌饱满"，足以发扬人类道德良知（仁义礼智信"五常"）而助成礼乐教化、人间风俗之醇正，文明生活之优美。

乐之义，大矣哉！其感动人心、移风易俗、发扬政教，可谓功德广大，足以通天道、扬地德、畅人文：

> 凡音之起，由人心生也。人心之动，物使之然也。感于物而动，故形于声……故礼以导其志，乐以安其和，政以壹其行，刑以防其奸。礼乐刑政，其极一也，所以同民心而出治道也。
> 凡音者，生于人心也；乐者，通于伦理者也。是故知声而不知音者，禽兽是也；知音而不知乐者，众庶是也。唯君子为能知乐。是故审声以知音，审音以知乐，审乐以知政，而治道备矣。……知乐则几于礼矣。礼乐皆得，谓之有德。德者得也。……是故先王之制礼乐也，非以极耳目之欲也，将以教民平好恶而反人道之正也。❷

礼、乐、刑、政，四宪合一，恰当措置，则治道大备、人道大行，天子百官守（宪）法，士绅百姓守（道）德，人人自我约束、相互节制，则文明之宪政巍然屹立，天地人太极大一统之文明事业，焕然发抒而无极也！

---

❶ 司马迁.史记[M].北京：中华书局，1999：1037.
❷ 司马迁.史记[M].北京：中华书局，1999：1039-1043.

二、大小宇宙之间：融贯、共振、交欢

大宇宙本性是清净无私的，其精气流注到小宇宙（人）心中，就是良知、灵魂，这是人类生活建立道德规范的基础；小宇宙本性是自爱自私的，但在宇宙秩序（五行真气、天赋良知、仁爱本能）的流注和后天文明传承与教育的持久作用下，其自爱自私本能受到节制、转化、升华，伴随阅历和智慧的增长，小宇宙逐渐体悟出大宇宙的清净无私，进而逐渐返回自身的天赋良知、仁爱本能，即孟子所谓"万物皆备于我，返身而诚，乐莫大焉"，如此，人就摆脱了"小宇宙本性"的纠缠、迷障，进入"大宇宙本性"的自由、博大、壮丽境界。

伯特兰·罗素在《西方哲学史》中言"文明是审慎的同义语，但这必然损失掉许多宝贵的价值，譬如热情、豪迈，等等"，可谓一语中的：音乐等一切人类作品的宗旨，就是荡涤一己私欲之困惑，提示小宇宙——一切自爱冲动，都是由大宇宙在隐秘地操纵着，以实现它不断繁衍自身、变换自身的游戏（嬉戏）目的：

> 人生而静，天之性也；感于物而动，性之颂（欲）也。物至智知，然后好恶形焉。好恶无节于内，智诱于外，不能返己，天理灭矣。夫物之感人无穷，而人之好恶无节，则是物至而人化物也。人化物也者，灭天理而穷人欲也。于是有悖逆诈伪之心，有淫佚作乱之事。是故强者胁弱，众者暴寡，智者诈愚，勇者苦怯，疾病不养，老幼孤寡不得其所，此大乱之道也。是故先王制礼乐，人为之节……所以正交接也。礼节民心，乐和民声，政以行之，刑以防之。礼乐刑政四达而不悖，则王道备矣。[1]

人生要义、文明精髓，尽在此洋洋大论之中：天性清静，日月五星宁静照耀万方，何曾有一丝自私之心？故而《尚书》称日月五星为"七政"（七正），盖谓其正直无私、遍照宇宙也；人的天性得自上苍，原本也应是清净无私的，为何产生自爱自利之心呢？皆因一"感"字，即苍天赋予人类以"感官"，其本性就是"感物而动"，亦即以官能（感）来交接外物，以实现宇宙不断繁衍自身、变换自身的生殖、延续、循环目的。外物纷至沓来，人类理智官能必然感知其来，因此产生好恶取舍之心、自爱自利之心，是谓"小宇宙本性"。

好恶取舍、自爱自利，本是苍天赋予人类的自然本性，但倘若无节制地追逐外

---

[1] 司马迁.史记[M].北京：中华书局，1999：1044-1045.

物，不懂得时时"返回"自身清净无私的"大宇宙本性"，那么，天理（大宇宙本性）就泯灭了。人欲无节、天理荡灭的结果，必然是"强凌弱、众暴寡"，天下必然大乱！

礼乐刑政的制定、实施、维护，就是为了避免这种混乱出现，以便人人得以在自我节制的范围内，自由满足其私欲、好恶、取舍等"小宇宙本性"，进而不断重返清净无私的"大宇宙本性"，故而司马迁曰："礼者养也"！

礼乐，恰是合理而节制、深广而博大地养育人欲之满足、自由之实现、文明之昌盛、社会之长治久安！

《史记·乐书》此段论述，直接承袭于《礼记·乐记》❶文字，由此可知，天理与人欲之辩，贯穿人类文明始终，从孔子"克己复礼之谓仁"到罗素《西方哲学史》所言，其实一也：文明的本来含义，就是以礼乐刑政等一切内在、外在节制的手段和方式，约束人类私欲的膨胀、泛滥，从而保障文明秩序的稳定和人类私欲合理而自由的满足。

自天主教对人类物欲的外在束缚，在近代逐步瓦解、崩溃以来，西方人陷入纵容人欲泛滥、加剧贫富悬殊的文明泥潭。唯少数历史哲学家、经济社会学家早已洞悉其玄机：汤因比在《人类与大地母亲》中揭露说，英国在维多利亚女王统治时期取得的工业革命成就，是建筑在对全球殖民地的残酷掠夺基础上的；钱穆在《国史新论》中"为故国招魂"、为中华文明辩护说，自秦汉以下，中国凭其富强，却自觉不走上资本主义、帝国主义道路，就是因为中国人自古形成了"清贫而乐、富而好礼"的文明性格；梁漱溟巍然举起"物来顺应、廓然大公"的文明大旗，率先预言了中华文明必将在尽力吸纳西方物质技艺文明优点的基础上，重整天道、地德、人文三大生命系统的太极和谐，赋予全人类合理有序的新文明秩序！

三、中华大一统：包裹广大，牢笼万有

中华文明正统之包裹广大、牢笼万有、启迪深远，在《史记·乐书》中展露无遗：举凡宇宙天地秩序之宏大、人类心灵秩序之精微、大宇宙小宇宙之沟通交合、中华礼乐刑政等古典宪政体系之深谋远虑等，一一荟萃其中、一一畅遂而繁茂其间也：

> 乐者为同，礼者为异。同则相亲，异则相敬。……合情饰貌者，礼乐之事也。礼义立，则贵贱等矣；乐文同，则上下和矣；好恶著，则贤不肖别矣；刑禁暴，爵举贤，则政均矣。仁以爱之，义以正之，如此则民治行矣。❷

---

❶ 十三经注疏·礼记正义[M].北京：北京大学出版社，1999：1083-1085.
❷ 司马迁.史记[M].北京：中华书局，1999：1045-1046.

礼者以规制的形式树立起人间正义、长幼尊卑之节，礼教之真精神在于"义"，故而礼义一旦树立，则贵贱尊卑之别就消弭于无形，因为贵贱尊卑全要讲究礼义，如此，贵贱尊卑在道德（义）上获得一体平等对待的法律地位：尊贵者守礼义则长处尊贵、广受爱戴，不守礼则被依法剥夺爵禄、堕退为平民、受尽各方鄙夷；同理，卑贱者守礼而奋进，则可身跻尊贵阶层（经由荐举、察举、科举等上升途径），不守礼则身处底层而永难出头，富贵卑贱，皆由人自取之。

司马迁"礼义立，则贵贱等矣"一语，道破中国古典社会的创造性源泉：中华文明自古不立种族、种姓、家族、城邦、阶层之种种等级制度，反而建制起人才凭借道德才干不断上升的合理途径，更在"法律面前人人平等"的近代形式主义平等机制的浅近层次上再进一步，建立起"道德面前人人平等"的深刻层次的古典平等机制，造成中华各色人才、贤者层出不穷、仁人志士源源不断地涌现、民族脊梁勇于担当天下道义这样一种极其鲜活、生动的社会局面。

太史公所言："刑禁暴，爵举贤，则政均矣。仁以爱之，义以正之，如此则民治行矣。"揭示出中华古典宪政以"均平"为最高宪政宗旨，刑罚用以禁止暴虐，爵禄用以选举贤德志士来公正地管理公共事务，仁爱人民，正义督导、教化百姓，则宪政民治、文明事业，必然大行于天下也：

> 乐由中出，礼自外作。乐由中出，故静；礼自外作，故文。大乐必易，大礼必简。乐至则无怨，礼至则不争。揖让而治天下者，礼乐之谓也，暴民不作，诸侯宾服，兵革不试，五刑不用，百姓无患，天子不怒，如此则乐达矣。合父子之亲，明长幼之序，以敬四海之内。天子如此，则礼行矣。
>
> 大乐与天地同和，大礼与天地同节。和，故百物不失；节，故祀天祭地。明则有礼乐，幽则有鬼神，如此则四海之内合敬同爱矣。……乐者，天地之和也；礼者，天地之序也。和，故百物皆化；序，故群物皆别。乐由天作，礼以地制。过制则乱，过作则暴。明于天地，然后能兴礼乐也。论伦无患，乐之情也；欣喜欢爱，乐之容也。中正无邪，礼之质也；庄敬恭顺，礼之制也。若夫礼乐之施于金石，越于声音，用于宗庙社稷，事于山川鬼神，此所以与民同也。❶

礼乐由父子之亲、长幼之敬，推而至于四海之内，宪政均平而大治：天子仁爱，诸侯宾服，兵革不起，五刑不用，百姓安康，这深稳安详的文明状态，必然是天地之和（乐）与天地之序（礼）长期教化推行的结果。

因此，天地人太极大一统之和谐，必然使万物不失其本性、不错其时序而各自富

---

❶ 司马迁. 史记[M]. 北京：中华书局，1999：1046-1048.

丽成就；礼乐调节人欲，礼教妙合天地，故而祭祀天地、山川、鬼神等一切助成万物生成之功者，四海之内必然会合其尊敬之心、欢爱之情。天子百官、天下万民，皆以礼乐精神感通宇宙、敬爱天地山川，万物蒙受人间大爱之情而化生不止、繁茂欢畅，上下群生，上至日月五星等天上群星，下达草木虫鱼、人间百态，无不分别而欢洽、恩爱而多情，宗庙社稷、山川自然、文明事业，皆因礼乐之和而处于幸福之中！

四、礼乐政教，匹配天地之德

人类发扬礼乐仁义之道德精神，就能匹配天地宇宙之德，与天地并立不朽矣。余小学时获赠一张天津市少年儿童图书馆的借阅证，欣喜万分，生平借阅的第一本书就是列夫·托尔斯泰的《复活》，虽似懂非懂却骄傲万分地捧读、摘记，从此养成研读大部头书的习惯；待长大后才知，原来这树木翁郁、书香气馥郁芬芳、一度横遭废弃的诺大院落，竟然就是天津的文庙（孔子庙）以及府学所在地！待结婚生子，抱儿游览圣地，蓦然见高大牌坊上八个镶金大字闪耀："德配天地，道贯古今"，余携子立即俯身敬拜，终身服膺并坚信：人类之德，可匹配天地一切价值；宇宙之道，可贯穿古今中外一切文明！以往闻之的那些虚浮不实的迷妄观念，如雾霾被阳光驱散，朗朗乾坤、森森万象，此刻如清水芙蓉，一一鲜丽而出，自动交织成一串串流光溢彩的珍珠项链，余以赤子之诚，奉献这串项链，给冥冥之中的祖国、世界、人类，给天地、山川、繁星……

譬如枕边陪伴多时的《史记·乐书》之伟辞妙句，如万斛清泉，汩汩而出，奔泻千里，余沐浴其中，遍体酣畅，深知非天地之护佑，不能成就此"唐诗、晋字、两汉文章"之盛：

> 王者功成作乐，治定制礼。……天高地下，万物散殊，而礼制行也；流而不息，合同而化，而乐兴也。春作夏长，仁也；秋敛冬藏，义也。仁近于乐，义近于礼。乐者敦和，率神而从天；礼者辨宜，居鬼而从地。故圣人作乐以应天，作礼以配地。礼乐明备，天地官矣。
>
> 天尊地卑，君臣定矣。高卑已陈，贵贱位矣。动静有常，大小殊矣。方以类聚，物以群分，则性命不同矣。在天成象，在地成形，如此则礼者天地之别也。地气上跻，天气下降，阴阳相摩，天地相荡，鼓之以雷霆，奋之以风雨，动之以四时，暖之以日月，而百物化兴焉，如此则乐者天地之和也。❶

---

❶ 司马迁.史记[M].北京：中华书局，1999：1049-1050.（该段文字"如此则礼者天地之别也"误为"如此则体者天地之别也"，笔者引文正之，更"体"为"礼"字）

-53-

礼乐政教"四宪"之推行，上依天道之博爱无私，下循人性之仁义良知，故而春夏秋冬四时运行不息，礼乐制度必须遵循天仁地义、天地自然之宇宙秩序而展开制作，如此，王者（圣贤）定礼制、兴乐教，而天地正位（官）、万物襄助、人间和美矣。

"天尊地卑，君臣定矣"一段文字，与《易经·系辞》开篇一段文字十分类似，读者可参酌两段文字而探究、领会司马迁如何将《易传》畅论大宇宙秩序的哲理精神，提炼推演为人间小宇宙秩序的融贯荟萃之功。

天之真气尊贵在上，地之真气顺应天道而成，故而谦卑在下，二者犹如君臣之位，高下不同：君者，天下大一统之表率、万邦社群（君者合群也）稳定繁荣之枢纽、先王圣德之传承者也，故而居天之位；臣者，个人才德足以辅佐天子者，受天子推举、任用而受职者也，故居地之位。二者同受祖宗礼乐政教四宪约束而共治天下：礼者如同天地、君臣、万物之别；乐者如同天地、君臣、万物之和，礼乐合同，四宪纲纪，天下大安也：

> 化不时则不生，男女无别则乱登，此天地之情也。及夫礼乐之极乎天而蟠乎地，行乎阴阳而通乎鬼神，穷高极远而测深厚，乐著太始而礼居成物。著不息者天也，著不动者地也。一动一静者，天地之间也。……天地之情，寒暑不时则疾，风雨不节则饥。教者，民之寒暑也，教不时则伤世；事者，民之风雨也，事不节则无功。……发以声音，文以琴瑟，动以干戚，饰以羽旄，从以箫管，奋至德之光，动四气之和，以著万物之理。是故清明象天，广大象地，终始象四时，周旋象风雨，五色成文而不乱，八风从律而不奸，百度得数而有常，小大相成，终始相生，唱和清浊，代相为经。故乐行而伦清，耳目聪明，血气和平，移风易俗，天下皆宁。……德者，性之端也；乐者，德之华也；金石丝竹，乐之器也。……是故情深而文明，气盛而化神，和顺积中而英华发外，唯乐不可以为伪。……是以情见而义立，乐终而德尊，君子以好善，小人以息过……君子曰：礼乐不可以斯须去身。……是故乐在宗庙之中，君臣上下同听之，则莫不和敬；在族长乡里之中，长幼同听之，则莫不和顺；在闺门之内，父子兄弟同听之，则莫不和亲。故乐者，审一以定和，比物以饰节，节奏以成文，所以合和父子君臣，附亲万民也……先王之道，礼乐可谓盛矣。[1]

洋洋乎礼乐之教！正大光明、普照宇宙，俨然人间之日月五星（七政）也，太史公荟萃古典礼乐圣教之真精神，将天道之清明、地德之广大、人文之美盛，融会贯通

---

[1] 司马迁. 史记[M]. 北京：中华书局，1999：1051-1069.

为奇丽之大文章，人类之德，发乎大宇宙之本性，人类赋予其一往之深情、声色之华美，"情深而文明，气盛而化神"，大宇宙秩序（天道）、小宇宙本性（情深）都获得酣畅淋漓的发挥，舞蹈歌诗带动天地真气、人间正气的抒发、畅遂，滋养天地间美善的文明事业、幸福的人间生活也！

五、律历星官，挥洒万物光辉节奏

司马迁《史记·律书》开篇曰："王者制事立法，物度轨则，壹禀于六律，六律为万事根本焉。"❶ 唐司马贞《史记索隐》引《释名》曰："律，述也，所以述阳气也"❷，宇宙阳气舒展，吹拂鼓舞，万物将内在蕴含的生命律动，发为音声，是谓六律：黄钟、太簇、姑洗、蕤宾、夷则、无射，与抒发"阴气律动"的六吕，合称十二律。王者圣贤依据音律制定历法、礼制、规矩、权衡等各种典章制度与器物规格，所以被尊为"万物根本"。

《律书》居《史记》八书第三篇的位置，顺承第一篇《礼书》和第二篇《乐书》而来，细致讨论音律的起源、法则，与第四篇《历书》、第五篇《天官书》，都直接继承了伏羲炎黄时代"三坟之学"的思想成就，是中华文明大宇宙观-生命观的凝结荟萃，是古典天文星历之学的智慧渊薮，地位可谓崇高。

《律书》集中讨论音律（奇数六律为阳律，偶数六律为阴律，称六吕，阴阳合称为六律、十二律），文中主要是讨论音律与五行、八正（东西南北、东南西南西北东北）之风（八风）以及天上星辰与地上音律之间的奇妙莫测的一一对应关系：

> 武王伐纣，吹律听声，推孟春以至于季冬，杀气相并，而音尚宫。同声相从，物之自然，何足怪哉！……递兴递废，胜者用事，所受于天也。……《书》曰"七正"，二十八舍。律历，天所以通五行八正之气，天所以成熟万物也。舍者，日月所舍。舍者，舒气也。不周风居西北……太史公曰：在璇玑玉衡以齐七政，即天地二十八宿。十母，十二子，钟律调自上古。建律运历造日度，可据而度也。合符节，通道德，即从斯之谓也。❸

宇宙大一统真气，起于天上星宿，吹拂、鼓舞着大地之上的万千生灵，使之悠然旋转、舞蹈，这天地之间运行不息的生命律动，就是宇宙万物的节律与法则，日月五

---

❶ 司马迁. 史记[M]. 北京：中华书局，1999：1081.
❷ 司马迁. 史记[M]. 北京：中华书局，1999：1081.
❸ 司马迁. 史记[M]. 北京：中华书局，1999：1082-1091.

星、二十八宿、十二时辰、十二音律、二十四节气、六十四卦象、七十二物候等，合成一幅大宇宙生命与小宇宙生活的美丽交合图、铿锵共鸣曲，生机无限、欢洽无间，无始无终、彻古彻今，概莫能外、汪洋恣肆，周流不息，是谓太极大一统！

司马贞《史记索隐述赞》曰：

> 自昔轩后，爰命伶伦。雄雌是听，厚薄伊均。以调气候，以轨星辰。军容取节，乐器斯因。自微知著，测化穷神。大哉虚受，含养生人。❶

黄帝创设政府乐官制度，伶伦执掌音律之学，十二音律（雄称律，雌称吕）平衡协调，用以"调气候、轨星辰"，宗旨是"含养生人"，促使万物滋生繁茂，五谷丰登，百姓和乐。伏羲创设的河图易数（大宇宙秩序、天地节律），神农创设的养生医术（小宇宙秩序、生活节律），至此融贯成生命统一体，巍然为中华联邦大一统宪政观念与机制奠立宇宙观-生命观根基，汇为天道、地德、人文三大系统合一的太极智慧的渊薮！

细读《律书》原典，可知其所蕴含的太极大一统智慧之深，不仅仅限于音律之学、天文星历之教，而是饱含着安定天下、和乐人心的古典宪政体系之全球文明智慧。

其一，顺天爱民、德惠百姓、知止乃进、知足乃强的"王道大一统思维"。司马迁历数黄帝讨平蚩尤、颛顼讨平共工、成汤伐桀、武王伐纣、晋齐称霸、秦二世、汉高祖、孝文帝等历代内外用兵之史迹，阐明王者用兵，必须顺天爱民，所谓"讨强暴，平乱世，夷险阻，救危殆"❷，精准概括出王道用兵、文明强固的宪政原则：

> 故教笞不可废于家，刑罚不可捐于国，诛伐不可偃于天下，用之有巧拙，行之有逆顺耳。❸

司马迁援引夏桀、殷纣、秦二世的败亡史迹，告诫世人：勇、力、权、势不足以存天下，"穷武之不知足，甘得之心不息"❹适足以亡国、亡天下，唯"知止乃进、知足乃强"的宪政观念，足以存国、存天下，足以促使文明强固、百姓安乐也。

太史公援引当朝史迹以证：汉高祖偃武休息；孝文帝反对将军陈武等人主张对"秦时内属为臣、如今拥兵观望"的南越、朝鲜用兵的建议，宣谕曰："兵凶器，虽克所愿，动亦耗病，谓百姓远方何？又先帝知劳民不可烦，故不以为意。朕岂自谓能？

---

❶ 司马迁. 史记[M]. 北京：中华书局，1999：1091.
❷ 司马迁. 史记[M]. 北京：中华书局，1999：1082.
❸ 司马迁. 史记[M]. 北京：中华书局，1999：1082.
❹ 司马迁. 史记[M]. 北京：中华书局，1999：1083.

今匈奴内侵，军吏无功，边民父子荷兵日久，朕常为动心伤痛，无日忘之。今未能销距，愿坚边设候，结和通使，休宁北陲，为功多矣。且无议军。"❶

太史公赞称："百姓无内外之繇，得息肩于田亩，天下殷富，粟至十余钱，鸣鸡吠狗，烟火万里，可谓和乐者乎！"❷爱民安民之情溢于言表，以仁义精神贯彻古典宪政的精神，可谓与汉高、惠、文、景诸帝一脉相承。

其二，人性、民心、国家、天下，其"甘得之心"（利欲之心）必须有所节制、有所约束，才能强固、繁盛；否则，一味放纵其私欲，不足以存之，适足以灭之！这一中华根本智慧，判然有别于西方近代各种独断思维，启蒙独断主义-实用主义等思维流弊，片面强调保障人权的自由伸张和私欲的无限满足。

时下不乏例证：某些网民在匿名状态下肆意谩骂、侮辱某个主张改革国家节假日制度、持之有故的学者为"祸国殃民"；某居民在公寓自家卧室，不顾邻居观感，肆意驯养猪、狗、刺猬等各种宠物，臭气熏蒸，骚扰邻居，多年不获解决等，均是肆意放纵而不加道德节制和法律约束造成的"心理病态与社会乱象"。

太史公一言可为万世法：

教笞不可废于家，刑罚不可捐于国，诛伐不可偃于天下！

其三，宇宙生命进程的宏伟秩序、深微层次，亦被史公言明：

神生于无，形成于有，形然后数，形而成声，故曰神使气，气就形。……非有圣心以乘聪明，孰能存天地之神而成形之情哉？神者，物受之而不能知其去来。故圣人畏而欲存之。唯欲存之，神之亦存。其欲存之者，故莫贵焉。❸

神乃天地间无形之真气，灌注于万物之形体，唯圣贤之心、聪明之智，乃能存养天地之神气，同时又能成全万物形体所内蕴之七情六欲也。

余读熊十力先生《十力语要》所言"物之所以然者谓之神"，叹其精粹、美妙；今读《史记·律书》所言"神者，物受之而不能知其去来（者也）"，更叹美于自伏羲河图以来，直至民国七贤思想，吾中华诗意神秘主义一脉相承宇宙观之妙谛无限也。

---

❶ 司马迁. 史记[M]. 北京：中华书局，1999：1083.
❷ 司马迁. 史记[M]. 北京：中华书局，1999：1083.
❸ 司马迁. 史记[M]. 北京：中华书局，1999：1090.

六、天文星宿，繁育万物瑰丽风姿

人类唯依生存经验之积累、推究、扩展、传播，乃能获得智慧与安乐。生存经验之大者，唯夜往而昼来、冬去而春生，最为鲜明深切。人在时空中，必须率先确定自己所处之时间次序与空间方位，人类概括总结时间演进的次序进而确立自身生活的基本次序的思想活动，以及记录、整理这些思想成果的活动，就是人类文明的肇始，这一过程就是历法。

历者经历也，法者法则也，人类经历大宇宙的演进、变化周期与规律，记录、总结、提炼这些演进、变化的规律、法则，进而措置小宇宙（人类自身）各项生活制度，从而逐渐摆脱混乱无序、杂乱无章的状态，人类文明的各项事业因此建树起来。

司马迁《史记·历书》曰：

> 神农以前尚矣。盖黄帝考定星历，建立五行，起消息，正闰余，于是有天地神祇物类之官，是谓五官。各司其序，不相乱也。民是以能有信，神是以能有明德。民神异业，敬而不渎，故神降之嘉生，民以物享，灾祸不生，所求不匮。❶

伏羲、神农远古时代历法称《太初历》（上元太初历）。司马贞《史记索隐》援引《系本》以及《汉书·律历志》概括其进展曰："黄帝使羲和占日，常仪占月，臾区占星气，伶伦造律吕，大挠作甲子，隶首作算数，容成综此六术而著《调历》也。"❷

由此可知，黄帝时代政府所设立的天文星历制度体系，已对历法制度及其学术思想，进行大规模的整理、总结、推广、传播与提升：羲和二氏世典天文，记录日行轨迹；常仪记录月行盈亏；臾区即《黄帝内经》中与黄帝讨论阴阳五行养生法的鬼臾区，执掌记录天上星宿与真气运行规律；伶伦记录整理十二律体系；大挠制作天干地支的纪年方法；隶首推演河图以来二进位制的天数规律；黄帝中央政府的天文官容成，在荟萃融贯上述天文星历之学的基础上，制定出《调历》，以政府名义颁行天下。人民信守天文时序而耕作畜牧得宜；对天地神明祭祀，严格按时序进行，故而天人欢洽沟通，大地嘉谷繁生，民用富庶，风调雨顺，灾祸不起，河清海晏，万象和美，天下安宁：天文星历之学，诚然人道之大、文明技艺之大也！

黄帝时代的中央政府文官制度体系，也依据天道、地德、人文这个天下大一统的

---
❶ 司马迁.史记[M].北京：中华书局，1999：1094.
❷ 司马迁.史记[M].北京：中华书局，1999：1094.

太极秩序而建立起来："于是有天地神祇物类之官，是谓五官。各司其序，不相乱也。"❶唐张守节《史记正义》援引应劭言曰："黄帝受命有云瑞，故以云纪官。春官为青云，夏官为缙云，秋官为白云，冬官为黑云，中官为黄云。"并加按语曰："黄帝置五官，各以物类名其职掌也。"❷物，事也，各司其事也。

此中国古典宪政文治政府体系之雏形，亦蕴含中华宪政注重四季运行和民生安定的精髓：中官以黄云为纪（犹如徽号），总领全国行政，此即尧舜时代《尚书》所称"百揆"、西周时代《周礼》所称"冢宰"、秦汉所立"丞相"制度之滥觞；春夏秋冬四官，分掌司徒、司农、司寇、司空等国事治理，与秩宗、典乐、朕虞等天文星历、天地神祇祭祀、礼乐教习、山林养护等天人大事（物类之官），构成中央政府体系内"五官九卿"制的创设来源；而左右大监、四岳、十二州牧等诸侯管理制度，与"五官九卿"制形成中央、地方两极政府的彼此制衡机制，是谓中央大一统联邦王政秩序也。

司马迁历数黄帝之后历法变迁：少昊氏衰微，南方诸侯作乱，所谓"九黎乱德"，致使巡行各地、测量日月星辰运行规律的官府天文制度遭废弃，历法错乱，"民神杂扰，不可方物"❸，亦即民间耕作时序、祭祀神明的时序礼数错乱，东西南北中五方物候（方物）也随之紊乱，故而灾害并至、民不聊生。颛顼任命重黎二氏分掌天道星次（神明真气的运行规律）和地德时序（天干地支、十二时辰等大地耕作、畜牧节律），恢复《调历》之常，天下重归安宁。

五帝之一的帝喾统治时代，缙云氏之后、南方诸侯"三苗"作乱，南北二天文官废弃职守，历法又乱。继位者帝挚不能治，在诸侯建议下逊位，尧继任，立即修复旧历，重新任命羲和二氏修订历法，"历象日月星辰，敬授人时"（《尚书·尧典》记载），明天时、正法度，故而阴阳调和、风雨畅遂、茂气时至，中华文明灿烂繁盛并不断扩大。

尧帝年老禅让，在文祖之庙行典礼以禅舜，训诲曰："天之历数在尔躬"，亦即天文星历之制、之学，全在天子百官万民之躬行敬谨，不可须臾荒怠废置！舜帝年老禅位于大禹，亦用同样文辞训诫，太史公曰："由是观之，（天文星历）王者所重也"❹，盖王道之正、人道之弘，唯在敬天爱民，其要务，即在考定星历、修正历法、措置民生、造就人民富庶、天下繁荣安乐也。

初读《史记·天官书》，根本不知所云，因长期受"全盘西化说"及其西化学术思想史的误导，误以为《史记》八书的很多内容，都是司马迁受了董仲舒等人"僵化"的儒教意识形态和"谶纬神学"的误导，所以不予重视，反加轻蔑，真是"以己之昏昏厚诬古人之昭昭"，如今思之愧汗不已！

昨日黄昏时分散步，推举杠铃时，见云雾初开的清澄苍穹上，一颗孤星闪耀，心

---

❶ 司马迁. 史记[M]. 北京：中华书局，1999：1094.
❷ 司马迁. 史记[M]. 北京：中华书局，1999：1094.
❸ 司马迁. 史记[M]. 北京：中华书局，1999：1094.
❹ 司马迁. 史记[M]. 北京：中华书局，1999：1095.

中莫名感动焉：时气已近处暑，炎夏将尽，湿雾渐散，凉飚乍起，宇宙真气周行过半，紫微垣群星仍默然隐身，独遣一星来照，知余正动笔撰叙《天官书》之奥义耶？

天官者，星官也。著名天文家张衡释曰：

> 文曜丽乎天，其动者有七，日月五星是也。日者，阳精之宗；月者，阴精之宗；五星，五行之精。众星列布，体生于地，精成于天，列居错峙，各有所属，在野象物，在朝象官，在人象事。其以神著有五列焉，是有三十五名：一居中央，谓之北斗；四布于方，各七，为二十八舍；日月运行，历示吉凶也。❶

浩瀚苍穹，群星闪耀，宇宙秩序灿烂井然。

宇宙秩序（文）闪耀辉丽于苍穹，主导万物之生机变化，其大者，一曰"七政"（日月五星），主导阴阳五行之气；一曰"北斗-北极"（北斗极星），居苍穹中央，垂拱无为，众星环绕而行；一曰"二十八宿"，分布四方，主导春夏秋冬四季节律、十二音律。三者合为"黄道"星带上众星运行体系，主导地球百物之生息、繁衍，马融注《尚书》曰"经天纬地谓之文"，至此含义跃然而鲜明：天文、地文、人文三大生命系统"妙和无垠"，天道、地德、人文三大宇宙生命的运行高度匹配、吻合，其契合、呼应、协调、共振，推演出太极大一统和谐也！

司马迁《天官书》论之曰：

> 自初生民以来，世主何尝不历象日月星辰？及至五帝、三代，绍而明之，内冠带、外夷狄，分中国为十有二州，仰则观象于天，俯则法类于地。天则有日月，地则有阴阳。天有五星，地有五行。天则有列宿，地则有州域。三光者，阴阳之精，气本在地，而圣人统理之。❷

不读中国书，焉知人生竟然能有如此壮丽之起源、如此博大之境界、如此灿烂之进程！天上日月星，地上精气神，原来竟然都是宇宙大生命的浩瀚统一体，大宇宙、小宇宙之间，每个生命体之间，不是竞争、征服、你死我活的替代关系、权力关系，而是和合共生、欢洽无间、互动博爱的大一统生命关系、道德关系！天上一颗星，地上一个丁，万物、繁星、一切，都蒙受着宇宙浩瀚的恩典，都有生与爱的权利，都是天道、地德、人文这太极大一统生命的被钟爱者，都是天地人之道德使命、仁爱责任

---

❶ 司马迁. 史记[M]. 北京：中华书局，1999：1115.

❷ 司马迁. 史记[M]. 北京：中华书局，1999：1153.（原文"五家"，笔者据《史记正义》改为"五帝"）

的担当者——人啊！发挥你的仁爱，鼓舞你的道德，参与到这宇宙大生命的欢乐舞蹈中去！

清末民初以来，中国曾炫目于西方的船坚炮利，部分人渐渐养成"全盘西化"的浮躁浅薄恶习。一些"西学"代表人物，肆意扭曲、肢解、改窜中华固有文明精神与文献传统，深刻影响着各界思维。

中国经济的迅速腾飞，一举打破了来自国人心目中的"全盘西化"神话，余乃深知人类社会的基本规律，绝非卢梭《民约论》等西方启蒙主义主流思维所能把握，遂大规模深入研读中国经典，学理困惑与现实纷扰一朝豁然：原来孔孟、老庄等中国学问"别有洞天"，足以切近人伦日用、提澌万民人心，乃毅然由西返中，潜心研究中国学问，至今二十余年，乐此不疲、创获无数，诚个人安身立命之教。经学之广大自由、史学之渊深博厚、诸子之高深精湛、集部之精雅华美，余归结为"中华古典宪政制度体系、太极大一统学说"诸概念，奉其为人类文明新生之所托命。

余学术思想之变，实乃中国社会渐趋成熟、新旧渐趋折中的一二表征而已：西方近现代工商科技等器物技艺之学，大有独到之处，尽可大力吸纳；其声色货利之教、自由开放之说，亦颇有满足人类需要、平息人类沸腾私欲之功，亦可适当采纳；而基督教神学之巨大精神感召力，西方古典学术、音乐等精美绝伦之思，西方近现代美术、哲学、文艺与审美时尚之华美精致、奔放无羁，均大有助益于我国人文学术之提升，可大力借鉴。但是，国人尤须牢记：西方近代宪政体系，仅为西欧、北美独特历史传统与社会条件下孕育而成的、利弊参半的产物，决然不可照搬、照抄到中国，其有限的治理经验，可以在中国宪政改革中起辅助作用，但绝非主导性的参照系，中华古典文明的大一统宪政机制，才是中国社会未来进步的主导性方向与宪政治理的最大参照系。

譬如中国古典天文星历之学、阴阳五行学说等，在"全盘西化"派的长期误导下，一批从事科学、哲学、思想、文化史研究的学者，长期误判其为"荒诞不经的谶纬神学"的产物，进而对中华文明贡献巨大的陆贾、贾谊、董仲舒、司马迁、刘向、刘歆、桓谭、扬雄、《淮南鸿烈》诸贤等一大批晚周秦汉学者的杰出思想，也予以错误评价，斥责这些伟大智慧为"受到谶纬神学的错误影响、荒诞不经"云云，致使中国5000年以上传承演变的天文星历之学，不仅被逐出自然、社会、人文科学研究、教育、传播、普及的学术殿堂，长达百年之久；而且，流毒所至，连一贯推崇中华文明的学者（余忝列其中）也多对此茫茫然无所知，且往往先入为主地误判其为"巫术、迷信、神话"！

余有幸为21世纪"睁眼看中国"的学者之一：研读"四书"乃知中华文明道德教化之高明；研读"五经"乃知中华文明宪政治理之高超；研读《大易》河图之学、《黄帝内经》等人体养生之学，乃知中华天文星历学之高妙：举凡大宇宙之秩序、小宇宙之生活、万物大一统之太极智慧，均一一揭示明白、指示精确，研读之际，自觉人挺立在宇宙天地之间，傲然与天地相仿佛、萃然与宇宙天地相沟通，其广大自由、安宁幸福、踊跃奋发之生命状态、心灵状态，跃然而出、不可遏止矣！

眼前一例足证：唐代学者司马贞《史记索隐》引《春秋元命苞》解《史记·天官书》曰："官之为言宣也，宣气、立精，为神垣"，又引《文耀钩》曰："中宫大帝，其精北极星。含元出气，流精生一也"。司马贞再援引杨泉《物理论》曰："北极，天之中，阳气之北极也。极南为太阳，极北为太阴。日月五星，行太阴则无光，行太阳则能照，故为昏明寒暑之限极也。"❶诚古典时代博大精深之天体物理学也。

余初读《易经》卦象，不知所云，至此乃涣然冰释其困惑也：大地万物生长、繁衍、凋谢，全受宇宙真气主宰，这大自然浩瀚之气，来源于地球上方的星宿体系：日月五星、北斗极星、二十八宿之间，合围而成紫微垣星系，称中宫天极，《文耀钩》形容其"含元出气，流精生一"，即含弘宇宙真气（元），生出阴阳两仪之气（气），流泻出万物生机演化之精髓（精），生养繁育出宇宙万象而终归太极大一统（一），故而中天星系，又称"紫微宫"。《春秋元命苞》阐释曰："紫之言此也，宫之言中也，言天神运动，阴阳开闭，皆在此中也。"❷紫者此也，微者妙也，宇宙此中之神奇奥妙，均在此紫微宫中（黄道星带）上灿烂展开而万千宇宙生机于此铺展而无穷无尽也。

北极（北辰）群星恒居北天星系之中央，为宇宙万物秩序之测定基准，北斗七星则依据四季转换而有序旋转，北极恒定而宁静，北斗旋转而有序，合称"北斗-极星"，可谓动静合宜、阴阳平衡、刚柔交济、秩序井然也❸。

通行《北天星图》对"星座"的解释是："星座是人们运用想象力把天上的星星连在一起构成的图形。每个星座由几颗大致处于同一方向但距地球远近不同的星星组成。星座有的是用英雄的名字组成，有的是用科学仪器或鸟类、兽类命名。"❹

读者千万要注意：无论是星与星的连接，还是对每一星座的命名，这幅星图的绝大部分，是依据西方文化的想象、西方神话或历史上的英雄传说、鸟兽之名等，进行星体命名的，换言之，中国古典天文星历之学、近1万年的观测记录，并没有体现出来！

因此，观察当今通行的《世界地图·北天星图》以及《南天星图》等，读者根本无从知晓中国古典天文星历之学的伟大智慧体系：举凡日月五星、北斗极星、二十八宿、十二时辰、十二音律、二十四节气、七十二物候等天地大节律、宇宙大规律，全被淹没在诸如"长蛇座""南十字座""仙王座""仙后座""小熊座""大熊座"等西方星名的迷乱海洋之中，根本梳理不出太极大一统的宇宙运行模式与瑰丽图景。

纷繁万象，迷乱星海，令人望而生畏、思之胆寒：如此广大而迷乱的星空，又如何梳理出一个道德秩序，进而再建树起一个深稳瑰丽的人生秩序？万千生灵，如同瞬

---

❶ 司马迁.史记[M].北京：中华书局，1999：1115.
❷ 司马迁.史记[M].北京：中华书局，1999：1116.
❸ 参见 世界地图集（"北天星图"）[M].北京：中国地图出版社，2008：6-7.
❹ 世界地图集[M].北京：中国地图出版社，2008：6.

息生死的蜉蝣生物，漂浮在宇宙幽暗之海上，除了随波逐流、一晌贪欢，又如何呢？

余以《中国古星图》为基准，参酌《世界地图·北天星图》（实为《西方北星图》）等，在浩瀚迷乱的北天中央，鲜明标记出"北极星"和"北斗星"的方位，虽然"二十八宿"方位尚无暇从西方星名中分辨出来、重新予以标记，但一幅有中央、有秩序、有意义的《太极大一统星图》，以焕然一新的庄严面貌，蓦然脱颖而出、光耀宇宙了！

化腐朽为神奇、变迷乱为整齐，实乃中华文明古今不易之伟大庄严使命，人类文明之新生契机也！李贺诗云："遥望齐州九点烟"，齐州者，中国也，神州也，泱泱兮中华，居天地之中央，行"整齐之正教"，勉励人生奋然而与"天齐"！

中国兮觉醒，星辰兮灿烂，日月兮重光！

天人于此重整：阴阳以建之，刚柔以兼之，仁义以立之——天地鉴之！诚所愿哉！礼乐献哉！馨香祷哉！

七、从封禅河渠，到黄帝内经：内外光明

《史记》八书的最后三篇，分叙封禅、河渠、平准，可视为前五书"礼乐、律历、天官"等所言之天道大一统秩序、宪政治理秩序的具体贯彻、验证。譬如封禅大典，王者登泰山，筑土为坛，行祭祀天神之大礼，称"封"；在泰山下的小山（梁父山）除地行礼，称"禅"，寄寓中国人永怀天地之深恩厚德，行封禅大典以功成告祭天地、礼报万物也。

唐张守节《史记正义》引《五经通义》释封禅大典用意曰："易姓而王，致太平，必封泰山禅梁父何？天命以为王，使理群生，告太平于天，报群神之功。"[1]

中华古典宪政的立政（立法）宗旨，在于"理群生、致太平"，天下百姓安乐有礼，王者行礼致敬赐予天下太平、百姓安乐的天地，全社会目睹天子、诸侯、贵卿、士大夫、学子俊秀，行礼如仪、恭敬苍天厚土、万民生计，感受其礼教宪政之博大仁爱、返本报始，进而发扬人类本有的良善，进一步促进天地人太极大一统之和谐、繁荣、安乐也。

全盘西化派学者读《封禅书》必本其一贯的政治实用主义而评判，称此为"统治者为了增加其统治的合法性，借以愚弄百姓的手段而已"。孔子曰："唯上智与下愚不移。"上智乃承自上天，处处鼓舞人心、与物为春，在引导人间万物向天地人统一稳定和谐的上升之机上用力；下愚则不然，事事偏从"统治的强迫性、暴力性、实用性"和人性的阴暗面上来立论，人间万物最后皆归为利害而无是非之念，仁义道德皆遭贬

---

[1] 司马迁.史记[M].北京：中华书局，1999：1161.

斥为"增加统治合法性的手段"，似乎"天昏地暗、人心险恶"最合"下愚"之根本判断，甚至有"不惮以最深的恶意来估量中国人"者！哀矣哉！

朗朗乾坤、灿灿日月，适足以荡涤此污垢、照亮这阴暗。

展阅《河渠书》，叙述自尧舜、大禹治水，中华大地因此艾安；中经秦王蜀守李冰父子修筑都江堰而溉田万顷、兴修郑国渠而溉田四万顷，秦因此富强而统一中国；再到汉武帝、郑当时等西汉君臣奋然大兴河工，引导黄河，"复禹旧迹……皆穿渠为灌田，各万余顷"❶，全国开垦灌溉的良田大约百万顷，西汉文明之繁盛富强、人民生活之富庶安乐、中华宪政文治政府之德惠百姓的伟大功绩，跃然纸上，思之敬仰不已！

有西方学者魏特夫著《东方专制主义》宣称东方国家的灌溉农业，需要政府组织兴修大型水利工程，故而容易产生"东方专制主义"的政治制度云云。殊不知，任何政府，无论是否"专制主义"，均需要兴修大型水利工程以维持民生日用与工商经济，古罗马水道即一例，如此研究，竟被海外学界奉为研究东方社会的法宝，又孔子所言"下愚"之一例也！

《史记·平准书》与其后的《史记·货殖列传》一起，构成古典中国农耕、工商、金融等各种经济活动繁盛、发达以及官府从事大规模救济等慈善事业的伟大历史画卷，堪称《清明上河图》的"西汉文字版"。尤其是国家、社会财力之雄厚、救济安置灾民之妥善，为全球经济史、慈善史放一大光明：

> 其明年，山东被水灾，民多饥乏，于是天子遣使者虚郡国仓库以振贫民。犹不足，又募豪富人相贷假。尚不能相救，乃徙贫民于关以西，及充朔方以南新秦中，七十余万口，衣食皆仰给县官。数岁，假予产业，使者分部护之，冠盖相望。其费以亿计，不可胜数。❷

政府不仅赈济、安置灾民70多万人，而且花费数亿资金为之置办产业，作为生计来源，并且分派使者监护这一事业，致使官府主政者的冠盖相望连成一片：这是何等规模的公私经济！这是何等规模的救灾慈善事业！这是何等爱民的宪政制度体系！

《史记》八书巍然揭示了"中华文明正统"，巍然揭示了伏羲炎黄以来中华内外治理的伟大文明经验，是天地人宇宙生命大一统之最高哲理概括与文明总结之一。

对照另一中华巨典《黄帝内经》，"中华文明正统"之绵延不绝、传承有自、不断完善的文明历程，昭然若揭。汉班固《汉书·艺文志》曰："黄帝内经十八卷"，《黄帝内经》上卷称《素问》，下卷称《灵枢》，流传深广、影响巨大，乃中华文明协调大宇宙秩序和小宇宙生活的大一统灿烂宝典、养生乐生巨著也。

---

❶ 司马迁. 史记[M]. 北京：中华书局，1999：1201.
❷ 司马迁. 史记[M]. 北京：中华书局，1999：1208.

唐太仆令王冰撰《黄帝内经素问序》曰：

> 夫释缚脱艰，全真导气，拯黎元于仁寿，济赢劣以获安者，非三圣道，则不能致之矣。……其文简，其意博，其理奥，其趣深，天地之象分，阴阳之候列，变化之由表，死生之兆彰，不谋而遐迩自同，勿约而幽明斯契。其言有征，验之事不忒。诚可谓至道之宗，奉生之始矣。❶

王冰称唯伏羲、神农、黄帝"三圣之道"，方足以拯救黎民百姓，跻身仁爱并长寿康健的人生境界。伏羲、神农、黄帝作为"三圣"，不仅创立了人身以外的大宇宙（天地万物）的宪政治理秩序，更"择本执要"地直接掌握宪政治理的根本——人（小宇宙），即人心是否"仁"，人身是否"寿"（健康），就成为安宁人心、人身，进而安宁天地万物的"至道之宗（极）、奉生之（源）始"。因此，代表伏羲、神农、黄帝时代文明成就的"三坟之学"，不仅包含《易经》这样的"探究天地人总规律的外在治理的大宇宙之学"，也包含《黄帝内经》这样的"沟通大小宇宙内在生命、探究人身心的内在治理的小宇宙之学"，故称《内经》。

《黄帝内经》包括文字81篇，自《上古天真论》到《解精微论》，详尽精微地揭示了大宇宙的运行规律、小宇宙的身体结构、身心运行规律、大小宇宙的生命沟通、血脉联系，尤其是开篇部分的几篇大论和后半部中接近尾声的七篇大论如《天元纪大论篇》等，包含了许多三皇时代宇宙观、生命观的伟大而深湛的智慧，余谓之"中华文明太极大一统文明智慧的又一高峰"，与《河图易经》并驾而齐驱也。

譬如《上古天真论》开篇记载黄帝与太医岐伯一番对话：

> 余闻上古之人，春秋皆度百岁而动作不衰。今时之人，年半百而动作皆衰者，时世异耶？人将失之耶？岐伯对曰：上古之人，其知道者，法于阴阳，和于术数，食饮有节，起居有常，不妄劳作，故能形与神俱，而尽终其天年，度百岁乃去。今时之人不然也，以酒为浆，以妄为常，醉以入房，以欲竭其精，以耗散其真，不知持满，不时御神，务快其心，逆于生乐，起居无节，故半白而衰也。
>
> 夫上古圣人之教下也，皆谓之虚邪贼风，避之有时，恬淡虚无，真气从之，精神内守，病安从来。是以志闲而少欲，心安而不惧，形劳而不倦，气从以顺，各从其欲，皆得所愿。故美其食，任其服，乐其俗，高下不相慕，其民故曰朴。是以嗜欲不能劳其目，淫邪不能惑其心，愚智贤不肖不惧于

---

❶ 黄帝内经素问译释（启玄子王冰序）[M]. 上海：上海科技出版社，2009.

物，故合于道。所以能年皆度百岁，而动作不衰者，以其德全不危也。❶

研读经典著述，贵在"探本"、贵在"开宗明义"，《黄帝内经》开篇即揭示人人皆目睹的一个事实：上古之人尽享百年而动作不衰，和乐安宁；近代之人则年仅半百即脱发、多病，有的青壮年甚至衰迈如老年，千奇百怪的疾病层出不穷，人的内心疾病更是花样繁多、不胜其扰，为何？

《黄帝内经》一语中的："志闲而少欲……高下不相慕，其民故曰朴。"大矣哉！妙矣哉！人心质朴则少欲多闲，尊卑不相凌，高下不相慕，故而人人安乐其生，故而人得百岁不衰、终其天年（百龄以上乃天赐之年也）！

由此可知，黄帝时代的中华文明已经相当繁盛，由于文明进步程度的参差不齐，贫富、贵贱、美丑等文明差异（高下）也日益凸现，人心之危、民心之乱亦随之而加重，《黄帝内经》必是呼应这一社会现实而出现，"上古圣人之教"（三坟之学）亦由此而起，中华文明的根本智慧，亦即余所谓"太极大一统智慧的核心内容与精神"亦由此内外现实的迫切需求而凝聚成型："嗜欲不能劳其目，淫邪不能惑其心，愚智贤不肖不惧于物，故合于道……以其德全不危也。"

换言之，嗜欲、淫邪、愚智等文明进步造成的过度沉湎以及高下差异，必须有所节制、约束，才能"合于道"，才能"德全不危"、身心健康。

由此，中华文明的太极智慧宝库——岐伯黄帝之学的"以道德安身心"之教，逐步发展为黄老、庄子、列子、吕览、淮南子等道家学派的一贯宗旨；而发端于伏羲、神农、黄帝等"三坟之学"的"敬天爱民"的宪政之教，中经尧舜禹汤文武周公孔子的不断建制、阐扬，逐渐成型为"仁义安天下"的儒家学派的一贯宗旨；道家阐扬"道德"、儒家阐扬"仁义"，仁义道德之说、顺天爱民之教，合流共生，成为中华文明安定大小宇宙、治理内外秩序的太极智慧之大本大源、人类文明长治久安的宪政秩序！

扩展而思，岐伯、黄帝探讨的社会现象、文明规律，贯穿于一切时代，是彻古彻今、无论中外的"文明通则"、普遍规律：但凡文明技艺越发达，伴随而起的，必然是文明程度差异（贫富贵贱等）的日益扩大，如果主导这一时代的领导阶层，不能针对这一贫富悬殊、贵贱隔绝等日益激烈的社会不平现象，予以根本性的制度解决（均贫富、等贵贱的宪政机制）和观念解决（仁义道德之教节制全社会尤其是社会上层），那么，文明必然因冲突的激剧爆发而断裂、毁灭。

具体到中国，"三坟之学"所树立的"仁义道德"之教，配合着黄帝尧舜时代自天子直至九卿等一切官职的公开推举选任，配合着三代、秦汉政府官职的荐举察举科举，配合着隋唐以后科举制的普遍推行，极大扩展了社会稳定繁荣的基础，因而，造成其他古典文明断裂、毁灭的宪政机制，在中国，不仅不会造成文明的根本性断裂与

---

❶ 黄帝内经素问译释[M]. 上海：上海科技出版社，2009：1-4.

毁灭，相反，每一次文明崩解性的危机（自晚周秦汉直至宋元明清的王朝更替），只能促成中华文明的不断复原、扩大、持续、繁荣，这一全球史的唯一奇迹的创获，端赖"三坟之学"的"仁义道德"之教之正大无私，端赖中华古典宪政机制之公平合理有序，端赖太极大一统智慧之博大灿烂也。

上篇　大一统文明之梦

第六章 伏羲大一统：
融会贯通的哲学-科学-人文智慧框架

伏羲时代创始、历代予以不断完善的中华民族的根本思维方法，以"仰观俯察"而闻名于世，其融会贯通的哲学-科学-人文智慧的伟大框架、体系，足以汇纳人类生命智慧的诸多成就，亦可对治、纠正近代启蒙-实证主义对宇宙万物支离破碎的"解剖方法"的诸多流弊，堪称中华民族大一统思维方法的根本原则，余谓之"伏羲七法"。从天地人宇宙生命大一统秩序中，从古今中外的生命智慧、人文秩序等文明传播的伟大秩序中，萃取人类文明经验的生机与精华，这一文明传播学的方法，又称为"大一统萃取法"。

一、伏羲七法：萃取宇宙大一统精华

伏羲时代的中华民族，创制"河图"等一系列文明制度、宇宙自然哲学的伟大观念与独特图式方法，撮要如下：

方法一："仰观"法，亦即哲学方法，人以综观统合的方式，放眼眺望宇宙人生之大、万物品类之盛，进而树立起全面的宇宙观、世界观、人生观，从而奋起创造文明事业、将渺小一己之身融入宇宙万象生生不息之伟大力量与终极图景中之博大志趣；

方法二："俯察"法，亦即科学方法，人细密地观察自然现象，实验、测量、记录这些现象的运行轨迹，整理推导出合乎实测的、比较精确的局部结论；

方法三："观文制宜"法，亦即《易传》所谓"观鸟兽之文，与地之宜"方法，即在观察鸟兽等大地万物之自然纹理（文）的基础上，逐步领悟出大地之文（自然秩序、社会秩序、人文秩序）的种种轨范，进而制作出文明传播之大轴心、大秩序，所谓"制宜"就是创制出范围宇宙人生秩序之宏纲大义（宜者义也，即适宜于万物本己生命之道）；

方法四："近取"法，亦即人文检验法，就是要求人从自身去体会、领悟宇宙万物之道，检验一切论述是否符合人类（往古来今的祖先、圣贤、师长、自身、晚辈乃至一切人群）切己的生命经验，凡不能符合者，无论其权势多大、名望多高，均舍弃之；

方法五："远取"法，亦即自然检验法，就是要求人类从万物生命的尊严这一高度，体会万物生存的苦衷，进而检验一切文明成就，是否符合万物生命之尊严、苦衷、本然，凡不符合的，则警惕之舍弃之；

方法六："通神"法，亦即与山川大地、自然万物（天地神明）之深度沟通法，即将人类身心欲求、宇宙根本法则，纳入与天地神明（自然秩序）彼此融通的崇高美德境界，以人类的道德行为，实现天地人神之美德合一（天人合一）的美妙自由境界；

方法七："仁爱"法，此方法是上述六种方法之总纲领、总汇聚、总贯通之根本大法，即要求人类时时刻刻意识到：人类生命、文明命运，与宇宙生命、万物命运之间，不是彼此利用的权力关系，而是本体论、价值观上的生命一体关系，人之一身，与宇宙万物之身，同属一"类"，因此，"类万物之情"的方法，就是要与万物生命同休戚、共命运，从而摆脱西方近代文明的一种流弊——损害万物以满足人类需求之自私自利方法，从而实现人类在灵魂深处，与宇宙万物之生命、感情、命运的亲密沟通，即孔子所谓"仁"。感通即仁爱，和谐即正义，剥夺自然生命秩序来满足人类物质贪欲，即是不仁不义，必遭灭亡之厄运！

以上"伏羲七法"，要旨均在将一己身心融入宇宙生命中，从而跳出瞬息变幻但异常强烈之人生物质、情欲需求及其受其操纵的主观印象的局限、束缚、迷妄，从而澄怀观"道"（天地人三文循环不已之谓道），将宇宙人生树立在真实本体有源不尽、可大可久、全人类安身立命之传播秩序中！

二、宇宙万象：阳刚健进之德

《易经》第一卦"乾卦"，被尊为"《易》之门户"，可谓地位独尊。经文如下：

≡乾：元，亨，利，贞。初九，潜龙勿用。……《彖》曰：大哉乾元！万物资始，乃统天。云行雨施，品物流形。……乾道变化，各正性命，保合太和，乃利贞。首出庶物，万国咸宁。《象》曰：天行健，君子以自强不息。……潜龙勿用，阳气潜藏；见龙在田，天下文明……大哉乾乎！刚健中正，纯粹精也……云行雨施，天下平也。……君子学以聚之，问以辨之，宽以居之，仁以行之。❶

乾卦之"乾"乃宇宙万物内秉至大至刚、健进不息之真实本体生命气息也，所谓

---

❶ 黄寿祺，张善文.周易译注[M].上海：上海古籍出版社，1989：1-23.（《易》象六画，今以三划代表）

"阳气"是也,而《易》取中华文明之原始图腾"龙"为乾之象,孔子《易传》遂以乾卦之龙由初九潜藏直至出现在田野、飞跃在天空等宇宙生命进程,勉励君子仿效宇宙天道(天行)之健进不止、勇往直前,自强其学问、道德、意志而不息,促使万国咸宁、天下文明、百姓永享太平也!

此段经文,可特别注意者,有以下几点:

第一点是"乾元"这一概念,其描述"万物资始,乃统天。云行雨施,品物流形。……乾道变化,各正性命,保合太和,乃利贞"等说法,清楚表明:中国古人已经把宇宙生命现象提升到哲学本体高度,即认定宇宙生命之创始、统率、流行、变化、生发出智慧、和谐境界(品、性、太和),最终促使万物获得自由,领悟其生命本源、进程、意义(命)等,均由这一宇宙本体——生发出来、演化而成,遂使宇宙人生"第一义谛"问题获得终极解决(利贞、贞正)。

第二点值得注意之处,在于"见龙在田,天下文明"这一宏伟论述,龙作为宇宙生命的象征,出现在葱茏辽阔的原野之上,这一极富美感与诗意的宇宙图景,实际上寄予了中华民族庄严崇高的宇宙观、人生观哲学:人类生活的根本秩序(文明)就展现、荟萃于自然、社会、人文这三大系统、三大轴心的协调一致中,所谓"保合太和"就是这天文、地文、人文之三大系统、三大轴心之保养聚合,万千和谐汇聚融洽为"太和",则"天下文明",即传播秩序(文)——显明(明)于天下各国(万国),则共享价值树立,全球人类乃可共享自由繁荣也!

第三点深堪注意之处,在"万国咸宁、天下文明",即归结、落实为君子美德,譬如好学不倦、勤问深思、懂理明辨、宽待他人、推行仁义等,集中于"刚、健、中、正、纯、粹、精"七德,涵养汇聚而成美德大道,君子取法天行(宇宙生命之运行进程)而勇猛精进、刚健不息、安定天下者,以此!

三、天地之道:一切生命,勇猛精进

余私淑之现代中国伟岸哲人熊十力,在1961年完成的巨著《乾坤衍》中,毅然决然,不畏极左势力之政治高压,置自身衰迈病残于不顾,愤然唾骂暴秦为"吕秦"(秦始皇乃吕不韦之私生子),更痛斥暴秦以下一切制度典章、孔子后学为"违背孔子大道学派之小康奴儒之学"[1],其衰年愤懑之中,超明独见、阐教孤忠,与某些论断之稍许失误,交错杂陈;其精神永垂天壤,其至大至高之理想、至真至纯之性情,力透纸背,真不愧清代以来所罕见、现代中国第一哲人之美誉,其诠释《大易》乾坤两卦之滔滔宏论,不仅一举廓清古今易学之纷纭迷雾,而且一举断定宇宙人生根本意义之

---

[1] 熊先生入室弟子徐复观批评乃师晚年著作如《乾坤衍》等狂乱荒谬,《乾坤衍》第一部分"辨伪"一般读者可略去不看:熊夫子怒秦以下历代制度、典章过甚,这部分文献考据和论断多不可从。

"第一义谛"问题，真千载之下，难以匹伦也：

> 孔子内圣（外王）之学，要在解决宇宙人生诸大问题。其义旨悉见于乾坤二卦。……约有六义：一、体用不二……。二、一元实体之内部含藏复杂性，非单独一性可成变动。三、肯定万物有一元，但一元即是万物自身本有之内在根源，不可将一元推出于万物之外去。……四、宇宙万有，从无始以趋于无尽之未来，是为发展不已的全体。哲学方法，当以综观大全为主，而分析之术可以兼用。西学唯心、唯物之分，是剖割宇宙，逞臆取舍，不应事理。五、乾坤之实体是一……而其性互异……乾坤两性之异，乃其实体内部之矛盾也。乾主动开坤，坤承乾起化，卒乃化除矛盾，而归合一。宇宙大变化，固原于实体之内部有矛盾，要归于保合太和，乃利贞。贞者，正而固也。此言保合太和之道，利在持之以大正，而能坚固不渝。此人道所取则也。……六、孔子之（内圣）外王学。王者往也。天下为公之大道，人类之所共同向往，而必定实现者也。……孔子之学，包含成己成物两方面。己则由格物致知而上穷万有之源，反观我生之真……如是，则己不虚生，卓然树立人极，弘大人道，是谓成己，是谓内圣学。……外王之学在成物，明大公之正则……立均平之洪范……建人类共同生活制度……是为成物，是谓外王学。❶

伟哉熊十力夫子！《乾坤衍》第二部分"广义"篇，揭示出宇宙人生之宏大规模、天地万物之瑰丽气象、孔子学说之至大至刚、中正纯粹、大易哲学之树立宇宙洪范、人生极峰，真荟萃古今、弥纶万有之论述也！

熊先生以为，宇宙大生命（体）内涵着乾坤两种势能、功用，乾坤二性相异相吸、相反相成，共同创生、变化出万物，因此，不能说宇宙本原仅仅是物质一性，也不能说仅仅是精神一性，而是物质、精神均内含于宇宙大生命之本体中，乾为生命、心灵，乃主动健进性，坤为物质、能量，顺承乾之主动性而变化、成就之，宇宙因此活跃刚健、生生不息。

《易传·系辞》曰："一阴一阳之谓道"，最能精妙形容宇宙创造演化进程：宇宙现象之开始，乃"一阴"即物质层次出现，逐渐生长扩展出"一阳"之心灵层次，二者彼此生发、互动，成就了宇宙生机无限之图景、之秩序、之本体（道）。

熊先生从佛教唯识宗细密哲学入手，巍巍上下求索，悠悠中外参究，最终从《大易》哲学处领悟"终极真理"，即《体用论》《乾坤衍》所谓"体用不二"说，即宇宙

---

❶ 熊十力.熊十力全集（第七卷）[M].武汉：湖北教育出版社，2001：592-594.

人生不二、物质精神不二、现象本体不二，乾坤、阴阳两极，保合太和而利正、道坚（利贞），确乎一举解决西方哲学唯物唯心之千年困惑，而为宇宙人生大道之"第一义谛"、古今文明不可倾摇之正论也！❶

大易哲学乃中华文明第一重大轴心之精神基础：中华文明之所以能成功避免古今其他文明覆灭的命运，就在于她妙合乾坤、阴阳、天地人之三材、宇宙人生之三文，亦即凝成三重文明大轴心之能力也。中华文明传播秩序的惊人凝聚力，以其宏伟、和谐的宇宙人生哲学，统合天地间一切物质、精神资源，深广涵育中华民族纳天地万物为一价值整体，其协调八方以扩展增进全人类文明之巨大传播力，确保中华文明屹立万年而不倒、光耀千秋而不移也！

四、天地人神大一统：自然人文妙合无垠

近代德国哲学家莱布尼茨依据《河图》提出"二进位制"数学原理从而创立了当代计算机的基本原理和工作基础，伏羲"河图"在近代西方实证哲学-实验科学框架内，很难获得恰当理解、评价、诠释，这与西方文明根深蒂固的人神分立的二元思维模式密切相关。

简略地说，作为西方文明源头的古希腊罗马文明，是"神-人"之间交互传递价值的二元传播模式；作为西方文明另一源头的基督教文明，则是"上帝-神子耶稣及其所创立的教会-人"的三元传播模式；近代文艺复兴、启蒙主义则是"自然-人"单元传播模式。启蒙运动以及近代西方哲学主流，把古希腊"神—人"模式逐步抽空、改造为"自然-人"的单一传播模式，把"神"抽空、偷换为近代物理学意义上的"自然"，这一"自然"与"人性"在哲学上被等量齐观的做法，似乎自然、人生的终极格局，都是人力所能认识和操控的，这实际上抹杀了"神"作为西方文明基本传播模式中最本源、最超越、最根基性的一级，西方近现代文明因此陷入尼采所谓的"上帝死了，是我们把他杀了！"这一价值空虚的文明传播模式，亦即"传播空洞"中难以自拔。

所谓传播空洞，指在个人和群体从事文明传播行为时，其传播的内容、核心，缺乏具有统一指向、共享、互动的价值生成模式，而"传播"的本义即为共享，不能共享价值的文明传播，往往造成文明活动的一系列灾难，譬如目前蔓延全球的生态危机、恐怖主义、政治对立、文化退步、道德危机、军事冲突、社会动荡等巨大问题。

与熊十力哲学阔步古今、卓绝当代极其相似，同样深察近代文明价值空虚与传播空洞之西方哲人，是伟大的德国现代哲学家马丁·海德格尔（Martin Heidegger,

---

❶ 参见 熊十力代表论著；毛峰《神秘主义诗学》有关专章讨论，北京：三联书店，1998。

1889—1976）。

海德格尔精粹地吸收了东方古老哲学尤其是中国道家、禅宗哲学中的一些观念和图式，在重新阐释古希腊哲学的基础上，提出了"天、地、神、人"的所谓"四重世界整体"的宇宙结构图式，可谓与伏羲《河图》、孔子《易传》、熊十力大易哲学，在生成、诠释、再造文明传播之价值图式上，有异曲同工、古今融会之妙。

1935—1936年，海德格尔在弗莱堡、苏黎世、法兰克福等地做了几次演讲，总名为《艺术作品的本源》，这些演讲引起听众狂热的兴趣，哲学名家伽达默尔（Hans-Georg Gadamer）称为"轰动一时的哲学事件"。

在这组演讲中，海德格尔通过对古希腊哲学的回溯、诠释，通过对西方近代哲学的尖锐批判，尤其是通过对凡高画作《农鞋》和希腊神庙那力透纸背、卓绝今古的观照，无比鲜明地把"自然"诠释为"涌现"，即在"大地"上"建立"起一个神性照耀的"世界"；在大地之隐遁、遮蔽倾向与世界的澄明、解蔽倾向之间的"原始争执"中，敞开着无比鲜活的、生机勃勃的自由空间，而这一空间恰恰是"一个历史性民族"之"命运"的"敞开状态"，亦即文明❶。

海德格尔在1950年的《语言》、1953年的《诗歌中的语言》和1957—1958年的《语言的本质》等演讲中，凭对特拉克尔、格奥尔格、荷尔德林等伟大德语诗人的卓越诠释，进一步深化这一思路，将天、地、人、神，称为具有内在统一的四重整体，即"世界"。海德格尔径直用老子哲学亦即中国文化的最高概念——"道"来称呼、描绘他所谓的"源初存在""思之路途""产生一切道路的道路"，鲜明拒绝用理性、精神、理由、意义、逻格斯等这些西方哲学的惯常概念来表达自己的运思。他以"相互面对"来形容天、地、神、人这四重世界整体之间彼此照面、彼此通达的"被照亮的自由之境"，而西方哲学尤其是近代哲学主客对峙的运思模式，被生存现象学彻底超越和摈弃❷。

伽达默尔在自传《哲学生涯》中对此评论说："没有谁像海德格尔那样考虑得如此深远：人类历史将终止于今天的技术文明；应当为直接从希腊思想中建立起科学和形而上学的大地主宰（思）而奋斗。没有谁敢于像他那样，在不合传统（哲学）概念的摇晃地基上，第一次从远方、从其他文化特别是亚洲文化的人类经验中，把我们自己经验的可能性呈现出来。"❸

令人惊讶的是：海德格尔对中国哲学提出如此深邃而原创性的洞见、借用和诠释，却无法成为当代中国人文学术界、思想界、知识界对自身伟大传统进行现代诠释的主导模式，海氏哲学在中国短暂热闹一阵之后，便归沉寂。部分当代学者继续去照搬、追随、抄袭西方时下各种理论，美其名曰"实证主义"，实则烦琐无聊的分析模

---

❶ 参见 海德格尔.海德格尔选集（上卷）[M].孙周兴，注译.上海：三联书店，1996：237-299.
❷ 参见 海德格尔.在通向语言的途中[M].孙周兴，注译.北京：商务印书馆，1997：1-72，127-183.
❸ 伽达默尔.哲学生涯——我的回顾[M].陈春文，译.北京：商务印书馆，2003：206-208.（译文略改）

式,海德格尔哲学几成绝响。

中国人若肯潜心细读海氏哲学,就可以发现:所谓"存在"之"既遮蔽又澄明地到来",所谓"大地与世界的原始争执",所谓"一切都是道路",所谓"天地神人"四重世界整体,所谓"相互面对、彼此通达、被照亮的自由之境",等等,不多不少,恰恰就是《大易·系辞》的名言:"一阴一阳之谓道"之哲学描绘,而老子哲学之所谓"道"、孔子哲学所谓"朝闻夕死"之"道",均从这一伟大洞见和价值图式中喷薄而出!

五、生命现象学:宇宙大一统图景

细玩《易传·系辞》之言,海氏之深刻而晦涩之现象学洞见,恰与熊十力先生之洞彻融贯本体与现象之大易哲学相会通,《易传》所揭示的宇宙人生之大道,在古今智慧之光、中外哲人之精妙诠释下,如朗朗日光照耀下之万千含苞花朵,茁然怒放:

>《易》与天地准,故能弥纶天地之道。仰以观于天文,俯以察于地理,是故知幽明之故;原始反终,故知死生之说;精气为物,游魂为变,是故知鬼神之情状。
>
> 与天地相似,故不违;知周乎万物而道济天下,故不过;旁行而不流,乐天知命,故不忧;安土敦乎仁,故能爱。……
>
> 一阴一阳之谓道。继之者善也,成之者性也。……显诸仁,藏诸用,鼓万物而不与圣人同忧。盛德大业至矣哉!富有之谓大业,日新之谓盛德,生生之谓易。成象之谓乾,效法之谓坤,极数知来之谓占,通变之谓事,阴阳不测之谓神。❶

这是一幅多么光明瑰丽之宇宙生息图!海氏所谓"天地神人"四重世界统一整体、奇妙秩序,均囊括其中。

余以古今中外圣哲之嘉言、生命存在之现象学、熊十力先生所代表的现代大易哲学以及余之文明传播学视野、方法(伏羲七法、大一统文明萃取法),试予诠释之:

> 天地之广大,正与《易》道之广大相配。天之道(天文)灿若光明,地之道(地文)幽邃如海,一幽一明,恰如海氏所谓"既遮蔽又澄明之存在本

---
❶ 黄寿祺,张善文.周易译注[M].上海:上海古籍出版社,1989:535-539.

身"；渊源于太始（乾）之阳刚，回溯于太阴（坤）之终局，参透死生奥妙；精气凝为物象，游魂昭示变化，鬼神之状态不过如此；知识周备就可以细察万物（如西方科学技术）、通达道德就可以协和天下（如东方人文学术）。磅礴运行而不横行失道（如中华文明），安于大地之生成流转（如古希腊哲人赫拉克利特之流变学说）；而敦行不怠于仁义诸德（如古罗马"哲学王者"马可·奥勒留之斯多亚哲学），所以能博爱于天人，扫除古今、天人等一切妄作分别。

宇宙大道之运行，全寓于一阴一阳之莫测变化。善良之行可继此道；本然之性可成此道。此道显现于仁爱之德，蕴藏于万物之形，鼓舞着、成就着万物，却不分担圣人追求真理之种种忧患。盛大优美的天地之道、宇宙之德，何其庄严崇高！丰富包含生命百态，真是伟大的事业；日日生成、流转、更新，真是盛大的德性；生成复生成、流转复流转、变化复变化，真是变易转化之大道；成天象之刚健，叫"乾"；显大地之法则，叫"坤"；推演《大易》之象数图式到极致，就能预知未来；通古今之变化规律，就可从事伟大的文明事业；阴阳不测、凝聚万有之大化，微妙运行、奇妙无比，就是神[1]！

准古酌今，伏羲《河图》、孔子《易传》、熊十力哲学与海德格尔的精妙诠释，正是宇宙终极图景之瑰伟论述、全球共享价值之"大全景"式言说、文明传播之大秩序也！

六、全球大一统：文明传播全景图

本着《大易》哲学、生存现象学等人文哲学方法和文明传播学的本体领悟（伏羲七法、文明萃取法）以及诠释学的思路，《河图》之宇宙图式，正包含了天文、地文、人文这三大文明轴心、宇宙秩序之整体，其中，乾坤、阴阳互动之生成流变法则、金木水火土之生态传播要素、仁义礼智信之文明传播要素，彼此呼应，协调一致，幽明、始终、生死、精气、鬼神等宇宙变化错综其间，演成一幅生生不息、活气跃动"文明传播秩序"之宇宙人生"大全景"（道）：

---

[1] 神的含义，可参见毛峰《神秘主义诗学》相关论述，北京：三联书店，1998.

大一统文明：中国梦的文化诠释

文明传播全景图

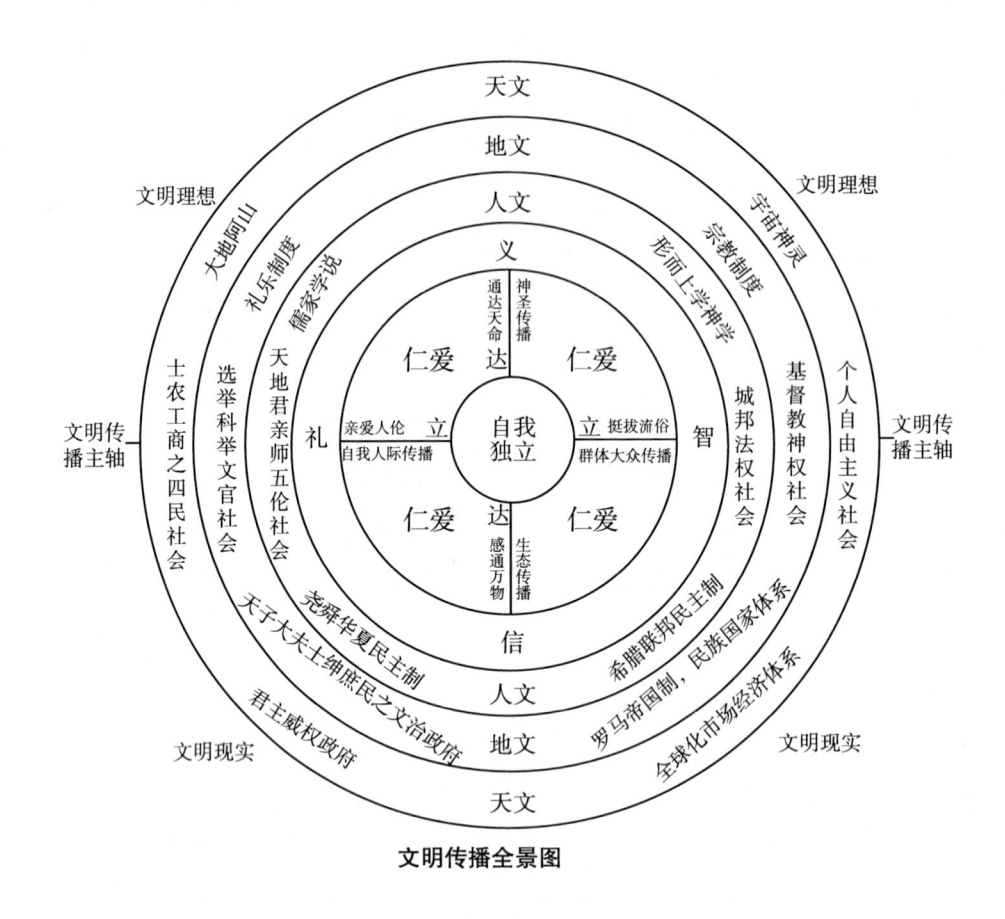

笔者认为，整个宇宙图式，可分为三个大圆圈：

最外围的是天文（自然秩序）圈，包含整个宇宙的生命生态系统，突出凝聚为金木水火土之万物自然生态条件以及人类物质生活的诸多层面；这一圈在西方演化为神道信仰、自然神学、自然科学体系，包含世界各伟大宗教体系、哲学形而上学、自然神学、自然科学体系所信仰、所思辩之最高终极存在，如古希腊之诸神、基督教之上帝、佛教之真如、伊斯兰教之真主、自然神学之逻格斯、近代意义上的物质自然、绝对精神等终极实体，这一圈的核心是宇宙生命秩序、自然生态秩序，也包括其演化形式（神），天文自然生态秩序以及西方形态——神道信仰，构成一切社会、文明之最深根基，是第一重文明大轴心。

第二圈亦即第二重文明大轴心，则是各个文明体的政治秩序与社会秩序，包括希腊罗马城邦制度、法权社会，一直到近代个人自由主义法权基础上的西方开放社会以及全球化市场经济体系；也包括中华文明的礼俗社会、宗法社会，从尧舜禹时代的华夏古典民主制、联邦王政制度、秦汉大一统中央集权制，一直到近代威权政府等一系列历史演进与文明形态，与西方价值遥相呼应。

最内一圈为人道（人文）圈，内含仁义礼智信之五大文明传播要素，而"仁"居

—76—

这一圆圈之核心，投射出文明传播的内在价值秩序，所谓仁义礼智信，古称"五常"；礼、义之树立、廉耻之讲求，古人（管子等）又称为"四维"，乃构成文明传播之基本价值模式、精神模式、道德判断之基础，各项文明事业乃据此成就。

管子曰："礼义廉耻，国之四维；四维不张，国乃灭亡！"可谓道出文明传播机制之最深奥秘。

从中西文明传播的不同路径看，以纲常礼教为核心的中国式道德人文主义、以法律契约为核心的希腊式理智人文主义，恰如阴阳二维，分别孕育生长出中西两大文明传播机制之原型：在文明制度方面，华夏民主联邦制度（如炎黄时代之部落城邦公推共主制，尧舜禅让制，两汉荐举、察举之"选举社会""文治政府"），古希腊城邦民主选举制，古罗马贵族共和制，近代三权分立制衡之普选民主制等，均对文明传播的现实产生了巨大影响。

在文明理想方面，伏羲依图设卦、黄帝制作人文、颛顼"绝地天通"之宗教革新、尧舜禹之立德立法、周公之制礼作乐、孔子之创立儒家、老庄等诸子学、经学、佛学、理学等伟大价值建树；荷马、赫西俄德、毕达哥拉斯、赫拉克利特、苏格拉底、柏拉图、亚里士多德、芝诺、马可·奥勒留等伟大圣哲之设教诲人；佛陀、耶稣等圣哲之设立僧团及传教等；当代全球社会观念、体制之传播僵化以及愈演愈烈之生态灾难、贫富分化、正义倾覆等种种乱象，将从之获得解脱之道、智慧之源。

儒家核心观念"仁"之内核，乃"自我独立欲求"即"自爱"之扩充：自我欲挺立于人群、赢得尊敬，就必须亲爱人伦、感通万物，孔子称"立"；自我欲挺拔于流俗之上，赢得爱戴，就必须上达天文之道、神文之妙，即领悟宇宙万物、人文世界之真理，孔子称"达"。这就是"己欲立而立人，己欲达而达人"之中国道德哲学、历史哲学、文明传播学的精髓，其上领天命、下会万物、旁通人伦、挺拔流俗之价值核心，中华文明、全球文明之深层传播机制，可谓自爱爱人之道德金科，长治久安之价值玉律也！

读者若稍通西方现代传播学之基本分类，就能发现：西方传播学之四大分类（拉斯维尔），仅有"文明传播大全景"之"四维传播"的两维：自我、人际、群体、大众传播，均在单一世俗维度上，根本缺失人类生活之另外两极，那更具根本性的两维——上接天命、智慧、自由、神明之"天文"维度和"感通万物"（包括自然生态、社会伦常、人生建树、个人感受诸系统在内）之深厚"人文"维度，因此必须依据中华文明三大轴心理论，重建天地人三文三轴心协和共振之全球共享价值之"大全景"，进而引领全世界走出文明危机，步入万邦协和、繁荣安定之天下大同也。

第七章　炎黄时代：古典宪政的创始

伏羲时代是中华文明创立"大一统天文轴心"即宇宙观凝成的时代，而炎黄时代则是中华文明建树"大一统地文轴心"即政治治理模式凝成根本的大一统政治秩序的时代，一系列公共生活的基本制度以及各种文明生活的关键技术，都在这一时期获得创制、确立、扩展、传播，为中华文明绵绵万年的内外扩展奠立了伟大坚固的基础，中华民族因此恒久凝聚于统一的政治实体下，即中华大一统的宪政秩序。

一、炎黄创始中华古典宪政机制

《史记·五帝本纪》开篇即言：

> 黄帝者，少典之子，姓公孙，名曰轩辕。生而神灵，弱而能言，幼而徇齐，长而敦敏，成而聪明。轩辕之时，神农氏世衰，诸侯相侵伐，暴虐百姓，而神农氏弗能征。于是轩辕乃习用干戈，以征不享。诸侯咸来宾从。[1]

神农（炎帝部族最早首领）是上古三皇时代的最后一皇，精于稼穑、医药等文明生活的各种制度和技术，神农时代与伏羲时代连称"羲农之世"，共同代表着中华文明的"初始命名"时代，是淳朴世风的伟大象征。

《史记·五帝本纪》告诉我们，当时已形成"诸侯公推天下共主"的华夏政治民主制度，说明伴随文明传播的扩展、深化，各地文明水平已经有很大提高乃至飞跃，围绕城市、都邑的"诸侯方国"群体已经形成，诸侯之间的冲突势所难免，于是，"诸侯公推天下共主"的原始民主制度出现了。

神农炎帝虽为天下共主，却无法禁制诸侯之间的相互侵伐，其中活跃于中原南部

---

[1] 王利器. 史记注译[M]. 西安：三秦出版社，1988：1.

的一个诸侯——九黎三苗部落之主蚩尤,不仅挟裹神农后人、炎帝部族的参卢、榆冈等以"炎帝"名义四出侵犯劫掠各地诸侯,更霸占当时一项重要的资源——山西解县的盐池,企图控驭天下[1]。诸侯不堪暴虐,纷向黄帝部族求援。

黄帝部族原本是活跃于中原东部的一个以游牧为主的强大族群,忧患于蚩尤之乱,受到诸侯的请求,遂修德振兵,率领诸侯讨伐蚩尤。

《史记》载:"轩辕乃修德振兵,治五气,艺五种,抚万民,度四方……"[2]为讨伐蚩尤做好一切准备。

修德以安抚结好于内外族群,因"习用干戈"而调集、演练诸侯军队,深研五行之气,让军队适应晴、雨、冷、热、风五种天气条件(五气),进而熟悉中原地区各种天文形势、山川地势等,更大力推广农业耕作制度、技术,广种黍、稷、稻、麦、菽"五谷",安抚不堪蚩尤骚扰而从四方归附的人民,规划丈量土地以授田养育外来民,等等,一系列政治、军事、经济、文化措施,大得民心。

蚩尤负隅顽抗,黄帝于是"征师诸侯,与蚩尤战于涿鹿之野,遂擒杀蚩尤。而诸侯咸尊轩辕为天子,代神农氏,是为黄帝"[3]。黄帝即天子位,遂开始了中华文明伟大的政治建制活动,即树立"地文大轴心"。

二、黄帝的大一统古典宪政制度

黄帝平蚩尤之乱,确为当时中华文明生活中一件大事,经此战乱,华夏城邦联盟更加稳固,向心力更强大了。黄帝乘此形势,又进行了远古最大规模的军事、交通、经济、政治、文化等一系列宪政建制:

> 天下有不顺者,黄帝从而征之,平者去之。披山通道,未尝宁居。……北逐荤粥,合符釜山,而邑于涿鹿之阿。迁徙往来无常处,以师兵为营卫。官名皆以云命,为云师。置左右大监,监于万国。万国和,而鬼神山川封禅与为多焉。获宝鼎,迎日推策。举风后、力牧、常先、大鸿以治民。[4]

依据文献,可知华夏政治文明大轴心的规模、制度体系和宪政秩序:
(1) 建立华夏大一统,地方负有拥戴中央政府并管理地方行政的责任,"合符釜

---

[1] 盐政一向为国计民生之大者。钱穆在《黄帝》(北京:三联书店,2004:12)言此,孟森在《清史讲义》(桂林:广西师大出版社,2005:296-310)备言官盐价高遂使私盐泛滥且秘密会社风行,开清亡先河也。
[2] 王利器. 史记注译[M]. 西安:三秦出版社,1988:1.
[3] 王利器. 史记注译[M]. 西安:三秦出版社,1988:1.
[4] 王利器. 史记注译[M]. 西安:三秦出版社,1988:2.

山"既是中央与地方同心同德、华夏大一统的象征,更是中央与地方之间分权制衡、天子以德居位、中央与地方分享最高政治权力的古典宪政秩序的象征。

(2) 在中华文明已稳步进入城市生活状态下,在"涿鹿之阿",营建伟大"国都",作为全国政治、经济、文化的传播中心,军队城外筑营守卫,调动机密、经常换防,巡行驻守全国各处,随时防备内忧外患。

(3) 建立中央文官官制,百官皆以"云"命名,号为"云师",意在训诫百官如时雨一般善待百姓,同时,文官主要职掌是望云测雨、以助农耕,全国政治、社会等一切公共生活,皆以农耕制度为中心。

(4) 置左右大监以监理万国,"大监"即诸侯派驻于中央政府内的民意代表机关,黄帝受诸侯各国民意推举而为天子,中央政治权威的合法性,最终来自联邦制诸侯各国的民意确认。这开启了尧舜时代以"四岳"统领各地诸侯、民意代表机关之古典宪政民主制的先河,更为"天下为公"的华夏民主制观念树立了伟大的道义和制度基础。

(5) 建立封禅等祭祀鬼神山川的国家礼制,黄帝主祭,诸侯助祭,敬奉祭祀鬼神山川的宗教大典,象征着中华文明敬天保民、万邦和睦,已达到融合凝聚为伟大的、无愧苍天的人类文明整体的高度,遂成历代"建国垂统"之文明传播定制。垒土为坛曰封,扫地而祭曰禅,封禅大典不仅标志着万国安和、天下太平,更将伏羲时代敬畏宇宙神明之天文大轴心落实到"敬天保民"这一古典宪政秩序即地文大轴心上。

(6) 天下和睦、人民安乐,山川风物、鬼神祖宗得到全民崇敬礼拜,大自然必呼应之而产出宝物、祥瑞来祝福万民,黄帝依天领万民之命,采首山之铜以铸造宝鼎,用来迎日推策,测定日月星辰等天文历法,以助农耕;史臣大挠造甲子、容成造历法,史称《黄帝历》,定天下时序和农耕制度,百业因此兴旺,全国风调雨顺、河山畅美。

(7) 上述政治制度的落实,端赖华夏民主制宪政机制,从黄帝受诸侯推举任天子,到民意代表机关"左右大监"、各级文武官员的选举、任用,优良的人才选拔制度、官吏的任用监管制度,确保吏治清明,确保俊杰之才不断涌现,黄帝遂命诸侯、百姓保荐、推举,选拔大批贤人进入中央政府,其中,风后为相,力牧为将,仁贤在位、治理得法,人民树立廉耻,鼓舞向善。

(8) 由于华夏民主制宪政体系的确立,中华文明很多重要的文明技术和文明生活制度在此时迅速提升、完善、成熟:譬如桑蚕、衣裳、饮食、宫室、舟车、道路、武器、文字等❶,其中,尤其是文字的发明、传播、成熟,标志着中华文明进入了天地合其美、万民安其命、人文畅其流的文明传播的辉煌时代。

黄帝时代顺承伏羲时代"河图八卦"宇宙图式和自然主义、诗意神秘主义❷的大轴心哲学-科学-人文体系,进一步加强了对中华各民族进行人文主义文明传播观念的深

---

❶ 参见 钱穆.黄帝[M].北京:三联书店,2004:22-35
❷ 参见 毛峰.神秘主义诗学(第一章、第二章)[M].北京:三联书店,1998.

入教化：

> 顺天地之纪，幽明之占，死生之说，存亡之难。时播百谷草木，淳化鸟兽虫蛾，旁罗日月星辰水波土石金玉，劳勤心力耳目，节用水火财物。有土德之瑞，故号黄帝。❶

观此段文献可知，炎黄时代的中国人，已经从农耕生产和文明生活中积聚起无比深邃的文明传播经验和协调天文、地文以孕育人文事业之文明传播秩序：

第一，"顺天地之纪"。人要顺应天地万物运行的规则、历法时序而不能违背之，人类生活均须随顺天文自然秩序。

第二，"幽明之占"。对宇宙四时之阴（幽）阳（明）二气进行占卜、预测，精准把握宇宙生命的运行节奏，而以人类的生命节奏、生态人文节奏匹配、协调、应合。

第三，"死生之说"。说者论也，即制定养生送死的礼制，人遵从养生送死之礼仪规制，领悟个体生命兴衰始终的根本道理，社会就能和谐不乱，人伦道理顺应着天文时序、鬼神礼教——安定下来，地文大轴心因此根深叶茂，文明传播因此本固枝荣。

第四，"存亡之难"。难亦为说，亦可引申理解为：前人必须时时教诲后人文明兴衰、社会存亡之根本原理以及存亡继绝、祖先卓越奋斗之艰难处境，从而牢固树立后代承担道德责任、社会责任的意志和能力。

《史记·黄帝本纪》大矣哉！

史公大义存焉："顺天地之纪，幽明之占，死生之说，存亡之难"一语，层层递进、环环相扣，道出人类公共生活的制度、水平和井然不乱的文明传播秩序——"天地之纪"说明当时历法发达；"幽明之占"说明当时在"河图八卦"的基础上开始对阴阳二气进行合理推演、占卜，对天文地表等自然运动进行推究预测；"死生之说，存亡之难"则从天道自然落实到文明生活的根本制度与观念上，即遵从养生送死、婚丧嫁娶等家族制度和文明存亡的根本法则。这里突出表现出中华文明从家族亲和的礼制（死生之说）中，直接引申出国族团结、家国一体、文明兴衰（存亡之难）的传播秩序来，中华文明重家族的特点突显鲜明，因此，中国人恒称"家国"；而西方文明则重法律、契约意义上的社群整体，因此，恒称"国家"，分别之处彰显。

第五，"时播百谷草木，淳化鸟兽虫蛾，旁罗日月星辰水波土石金玉"。当时农耕文明的各项管理制度、技术水平以及文明认识水准日益发达完善，播种养育百谷、草木的绿色农业制度紧随时序、节气而展开，驯养鸟兽蚕蛾以"衣被天下"，经典文献常言"黄帝垂衣裳而天下治"，既指衣裳制度有分别男女以稳固婚姻家族制度之义，亦含黄帝正妃嫘祖率众养蚕纺织、衣被天下，使中华文明繁育温暖之义；"旁罗日月星辰、

---

❶ 王利器.史记注译[M].西安：三秦出版社，1988：2.

水波、土石、金玉"一语,说明当时天文、水利、建筑、冶金、制造等技术水平之高,日月星辰观测精准,水利设施兴修建造得宜,冶金制造业发达,中华文明就此兴旺繁盛起来,"旁罗"者,广泛地安排布置建制之义。

第六,"劳勤心力耳目,节用水火财物"。黄帝在文明日渐发达、享用日渐丰厚的情况下,进一步训诲中华民族以"劳勤心力耳目,节用水火财物"之伟义,农耕文明不可一日怠惰,文明生活不可一日奢靡!从此,勤劳、节俭、爱惜一切财物之用,就成为中华民族的恒久美德,《尚书》所谓"克勤于邦、克俭于家"更将之引申到政治生活、家族生活、私人生活等领域,遂垂为中华民族之千古明训、文明传播之不朽法则也。

伏羲时代之天文大轴心,炎帝时代之地文大轴心,至此融会、协调、统一,凝聚为中华文明可大可久之古典宪政秩序。

黄帝有子25人,其中14子因后裔繁盛而独立建宗立派,称"得姓"。《左传·隐公八年》曰:"天子建德,因生以赐姓,胙之土而命之氏。"《国语·晋语四》曰:"凡黄帝之子,二十五宗。其得姓者十四人,为十二姓:姬、酉、祁……衣,是也。"因祖称姓,因地称氏,后来二者逐渐合一,百姓众族繁衍生息,广泛分布于中华大地。

三、炎黄时代的文明大一统传播

黄帝时代中华文明取得文明传播的重大进展的实际情形,正被当代考古学一一印证。如果说建立中华大一统的政治统一实体是黄帝时代凝成政治大轴心的突出标志,那么,这一时期形成以国都、各诸侯方国都城为全国以及各地公共生活的传播中心,中华各地普遍形成城市、都邑生活的社会格局,就是这一时代凝成"地文大轴心"的社会人文秩序的基本风貌了。

中华民族自伏羲时代后期即逐步告别渔猎游牧生活,到神农炎帝时代,稳定的农耕定居生活已经固定成形。《帝王世纪》《竹书纪年》《路史·太昊纪》《水经注》卷二十二等文献,都记载伏羲太昊氏、神农、有虞氏在不同时代建都邑于陈(古称宛丘,今河南淮阳也)。在淮阳东南方,有"平粮台"遗址,考古学者认为这里就是伏羲、神农与有虞氏的都城[1],如今发掘出土的古都城规制,属于龙山文化的造律台类型(又称王油坊类型),是距今4500年即公元前2500年开始建筑的,而到距今4100年即公元前2100年时仍在使用[2],恰好与本书依据经典文献与考古发现而推断公元前2500年即陶唐氏尧帝、有虞氏舜帝执政时期,亦即余所谓"中华文明大轴心期之核心"时代完全吻合!

---

[1] 苏湲. 黄帝时代:探索中华文明起源之谜[M]. 北京:清华大学出版社,2007:75-128.
[2] 苏湲. 黄帝时代:探索中华文明起源之谜[M]. 北京:清华大学出版社,2007:118.

这一时代，在考古学上称"龙山文化"，属于新石器时代晚期、活跃于黄河中下游广大地区的文化类型，考古学者论述说：

> 中国史前社会发展到一定时期，社会机体内部急速繁殖出种种大变革的因素，到了龙山时代，社会分化不断加剧，族群集团间的相互冲突也日益尖锐，为适应这种社会动荡的局面，城垣的兴建应运而生。很快一座座古城沿黄河、长江两大流域拔地而起……❶

从文明传播学的角度看，与其说这是大变革、大动荡、大冲突所致，不如说是中华文明在传播进程中日益完善其生产、生活的基本价值、制度、技术、样式所致，更合乎中华民族对天文、地文、人文三大轴心所凝聚、体现的文明生活"秩序化"的需求。譬如城市的兴起，很有可能由下列因素促成：家族与族群自然聚居、储存粮食、农业耕作之分工合作、建筑及水利等城市规划的需求、市场交易以及交通的便利、抵御野兽侵袭、族群首领需要发布政令的聚会场所、祭祀等宗教制度的需要等多方原因，不可简单归结为族群冲突、防御外侮方面的原因。

饶有趣味的是，平粮台古城遗址呈正方形，学者以为这种城市规制"源于伏羲深邃的八卦思想体系……我国汉、唐时期大型宫城的兴建，正是以平粮台古城为基本模式"❷颇有见地。1984年秋，正当平粮台古城进行大规模考古发掘之际，一个淮阳少年从城北蔡池即民间传说伏羲帝在此凿池放养白龟的地方，不经意钓上一只通体纯白、玲珑剔透的白龟！当地立即轰动，该白龟经科研所鉴定，是一只近300岁的龟精，其身上纹理，与伏羲八卦河图出奇地一致❸！

余深味《大易》所言"国之将兴，必有祯祥；国之将亡，必有妖孽"乃至理名言、万古不破者也：20世纪80年代，中国拨乱反正、百废俱兴，大规模考古发掘的启动，标志着中华民族在一度毁弃、荒废万年绵延之伟大文明传统之后光复神物之起步也。余观苏湲著《黄帝时代：探索中华文明起源之谜》所载淮阳太昊陵前之龙湖照片，一派莽莽苍苍、烟波浩森之壮阔图景，读苏著更知淮阳素有北方水城之名，其1.6万亩之水域面积大杭州西湖一倍多，真中华先民龙兴之地：伏羲、神农、舜帝先后在此建立都城、施行政教、传播文明，乃天赐宝地！

自古传说伏羲、女娲交合产出最早人类，犹如《圣经·创世纪》之亚当、夏娃，伏羲被尊"人祖"，每年农历二月二至三月三，淮阳伏羲庙都举行盛大庙会，数十万人前往礼拜祈福，香火极盛，太昊陵显仁殿东北角廊基青石上有一圆孔，俗谓"子孙

---

❶ 苏湲. 黄帝时代：探索中华文明起源之谜[M]. 北京：清华大学出版社，2007：120.
❷ 苏湲. 黄帝时代：探索中华文明起源之谜[M]. 北京：清华大学出版社，2007：125.
❸ 苏湲. 黄帝时代：探索中华文明起源之谜[M]. 北京：清华大学出版社，2007：86-87.

窑"（象征女阴），众多妇女前往抚摸企盼孕育，亦原始生殖崇拜之遗风也。

宋人所绘《伏羲画像》诗云："继天立极，为百王先。法度肇建，道德纯全。八卦成文，三坟不传。无言而化，至治自然。"❶诗人真深于画龙点睛之道也：伏羲、神农、黄帝、尧舜禹直至孔子儒家，圣学血脉一以贯之，即以人文法度配合自然演化，文明传播遵循天文、地文、人文三大轴心、三大秩序而合理有序进行、运转，所以妙和天人、道德纯全、无为而化、万年绵延。今全球文明多奉行片面西化思维，损自然而奉人欲，损不足而奉有余，破坏天道人伦，势必难以持续、不可久长。惟中华民族自我奋发，吸取西方工商科技之长，重振中华三大轴心之遗教，则保合太和，文明永固！

迄今，中国发现最早的黄帝时代城市遗址之一是郑州附近的西山古城遗址，属于新石器时代仰韶文化时期，距今4800~5300年，即公元前3300—前2800年，正是中华文明"政治大轴心"凝成期。其先进的版筑夯土式的城墙建筑技术，从原始的圆形环濠聚落向城墙环卫的方形城市的飞跃，城内外建筑规制、出土器物的工艺水平的发达，以及建造这样一个中心都邑所须具备的公共事务组织与管理水平、中央集权程度的显著提高，清楚表明黄帝时代确然已凝成稳固的政治治理的统一实体。

《史记·封禅书》说："黄帝时为五城十二楼。"《淮南子·原道训》说："黄帝始立城邑以居。"李白则有"天上白玉京，十二楼五城"的诗句。当代考古学者许顺湛、马世之、张玉石等人的考古研究，更证实了古典文献记载的精确：黄帝时代正是中华文明稳步进入城市文明的伟大时代❷！

黄帝时代创造了光辉灿烂的仰韶文化。河南西部熊耳山（黄帝称有熊氏）以西，与山西、陕西两省交界，位于河南最西端的灵宝盆地，是黄帝时代中华文明重要诞生地之一，环绕黄帝之"铸鼎原"（今灵宝市阳平镇），散布着众多仰韶文化遗址。这些象征着中华文明的传播力度、幅度、广度与深度的文化遗址，以跨地域的文化吸收与辐辏之势，汇聚为豫、晋、陕仰韶文化最繁盛的"金三角"，而灵宝就是这个金三角的中心区域之一：黄帝龙兴于此，中华腾飞于此，真神灵钟爱之宝地（灵宝）也！

《史记·封禅书》说"黄帝作宝鼎三，象天地人"，传说黄帝率众采首山之铜，在荆山下铸鼎、汲鼎湖水清洗，灵宝西北阳平镇因此有"铸鼎原"，甚至有传说神灵独授黄帝政教秘典《鼎书》以配此"宝鼎"。经典文献以及民间传说实际上告诉后人：黄帝时代之中华文明，已顺承伏羲时代的文明传播遗产（河图八卦为代表），以"天地人"三才纲纪天下、网罗万物、包裹宇宙之文明传播秩序（天文、地文大轴心）为政教核心，创造出辉煌瑰丽的人类文明！

最能体现黄帝时代文明传播成就的，是被誉为中华文明探源工程六大遗址之首

---

❶《中华遗产》，2006年7月号78-79页。
❷苏湲.黄帝时代：探索中华文明起源之谜[M].北京：清华大学出版社，2007：3-29.

的、位于灵宝市和阳平镇之间的西坡古城遗址。考古发现：譬如标号为F105的远古建筑遗址，占地516平方米，室内无生活遗迹，表明是一处宗教活动、公共活动的原始殿堂，其设计之谨严、气势之宏伟、工程之浩繁、技术之精湛，令考古家们惊叹不已！这座建筑遗址，与其他10座建筑遗址共同组成一个规模宏大的礼仪性建筑群，它们相互拱卫，门道朝向中央的大型广场，严格遵循着统一的思想法则和团结一致的文明精神，表明这些原始宫殿的规划、设计、建设者，绝非史前野蛮人，而是一个组织严密、精通建筑科学、善于规划布局的代表先进城市文明的伟大族群——中华民族[1]！

西坡古城遗址的最突出成就，就是其合理完善的城市布局：遗址南北两侧各有一个人工挖掘的大型壕沟，与东西两条天然河流（夫夫峪、灵湖峪）构成环城的防卫体系；城市中心区集中了诸多大型供公共活动使用的宫殿型建筑，周围是居住区、灰坑、蓄水池，壕沟以南为墓葬区和烧陶作坊区，构成一个结构严谨、区划明晰的远古都邑。

西坡古城文明发达程度的另一突出标志，则是墓葬区出土的成套成组、精美无比，具有宗教、政治、军事等级意义的玉器（玉钺、玉铲等）以及陶器、骨器等殉葬品，表明这一古城在黄帝时代众多都邑中的重要地位以及仰韶文明的发达程度[2]。

灵宝附近的黄帝遗迹十分众多，譬如铸鼎原四望中之荆山轩辕台、蚩尤山和夸父岭，尤其是居中的轩辕台，象征着中华人文的始祖，一手挽着蚩尤代表的原始蛮邦，一手挽着夸父所代表的本邦神游人士，共同追求着人类文明的伟大恢宏：轩辕台自秦岭蜿蜒而来，形成南北高、中间低的马鞍状，南北两端各有一座人工夯筑的高台，状若昂头翘尾的苍龙，遥望云天，有凌空欲飞之势！

经钻探乃知：轩辕台之两座夯土高台，自上而下，分别为红、黄、灰、褐、红褐五色土夯筑而成，一如北京社稷坛之"五色土"，象征着中华文明凝聚五方水土为社神、稷神，全民族一体和谐团结，密不可分；山南圆台乃黄帝祭天之坛，山北方台乃黄帝祭地之坛，天圆地方、人文荟萃，黄帝时代中华文明大轴心，在此树立矣！

汉武帝在铸鼎原建宫祭祀黄帝，历代均加修祭祀，唐德宗贞元十七年（公元801年）刻立《轩辕黄帝铸鼎原碑铭序》石碑，县令房进静（房玄龄六世孙）掘地四尺以立石，得一玉佩，传言以为黄帝升天时从臣所遗，遂上报朝廷、立石纪念。1931年，当地政府决定把石碑移往开封，石碑运抵灵宝界边时突然断为三截，遂留置[3]！

---

[1] 苏湲.黄帝时代：探索中华文明起源之谜[M].北京：清华大学出版社，2007，48-58.
[2] 苏湲.黄帝时代：探索中华文明起源之谜[M].北京：清华大学出版社，2007：68-72.
[3] 苏湲.黄帝时代：探索中华文明起源之谜[M].北京：清华大学出版社，2007：38.

四、黄帝继任者的文明传播

黄帝之后，中华文明更加深广地传播于东亚大陆及周边海域，少昊、颛顼、帝喾相继被拥戴为天下共主。

有些文献将少昊列为黄帝之后、五帝之一，有的则只列颛顼、帝喾。少昊乃伏羲部族之后，活跃于中原东部，应当是一个强大族群的首领，很可能在黄帝去世后受诸侯公推而登天子位，号令天下。因为他不是黄帝部族的直系后裔，所以有的史家予以忽略。

颛顼时代，中华文明传播更加扩大：

> 帝颛顼高阳者……静渊以有谋，疏通而知事，养财以任地，载时以象天，依鬼神以制义，治气以教化，洁诚以祭祀。北至于幽陵，南至于交趾，西至于流沙，东至于蟠木。动静之物，大小之神，日月所照，莫不砥属。❶

有学者援引一些上古文献所谓"绝地天通"等语，认为颛顼帝发起一场影响深远的"宗教革命"，即把民间各种宗教祭祀活动整齐纳入国家祭祀制度之中，民间私祭活动受到一定限制，称"宗教革命"言过其实。

观《史记》之言可知，颛顼时代各种文明制度、国家祭祀制度等各种礼制更趋完善，以至于中华文明远播，北至幽陵（今河北北部、辽宁南部）一带，此地正是考古学上的"红山文化"地带，近来发现这里有上古大型祭祀坛遗址，即中华文明传播之伟大例证；南到交趾，即今五岭以南、越南北部地区；西到古流沙，又称居延泽、居延海，今内蒙古巴丹吉林沙漠西北端的苏泊淖尔湖和嘎顺淖尔湖；东至蟠木，或谓东海中之度索山等岛屿山地。

"动静之物，大小之神，日月所照，莫不砥属"一语指：当时中华文明的光辉，遍及山川草木、动植物、一切日月所照之生灵，"大小之神"指大的山神、水神，譬如四岳（泰山、华山、恒山、衡山）、四渎（黄河、长江、淮河、济水）之类，小神则指小山小河之神。这一切自然万物的精神象征（神灵）都进入了中华民族的崇拜敬畏体系之中，成为"依鬼神以制义，治气以教化"的人文传播素材，鬼者，归返自然之祖先，神者，造福生民之灵异，树立二者以制定尊仰敬畏的精神秩序和传播秩序，人民自私自利的血肉之气、人类本能的各种情欲，据此逐步得到约束、转化（教化）、提

---

❶ 王利器.史记注译[M].西安：三秦出版社，1988：3.

升、完善，人类文明生活的传播秩序据此建立起来：颛顼帝时代之伟大创设、伟大传播在此！

颛顼帝崩，其族子高辛立，称帝喾。帝喾谨守黄帝、颛顼之训，中华文明传播秩序更趋扩大、提升、完善：

> 高辛生而神灵……普施利物，不于其身。聪以知远，明以察微，顺天之义，知民之急。仁而威，惠而信，修身而天下服。取地之财而节用之，抚教万民而利诲之，历日月而迎送之，明鬼神而敬事之。……其动也时，其服也士。帝喾溉执中而遍天下。❶

观太史公《五帝本纪》开篇文字，分述黄帝、颛顼、帝喾之德教、政绩，貌似大致雷同，实则层层递进、不断深化，表明中华文明传播的水平、规模、层面、深广程度不断提升。譬如帝喾时代，文明日益繁盛富足，社会上层能否修身立德以服人，就成为当时政治教化之关键，所以史公叙述黄帝、颛顼之德政，偏重扩大文明传播之事功、政绩，而在叙述帝喾之德政，偏重"修身""执中"诸伟义："普施利物，不于其身""顺天之义，知民之急""其动也时，其服也士"等语，活画出一位袭丰履泰之承平天子，其戒骄戒躁、仁德谨严之形象。此段文字"利物""利诲"凡两见，但意义不同："利物"者，以财物为利而"普施"于民，以示公平爱民；"利诲"者，以仁义为天下大利而教诲之，前言叙财货分配制度，后言述文明教化观念，二者交互为用，中华文明才能成为"溉"（普遍之义）维系"执中"（公平均一）、均衡协调之伟大传播秩序也。

五、黄帝时代古典宪政秩序的确立

钱穆与学生在名著《黄帝》（1944年初版，1978年重印）中引述《佚周书》以赅括黄帝时代中华文治、武功：

> 黄帝和蚩尤的战争，是古时候第一个惊天地、动鬼神的大战……《周书》批评得好："武不止者亡。昔阪泉氏（蚩尤）用兵不已，诛战不休，并兼无亲。文无所立，智士寒心。徙居于独鹿，诸侯叛之，阪泉以亡。"这批

---

❶ 王利器. 史记注译[M]. 西安：三秦出版社，1988：3.

评的是蚩尤，也正为千古专恃强力欺凌弱小者写照。❶

余研读希罗多德《历史》和修昔底德《伯罗奔尼撒战争史》以及李维《罗马建城以来史》，深知西方古典文明固然伟大，但难以支撑希腊罗马对外邦的连年战争，其光辉灿烂的文明因此一再毁灭。直至近代，西方文明倚赖强大的工业生产能力，才足以支撑其全球的殖民扩张、军事征服与商业掠夺，但恰如《佚周书》所谓"武不止者亡……用兵不已，诛战不休，并兼无亲。文无所立，智士寒心"，寥寥数语道尽古今中外一切文明盛衰兴替之传播奥秘：用兵不已、诛战不休、并兼无亲，始终无法树立人类生活的文明传播秩序（文无所立），真正领悟文明大轴心（人类生活的价值核心）的智慧人类，必为之寒心而停止价值创造与引领大众的事业，文明因为内在的价值空虚、意义荒芜而出现内外治理的重重危机和紊乱，最终衰亡。古典时代的希腊罗马文明，近代的欧、美、日等殖民主义、帝国主义霸权国家的文明历史，充分证实了这一点。

钱穆以历史哲学大师的精辟之见，领悟、透析了黄帝时代中华民族的伟大"文治"成就："捍御外侮，平定祸乱，要靠武功。稳定基础，凝固国家，要靠文治。两者缺一不可。无文治，武功即成泡影。"❷

黄帝时代凝聚而成的中华共享价值与古典宪政秩序，大体可概括如下：

第一，普天一家的华夏正统观念。黄帝率众诸侯讨伐蚩尤是中华文明开天辟地最大的一件政治、军事事件，其对整个欧亚大陆东端各原始城邦社会的震撼力，绝不亚于大约1500年后的特洛伊战争对古地中海世界的震撼。观其对待敌友双方的处置，就可知华夏原始城邦联盟的政治观念：蚩尤一方民众，凡愿归顺的，即收编为民，不愿归顺的，窜之远方，任其在边远之地再行复国，这一宽大政策一直延续，所以到晚周时代，孔子在《论语》最后一章标举"兴灭国、继绝世、举逸民"为人间正道，批评当时各国残酷侵夺、兼并邻国是"蛮夷"，在《春秋》里提出"贬天子、退诸侯、讨大夫"的正义主张，可谓与黄帝时代一脉相承；友邦与本邦政治地位平等，黄帝因文治武功、领导万民有盛德，受众城邦推举，才就天子位，换言之，天子之位，惟有盛德者才能居之，必须获得诸侯、万民拥戴，否则就不具备"合法性"，就可以贬斥、废黜、讨伐之，所以"汤武革命"受到孔子"顺天应人"的赞许。总之，中华文明意义上的"顺天应人"，是顺应苍天好生之德，呼应万民求生之欲，奋发德、功、言所谓"三不朽"之美德，才能立天子之位，与西方教会任命国王的所谓"君权神授"完全不同。因此，华夏正统，非权力攘夺、暴力支撑之正统，而是顺天应人、敬天保民之道德正统：爱民者，受诸侯、万民拥戴，立天子之位；残民者，受万民唾弃、诸侯讨伐，失天子之位。华夏正统乃道德仁义之正统，天下万民，上至天子、下至庶民，一

---
❶ 钱穆. 黄帝[M]. 北京：三联书店，2004：13.（此处《周书》当指散佚的《佚周书》）
❷ 钱穆. 黄帝[M]. 北京：三联书店，2004：18-35.

一统合于道德，一一约束于道德，一一尽责于仁义，无一例外、无一特殊，"王子犯法，与民同罪"的观念深入人心。所以，中国历史很少西方奴隶制度之惯常罪恶，天下万民，秉承一视同仁、共襄仁义的文明精神，普天一家、万民团结，中华古典民主宪政秩序永固！

第二，代表、采纳民意，确保民生稳定的文治治理结构。黄帝率领诸侯执行"天讨"、武定天下、收服万民、即天子位，立即推行文治主义的治国方略：任命诸侯民意代表机关"左监""右监"，监理万国；任命风后为宰相，风后是风姓伏羲部族的后裔贤人，掌握很高的文明治理的技巧，所以出任宰相职位后，首先进行各部族、各城邦的疆界划分，史载"黄帝命风后方割万里，画野分疆，得小大之国万区"❶，中华联邦制下万邦联盟关系稳固确立；更进行一系列文明建制，促使各种文明生活的基础技术迅速传播，包括对全国耕地、山林等基本资源进行分割整治，确保民生治理的伟大井田制度因此草创，中央地方之间代表民意并监察地方各种利益诉求的左右大监制度、指导扶助农耕的各级文官制度、天文历法制度等，把5000年前的人类文明，牢固树立在中华古典宪政民主的制度体系与确保民生稳定繁荣的传播基础上。

第三，树立道德仁义等文明观念。将文明的价值秩序牢固深入地树立在万民心中，从而促使中华民族在古典宪政秩序和民生稳定出现动荡乃至倾覆的情况下，仍然保守这一"道德秩序"和"仁义"价值观不变，不仅极大地维系了社会稳定，更因伏羲时代阴阳变化的宇宙观天文大轴心的长期熏陶，中华民族以处乱不惊、静观其变、万变归宗的恒定道德信仰与对宇宙道德秩序、价值秩序的深稳依从心态，内自修持、以静制动、培育转机，不断促使事物好转、改善，最终恢复太平。史载黄帝"职道义，经天地，纪人伦，序万物，以信与义为天下先"❷，完整刻画出黄帝时代的中华文明，在中央地方分权制衡的宪法约束（合符釜山）下，在华夏民主制的宪政秩序（天子公推制度、左右监理制度、民意代表制度、文官选拔制度等）制约下，在共享主义的道德正统观念（以道义为平定天下、融会百族的最大武功）的约束下，在确保民生稳定的文治治理结构下，人类文明的价值秩序、中华文明的传播秩序，获得举世罕匹的大成功！

中华共享价值在黄帝时代已然凝聚为全民族、全社会之政治、社会、价值秩序的伟大整体，这一文明大轴心、大秩序的不断传承、播散，历经神农、黄帝、少昊、颛顼、帝喾等时代的斟酌损益，更加发扬光大，终于在尧舜禹时代，凝成为"人文大轴心"的哲学突破和中华文明在全球范围及1万年以上的人类文明史的一次辉煌巅峰！

---

❶ 钱穆. 黄帝[M]. 北京：三联书店，2004：19.
❷ 钱穆. 黄帝[M]. 北京：三联书店，2004：21.

第八章 尧舜古典宪政体系

中国人首次登上全球文明巅峰，是在尧舜大时代。

尧舜大时代一系列的古典宪政体系的创建与体制完善进程，不仅奠定了中华文明此后4500年的宪政基础，更凝聚广土众民，从千差万别的各地域、种族、信仰、生活方式等不同社群中，以"克明峻德""敬天保民"的博大宪政制度体系，把中华民族凝聚统一为伟大的命运共同体。

一、尧舜大时代的标志性成就

尧舜大时代是中华文明的"轴心期"。

其标志性的成就有三：一是"克明峻德，协和万邦"这个共享一家的文明观念、传播观念和宪政原则的凝成，开启了人类史上最完备的文明价值体系——"神州知识体系"与"共享价值生产"的伟大创制、建构进程。二是尧舜时代形成了成熟定型的一系列宪政制度，具体包括：①天子、诸侯、卿大夫、士绅、庶民五大阶层，均受"敬天保民"这一华夏宪政原则的约束；②上述五阶层彼此之间分权制衡；③天子、卿大夫均根据民意推举产生；④天子无德或年老，由诸侯、群臣根据民意公开推举继任者，经试用后继位，此即华夏民主制古典宪政体系中的禅让制度；⑤从中央到地方各级政府，均须采纳民意、开放政权、吸收平民参与，实行宪政文治主义的治理体系；⑥建成以九州朝贡体系为核心的国民经济体系和公共服务体系；⑦形成以五服为核心的全国军事拱卫体系；⑧中央政府主持设立通行全国的农耕制度、天文制度、祭祀制度、教育制度、学术制度、山林保护制度、工商科技制度、刑罚改造制度等，全球史上最完备的文明传播机制的建成，凝结为高度完善的公共治理、公共服务、公共教化的伟大体系，促成大禹治水、万国来朝、各族融合等一系列惊人的文明成就。三是华夏"道德人文主义"哲学思想获得突破性进展，尧舜创设"神人以和"亦即"天人合一"的文明传播理想，将宇宙自然与人文进程融会贯通的终极统一，设立为全人类的最高价值目标，唤醒人类自我生命焕发广大自由的理性精神，顺应宇宙自然进程的道德理想和生命自由境界，在学术、教育、舆论、礼制、风俗、信仰等根本社会传播机制上一一达到成熟，确保了上述伟大文明理想（协和万邦的共享主义和分权制衡的宪政文治主义、神人和德的道德人文主义）得以依法贯彻实现，亦即在伏羲、黄帝两大时代的基础上，完备了天文（宇宙自然秩序）、地文（政治社会秩序）与人文（精神道德秩序）三大文明秩序，天地人三大轴心的和谐互动、彼此生发、均衡匹配，满足了广大华夏地区各民族对秩序化文明生活的根本需求。本书因此命名这一时代为尧舜大时代，为"大轴心之轴心期"。

笔者认为，自尧舜大时代即公元前2500年前后开始，绵绵数千年，直至当代，中华文明的全面复兴，全球文明的重建，全面反思、探索挣脱目前生态、社会、人文系统的重重危机，步入和谐、自由、公平、繁荣的大同盛景，这一切，都将围绕这一"大轴心之轴心期"展开。中华文明将在吸收、融摄人类文明尤其是西方文明的优秀成果的基础上，自我觉醒其往昔文明尤其是尧舜大时代的文明传播智慧，在现代文明条件下，重建、提升华夏民主制、古典宪政秩序、道德人文主义宪法原则，使之主导全球文明向中华文明轴心不断汇聚凝结，造就天下一家的伟大全球文明！

二、古典宪政机制与近代宪政制的对比

本书将中华文明的传播大一统秩序，定义为"中华古典宪政机制、秩序"，其学术根据与文献依据，在于把西方学术观念与中国古典文献进行比照研究。

先来研究西方学术意义上的"民主"和"宪政"两个概念的基本含义和历史沿革，然后再对古典文献中记载的中国政治制度的内在秩序以及实际运行状况进行对照，审慎思考，从而得出上述结论。

姑且采纳西方政治哲学的通常看法，再根据"维基中文网"对西方学术概念"民主"一词的解释，可以大致看出西方人根据自身文明传统，把"民主"理解为：

> 民主，字面上来看（源于希腊文δημος demos，人民；κρατειν kratein，统治），意谓"由人民统治"。至于民主的统治方法以及其"人民"的构成范围则有许多不同的定义，但一般的原则是由多数进行统治。民主通常与寡头政治和独裁政治相较，在这两种制度下权力高度集中于少数人手上。
>
> 民主的政治制度形式一般分为两种：一种是直接民主，又称为纯粹民主，是人们直接投票决定政府政策的制度，在历史上，这种形式的政府相当少见，因为在实践上要将人们全部聚集起来投票相当困难，所花费的成本和时间非常高昂。所有直接民主都属于较小型的共同体，例如城邦。另一种是

代议民主，是较常被采用的制度，人们并非直接投票决定政府政策，而是选出民意代表来参与政府实体或议会。民意代表可能是由全体选民选出（如比例代表制）或代表特定的区域（通常是依据地理划分的选举区），一些制度则混合这两种方式。许多代议民主制也结合了一些直接民主的成分，例如公民投票。

依据这一定义，民主是国家权力的行使方式，国家的最高权力、政策决定和日常管理，须经人民大多数同意，或委派民意代表代为行使。

于是，可以两相对照一番：

先来看中华文明最高政治权力的授予：正如本书上篇所引《史记·五帝本纪》中的明确记载，黄帝本为黄河中游一个城邦的首领，在平定蚩尤之乱中树立了政治威信，在各城邦首领（诸侯）和民众拥戴下即天子位，原本受诸侯万民拥戴的神农炎帝，迫于公议而逊位。

换言之，炎黄时代的中华文明，已确立起最高权力由华夏联邦的各成员国的上层（诸侯国君）和下层（各城邦人民）公议推举产生，"敬天保民"这一全民族的最高价值预设与宪法原则，规定天子之位是为了保护人民利益而设立的，天子无德即可遭废黜而另行公推他人继任，这一"天下为公，公开推举"的宪政哲学思想，后来成为"汤武革命，顺天应人"的宪政依据。

中华最高权力（天子）由诸侯、群臣、万民公推的华夏民主制度，宣示着中华宪政的根本信念：天子权力，必须接受万民的约束，不可独断专行、罔顾民意，天子乃苍天之子，而"苍天"在中华文明中，并非西方神学或形而上学意义上的神秘天启力量，而是"天下百姓"的代名词，因此，中华天子是否有德胜任其位，最终评判权在于人民，因此，中华天子权力，并非如西方近代政治学所错误判定的来源于"君权神授"，而是来源于诸侯国人民的意志和公开推举。

这一华夏古典民主制的宪政秩序，在尧代帝挚而为天子的政治程序上，表现得十分明显。此前，继黄帝而任天下共主的，大多是用"黄帝法"治理天下而有明显政绩的诸侯城邦首领，天子仍是由诸侯国公推而就天子位，"天下共主"意即公推产生而非夏启之后的世袭产生。少昊、颛顼、帝喾，应非黄帝部族，即便是黄帝直系后裔并长期辅佐黄帝治国，其继位也必须获得诸侯认可。其中，少昊就是太昊伏羲部族的后裔，继黄帝任天子，亦由诸侯公推。帝挚应是黄帝部族的正支，这支部族在帝挚迫于公议丧失天子位后，退居诸侯，繁衍成为殷商的祖先。❶

---

❶ 参见 钱穆. 黄帝[M]. 北京：三联书店，2004：36-37.（继黄帝之少昊乃太昊伏羲之后，非黄帝部族，受诸侯公推而即天子位，后世史家为了维系天子世袭，常略去少昊，反而使五帝世系混乱。读者可参考蒙文通《古史甄微》对此问题的辨析）

尧帝乃帝喾之子，本为唐国诸侯。《史记·五帝本纪》记载："帝喾崩，而挚代立。帝挚立，不善，而放勋立，是为帝尧。"❶《帝王世纪》记载更详细："挚于兄弟最长，得登帝位，封异母弟放勋为唐侯。挚在位九年，政微弱，而唐侯得盛，诸侯归之。挚服其义，乃率群臣造唐而致禅。唐侯自知有天下命，乃受帝禅。乃封挚于高辛。"❷

研读此文献可知，中国自黄帝时代就确立了诸侯公推天下共主的华夏城邦民主制度，天子以德居位，若无德无义、政教微弱，诸侯各城邦人民有权废黜之，另立一有德诸侯为天子，这一华夏民主城邦宪政秩序之严格依法运作，使中华文明的伟大禅让制度，具有最高宪政权威。

古典宪政推举天子的程序，大致如下：

首先，帝喾死后，帝挚代立。"代立"意即天子受诸侯拥戴而立，不能自动世袭继位。帝挚得立天子位，乃承袭其祖先（黄帝）美德之荫庇，由诸侯、群臣、百姓公推产生。

其次，诸侯、万民监督其天子权力的行使，诸侯观帝挚其政，九年不成，确然判定其德，不足以居天子之大位，乃先行"归政"于唐侯尧帝放勋，天下大事（譬如诸侯军事纷争、重大民事诉讼等）皆委决于唐侯，帝挚在诸侯公议下，实已丧失天子权威。

再次，帝挚在诸侯、群臣离心的情况下，顺应民意，亲率群臣造访唐侯、卑身求禅、自动逊位。帝挚以天子之尊严、往帝（帝喾）之德望，不足以抗衡百姓之民意、诸侯各邦之定夺，中华最高权力的合法性，来自"德"，来自民意，来自诸侯公推之华夏城邦民主制，帝挚顺应华夏古制，屈己奉德、禅让天下，其逊让之美德，亦彪炳千秋矣！

最后，唐侯尧在诸侯、群臣、万民的拥立下即天子位，同时感念帝挚禅让之德，封逊帝挚为诸侯之一，在高辛为之建国。其政治含义，仍在于褒奖"天下为公、以德逊让"之美，尧帝虽代为天子，仍不忘往帝之贤，非但不能夺其宗庙、封地，更不能灭其臣属、财产、文化，如此才符合孔子所谓"兴亡继绝"之中华文明秩序，才能树立天下仁义之美，天下感受其教化，尽彬彬谦让之风而无侵害攘夺之患也。

用此古典文献加以对照，西方学术意义上的"民主"概念的狭隘性，立即凸现：

> 由于民主有着许多不同的概念和定义，因此民主的历史也相当复杂，民主一词所代表的制度也相当广泛。雅典民主是被推许为最早而又最知名的民主制度，民主一词也是在公元前5世纪于古希腊出现的。在这段时间之前的记载都断断续续的，不过希俄斯岛（Chios）的记载显示，岛上在公元前575—前550年之间就出现了公民的议会和大会。投票的权利逐渐扩展，从原本的一小群地主贵族，扩展至所有受过义务军事训练的公民，公民的年龄限

---

❶ 王利器. 史记注译（第一册）[M]. 西安：三秦出版社，1988：4.
❷ 王利器. 史记注译（第一册）[M]. 西安：三秦出版社，1988：4（注释3）.

制通常是20岁以上。而妇女、奴隶和外籍人士则无法拥有公民权,使得全雅典只有使十分之一或更少的人口才有资格投票。所有雅典公民都有资格投票决定创立法律、向某个国家开战,同时所有公民都可以在大会上演讲。这种形式的政府被称为直接民主制。雅典城邦在公元前323年被马其顿击败,民主制度随之被彻底废除。(来自维基百科词条)

由此可知,所谓的"雅典民主制"为"最早和最知名的民主制度",实际上远比华夏民主制(约公元前3000年前的黄帝时代开始,直至公元前2500年左右的尧舜时代达致鼎盛)为晚,且雅典民主制的民主程度,远比华夏民主制逊色:占雅典人口十分之九的外邦人、奴隶和妇女等无选举投票权,实际上,被西方史家津津乐道的"雅典民主制"是"贵族制而非民主制"[1];与之相反,中华文明少有对外来人口的歧视政策和残忍对待奴隶的罪恶制度,华夏民主制一视同仁地对待所有人民的民意诉求,举凡诸侯首领的推举、天子的推举、中央与地方官吏的推举、任命等,均无论其出身之贫富贵贱,唯德才是举,出身皇室、贵为天子的帝挚,由于政教微弱而遭诸侯、人民废黜,而有德之诸侯唐尧、有德之平民虞舜,均可继任天子大位,华夏各级权力,受广泛民意监督、约束,向一切阶层开放,是真正意义上的民主制度。

不掌握中华古典文献、不熟悉华夏古典民主制及其宪政秩序精髓的西方知识界人士,往往容易得出错误的观察与预测:

> 在20世纪里接连出现了数波的"民主化浪潮",许多都是因为战争、革命、去殖民化和经济情况产生的。第一次世界大战以及奥斯曼帝国和奥匈帝国的瓦解使欧洲产生了许多新的民族国家,其中大多数都采用名义上的民主制度。法西斯运动的崛起,纳粹德国、意大利的墨索里尼、西班牙的弗朗西斯科·佛朗哥和葡萄牙的萨拉查等政权的出现,都大为限制了20世纪30年代的民主发展,使20世纪30年代被称为"独裁者的年代"。第二次世界大战之后产生了去殖民化的浪潮,而那些新独立的国家大多也采取了名义上的民主制度。
>
> 目前自由民主制的国家数量是有史以来的最高点,而且仍继续增长。因此,许多人推测这波潮流会一直持续下去,直到自由民主制成为人类社会的普遍标准为止。这种预言成为法兰西斯·福山的"历史终点"(End of History)的理论核心。

---

[1] 加埃塔诺·莫斯卡.政治科学要义[M].上海:上海人民出版社,2005:4.

仔细观察和思考，就会发现：西方意义上的所谓"自由民主制"，是在西欧、北美等特殊经济社会条件、特殊历史机缘和彼此相似的文明传统哺育下，逐步完善的一种政治制度模式。缺乏相似条件和充足准备，贸然将这一制度"特例"奉为"普遍适用标准"，予以照搬照抄，必然触发20世纪中期德国和意大利法西斯、西班牙、葡萄牙等独裁政权的上台、西班牙内战、第二次世界大战等巨大人类灾难；照搬照抄西方自由民主制的恶果，在亚洲（包括中国台湾地区）、东欧、拉美、非洲等许多国家和地区，已被证明为完全失败或遭遇了重大挫折，人民为此蒙受了众多社会灾难。

三、天下为公：中华古典宪政秩序

先来看西方意义上的宪政概念：

美国政治家萨托利将宪政的要素概括为：①有一部叫做宪法的高级法，不管其是否成文；②存在司法审查；③有一个独立的法官组成的独立的司法机关；④存在基本性的正当法律程序；⑤存在有约束力的立法程序,可以对赤裸裸的权力意志进行有效控制的机制。（百度百科）

而依据"维基中文网"对主张宪政机制的宪政主义理论的大致梳理，可知：

宪政主义（Constitutionalism）又称立宪主义，是西方政治思想史上一种主张以宪法体系约束国家权力、规定公民权利的学说或理念。这种理念要求政府所有权力的行使都纳入宪法的轨道，并受宪法的制约，使政治运作进入法律化理想状态。宪政的根本作用在于防止政府（包括民主政府）权力的滥用（有限政府），维护公民普遍的自由和权利；传统上，宪政本身并不直接涉及政府是否通过民主选举产生，但现代宪政理论往往与民主的概念密不可分。

哈耶克在《自由宪章》中指出宪政的实质有两个方面：一是限权，即限制政府及立法机构的专属权力；限权的一个精巧的技术性手段是分权。二是保障，即保障人民的各项基本权利，特别是洛克主张的生命、自由和财产权。

路易斯·亨金(Louis Henkin)认为，宪政意指"成立的政府要受到宪法的制约，而且只能根据其条款来进行统治并受制于其限制"，包括以下要素：

依照宪法成立的政府；分权制衡；人民主权和民主政府；违宪审查；独立司法机关；遵守人权法案的有限政府；对警察权进行控制；对军队的文官控制；不允许或严格限制中止宪法权力。

去除繁芜庞杂，可知西方意义上的宪政秩序，意指政府行使权力必须依据成文或不成文的宪法，对自身权力加以约束并接受一系列的制衡。

研读中华古典文献可知，华夏古典民主制体系的有效运行，恰恰遵循着天子、诸侯、群臣、士绅、庶民分权制衡的约束机制，而天子、诸侯、群臣由普选或民意推举产生，其权力的行使，必须接受宪法制度约束与民意监督，就成为宪政秩序的根本要求。

对于天子、诸侯、群臣权力的宪法约束，来源于中华文明宪政秩序的最高法律文件，也就是儒家十三经中渊源最古、地位最高的不朽经典、华夏政教人文渊薮——《尚书》，又称《书经》，意为万书之书、万书之祖。

由孔子草撰、孔安国完成的《尚书序》，列于孔安国、孔颖达注疏的《十三经注疏·尚书正义》开篇处，定位《尚书》为"百王不易"之法（古典意义上的宪法），中华古典宪政秩序的实质、神髓。

《尚书序》文字本身就是一篇博大深邃、瑰丽典雅、字字珠玑地诠释中华文明传播源流、统系、宗旨，进而真确无误地掌握深广博大的神州知识、共享主义华夏价值与宪政秩序的不朽文献：

> 古者伏羲氏之王天下也，始画八卦，造书契，以代结绳之政，由是文籍生焉。伏羲、神农、黄帝之书，谓之三坟，言大道也。少昊、颛顼、高辛、唐、虞之书，谓之五典，言常道也。至于夏、商、周之书，虽设教不伦，雅诰奥义，其归一揆。是故历代宝之，以为大训。❶

唐儒孔颖达疏注"尚书"二字曰："圣贤阐教，事显于言，言惬群心，书而示法……后人见其久远，自于上世，尚者上也……书者，舒也。《书纬·璇玑钤》云：'书者，如也。'则书者，写其言，如其意，情得展舒也。"❷

书者，其初始命名，就在于发舒、展示人类社群的意志、心意，即宪法学意义上的"民意"。《尚书》诸篇，备载上古政教、宪法制度，意在符合、欢洽社群人心、人民意志，所以堪称"法"，亦即宪法原则。

中华民族盛赞三皇五帝时代，就是因为在伏羲、神农、黄帝（三皇）和尧舜等五

---

❶ 十三经注疏·尚书正义[M]. 北京：北京大学出版社，1999：1-7.
❷ 十三经注疏·尚书正义[M]. 北京：北京大学出版社，1999：1.

帝时代，确立了天下为公、开放政权、贤哲居位、依法治理、天下拥戴的古典宪法制度的巍巍体系，这一宪政秩序不断完善、演化，但万变不离其宗，即政治必须贯彻民意这一宪法原则。

三皇五帝之书谓之"三坟五典"，坟者大也，典者常也，孔子盛称尧舜"天下为公"之古典宪政、"大同"宪政之崇高，如泰山一般巍峨、神圣，而鄙薄夏商周天子世袭、官员普选的宪政秩序，仅为"小康"。此《尚书序》传承孔子"宪法哲学"思想，明言申斥夏商周三朝"家天下"为"设教不伦"，深责夏启废除禅让制而传子世袭，丧失了炎黄尧舜时代华夏联邦民主制下一切权力由民意推举产生的宏纲伟义，但同时又称许其宪法制度的其他方面，认为其"雅诰奥义"，足以匹配尧舜宪政秩序的大致规模。

孔安国引《春秋左氏传》楚国左史倚相"三坟五典、八索九丘"之说，进而揭示研读历史文献的根本用途，在于"举其宏纲，撮其机要，足以垂世立教……所以恢弘至道，示人主以轨范也"。❶换言之，天下人主，无论民意推举或世袭产生，都必须遵循奉行华夏宪法"轨范"，而不能任意胡为，华夏宪法《尚书》仍是天子行政的根本约束。

读者诸君，天下之士！

试取孔安国、孔颖达所撰所疏之《十三经注疏·尚书正义》，沉静心情、细细品读，中华文明之伟岸身躯，历历如在目前。余敬仰感慨之际，不禁心潮澎湃，提笔批曰："古意深沉，中华久长也"！无历史传承、无宪政秩序的文明，只能苟且、弥缝，如浅沼之水，转瞬干涸，谈何长治久安、万载辉煌耶？

尧帝受诸侯、群臣、民意公推而继位，在《尚书·尧典》中，向天下万邦、普天万民、古今文明，巍然宣示中华文明的宪政原则，即各个社群、各个阶层，均以自我道德约束和宪法约束为精髓，协调均衡一切社会关系，纳入和谐美好的文明传播大一统秩序之中：

> 曰若稽古，帝尧曰放勋，钦明文思安安，允恭克让，光被四表，格于上下。克明俊德，以亲九族。九族既睦，平章百姓。百姓昭明，协和万邦。❷

中华文明之传播奥秘，人类文明之传播秩序，均在此寥寥数言之间！蒙此教化，中华大地各族人民，遵循这一华夏价值与神州知识所揭示的宪法原则、传播秩序，恒以恭敬、礼让、谦逊等众多美德，汇聚众族、树立天下、纲纪人伦、包裹宇宙，其标举人文价值、拒斥暴力胁迫的一系列宪政建制，连同禅让等古典宪政制度，建构起人

---

❶ 十三经注疏·尚书正义[M]. 北京：北京大学出版社，1999：10-11.
❷ 十三经注疏·尚书正义[M]. 北京：北京大学出版社，1999：25-27.

类史上第一个城邦联盟民主制度体系和人文主义共享价值体系,这一宪政基础,至今深入华夏人心,不可动摇!诗人有"六亿神州尽舜尧"之句以赞颂尧舜二帝美德,尽显其凝聚中华民族于万邦、传播中华文明于无疆之宪政精神与开放政权、贤哲居位的宪法信念:6亿人民,乃至如今13亿人民,无论贵贱,均可效法尧舜、奋发美德、恭敬天下、以德居位。

"克明峻德,协和万邦"八字,乃中华普世主义、道德人文主义的宪法哲学和天下一家、不私一姓、人类大同、贤德居位的伟大传播奥秘之所在也。汉儒马融以为"尧帝"为谥号,"尧"含义为"翼善传圣",即传承伏羲、黄帝之圣德法意(宪法精神),深广培育、传播人类天然禀赋之道德良知、善良本性(翼善),不断发扬光大而垂诸不朽之神圣美德(传圣)也。

孔安国、孔颖达精确深入地阐释尧舜二帝名号,以揭示那个大时代的宪法精神:

> 尧身智无不知聪也,神无不见明也。以此聪明之神智,足以经纬天地,即"文"也;又神智之运,深敏于机谋,即"思"也。……帝者,谛也。言天荡然无心,忘于物我,言公平通远,举事审谛,故谓之"帝"也。五帝道同于此,亦能审谛,故取其名。[1]

尧帝创制古典宪政原则之根本用意,就在于为天下万国、普天万民,树立起遵循崇高法度(宇宙秩序和人文秩序)的、具有道德和宪法约束力的根本准则。孔安国、孔颖达顺承其真精神,进一步予以诠释——身体禀赋之智慧者,曰聪;自然神明所启迪者,曰明;人类鼓舞奋发此"聪明",将浩然无息、奔流不止之天地万象,予以理性化、秩序化,有如划出经纬线一般牢牢把握住万物现象奔腾之底蕴、内核,所以说"经纬天地"就是"文";掌握了宇宙万物的秩序、规律,人类理性就可以思谋运筹政治社会之种种文明活动,机敏而恰切地兴起各项人类事业;三皇五帝之不朽盛名因此树立、永远辉耀人寰也!

一部《尚书正义》开篇序言、经文及注疏,俨然一部宇宙哲学、政治社会哲学、历史哲学、文化人类学哲学、文献学、诠释学之荟萃大观也,余无以名此荟萃大观,姑名之为"文明传播学",即人类理性如何经纬天地、成就人文之博大学问也!

泱泱美盛哉!历代帝王,无论是崛起于民间、驾驭群雄、剪灭暴秦之残、创炎汉四百年基业、首具太牢大礼以祭祀孔子之汉高祖,还是文治武功威震东亚之汉武帝,被尊为"天可汗"之唐太宗,雄踞草原之游牧酋长如成吉思汗、忽必烈诸帝王,一一在这圣经巨典、浩瀚经文之前,俯首称敬、汲取无穷,此正面例证也;反之,吕秦之焚毁坑杀、钳制舆论、严刑峻法,不足以熄灭陈涉吴广之正义星火,孔子嫡系后裔奉

---

[1] 十三经注疏·尚书正义[M]. 北京:北京大学出版社,1999:23-25.

礼器而为陈涉博士，鲁儒投奔襄助者更不在少数，秦仅传二世而灭，至今历代帝王庙不予祭祀，天下切齿痛恨者不绝也！

全部《尚书》意蕴，择取其一言"民之所欲，天必从之"（《泰誓》），即可涵盖。斯义若毁，宇宙不存！民之所欲，在食、色、货、利，一切文明传播事业足以满足之；食色货利倘若泛滥，则价值颠倒、资源枯竭、社会紊乱。儒家学说等人文教化、中华古典宪政秩序，适足以节制之，所谓"发乎情欲、止乎礼义"，余谓之"畅欲达情"，即畅遂人欲而通达于人情之正，即从物欲、情欲之约束，升华为人文情谊之温存感通（仁）、相惜相成（义）之美好。

展卷凝思《尧典》首章，立刻，一派光明从书页间喷薄而出：钦敬、聪慧、文明之井然秩序、思想之透彻莹洁、安宁天下之宏纲巨轨，一一静静浮现，汇聚为恭敬、逊让之谦德（对神明万物之恭敬，对他人欲求之体谅），如此，混乱争执、冲突不已之内外世界，均被这强大无比、瑰丽无比的道德之光、文明之光一一照亮、澄清、安抚，人类的生命情欲、骚动，就此安稳、澄清、宁静下来，获得秩序化、条理化之意义空间，人由蠢蠢欲动的盲目生物，升华为与四表（大地四方）、上下神明（天神、地祇）往复沟通、融会无间的自由境界，人生终于挣脱骤生骤死的蜉蝣般悲剧处境，与宇宙万物、天地秩序同体合一而不朽焉！

试看《尚书正义》对这段经文的诠释：

> 尧典言尧可为百代常行之道。……尧舜禅让圣贤，禹汤传授子孙……授贤之事，道可常行，但后王德劣不能及古耳。……"钦明文思"，马（融）云："威仪表备谓之钦，照临四方谓之明，经纬天地谓之文，道德纯备谓之思。"……百官谓之百姓者，隐八年《左传》云："天子建德，因生以赐姓。"谓建立有德以为公卿，因其所生之地而赐之以为其姓，令其收敛族亲，自为宗主。明王者任贤不任亲，故以"百姓"言之。❶

准此可知：华夏宪政秩序，不仅要求天子由民意推举产生，诸侯国君、政府百官，也均应"任贤不任亲"，由民意推举、贤哲居位，如此，中央政府的组成（天子、群臣）和地方政府（诸侯、群臣）均应由民意推举产生、依法行政并接受民意监督和宪法约束。华夏宪政秩序，由此巍然树立！

大哉孔颖达！不愧为孔子嫡系后裔，阐发圣贤法意如此精准深切：尧舜创设大同宪政，授贤禅让，千古叹美、景仰之，以为天下为公，德高齐天。孔颖达坦率直言：尧舜之道，即授贤禅让之华夏民主制，可"百代常行"，即可以通行3000年而不移！后王如禹、汤、文、武之类，"德劣"即远逊于尧舜，小康废禅传子，"公天下"蜕变

---

❶ 十三经注疏·尚书正义[M]. 北京：北京大学出版社，1999：25，28.

为"私天下",虽迫于情势,但不符合华夏民主之古制。夏商周三代为继承华夏民主制,广建同姓、异姓诸侯,推举平民为公卿,赐予土地、姓氏,以尊礼贤德,使之"收敛族亲、自为宗主",以示延续华夏民主制之根本宪政精神——"任贤不任亲",此伟大宪政制度之古意(民主宪政)犹存之制度也。

尧舜时代缔造之宪政文明之要点,在于充分宣示并传播华夏宪法哲学:人类文明的根本秩序,在于"公平和谐",即《尧典》所谓"协和万邦",中国人早在距今4500年前,已然通晓此根本传播秩序,已然通晓协调国际社会、国内社群之宪法原则,所以中华文明才能在"协和万邦"的华夏城邦民主制的公平、和谐原则上团结凝聚、绵延万年。余敢断言:此后人类文明,亦只有破除当今全球各国各自为政、各谋私利之民族国家体系之"丛莽原则",回归中华文明三大轴心尤其是尧舜"协和万邦"之人文轴心上来,才能克服文明危机,永享太平繁荣!

总结以上论述、分析可知:华夏古典民主制的宪政秩序,一是"克明俊德、协和万邦",即天下万国、普天万民、无论贫富、贵贱,都必须克制自私、发扬美德,接受宪法约束,彼此协调,从而实现永久和平;二是天子以德居位,失德或年老,就应当顺应民意,公开推举、考察、试用继任者,最终禅让最高权力;三是中央政府(天子、群臣)和地方政府(诸侯、群臣)都必须开放政权、天下为公,最高权力、各级权力,均由民意推举产生,接受宪法和民意监督,以"敬天保民"为宪政准则,以确保贤哲以德居位、天下万民安康的一系列宪政制度的实施。

四、尧帝创设大一统制度体系

《尚书·尧典》极其精确而珍贵地记载了尧帝的诸多伟大政治决策与文明创设、建制活动。

尧帝首先任命专门世守家族作为天文历法官,措置天文历法等农耕制度以养民,中华农耕工商文明益发稳固:

> 乃命羲和,钦若昊天,历象日月星辰,敬授人时。分命羲仲,宅嵎夷,曰旸谷。寅宾出日,平秩东作。日中,星鸟,以殷仲春。厥民析,鸟兽孳尾。……帝曰:"汝羲暨和。期三百有六旬有六日,以闰月定四时,成岁。允厘百工,庶绩咸熙。"❶

---

❶ 十三经注疏·尚书正义[M]. 北京:北京大学出版社,1999:30-31.

羲氏、和氏，在少昊、颛顼时代就历世担任天文历法官，尧帝命其分别居住在东西南北四方以观测天文、修订历法并四季定时发布于万民，以便天下人民根据官府发布的历法以措置农时、分配劳力。这一制度极其重要，尧帝要求羲和二氏如尊仰苍天一般恭守其职，万民因此获得精准确切的农时、天文历法信息以措置农耕事务，所谓"钦若昊天""敬授人时"也。

尧帝更详细列举四方农耕制度以谆谆告诫之：东方耕作较早，羲仲当依据春分之日南方"朱鸟七宿"的位置确定节气，敦促万民之老弱妇幼与丁壮分居，壮年男子就近居于耕田侧畔以尽农事，同时注意不要纷扰鸟兽交尾匹配，务使天下万物生养和畅也。其余夏至、秋分、冬至等，均遵循这一养民制度依次有序措置，羲和之官当谨守严修传自伏羲、神农、黄帝、颛顼时代诸历法，不可荒淫废政，一年三百六十六日，闰月厘定，四时不乱，则岁功大成、五谷丰登、人民安乐，农业丰收，则百官众功均可兴盛！

观此可知，尧舜时代农耕制度之完善：不仅天文历法要随时修订、发布、措置，更设置不同节气之民居制度，丁壮男子农忙时居田以尽力耕作，夏秋时节则全家聚田间以全力收获，务使民产丰饶，百官众功皆配合这个全国第一要务而运作展开，官府只可奖劝农耕以及一切作物、鸟兽养育制度，不可干扰侵夺万民，尧帝可谓中华绵绵史册中"以经济建设为中心"之最早实践者也！

华夏农耕制度既已奠定，则选贤任能、凝聚民心之选举、任用官吏的人事制度，就成为确保中华文明传播事业拓展之关键，尤其是当神农、炎黄、尧之世，农耕、冶炼等各项文明技术出现大飞跃、大进步，山林之开辟、耕地之拓展、人口之增长，必然造成"大洪水"这一严重挑战之时！

尧帝咨询臣下以选拔治洪水者：尧帝之臣放齐、鳏兜推举胤子朱、共工为之，尧帝深察此二人其德不堪治水，又咨询分掌诸侯、四方民意的文官首脑（犹如后来之宰相）"四岳"，四岳推举崇伯鲧，尧帝深感怀疑，但为尊重朝臣、诸侯、民众意见，遂试用之。鲧治水九年毫无成效，天下因洪水而纷乱。

帝尧以16岁少年而受诸侯推举，代帝挚登天子位，在位70年，如今已86岁，深忧洪水泛滥、民生困苦，且己身衰迈、无力亲为，遂以天纵之圣明、审时度势、不私政权，毅然着手进行选拔继任者，以禅让天子之位的伟大华夏古典民主制程序与进程：

> 帝曰："咨！四岳，朕在位七十载，汝能庸命，巽朕位？"岳曰："否德忝帝位。"（帝）曰："明明扬侧陋。"师锡帝曰："有鳏在下，曰虞舜。"❶

尧帝先依据中华古典民主禅让制度，请求禅让天子之位于诸侯代表"四岳"，四岳

---

❶ 十三经注疏·尚书正义[M]. 北京：北京大学出版社，1999：45.

逊让并一致推举诸侯、群臣以外的"侧陋之人"——以孝德闻名的平民虞舜,此举表明华夏民主制已从天子、诸侯之间的禅让,进一步扩大至平民百姓。所谓"侧陋之人",就是不居权位的平民百姓,也有资格被推举为天子,表明中华文明实已突破全球文明早期的一般情形,在全世界各民族中率先打破由贵族集团垄断政治权力的全球惯例,为平民阶层迈上中华最高政治舞台开辟了道路。

从此,有德之人,无论富贵贫贱,均可居最高权位,这一政治平权主义、共享主义观念,深入中华文明各阶层之人心,开启孔子儒家学派有关"天下为公,选贤与能"之大同主义、民主宪政主义政治哲学。

孔子直接称赞自己的弟子冉雍,可以南面称君而不必考虑其有无贵族爵位[1]。《史记》更创设正史义例,将平民崛起之孔子、戍卒起义之陈涉,与累世贵族的诸侯国君并列,称《孔子世家》《陈涉世家》,太史公寓意,明白深切:人无论贫富贵贱,只要推行孔子仁义之教,则如同孔子一样,垂世建统,永受国人尊崇;若不行仁义之教,则人民有权起义,陈涉虽贫贱,但揭竿而起、毅然冲破吕秦残暴统治之黑暗,为人类历史放一大光明,中华民族永念其德,遂荣列为两个仅有的平民世家之一。史公之平民革命精神,承继汤武革命、孔子赞许为"顺天应人"而一脉相承、彪炳史册也!

平民造反,不假权势,尤其受一向蔑视权贵之中国人的尊敬爱戴。民国著名史家孟森(字心史,1868—1937)在名著《明史讲义》(写于1931—1937年)开言即称:"中国自三代以后,得国最正者,惟汉与明。"[2]平民天子,如汉高祖、明太祖,愤然起义,建立王朝,荡平贵族阶级之贪腐残暴,还诸天地万民以仁义和平,故称"最正",孟森先生治史之秉承《史记》正史传统,可谓卓然超迈,足令后来窃史者愧汗、古今窃国者胆寒也!

与尧帝并称圣明之君的虞舜,遂以一介平民的身份,凭千古仰慕的孝德美名,在四岳等诸侯、朝臣、万民的推举下,从"侧陋"的社会地位脱颖而出,被尧帝选为继任者!王肃注曰:"古者将举大事,讯群吏,讯万人。尧将让位,咨四岳,使问群臣。众举侧陋,众皆愿与舜。尧计事之大者莫过禅让,必应博询吏人,非独在位。"[3]如此,经天子遍访,四岳诸侯、群臣、万民一致推举,舜遂成为继尧帝之后、受上下推举、民选产生的中华政治领袖!华夏古典民主制之尊重民意、不似政权、浩然大公,至此高度成熟完善,恒久彰显于大地、辉耀于人寰!

总结以上可知,尧舜时代最具根本意义的华夏宪法原则与宪政秩序,就是"天子以德居位、不私公位",即"开放政权、天下为公"的华夏民主宪政信念,即天下最高权力,应由诸侯、百姓、万民等民意推举产生,受民意监督,不称职的天子、政府,理应被废黜,天子之位由诸侯、民意公推,在任何社会阶层均可产生天子,天子施政

---

[1] 《论语·雍也》:"子曰:雍也可使南面……"即平民冉雍之德,足以南面称孤、居国君之位。
[2] 孟森. 明史讲义[M]. 上海:上海古籍出版社, 2002:16.
[3] 十三经注疏·尚书正义[M]. 北京:北京大学出版社, 1999:48.

受宪法、民意监督，年老体衰的天子应禅让其位，禅让前征求诸侯、民众意见以广征贤德，使之先居摄政（代理天子）权位以统摄天下之政，经反复考查，诸侯、民意最终认可，才行禅让。这一整套华夏民主制的宪政秩序，是促使中华文明凭借巨大公共威信、创造第一个文明巅峰的巨大价值前提与制度基础。

这一套最高权力的赋予、监督、推举、试用、禅让、交接权力、实现和平的政府变革、权力更迭的制度体系，就是本书所言"华夏民主制下的古典宪政秩序"。这套伟大完整的制度体系，在中华各民族心中牢固树立起"天下为公"的崇高政治信念，这一信念贯穿于尧舜禹时代、夏商周、秦汉隋唐等王朝时代，禅让制虽在夏商之后未再实行，天子虽世袭继位，但接受百官、万民的制约，更必须履行"敬天保民"的宪法职责，否则就会遭到皇室贵族和文官系统的责难，严重失职的天子可遭废黜，而主持中央政府的宰相、御史大夫等九卿文官系统，由民意公平推举（荐举、察举、科举）产生并接受民意监督，从而确保"古典宪政体系下的百官、百姓问责制"一直是中国社会的主导力量，"士大夫文官统治"遂成为中华文明的最大特色和保持长期稳定繁荣、绵延不绝的"文明传播秩序的奥秘"之所在。

上篇　大一统文明之梦

第九章　尧舜古典宪政制度

《尚书·尧典》博大而瑰丽地宣示了中华共享主义、人类一家的大一统文明理想："协和万邦"，深刻揭示出人类思想行为的最高宪法准则；"克明俊德"，中华文明亦即人类文明根深叶茂的生命之树（文明传播秩序）在此核心上巍峨树立起来，紧接下来的要务，就是着手进行贯彻上述理想与宪法准则的一系列宪政制度的创设、建构、完善活动。

一、养民、选士：古典宪政的传播奥秘

中华古典宪政体系之所以取得巨大成功，关键在于尧舜时代的农耕、天文、山林保护等一系列养民制度的实施和根据民意，普选各级政府首脑（天子、诸侯、群臣），予以合理教育，培育其依法行政能力的选士制度。这套宪政制度体系数千年延续递进，确保了中华文明的民生稳定与文明成就的灿烂辉煌，确保了华夏民主宪政秩序将物质、精神利益，公平、普泛地传播到不同阶层（天子、诸侯等贵族阶层、群臣士绅等精英阶层、庶民百姓等平民阶层）和不同社群（华夏各族以及外邦少数民族）之中，因而确保了中华文明的长期稳定、有序、繁荣。

大抵人类社会总有两大阶层，上层精英人士，由于家庭、教育等条件，其为己设立的人生价值目标，往往较为高远博大，中国人谓之"士"，士者事也，即能胜任天下之事者；下层普通民众，由于家庭、教育等条件，其所设立的人生目标，往往较为平庸鄙陋，即以食色货利为满足，中国人谓之"民"，民者泯也，即孟子所谓"泯然众人矣"，也就是全体一律，没有什么特立独行的品格之谓也。民者众多，汩汩不绝，若无妥善安置之法，则社会必生种种祸乱；士者稀少，卓然秀出，若无选拔任用之制，则精英灰心、国无贤良，文明必陷沉滞僵化、无由创造。妥善解决民生问题，乃养民（经济）制度；合理选拔精英人才，乃养士（选举）制度。二者构成文明稳定繁荣的政治秩序、社会秩序的宪政基础，余谓之"中华古典宪制体系"之核心。

尧舜大时代确立的华夏宪政制度，确保中央政府（天子、群臣）和地方政府（诸

侯、群臣）向一切阶层开放其政权，在民意推举的基础上确保贤德居位、天下为公的华夏宪法原则获得贯彻，而尧舜二帝创设的一系列农耕、天文、山林养护、祭祀、教育、学术、舆论、工商建造等制度，就是确保"敬天保民"的宪法原则，一一贯彻实施于"养民""选士"的华夏宪制的核心环节中，从而确保了中华文明的不断扩大、凝聚和长期稳定繁荣。

对比之下，西方民主制渊源于希腊城邦，对全球社会的权利诉求、自由表达和工商业的平等竞争以促成人类文明的物质进步、社群协调贡献巨大，但社会流弊也很明显。

西方民主制之主要流弊有三：

一是选民易受政客蛊惑而错误选举一些邪恶政客为首长，造成极大破坏，现代德国"魏玛共和国"时期选举阿道夫·希特勒等纳粹党人上台就是显例；

二是政客竞选必需巨额经费，大财团支持某政客上台是为了捞取更大商业利益，该政客上台后往往置普通选民于不顾，一味投合大财阀的利益；

三是政党之间或结党营私或彼此攻击拆台，置公共利益于不顾，造成社会治理、公共秩序的深度涣散乃至瘫痪。

二、中华古典宪政机制的有序互动

华夏民主制是东方"有序民主"的典范，其根本特质在于固有政治结构（天子、诸侯、群臣）与民意诉求（万民）之间的良性互动，因此，能在相当程度上，有效避免西方民主制的上述流弊，保障社会秩序的稳定和谐。

华夏"有序民主"之第一大特质，是竞选继任者的品德，往往受到全社会的长期观察、认可。譬如大舜登上历史舞台，就是民间长期观察、一致认可后荐举于中央，天子、诸侯、群臣再予以最后认可之有序运作的结果。史称大舜的家庭是"父顽、母嚚、象傲"，即父母、弟弟（象）均十分愚昧不良，舜却能"克谐于孝"，谨守为子为兄之礼，并且最终感化此"三恶"改邪归正，舜亦因"大孝"而闻名于全民族。舜之品德，由于修身、齐家之美德而使社会获得长期观察、认可的机会，继任者的品德可谓具有相当社会舆论口碑以为保障。

中华文明"孝治天下"即由大舜齐家开始，家庭诚如辜鸿铭所谓"中华圣教之教堂"，如能协调和睦家庭这一最亲密的社会关系，则人类无须特设教堂以供祈祷、劝善，人人自我向善、推己及人，推扩己家为他家、一切家、整个国家、全人类，则温良恭俭让之圣教，无须教堂清规、神父戒律，人人从简朴平易、温厚深沉地敬爱父母子女、兄弟长幼、夫妇师长等一切人伦情感开始，一一协调和睦之，则人间就是天国，家庭就是教堂，学校就是"祭坛"，他乡就是故乡，人类一家之共享主义，巍然灿然，人性之根本，傲然树立而无从摇撼矣！

华夏"有序民主"之第二大特质，在于一系列的试用、考察制度。尧帝早闻大舜贤德美名，在四岳、群臣、万民推举下，确定其为"重点考察、培养对象"，对其进行一系列人品、能力的考察、试用：先将两个女儿娥皇、女英许配大舜为妻，帝女下嫁匹夫，必难控驭，大舜却使二人尽守妇道、与己和美；再命九个儿子与舜为伍，舜与之欢谊和洽；又厚赐其财产，观其理财之德；更令其主持地方一些政务，观其处理公共事务的才干、品德，舜一一处置得当。尧帝见试用合格，正式登用为中央官吏，命其"慎徽五典，五典克从。纳于百揆，百揆时叙。宾于四门，四门穆穆。纳于大麓，烈风雷雨弗迷"❶。

五典者，父义、母慈、兄友、弟恭、子孝，所谓天伦之常，不可更易者也。舜慎重优美地宣教此五典，特举伯奋等高辛氏之八个才子"八元"以辅佐完成这一人伦教化使命，舜之畅敷伦常、荐用人才，如此之严谨、美善（徽者美也）；舜又立身总领中央朝政之"百揆"（宰相、总理）权位，统率全国文治，特举苍舒等高阳氏之八才子"八恺"为己辅佐，天下事业一一治理、井然有序（揆者度也）；舜又在百揆之位，毅然流放四个不服从中央治理的诸侯，使之远御、开发边远蛮荒之地，从而使拱卫京都周边的四方诸侯，重新领悟地方服从中央之华夏联盟要义，诸侯来朝之四门、全国之四面八方，因此和睦恭敬、穆然有礼也。

《左传》文公十八年记载："舜臣尧，流四凶族，浑敦、穷奇、梼杌、饕餮投诸四裔，以御魑魅。"❷中华文明对待不顺服的部族社群，一般采取强制迁徙即流放政策，一方面保障了华夏地区的稳定和睦，又一方面也保存了那些拒绝服从的部族的特有文化，强制迁徙实际上是任由这些部族开发边疆，如其幡然悔悟，亦可再行建国并获中央承认；如果继续为非作歹，则中央率诸侯再行讨伐，诛灭其为恶的首领、抚恤其被胁迫的民众，为之再立有德新君，使之承继宗庙。这就是中华文明远胜于希腊罗马文明蓄奴制度、印度种姓制度而为全球最早和平主义、人道主义文明之传播奥秘之所在，亦即孔子《论语》末章所谓"兴灭国、继绝世、举逸民，天下之人归心焉"之伟大文明含义也！

政教得宜，必风调雨顺："纳于大麓，烈风雷雨弗迷。"孔安国注曰："麓，录也。纳舜使大录万机之政，阴阳和，风雨时，各以其节，不有迷错愆伏。明舜之德合于天。"❸天文之阴阳、风雨、节气，地文之政教人伦，均措置得当，文明传播秩序井然，不伤万物之太和，则暴风淫雨不至，天下万机协调一致、和谐养育，人类安享太平如此！

---

❶ 十三经注疏·尚书正义[M]. 北京：北京大学出版社，1999：51-52.
❷ 十三经注疏·尚书正义[M]. 北京：北京大学出版社，1999：53.
❸ 十三经注疏·尚书正义[M]. 北京：北京大学出版社，1999：52.

华夏"有序民主"之第三特质，在于审慎而贤明的"摄政"制度。尧帝对大舜三年政绩进行综合考评，认为足以上顺天心、下合民意，遂正式举行禅让大典。尧帝退位，由大舜摄天子位，代行天子职权，全民上下借以观察大舜能否最终胜任天子之位。

"正月上日，受终于文祖"❶，汉儒马融注曰："文祖，天也。天为文万物之祖，故曰文祖。"❷文者，秩序也，苍天以阴阳、日月星辰、四时节气等天文秩序，浩然赋予宇宙万物以博大严整之秩序源泉与意义源泉，故而"文祖"即中国人心目中之上帝——伟大和谐之宇宙秩序也。

大哉文也！夫宇宙之大、品类之盛，浩瀚无垠，至于现象之纷纭流变、万事之繁复错综，无"文"则一团乱麻、毫无头绪，文即秩序，使万事万物条理清晰、秩序井然也，故而"文"在中国人心目中，实居最高地位，一切美名、佳谥之最尊者，称"文"：万物祖先溯源于天地自然，称"文祖"；孔子删诗书、定礼乐、序易、作春秋，将中华文明一一条理清晰，其儒家学说，垂诸天地而不朽，放之四海而皆准，后人仰慕追怀不已，遂尊孔子为"文圣"，其庙称"文庙"。文与明合称"文明"，文明者，将天地人三大秩序、三大轴心一一显明也，人人如举头见日、长夜睹月一般明白领悟三大轴心、三大秩序，则人类生活必安稳繁荣、瑰伟富丽也！

综上所论，可知华夏"有序民主"制度体系，优于西方民主制（政党轮换）之处，在于华夏民主制是天子、诸侯、群臣、万民之间协调互动的有序运作模式，竞选继任者的品德考察、试用、摄政、继位等过程，始终在全社会固有政治治理结构（天子、诸侯、群臣、万民）的有效控制之下，中国古典政治更严禁"朋党政治"以及"财阀政治"等流弊，天子、诸侯、群臣、士绅、万民均负有担当天下责任、治理天下事务的道德责任。所谓"天下兴亡，匹夫有责"，中国人自幼就在伏羲、炎黄、尧舜、禹汤文武周公、孔子、孟子等圣贤教诲下，获得人格与道德的完善教化与成长，每以"修齐治平"为人生最高目标，"文死谏，武死战"的道德操守深广灌溉中华人心，造成中华文明的深刻凝聚力与每个成员的命运共同体、责任共同体之感。"王子犯法，与庶民同罪"的法制观念，更使人人平等、社会必须公平合理之"仁义"观念深入民族骨髓，从而既有效避免西方民主制的诸多"无序"流弊，又能确保天子、诸侯、大夫、士绅、万民之间的分权制衡、彼此监督、有序互动，因此具有开辟、探索全球民主宪政新模式之深远意义。

三、中夏古典宪政体系的二十六项制度

舜登摄政之位，代行天子职权，立即进行一系列重大措置，由此，我们可以清晰

---

❶ 十三经注疏·尚书正义[M]. 北京：北京大学出版社，1999：54.
❷ 十三经注疏·尚书正义[M]. 北京：北京大学出版社，1999：54.

了解华夏民主制的宪政治理结构：

（1）舜帝受禅摄位，昭告上帝、礼拜文祖后，立即着手校准、规制天文历法制度。《舜典》谓"在璇玑玉衡，以齐七政"[1]，璇玑、玉衡者，北斗七星也，天枢、天璇、天玑、天权、玉衡、开阳、摇光之北极星之省称，北斗七星乃北极最亮群星，可测定北方季节，故又称"北辰星"，在者察也，七政者，依据北斗方位，一一测定日月升降以及金木水火土"五星"位置，以定天下节气、万物规律也[2]。

（2）为慎重禅让摄位之事，举行祭祀上帝、山川、群神等礼制大典。《舜典》谓"肆类于上帝，禋于六宗，望于山川，遍于群神"[3]。马融注曰："上帝，太一神，在紫微宫，天之最尊者。"六宗则是天地四时之谓。孔安国注曰："九州名山大川、五岳四渎之属，皆一时望祭之。群神谓丘陵、坟衍、古之圣贤，皆祭之。"[4]大哉！虞舜慎重天子之摄位，测明天心、人心之所向，内心永存一种敬畏和审慎也！汉儒马融、安国之注疏极恰切明达，中华圣教之博大深微，均于此处显明：举凡璀璨星空之大星、天地四时之大体（宇宙本体乃现象运行之无息也，为万物所宗仰，故称"六宗"）、名山大川、丘陵坟墓、往古圣贤……一切有益于宇宙生命之繁衍生息者，均被尊为"神"，万民一一礼拜之，全社会永存敬畏审慎之心，永遵敬仰天地祖先圣贤之礼教，则万民永恒有序繁荣、康泰无忧也！

（3）华夏民主制之精神核心、制度核心，在于天子中央与诸侯群牧、臣子万民之间分权制衡、彼此约束之宪法准则。故而舜摄天子位，立即收集起诸侯（公侯伯子男）所持、象征中央地方之间权力分享、同心同德之圭璧等五种祥瑞信物，在宣告摄位大典之后的一个月内，分别恭敬觐见诸侯在中央的民意代表四岳以及各州诸侯（群牧），重新颁发瑞物于四岳、诸侯、群臣，以示与天下万民共享政权之宪政法统也。《舜典》谓"辑五瑞，既月，乃日觐见四岳群牧，班瑞于群后"。孔安国称为"与之正始"[5]，即宣告天下，天子、群臣与诸侯大夫、天下万民，共同拥有这一共享主义、开放主义的政权之宪政法统，天下为公、不私权位之伟大观念，华夏民主之宪法原则，由此树立世道并灌溉人心于无穷也！

（4）虞舜犹嫌在中央首都行典礼不足以修明中央地方之政教，遂创设巡守、觐见、朝见之典制。舜前往东西南北四方诸侯国，一一祭祀山川群神、觐见各国诸侯、协定日月星、度量衡，修吉、凶、宾、军、嘉五礼，缔结万民欢心。从此以后，中央地方形成定制：天子登位五载，觐见各地诸侯，巡视其所治所守，诸侯群臣则于四方名岳之下一一朝见天子，各陈治化之言，天子明察其言、考验其功，赐车服等以表彰

---

[1] 十三经注疏·尚书正义[M]. 北京：北京大学出版社，1999：54.
[2] 参见 陈久金. 中国星宿故事之北斗星的故事[J]. 中国国家天文，2009（2）：50-56.（《史记注译》（三秦出版社，1988）对《史记·五帝本纪》此句"璇玑玉衡"注解不确）
[3] 十三经注疏·尚书正义[M]. 北京：北京大学出版社，1999：54-55.
[4] 十三经注疏·尚书正义[M]. 北京：北京大学出版社，1999：54-55.
[5] 十三经注疏·尚书正义[M]. 北京：北京大学出版社，1999：55.

其治。《舜典》谓"五载一巡守，群后四朝"❶，即把天子中央与诸侯群臣、天下万民之朝觐行礼、分权制衡的宪法关系固定下来，中央与地方各有职权、定期考察验证评价其政教得失，中华文明因此稳固繁荣、不断扩大兴盛矣！

（5）舜在完成中央地方职权划分之后，进一步推行中央政教制度。将全国土地划分为十二州，册封每州名山以为各地祭祀、镇守之中心，兴修广治天下各州河渠之水利，制定流放、鞭挞等刑罚制度（贪官污吏受鞭刑，不勤道业受教刑），流放共工、驩兜、三苗、鲧等据险作乱的"四罪"部族，天下大悦❷。

（6）舜摄天子位28年后，尧帝去世，享年117岁，百姓如同丧失父母一般悲痛，舜命天下万民守三年国丧，四海八蛮都为之静止八音。天下百姓均以尧帝爱民如子、不私公位、佐助农耕、恭敬苍天社稷，为圣德第一；舜遂由此创设奠立追悼死者之三年丧礼制度，从此中华文明允称"孝治主义"，注重人伦亲情，可谓孝治第一，天子、诸侯、卿相大夫、士绅、庶民，均须守制而不得逾越，逾越礼制称"夺情"，即劫夺覆灭人伦之情也。

（7）舜率天下万民服尧帝丧三年期满后，主动避居，听由天下诸侯、群臣、万民最终决定自己是否足以登天子之位。《孟子》云："尧崩，三年丧毕，舜避（尧子）丹朱于南河之南。天下诸侯朝觐者不之尧子而之舜，狱讼者不之尧子而之舜，讴歌者不之尧子而讴歌于舜。曰：'天也。'然后之中国践天子位。"换言之，依据华夏民主制的规定，天子的最终得位，必须来自天下人之民意选举，诸侯之朝觐修礼，群臣之决狱听讼，诗人歌者之呈献歌诗，均是民意表达、民意推举的形式，舜在诸侯群臣万民的推举拥戴下，才正式即位为天子，完成了华夏民主制的民意推举、民意抉择程序。

（8）中华天子常自居不德，故称"孤"，即自责无德所以难得天下归顺，称"孤"道"寡"以示谦逊、自责，其重执政美德如此。中央举大事，必咨询"四岳"，尧帝禅让，先让位于四岳，后禅让于四岳推举之舜，即尊重诸侯及地方民意；尧死后，四岳、诸侯、群臣、万民集纳天下公意，最终决定舜之即位。四岳作为民意机关，其所代表的各地诸侯、各地民意，在中央政府地位之高、权力之大，昭昭可见。华夏古典民主宪政秩序的本质，是君臣共治、诸侯共治，中央、地方、天子、群臣、百姓，分享华夏联邦民主制的公共权力。尧让舜，舜让禹，"尧子丹朱、舜子商均，皆有疆土，以奉先祀。服其服，礼乐如之。以客见天子；天子弗臣，示不敢专也。"❸表明上古禅让、传贤制度，是华夏城邦民主制的一部分，天子以德居位，无德则废，"示不敢专"即最高权力不可专属一人、一家、一集团，华夏古典宪政民主机制之伟大精神，可谓全面充分地体现出来。这与明清以下尤其是清朝君主独断专制有天壤之别也❹。

❶ 十三经注疏·尚书正义[M].北京：北京大学出版社，1999：59-65.
❷ 十三经注疏·尚书正义[M].北京：北京大学出版社，1999：65-70.
❸ 王利器.史记注译.[M].西安：三秦出版社，1988：12.
❹ 参见 钱穆.国史大纲[M].北京：商务印书馆，1996.

(9) 天子受民意推举产生，更受民意约束、监督。舜帝正式登天子位，第一件大事就是咨询四岳即诸侯代表亦即民意代表（犹如上议院）对政教大事的意见，同时开辟四方言路、才路，由群臣、庶民自由发表政治意见并受荐举担任治理职务（犹如下议院）。《舜典》谓"询于四岳，辟四门，明四目，达四聪"。孔安国注曰："谋政治于四岳，开辟四方之门未开者，广致众贤。……广视听于四方，使天下无壅塞。"❶孔颖达疏曰："以尧舜之圣，求贤久矣，今更言开门，是开'其未开'者，谓多设取士之科，以此广致众贤也。"❷天子聪明，在重民意，华夏民主制之伟大，在此。

(10) 舜帝深知"内和外顺"乃古今常道，遂在咨询四岳诸侯、广开言路才路之后，谋于十二州牧曰："食哉，惟时！柔远能迩，惇德允元，而难任人，蛮夷率服。"❸中央行政之根本在于广纳贤人善言，地方行政之根本，则在于妥善安置人民经济生活，怀柔安定远近之民，上下敦厚德教，排拒奸邪之人（任人），华夏政教公平，则少数民族必相率来归服依附也。舜帝明训万代：凡四夷不靖，必导源于内政紊乱！

(11) 华夏民主制之根本特征之一，乃天子不自专独断，而是以百揆（宰相）为中央文官首脑，负责全国民事治理。舜帝遂咨询四方诸侯在中央的代表"四岳"意见，实请四方诸侯公推"宰相"以代表四方民意，尧舜时代华夏民主制乃天子、诸侯、群臣、万民共治天下之制度，舜帝不敢自专治权，遂任命经四岳推举、平治水土有功的司空大禹为百揆，总领天下文治。

(12) 完善的中央官制和地方官制，是华夏民主制的根本制度保障。司空大禹（夏朝始祖）掌水土，兼百揆，总领文官；田正后稷（周朝始祖）掌耕种收获等全国农业经济。在大禹治下，国土平整规划、赋税得当、水利灌溉大兴，则华夏重土之教、水土之利由此奠立，土地神更广受尊仰，称"社"神，先人坟茔、今人性命，均寄托其间，中华文明眷爱以深、温厚以存，恰如古人经常所谓之"皇天后土"，亦如天才诗人海子（1964—1989）那深入民族骨髓之句"养我性命的麦子呀"❹所透露之中华土地崇拜之博大深挚；后稷则径直被尊为"稷"神，广教华夏农民以精耕细作之法，使吾中华农业生产力数千年间稳居全球前列，"社稷"连称，足以代表中华稳定繁荣之文明生活，不亦宜乎！

(13) 司徒契（殷朝始祖）分掌五伦教化，乃华夏人文教宗之一。舜帝曰："契，百姓不亲，五品不逊。汝作司徒，敬敷五教，在宽。"❺百姓不相亲睦，在于五种基本的人类品格没有树立。五品即五教，《左传》文公十八年曰："布五教于四方，父义、

---

❶ 十三经注疏·尚书正义[M]. 北京：北京大学出版社，1999：72.
❷ 十三经注疏·尚书正义[M]. 北京：北京大学出版社，1999：72.
❸ 十三经注疏·尚书正义[M]. 北京：北京大学出版社，1999：72.
❹ 参见 海子. 海子诗全编[M]. 上海：三联书店，1997；毛峰. 神秘主义诗学[M]. 北京：三联书店，1998.
❺ 十三经注疏·尚书正义[M]. 北京：北京大学出版社，1999：75.

母慈、兄友、弟恭,子孝"❶,父母子女兄弟乃至长幼、夫妇、师徒、君臣之间,有了秩序、品节,则天下万民俱可教化从善,舜帝更命契务必推行教化、宽仁有序,不要严刑苛求也。举凡社会秩序荡然,除生态崩溃、社会动荡外,人伦无品、上下淆乱亦是人文秩序颠倒错乱、道德危机深重之源,父母、兄弟、长幼、夫妇、师徒、君臣等一切社会关系,均从"五品"自然生长、培育出来。近代启蒙独断思维,偏执于"个人权利"伸张之说,其误导和流弊所向,以至于人伦淡漠、道德缺失、犯罪、吸毒、欺诈等现象泛滥成灾,甚可悲悯,皆因"五教"荒废已久之故也!

(14) 司寇皋陶掌五刑之法,在中华大地推行严明公允的法制。舜帝曰:"皋陶,蛮夷滑夏,寇贼奸宄,汝作士,五刑有服,五服三就,五流有宅,五宅三居,惟明克允。"❷余尝谓中华文明之根本秩序、根本精神,在《春秋》"三辨"之说,即华夷之辨、王霸之辨、义利之辨也,华夏之所以分别于蛮族,就在于华夏文明标举仁义道德,拒斥野蛮暴力,华夏者,文明之谓也。孔颖达疏曰:"夏训大也,中国有文章光华,礼义之大。定十年《左传》云'裔不谋华,夷不乱华',是中国为华夏也。"❸准此可知,华者,文章光华、文明光辉也;夏者,仁义礼乐、人道之大也;华夏者,人道主义文明之谓也。孔子"行仁讲让"一语足以定华夏蛮族、王道霸道、修仁谋利之大分辨、大区别也❹!《舜典》明言:不遵仁义道德之华夏大法(宪法原则、三大秩序)者,则以蛮族待之,适用小法"五刑"。中华共享主义宪法观念认为,人无论种族、文化如何,只要认同仁义道德者,即视为华夏之人;反之,即使祖居华夏,若不遵五伦之教,亦视之为蛮族之人,不仅身受"五刑",更流放边疆居住,不得返归故土,其大小法纪之严明如此。

(15) 舜帝请群臣推举执掌全国工商制造业的官员,群臣推举垂为"共工",舜帝遂任命垂执掌百工制造、全国制造经济等事宜,训其"谐和百工"。舜帝又请群臣推举掌管保护全国山泽草木鸟兽之官,群臣公推益,舜帝遂任命益为"虞官",执掌全国生态系统、山泽草木鸟兽之养育保护。舜帝出身山林草莽(故称有虞氏),更深知生态系统乃文明根基、生命、血脉之所在,特在"虞"官号前加"朕"以相亲厚,郑玄注曰:"言朕虞,重鸟兽草木。"❺读此文献可知,中国人早就知晓发展工商经济、推广农业耕作尤其是制造业扩张,必然威胁乃至破坏全国生态大系统,所以舜帝在任命制造业官员"共工"后立即任命"虞官",总领养护全国山林水泽、鸟兽虫鱼之要务,并予以特别重视,舜帝训虞官:"俞,往哉!汝谐。"❻谐者和谐也,中华文明自古深涵生态、经济、社会、人文系统彼此协调兼顾、不可偏废之可持续发展之绿色智慧也!

---

❶ 十三经注疏·尚书正义[M]. 北京: 北京大学出版社, 1999: 75.
❷ 十三经注疏·尚书正义[M]. 北京: 北京大学出版社, 1999: 75.
❸ 十三经注疏·尚书正义[M]. 北京: 北京大学出版社, 1999: 76.
❹ 章太炎有华夏之名源于华山之说,误,柳诒徵《中国文化史》辩驳在前,余说为翼谋先生脚注也。
❺ 十三经注疏·尚书正义[M]. 北京: 北京大学出版社, 1999: 77-78.
❻ 十三经注疏·尚书正义[M]. 北京: 北京大学出版社, 1999: 78.

(16) 政治、民生格局已定，则人文教化就是贯彻上述国策之根本保障。舜帝郑重咨询群臣首长、全国民意代表"四岳"，请其推举执掌全民祭祀大典之官。四岳推举伯夷任此重大职务。舜帝曰："伯，汝作秩宗。夙夜惟寅，直哉惟清。"❶秩宗掌祭祀天地人神之礼制，与国泰民安关系重大，舜帝训其夙夜诚敬以礼拜神明，典礼施教，正直清明，上下和悦，风调雨顺，不可荒忽。

(17) 政教得宜，万民欢洽，天地神明必赐以英俊人才、美妙音乐、华丽歌诗，足以继承文明、养育深厚、灌溉人心也。舜帝遂于政教鲜明之际，命夔为典乐官，主掌全国礼乐教育："夔，命汝典乐，教胄子，直而温，宽而栗，刚而无虐，简而无傲。诗言志，歌咏言，声依咏，律和声，八音克谐，无相夺伦，神人以和。"❷此乃中华礼乐教化之总纲领，华夏人文主义之巅峰论述，博大渊深，美轮美奂，无可复加矣！舜帝命夔执掌全国礼乐教育，广选英俊之士以教育之，使之具备正直温存、宽厚严谨、刚毅简朴之人格，修诗养博大之志，习乐悟宇宙之和，礼、乐、歌、诗协调共振，美妙音乐如天籁之声，教育修习得宜，则上通天神、下养美善，使万物乐其生命，神人和洽而为一也！夔受舜帝鼓舞，顺应帝言曰："於！予击石拊石，百兽率舞。"❸孔颖达疏曰："人神易感，鸟兽难感，百兽相率而舞，则神人和可知也。"❹天地人神荟萃和睦，彼此感通以仁爱之德、美善之义，如此则天国不待他求，此地即伊甸，华夏人文主义从正直温存的人格教育出发，不断提升其生存境界，直至每一个受中华人文教化者，一一泯除小我之彷徨焦虑，升腾发抒其宇宙一体之道德美感，最终上达自然神明无限美善自由之境界，达到"神人以和"之最高宇宙和谐也！

(18) 华夏民主制之重要特征，在于建树创设起舆论机关，使上下政情畅通交流。舜帝命"龙"为纳言官，执掌全国舆论："龙……命汝作纳言，夙夜出纳朕命，惟允。"❺孔安国注曰："纳言，喉舌之官。听下言纳于上，受上言宣于下，必以信。"❻盖纳言官之命名与职责，主要在于采纳下言，使民意呼声上达于朝廷、天子，天子、群臣采纳舆论诉求、了解民意民情后，再调整决策，由纳言官反馈于下，如此，民意采集、舆论表达，均有常设机关为之，则天子、群臣无以专断，国家一切行政，受民意监督，明矣。

(19) 以上百揆、司空、司农、司徒、司寇、共工、虞官、秩宗、典乐、纳言等六卿机关与四岳、十二州牧，合为二十二个文治机构。其民意推举、创设执掌、分权负责等"文治主义"之"士大夫"宪政治理体系，不仅建制于中央，而且通行于各诸侯国，华夏宪政秩序巍然灿然，平稳有序地治理着广土众民，被西方史家推许为"全人

---

❶ 十三经注疏·尚书正义[M]. 北京：北京大学出版社，1999：78.
❷ 十三经注疏·尚书正义[M]. 北京：北京大学出版社，1999：79.
❸ 十三经注疏·尚书正义[M]. 北京：北京大学出版社，1999：79.
❹ 十三经注疏·尚书正义[M]. 北京：北京大学出版社，1999：81.
❺ 十三经注疏·尚书正义[M]. 北京：北京大学出版社，1999：81-82.
❻ 十三经注疏·尚书正义[M]. 北京：北京大学出版社，1999：81.

类之佼佼者"（汤因比《历史研究》）。

（20）举凡天子之继位、施政，官员之选拔、任用、考绩，中央政府恒久处于诸侯国人民的监督之下。朝觐巡守封禅等礼制，即中华宪法，上至天子，下至庶民，均不得逾越；中央地方文官系统内部更彼此制衡，不得专断；华夏民主制之天子、诸侯、群臣、士绅、庶民分权制衡、共同治理之宪法制度（礼）与宪法精神（乐），通过天子、四岳、百揆、群臣、舆论表达（纳言）等机关之分权制衡的吏治体系获得保障，君臣民众之间，彼此监督、定期考绩、分权监理的文治主义民主宪政治理体系至此完善，中华文明不能简单被判定为"封建君主专制制度"，可谓判然分明矣！

（21）为采集民意，尧帝立"诽谤木"（今天安门华表），舜帝立"敢谏鼓"，官民均可击木、击鼓，到朝堂表达诉求。民意、舆情之公开透明、百官监督朝廷、人民监督百官、官民依法提起诉讼等一系列宪法权利的行使，均获制度保障。

（22）帝王巡守地方各处，必恭请各地耆宿、大师、盲瞽，陈献歌诗，问鳏寡孤独者等民间疾苦，以观地方、中央治理之政教得失，命集市纳贾，以观民风俗善恶，建立谏议中央地方行政的舆论表达、商贾管理、孤寡废疾抚恤等制度。

（23）建立独立史官制度，记录君臣言行，诸侯、臣子、人民评定君主、大臣等主政者功过是非、政教善恶的历史评价制度（譬如谥号等）以及档案稽查、图籍保管、整理、收藏、传播、利用等完备的文献典藏、学术研究制度。

（24）采纳民意之官吏选举制推行甚广，高贤大德（譬如尧举舜，舜举用"八恺"、"八元"、大禹）深受信赖，被委任以国土规划、水土平治等中央大政，华夏民主制之政教措施，感召四方蛮族，促成"内平外成"、内外和谐团结的政治局面。

（25）中央地方政教以农耕养民为主、制造业百工为辅，极注重山林养育、水土保持，其生机主义的、合理有序的国民经济政策，确保全国经济安全、可持续发展、生态经济社会人文系统匹配均衡，构成国民经济、民生保障、生态保护制度的完善体系。

（26）政者正也，华夏政教核心在礼乐人文教化，尧舜大力推行五教（父义、母慈、兄友、弟恭、子孝），五典（亦称五品、五伦：父子有亲、君臣有义、夫妇有别、长幼有序、朋友有信）等基本道德制度、伦常制度、社会文化制度，纲纪天下万民，形成天子-诸侯-卿相-士大夫-士子-乡绅-庶民彼此制衡、全社会一体和谐的文明观念与公平合理有序的宪政治理的制度体系。

这些伟大的文明观念与宪政制度，构筑起中华文明的大一统文明大厦，其灿烂的文明传播秩序，确保了中华大地，能从广阔地域和繁多文化中，凝聚为伟大、统一、和谐、繁荣的文明整体，确保了中华民族在一万年的时间跨度里，取得举世共尊、独步古代的伟大文明成就！

此后，夏商周、秦汉隋唐、宋元明清等各王朝，继续在中华文明的传播秩序中拓展、深化，通过"禹贡九州""五服""五爵"等王朝纳贡体系、封赏体系，将整个东亚吸纳凝聚为伟大的文明统一体。秦汉以来的中央集权制、文官（士大夫）治理模式

（文治政府模式，天子、皇室、文官、士子、乡绅、庶民分权制衡的宪政治理模式），虽经明清废宰相立内阁而遭遇严重损伤，但国势的涨落不足以摇撼国民对自身文明传统的伟大信心，这一信心和热忱在抗日战争等历史进程中发挥了巨大作用，至今仍是中华民族全面复兴的最强大的精神资源、制度资源和最崇高的道德力量。

第十章 尧舜时代的生命大一统

尧舜大时代取得全球史上古典时代最高文明成就的深广社会原因，在于中华民族自新石器时代晚期，就在全球各文明中率先开始了农耕定居生活，因而日积月累、年深日久地储备了极其博大深沉的生命经验、文明经验和传播经验，从而在伏羲之前的"九皇六十四民"即传说中的洪荒时代，就开始积极探索生态、社会、人文、经济四大系统的均衡协调的合理关系，即《易》所谓"保合太和之道"，从而在伏羲、炎黄、尧舜时代凝成具有全球典范意义的人类文明的三大轴心，即文明大一统传播的三大合理秩序。

一、宇宙形而上问题的率先解决

人类生活最根本的三重关系，是天地人三大秩序的协调、互动、统一。人类在大自然的怀抱里繁衍生息，急欲明了这至关重要的三大宇宙生命秩序，余谓之三大轴心，从而彻底安顿自身生活，所谓安身立命也。

这其中，自然（天）博大生命进程的来龙去脉，浩瀚神秘之宇宙自然以及人类自身之本源、归宿、命运，恒久如谜、不可理喻，人类本来飘忽不定的感官经验因此更加飘忽，渺小的生命旅程由于无从寄托、安顿，变得更富于悲剧性、盲目性。所以，天之问题、神之问题，即天道秩序、天文（宇宙大自然之终极秩序）遂成为人类文明"第一义谛"之核心问题（天文大轴心），必须先获解决！

"天"字源于"大"，"大"字上再加一横，含义"大而又大""最大"，中国人尊天敬天如此，俗语谓之"老天"，文言谓之"苍天""昊天""皇天""上天"。《毛诗》传曰："尊而君之则称皇天，元气广大则称昊天，仁覆闵下则称旻天，自上降监则称上天，据远视之苍苍然则称苍天。"❶中华文明尊崇自然、敬畏神明、爱惜生态，于此见之。

先民对宇宙自然之浩大生命由尊崇敬畏而生崇拜之心，遂有各种宗教产生，人类

---

❶ 十三经注疏·尚书正义[M]. 北京：北京大学出版社，1999：33-34.

亦恒久遭受宗教问题困扰,乃至各种宗教战争频繁爆发,致使生灵涂炭、文明毁灭,美丽人间变成邪恶地狱。近代西方宪法号称"政教分离",实则宗教在其公私生活中仍占据相当比重,政教其实并未完全分离。

中华文明早在人类文明的晨光熹微之际——伏羲时代,就以其特有的生命主义、人文主义、理性主义方式即《河图》太极演化图式,将这一困扰古今人类文明的最大问题率先予以"一揽子"解决:在中国人看来,宇宙本体,乃阴阳不测之浩大生命(太极),人类理性既然不能予以究诘(不测),那就与其穷究不舍、枉费心机,反不如顺势予以悬置、加以尊崇来得合理,于是,"生生之谓易……阴阳不测之谓神"(《易传》)就成为中国人宇宙哲学、宗教哲学的终极结论。

孔子进一步深化这种"存而不论"的理性主义之人文精神,在《论语》中发出"天何言哉!四时行焉,百物兴焉,天何言哉!"等千古叹美之名句以垂教万民,即教诲全民族、全人类说:"苍天没有任何言语,完全不可思、不可议,但宇宙现象、人生现象,譬如四时,永远在不息地运行、不断地兴起,万物因此获得恒久生命,苍天虽不言不议,但仁爱、正义、自由、和谐等伟大生命精神,蕴含在这现象运行、这新新生之不断兴起中,人类应当效法!"苍天不言,垂爱人寰,人类当尊仰之、爱惜之、效法之,但无须逞臆狂想、独断将自己所信奉为"唯一真神"。

喜马拉雅山以西之一切文明,即广义的西方文明,无论印度、波斯、犹太、阿拉伯还是欧洲人,由于自身文明政教合一传统以及思维方式上根深蒂固的形而上学定势,坚持推奉自己所信神明为"唯一真神",遂导致古今残酷惨烈的宗教战争、种族仇杀等各种文明灾祸。

迟至现代,西方哲学家叔本华、尼采、胡塞尔、海德格尔、维特根斯坦等人,痛定思痛、反复探索,才使"天"的问题获基本解决。奥地利哲学家路德维希·维特根斯坦(1889—1951)以特立独行之深湛智慧,从逻辑分析出发,最终得出与孔子所见相同之伟大结论。在现代哲学第一名著《逻辑哲学论》(1922)的最后一页,维特根斯坦写道:

诚然有不可言传的东西。它们显示自己,此即神秘的东西。……对于不可说的东西,必须沉默。[1]

西方哲学之美,至此无以复加矣[2]!
孔夫子与维特根斯坦之间,绵亘2500年之悠长岁月!
孔夫子,在指点宇宙本体之缥缈神秘的同时,又明白指示宇宙现象流行不息之瑰

---

[1] 名理论(逻辑哲学论)[M]. 张申府, 译. 北京: 北京大学出版社, 1988: 88.
[2] 参见 毛峰. 神秘主义诗学[M]. 北京: 三联书店, 1998.

伟大道（行焉、兴焉），以便人类有所凭依、有所遵循、有所效法，恰似初春之旭日照临，包蕴万端，温柔广大；维特根斯坦则眺望宇宙人生之谜（神秘），坚抱本体神秘、现象不测之悲剧品格，恰似深秋之凉飚乍起，寒彻骨髓，不稍宽假：古今中外两大贤哲遥遥对望，不亦深湛甘美耶！

"天"之问题既已在中国率先获得了诗意神秘主义、道德人文主义之合理解决，余所谓"天文大轴心"就巍然树立于中华文明中，由此，长期困扰人类之宗教问题亦随之在中华大地一万年间发展中冰消雪化、不复疑惑。

中国人认为，所谓宗教，宗是宗仰，教是教化，前者是价值信念，后者是行为规范，二者合一，构成价值整体，一切具有合理的价值信念与行为规范的思想体系、观念秩序，都具有引导人伦、劝世从善的伟大作用，都是伟大宗教，都应当受到尊敬！

这就是中华文明长久以来所推行的、举世罕见的、共享主义的宗教自由、宗教宽容政策的缘由：儒道佛耶回等一切宗教，只要其信守一个合理的价值信念和行为规范，无论其敬拜对象是天地圣贤，还是太上老君、佛陀菩萨、耶稣基督、真主安拉，一律受到中华文明的礼遇、尊敬、爱护，因为中华文明之"天文大轴心"已坚固树立、稳如泰山，因此，一切宗教都可被中国礼遇吸收、兼容并蓄而畅行不悖。

历代帝王将相、公卿士夫，对外来宗教尊奉有加、修习甚深：唐太宗、唐玄宗对佛教、道教、基督教、伊斯兰教等十分推崇；明徐光启等名士、清模范君主康熙帝，对基督教亦深有研究并奖掖有加。一切皆因儒家思想早已将"天文"秩序化、合理化，外来一切宗教仅为儒教补充，无法摇撼其伟大哲学精义；中国自尧舜以来之共享主义价值观，使宗教宽容自由成为基本国策，因此，中国从未发生宗教战争、种族灭绝等西方古今文明反复爆发的、特有的灾祸。

二、神州古典知识的深湛系统

"天文"（宇宙自然之终极秩序）既已巍然奠定、不可倾摇，则"地文"（政治、社会观之公共生活秩序）也就可以从容建制、合理布局、有序推展而不受困扰了。

尧舜时代具伟大共享意义的华夏价值与神州知识，就是认定天下万物、万民等一切社群关系的根本准则是"德"，即以恭敬、礼让的态度，严谨奉行一整套汇聚凝结万众于一心、协调中华各族于一体的政治、社会等人际关系的"美德"观念与制度，中华民族在全球历史上第一次破天荒地提出了不以暴力胁迫而以仁义道德的方法组织人类公共生活的伟大价值准则，在《尚书·尧典》中，尧帝"克明俊德"一语的提出，可谓划破了万古长夜，以石破天惊的方式，宣告了人类文明时代的真正降临！

中国古人读书总有"道在是矣！"之感叹，就是通过阅读经典，逐步将宇宙人生一团乱麻式的混乱、矛盾、疑惑，一一予以澄清化、秩序化、意义化和价值化，生命就此摆脱现象纠缠、骚乱、困扰、疑惑而进入博大自由的瑰丽伟岸境界，余读《尚书》《礼记》《论语》《孟子》以及《十三经注疏》之论述，乃知此境界诚然不虚也！

神州知识体系与华夏价值秩序，犹如神圣巅峰、圣洁渊泉、巍巍大厦，崛起凝成于尧舜大时代，广大渊深于孔子等"原始儒家"学派，矗立融贯于一万年之间，其知识基础、文献根基，均在以《十三经注疏》为核心的经、史、子、集所谓"四库"知识文献系统中，道教、佛教以及喜马拉雅山以西之西方古今人文学术为之辅翼、补充也[1]。

三、洞彻中华大一统的精神核心

洞彻古今中外文明传播之生命底蕴，精确把握神州知识和华夏价值的深湛博大系统，其根本要诀如下。

第一要诀：从一己之生命经验、现象经验、文明经验的最深刻体验出发，为自己以及一切文明社群的生命，预先设立一个价值原点和价值尺度，据此展开对自身生命、文明生命的深层体悟、把握、洞悉。

本书从生命经验出发，先预设一个超验的价值前提：彻古彻今，能贯通天人、涵摄中外，揭示人类文明传播之往古奥秘、现存秩序、未来根本的终极价值，俱在伏羲、黄帝、尧舜、禹汤、文武周公、孔子以来，绵延万载之中华人文主义、理性主义思想传统中，在中华文明的伟大政教传统中，在孔子所创立，孟子、荀子、董仲舒、司马迁、孔安国、班固、马融、郑玄、孔颖达、韩愈等历代名儒，不断予以精确诠释之周秦汉唐儒家学说中，余谓此乃千秋中华圣学（儒学）血脉、全球共享价值之所在。本书将证明：中华文明得以万年绵延之活生生的人文经验和传播智慧，全球文明借以挣脱巨大危机之活生生的传播遗产，中华民族所创立之全球共享价值和共享文明的伟大传播秩序（余所谓天地人三大轴心），必将逐步被全人类所认识、掌握，最终引导全人类克服当前危机、步入自由繁荣之大同境界！

超验主义的价值预设一旦树立，犹如柏拉图《理想国》"洞喻说"中那个被自我囚禁在飘忽不定的主观经验中的囚徒（人类），此刻可以斩断现象大海倏忽万变、人生莫衷一是的枷锁，终于可以爬出主观洞穴，升上博大辽阔、坚定贞固的天地（宇宙自然之井然秩序）之间，可以放眼眺望人类文明之伟大巅峰（社会人文之深稳秩序），进而领悟当下自身以及同类（人类）的命运了！

第二要诀：尽可能精准把握、深入体悟中华文明的传播经验，牢固树立起中国人

---

[1] 现代学者马一浮（1883—1967）有"六经统率天下一切学问"说，见解深确，请参《马一浮集》。

安身立命的生命主义、人文主义、理性主义的思维方法。

人生千里之行的第一步，在于掌握经典文献。往古来今，人类文明经验、智慧、经典文献的最大宝库，就是中华民族万年文明传播遗产的最高凝结——《十三经注疏》。

古文献家李学勤（1933—）为依据清儒阮元于1816年所刻《十三经注疏》、汇聚国内一流专家予以整理修订的简体横排本《十三经注疏》撰序说："《十三经注疏》的注，绝大多数是汉晋古注，而且一般说都是现在我们能看到的最早的完整注本，疏也皆成于唐宋，因此特殊宝贵。"❶

中华文明之传播奥秘，天地人三大文明轴心之凝成，在唐虞（尧舜）时代，迭经禹汤、周秦、汉唐之世之流变，中华经典之富、人文创制之高，超出同一时期西方文明不知凡几，尤其是汉晋隋唐之世，承袭尧舜圣教既多且距离三大文明轴心期未远，故古意犹存，十三经之原文、汉晋古注之疏解诠释，遂弥足珍贵，余谓之古今第一必读书也。

领悟宇宙人生奥秘的这两大要诀，即在生命体验的深处，奉原始儒家的基本思想为道德圭臬、不二法门、终极义谛，预先设立起洞彻古今、人我之价值原点、价值尺度，并且在价值预设分明、建构牢固之后，精准完整掌握以儒家为主的中华经典文献，就成为树立学问、树立人生、树立文明之关键，因为这些文献是人类经验的最高凝结！

《十三经注疏》是人类经典文献的最大宝库、人类文明遗产中最紧要的部分。中国文献一般分为经、史、子、集四大宝库，《十三经注疏》内含《诗》《书》《礼》《乐》《易》《春秋》《论语》《孟子》《孝经》《尔雅》等十三部中华文明最根本的原典，《书经》《礼记》《诗经》《易传》《春秋》等经典及其注疏中，包含着极其丰富渊深的历史资料，允称大本（经）大源（史）具足。本源树立，则文明建制有本不摇、有源不竭，更能接纳、吸收道藏、佛藏以及西方学术之精华，巍巍创设建构起中华文明之根本秩序与最高境界也！

《十三经注疏》卷帙篇幅较大且义理深微浩瀚，研读者须知修学次序、运思门径：

首先，须读《尚书正义》，领悟中华文明的政教源流、宏纲巨轨，自《尧典》《舜典》一气贯下，直至《禹贡》即前五篇，犹如《摩西五经》，中华政教之宏大本体——深研精思，则中华文明之根本规模坚固树立，宇宙人生浩瀚光明，然后由源头广衍流变，斟酌损益夏商周书之记载，旁参《毛诗正义》之歌诗记录，即可洞悉中华文明巅峰（尧舜时代）之创制建构、夏商周一脉相承之王朝政教得失也。

其次，修读《三礼注疏》，即《周礼注疏》《仪礼注疏》和《礼记正义》，三礼之学乃《尚书》尧舜宪制的进一步展开、扩大、验证，具有丰富的政治学、社会学、文化学、人类学价值，尤其是《周礼注疏》对古典政制的记录，《礼记》对古典文明理想、现实、命运、人文施教之精微含义、共享价值之创设建构等，均有极瑰伟的论述，宜

---

❶ 李学勤.《十三经注疏》序.北京：北京大学出版社，1999.（另参该书"整理说明"）

扼要参究。

再次,《周易正义》和《春秋三传》,乃儒家大一统宇宙生命哲学与历史哲学的精要表达,修学者可从孔子《易传》哲学与《春秋》对历史事件、历史人物的褒贬评价中,体会古人对人类文明兴衰存亡的规律性认识。这几部经典的研读,最好结合汉儒董仲舒《春秋繁露》《天人三策》、陆贾《新语》、司马迁《史记》、班固集撰《白虎通》和近代名儒辜鸿铭、陈寅恪、柳诒征、梁漱溟、熊十力、马一浮、钱穆即"民国七贤"论著一起探究。

又再次,《论语注疏》《孟子注疏》乃以简驭繁、会通百家之圣论,初次接触儒学者最宜从此圣经入手,深入修学并参证自身生命体验,领悟儒家安身立命、平治天下之宏图大略,清理种种自然、社会、人文疑惑,归宗于孔子所创之"原始儒家"至大至刚、浩然无息之生命学问,进而以"仁义礼智信"为文明轴心、人生轴心,巍然建树起合乎道德理性的公共生活空间与博大优美、畅欲达情、天人互动、以德通神的私人意义空间。

最后,《孝经注疏》乃孔子与曾子讨论儒家如何从孝道入手,整齐协调天子、诸侯、卿大夫、士、庶人之全社会五大阶层,使之一一由孝敬而博爱、由博爱而乐群,由乐群而忠诚于家国天下、文明秩序、共享价值、道德责任之至理名言也,其精微妙谈,寓于寥寥数章之间,不愧为"协调天下、和谐社会"之法宝,读者捧读一过,必获益终身也;《尔雅注疏》,训诂名物、诠释万有,解析精确、饱含人文科学知识,亦可泛观焉。

第三要诀:在树立起原始儒家的学识根本之后,再博览旁收。深究老庄列子之风神潇洒、脱染去俗之论;佛祖名僧旷怀观空、不即不离之教;旁采荷马、赫西俄德之人性、神性诗篇,柏拉图"灵魂不朽"说之超然理趣,马可·奥勒留、塞涅卡之圣洁沉思,耶稣基督之瑰伟信仰,希罗多德、修昔底德、李维诸家之历史写照,狄奥尼修、库萨·尼古拉之神秘超绝,但丁神曲之恢宏瑰丽,惠特曼之博大壮阔,泰戈尔之纯洁委婉,叔本华之旷达卓绝,尼采之大勇无畏,维特根斯坦之洁净精微、特立独行、弃绝流俗,波普尔之救世济民、切合实际,海德格尔之缥缈冥思、超然神悟,博尔赫斯之隐秘莫测,凯如阿克之独立不羁,著名导演英格马·伯格曼之忧世叹逝,米开朗基罗·安东尼奥尼之愤懑迷离,历史哲学大师维柯、蒙田、伏尔泰、雅斯贝尔斯、阿尔弗雷德·韦伯、阿诺德·汤因比之纵览古今、洞彻未来……

四、焕发内心之光:文明传播学的方法与步骤

余提倡文明传播学的理论与方法,即在主张:将古今中外、儒道佛耶回及一切东

西人文学说，一体予以融会贯通，斟酌取舍之间，务求体用并建，即上明宇宙浩然无息之本体（体、道），下通人生畅欲达情之世用（功用、现象），吾儒所谓"明体达用""通经致用"也，就是将古今中外的一切人类经验、生命经验、传播经验，予以生存现象学之观照、体验、领悟、融会，步骤如下。

第一步骤，破除近代实验科学之思维定势，即不从片断观察、近代分科体系出发，不依据固定逻辑予以推演、扩大，更不固执成一种未经检验的、本质主义的独断论思维体系。譬如对于近代启蒙-功利思维的强大主流判断，先予以置疑性、批判性的现象学悬隔，先行采纳本书第六章所谓"伏羲七法"，大体依循"仰观俯察、远近皆取、以德通神、感通万物"的"大易"式本体直观的认识方式和体悟程序，为个人生命展开"别一度空间"，研读经典著作，深入思考。

第二步骤，在宇宙的初始命名阶段，亦即人生探索的初始领悟阶段，先从生命的现象经验出发。譬如凡人都有父母、亲人、师长、朋友，人若扪心自问，即可顿然了悟：人的生存不是"自足""自私"的，而是在这些社群关系的爱惜下成长的；伴随"良知"的根本觉醒，人就会自觉：应当为了这些生命中至纯至深至厚的情感关系而毅然担当道德责任，完成自我期许与长辈教诲的统一。如此，一个从经验出发，逐步抵达超验境界的根本秩序、道德价值，即"仁义"就建树起来了，人生就此进入了道德自由（非西方法权自由境界可望项背）之广大境界。

第三步骤，本着宇宙自然和人生历程本然一体、古今中外文明本然一体、自然-社会-人文学术本然一体的浑然无分别境界，全面抛弃近代启蒙-功利主义主流思维对古代-近代、东方-西方等错误历史划分，对古今中外的人类生命经验的最高凝结——经典著作进行深入研读、体会，掌握文明法则与生活法则，人遂立于长久不败之地。

第四步骤，把上述生命经验逐步条理化、秩序化、意义化，择善固执为坚固稳定的价值信仰、人文信仰，在此根本基础上，规划学业、设计事业、修习"德业"、开拓人际网络、担当公共责任、家庭责任，从而成就"内圣外王"的辉煌人生。

第五步骤，在终极泛神信仰或宗教信仰的开阔境界中，领悟天地万物之间彼此感通（仁义）、交流（传播）、共享（大同）之广大自由境界，即在超验信仰境界上，继续接纳一切生命经验的不断丰富、提升，同时以物理实际和人文实际，不断检验、修正自身信仰（实验科学乃众多方法之一），加深加厚道德主义、超验主义的价值信念。

这就是本书所谓"生存现象学"式的"伏羲七法"的大致步骤，孔子后学之《易传》、子思之《中庸》等是这一方法的滥觞，而欧洲现代哲学家叔本华、尼采、狄尔泰、柏格森、胡塞尔、维特根斯坦、海德格尔等人使之体系化，美国超验主义者爱默生、惠特曼、梭罗以及当代学者福柯、费耶阿本德等人为之主张并实践、创获深广之思想方法也[1]。

---

[1] 以上诸学派，涵括东西方人文主义思想史、文化史、艺术史上诸多名著，读者可从容涵咏之。

五、中华共享主义的大一统秩序

综观《尚书》诸篇、《十三经注疏》、诸子百家文献,尤其是《尧典》《舜典》《禹贡》等篇经典文献,可知中华文明在此伟大创制期内,确立起一系列具有共享主义价值、典范意义的文明观念与文明制度,形成了博大深厚、包容多元、一视同仁、稳固合理的文明传播秩序。

中华共享主义的宪政秩序和价值秩序,不仅通过开放政权而确保华夏民主制,而且巍然建树起生命主义、人文主义的全人类一家的崇高价值目标和"伏羲七法""尧舜七义"为代表的《大易》《尚书》式贯通天地人三大秩序的宇宙哲学、政治社会哲学以及生存现象学式的思维方法和价值体系,进而缔造出人类文明的最重要部分——博大深远的天地人三大轴心期之中华文明。

中华共享大同主义的大一统传播秩序,尤其是其融会贯通古今中外一切文明价值的精神秩序、道德秩序,有以下几个鲜明而突出的思想特点:

第一,中外一体,人类一家。

中国人自远古直至当代,较少对全人类整体妄作分别而存种族主义偏见,因此古希腊罗马之奴隶制度、古印度之种姓制度、近代西方帝国主义之殖民政策,在中国历史上没有出现。《春秋》三辨之华夷之辨,辨在华夏少数民族之内外政策,笃行仁爱和平、讲求公平正义者,无论什么种族、信仰、文化,一律视为"华夏";奉行铁血残酷政策、多行不义侵夺者,无论文明程度多高,一律视为"蛮夷"。正是以"仁义"这一共享主义的价值标准,衡量取舍一切种族、信仰、文化、社群,所谓"一视同仁"的儒家准则,确保了中华文明在东亚大陆以及周边地区如此广大地域和人口中,不仅通行无阻更逐步扩大,其流布深广、凝聚众多、融会多方、牢不可破之文明传播秩序之奥秘,在此。

第二,古今一体,敬奉祖先。

近代西方学术主流,尤其是启蒙主义学派,其一大弊病,就是人为割裂历史与现实之间的血肉联系、生命整体,宣布自己所处时代为"人类历史发展的顶点",进而宣判往古一切时代为蒙昧、落伍、野蛮,必须由自己一代予以"启蒙""批判",人类的进步就在于甩掉"历史包袱",甚至"与传统彻底决裂"!

中国古人高度尊重历史,没有对人类历史、现状和未来做如此推断。相反,中国历史哲学之价值基础、核心精神,在于深刻体认人类当下生存的有限性,因而高度尊崇以往时代经反复实践、检验而凝聚成的一切文明遗产、一切历史经验的合理性、有效性。

第三，天人一体，敬畏自然。

中华文明、儒家学说，其治国安邦、垂世立教之宪政根本，全在"存敬"，即全力克制人类以一孔一窍之见、一时私欲之需，冒犯亵渎毁损大自然之伟大生命系统。所以，历代帝王将相、士绅庶民，全以"敬天保民"为一切文明活动的最大核心，自尧舜以下，历朝均专设山林之官以守护自然，不准乱砍滥伐、摧残自然，更设祭祀之官、礼乐之制，每年春秋两季举行国家典礼，敬拜天地日月山川等一切自然神明，用以深刻培育全民族之敬畏自然生命、渴望与宇宙自然合一之伟大感情也。

中华文明是举世罕见的、最具博大深厚之宗教感情、最少宗教偏执独断、不拘泥崇拜仪式等教条的伟大文明：儒家学说涵括史上一切宗教之博大深厚感情，同时又避免了史上一切宗教信仰所必然残留的种种偏执独断，因而确保中国人合理、温柔、优美地度过人间生活，进而最终与天地自然、山川神明合一（天人合一）而垂诸不朽也。

敬天地鬼神、敬祖先圣贤、敬人文教化、敬经典文献，《尚书》首言稽古、顺古之深意在此。西方近代启蒙主义论述，片面标榜每个人之"天赋人权"，狂妄自封自己一代文明为"古今东西文明第一"，其根本流弊，在于全然不知：人类文明得以巍然建树、合理协调、辉煌成就之传播奥秘，不在"天赋人权"，而在"天赋良知"，即自然神明独独赋予人类之天然道德良知，人类无论贤愚，天然知晓敬爱父母、尊敬长辈、对他人休戚感同身受，即"仁"，儒家礼教就是在人类天赋良知上深下功夫，从小教诲人类克制私欲、爱护自然社群、担当社会责任，因此建树起万年绵延、稳定繁荣的中华文明；西方近代启蒙主义"天赋人权"说，固然源于对中古基督教过度压抑人类私欲之反拨，但一味强调人权伸张、人欲满足，根本忽视自然生命、地球生态系统之天然权利和人类社群之稳定协调，造成当今文明重重危机，实在需要深刻反省其流弊、纠正其偏颇。

譬如《尧典》一篇，反复申明"钦、明、文、思、安、恭、让"七种社群、人类之人伦正义，余谓之"七义法则"，即深刻揭示人类文明生活的根本准则：钦是尊敬，明是智慧，文是条理，思是精神，安是气度，恭是礼貌，让是风度，七者连环相扣，标志着文明生活超拔乎野蛮生活、纷扰冲突之上的高远境界与优雅品质，这样，文明之光从人类生活的深处（安于所安）迸发出来，可以照耀宇宙万物、上下古今，可以传播到无限，人类在文明的基础上融合为一体。

《尧典》更在稽考古道、树立钦明文思安恭让"七义法则"之理性基础上，再跃然升上崇高一格，即将人类生活的境界、品质、准则、风度，雄然哉，伟然哉，升向全人类和谐统一的伟大整体："克明俊德"，则九族和睦亲密；"九族既睦"，则百官姓氏、天下万民明乎事理、富于理性；"百姓昭明"，则普天之下，万国万邦，无论政教风俗有何不同，都可以和平共处、永远协调一致了。

这"俊德"之"德"，就是孔子后来提出的人类生活的最高原则——"仁义"，也就如同古希腊哲人苏格拉底所谓"美德即知识""至善""灵魂不朽"之伟义,也就是近代哲人哈耶克、波普诸人所谓的"自由、公正"诸宪法原则,也就是罗尔斯《正义论》所谓"公平正义乃一切制度的首要目标"之说的根本旨趣所在。

"德"之本义乃"得",意即循此天人合一、万物亲爱之道(准则),万物都可得到自由繁荣(有得);否则,违反这一道德准则,万物都将失去生存机会!

读者诸君!汝若能静心骋怀,观照古今强横霸权,无论其文明如何强大,顷刻间灰飞烟灭、不复留存(譬如古希腊帝国、古罗马帝国、秦帝国、蒙古帝国,再譬如近代不列颠、德意志、倭寇诸帝国主义,或荡然无存或深陷内外危机,并且遗祸全人类)就能明白:儒家仁义之学,乃人类相亲相爱之道,诚然全球文明之合作大道也!

六、中华大一统传播的生命境界

中华文明传播的根本宪政秩序、政教灵魂、神州古典知识的渊深体系,均奠定、创设、确立、完整建制于尧舜禹大时代,此后,中国人恒久称颂这一时代,视为万古不易之政教楷模、人类公共生活与传播秩序的最高遗产,诗圣杜甫所谓"致君尧舜上,更使风俗淳"也。

清儒沈德潜(1673—1769)编著《古诗源》备载上古歌诗,最能代表中华文明自古以来对宇宙人生的一些质朴而深刻的看法,隐含对清朝废弛古典宪政的不满。

譬如第一首《击壤歌》:

> 日出而作,日入而息。
> 凿井而饮,耕田而食。
> 帝力于我何有哉![1]

此歌传为尧帝出巡时路遇道边一位闲坐唱歌的老人,将老人击壤游戏时所歌吟之《击壤歌》采集下来,遂列为中国歌诗第一首也:农耕文明之悠闲自在,天下万民的素朴自由,对一切权力(帝力)的天然蔑视,对人生倚靠自身勤劳而获得生存与快乐的独立生命意志,凡此种种,均在这老翁的歌吟中呈露无遗!而天下尊仰、万古倾慕的尧帝,作为炎黄贵胄、太平天子,非但不以为忤,反而虚心采集、传布天下,更突显出当时中华文明传播体制之恢宏博大、包容吐纳一切的胸襟、气魄,亦反衬出华夏联邦民主制对民意民情的高度尊重。中华民族是自古热爱民主、自

---

[1] 沈德潜,选.古诗源[M].北京:中华书局,1998:1.

由、独立、尊严，秉性质朴刚强，敢于蔑视权贵乃至一切凌驾于自然、人生之上的强大势力的伟大民族！

舜帝时代最著名的歌诗，就是堪列中国名诗家第一人之舜帝所歌之《南风歌》：

> 南风之薰兮，可以解吾民之愠兮！
> 南风之时兮，可以阜吾民之财兮！❶

从此以后，近万年以来，每当西北风住、东南风起，大地回春，中国上下，无论贫富贵贱，均可望此薰风而默祷此《南风歌》也：南风时雨，薰然天地间，万民财富增长，则天下乐而无忧，万世帝业、中华文明，永固焉！舜帝爱民心切，不禁歌以咏之，遂传为不朽诗篇，傲立为中华诗坛第一人！后世作者，诸如屈原、陶潜、杜甫、李白之属，千诗万句，不过此歌延伸而已！后世圣贤，千教万教，不过此歌深旨"敬天爱民"二字而已！

盖中华民族务求平实，不慕玄奇、不思夸诞，一心渴慕天下太平、万物安乐，宋儒邵雍径直命名自家居室为"安乐窝""玩易窝"，易者变化之千奇百怪也，玩弄之、欣赏之，不亦悦乎？安之乐之，守之护之，不亦人生之自由、宇宙之堂奥乎？

依据宇宙人生之大一统本相，进而树立人类文明生活之宪政法则、文明传播之井然秩序，遂构成博大深厚之"神州知识""华夏价值"体系之核心，构成天下一家、万邦和谐之共享大同主义之灿烂文明基础：

> 卿云烂兮，糺缦缦兮。
> 日月光华，旦复旦兮！❷

此即著名的《卿云歌》。卿云者，庆云也，吉祥之喜气也，《史记·天官书》释曰："若烟非烟，若云非云，郁郁纷纷，萧索轮囷，是谓卿云。卿云，喜气也。"❸ "糺缦缦"形容华夏政教，如绚烂卿云，糺（音义同"纠"）集聚合，又舒缓回旋（缦缦），象征中华文明之教化广远、融洽深入万物生灵也。其文明光辉，恒久如日月，普照天下、辉丽人寰，广布流传，与世久长也。

余幼读杂书，知此《卿云歌》曾被中华民国第一届国会选为"国歌"，其歌词之雍容华贵、博大绚烂，立即深入少年灵魂，乃至魂牵梦绕、不能自已；稍长，稍能通经

---

❶ 沈德潜，选.古诗源[M].北京：中华书局，1998：3.
❷ 沈德潜，选.古诗源[M].北京：中华书局，1998：2.
❸ 王利器.史记注译[M].西安：三秦出版社，1988：952.

史大义,方知此歌采自伏生《尚书大传》,与中华民族同垂不朽者。

如今,更爱赏其恢宏壮丽、不同尘俗:美丽吉祥的卿云烂漫于广天长空,中华文明将如日月光华,照耀复照耀,高升复高升,以致无穷焉!

沈德潜据《尚书大传》注释此《卿云歌》乃舜帝将禅让于大禹,率群臣载歌之,以表万世不移之恢宏真理:卿云象征天空之博大,苍穹一碧万顷、不私一群,所谓天下为公、普天一家、万邦和睦也;日月象征宇宙万象之媾和、交汇、熔铸,阴阳不测、神乎其神、交替循环,吾中华文明亦如此,虽刚柔交错,但光辉不减,永照人寰者也!

《击壤》《南风》《卿云》三歌,凌空出世、身姿伟岸,标志着炎黄、尧舜时代中华文明成就之高;标志着中华文明传播之灵魂所在。依此独立、自由、博大之精神气象,作为中华文明传播秩序之最高凝结的《尚书》,遂成为万古叹美,古今追步之政教典范也。孔子曰:"《尧典》可以观美","疏通知远,书教也",历代儒者,诸如孔子、子夏、孟子、伏生、董仲舒,一直到辜鸿铭、陈寅恪、柳诒徵、钱穆、梁漱溟等人,不惜流血牺牲、赴汤蹈火、甘冒生命危险或一生穷愁困顿,全凭信念,将此教保存、流传、光大,可谓建树神州知识与华夏灵魂之伟大功臣、傲立天地之民族英雄也!

七、智慧大一统:融贯古今,汇通中西

太史公司马迁在《史记·五帝本纪》结尾处,总评炎、黄、尧、舜大时代的文明成就、观念传承与文献记载说:

> 自黄帝至舜、禹,皆同姓而异其国号,以彰明德。……学者多称五帝,尚矣。……余尝西至空桐,北过涿鹿,东渐于海,南浮江淮矣,至,长老皆各往往称黄帝、尧舜,风教固殊焉。总之,不离古文者近是。
>
> 予观《春秋》《国语》,其发明《五帝德》《帝系姓》彰矣,顾第弗深考,其所表见皆不虚。《书》缺有间矣,其轶乃时时见于他说。非好学深思、心知其意,固难为浅见寡闻道也。[1]

司马迁抱着探本溯源、树立国本的伟大理想,对三皇五帝时代的文明遗迹、经典文献、传说掌故等,进行实地考察、勘验,证明秦汉儒者所传之古文《尚书》《礼记》

---

[1] 王利器.史记注译[M].西安:三秦出版社,1988:12.

（大戴、小戴）等文献，大体可信；无论今文书经（西汉隶书）还是古文书经（周秦篆文）所记载，都与《春秋》《国语》等晚周文献相互发明，亦被各地长老耆宿所记忆，尽管经秦火而残损，但文明大义赫然卓存，非可与清末民初以"考据""疑古"相标榜之"浅见寡闻者"论也！

譬如《史记》"长老皆各往往称黄帝、尧舜，风教固殊焉。总之，不离古文者近是"数言，司马迁本义在于：虽然各地风教殊然有别，但中华文明之根本精神（风俗教化之本源、大体、归宿）是统一的、稳定的，尽管文献可能残损错乱、长老记忆可能模糊或彼此有些记忆不同，但"好学深思、心知其意"者一定能理出一个华夏文明政教之大体来；若先存"辨伪""疑古"之浅愚妄见，则此数言即为把柄：既然风教"人言人殊"，于是，秦灭六国之前数千年的华夏统一与文明成就，就被一一判定为后世儒生的神话、伪托、幻想，得出错误乃至荒谬的结论。

近代日本有一些所谓学者，抱叵测居心，胡乱怀疑中国古代文献，狂妄提出"尧舜禹抹杀论"，而清代、民国学者如阎若璩、顾颉刚等人，亦偏执"考据"以炫耀，在《古文尚书疏证》《古史辨》中妄断"古文尚书"全为"伪书"，顾颉刚在一番"考据"后，宣称"大禹乃一条虫"，如此论断，在当时就遭到很多学者批评（清儒李恕谷、毛奇龄等曾痛批阎百诗之论；近代柳诒徵、蒙文通等亦深批顾颉刚之说）。无奈清末民初，中国学术早已丧失周秦汉唐诸大儒"通经致用"，即参究稽考古制规模、文献精义以治国安邦、普济苍生之正统目标，新史学派推崇清儒"琐碎考据、无关宏旨"为"实证主义""科学态度"，违背了古今人文学术之独特规律，学术紊乱、传媒鼓噪、政治操纵，彼此奥援、鼓吹，遂使"辨伪""疑古"之不良学风横扫学林，先秦古籍几乎被判无一不"伪"，中华文明一时竟然变得无从谈起。

当代考古发现，已充分证明尧舜禹时代中国政治文明的发达程度，《尚书》传抄过程中掺杂进去的一些后代行文用字以及个别典制因错简、误记而前后不一，根本不足以判定"古文尚书"为伪书，更不能判定尧舜时代文献为神话传说而不予重视。

精准把握文献可知，全球史上第一次系统提出、阐释全人类"共享价值"观的，是尧舜时代文献《尚书》前几篇《尧典》《舜典》等对"协和万邦"这一崇高价值理念的提出以及一系列相关论述。这是"中国话语权"的伟大"创世纪"，这一居全球价值生产链条最高端的经典论述，被轴心时代的孔子以及儒家学派全面继承，孔子进而在《礼记·礼运》等宏大论述中更系统地提出了"天下一家"的共享主义文明价值体系，这一体系贯彻于中华文明的全部传播史中，根本性地塑造出汤因比《历史研究》中提出的"人类历史的成功模式——中国模式"，即将一切地方经验、利益冲突、观念博弈，逐步融合统一在一个更高的价值生成范式之中，这一范式就是地地道道的"中国概念"——"一视同仁"。这一概念，把一切认同基本人类价值"仁""义"等文明传播秩序者，不论种族、信仰、地域、社会地位、发展水平等如何不同，均视为统一和谐的人类整体。

由此，中华文明避免了希腊罗马文明的帝国主义和犹太教、基督教、伊斯兰教文明的一神教独断主义等价值冲突较易引起的社会动荡与文明破坏，不仅确保了中华文明在大部分时间里的稳定繁荣、绵延不绝，更在13世纪前后以其世俗人文主义的治国理念，经耶稣会传教士的传播，引起西方启蒙主义思想家的高度欣赏、吸纳、借鉴，从而促使近代欧洲摆脱天主教会的僵化束缚，开始了伟大的西方崛起！

自伏羲发皇，到炎黄一统，到尧舜禅让，到周礼彬彬，到孔子师表，中华文明一脉相承、绵延万载，其文明传播秩序，照耀天地、辉映人生，足以令数十亿中华儿女鼓舞奋发、全面继承发扬弘大也。"华夏文明之灵魂"，天地人共同缔造之文明轴心，永远光照人寰、垂诸不朽者也！

第十一章　尧舜时代的九州大一统

中华文明在尧舜二帝主持下，在大禹等百僚群臣、各地诸侯、各邦百姓的积极参与下，创设、建制、完善了华夏古典民主制的宪政机制和大一统制度体系，获得了全球文明史上辉煌灿烂的大一统文明成就与人文传播成就。

一、中华古典宪政体系的五权制衡

尧舜文明成就的显著标志有三：

标志之一，是中华文明的宪政原则与文明信念，诸如"克明俊德，协和万邦"之天地人三大大一统传播秩序，"天下为公、选贤与能"等尊重民意、分权制衡、普选官吏的宪政治理体系，"讲信修睦、共享一家"等文明中心（华夏）与边裔地区（四夷）之间的和谐关系等，以制度体系之规整建制，深广传播于华夏广大地区。中华文明围绕"德"这一宇宙人生之道德人文主义的文明传播秩序与民主宪政精神，大幅度地扩展其文明辐射能力，在公元前2500年之际，巍巍然凝聚成文明整体——北起辽宁内蒙古地区、南至两湖巴蜀地区、西至昆仑山、东达大海之滨的广大文明实体，堪称全球古典时代的最高文明成就之一。

标志之二，是华夏民主制的内外治理结构之高度有序化、法治化，中央、地方两级政府的宪政文治主义的治理体系创设、建制完成，分权制衡体系如下：

（1）天子一权；

（2）"四岳"、群牧（十二州牧）一权，后来发展为周朝设立的三公三孤制度，总领全国政情、舆情，不治而议论，是诸侯各国、天下百姓在中央政府内的民意代表；

（3）中央文治政府一权，包括政府首脑"百揆"（宰相）、九卿，即分掌各个民事治理职责的文官体系（司空、司寇、秩宗、典乐、共工、虞官、纳言等文治机关）一权；

（4）经选举产生而在中央地方两极官办学府接受教育、在官府试用的儒士阶层（太学生、国子监生），历任官职后退休乡里、主持地方自治的乡绅阶层一权；

（5）百姓（基层组织、基本民意）一权，以"五服"方式组成军事拱卫体系、"井田制"农耕赋税体系以及"乡遂"自治、地方自治体系。

上述五权分立、彼此制衡，相互监督、互动配合，构成华夏民主制的有序宪政制度体系。正是这一高效有序的宪政治理结构，确保了中华文明取得至今仍觉不可思议的巨大成就——舜、禹等君臣与诸侯万民，群策群力，完成治理大洪水的惊人伟业，华夏全境山川河渠一一疏通整治，内河航运可直达尧舜首都平阳（今临汾），河湖运输更与海洋运输配合，使全国人才、物资、信息深度交流、融合无间，大禹、后稷等更在全国水土整治与行政区划确立的基础上，建立起"禹贡九州"制即中央地方财税制度和"五服"制即地方拱卫服事中央的军事保卫制度，从而进一步确保中华文明凝聚为紧密无间的在政治、民事、军事、安全等一切公共领域编织成命运共同体的文明传播整体。

标志之三，是尧舜大时代远承伏羲时代《河图易经》之宇宙图景、阴阳生机无限之神秘主义生命哲学体系，近接炎黄时代人类奋发鼓舞、尽力农耕文明与宪政治理以配合天文、地文大秩序之传播遗产，在广阔而深邃的文明建制、种族融合、文明拓展的丰富经验的基础上，形成了以父子有亲、君臣有义、长幼有序、夫妇有别、朋友有信等基本信念为中心的"五教"（五典、五品）价值体系。这一确信宇宙人生道德秩序井然灿然的深稳贞固的价值信念体系，具有共享主义的不朽价值，远远超越了西方宗教体系、形而上学体系之独断偏执，成为中华文明的最高精神成就——建基于确信宇宙万物协调一致、人生汇入宇宙和谐秩序才能获得自身生存自由的意义空间与价值源泉之"华夏道德人文主义"。这一独特品质与境界的"华夏人文主义"，不同于西方近代启蒙论述意义上的"理性人文主义"，巍峨树立人生于博大开阔的宇宙秩序与道德秩序之深处，导引人类领悟：每个人天然秉赋着道德良知（天赋爱心、良知良能、仁义之心），进而引导、培育每个人，于现象流变和生存焦虑中，傲然挺立道德良知与仁义信念，毅然担当社会责任，以"天地君亲师"为道德榜样，以"正心、诚意、修身、齐家、治国、平天下"为人生目标，奋进不息。

二、中华道德理性，可纠西方人权观念之偏

中华文明强调道德约束与提升的道德人文主义，远远超越西方近代人文主义以个人权利伸张、个人私欲满足为人生唯一幸福境界的浅俗层次（欧文·白璧德批评卢梭主义即持此卓见），将局促飘忽的人生意义空间，极度扩展到宇宙和谐秩序之博大、庄严层次，促使人类摆脱小我偏执、得失忧患、物欲羁绊、生死悲欢等鄙俗境界，进入与宇宙大生命同呼吸、共命运之和谐自由境界，人类道德之光、文明之光普照宇宙万物，《尧典》所谓"光被四表"、《舜典》所谓"神人以和"，人类至此挣脱了骤然生死、瞬

息忧乐之蜉蝣状态，浩然生生不息、刚进不止（《易》），渊然与万物同情（孔子所谓仁），上下与天地万物之生命流动同波共振（孟子所谓上下同流），由速朽而进乎不朽（庄子所谓"磅礴与万物为一"），从而天人合一、跻身神明完美自由之境界！

余研读西方著作、追慕西方文化既久，深知此等文明虽可一度富丽辉煌，终究不可久长者，在于其思维方式的偏执独断（譬如一神论宗教体系、本质主义形而上哲学、近代科学思维等）和行为方式之偏执狭隘（譬如西方对内推扩民主，却对外压迫之殖民主义、帝国主义、霸权主义自私政策，譬如经济、社会政策，在放任主义和国家垄断之间反复摇摆等），俗语所谓"一根筋"、"不见棺材不落泪、不撞南墙不死心"恰是西方近代文明之逼真写照：远自泰勒斯、毕达哥拉斯、赫拉克利特、普罗泰戈拉，直至苏格拉底、柏拉图、亚里士多德，乃至近代康德、黑格尔、费希特、谢林等哲学家，非要在物质界或精神界推究出一种终极本质，若推究不出，就封此终极本质为理念、上帝、物自身、绝对精神等概念，凡不接受其说者就被判为野蛮、异端，而近代启蒙主义、实用主义更糟，干脆把不可思议的一切（宇宙就其整体而言就是不可思议的）一笔抹杀、不予考虑，进而宣布一切价值判断均是人类理性可以判断的，可以根据人类欲望、需求而任意索取、榨取或塑造的。

如此，人类活动的唯一准绳就是"法制"，既然上帝渺不可及，人类的唯一凭靠就剩下法制一隅，"法无明文禁止即自由"遂被奉为天条。无奈法网再密，也不能巨细无遗地网罗规范一切人类活动，且法制的基础是人类极不完善的经验理性，因此，人人就可在巧妙规避法律的"有利"情形下，任意满足自身私欲之一切贪求，各种犯罪、吸毒、酗酒、心理以及行为变态遂频繁发作，当代西方文明也因为全社会的过度投机而丧失精神动力、陷入深度衰退之中。

余仔细观察西方社会之运作，固然有其勇于冒险、开放自由、解放对人欲不合理禁制的伟大意义，但其文明秩序的深度危机，尤其是蒙昧于宇宙本体与生命现象之间、天地人三大秩序之间、物理人伦之间本来不二、浩然同体之终极本相，因而在宗教形上体系之外无以进行道德建树，宇宙人生之本然同一、浑然大全，由于西方形上哲学、科学思维之解析品格而陷入支离破碎、琐细无聊之实证主义泥潭，西方文明之陷于深度迷惑，恰如旷世奇哲熊十力先生批评西方哲学之"头上安头、作雾自迷"一样，促使其整个文明秩序、发展模式，由于根本漠视、肆意摧残自然、社会、人文三大系统之协调一致，终使一度辉煌之文明濒临覆灭！

余切近观察，悲悯于西方文明秩序误导下之当代人类，殉于财、货、物、欲而自毁美丽人生，不学无术、执迷不悟却又强自掩饰、不断挣扎，更陷入难以自拔的深度扭曲与病态；复悲悯于希腊罗马文明、基督教文明以及文艺复兴以来近代文明之数度辉煌，如今却濒临覆灭；进而深入思索全人类所以自救之道，乃认定：中华文明在深入吸纳西方文明精华的基础上，另辟蹊径、改弦易辙，将固有文明发扬光大，进而引领世界走出困局，乃全球共享文明之根本出路也。

三、尧舜宪政文治政府系统

尧舜时代之大一统政治建制、创设、运行与完善，奠立起华夏民主制伟大有序的治理结构和分权制衡的制度体系，《尚书》尧舜二典之外的《大禹谟》《皋陶谟》《益稷》《禹贡》诸篇，其嘉言懿制，足以为后世取法。其中，华夏民主制之君臣共治精神，尤值得注意并深思。

舜帝与大禹、伯益、后稷、皋陶等群臣一起，讨论政教实施完善之态度，极谦和平等，君臣之间常常彼此训诫，毫无尊卑等级之感，表明华夏民主制在当时政治中的深广贯彻，以至于大禹对舜帝的言语态度，颇率直刚硬，舜帝虽不以为忤，后世注疏家却颇以禹言"过重"而隐含讥评，民初文献家蒙文通甚至怀疑大禹有"不臣之心"❶，然孔子对尧舜极其推重，但仍说"尧舜其犹病诸"，即使圣明如尧舜二帝，仍有政教不至之处，太古质朴，直抒胸臆；君臣平等，彼此出于至诚而训诫直言，语气轻重，本不足深怪也。

《大禹谟》中，大禹对舜帝说："文命敷于四海，祗承于帝。"❷意思是：如今文德教命已畅行于四海之内，都是敬承于尧舜二帝的文明精神！舜帝曰："野无遗贤，万邦咸宁。稽于众，舍己从人，不虐无告，不废困穷，惟帝时克。"❸舜帝之意，归美于先帝（尧）与众贤臣，能舍己为人，稽考万众所需，仁恤困苦无告者，所以"文命敷于四海"，中华文明获得长足扩展、深广传播。

负责全国山林养育事务的虞官伯益，闻听舜禹讲论政教之道，遂进言曰："吁！戒哉！儆戒无虞，罔失法度。罔游于逸，罔淫于乐。任贤勿贰，去邪无疑。罔违道而干百姓之誉，罔咈百姓以从己之欲。无怠无荒，四夷来王。"❹伯益作为山林官，最痛恨当权者纵逞私欲、耗费土地山林无度、损害民生，此至理名言，高悬之当代全球各级政府、各大企业之门前，亦毫不过时也！虞舜、虞官之"虞"即"度"也，虞舜崛起于山林水泽而为平民天子，伯益受命为全国山林水土养育之官，华夏君臣彼此训诫以重全国生态系统之养护，其绿色环保意识，真照耀万古、辉丽千秋也！

大禹进言道："於！帝念哉！德惟善政，政在养民。水火金木土谷惟修，正德利用厚生惟和，九功惟叙，九叙惟歌。"❺大禹所言"水火金木土谷"乃"六府"，即养民之府藏也、物资也；"正德、利用、厚生"乃"三事"，即官府职责之最紧要三件事，六

---

❶ 中国现代学术经典·廖平、蒙文通卷[M]. 石家庄：河北教育出版社，1996：402-410.
❷ 十三经注疏·尚书正义[M]. 北京：北京大学出版社，1999：86.
❸ 十三经注疏·尚书正义[M]. 北京：北京大学出版社，1999：86.
❹ 十三经注疏·尚书正义[M]. 北京：北京大学出版社，1999：88.
❺ 十三经注疏·尚书正义[M]. 北京：北京大学出版社，1999：89.

府三事合称"九功",即造福人民之九大功德也。正官吏之德,利人民积财,深厚人民生活之物质精神条件,则"水火金木土谷"等一切财货、物资均围绕这三大事而展开、而协调(惟和)、而有序(惟叙),则人民仰慕政府如父母,必升九歌以赞美感戴也!

大禹所言,可谓道尽"善政养民"之根本,即华夏文治主义民主制之治理结构,全在端正官府之道德、利于人民之积财等一切民资民用、深厚供养人民之物质文化需求,尧舜大时代之深远政治智慧,至此呈露无遗,真乃"为人民服务"之有德政府也!

舜帝以英特之明,深深肯定、认同大禹之言并精炼概括曰:"俞!地平天成,六府三事允治,万世永赖,时乃功!"❶大地平整、水旱灾排除、灌溉通航方便,华夏生态农业欣欣向荣,天时不违,山林养育,污染不兴,则万物之收获成就,全在这六府三事之协调互动,真是可持续发展之道!中华万世文明,永远围绕这天地人之和谐秩序而根基永固!中华文明恒久昌盛之伟业,由大禹为首之众多贤臣、由华夏有序民主、古典宪政制度体系一一奠定!

读此华章,舜帝谦逊礼让之美德、英明卓越之见解,一一力透纸背,领承此千年遗教与伟大传播遗产,华夏民主制之博大伟岸身姿,历历如见;中华民族之美德、中华文明和谐天地人之伟大传播秩序,灿然夺目,启迪深广:正官府之道德、利人民之财用、深厚百姓之生命境界,则中华大地永为人类文明之中心,则中华文明永为共享一家之全球人文主义之巍峨丰碑、不朽典范也!

舜帝先赞美大司寇皋陶之守法决狱、明正典刑:"汝作士,明于五刑,以弼五教,期于予治。刑期于无刑,民协于中,时乃功,懋哉!"❷皋陶顺承舜帝"以刑止刑,期于五刑"之深刻法制思想,发挥说:"帝德罔愆,临下以简,御众以宽。罚弗及世,赏延于世。宥过无大,刑故无小。罪疑惟轻,功疑惟重。与其杀不辜,宁失不经。好生之德,洽于民心,兹用不犯于有司。"❸重德轻刑,德治为主,法治为辅,遂成中华文明的基本政教轨范与模式。

平治大洪水的成功,源于尧舜二帝选贤任能、恭行禅让等一系列华夏民主制的创设建制,使中央政府的道德威信空前提高,各地诸侯鼎立相助,调集上古最大之人、财、物力而成,舜帝之雄伟规划、大禹之统率揆度、伯益之勘测山林、垂之聚集百工、后稷之推广耕作等,君臣万民和衷共济而成此大功,史称"大禹治水"乃简省之谓也。

舜帝本其一贯之谦让美德,将治水之首功归于大禹,实则为大禹继天子位做舆论准备并谆谆告诫说:"克勤于邦,克俭于家,不自满假,惟汝贤。……人心惟危,道心

---

❶ 十三经注疏·尚书正义[M]. 北京:北京大学出版社,1999:89.
❷ 十三经注疏·尚书正义[M]. 北京:北京大学出版社,1999:91.
❸ 十三经注疏·尚书正义[M]. 北京:北京大学出版社,1999:91-92.

惟微，惟精惟一，允执厥中。无稽之言勿听，弗询之谋勿庸。可爱非君？可畏非民？众非元后何戴？后非众罔与守邦？钦哉！慎乃有位，敬修其可愿，四海困穷，天禄永终！"[1]观舜帝之言语态势，似于大禹继位有所担心，所以谆谆告诫其"慎乃有位"，勿使四海百姓困苦贫穷，否则天命禄位就会转移了！舜帝之言，乃中华古典政治之民本主义之伟大源泉：百姓之民意，就是一个政权能否进行统治的最高天意也！

大禹摄天子之位，应舜帝所命，率师威临不纳帝命之三苗部族，三旬不克。伯益赞佐其事，劝告大禹说："惟德动天，无远弗届。满招损，谦受益，时乃天道。"[2]即主张感化三苗部族。

大禹纳言，班师还朝，舜帝修文德以怀柔羁縻之，七旬，三苗自动来朝归顺。华夏用兵，常以不战而屈人，此其例。

《皋陶谟》记载皋陶与大禹谈论政教之言论，深涵华夏道德人文主义之博大旨趣：

无教逸欲有邦，兢兢业业，一日二日万机。无旷庶官，天工人其代之。天叙有典，敕我五典五惇哉！天秩有礼，自我五礼有庸哉！同寅协恭，和衷哉！天命有德，五服五章哉！天讨有罪，五刑五用哉！政事懋哉！懋哉！天聪明，自我民聪明。天明威，自我民明威。达于上下，敬哉有土！[3]

自古以来，天人关系，乃一切社会关系之最大者，中华先民自古即敬仰、信奉天神与下民乃浑然一体，而《皋陶谟》可谓华夏天人合一说之最佳论述也！

今试诠释之：天道秩序有常性，敕正人类以父义、母慈、兄友、弟恭、子孝之"五典"、五常之行也，使我民敦厚纯朴（惇）也；天地秩序有常礼，在天子、诸侯、卿大夫、士、庶民——各守职责之"五礼"也。孔安国注释"五礼"为"公侯伯子男五等之礼"[4]，郑玄云："五礼，天子也，诸侯也，卿大夫也，士也，庶民也"[5]，即华夏任一社会阶层，均有礼制约束也。孔颖达以为"此无文可据，各以意说耳"[6]。诸说比较，郑义为优也。上自天子，下至庶民，协调一致地恭敬天地万民，则中华民族和衷共济也。上天赐予贤德为君臣，则天子、诸侯、卿、大夫、士均有五色朝服，鲜明立于朝堂之上，令庶民有所敬畏、有所效法也。苍天讨伐有罪，用五刑讨伐五罪，天下肃然井然也。天地秩序，全在政教实施，勉励复勉励，不可懈怠荒废也。天之所以聪明鉴察、降福人间，全寄托于下民之耳目听闻，当权者岂可愚弄欺骗之？天之威严

---

[1] 十三经注疏·尚书正义[M]. 北京：北京大学出版社，1999：93.
[2] 十三经注疏·尚书正义[M]. 北京：北京大学出版社，1999：99.
[3] 十三经注疏·尚书正义[M]. 北京：北京大学出版社，1999：107-109.
[4] 十三经注疏·尚书正义[M]. 北京：北京大学出版社，1999：108.
[5] 十三经注疏·尚书正义[M]. 北京：北京大学出版社，1999：109.
[6] 十三经注疏·尚书正义[M]. 北京：北京大学出版社，1999：109.

以"天灾人祸"之形式降临人间、警戒当权者,亦可谓天之明示威严,全寄托在下民之最终执掌废立政权之天道威严也。皋陶之名言"天聪明,自我民聪明;天明威,自我民明威",可谓华夏人文主义、华夏有序民主制之纲领性、经典性表达也,全球一切当权者当谨守之!

今夏撰写此卷,倦极停笔、打开电视,锁定央视戏曲频道,欣赏"京剧音配像"系列制品之程派名剧《审头刺汤》,此剧开场即不俗,锦衣大堂上,理狱命官威严登场,两句道白曰:"眼前皆赤子,头上有青天!"其为官之责任、为人之境界,和盘托出,可知迟至该剧发生之明代,虽内政外交尚积弊不少,但为官之基本责任、为民之道德操守,仍维系着全社会的基本秩序,亦可谓远承自《尚书·皋陶谟》所谓"五典、五礼、五刑"以及"天命有德、以保万民"之中华文明之根本精神与传播秩序也!

若能依据这一伟大文明精神,教育全社会各阶层,尤其是年轻一代,何至于某些青少年每日沉溺于无聊之网络游戏以致荒废学业甚至结成团伙而铤而走险耶!

孔颖达精确注疏此段经文曰:

> 皇天无心,以百姓之心为心。此经大意言民之所欲,天必从之。……大而言之,民所归就,天命之为天子也。小而言之,虽公卿大夫之任,亦为民所归向,乃得居之。[1]

准此可知,在华夏有序民主宪政机制下,天子、诸侯、大夫、士绅、庶民之彼此约束、和衷共济、协调一致的治理结构,可有效贯彻其敬天保民之博大文明宗旨。

华夏人文主义上贯天道、下顺民意,奠定中国稳定繁荣之社会秩序、文明秩序之精神基础,亦促使全球史上最具可持续性与可操作性之中华政治文明,以君臣共治主义,即当权者与受治者之间彼此约束、协调之道德主义精神,为其有序运作、有效治理打下深厚基础也。

四、尧舜政府宪政制衡机制

华夏民主制之有序品格,在《尚书》之《益稷》和《禹贡》两篇记载舜帝、大禹、伯益、后稷等人,统率各地诸侯、万民,巍然奠立起平治全国水土、耕作、灌溉、交通、赋税、民事调集、军事拱卫等一系列文明制度,极大地扩展中华民族的活

---

[1] 十三经注疏·尚书正义[M]. 北京:北京大学出版社,1999:110.

动空间进而使中华文明得到深广传播等重要方面,一一表露无疑,至今具有共享主义的借鉴意义。

在《益稷》开篇,大禹概述自己"随山刊木"即随行山林之间、依据山水形势以平治大洪水,而伯益教民依据时令节气入山林捕猎之狩猎制度,后稷教民精耕细作、保养土壤肥力之农耕制度,三人推行"懋迁有无化居"即孔安国所谓"勉劝天下,徙有之无,鱼盐徙山,林木徙川泽,交易其所居积"❶之商业制度,如此,全国人民赖以生养之农林牧副渔工商制度一一建立起来、传播开来。

大禹将华夏民主制之有序原则,再三申明于舜帝之前:"安汝止,惟幾惟康,其弼直……以昭受上帝,天其申命用休。"❷舜帝以君臣平等之千古宏义,乃言:

> 臣作朕股肱耳目。予欲左右有民,汝翼。予欲宣力四方,汝为。予欲观古人之象,日月星辰、山、龙、华虫,作会,宗彝……以五彩彰施于五色,作服,汝明。予欲闻六律、五声、八音,在治忽,以出纳五言,汝听。予违,汝弼。汝无面从,退有后言。钦四邻。❸

舜帝如此推重大臣辅弼之言,可破清末民初以来所谓"新史学"一派史家将中华古典政治判定为"封建君主专制"之迷误也:举凡治理万民、施政四方、制作宗庙彝器、绘制日月星辰等五彩朝服(会者绘也)恭行礼制以教万民、采集制作八音和谐之礼乐华章,以观察(在者察也)政府治理之得失,接纳万民、百工、乐师等人陈诉之民意,乐官、伶人奏歌诗,陈仁义礼智信"五言"以讽刺、规谏、批评政府之歌诗民谣,大禹作为"百揆"(宰相)必须当面纳而采之,审视检讨一番后,奏明当朝,再由纳言官"龙"负责向万民发布、解释采纳民意的反馈情形(出纳),人君必须钦敬采纳四邻臣之意见,所谓君臣共治、与群臣万民共治天下之华夏有序民主制,由此足以表见之也。

郑玄以为"四邻"乃"左辅右弼、前疑后承"之四大近臣,以辅弼监督天子施政也,伏生《尚书大传》义同此说,孔颖达以为"四近之臣,普谓近君之臣耳,无常人也"❹,无论有否固定建制,但天子施政,受制于文官政府之约束、监督、制衡,则是不争的历史事实,迟至明代,尚有大臣对皇帝命令予以"封驳"即拒不执行的制度,犹如今日西方国会否决驳回总统命令之法例也。

大禹赞许舜帝之言曰:

---

❶ 十三经注疏·尚书正义[M]. 北京:北京大学出版社,1999:112-113.
❷ 十三经注疏·尚书正义[M]. 北京:北京大学出版社,1999:115.
❸ 十三经注疏·尚书正义[M]. 北京:北京大学出版社,1999:116-117.
❹ 十三经注疏·尚书正义[M]. 北京:北京大学出版社,1999:121.

俞哉！帝光天之下，至于海隅苍生……弼成五服，至于五千，州十有二师。外薄四海，咸建五长。各迪有功。❶

华夏"五服"制，乃调集全国民事、军事力量、凝聚国家行政能力、推行中华文明之伟大政治制度与传播秩序也：侯服、甸服、绥服、要服、荒服，谓之"五服"，服者事也，即以首都中央政府为核心，从内向外，每推扩五百里为一"服"，依次推扩，则全国疆域，横纵轴各自为两万五千里，两千五百人为一师，每州出十有二师，则每周调集三万人工以平治水土，则华夏九州共有二十七万人调集治水，全球史上最大之治水工程由此成功也！

中华文明传播，由于华夏有序民主宪政制之巨大政治威信，自中原辐射，远达四海八蛮等边远地区，舜帝、大禹更在各地诸侯中普选贤德五人，立为方伯以统率各地诸侯，称"五长"。如此，则"五服"制度调集全国民事、军事力量以服事中央政府，"五长"制度统率各地诸侯以屏藩天子朝廷，中华大地凭此一系列采纳民意之有序民主制度与有序治理结构而大增向心力、凝聚力，中华文明创制之高、传播之广，至此达于人类文明之巅峰！

郑玄论曰：

尧初制五服，服各五百里。要服之内方四千里，曰九州。其外荒服，曰四海。此禹所受，《地记书》曰"昆仑山东南，地方五千里，名曰神州"者。……《春秋》传曰："禹朝群臣于会稽，执玉帛者万国。"言执玉帛者，则九州之内诸侯也。❷

中华古称神州，乃谓自然（神明）特特钟爱此广土众民、巍峨河山、灿烂文教也！自然被尊为神明者，乃因大自然蕴含无限深广瑰丽之宇宙生命，浩瀚无垠、生养无数、不可究诘、阴阳不测，故谓之神。神也者，妙万物而为言也。大自然更赐予万物生命以日月之明、道德良知之深湛智慧、生命现象之感悟流通（仁）、人类相爱相亲、须臾难离之血缘、地缘、人文之坚固纽带（义），文明领袖（伏羲炎黄、尧舜、禹汤文武周公、孔子等）则扩充人类爱欲为共享之爱（仁）、共享之道德秩序（义），进而创制起人类协调一致之最高宪法原则与制度（礼），更创设出培育此等博爱正义和谐之人文教化制度（智），更设创出天下万民一体遵行之有序政治制度、社会秩序与治理结构（信）。从此，人受天地供养、受君亲抚育、受师长教诲，通万物之情、达万物之理，挺立为担当社会责任之独立人格（君子）；从此，人挣脱于动物情欲之黑暗统治而

---

❶ 十三经注疏·尚书正义[M]. 北京：北京大学出版社，1999：122-123.
❷ 十三经注疏·尚书正义[M]. 北京：北京大学出版社，1999：125-126.

上升到光华灿烂之宇宙和谐自由境界，所谓神人以和、天人合一、人与神明自然并立不朽也！

尧舜典乐之官"夔"形容此种文明境界为"祖考来格，虞宾在位，群后德让……箫韶九成，凤凰来仪。"[1]人类尊敬自然神明，则以美德配祀天神的祖先（祖考）、圣贤等人文神灵，亦因人类的尊敬感戴而来到人类心灵中，天地人神彼此感通、交流、互动，配合着天下为公、不私权位、天子禅让授贤的伟大制度，逊帝虽退为诸侯，仍被满朝尊为贵宾，天子不敢以臣礼对待之（虞宾在位），且满朝文武、九州岳牧、诸侯五长、百姓万民，无不被圣明无疆之天子如此谦逊礼让之美德而深深感动、自发效法（群后德让），人间如此和谐美丽，则笙箫管笛之美妙韶乐，足以制成并九奏于朝堂之上，天下生灵欢洽感动，瑞鸟凤凰更翩然飞临、鸣唱天庭，真美不胜收之文明盛景也！

舜帝观天下和顺优美，乃赋歌曰：

敕天之命，惟时惟几！股肱喜哉！
元首起哉！百工熙哉！[2]

皋陶率群臣和歌曰：

元首明哉！股肱良哉！庶事康哉！[3]

中华文明之君臣共治、彼此拥戴而敬天保民、和谐天下，于此历历可见，其永树光辉轨范，可垂鉴往古来今，足以深广启迪人类文明之未来也。

五、九州朝贡体系与神州大一统

中华自古行政区划即分成九个大的区域，称九州。孔安国注释曰："九州，《周公职录》云：'黄帝受命，风后受图，割地布九州。'"[4]依据此说，黄帝受诸侯推举为天子，宰相"风后"即区划全国为九州，亦证本书所谓炎黄时代之中华文明即逐步凝成

---

[1] 十三经注疏·尚书正义[M]. 北京：北京大学出版社，1999：127.
[2] 十三经注疏·尚书正义[M]. 北京：北京大学出版社，1999：130.
[3] 十三经注疏·尚书正义[M]. 北京：北京大学出版社，1999：130.
[4] 十三经注疏·尚书正义[M]. 北京：北京大学出版社，1999：132.

统一的政治实体与文明实体也。

文明实体的重要表征之一，就是全国统一的财税制度，中国称贡赋。孔颖达注释曰："赋者，自上税下之名，谓治田出谷……贡者，从下献上之称，谓以所出之谷，市其土地所生异物，献其所有，谓之厥贡。"❶贡赋制度的建立、完善，表明中央地方的政教治理已经十分稳固，耕作其土地之农民，受其政教保护，遂负有纳贡交税的经济义务，财税制度对文明实体的稳固凝成具有重要意义，史称尧帝时代即创设之"五服"制度，除了民事、军事调集的重大功能外，还含有中央地方征集财税的重要内容，尧末大禹受舜推举、任用而治水成功，不仅使九州五服贡赋财税制度体系化、完善化，更借以牢固树立起中国人的中华大一统之文明观念也。

《禹贡》开篇称"禹别九州，随山浚川，任土作贡……奠高山大川"❷。即言大禹治水，先从尧都平阳（今临汾）所在之冀州开始，孔颖达注释曰："冀是帝都，河为大患，故先从冀起……每州之下言水路相通，通向帝都之道，言禹每州事了，入朝以白帝也。"❸由此可知，舜禹君臣、诸侯万民，调集起全国巨大人力、物力，将全国河渠水系完全治理相通，全国水系彼此通航，直达帝都，这是何等伟大的工程！堪称古代第一等浩大的水利建设工程！

大禹依据冀州土壤肥力，定其赋税田租，一夫百亩、十一而税。大抵黄河以东之山西、河北两省之地，均属古冀州，疆界直达渤海之滨的碣石山。马融、郑玄皆云《禹贡》"冀州不书其界者，时帝都之，使若广大然"❹。亦即尧舜二帝所居之州，先民认为无远弗届、广大无边，史官不忍言疆界也，当时中国人对尧舜二帝之仰慕爱戴，有如此者！

李巡注《尔雅》解释各州州名曰：

> 两河间其气清，性相近，故曰冀。冀，近也。济、河间其气专，体性信谦，故云兖。兖，信也。淮海间其气宽舒，禀性安徐，故曰徐。徐，舒也。江南其气燥劲，厥性轻扬，故曰扬。扬，轻也。荆州其气燥刚，禀性强梁，故曰荆。荆，强也。河南其性安舒，厥性宽豫，故曰豫。豫，舒也。河西其气蔽壅，受性急凶，故云雍。雍，壅也。❺

按《禹贡》所载九州为冀州、兖州、青州、徐州、扬州、荆州、豫州、梁州、雍州，水土平治、贡赋建制后，大禹乘全国水系通航之便利，数度回尧舜帝都平阳述

---

❶ 十三经注疏·尚书正义[M]. 北京：北京大学出版社，1999：132.
❷ 十三经注疏·尚书正义[M]. 北京：北京大学出版社，1999：133-134.
❸ 十三经注疏·尚书正义[M]. 北京：北京大学出版社，1999：134.
❹ 十三经注疏·尚书正义[M]. 北京：北京大学出版社，1999：138.
❺ 十三经注疏·尚书正义[M]. 北京：北京大学出版社，1999：139.

职，舜帝又增扩幽、并、营三州为十二州，幽州、并州、营州在今河北北部、内蒙古、辽宁一线，可见中华文明因水土平治、政教推行而更多地融合凝聚广土众民，更增强其影响力。

余检阅《十三经注疏·尔雅注疏》卷七"释地"郭璞、邢昺对"九州"之名的解释，与其所引李巡注《尔雅》对"九州"州名来历之解释，不尽相同。

古今州名、建制有增有减，郭、邢注："（雍州）兼得梁州之地，西北之位，阳所不及，阴壅也。"[1]孔安国以为李注"所言未必得其本"[2]，余揆之华夏各州人物之性格，却颇觉几分形似，至少可以获得九州命名之线索也。中华地名，均有较深寓意并涵括其地风俗民情，此见一斑。

华夏九州建制，最具文明传播学意义的记载，在《禹贡》所载"海、岱及淮惟徐州……厥贡惟土五色"[3]，孔颖达顺承孔安国传注而予以详细疏释曰：

> 王者封五色土以为社，若封建诸侯，则各割其方色土与之，使归国立社。其土苴以黄土。苴，覆也。四方各依其方色，皆以黄土覆之。其割土与之时，苴以白茅，用白茅裹土与之。必用白茅者，取其絜清也。《易》称"藉用白茅"，茅色白而絜美。《韩诗外传》云："天子社广五丈，东方青，南方赤，西方白，北方黑，上冒以黄土。将封诸侯，各取其方色土，苴以白茅，以为社。明有土谨敬絜清也。"[4]

呜呼！中华伟大封建制度与礼乐秩序，无知不学之徒，妄诋污损，不足以湮灭其不朽光辉也！观此文献即可知晓：中华文明广土众民，为了予以有序治理，华夏民主制特创设"封疆土、建诸侯"之封建制，其宗旨在于封邦建国，以拱卫中央、敬守国土、爱护万民、传播文明也。

观其古典封建礼制，更知中华封建礼乐秩序之博大深粹：天子以海、岱、淮、泗地区所贡之特产"五色土"以建大社（社稷坛），万分恭敬地祭祀土地神灵（社神）厚赐万民水土以安居乐业也，然后根据所建诸侯之方位土壤之颜色，再万分恭敬地将一方同色土壤从"大社"中取出，裹以洁白青翠之"白茅"以示恭敬，授予诸侯，命其归国建"小社"以祭祀之，以象征地方与中央同心、协调一致、敬天爱民、谨守文明也！

余尝携妻儿，悠然漫步于故宫角楼下，巡河南向，进入中山公园，徜徉于绿树嘉荫、河水潺潺，远眺皇家建筑之瑰伟、皇家园林之精致，近享阖家欢聚、天下升平之

---

[1] 十三经注疏·尔雅注疏[M]. 北京：北京大学出版社，1999：189.
[2] 十三经注疏·尚书正义[M]. 北京：北京大学出版社，1999：139.
[3] 十三经注疏·尚书正义[M]. 北京：北京大学出版社，1999：143.
[4] 十三经注疏·尚书正义[M]. 北京：北京大学出版社，1999：143-144.

景，漫步至于公园中央之"社稷坛"，全家驻足瞻仰，不禁心生崇敬，感慨万千：四周松柏常青，坛内五色土静静并陈、秩然不紊，坛中央之"社稷根"深植广树、稳如泰山、支撑天地，吾中华文明之静穆伟大，一一呈现；吾先民政教人文之庄严崇高，深达天际；吾中华广大生命之绵绵无息，恰如皇天厚土、高山巨川，浩瀚无垠，永无穷尽也！❶

九州贡赋财税制度，足以在经济上支撑中央地方推行其政教措施，更使华夏广土众民渐趋融会合一，从而凝聚为"华夏大一统"即坚固稳定、有序统一之文明实体也：

> 九州攸同……四海会同，六府孔修。庶土交正，底慎财赋，咸则三壤，成赋中邦。锡土姓，祗台德先，不拒朕行。五百里甸服……五百里侯服……五百里绥服……五百里要服……五百里荒服。……东渐于海，西被于流沙，朔南暨声教，讫于四海。❷

九州浩浩水土，经尧舜禹君臣、诸侯、万民历时十三年之伟大整治、治理，全国水系、河渠、湖海之交通、灌溉诸利均发达起来，四海之内、华夏诸邦，无不会同于京师，"九州同风，万国共贯"❸，水火金木土谷等农工商各业经济大为兴盛，中央地方之财税收入因此十分丰裕，依据土壤肥力设定之上中下三品贡赋制度体系，使中华大地结合为紧密融会之经济社会实体和文明实体。

从全国行政区划、水土平治、全国灌溉体系、交通体系、通信体系的建立，到各地土壤肥力之品节、贡赋财税制度的确立，中央地方农耕财税府藏等一系列经济制度体系一一创设完善，中华大地秩序井然、有条不紊，中华文明雄厚的经济基础、地文大秩序一一建制起来。

在此雄厚经济基础上，尧舜大时代将人类文明推向一个更高的境界，从而进一步建立起以血缘、地缘、人文德教为深厚纽带之高度凝聚力体系。"锡土姓，祗台德先，不拒朕行"一句，即揭示中华文明因道德而创设百家姓氏等博大深厚之社会秩序之含义，安国、颖达释曰：

> 台，我也。天子建德，因生以赐姓。谓有德之人生此地，以此地名赐之姓以显之。王者常自以敬我德为先，则天下无拒违我行者。……九州风俗既

---

❶ 参见 毛峰.文明传播的秩序：中国人的智慧（第五章"中国之诞生"与第六章"中国之文明"）[M].北京：中国传媒大学出版社，1998.
❷ 十三经注疏·尚书正义[M].北京：北京大学出版社，1999：165-171.
❸ 十三经注疏·尚书正义[M].北京：北京大学出版社，1999：165.

同，可以施其教化，天子惟当择任其贤者，相与共治之。选有德之人，赐与所生之土为姓，既能尊贤如是，又天子立意，常自以敬我德为先，则天下之民无有拒违我天子所行者。❶

大哉！孔安国、孔颖达之注疏也！

观此经典文献以及经典注疏，乃知中华文明之政治制度、姓氏制度等诸多政治、社会、人文秩序，均可一言以蔽之：建德选贤，即从天子、诸侯、群臣的任命，均尊民意而由选举产生、由尊贤创设，其普选政治，饱含"建德"深意，中华文明因此政教并行不悖、上下凝聚一体也！

孔颖达所谓"天子惟当择任其贤者，相与共治之"一语，道尽华夏民主制之神髓也：天子不避贵贱亲疏，普选天下贤德，予以封邦建国，谓之公卿；委以重权，谓之卿相大夫；又选拔英俊青年而入官学修习，毕业后举用于政府，谓之国士；更赐各地贤德以姓氏，以表彰之，使之统率地方政教，谓之"乡老"……如此，饱受近代学术、舆论诟病污损之"封建礼乐制度"，实乃华夏民主制之伟大形式，其封疆土、建诸侯、赐姓氏，实乃华夏民主尊德选贤之伟大选举制度也。

百家受赐姓氏，人人仰慕祖先美德、受赐得姓之原委，更奋发己德以追步祖先、圣贤，如此尊崇道德、普选贤能，则政治建制同时就是教化、凝聚万民之社会建制，二者配合无间，凝聚华夏，丰功厥伟也。华夏之人，见面必恭问贵姓者，姓氏之尊贵，正源自华夏民主制之"尊德"，倘巧遇同姓，则更平添亲密之感，彼此常谓"五百年前是一家"，其文明创制力、凝聚力、亲和力之高，可见一斑也！

九州会同为一家，"五服"制之精义亦显明矣。孔颖达注释甸、侯、绥、要、荒五服制度的经济、文化含义说：

> 九州同风，法壤成赋，而四海之内路有远近，更叙弼成五服之事。甸、侯、绥、要、荒五服之名，尧之旧制。洪水既平之后，禹乃为之节文，使赋役有恒，职掌分定……皆是服王事也。❷

五百里之内谓之甸服者，距京师为近，则服田贡赋而已，甸者田也；又五百里外谓之侯服者，斥候也，检行险阻、伺候盗贼，犹如今日之关防、警备部队也；又五百里外谓之绥服者，绥者安也，揆文教、奋武卫、拱卫天子之政教也；又五百里谓之要服，要者约束也，处边远、近蛮族，天子须约束其政教、使之习兵练武以备征讨蛮族也；又五百里谓之荒服者，政教荒忽，天子因其旧俗而羁縻之也。如此，农耕者安其

---

❶ 十三经注疏·尚书正义[M]. 北京：北京大学出版社，1999：166.
❷ 十三经注疏·尚书正义[M]. 北京：北京大学出版社，1999：167.

田役，侯服、绥服警备武卫，要服则负征讨蛮族之责，即后来所谓屯垦戍边也，蛮荒族群则怀柔羁縻之，中华文明生活之常保稳定繁荣者，以此。

《禹贡》称，尧舜时代中华文明传播至广大地域："东渐于海，西被于流沙，朔南暨声教，讫于四海"❶，孔颖达注曰："五服之外，又东渐入于海，西被及于流沙，其南与北（朔）虽在服外，皆与闻天子威声文教，时来朝见"❷，朝见乃谓海外诸国如万物向阳一般前来拜见中华文明，朝者朝阳也，中华文明声威之盛、教化之高，传之国际、腾之海外，各国纷纷派遣使节来拜见也。

六、尧舜时代抵达文明巅峰的历史原因

尧舜大时代之所以能在全球早期历史上取得超越其他文明的惊人成就，关键在于：中华民族，能从伏羲、炎黄时代以来长期的宗教、政治、人文实践中，积累起人类文明生活的丰富传播经验，从而在宇宙观之天文大秩序上，在政治观、社会观之地文大秩序上，在人生观、价值观之人文大秩序上，瑰伟建树起围绕"克明俊德"这一终极价值核心的一系列价值信条，这些信条，经尧舜、诸侯、群臣、万民之贤明贯彻，更经尧舜史官、原始儒家凭借"十三经注疏"传统而获得博大宣示与精准诠释，三大秩序坚固形成，协调匹配，融会贯通，传播深广，凝铸成中华文明三重大轴心，全人类从此获得了对待宇宙万物、组织自身生活的合理观念与有序完善的人文治理的伟大制度体系，从而确保了在华夏民主制的有序治理下，中华文明取得天文、农耕、治水、通航、工商制造等一系列极其惊人而又极富首创性的文明成就。

再譬如，尧帝"允恭克让，光被四表、格于上下"诸说，实乃一揽子解决了长期困扰人类的宗教、种族问题：人类若能彼此相亲相爱、恭敬礼让，就是对天地神明的最高尊奉，这一伟大观念的确立，不仅一举将宗教种族问题从政治建制、社会建构上剥离开来，并且使宗教问题隶属于政治建制（舜帝将祭祀列为文治政府职能之一，由"秩宗"职掌）、社会建构（五服制度实则纳蛮族于华夏文明制度体系之内，"协和万邦""一视同仁"的态度适用于一切种族），如此，长期困扰其他文明的宗教冲突、种族冲突问题，在中华文明之尧舜大时代已经获得解决。以此，中华文明率先从偏执独断的宗教意识形态与根深蒂固的种族偏见中解放出来，实现了"人文主义的哲学突破"，奠立起华夏人文主义的基本价值体系和价值信念：人类能"克明俊德"，就是对天地神明的最高礼赞，这一政教分离的宪法原则，西方直到两千余年后的近代宪政改革时期才予确立，然其现实生活中仍充斥着种种宗教、种族冲

---

❶ 十三经注疏·尚书正义[M]. 北京：北京大学出版社，1999：171.
❷ 十三经注疏·尚书正义[M]. 北京：北京大学出版社，1999：171.

突，仍由此酿成一系列国际战争和恐怖屠杀，中国人自古视西方为文明落后之"蛮夷之邦"，不亦持之有故耶?!

  吾中华民族，倘能重树一万年间不断诞生、成长、更新而无比博大深厚之中华文明为人类文明之正宗宏轨，内修"天下为公，选贤与能"之华夏有序民主制之伟大遗教，外持"协和万邦"之共享主义、和平主义之国际政策（实乃沿袭五服制对蛮族之怀柔），尽力研习其工商科技制度之优长，以补足、完善吾中华文明仁义道德等人文建树上的巨大优势，则中华文明可一扫宋元明清以来渐次深重的内外颓势，唯需细心一一清除"全盘西化"论奉西方文明为唯一先进文明之偏颇流毒，重新确立中华固有文明之主体地位与共享主义品格，内修仁义公平之治，外敦万邦协和、全球一家之睦，则中华文明必将率先突破当今全球文明之危局，引领全人类走向和谐繁荣之文明大同也!

第十二章　尧舜时代的全球意义

中华文明的大一统古典宪政体系的确立，包括对内推行仁政的宪政文治主义治理模式，对外包容一切种族、和平扩展文明的朝贡体系、五服军事拱卫体系，华夏大一统国家的建成完善等伟大历史进程，不仅促使中华民族取得惊人的文明成就，更将朝贡体系扩展到整个东亚地区，成为人类文明处理国内种族关系、国际关系的最佳模式之一。

这一古典朝贡体系的伟大模式，以和平主义、共享主义的兼容并蓄、宽容自由的大一统文明传播特质，与古希腊罗马文明、中世纪基督教文明和近代西方文明的殖民征服、军事占领、资源掠夺等残暴不仁的"帝国霸权体系"形成鲜明对照，更是当代全球谋求永久和平的最佳典范。

一、中华古典宪政制的历史演进

华夏古典民主制，经历了具共享意义的五个阶段：

第一，炎黄尧舜时代，简称大同民主。天下公推共主，形成完整的宪政分权制衡体系与宪政文治主义治理结构，造就了大禹治水成功、全国水陆交通、江河湖海、河渠灌溉等水利设施、行政区划的整齐统一、九州朝贡体系（包括华夏地区的赋税制度和四夷地区进贡臣服的制度）、五服拱卫的军事体系、地方自治体系等中华大一统文明建制，取得举世震惊的全球古典时代最高文明成就。

第二，夏商周时代，简称小康民主。天子世袭，但天子权力，受到三公、三孤（前身为四岳、群牧）保傅制度，民意舆情制度，诸侯朝觐制度，宰相九卿等文官制度，士绅制度，百姓地方自治制度等一系列宪政分权制衡体系的约束，造就了晚周各诸侯国的强盛和诸子百家学术繁荣。

第三，秦汉隋唐大一统时代，简称儒教民主。天子世袭制稳固，诸侯势力扫荡一空，但天子、权贵阶层的权力，仍受到儒家宪法哲学、以宰相为首的儒家文官制度的制衡，中央监察制度、士绅制度、地方自治制度更加完备，儒家思想学术传统、公平推举的士大夫选拔、考试、任用制度和面向全社会的儒家公共教化（儒教）系统，确保宪政文治主义政府体系的公平开放、有序合理。

第四，宋元明清时代。古典宪政遭到破坏与局部修复的时期。天子为首的皇室特权集团的权力逐步加强，中华古典宪政秩序一再遭到破坏，儒士文官系统，被经常性地分裂为对立政见、对立政治集团的彼此冲突和党争倾轧。明太祖废宰相、建内阁，士大夫统治遭严重扭曲。元、清残酷打压汉族士大夫群体的参政议政机制，注定了王朝的没落与灭亡。

第五，近现代时期。民国照搬西方政制而屡遭挫败，国家险遭全盘倾覆。改革开放时代的中国，积极推进民主法制建设，倘能充分吸取华夏民主制古典宪政秩序的伟大遗产，将在全球文明的危机时代，重铸中华文明高度可持续的万年辉煌，重建全球文明的治理体系！

华夏民主制的历史演进，启迪着当代全世界：中华文明，在文明传播的伟大进程中，如何建树起"敬天保民""协和万邦"的宪法原则和宪政制度体系，开放政权、普选贤德、采纳民意、依法治理、严格督察、善待百姓、选士教养、提升风俗，最终建构起"万国来朝"的华夏大一统朝贡体系、合理有序的文明传播秩序和稳定繁荣、万年绵延、灿烂辉煌的文明传播成就。

二、古典宪政体系，确保九州大一统

中华文明历经炎黄、尧舜时代的伟大民主宪政创制，至虞夏殷周时代，获得极大扩展，形成欧亚大陆东端最大的文明秩序整体。而舜帝、大禹的治水成功，就是当时全球最大规模的国土整治、水利兴修与文明传播秩序的拓展。

《史记·夏本纪》载之曰：

> 禹乃遂与益、后稷奉（舜）命，命诸侯兴人徒以傅土，行山表木，定高山大川……左准绳，右规矩，载四时，以开九州，通九道，陂九泽，度九山，令益予众庶稻，可种卑湿。命后稷予众庶难得之食。食少，调有余相给，以均诸侯。禹乃行，相地宜所有以贡，及山川之便利。……于是，九州攸同……四海会同，六府甚修。众土交正，致慎财赋；咸则三壤，成赋中国。❶

舜帝、大禹等君臣治水成功，主要靠中央政府的道德威望以及华夏城邦民主宪政

---

❶ 王利器. 史记注译[M]. 西安：三秦出版社，1988：21-27.

体系内中央、地方各级政府、社群、百姓的通力合作，中央政府因尧帝推行的文官普选制、天子禅让制以及舜帝一系列民主宪政建制、选士养民政策而威望得到空前提高，使各诸侯国政府、人民竭诚效忠，贡献出巨大人力、物力和聪明才智，促使尧帝时代政府无力完成的这项旷古未有的、超大型的、涉及全国水利、交通、土壤测量、山林保护、财税定额、行政区划、国土规划等"禹贡九州"工程，得以顺利完成，使中华大地整治一新，水利、交通等一切公共服务体系空前完备、十分便利，加速了中华各民族融合为文明整体。

三、尧舜禹时代完备的公共服务系统

尧帝的民主推举、禅让天下，舜帝的礼敬诸侯、文明建制，使中央政府享有文明观念、宪政制度和人才、技术、信息等诸多方面的绝对优势，大禹诸人的治水工程因此获得地方诸侯的大力支持，最终成功。而这一成功，更实现了前所未有的两大文明传播扩展：一是文明技术的扩展传播。伯益将多熟的稻种耕作制普遍推行全国，原本卑湿之地也能耕种，诸侯各国的农业生产普遍提高；后稷主持全国粮食政策，使粮食供给均匀调剂，这样，华夏民主选举基础上的城邦联盟体系，因其人才、技术、信息上的巨大优势而更加稳固，中央政府威信更高。二是文明观念、制度上的一大扩展，即"朝贡制度"和"五服制度"的建立推行。大禹率人普查全国土壤肥力、兴修交通水利设施、记录各地物产等相关事宜，进而制定出诸侯各地方根据土壤肥力以及物产特色，向中央政府供奉财赋、贡品的"九州朝贡制度"，至此，中央与地方之间财税关系稳固确立，中国作为一个政教、财税、耕作、府藏、水利、交通、天文、地利等各项制度高度统一的东方文明大国，可以雄立天下而无后患。

舜帝、大禹在中华文明传播上的一个重大贡献，是在地域基础上建立姓氏制度和地方拱卫中央的"五服"制度：诸侯受封，即在受封地域上建立独立氏族体系，诸侯保有原姓，但同时获得地域名称之"氏"族，据以荣褒该氏族对祖先（姓）、对国家或乡邦（氏）的道德贡献。这一道德习惯演成风俗，迟至近现代，各地宗族联谊会、同乡会林立，中国人恒以同姓氏即"五百年前是一家"相联结，高贤大德亦以荣耀祖宗乡党为尊号，远如韩昌黎（愈），近如曾湘乡（国藩）、李合肥（鸿章）、张南皮（之洞）之称呼，皆如此。

"五服"制度更具文明传播之宏纲伟义：天子之国（国都）方圆五百里称"甸服"，甸者郊外也，近国都而服事天子也，供天子朝廷之粟米粮草。甸服外五百里称"侯服"，侯者候也，即负担军事保卫、警戒之责，其中，方圆百里称"采邑"，即卿大夫的封地；方圆二百里称"任国"，即为天子服役的小国；方圆三百里称"诸侯"，即拱卫中央、防御外侮的强大诸侯国也。侯服外五百里称"绥服",绥者安也,即安定内外、推行华夏文明至边疆之地也。绥服外五百里称"要服",要者约束羁縻之义,即约束羁縻与华夏文明比较接近的蛮族之邦。要服外五百里称"荒服",边远荒蛮之地,与华夏文明生活比较疏远的蛮族外族,则警戒之可也。后来,中华政治制度延伸到婚丧等礼仪制度上,亦称"五服"之制,即寓含中央地方、华夏蛮族、天下百姓,联结为统一整体、彼此拱卫的意义。

舜帝、大禹等君臣共治天下,彼此训诫,《尚书》《史记》备载其言。舜帝训大禹"敬四辅臣",《尚书大传》谓"古者天子必有四邻:前曰疑,后曰丞,左曰辅,右曰弼"❶。这四辅臣,应当就是尧舜帝十分倚重的四方诸侯代表——四岳,具有代民监督天子以及中央政府的重要功能。大禹则谓"能成水土功,辅成五服,至于五千里,州十二师,外薄四海,咸建五长,各道有功"❷。大禹之言,表明平治水土、五服拱卫,中华疆域扩展为五千里,十二州拥有万民之众❸,中华文明传播于四海之内,各地诸侯均建"五长",即在五个诸侯国间推举一人为"方伯"以辖制五诸侯,如此,确保天下诸侯各城邦共尊天子及中央政府也。

舜帝崩,大禹即天子位,建夏。居位十年,东巡至会稽山而崩,禹依据禅让制传位于伯益,但"虽授益,益之佐禹日浅,天下未洽。故诸侯皆去益而朝启……"❹禹子启遂取代益即天子位。推而究之,夏禹未能严格依据《尚书》二典备载之禅让制度的基本程序——咨询四岳、民主推举、试以相位、授以大政、退位由继任者摄天子位、继任者在先帝去世后退避一方、听由诸侯以朝觐方式最后定夺——致使伟大禅让制度程序,遭到无意疏忽或有意破坏❺。从此,中国政局由"天下为公之大同政治"堕落为"天下为家之小康政治",这一政治堕落,在当时就引起与夏后氏同姓的有扈氏不服,夏启兴兵征讨灭绝有扈氏,开此下诸侯不服中央而彼此征讨杀伐之乱局也。

四、夏商周宪政体系的历史演变

观《史记·夏本纪》叙夏启继位后历朝行政,可知夏政大多乏善可陈,且数度遭遇诸侯反叛,最终,酿成中国历史上第一次人民革命——"汤武革命"之商汤革

---

❶ 王利器. 史记注译[M]. 西安:三秦出版社,1988:30.
❷ 王利器. 史记注译[M]. 西安:三秦出版社,1988:30.
❸ 王利器主编《史记注译》30页注"州十二师"训"师"为各州长官,误。"师"训"众",《尚书·尧典》"震惊朕师";《论语》"当仁不让于师","师"均为众人之义。参见蔡沈《书经集传》和钱穆《论语新解》相关注解。
❹ 王利器. 史记注译[M]. 西安:三秦出版社,1988:31.
❺ 蒙文通《古史甄微》直谓夏禹表面传位于益,实则令子启自取之也。参见 中国现代学术经典·廖平、蒙文通卷[M]. 石家庄:河北教育出版社,1996:407.

命——各诸侯国在新兴诸侯首领商汤的率领下，放逐夏桀，拥立殷商新朝。太史公总评夏朝政绩，仅肯定其"其后分封，用国为姓"即依地域建立姓氏和"贡赋备矣"外，对其少有佳评❶，盖痛其毁弃大同、自堕小康、器局狭小，开启此后中央失德、诸侯征伐、国家动荡不宁、人民流离失所之乱源也。

殷商始祖为契，舜帝时代佐禹治水有功，受封商（今河南商丘），后因迁殷（今河南安阳），故称殷商。商人首领成汤，在夏朝为"方伯"，有征讨邻近诸侯的大权。夏政昏乱，商汤率诸侯灭夏，即天子位。殷商王朝几度兴衰，关键在于殷政能否得地方诸侯之心，如果"诸侯莫朝"❷，殷商王族就必须修政修德，诸侯复来朝觐，标志着殷商王朝度过合法性危机，再度复兴。一度佐商汤革命的贤相伊尹，作为卿大夫的代表，就曾毅然放逐失道的殷帝太甲，自摄帝位，直至太甲改过，乃复之。观殷商之政，可知天子之位虽然私于帝室，但天下大政仍在诸侯、卿大夫权力制衡之下，尧舜二帝君臣共治的城邦民主制的伟大观念、规模、建制、传统，继续发挥着巨大作用。

殷末帝纣荒乱残暴、诸侯离心离德，新兴诸侯周首领西伯姬昌（文王），修仁德、振国力、诸侯归之。周武王继立，在黄河之滨孟津会盟各路诸侯，天下"诸侯叛殷会周者八百"❸，武王率众一举灭殷，封纣子武庚以国，武王即天子位，遂开始了中国历史上最悠久的王朝之一——周。

五、稽古鉴今：大一统文明精神的传播

万书之祖、万史之源《尚书·尧典》，首揭"稽古"这一概念的伟大深厚含义，尤垂教深远。"稽古"者，稽考古人之文明传播经验，用以指导当下人类的文明实践。唯深入"稽古"者，乃能精准稳靠地开辟未来，因为只有这样，才能深合文明传播之根本精神——恭敬地"传"承文明遗产，在深入探究人类文明的一切传播经验的基础上，斟酌损益、开辟未来，进而"播"散、扩展人类文明成就，同时教会善忘、易惑的人类永怀、牢记文明遗产，牢记、缅怀、追随创造这些遗产的圣贤仁德！

稽古乃文明传播之第一步。盖人类感官经验、生命经验，往往飘忽不定、局限甚大，能够原原本本地记录、验证、稽考之文明传播遗产、历史传统，就成为人类推展文明的最大依靠。历史传统之精深含义，就成为人类挣脱瞬息万变的当下经验的愚弄、合理有效地上升到理性把握水平的最大宝库与最大依据。故而，中国古人极注重翔实可靠的历史记录并从中诠释生发出伟大的历史哲学、传播哲学，以引导此后的文明传播实践。

---

❶ 王利器. 史记注译[M]. 西安：三秦出版社，1988：32.
❷ 王利器. 史记注译[M]. 西安：三秦出版社，1988：43-45.
❸ 王利器. 史记注译[M]. 西安：三秦出版社，1988：46-47.

围绕《尚书》等儒家"六经"所进行的、伟大崇高的"神州知识""华夏价值"的生产,实际上是历代中国人,不惜流血牺牲、前仆后继、艰苦卓绝地保存中华文明正统、反抗残暴统治的无数次伟大的价值生产,经历这些历史大较量、价值大决战,轴心时代中华文明的历史真相,得以从秦火坑灰、清朝文字狱等旷世浩劫中蓦然新生,永远辉耀人寰,成为全人类的智慧珍宝以及共享价值的最经典论述。此智慧、此论述,经孔子、孟子诸圣贤确立、揭示,经后世儒者不断诠释,备载于《十三经注疏》以及"二十四史"中,成为掌握人类文明传播奥秘以及稳固真确的共享价值的不二法门。

"稽古"之含义博大深微哉!孔安国诠释《尧典》首句"尧典曰若稽古"一句:"若,顺。稽,考。能顺考古道而行之者帝尧。"❶孔颖达《尚书正义》对此疏释说:

> 言"顺考古道"者,古人之道非无得失,施之当时又有可否,考其事之是非,知其宜于今世,乃顺而行之。言其行可否,顺是不顺非也。考"古"者自己之前,无远近之限,但事有可取,皆考而顺之。今古既然异时,政必殊古,事虽不得尽行,又不可顿除古法,故《说命》曰:"事不师古,以克永世,匪说攸闻。"是后世为治当师古法,虽则圣人,必须顺古。❷

顺考古道、师法古人,制今世之宜、合今世之需也,孔子以来之周秦汉唐诸大儒之垂世立教、治国安邦者,以此!孔颖达注疏十分恰切,且洞烛古今、预见将来:稽古、顺古、考古,全为了适合今用,固然不可拘泥复古,更不可采取蔑视、贬低、怀疑一切、指斥一切、全盘否定、割裂、毁弃、污损、扭曲古人创造的错误偏执态度。

不幸宋元明清民国,国势常处衰颓、政教深度紊乱:中枢政治,党争纷纭,明初废弃尧舜夏商周秦以来延续2500年之宰相制度,建内阁制以帮办于君主,君主专制独断之权力日盛,公卿大夫主持政治的权力日削,君主专制对外迫于蛮族、对内压制舆论,世风腐败不振;伴随科举制的日益僵化,明末、清代实行肆意屠杀、羞辱士大夫之恐怖主义文化政策,文字狱彻底败坏士风,士子无奈,皓首穷经,求取功名,全无一用;更有逞其才智、炫其博雅者,竞相标榜而成琐碎考据、不预大道之学术陋习。

中华政治、学术最腐败、最虚弱之时,恰是西方帝国主义霸权最凶残、最横暴的时期,部分国人迫于内忧外患,目睹清朝民国政府之无道,遂牵连怀疑中华固有文明之不朽价值,民初舆论界,有"中国不亡,天理难容"之说!

每一文明陷于衰乱、难以自拔之时,浅衷盲从者必产生根本性的价值混乱。由于

---

❶ 十三经注疏·尚书正义[M]. 北京:北京大学出版社,1999:25.
❷ 十三经注疏·尚书正义[M]. 北京:北京大学出版社,1999:26.

现实处境的种种不如意，这些浅衷盲从者，必群起迁怒、诿过于现实处境，更凭其"意、必、固、我"❶的偏执逻辑，进一步把失意推诿于过往处境（历史）种种不可免的流弊、失误，从而丧失对历史与现实的理性判断，得出极其偏激、荒诞的结论。这些荒诞看法，若在太平盛世，人们会一笑置之，以为不过是狂简之徒一时不逞发为愤激之言而不予重视；若在衰乱之世，则情形完全不同：大凡浅衷盲从之人，往往极擅"作秀"，即故作惊人之语以耸动听闻、投合舆论，衰乱之世的大众本极悲苦，正在无以聊生之时，闻听此"非常异义可怪"之论，立刻深表赞同、大声喝彩，深受愚弄而不自知，近代舆论环境的浮躁更为之推波助澜，于是，一种文明的基本价值信念体系以及秩序真相，就在这种政乱学衰、民心彷徨的状态下倾覆。

清末民初，中国正处于这种深重苦难中：清初统治者肆行屠戮而不自安，沿袭明初废宰相置内阁之君主专制，标榜"圣上乾纲独断"，华夏有序制衡之民主制完全废弃，卿相大夫、文官主持朝政、大臣封驳、士绅清议等沿行数千年之有效制衡机制，至此荡然无存；屡兴"文字狱"以钳制舆论并残酷压制汉族知识分子，当朝内阁首辅曹振镛，总结为官诀窍是"多叩头少说话"，如此奴颜婢膝，焉能主持正义、治理国家?!

士大夫遭受屠戮羞辱，不堪者惟有埋首书斋、畏闻国事，谄媚者则变节奉迎、钻营取宠，士风败坏，莫此为甚；全社会"上无道揆，下无法守，君子害义，小人害刑"❷，民生之困苦、世风之腐朽，与满族皇室之骄纵不法、西方列强之催逼侵夺，四者环环相扣，促使孙中山"驱除鞑虏、恢复中华"之说大行于世。

不料民国政府，比清政府更加无道：民生之困苦、世风之腐败，不仅变本加厉，更添种种新乱象。一向被认为是亡国征兆的"朋党政治"如今堂而皇之地在近代名义下的国会、总统府、报馆书局等处一一搬演，袁世凯、曹锟等军阀、党棍，公然贿选总统、愚弄全国，民心之"彷徨"无助、士子之狂躁莫名、惟欲"呐喊"之情状，更远甚于清末。

值此昏乱败坏之时，对中华古典文明乃至中国人"国民性"的种种极端否定言论，不仅甚嚣尘上，而且深入到学术思想领域，遂有"全盘西化""疑古""辨伪"等主张一时大行其"道"。

上述诸说，只要稍具经验认识者，即可迅速予以驳倒并指明其谬误：中华文明存续一万年之久，其他古典文明如美索不达米亚、埃及、印度、波斯、希腊、犹太等，或灰飞烟灭、只余遗物，或中有断裂。试问：中华古典文明之一万年的诞生、绵延、挺立、更新、融会广土众民的巨大凝聚力等，难道仅仅是出于偶然吗？中华儿女赴汤蹈火、前仆后继以保全宗庙社稷，其壮烈功德，可歌可泣，难道他们用鲜血和生命所

---

❶《论语》载："子绝四：意，必，固，我。"谓孔子杜绝了四种思维错误：主观臆断、妄判因果、固执己见、有我之私。

❷《孟子》语。

捍卫、维系的国家社稷，本来不值一钱吗？

若稍稍通读经史子集，即可了悟中华文明在一万年的文明创造进程中所积累并一一完备的、举世罕匹的人类经验的宝库中，蕴藏着烛照古今的伟大智慧，今人尊敬之、汲取之、变通之，方能开创中华文明乃至全球文明的新局面。如此平实的学术见解，在清末民初的思想、社会氛围中却遭遇"全盘西化"派的冲击："中华文明必须在西方文明的价值坐标下，推倒重来、全盘改造！"不仅政治、经济、文化要全盘西化，连汉字都要废除，推行拉丁字母或世界语。这派见解表现在对待古典文献以及古典文明的基本价值态度上，就是"疑古辨伪"，宣布经史子集等经典文献中的很大部分为"伪书"！

细读《十三经注疏》经文、注释，再对比参照《史记》《国语》《大戴礼记》《白虎通》等汉唐古书古注，可知中华文明的往圣先贤、史官巨儒，为后人留下了一笔非常丰富、完备、彼此呼应、相互生发、诠释、印证的传播遗产。这些遗产极其完整地建构起一个博大恢宏、深湛精微的"人类世界"，其政教之谨严、创制之精密、贯彻之鲜活、评价之允恰、人类心灵之纤毫毕现、人类良知的巍然建树、共享主义的价值建树……均在经典文献以及注释疏解中，一一条分缕析、相互匹配，个别词句、个别史实经秦火、战乱等原因而错置或误记，根本不足以颠覆其完整体系之真确无误，更无损于从此体系中深入汲取智慧，借鉴文明经验以"通经致用"，指导全民族新的文明创造！

陈其泰、张京华2001年编成《古史辨学说评价讨论集》❶，对1949—2000年间有关"古史辨"派学说的评论、研究予以梳理、合编，该书未录入清代著名学者譬如李恕谷、毛奇龄对阎若璩妄疑古文尚书是伪书的批评，民国著名学者王国维、柳诒征、陈寅恪、吴宓、钱穆、蒙文通等人对"古史辨"派的批评，仅选取其中几位著名学者、专家鞭辟入里的批评，即可了解此类疑古学说之实情。

著名思想史家胡秋原，在《一百三十年来中国思想史纲》（1973）中揭示了疑古思潮兴起的原因：

> 北大教授钱玄同和北大学生顾颉刚逐渐找到一个新工作，这便是《古史辨》——专门否定中国尧舜禹之古史，说这都是神话而不是历史。这工作的发起人，是钱玄同。……他在《新青年》时代即热心于废除汉字，认为"二千年所谓学问，无非推衍孔二先生一家之学说"，或"道教妖言"。要"废孔教灭道教最彻底的办法，唯有将中国书籍一概束之高阁"。因此必须废除汉文。他认为中国文字"断不能适用于二十世纪之新时代"。他主张用世界语代汉文，而以英文法文为过渡。……废止汉字之事虽未成功，他

---
❶ 陈其泰，张京华. 古史辨学说评价讨论集[C]. 北京：京华出版社，2001.

觉得还有一事可做，此即"疑古"。

> 梁（启超）胡（适）诸人盛称阎若璩考证古文尚书是伪书，是科学方法。姚际恒的伪书考、康有为的改制考亦被推崇……
>
> 接着又有一个白鸟库吉，写了"尧舜禹抹杀论"，说古书所传尧舜禹之事皆为神话。……于是钱氏先仿废姓外骨（日本作家），改名"废姓玄同"，继而改名"疑古玄同"，再学幸德（秋水）和白鸟之舌，说易经代表生殖器崇拜，尧舜禹皆为神话。尧舜不足信，那言必称尧舜的儒家和依据易经的道家便不打自倒了。
>
> 在他的启发下，顾颉刚"大胆假设"古史皆"层累地造成"，再来"小心求证"。他们求证的办法很简单，一、过去许多疑古、考证
>
> 文字，如崔述考信录，再抄抄白鸟等人之说。二、因为没有发现夏代铜器，所以大禹治水不可能。三、抄一点外国讲神话的书，例如洪水是神话等。四、再加他们的想象和附会，例如《说文》说"禹，虫也"，便说禹为动物，出于九鼎。这是民国十五年的事。这既好玩，又"科学"，可以吓唬青年……这时（1931年）已有土肥原进行、白鸟库吉参加计划的"满洲国"运动，灭亡中国运动，无须他们来灭古史了。[1]

著名学者王元化在《与友人书：谈古史辨》中，批评疑古思潮妄疑古典文献，造成学术研究的停顿乃至僵滞，直至考古发现证明《周礼》等古典文献不伪，可谓损害巨大：

> 以怀疑精神探究古史本无可非议，但以辨伪范围古史，则未免过于简单。盖如此难免胸中横亘先入之见，所见莫非伪者。由此倘再率尔断案，则其弊尤甚。……
>
> 即以《周官》一书而言，自宋欧阳修、洪迈，清方苞、廖平、康有为诸人，均斥之为伪书。……但据近二十年出土青铜器铭文考订，仅西周早、中、晚三期，其中册命职官（名称、职务、级别）与《周官》合者，不下五十余种。（参见中华书局出版之《西周文官制研究》及台湾出版的《西周册命金文官制研究》）此乃铁证，不可驳也。[2]

---

[1] 原载胡秋原《一百三十年来中国思想史》83-84页；陈其泰，张京华.古史辨学说评价讨论集[C].北京：京华出版社，2001：255-256.

[2] 原刊上海文艺出版社1994年版《思辨随笔》；陈其泰，张京华.古史辨学说评价讨论集[C].北京：京华出版社，2001：369.

被尊为"当今国学属第一"的饶宗颐先生，在其论文集的最后一篇论文中，对"疑古辨伪思潮"予以不可倾摇的否定性评价，可谓此公案之精严"论定"：

> 远东地区居民，大抵为汉藏语系及印欧伊斯兰语系。以种族言，前者为夷、越、戎、羌与诸夏构成。后者自昔统称曰胡。汉、胡对立，为汉唐记载常见。以宗教信仰言，后者即佛、祆、回诸教入华之媒介。百川汇合、万汇交融以形成今日中华民族文化之共同体。自红山文化发现以来，又知远古东胡琢制夷玉工艺之卓绝，其庙墓坛遗结合形态，具见天圆地方观念之悠远。……未来必须建筑在过去的基础之上，否则所有的虚构假设，其目标与方向，往往是不正确的误导。反思过去史学界，从洋务运动以后，屡次出现这种过失，不免患了幼稚病。所有新旧之争、伪经疑古之争、本位文化与全盘西化之争，都是走了许多冤枉路。回头是岸，现在应该是纳入正轨的时候了。
>
> 以前许多错误的学说：像……说五行思想要到汉代才正式发生，把古代某些制度演进的硕果，尽量推迟，使古籍上的许多美丽的记录完全无法理解而受到贬视。由于不必要的假设，把事物的年代推后，反而怀疑古书种种的可信性。国史是一条绵延不断的河流，又吸收汇合了许多支流，蔚成巨川。
>
> 世界上没有其他像我们这样经过多民族融合而硕果仅存屹立不动的时空体制。西亚、希腊已经过了无数次更易主人，历尽文化断层的沧桑。中国迄今还是那个老样子。中国科学智慧的早熟，如音乐音阶在六千年前已产生七孔笛，即其一例。近年大量丰收的出土文物，使古史景象完全改观。我们不能不正视历史的真实面貌。以前对于古史看法，是把时间尽量拉后、空间尽量缩小。
>
> 现在，《古史辨》时代已经过去了！我们不能再接受那些误导的理论；对待历史，如何去溯源、决疑，不能够再凭主观去臆断，不必再留恋那种动辄"怀疑"的成见，应该去重新估定。❶

大哉饶宗颐先生之言！可谓一言廓清疑古辨伪、全盘西化之颠倒迷思！疑古辨伪思潮可以休矣！中华经典文献，终于可以挣脱怀疑阴霾，重光于天下、照耀于全球！

疑古思潮常使学术研究陷于停滞。譬如：巍然位居群经之首的《尚书》，由于遭遇暴秦焚书坑儒之祸而消失，汉代君臣遍访不得，幸赖伏生全凭记忆背诵复述、晁错亲往济南受学记录，才得到以秦汉文字写就的今文《尚书》二十八篇，可谓政教昭然、

---

❶ 陈其泰，张京华. 古史辨学说评价讨论集[C]. 北京：京华出版社，2001：551-552.

弥足珍贵；后有鲁共王坏孔子宅意外获得以晚周文字写就的古文《尚书》，亦广受社会尊重。

汉末郑玄、孔安国等大儒，遍注群经时对今古文尚书一体尊信。尚书经秦火而残破，断简残编合成今古文两种版本，错简误记之处本不足怪，大儒胸怀古人政教大体，对文献记录不同之处，可予斟酌损益而折衷一是，孔安国、孔颖达等汉唐名儒即以此态度修撰《尚书正义》而精准保存古人政教之宏纲巨轨，可谓真"科学态度"也。

不料疑古辨伪思潮致使中华古史完全断裂支离、不成统系。连一代鸿儒、国学宗师钱穆也一时受其影响，其名著《国史大纲》，不仅对尧舜禹夏商等朝语焉不详，更说《尧典》（实为《舜典》）所载官制不可凭信：

> 《尧典》虞廷九官……较之秦汉九卿，意味深长远矣。此正见为儒者之托古改制。否则唐虞时中国政制已如此完美，何以二千年后至秦汉之际，转倒退乃尔。❶

此乃钱先生"智者千虑之失"也：华夏唐虞大同政治退化为夏商周小康政治，再因应秦汉之际诸侯纷争、残酷兼并局面而创建起中央集权之华夏一统格局，虽不如唐虞时代诸侯、群臣普选公推天子之联邦民主制伟大，但却承袭了华夏民主制之文治政府（钱穆先生特具英明而首倡之说）体系，历史沿革有损有益、有沿有革，正是历史曲折前进之常态，不可简单推定历史进步采一味进化之样态也❷。

具体到唐虞官制，古文尚书之《舜典》记载详备，《史记·五帝本纪》所言，与之匹配，分毫不差❸，阎若璩妄断古文尚书为伪书，则《史记》亦无从征信，此言虽遭李恕谷、毛奇龄等人严词批驳，却被清代、近代许多学者一一采信，以为不刊定论，许多国学著作，径自标明《伪古文尚书》而将其篇章打入冷宫、不予研究、注释或对之深表怀疑，贻误学术思想，莫此为甚也！

李学勤在《走出疑古时代》中委婉谈到：

> 今天已经可以认识到，过去我们的一些结论，受过去出现的一些思潮影响而认识到的学术史的面貌，现在看起来与事实有相当大的距离。我说的思潮是什么呢？就是大家都深受影响的疑古思潮……它也有副作用，在今天不

---

❶ 钱穆.国史大纲（上册）[M].北京：商务印书馆，1996：11.
❷ 罗义俊.钱穆与顾颉刚的《古史辨》[C]//陈其泰，张京华.古史辨学说评价讨论集.北京：京华出版社，2001：397-413.
❸ 王利器.史记注译[M].西安：三秦出版社，1988：10.

能不平心而论，它对古书搞了很多"冤假错案"。❶

比李学勤所言更直率批评的，是原国家科委主任宋健先生。他在1996年5月16日"夏商周断代工程"宣告启动的会议上，以《超越疑古，走出迷茫》为题发言说：

> 作为自然科学工作者，我读科学史多些。李约瑟博士，中国科学院外籍院士，曾公开声明皈依中国文化，并解释道，这是经过几十年研究和深思熟虑后作出的决定。
>
> 伴他来华的新闻记者坦普勒也送我他写的书，叫《中国——发现与发明之邦》。书中有一段话，标题为"西方欠中国之债"，大意是，李约瑟的研究，解开了西方人和中国人都未曾知晓的、人类历史上的最大迷惘：当代世界文明，是由中国历史文明和欧洲文明综合而成。
>
> 察英人罗伯兹编著，于1993年出版的《世界史》中说："一致公认，中国的文明史从商开始。长期以来，这是研究中国历史的基础。"……所有认知自己的祖国是五千年文明古国的中华民族子孙们，部分历史学家除外，对外国人这些说法会愤斥之为浅薄。读了几本现代中国人写的史书才明白，外国人的观念，在很大程度上来自中国历史学界自己的迷茫和纷乱。
>
> 太史公司马迁，览尽石室金匮，广采民间遗存，整齐百家杂语，网罗天下佚失旧闻，深考论次，忍辱负重而作千秋《史记》。自清末以来，中国治史学者，对前三篇《五帝本纪》《夏本纪》和《殷本纪》，以及《书》《礼》等文献记录，有信的，有疑的，有释的，有根本否定的。……有近代史学家自称为疑古派，索性改名为"疑古"，与十宿道人（李约瑟自号）形成对照。……吴泽先生……说："过去许多人终是喜欢无条件疑古，好像夏殷周三代历史，'文献不足''靡得而记'、不能研究，就是'正史'里的《尚书》《史记》等，有关夏代商代的历史纪事，也认为不足凭信。不作科学的考古，不触及史实，全盘取消，态度上是欠严谨的。"（见1951年棠棣出版社《中国历史大系·古代史》）……近几年，民间巷里，科技团体，快史学家之迟疑，怨众贤之蹒跚，无奈自编三代纪年。……冰积泉涌，激扬风起……❷

宋健先生批评中国当代史学界"迷茫、纷乱"实属客气，余置身当今学界，深知

---

❶ 李学勤. 走出疑古时代（修订本）[M]. 沈阳：辽宁大学出版社，1997：9.
❷ 原载《光明日报》1996年5月21日；陈其泰，张京华. 古史辨学说评价讨论集[C]. 北京：京华出版社，2001：468-479.

管理体制、评价机制以及错误的学术观念（譬如疑古思潮等）、商业主义社会潮流对人文学术的极度扭曲。

今天拨乱反正、溯本穷源，必须虚心存敬地深入研读经典文献，本着"通经致用"的人文主义原则和"稽古通今"的人文主义方法，重建中华文明的伟大传统与传播秩序，方能使振兴中华的伟大事业，获得取用不竭的宝贵精神资源。

中篇

大一统文明之美

第十三章 联邦大一统

中华文明在尧舜时代的古典政治、社会、人文建构的巨大成就——完善的古典宪政体系的基础上，向更大文明地域扩展。与此同时，大一统文明传播的演进路线也出现了第一次重大转变，即由炎黄尧舜时代的华夏公推共主之禅让制，转变为夏商周时代的天子世袭制，从而告别了"天下为公"的大同民主制，进入了"天下为家"的小康政治。

一、从大同宪政到小康宪政的演变

由于广土众民，中华文明必须时时确立并调整中央与地方之间的关系，以稳定全国政治与社会秩序。尧舜二帝之所以费尽苦心地确立、完善以天子禅让制为重要内容的华夏民主制，就是为了稳定中央与地方关系并凝聚全国各地人心：天子由中央政府代表诸侯利益的四岳、各地诸侯、群臣、万民推举产生，由中央政府予以试用并详密考察，最后平稳实现天子禅代，这一套君臣公举、普选贤德的禅让制度，既维护了中央政府权威，又充分考虑了诸侯、群臣、百姓的民意、利益，是中央与地方政治关系的最佳模式。

大禹、夏启父子废禅传子，建立天子世袭制，从"克明俊德、协和万邦"的全球共享主义的政治理想看，这无疑是巨大的历史退步，孔安国祖述孔子，在《尚书序》严批夏商周政治"设教不伦"[1]，即不堪与三皇五帝"天下为公、选贤与能"[2]之华夏民主制相比肩，属于根本体制上的不伦不类，埋下了中央与地方之间冲突的种子。

此后中央与地方冲突不断，促使秦始皇废封建、立郡县，确立起中央集权的全国单一政治体制，但各地方、不同阶层的多元利益诉求，常遭忽视乃至压制，全社会"平铺散漫"[3]，一旦中央政治腐坏，各地、各阶层无凝聚力、无调集力，不仅造成宋

---

[1] 十三经注疏·尚书正义[M]. 北京：北京大学出版社，1999：6.
[2] 十三经注疏·礼记正义[M]. 北京：北京大学出版社，1999：658.
[3] 钱穆《国史大纲》（商务印书馆，1996）认为隋唐以下中国社会平铺散漫，易受外患胁迫，甚有见地。

元明清以及近代胁迫于外患的局面，也造成中国近代政治谋求建立（实乃重建）华夏民主制的一系列困境。

从另一方面看，尽管出现天子禅让制蜕变为世袭制的历史逆转，但天子、文官群臣、士绅、庶民之间分权制衡、彼此约束、监督、考绩、问责、规谏以及民意采纳等华夏民主制的基本制度、宪法精神却并未改变，天子世袭制一定程度上增强了王朝延续的稳定性。

史家陈致平（1911—）在《中华通史》第一卷中对此评论说："夏禹以后传子称王，证明中央的权威提高。诸侯对于中央的关系更加服从、更加密切。中央王室的政权更加稳定……这是一个大的进步。"[1]

由此可知，人类历史的演变，常常是进步与退步并行、治象与乱象兼具、利弊并行，治乱趋势、利弊因素常常同时深化。只有启蒙主义、进步主义史学以及信奉"五阶段论"的史家，才会认为：错综复杂的历史演变，只能遵循一条简单的线索，采单线、直线演进的方式，一路高歌地"进步"到某个理想境界。这一派"新史学"长期以来造成一种根本的历史错觉，即简单判定：新事物总比旧事物"先进"，现代总是比古代"发达"，却蒙昧于人类历史的实际境遇，往往采多线并进、治乱并行的样态，某些线索上确定的历史进步，常常以牺牲另一些线索上的进步乃至引起那些其他线索上的巨大退化为代价。譬如，最近200年全球工业革命确实造成物质生产的巨大进步，但同时造成全球自然生态、社会稳定、道德秩序和人文秩序的退化乃至危机，就是一个沉痛不已的显著例证。

文明传播的进步标尺，只能是天文（自然生态秩序）、地文（政治社会秩序）与人文（精神道德秩序）三大系统的有序平衡，即余所谓"天地人宇宙生命大一统"的均衡协调，亦即今人所谓"可持续发展"。否则，仅仅一个层面的单线进步，若不能匹配以其他层面的多线互动、协调、进步，则这个单线突进的文明层面，也会因其他层面的巨大退化乃至巨大崩溃而骤然终止并产生强烈的反弹作用，从而促使原有三大系统的稳定状态——瓦解、完全失控，两次世界大战、战后冷战的升级对峙、局部"热战"造成的巨大破坏、苏联东欧集团的瓦解等，都是显例。

公平而论，夏商周王朝在尧舜大时代的文明传播的基础上，成功建树起中央权威，确立起天子世袭制度，便于进一步稳定和有效推行中央政教，从这一角度看，是历史进步；与此同时，华夏古典民主制之天子禅让、君臣共治、诸侯群臣万民有效监督并最终决定全国大政的宪政权力遭到一定程度的削弱，又是历史退步。进退相兼、利弊相兼、治乱相兼之复杂局面，贯穿于夏朝400余年、殷商600余年和周朝800余年的政教治理中。

孔子判定这一历史时代为"大道既隐，天下为家，各亲其亲，各子其子，货力为

---

[1] 陈致平. 中华通史（第一卷）[M]. 广州：花城出版社，1996：172.

己。大人世及以为礼，城郭沟池以为固，礼义以为纪……是谓小康"❶。小康者，政教规模较平易，无宏规远摹，维持小小安定康宁局面也。小康虽离天下为公、普选贤德之华夏民主宪政制度之理想境界尚十分遥远，但毕竟社会乱象较少，人民生活比较稳定，礼义政教若措置得宜，亦不失为文明传播的较好时期，夏商周王朝政治，在多数情况下，恰好符合孔子所判定的这一历史状态。

孔子被后世尊为集大成之至圣先师，恰在于这一博大深透、无人比肩的历史洞察力。从此，中华史学正统，即奉《礼记·礼运》中孔子之至理名言，将中华文明的历史时代，分别为大同、小康，中华儿女在维系小康局面的同时，不断探索、建构尧舜时代之华夏民主制之大同主义、共享主义宪政秩序，中华有序民主制之共享价值与人文秩序，遂被全民族高悬为共享的、至真至善至美的人类文明理想。

二、夏文明的古典宪政秩序

夏禹传天子位于启，与夏同姓、诸侯之一的有扈氏遂反叛，理由即为启废除自古传承之禅让制。《孟子》称大禹死前荐举一同治水的伯益摄政以备禅代，禹死后诸侯朝觐禹子启而不朝觐伯益，启遂即天子位。启即位未获全体诸侯的认可，更未能自修仁德以安抚不服诸侯，反而率兵灭有扈氏，可见华夏民主禅代制深入当时人心，天子世袭制确立初期并未获得诸侯、群臣、万民普遍认可。

《史记·夏本纪》曰："帝禹立而举皋陶荐之，且授政焉，而皋陶卒。……而后举益，任之政。十年，帝禹东巡狩，至于会稽而崩。以天下授益。三年之丧毕，益让帝禹之子启，而避居箕山之阳，禹子启贤，天下属意焉。及禹崩，虽授益，益之佐禹日浅，天下未洽。故诸侯皆去益而朝启，曰：'吾君帝禹之子也。'于是启遂即天子之位，是为夏后帝启。……有扈氏不服，启伐之，大战于甘。……夏后帝启崩，子帝太康立。帝太康失国，昆弟五人，须于洛汭，作《五子之歌》。"❷

据此文献，可知以下几点：

一是依据华夏禅让之定制，经天子、诸侯、群臣、万民推举产生之新天子，继位后即当荐举贤德任百揆、总领朝政与百官、使其摄政，以便详密考察其才干品德，以便日后禅让之。华夏民主制之普选贤德、有序禅代，其制度之完备、秩序之昭然，威信极高的大禹也不能违反。

二是大禹荐举摄政以便考察禅代之人时，出现不可逆料的特殊情况：皋陶受荐举却早死，伯益资历似乎又嫌不足，帝禹东巡会稽时意外死亡，诸侯去益朝启，遂开废禅传子世袭制之先例。

---

❶ 十三经注疏·礼记正义[M]. 北京：北京大学出版社，1999：660-661.
❷ 王利器. 史记注译[M]. 西安：三秦出版社，1988：31.

三是夏启继位，诸侯有扈氏不服反叛，可见夏启继位不能完全服众，启率兵灭有扈氏，更开武力压服诸侯之恶例。

四是启死传位于子太康，因此，彻底废禅传子的是夏启。启把大禹朝之特殊情况普适化，可谓不遵华夏民主制的首任天子。

五是夏启以私心废禅传子，不仅由于破坏华夏民主制而造成政治权威上的缺失，更由于愚昧、违背于华夏民主制讲究普选贤德、事先详密考察继任者等一系列饱含政治智慧的程序，直接将天子之位传于太子太康，事实证明：太康之德根本不足以居天子之位，继位不久就因荒乱政务而"失国"，诸侯后羿、大臣寒浞等，趁机颠覆夏朝，夏政由于废禅传子而陷于国内动荡长达百年之久❶。

《尚书·五子之歌》记载了太康之弟五人于洛水之滨翘首以望被放逐、被废置之太康，复述重申"大禹之戒"曰：

皇祖有训，民可近，不可下，民惟邦本，本固邦宁。……训有之，内作色荒，外作禽荒。甘酒嗜音，峻宇雕墙。有一于此，未或不亡。……惟彼陶唐，有此冀方。今失厥道，乱其纪纲，乃底灭亡。……万姓仇予，予将畴依？❷

《五子之歌》实乃总结夏政动荡的原因的重要文献，可由此了解中国古人深湛的政治智慧。"民可近，不可下，民惟邦本，本固邦宁"一句，道尽华夏民主制之精髓：民众只能亲近爱护（近）之，不能卑贱屈辱（下）之，因为民众才是国家社稷之根本，只有民众稳固地、心悦诚服地确认中央权威，国家才能稳定安宁！

《五子之歌》重申了尧舜时代庄严确立的华夏民主制的根本原则（宪法原则）：国家立政之根本，中央行政、中央威信之合法性基础，国家权力的终极源泉，来自人民！华夏有序民主制、华夏人文主义之政治哲学，再次获得重申、强调、宣扬！

《五子之歌》总结太康失国的教训道："太康尸位以逸豫，灭厥德，黎民咸贰。乃盘游无度，畋于有洛之表，十旬弗反。有穷后羿，因民弗忍，距于河。"❸此段文献揭露太康沉溺于游猎，百日不理朝政，诸侯之一、有穷国君、夏朝大臣后羿遂拒绝太康归国，更立其弟仲康。政治动荡因此而起。

《五子之歌》更警告说："在内迷惑于美色，在外迷惑于驰骋游猎，沉溺酗酒歌舞，奢侈宫室用度，这些败德之举，人主有一样都会灭亡失国！"

由此可推知，中央政府在尧舜时代严格建制、谨严持守的勤俭爱民风气，此刻逐

---

❶ 陈致平.中华通史（第一卷）[M].广州：花城出版社，1996：169-170.
❷ 十三经注疏·尚书正义[M].北京：北京大学出版社，1999：175-180.
❸ 十三经注疏·尚书正义[M].北京：北京大学出版社，1999：176.

渐废弛乃至荡然无存，夏朝中枢政治更因华夏民主制的废弛而丧失外在监督与内在约束，因此才出现身为天子的太康"十旬不返"的荒乱现象。

中央政治荒废，地方诸侯此时仍维系着华夏政教纲常也：太康遭后羿放逐、废置，收留太康的就是尧帝后裔"陶唐氏"。由于中央政治荒乱动荡，百官群臣亦废弛职守，祖祖辈辈执掌天文农时的羲氏、和氏，此刻也荒淫酗酒、废乱天常，造成全国农业制度的紊乱。诸侯之一的胤侯，以中央政府大司马的名义发兵征讨，《尚书·胤征》记载其发兵前之誓词曰：

> 先王克谨天戒，臣人克有常宪，百官修辅，厥后惟明明。每岁孟春，遒人以木铎徇于路，官师相规，工执艺事以谏。其或不恭，邦有常刑。❶

呜呼！华夏古典民主制之精义，在胤侯之当众誓词也：君王须克尽职守，敬畏天命；大臣（臣人）须谨守"常宪"（华夏民主制之种种规制），百官修德以辅佐天子、大臣，君臣、诸侯（厥后）则须将明法之政一一奉行、明德之人一一推举（明明，明于所明）。每年孟春时节，纳言官所属之"遒人"，以木铎震响于道路，聚众咨询万民对政府的意见，百官、众人（师）可彼此规谏，百工执事之人亦可讽谏朝廷。谁不恭敬于职守、规谏，国有常设之刑以待之！❷

孔颖达依据《周礼·明堂位》之说，认为朝廷有武事振金铎、有文事振木铎❸，此段经文言华夏民主制之君臣互谏、遒人采集民意，属文治宪政制度之常，乃振木铎以聚众咨询也。华夏民主制奉文治以为典常，奉上下守法以为定制，奉采集民意规谏为大事，非近代史家谓以"人治""专制"也。

夏朝除了废禅传子、启灭有扈之外，仅有太康失国、五子哀歌以训诲之与羲氏和氏废天时乱农政、胤侯发兵征讨等寥寥几大事，《尚书》等经史文献因此记载较少。

华夏民主制虽然因废禅传子、天子世袭而利弊兼具、有所损失，但君臣、诸侯、万民之间彼此约束、监督、规谏之根本建制、根本精神（古典宪法精神）未尝败坏，夏政在唐侯、胤侯等诸侯扶持、匡正下，逐渐步上宪政文治正轨，迎来王政中兴，绵延四百载。

---

❶ 十三经注疏·尚书正义[M]. 北京：北京大学出版社，1999：181-182.

❷ 十三经注疏·尚书正义[M]. 北京：北京大学出版社，1999：181-182.（笔者训释此段经文，与孔安国、孔颖达微有不同）

❸ 十三经注疏·尚书正义[M]. 北京：北京大学出版社，1999：182.

三、商文明的古典宪政秩序

夏朝末期，孔甲、夏桀乱政败德，诸侯反叛，归附于诸侯商汤，汤遂发动"诸侯革命"（汤武革命之一），率诸侯兵征伐夏桀，放逐夏桀于南巢，自即天子位，建立商朝。

商汤代夏自立，天子世袭制已实行四百载，汤以诸侯废置天子，亦未受诸侯公推而即天子位，因此颇感惭愧。

左丞相、薛侯仲虺作《仲虺之诰》以劝勉之，《尚书·商书》记载其辞曰：

> 呜呼！惟天生民有欲，无主乃乱；惟天生聪明时乂。有夏昏德，民坠涂炭。天乃锡王勇智，表正万邦……惟王不迩声色，不殖货利。德懋懋官，功懋懋赏。用人惟己，改过不吝。克宽克仁，彰信兆民。佑贤辅德，显忠遂良。兼弱攻昧，取乱侮亡。推亡固存，邦乃其昌。德日新，万邦惟怀。志自满，九族乃离。……殖有礼，覆昏暴。钦崇天道，永保天命。❶

仲虺之言，盖儒家政治哲学、历史哲学之伟大先声也：苍天生养万民，使其情欲丰盈，若无君臣法治以约束，则必生昏暴邪乱。夏政非但不能教、养民欲，反而败德陷民于涂炭，商王仪表天下、法正万国，代夏自立，有何惭愧！王惟须守德，不迷于声色、不厚殖货利，以道德懋勉官吏，以功赏激励万民，用人言若己出，改过毫不吝惜，宽仁敦信以待万民，则弱小之邦可兼并之，蒙昧之邦可攻击之，衰乱之邦可伐取之，将亡之邦可侮辱之。邦将亡，则推助之；邦已固，则坚稳之。邦国生死存亡之道，在君臣、万民之德日日更新，志愿常不自满，则万邦必来归附。昏暴之政必然覆灭，仁义礼教殖养深厚，则天命永在、天道恒昌也！

值得注意的是，孔子学说之核心概念"仁"已经伴随"宽""信"等提法一并出现于孔子之前，表明华夏有序民主制精义，此时深入全社会各阶层，为天经地义之常道：宽仁待民者，自然拥有王朝天命（统治的合法性），否则，昏暴衰亡之邦，自取覆灭，无足怜惜，更不必惭愧。人民意志（民意）就是天命依据、人间正道、历史正义！

比起夏朝来，商朝政教更显规模。商汤以诸侯革命取得政权，深知不修仁政必然覆灭之历史规律，遂在统治思想和治理政策上，极重民意即华夏民主制之宪法精神

---

❶ 十三经注疏·尚书正义[M]. 北京：北京大学出版社，1999：196-199.

也。《尚书·汤诰》记载商汤伐夏桀成功、大诰天下之辞曰：

> 惟皇上帝，降衷于下民。……天道福善祸淫，降灾于夏，以彰厥罪。……上天孚佑下民，罪人黜伏。天命弗僭，贲若草木，兆民允殖。❶

商汤文告天下：苍天上帝，降下善良本性（衷）于万民人心，天道赐福于善良行为、降祸于淫乱不法之行为，夏桀淫乱，天道灭之。上天运行有信（孚）、保佑人民，罪人一定要被废黜！天命不会差错（弗僭），犹如草木绽放花朵（贲）一般鲜明，亿兆之民确信这一根本的天道仁义秩序，就会繁衍生息、其乐无穷也！

大哉《汤诰》所谓"天道福善祸淫"之伟大"天命"哲学也！中华文明根深蒂固之道德人文主义与诗意神秘主义相交织之博大宇宙智慧，均在此：天道悠悠，其浩瀚运行之深浅、缓急，固然难测，但一定赐予于善良，一定降祸于邪恶，这就是中国人常言"善有善报，恶有恶报；不是不报，时候未到"之悠久深远根源也。中华文明之根本道德信仰、共享价值信念，均在此处生根、发芽、开花，长成参宇宙之天、荫亿万之民的伟大文明！此即余所谓文明之"第一义谛"也！倘若此一信仰不能深稳树立，则一切文明，无论如何强盛，势必因道德沦丧、天怒人怨而覆亡！

殷商王朝的最大一事，乃助汤建商之大功臣、宰相伊尹，在商汤去世后辅佐继任天子太甲时，屡次劝谏，太甲不从，伊尹毅然放逐并囚禁天子于其祖先坟墓桐墓之侧（桐宫），派兵严密看守之，伊尹自摄天子位，代执天下大政、朝见诸侯、获得诸侯认可，直到太甲痛悔前非、改邪归正，伊尹则迎其回朝并归天下大政于太甲，自归宰相臣位。

如果说商汤以诸侯之兵代夏自立，尚可勉强援引黄帝受诸侯公推代神农炎帝之位、尧帝受诸侯公推代帝挚为天子之先例，那么，伊尹作为平民出身的宰相、文官政府的首脑，毅然担当天下责任，将当朝天子暂时废置并囚禁，可谓发动了一场震惊古今的"文官革命""平民革命"！

陈致平《中华通史》称"以臣放君，这是一个非常的举动"❷，实则，依据华夏民主制之固有惯例与宪法原则，君主丧德，则宰相作为文官首脑、民意代表，完全有权放逐、废置旧君，迎立新君，以显华夏政治对万民负责、受民意约束，非一家一姓之私有专制政权也。伊尹所为，并非异常。

太史公《史记·殷本纪》对伊尹所措置，予以平静叙述，毫无惊怪，视为当然："帝太甲既立三年，不明，暴虐，不遵汤法，乱德，于是伊尹放之于桐宫。三年，伊尹

---

❶ 十三经注疏·尚书正义[M]. 北京：北京大学出版社，1999：199-200.
❷ 陈致平. 中华通史（第一卷）[M]. 广州：花城出版社，1996：184.

摄行政当国，以朝诸侯。"❶

唯天子乃可朝见诸侯，可见伊尹放逐太甲、自摄天子位并朝见诸侯，诸侯并无异议，华夏民主制之重德重义重民意，远胜于重视天子权位之固定不改；更须知，商汤一朝之政治建制（汤法），才是不可更易、必须遵循的，太甲不遵，遭流放、囚禁，朝廷、诸侯、万民均视为当然，中华古典政治之成法、成宪，昭如日月，君臣万民一体遵循，不可逾越；太甲囚居祖墓，全国朝政井然，诸侯朝觐等大政一一有序进行，华夏古典政治乃"君主专制"之说，于此君臣法守、上下相维之中华民主制之分权制衡、有序贯彻之史实面前，不攻自破矣！

《尚书》详密记录此事，垂为万古大法、千秋明训，更凸现华夏民主制之古典宪政精神。

《尚书·伊训》篇载伊尹训诫太甲之言曰：

呜呼！古有夏先后，方懋厥德，罔有天灾。山川鬼神，亦莫不宁，暨鸟兽鱼鳖咸若。于其子孙弗率，皇天降灾，假手于我有命……今王嗣厥德，罔不在初。立爱惟亲，立敬惟长，始于家邦，终于四海。……敷求哲人，俾辅于尔后嗣，制官刑，儆于有位。曰："敢有恒舞于宫，酣歌于室，时谓巫风。敢有殉于货色，恒于游畋，时谓淫风。敢有侮圣言、逆忠直、远耆德、比顽童，时谓乱风。惟兹三风十愆，卿士有一于身，家必丧；邦君有一于身，国必亡。臣下不匡，其刑墨，具训于蒙士。"❷

中华文明传播之三大秩序、三大轴心，均在这段经典文献中体现：天人本一贯、神人当和谐，人类若能谨守自然生态秩序，则山川鬼神、鸟兽鱼鳖、农林牧副渔必定兴旺也，各种人祸招致的所谓"自然灾害"，自然不会降临人间！

《伊训》精辟论述了中华大一统天文秩序后，更加透彻深湛地论述华夏人文秩序，"立爱惟亲，立敬惟长，始于家邦，终于四海"十六字，道尽中华文明传播秩序之奥妙：树立仁爱，不必高远博大如西方宗教家所谓"博爱一切人"，只要你能真心爱惜身边的父母、兄弟、子女、朋友等亲人，就已经把仁爱牢固树立起来了！推而扩大，则必为贤德之人；树立尊敬，只要能恭敬于长辈之德教，就已经把恭敬对待一切人伦、一切社会责任之心牢固树立起来；一个人树立仁爱、恭敬之德于身边之人，则推而扩之，就能将四海秩序、人类文明一一树立于仁义道德之中！

余观央视多个法制频道，各种荒诞透顶但危害极大的刑事犯罪，可谓触目惊心：河南商丘破获一个100多人的盗抢团伙，这群13~23岁的青少年，作案几百起、获赃

---

❶ 王利器. 史记注译[M]. 西安：三秦出版社，1988：44.
❷ 十三经注疏·尚书正义[M]. 北京：北京大学出版社，1999：203-206.

款数十万元；年仅20岁的福建三明少年巫某，10年间沉迷上网、无度索要上网游戏费，因为母亲拒绝再付给其游戏费，就用刀劫持母亲并与警察对峙2个多小时；武汉53岁妇女吴某因沉溺赌博、吸毒而堕落为"坐镇"缅甸的大毒枭，操控国内17个毒头贩卖毒品，儿子也卷入其中；两个在读大专和职校的学生，网上结识后就结伙发布讯息"甘愿替代杀人"，某名校毕业的企管人士周某，因私自挪用公司钱财炒股被发现，竟然雇用这两个学生对曾与自己大学同窗、对己十分信赖、优待的老板进行杀害；厦门多个退休老翁，贪图私人贷款的高利率，竟将数百万资金违法私贷给一个女骗子，血本无归；一个曾杀害加油站女服务员以实施抢劫的歹徒，潜伏多年后再次作案，洗劫辽宁太平川的一家金店并杀害店内三人……这些年龄、学历、社会层次不同的人，或一再犯罪、丧尽天良，或贪图厚利、上当受骗，究其教育背景，均不同程度地接受过普法教育！但法制教育、普法宣传效果毕竟有限，因为法制仅能事先警戒、事后惩罚人类的贪婪，却不能从人性上消除这些盲目、猛烈、随时发作的贪婪之心，而吾华夏儒家学说，能引导人类消除物欲，提升人类到真善美境界。

大一统天地人秩序、文明传播秩序的核心、源头、落实处，在于宪政秩序，即政治制度与政治道德也。《伊训》深刻揭示"三风十愆"必然败家亡国的历史规律，更鲜明主张"制官刑，儆于有位。……臣下不匡，其刑墨，具训于蒙士"，就是把吏治的严明置于政教核心，上至天子、下至百官，均要依法行政；臣下不匡正规谏上位之人（天子、诸侯、大夫等），将受严刑（墨），孔安国注释曰："臣不正君，服墨刑"❶，从天子到朝廷命官，都要接受最底层官员、学子（蒙士，蒙谓童稚、卑微之士）的训诫、规谏，华夏民主制之尊重民意、采集民意，于此昭昭如日月矣！

伊尹在《太甲》三篇中，深刻地训诲遭己放逐、囚禁、改过后又被己迎回、重登天子位的太甲说：

> 天监厥德，用集大命，抚绥万方。……天作孽，犹可违。自作孽，不可逭。……惟天无亲，克敬惟亲。民罔常怀，怀于有仁。鬼神无常享，享于克诚。天位艰哉！德惟治，否德乱。……无轻民事，惟艰。无安厥位，惟危。……君罔以辩言乱旧政，臣罔以宠利居成功，邦其永孚于休。❷

大哉伊尹，古之遗爱❸也！苍天自然，随时随地监视着大地上的一举一动，垂天命于有德之人，使之安抚万方。天作孽，尚可躲避；人自作孽，则无可逃避也！天地鬼神亲近于诚敬之行，人民百姓归附于仁政德教。天子之位，保守何其艰难！惟道德能

---

❶ 十三经注疏·尚书正义[M]. 北京：北京大学出版社，1999：205.
❷ 十三经注疏·尚书正义[M]. 北京：北京大学出版社，1999：207-214.
❸ 孔子曾赞子产为"古之遗爱"。

奠定天下大治；否定道德、讲求货利，天下必乱。轻忽民事，安居富贵，则禄位不保。君主不可迷惑于侃侃好辩之言而错乱旧典、荒废宏规，臣子不可邀宠贪利而自居成功，君臣彼此约束，则邦国永葆和美。

伊尹谆谆训诫之言，诚千古不移之政教诀窍也！政者正也，保有正直无偏之国策，则上下无怨；教者化也，民生有欲，化而从善，则太平可期也。君臣共治、上下一德，则华夏民主制之博大渊深理想，可一一实现矣！

伊尹行将退休，更有训辞《咸有一德》以训导当朝：

> 皇天弗保，监于万方，启迪有命，眷求一德，俾作神主。……非天私我有商，惟天佑于一德。非商求于下民，惟民归于一德。德惟一，动罔不吉。德二三，动罔不凶。……终始惟一，时乃日新。任官惟贤才，左右惟其人。臣为上为德，为下为民。……克绥先王之禄，永底烝民之生。呜呼！七世之庙，可以观德；万夫之长，可以观政。……无自广以狭人，匹夫匹妇，不获自尽，民主罔与成厥功。❶

苍天有眼，监视万方，启迪有道之人完成使命，成为天地人神的主宰。苍天所爱，万民所归，惟在始终如一地推行道德约束的成宪大法（一德）也！普选贤德、任命于君王左右，华夏民主制以道德主义之宪法精神维系上下、约束君臣。天子立有德创业的七世祖庙，行祭祀大典，是为了让天下万民观其恭敬之德也；天子立万夫之长等群臣以共治天下，君臣彼此纲维，是为了让万民观其华夏大公正直之政治也。君主不可自以为是、刚愎自用、视臣下为狭小无知，匹夫匹妇之民意，如果不能充分表达（自尽），则华夏民主制就不能聚拢民意民心，中华文明就不能成此伟大功业！

孔颖达注释此段经文最后一句曰："匹夫匹妇不得自尽其意，则在下不肯亲上，在上不得下情，如是则人主无与成其功也。"❷准此可知，自尧舜二帝，直至商汤、伊尹，再至周公、孔子，再至汉文汉武、董仲舒，再至唐太宗、孔颖达，华夏民主制之宪法精神，在君臣共治，在普选贤德，在尊重民意，在采纳民情，悠悠五千年间，上下纲维、彼此约束、监督、互动、规谏，有序民主之华夏政治，可谓昭昭其明，浩浩其如江河也！

殷商王朝前期有伊尹摄政，中期则有傅说为宰相，施政行教亦可观。《尚书·说命》三篇记载其言行，颇有可采：

呜呼！明王奉若天道，建邦设都，树后王君公，承以大夫师长，不惟逸豫，惟以乱民。惟天聪明，惟圣时宪，惟臣钦若，惟民从乂。……官不及私昵，惟其能。爵罔

---

❶ 十三经注疏·尚书正义[M]. 北京：北京大学出版社，1999：214-219.
❷ 十三经注疏·尚书正义[M]. 北京：北京大学出版社，1999：219.

及恶德，惟其贤。❶

傅悦本是筑路护险之人，犹如今日之民工，殷高宗梦得其人，绘其图像，命群臣遍访而得，遂命为宰相。华夏民主制之不拘一格、普选贤德，由此可见。傅悦总领百官，向王进言，亦以奉德求贤、普选英俊为朝廷头等大事：圣明君主，建邦立国，惟当普选贤德、赐予官爵、立以治民（乱民，乱训治），不可私昵亲近、任用小人，所谓吏治清明乃全国政治威信之第一要义也。

孔安国、孔颖达注释"惟天聪明，惟圣时宪，惟臣钦若，惟民从乂"一句，断为前后两截："言圣王法天以立教（孔疏此句解经文前两句），臣敬顺而奉之，民以从上为治（孔疏用以解经文后两句）……"❷余以为微误也。

此四句当一气贯下，不可断为两截，四句以"惟天聪明"为核心，后三句从属第一句，意为：苍天最重聪明（民意），天之聪、天之明，均由民意表达，所以，圣主、贤臣、良民均应尊敬顺从之。圣明的君主（圣）最要在于取法（时宪）苍天之聪明（尊重民意），称职的大臣最要亦在尊重顺从天意（民意），万民百姓更应在天意指引下得到治理（自乂）。

傅悦崛起于民间最底层，当深知民间疾苦，其就宰相权位，最当以训诫君主、限制君权、要求普选天下贤德、去除朝廷壅蔽为《说命》主旨，所以该句四个"惟"字一气贯下，均为训诫君主重德选贤之辞：惟者最重之义，苍天惟聪惟明、监视万方、照临君臣、爱护百姓，人主若圣明则当重视这一苍天聪明监视、取法苍天（时宪，训是宪），群臣亦当敬顺（钦若）天意，而非如安国、颖达所注释之顺承人主之意，万民亦以安于天地聪明德教、以为道德自乂（乂）也，亦非安国、颖达所谓"从上为治"。四句一气贯下，训诫君主、群臣、万民，均要敬承、取法天意聪明（民意）而彼此约束、相与治理也。傅悦名标青史，即在遵循华夏民主制之古义，一如大禹训诲舜帝、伊尹训诲太甲，以尊严之辞训诫君主，促使其敬承天意民心、普选贤德、委以治理天下之重任也。

傅悦于"普选进贤"之外，更进"君主恭谨求学"之天子"进学、尊教"之宪政建制也：

> 王，人求多闻，时惟建事，学于古训，乃有获。事不师古，以克永世，匪悦攸闻。惟学逊志，务时敏，厥修乃来。允怀于兹，道积于厥躬。惟敩学半，念终始典于学，厥德修罔觉。监于先王成宪，其永无愆。❸

---

❶ 十三经注疏·尚书正义[M]. 北京：北京大学出版社，1999：249-251.
❷ 十三经注疏·尚书正义[M]. 北京：北京大学出版社，1999：250.
❸ 十三经注疏·尚书正义[M]. 北京：北京大学出版社，1999：253.

傅悦顺承尧帝"稽古"伟义，训诫殷高宗恭敬求教于"先王成宪""古训"等传播遗产，学问最可以畅通（逊）人志、增高修养（厥修乃来），使道德文章、人间正义积累于一身之内（道积于厥躬）。

人生进步，在学问增进，而学问增进之道，一在"建事""务时敏"，即在实践（立事、敏务）中敏锐地历练、体会天地、人伦、政教之道（余所谓三大轴心、三大秩序）；一在深思：典学之初、典学之终，所为何事？"念终始典于学"之典，训为守，即深思真正拥有、保守（典，守也）学问之初始（念始）何在、学问之归宿（念终）何在，换言之，不以学问本身之明了为学习探究的最终目标，而是要超越学问本身，追求学问所以寄托之道德目标、价值境界也：进修学问，是为了领悟、树立、增进宇宙人生之大道仁义！

殷商王朝特重占卜，举凡祭祀、出兵，均要烧灼龟甲、兽骨以占卜吉凶，皇家占卜师，将解释文字刻于甲骨之上，后世谓之甲骨文，清末民初以来之近代学者极为推重。

实则《尚书》中《说命》《高宗肜日》以及《洪范》诸篇，早已言明其哲理含义何在也。

傅悦在《说命》中训诲殷高宗说：

> 无启宠纳侮，无耻过作非。惟厥攸居，政事惟醇。黩于祭祀，时谓弗钦。礼烦则乱，事神则难。❶

中华文明的大一统传播秩序、传播奥秘，均在不黩武、不黩神之人文主义、理性主义也。不黩武则民力不耗损；不黩神则政教常清明也。傅悦训诲殷高宗以人文正义：人主不宠爱宵小之徒、不耻于改过，所居所行均正直，政教醇粹朴实，就不必烦琐祭祀、大肆占卜以紊乱民事也！人祸不起，天灾必不兴，黩神烦礼，恰是不敬神明！

天神聪明，监察细微，只要人间有正道、民意得伸张，苍天必然降下吉祥，又何必谄媚于神明！

殷高宗有一次行肜（音融）礼以祭祀祖先商汤，一只野雉突然飞栖鼎耳而鸣，高宗颇感恐惧。

贤臣祖己，深刻启迪、训诲君主说：

> 惟先格王，正厥事。……惟天监下民，典厥义。降年有永有不永，非天

---

❶ 十三经注疏·尚书正义[M]. 北京：北京大学出版社，1999：251-252.

-172-

天民，民中绝命。民有不若德，不听罪，天既孚命正厥德。……呜呼！王司敬民，罔非天胤，典祀无丰于昵。❶

祖己告诉殷高宗：王事惟重正直。苍天监视万民，严守正义。万民中绝其命，并非苍天令其夭折，乃是万民不敬顺（若）道德、不服罪改错，所以苍天降下天罚。王若尊敬民意，也就是尊敬天意，祭祀典礼有定制有常规，天子当祭祀自始祖至生父之"七庙"，你删削祭祀远祖（商汤）的祭仪，丰盛增加祭祀生身父亲的礼仪（近庙），这样，原本不入室内的野雉，如今飞临于庙堂上祭祀商汤的礼器鼎耳上并发出鸣叫，这是苍天严重示警，替殷商王朝的创立者鸣不平！王当服罪改过，重获天地神明之欢心！

祖己之言，鲜明凸现中华民主制下大臣对君王的规谏之义，大臣上守庙堂之礼，下保万民之生，实乃华夏文明之中流砥柱。陈寅恪先生精准判定中国传统政治乃"士大夫政治"，可谓真知灼见、显幽阐微，足以阐明正史正道、烛照中华文明于无穷也！❷

天子世袭制的缺点由此亦暴露无遗：王太子非由普选产生，常常不懂遵守礼制、关心民间疾苦，习于骄纵、抱守私心，宰相、大臣必须时时规谏、监督、约束之，否则就会出现政治紊乱。殷高宗在甘盘、傅悦、祖己等一大批贤臣辅佐、约束下，虽不离正道，但仍擅自删削古礼、丰于近庙，天垂灾异之象以警戒之，群臣规谏其修复古礼、改革政教，可谓天人合作、匡正大道仁义、守护华夏民主之显例也。

孔安国、孔颖达注释曰："天以其事为常，王当继天行之。……特丰于近庙，是失于常道。高宗丰于近庙，（祖己）欲王服罪改修也。"❸孔疏可谓大义凛然也：中华文明最重祭祀，君王擅自改动礼制，是得罪于天地神明（有德先祖，是最重要的神明），因此，必须"服罪"改过。孔疏可谓凸现华夏民主制之持正义严：王当服罪！群臣可追究王罪，使之改修！王子犯法，与庶民同罪！

类似事例，史不绝书。直至明朝，天子企图修改祭祀礼制而崇厚生身父亲（近庙），下朝廷议论，朝臣集议，多次驳回天子申请，天子无奈，数度作罢❹。

殷高宗从谏如流，殷政复明。《史记·殷本纪》载："武丁（殷高宗）修政行德，天下咸欢，殷道复兴。"❺

正经正史，彼此印证、彼此补足也：《尚书·高宗肜日》注重守持礼制之常、民治之正、民俗之醇（不可丰厚近庙、疏远先祖、删削远祖祭仪），《史记·殷本纪》则引

---

❶ 十三经注疏·尚书正义[M]. 北京：北京大学出版社，1999：256-257.
❷ 参见 胡文辉. 陈寅恪诗笺释（相关注释）[M]. 广州：广东人民出版社，2008.
❸ 十三经注疏·尚书正义[M]：北京：北京大学出版社，1999：257.
❹ 参见 孟森. 明史讲义（第四章"议礼"）[M]. 上海：上海古籍出版社，2002：185-254.
❺ 王利器. 史记注译.[M]. 西安：三秦出版社，1988：45.

申提炼祖己之训为"修政行德",正经、正史、诸子文献,数千年间受全民族推崇为"大本大源",全社会上下遵循之,则兴,学者修习之,则立;《史记》大段大段承袭《尚书》文辞,更足证"今古文《尚书》"均真确不伪也❶。

殷商天子的主要制约力量,一是中央政府的实际控制者——以宰相为首脑的文官群臣系统;二是掌握军事武装和民事财税的各地诸侯势力。华夏民主制在天子世袭制下仍发挥巨大作用,主要靠这两大制衡力量。

其中,诸侯的制衡作用更具威胁力:殷商六百载统治,多次出现"诸侯莫朝""诸侯有畔"❷的情况,标志着中央统治的日益紊乱、废弛,最终,各地诸侯在殷纣王的残暴统治下不堪忍受,纷纷归附新近崛起于华夏西部的一个有德诸侯——周人城邦,一场新的诸侯革命——周文王、周武王发起的"周武革命",迅速展开,而绵延六百载的殷商王朝亦就此终结,真"天命"变易之也。

孔子赞许"(商)汤、(周)武革命,顺天应人",即赋予全民上下有推翻残暴不仁政治之宪法权利也,此乃华夏民主制之传播秩序之共享价值核心。中华文明奉民意为最高权力合法性的源泉,而非奉"君权神授"为华夏正统,此昭明铁证,绚烂如日月、巍峙如高山,灌溉华夏人心于正义也。

四、西周礼乐文明的兴起

周人始祖为尧帝农师后稷,舜帝时受封于邰(今陕西武功),姬姓。夏朝政衰,废农官,周人失国,西奔戎狄之间(今甘肃庆阳一带),全靠修德爱民而逐步强盛起来。周文王礼贤下士,诸侯归心,逐步从西北方扩张、包抄殷商王朝,直至"三分天下有其二",最终灭殷而自立。

周建立之初,面对大于夏、殷国土一倍以上的广阔疆域和四方诸侯觊觎中央权力的种种政治不利局面,由武王发起、周公设计完成了一场影响深远的政治变革,即伟大的封建制度、礼乐制度的全国推行,不仅迅速稳定了全国政局,更进而锻造出古典文明最优雅、最精致的古典宪政秩序、大一统文明传播秩序——西周礼乐体系:武王追思先圣仁德,褒封神农后人于焦,黄帝后人于祝,尧帝后人于蓟,舜帝后人于陈,大禹之后于杞,姜尚于齐,周公于鲁,召公于燕,文王子毛伯明(叔郑)于毛(今河南宜阳)……或古有功德,或助周灭殷之千余诸侯,均受封而建国,以拥立、拱卫、屏藩周王室,此即西周初年之"伟大的西周封建体系"。

周公、召公更秉武王遗命,辅佐成王、营建陪都雒邑(今洛阳),与国都镐京(今陕西长安县)遥望以统领全国,周公"兴正礼乐,度制于是改,而民和睦,颂声

---

❶ 参见 清孙星衍《尚书今古文注疏》与皮锡瑞《今文尚书考证》。
❷ 王利器. 史记注译.[M]. 西安:三秦出版社,1988:44-46.

兴……成、康之际，天下安宁，刑措四十余年不用"❶，塑造出八百年黄金王朝——周的"成康之治"，与此后的"文景之治"相比美。

西周礼乐政教之良制美意，备载于儒家六经之《周礼》《仪礼》《礼记》中，"三礼"经晚周秦汉儒生整理而成，上古中华文明的独特文明观念与国家体制、社会风俗，均呈露无遗，为洞悉晚周文明传播之重要津梁。

今择一二名篇之嘉言懿行、精辟格言，予以阐释之，即可深入洞察中华文明之传播秩序与文明形态也。譬如小戴《礼记》首篇《曲礼》，即载历代进行祭祀等重大典礼的训诫之辞，极富宇宙弘规、人生哲理、社会洞见：

> 曲礼曰：毋不敬，俨若思，安定辞。安民哉！傲不可长，欲不可从，志不可满，乐不可极。……临财毋苟得，临难毋苟免。……夫礼者，所以定亲疏、决嫌疑、别同异、明是非也。……道德仁义，非礼不成；教训正俗，非礼不备。……是故圣人作，为礼以教人，使人以有礼，知自别于禽兽。……人生十年曰幼，学。二十曰弱，冠。三十曰壮，有室。四十曰强，而仕。……博闻强识而让，敦善行而不怠，谓之君子。❷

《礼记·曲礼》先把中华文明对人生的基本观念阐释得十分清楚明白：人因有礼义，乃自别于禽兽，乃自进于文明也；非礼乐教训，如何能修成道德仁义、彬彬君子之伟岸人格耶？笔者自幼就学于当代学校，至今承教近四十年，乃知哲学、宗教、教育、学术之"第一义谛"问题，亦即《曲礼》所谓"礼者，所以定亲疏、决嫌疑、别同异、明是非也。……道德仁义，非礼不成；教训正俗，非礼不备"云云；亦即汤因比《历史研究》所谓"人之为人的诸多困难"中之最大者——人为何而生？人如何区别于禽兽？无礼乐道义，人内乱外惑，仅凭法治、制度、纪律或公民教育，人又如何能建造起稳固优美的文明生活？全球社会又如何能长治久安？人类文明又如何屹立不倒？

《曲礼》一语，道尽中华文明的大一统传播秩序，亦即炎黄、尧舜直至周公、孔子不断教诲、阐释、建制的中华五伦之教，亦即《白虎通》所谓"纲常名教"之核心——父子、君臣、夫妇、长幼、朋友这五重最根本的社会关系准则，《曲礼》所谓"礼者，所以定亲疏、决嫌疑、别同异、明是非也"，就把中华文明政教传统、礼教精神深刻阐释出来：人生天地间，最亲者莫过于父子、君臣、夫妇、长幼、朋友这"五伦"，礼制的作用就是提醒懂礼行礼之人，对这"五伦"特加尊敬与亲爱，则各种人生困惑就会焕然冰释，人就能明辨是非、善恶、同异、亲疏、嫌疑，就能安然挺立于社会人

---

❶ 王利器. 史记注译[M]. 西安：三秦出版社，1988：60-62.
❷ 陈澔，注. 新刊四书五经·礼记集说[M]. 北京：中国书店，1994：1-18.

流中，不会随波逐流、狂乱悖德了。

考古学家苏秉琦，对此深入思考后说：

> 近来我曾反复思考，中国传统文化的核心——对"天、地、君、亲、师"的崇拜与敬重，是中国人传统信仰的最高、最集中体现。……我国古人对"天、地"赋予了超自然的属性，这里的"天"，是……一种不可抗拒的超自然正义力量。对于"地"的崇拜，反映了追求人与自然的协调。至于对"君"的崇拜，则反映了对社会秩序化即国泰民安的追求。对于"亲"的崇拜……是维系协调人际关系的重要纽带。对"师"的崇拜，则是要求对文化、知识的尊重与继承。❶

中国人信仰天地君亲师，就是把天地神灵、万物秩序、祖国文明传统、君臣父子彼此之间相互担负的社会责任，师友之间的道德、知识、文化传承关系，全熔凝成彼此担负的一体，即"天地人宇宙生命大一统"，可谓旷古绝今的伟大文明创造，是中华文明长盛不衰的最深传播奥秘之所在❷！

从历史角度看，中西文明传播的不竭源泉与稳固秩序，在其文明教化而非仅仅靠政经体制：政治经济体制固然可以决定公民物质生活水平和基本文明习惯，但无法决定其政经体制良好运行、基本文明习惯有效养成之更博大、更深厚之形而上根源——中国之教化体系、文明传播的精神秩序，这一精神秩序。均体现在儒家礼乐之教体系中，一如西方政教之源在于基督教伦理学说。舍此，一个文明无论生产技术、军事技术如何强盛，都无法历久不败也：观近代列强称霸一时终究败亡即可知之也。

儒家礼教之核心任务，在于塑造独立不改、威武不屈、富贵不淫、贫贱不移的伟大"君子人格"，这一文明传播的核心秩序、中华文明长立不倒的传播奥秘，在西周初年的王朝创立者如周文王、周武王、周公等人那里已经了然于胸，观《尚书·周书》所载周初各种政府文告、训辞、言论，即知当时建国者已从殷人崇祀鬼神、频繁占卜以决大政、殷纣自称"我生不有命在天"之浅陋观念中挣脱出来，提升文明观念为"天命在人、人当修仁德以顺承天心"的伟大人文主义、理性主义水平，从而率先在轴心时代的世界各国中实现"哲学突破"，凭借其礼乐之教，建造起中华文明以人文主义、理性主义为精神核心的传播秩序。这一伟大秩序，历经孔子、孟子、子夏等晚周儒家阐释，两千年间不仅锻造出秦汉隋唐等文治政府的辉煌文明成就，更是宋元明清乃至近现代中华民族抗拒外侮、团结奋斗、不断复兴的最大精神力量。

余读清末民初伟大思想家、翻译家、外交家、"民国七贤"之一的辜鸿铭先生论

---

❶ 苏秉琦.中国文明起源新探[M].北京：三联书店，1999：180-181.
❷ 参见 毛峰.文明传播的秩序：中国人的智慧[M].北京：中国传媒大学出版社，2005.

著，蓦然见这位精通东西学术、自幼留学欧洲、中年师从张之洞转治国学的一代奇哲，文集卷首巍然留存一幅书帖，上书四个大字"敦行不息"，盖自汤生（辜氏本名）留欧归来，读《曲礼》"敦善行而不息，谓之君子"云云，深造自得，乃书此法贴以明志，睹之更添景仰追随之思，为之低回叹赏不尽也❶。

《曲礼》《王制》诸篇，将中华文明的古典宪政秩序、大一统文明传播秩序一一予以深刻阐释：

> 君天下曰天子，朝诸侯，分职授政……天子五官：曰司徒、司马、司空、司士、司寇，典司五众……五官之长曰伯……九州之长，入天子之国曰牧……于外曰侯，于其国曰君。其在东夷、北狄、西戎、南蛮，虽大称子。天子当依而立，诸侯北面而见天子曰觐。天子当宁而立，诸公东面、诸侯西面曰朝。天子穆穆，诸侯皇皇，大夫济济，士跄跄，庶人僬僬。……天子不言出，诸侯不生名，君子不亲恶。诸侯失地，名；灭同姓，名。为人臣之礼，不显谏，三谏而不听，则逃之。子之事亲也，三谏而不听，则号泣而随之。❷

观此文献可知，天子、诸侯、大夫、士绅、庶民，为古典中国之五大社会等级：天子穆穆诚敬，恭己以正天下；诸侯皇皇威武，修仁以近悦远来；卿相大夫济济一堂，共修天下政教；士跄跄（节奏铿锵）习礼，主持天下清议；庶民僬僬（步履急促），辛勤耕作服役，安享天下太平。如此，政治权力、社会等级之间彼此约束制衡，一一校准于礼制、道义也：天子无德，诸侯、大臣可废之，史书恶谥之为"出"，即被赶出国都者；诸侯无德，丧失守地、残杀同姓，则史书直呼其名以贬斥之；大夫三谏不听，则离位他就；父母丧德，则人子号泣追随、直至其就道，如此，全社会在道德约束和政治制衡下，永葆稳定繁荣也。

《礼记·王制》进而厘定天下政教规模、轨制：

> 王者之制禄爵：公、侯、伯、子、男，凡五等。……天子之田方千里。公、侯田方百里，伯七十里，子、男五十里。……天子三公，九卿，二十七大夫，八十一元士。大国三卿，皆命于天子……天子使其大夫为三监，监于方伯之国，国三人。……天子五年一巡守。……觐诸侯，问百年者就见之，命大师陈诗以观民风。命市纳贾以观民之所好恶、志淫好辟。命典礼，考时月，定日，同律，礼乐制度、衣服正之。……天子无事与诸

---

❶ 参见 辜鸿铭文集（扉页）[C]. 海口. 海南出版社，1996.
❷ 陈澔，注. 新刊四书五经·礼记集说[M]. 北京：中国书店，1994：26-36.

侯相见曰朝。考礼、正刑、一德，以尊于天子。……国无九年之蓄曰不足；无六年之蓄曰急；无三年之蓄曰国非其国也。……用民之力，岁不过三日。……无旷土，无游民，食节事时，民咸安其居，乐事劝功，尊君亲上，然后兴学。❶

天下政治经济等古典宪政秩序、制度体系，确立有常，促成制度运行、王道教化之关键，在于兴学选材的教育学术制度、官吏任命制度，以造就全社会礼义廉耻之基本道德观念、文明准则以及全民上下崇善慕学之体制、风气：

司徒修六礼以节民性，明七教以兴民德，……命乡论秀士升之司徒，曰选士。司徒论选士之秀者而升之学，曰俊士。……乐正崇四术，立四教，顺先王《诗》《书》《礼》《乐》以造士。……王命三公九卿大夫元士皆入学。……大乐正论造士之秀者以告于王，而升诸司马，曰进士。司马辨论官材，论进士之贤者以告于王而定其论，论定然后官之，任官然后爵之，位定然后禄之。……六礼：冠、婚、丧、祭、乡、相见。七教：父子、兄弟、夫妇、君臣、长幼、朋友、宾客。❷

司徒、乐正掌邦教，从乡学中选拔俊秀之士，以诗书礼乐教育之，称"国学""太学""辟雍"，三公九卿等王侯卿相亦皆入国学受造，秀士学成后，司徒推荐给司马，称进士；司马委任其一定管理职务，胜任且优秀者，则荐之国君、天子，由天子、诸王最终授官定爵。如此，仁义道德、诗书礼乐之"道统"（道德统系），乡学、司徒、乐正、朝廷，普选天下秀士、卿大夫以教育、涵养之"学统"（学术教育统系），与司徒推荐于司马，司马试用后推荐给国君、天子，最后以品德才学决定一人进身录用、授官晋爵之"政统"（宪政文治统系）一起，三统合一，遂一举奠定中华文明不重阶层、出身，唯重品德、才学之伟大"宪政文治主义"任官制度和人才选拔制度，不仅确保中国社会各阶层之上下流动、彼此约束、共同追求品德才学，更确保了中华文明在古典时代，挺拔秀出于其他古典文明，永葆其"文质彬彬、郁郁文哉"之文明大一统传播之巨大优势也！❸

---

❶ 陈澔，注. 新刊四书五经·礼记集说[M]. 北京：中国书店，1994：102-115.
❷ 陈澔，注. 新刊四书五经·礼记集说[M]. 北京：中国书店，1994115-128.
❸ 汤因比、雅斯贝尔斯、威尔斯、钱穆诸大师均论述西汉帝国之强盛关键在于其选人才入太学、学成授官之教育制度、人才选拔制度，柳诒征《中国文化史》论述周代教育学术制度，可参。

第十四章　西周古典宪政体系

中华文明大一统，在华夏古典宪政民主制的宪法观念与宪政制度上，在大一统文明传播秩序的建构、规制、完善上，大致经历了五个大的历史演进阶段：

第一，炎黄尧舜时代的大同民主宪政机制；

第二，夏商周时代的小康民主宪政机制；

第三，自秦汉至隋唐，中央政府大一统集权制，上至天子，下至百姓，各个阶层都必须接受儒家宪法哲学、儒教民主宪政机制的制衡、约束，以宰相、御史大夫为首的儒家宪政文治政府、群臣百官、士绅阶层、百姓阶层民意诉求的公开上达等机制，发挥着巨大的宪政制衡作用；

第四，宋元明清尤其是明清两朝，伴随宰相制被逐渐废除，内阁制逐渐建立，文官系统的宪政制衡作用逐渐缩小，天子、皇室贵族等特权集团的独断性的权势逐步扩大，古典宪政横遭破坏的结果是王朝的衰弱与覆灭；

第五，自中华民国至新中国时期。

中华文明能否坚守炎黄尧舜时代大同民主的宪法哲学和宪政机制，在固有文明传播秩序的根基上，适当采纳西方近代自由主义宪政机制的若干优点，同时规避其体制流弊以及不适合中国国情的地方，就成为中华文明在21世纪获得全球主导权与恢复全球共享价值上的第一创制权的关键。

一、华夏古典民主宪政制的内在机理

恰如一篇雄浑瑰丽文章之起承转合，中华文明在政治制度和传播秩序上，首先经历了炎黄之际诸侯公推天下共主（黄帝）和尧舜之际诸侯、群臣、万民公推天子（尧舜）的民意公推任贤制的伟大创始阶段；与此同时，还存在黄帝子孙世袭为天子（颛顼、帝喾）这一补充形式，这种世袭制的前提是上一任天子（譬如黄帝）在诸侯心目中道德威望极高，诸侯对其子孙之德亦相当认可，遂由子孙直接世袭天子位，诸侯以朝觐的方式表示认可，这种华夏民主制的补充形式，无损于公推任贤、诸侯予以最终认可的宪法原则。

　　帝喾之子帝挚依世袭制继任却不孚众望，诸侯废置之而立唐侯尧。尧帝以天下为公，遵循华夏民主制的伟大传统，咨询诸侯、群臣、万民意见，选拔、试用大舜摄天子位并最终禅让之，将华夏民主制进一步明确固定下来并形成了一套完善的选拔任用制度。

　　夏禹总摄百官，平整水土，厘定九州贡赋，修治六府三事，将中华联邦凝聚为更加稳固繁荣的政治社会经济实体，受舜帝禅让而居天子位，诸侯拥戴之。子启遂沿用世袭制之补充形式而继位，却将此补充形式升格、固化为唯一定制，华夏民主制遂进入联邦王制阶段：夏商周时代，天下共主对万民称天子，对诸侯、群臣称王，诸侯在所辖城邦（周受封为国）之内亦称王，朝觐天子称方伯（诸侯长）、公（诸侯王），天子、诸侯地位对等，所以天子虽一家世袭，但与诸侯、群臣、万民之间形成分权制衡、有效制约的宪法关系，一旦天子失德，诸侯不仅以"诸侯不朝"的形式以示抗议，更有权率领各城邦讨伐、废立之；群臣、百姓亦可离朝投奔诸侯。联邦王制之"王"号，蕴含华夏民主制之宪法精神：王者往也，诸侯之朝觐、群臣之受命、万民之归附、蛮夷外邦之来朝纳贡，均是"往"，即招徕归往之义，诸侯、群臣、万民、外邦之是否归心依附，视天子（王）是否有德而最终予以定夺，换言之，华夏天子统治的合法性，来自中华联邦共同体之二元结构之另一维——诸侯、群臣、万民乃至外邦之人心向背，而非"君权神授"之独断主义，联邦王制之宪法精神在此。

　　周初伟大的封建制度，遍封同姓、异姓诸侯于各国，联邦王制更形扩大，政治离心力亦更形突出；伴随华夏学校制度、文官制度的繁盛，士农工商的地位日益提升，伴随秦灭六国和楚汉战争，诸侯凋零殆尽，华夏民主制之二元制衡结构，由天子-诸侯分权制衡一变而为天子-士绅分权制衡，天子之朝廷由丞相、御史大夫、太尉（三公）以及九卿等"文官政府"构成，文治政府上限天子威权，下纠百官擅权，构成华夏古典政治与社会舆论之中心，接受儒家教育的中央、地方政府两极文官与士绅阶层彼此呼应，主持全国事务，华夏民主制遂进入第三阶段——中央集权制时代。

　　自秦汉至明清时代的中央集权制，有效维系了全国稳定繁荣，取得中华古典文明远胜欧亚大陆其他文明的辉煌成就，天子、群臣、士绅、庶民之间的分权制衡机制，通过廷议、封驳、清议等形式，构成文明传播秩序的主流。但伴随全国事务之繁剧、内外关系的紧张（宋元明清尤著），天子、士大夫官僚上层权能日益强化，中央集权制的独断倾向，在明清两朝废宰相建内阁后达致巅峰，政府的独断专行和肆意贪腐，日益侵害阻断了士、农、工、商四民社会的政治经济文化生机，清末外患的肆意侵夺，最终促成近代国困民穷、百病丛生的复杂危局。

　　经1911、1949、1979年的三度踉跄起步，中国分别确立起执政党主导下有序吸取民意的体制，为建树具有中华文明制度与精神特质的华夏宪政民主制度体系，开辟了广阔而有序的大一统文明复兴之路。

华夏民主制的最大精神资源，来自中华民族共享主义的价值观念：中国人深信，全人类乃至宇宙万物，在价值上是高度统一的。这一伟大统一，中国人称为"天""道""神"，犹如西方文明之谓"灵魂""上帝"，而贯彻天、道、神的庄严崇高、奇妙莫测的道德意志，其在人类公共生活中的体现，就是"德"，即儒家所谓父子、夫妇、长幼、朋友、君臣等几组最重要社会关系之传播秩序与价值准则，天下万民，无论生活方式如何差异，但这一道德认同却根本一致，因此，中华文明就以这一传播秩序的核心价值——仁义来衡量一切人类行为，符合者即视为"人"，不符合者即视为"禽兽"，全不问其种族、信仰、贫富、社会地位如何，而全以这一共享主义价值准绳衡量之。这一儒家"一视同仁"的价值哲学，就成为华夏民主制对上至天子、下至庶民一律采取平等对待态度的最强大精神资源与文化源泉。

本乎此，中华文明自伏羲炎黄尧舜以来，建树起体现这一瑰伟博大的共享主义宇宙观、人文观的完善宪政制度与传播秩序，《尚书·尧典》诸篇，忠实记录了中华民族"天子以德居位、由诸侯万民公推"的选贤、禅让制度，有德者遵循严谨的考察、试用、公议、考绩等一系列文官制度体系被推举、任命、监督、评价、提升，自天子以至万民必须遵循天文自然秩序而一一安排其公共生活，一一有序获得生命意义之安享（德训得），天文生态秩序之"道"（惠特曼所谓灵魂），与社会人文秩序协调互动，生发出人类生活仪态万方之美，故"德"又称"俊德"，而人类依据道（天文秩序）和德（人生秩序）而组织、建构的公共生活秩序（地文），就获得无限上苍（天、自然）所赋予、由万民意志所体现之人民统治（民主本义，敬天保民）的道德合法性，即"天命"。天命、民命，二者异称而同质，普天之下，一切权能之获得，均赖民意为之定夺，此华夏民主制之价值核心，历经大同推举制、联邦王制、中央集权制而万年不变，并将逐步吸收西方共和宪政制度的优长而永续不尽。

中华文明之传播秩序，遵循天地人宇宙生命大一统的文明传播秩序，将广土众民的公共生活协调一致、井井有条并万世不绝，这一共享主义的和谐文明，使自然、社会、人文乃至宇宙万物的一切巨大系统，各得其所、彼此配合。人类和平相爱之福，天地间不言不议之宇宙大美，焕然灿然，巍巍洋洋，从此将运行于一切时代、一切人类中，《易》《书》乃标举此境界为"保合太和""神人以和"也。

中华文明共享主义的价值信仰，以天子、诸侯、群臣、士绅、庶民分权制衡为有序治理结构的华夏民主制，在尧舜大同推举制和夏商联邦王朝制的一千多年正反实践的基础上，在西周王朝凝成约束全社会的封建礼乐制度体系，从而促使中华文明取得更恢宏、更灿烂的文明成就，孔子所言"郁郁乎文哉"，极其精辟地概括出奠定周朝八百年根基的西周文明的伟大传播秩序也。

二、城邦的命定循环与西周文明的突破

西周文明是全球史上最完备、最优美的古典文明之一。同期的环地中海地区诸古典文明——美索不达米亚、埃及、希伯来、克里特文明以及古印度、古波斯文明等，都先后陷于盛衰相因的"城邦文明的命定循环"之中难以自拔。

在地中海各古典文明之间，每一城邦文明实力的增长与鼎盛，大都引起致其死命的殖民扩张、侵略行径，因此触发邻近城邦之间、种族之间的血腥屠杀，最终文明遭到扼杀乃至毁灭，譬如美索不达米亚、希伯来文明；与穷兵黩武相配合的，必然是对战争胜负、文明命运的迷信性质的黩神活动，这种泛滥无度的宗教糜费，使民力、物力、生态环境遭受巨大损耗、衰竭、紊乱，譬如金字塔建筑工程本身，就成为古埃及文明自掘的坟墓；稍晚的古希腊罗马文明，亦因对外扩张、内外奴役、黩武黩神，最终使自身崩溃。西方文明大都陷入这一"城邦文明的命定循环"而无法延续。

古希腊诗哲赫西俄德《工作与时日》（又译《田功农时》）开篇所述人类文明历经黄金、白银、青铜、黑铁诸时代而渐次堕落毁灭的历史进程，实则是环地中海地区各古典文明的真实写照，非可以神话等闲看过：文明盛衰转折、治乱相因之际，文明传播秩序的宏伟建树，就成为避免陷入"城邦文明的命定循环"而自我毁灭的最大传播奥秘！

周作为偏居中国西北的一个小小城邦，不仅能汇聚八百诸侯一举灭掉极度繁荣富强的殷商王朝，而且建树起绵延八百年之久的联邦王制体系，乃至被后世学者尊此一时代为"人道主义的黎明"期❶，其根本原因，就在于：周人文明观念的渊源，直接承袭自炎黄尧舜之华夏民主制之大同主义、共享主义、人文主义之正统，因此对八百诸侯、华夏各城邦具有极大的道德感召力与政治号召力，因此，华夏诸城邦响应风从，一举将早已失掉人文正统、黩武黩神、仰赖占卜、以为"天命不易"因而作威作福的殷商王朝一举剪灭也。

《史记·周本纪》记载此一渊源甚明：

> 周后稷，名弃。……弃为儿时，屹如巨人之志。……及为成人，遂好耕农，相地之宜，宜谷者稼穑焉，民皆法则之。帝尧闻之，举弃为农师，天下得其利，有功。……后稷之兴，在陶唐虞夏之际，皆有令德。……夏后氏政衰，去稷不务，不窋（后稷子）以失其官而奔戎狄之间。❷

---

❶ 傅斯年语，实则中华文明"人道主义的黎明"期并非始于西周，渊源更久，详本书前论。
❷ 王利器. 史记注译[M]. 西安：三秦出版社，1988：55.

—182—

盖西周之文明乃尧舜华夏民主制敬天爱民精神之嫡传也，到周文王任西方诸侯领袖"西伯"的时代，更"笃仁，敬老，慈少，礼下贤者"❶，相传周文王"一饭三吐哺，一沐三握发"地接待来访者，伯夷、叔齐、太颠、闳夭、散宜生等天下名士均归附之，诸侯有纠纷，均来周请求仲裁决断。文王在诸侯归心的情况下，率师讨伐犬戎、密须、黎、崇伯等城邦，并将都城迁徙到丰邑（今陕西户县东，西安附近）。

　　周武王继立，以太公望姜尚为师，周公、召公、毕公等人为辅弼，大会天下八百诸侯于河滨孟津，发布《泰誓》《牧誓》以遍告神人，乃兴兵伐纣！殷纣自焚而死，商亡。

　　武王举太白旗而麾令诸侯各军，诸侯各军皆拜。至商国，百姓皆拜。转天，周人修整土地神祠堂，行典礼：一百壮士高举有九条飘带的云罕旗，为仪仗队前驱；武王弟叔振铎乘插着绘有日月图案的太常旗的仪仗车再为前驱，以示王者威仪；武王入社，周公持大钺、毕公持小钺，立于武王左右；散宜生等贤士执宝剑任护卫。武王在大殿立定，文王子毛伯明叔郑，奉上月夜以青铜镜采集到的露水制成的祭祀玄酒（明水），武王弟卫康叔封，铺上用公明草编织的兹席，召公奭进献丝帛，太师姜尚进献牺牲品。

　　武王相尹佚宣读策祝之文：

　　　　殷之末孙季纣，殄废先王明德，侮蔑神祇不祀，昏暴商邑百姓，其彰显闻于皇天上帝。武王再拜稽首曰：膺更大命，革殷，受天明命。❷

　　观武王相尹佚祷祝社神之文可知：周文明之根本观念，一在敬天神，一在保万民，二者实乃一事，即"明德"，即爱护百姓，殷纣昏暴百姓，不敬神祇，常自称"我生不有命在天"❸，其不恭敬、不爱民如此，所以被革代其命！

　　观此可知：华夏人文主义之根本关注，全在"百姓"，殷纣之"天命固定"说，可谓极大偏离了尧舜以来"敬天保民"之华夏民主制之一贯宗旨，而周人之"天命靡常"、天命在民的立论，恰恰全面承袭了中华文明人文观念之巍巍正统也，后世浅学妄议周人天命观为"新天命哲学"，认为周人此论乃为自己政权设立"君权神授"之合法依据，或以战国纵横眼光认为此论乃舆论制造之举等，均不及孔子"汤武革命，顺天应人"之一语论定，更得中华文明精髓也。

　　殷人迷信占卜、夸诞强盛而多造青铜彝器、兵器致荒废民事，此黩神黩武以亡国之征兆，具载于甲骨文、金文中。

---

❶ 王利器.史记注译[M].西安：三秦出版社，1988：56.
❷ 王利器.史记注译[M].西安：三秦出版社，1988：59-60.
❸ 殷纣王语，参见 尚书·西伯戡黎[M]//十三经注疏·尚书正义.北京：北京大学出版社，1999：260.

王国维提出文献、出土器物考古所谓"两重证据法",却没有分辨主次:固有文献当为学术研究主要论据,出土文物的考古解释仅仅是一种次要补充而已。譬如周代历史,《尚书·周书》《史记·周本纪》以及《国语》《左传》等固有文献具足,仔细研读、彼此匹配,即可透彻了解西周文明的总体脉络;若以"出土文物"为一重与之对等甚至更重要的证据,则西周文物不出土,西周文明的研究就势必处于停滞、存疑的状态,岂不荒谬!

　　《十三经注疏·尚书正义》在注解《周书·泰誓》中武王"朕梦协朕卜,袭于休祥,戎商必克"一句说:"梦者事之祥,人之精爽先见者也。吉凶或有其验,圣王采而用之。……圣人逆知来物,不加梦卜,言此以强军人之意耳。"❶

　　伟哉孔颖达之贤明也!不失儒家道德人文主义之中华文明之正统:据《尚书·泰誓》,武王伐纣前,梦见获胜,占卜又预言胜利,武王言于大军之前,所以"强军人之意耳",即振奋军威而已,真正的儒家圣贤,根本不把占卜、梦验作为行动的主要抉择依据,这一点是周人区别于殷人迷信占卜而黩神淫祀之重要法宝也。

　　孔颖达又引两条史料以丰富这段历史纪录,更突显出西周文明之华夏人文主义之伟大特质:

　　　　《史记·周本纪》云:"武王伐纣,卜,龟兆不吉,群公皆惧,惟太公强之。"太公《六韬》云:"卜战,龟兆焦,筮又不吉,太公曰:枯骨朽蓍,不逾人矣!"❷

　　壮哉,姜太公之英明伟岸也!"枯骨朽蓍,不逾人矣!"一语,真千古振奋、万世浩荡之壮辞也!

　　盖殷人黩神占卜,天下诸侯万民均苦其荒废民事、昏暴百姓,姜尚崛起民间,深察民心,遂在武王犹豫之际,毅然点破天机:龟骨、蓍草,无非自然之一物,如何能表征自然万物、人类历史之大道!

　　中华文明从来奉民意为天意,人君秉民意而行,就是遵奉天命,何必以莫测之占卜为人事取舍之标准、军政大事之先机!武王父事姜太公,遂毅然从命,周人巍巍八百年王朝基业就此奠定!

　　晚周时代,孔子进一步将《易》由占卜术改造提升为哲学宝典,汉儒董仲舒更进而提出"达《易》者不占",可谓华夏人文主义对黩神迷信残余之伟大廓清也!清末民初以至当代,某些学者名流,津津乐道于甲骨金文之断简残编,却对经史子集之完备

---

❶ 十三经注疏·尚书正义[M]. 北京:北京大学出版社,1999:276.
❷ 十三经注疏·尚书正义[M]. 北京:北京大学出版社,1999:276. (孔颖达称引之余又有所质疑,大可不必:无论伐纣前占卜有无实事,则周人从殷人占卜陋习中挣脱而出,无疑也)

典籍安诋毁弃，真枯骨朽菁之抱残守缺者，不足与言建国垂统、万邦协和之大道也！

三、西周伟大的人道主义观念

《尚书·泰誓》乃全球史上最重要的人道主义文献，亦为华夏民主制之人文主义精神纲领也，今略举其辞以观：

> 惟天地万物父母，惟人万物之灵。亶聪明，作元后，元后作民父母。今商王受，弗敬上天，降灾下民。沈湎冒色，敢行暴虐，罪人以族，官人以世……以残害于尔万姓。皇天震怒，命我文考，肃将天威，大勋未集。肆予小子发，以尔友邦冢君，观政于商。惟受罔有悛心，乃夷居弗事上帝神祇，遗厥先宗庙弗祀。牺牲粢盛，既于凶盗。乃曰："吾有民有命。"罔惩其侮。天佑下民，作之君，作之师，惟其克相上帝，宠绥四方。……天矜于民，民之所欲，天必从之！尔尚弼予一人，永清四海。❶

吾中华文明之伟大，观此《泰誓》上篇开场白，即可知晓："惟天地万物父母，惟人万物之灵"，有关人的定义，人与天地万物的关系，还有比这一定义更完备、更博大、更优美的吗！这是华夏人文主义最高的哲学概括，华夏民主制之"敬天保民"精髓，在此透彻涵括，巍然灿然，凝聚为一万古不朽之金玉良言：天地万物，是人类的严父慈母，人类是自然之子，当抱温存感恩戴德之心，自然生态系乃人类栖身之唯一家园，当如神明一般爱护之、尊崇之，"敬天"之义，无以复加也；人类是万物之灵长，具有道德良知和广大灵魂，人类应当挺身为万物生命之仁爱、正义而奋发向上，最终与天地万物齐一，人类社群之领袖，就应担当这一崇高责任，"保民"之义，至此鲜明如日月也！

《泰誓》诚巍如泰山之华夏人文主义誓词也：武王愤然鞭挞殷纣残暴统治，尤以"罪人以族，官人以世"为最大暴虐，盖华夏民主制自炎黄尧舜以来，均颁布法条以明文规定：罪止于其身而不可族诛，上至天子、下至群臣，一切官员均须公推普选而不可一家私有，夏启立天子世袭制，频遭世人诟病，"选贤与能"之大同公推制以及官员普选制，作为华夏民主制之根本观念，深入普天人心，难以摇撼，而殷纣之暴政，违背华夏民主制之根本精神，因此必遭灭亡！

武王更进一步解释，苍天设立君、师之根本用意：君以正义治理人民，师以正义

---

❶ 十三经注疏·尚书正义[M]. 北京：北京大学出版社，1999：270-274.

教化人民，则足以辅佐上帝（克相上帝）尊宠人类之心而安定四方（宠绥四方）。这一观念后来就凝聚为"天地君亲师"的华夏共享主义信仰与传播秩序：上帝尊宠人类，君亲师的职责，就是彰显这一尊宠，安定人类生活，履行这一职责的君师，就足以辅佐上帝，否则人民有权废弃之。华夏人文主义的道德信仰，至此顺理成章地得出了全球史上最早、最伟大的人道主义、民权主义结论："天矜于民，民之所欲，天必从之！"矜者怜爱也，苍天上帝怜爱人民，人民之所欲，就是天意之所在，苍天上帝，必顺从人民意志而行动！

呜呼！余尝上下苦索，幸赖神明恩宠、父师教诲，乃知中华文明之所以万年绵延不绝、光华永存之道，乃知人类文明彼此和睦、长治久安之道，均在此寥寥数语之间也！

人类倘能通晓吾儒家"敬天保民"之博大宗旨，则必度重重苦厄而共跻自由繁荣之太平；倘继续暴殄天物、毒害人神自然，则不可度测之灭绝即重临地球，余只能祝祷中西神明，如千手观音，一一援助尽溺之天下众生也！

四、西周宪政体系的经济社会基础

华夏礼仪以三巡为恭敬郑重，《泰誓》亦含上中下三篇。《泰誓》中篇名言"天视自我民视，天听自我民听"[1]，简洁深邃地概括揭示了天意与民意之间本质同一、密不可分的关系：天道浑沦莫测，福祸赏罚一时或难明；人民视听锐利，善恶分毫不爽；苍天神意，无须妄测，只须以人民之好恶为定夺，则天下无不治理、神意无不贯彻也。西周伟大的人道主义信念，其遥遥超越公元前10世纪以降各古典文明之宗教黩神与军事黩武主义，观此可谓纤毫毕现也！

《泰誓》下篇引述周之前代——炎黄尧舜时代先贤名句："古人有言曰：'抚我则后，虐我则仇。'"[2]意谓：抚恤恩宠人民的，可为君王（后）；暴虐残害人民的，则是举世之仇敌，人民有权废弃、讨伐之！观此古语，可知华夏先民之刚烈正义，盖渊源于华夏民主制教化之深广博大也。

准此亦可知，西周人道主义的伟大观念，并非新创，而是承袭自周代之前炎黄尧舜华夏民主制的一贯宗旨。武王据此痛斥殷纣"谓己有天命，谓敬不足行，谓祭无益，谓暴无伤"[3]之说荒谬绝伦：依照华夏民主制之根本精神、宪法原则，天命在民，天子必须敬天保民、推行仁政，才能获得诸侯、群臣、万民的拥戴，才能暂时拥有万民赋予的、受万民监督的"代天统治的神圣使命"，即天命。殷纣自以为拥有不易之天命，因此可以肆意暴虐百姓，所以早就丧失了统治的合法性，武王称呼殷纣为"独夫

---

[1] 十三经注疏·尚书正义[M]. 北京：北京大学出版社，1999：277.
[2] 十三经注疏·尚书正义[M]. 北京：北京大学出版社，1999：280.
[3] 十三经注疏·尚书正义[M]. 北京：北京大学出版社，1999：276.

受"，宣告其"自绝于天，结怨于民"❶的诸多罪行，亦宣告了周人"恭行天罚"❷的合理性与正义性。准此更可知，当代某些学者，将西方君权神授观念套用到华夏文明身上，甚为不妥！

华夏文明之所以实行民主制，无论尧舜大同推举制，还是夏商周联邦王制，除了文明观念上的共享主义信仰外，还有一个重要的社会原因：城邦农耕工商经济，需要大批人口作为劳动力资源，因此，城邦统治者，无论各城邦（诸侯）推举的共主（天子），还是诸侯、群臣，都有固定的王畿、封国、采邑，即所封土地、人口作为固定的经济资源，构成文明传播的基本条件。华夏文明之所以力主仁政爱民、力行联邦民主、力推怀柔蛮夷、力戒黩武黩神、残暴百姓，这一系列基本国策的经济学、社会学含义，都渊源于一点——安抚、吸纳本邦以及外邦的一切劳动力，以便在固定的农耕土地上，从事稳定和谐的农业生产和工商活动！

天子、诸侯均称"王"，王者往也，即其制度、国策，能吸纳一切渴望安定生活的农民、牧民、工匠、商人，使之自动归附也。天子所受封之邦国，称"王畿"，内含土地、人民，是天子朝廷、中央政府财用之主要来源；诸侯受天子封，对天子称公、侯、伯、子、男等爵位，以尊天子；对受封国人民则称王，以安抚城邦内人民并吸附外来移民，诸侯对天子纳贡，可自行征收赋税。天子、诸侯各自有朝廷、有群臣、有卿士，这一天子、诸侯之华夏二元政治经济结构，奠定了华夏民主制一系列分权制衡的宪法基础。

五、《周书·牧誓》展现的大一统框架

对照阅读希罗多德《历史》、修昔底德《伯罗奔尼撒战争史》和李维《罗马建城史》等西方史学名著可知：希腊罗马城邦的主要财政资源来自对外劫掠和对内强制奴隶劳动，其城邦主要青壮人口自幼即习武并应征参军，城邦财富主要来自对外战争的掠夺，少量来自私人海外贸易，希腊罗马士兵、将领常年征战，甚至来不及谈情说爱，遂有海伦被劫、萨宾妇女被劫触发大战等很多传说与历史记录，稳定有序、内外平等的财税制度等民事治理体系根本无暇建立，被西方史家艳称的"希腊城邦民主"之内部无序与外部歧视，更是导致其文明灭亡的主因，与华夏民主制之稳定协调、公平有序的大一统框架，断乎难与比肩也！

周武王率诸侯兵逼近商都城外牧野，武王乃有《牧誓》以宣告天下："千夫长、百夫长，及庸、蜀、羌、髳、微、卢、彭、濮人：称尔戈，比尔干，立尔矛，予其誓！……今商王受惟妇言是用……乃惟四方之多罪逋逃，是崇是长，是信是使，是以

---
❶ 十三经注疏·尚书正义[M]. 北京：北京大学出版社，1999：279-280.
❷ 十三经注疏·尚书正义[M]. 北京：北京大学出版社，1999：280.

为大夫卿士……"❶

由此可知：周人已将西北蛮夷卢、彭之人，西南巴蜀蛮夷羌、髳之人，江汉蛮夷庸、濮之人等少数部族，一律予以吸纳、收附、使之麾下听令，西周文明之扩大，不仅内含八百城邦诸侯的归附，还吸纳了外来少数部族以扩充军力，真所谓"三分天下有其二"，势力空前雄厚；而殷纣却紊乱天子、诸侯之王朝定制，肆意收留四方诸侯国内的众多畏罪逋逃之人，而且任命这些逃离各国耕种纳赋义务的罪人为大夫卿士，丧失人口就是丧失耕作土地的劳力，畏罪逋逃、不纳赋税，八百诸侯焉能不怒！殷周鼎革之际，人心向背已昭然：华夏民主制之天子、诸侯分权制衡不容紊乱也！

周人、诸侯之联军，面对殷纣发兵七十万之众以负隅顽抗，毫无畏惧却信心满满："受有亿兆夷人，离心离德。予有乱臣十人，同心同德。虽有周亲，不如仁人。"❷意谓：殷纣纵有亿兆之众，也无济于事，因为这些"夷人"虽多，却"执心用德不同"❸，即心思、德行、声威一团散乱，乃"乌合之众"，所以不堪一击！

观此可知：华夏文明将"夷人"视为"离心离德、心德散乱、依附暴君"的奸佞之人，即依据道德行为判定华夷之别，而不是依据种族、生活方式之不同而判定也。

在武王麾下讨伐殷纣的庸、蜀、羌、髳、微、卢、彭、濮人，不被视为"夷人"，而依附殷纣残暴之少数愚昧百姓，尽管祖居中原，却被视为"夷人"：华夏文明之严于道德之判断、宽于种族之差异，故而日益扩大、绵延不绝也！

孔安国训释"夷人"为"平人，凡人也，虽多而执德用心不同"❹，可谓妙解：大抵平凡之人，庸庸碌碌，无独立判断能力，最爱盲从混乱、同流合污，"夷"即"平"也，亦即孟子所谓"泯然众人"之谓也。

准此亦可推知，华夷之别的精妙含义：华者采也，夏者大也，华夏文明能博大人生、使人类文明优美灿烂，大有可观，其敬天保民之宪政制度，妙和人神之文明传播，在道德秩序、文明传播上可资效法、值得推尊；蛮夷之政，惟以财物占有、利欲满足、权欲炫耀，粗鄙浅陋，在道德秩序、文明传播上十分平易，无甚可观可采者也。

中国人素有"富不过三代"之说，观之全球近代史，可谓若合符节也。

近代西方人凭借殖民扩张、全球贸易和工业革命称霸全球，第一代富裕阶层孕育了文艺复兴、古典主义、浪漫主义的近代文化；无奈摆脱了中古"黩神主义"的西方各国，无从摆脱远绍于希腊罗马的"黩武主义"，酿成欧洲各民族国家间旷日持久的战争、阶级分裂与内外冲突，最终演化为全球规模的两次世界大战以及冷战、各种局部战争、流血冲突与种族清洗。第二代富裕阶层虽培育出唯美主义、颓废主义、现代主义文化，自身却在数次经济危机与社会动荡中大伤元气。第二次世界大战后尤其是

---

❶ 十三经注疏·尚书正义[M]. 北京：北京大学出版社，1999：284-286.
❷ 十三经注疏·尚书正义[M]. 北京：北京大学出版社，1999：277.
❸ 十三经注疏·尚书正义[M]. 北京：北京大学出版社，1999：277.
❹ 十三经注疏·尚书正义[M]. 北京：北京大学出版社，1999：277.

"信息革命"之后,第三代富裕阶层即"新中产阶级"(白领阶层)大多伴随"婴儿潮"出生,这批人奉财富、权力、时尚与新科技为价值,深受文化工业的观念局限,丧失了文化创造力与培育能力,亦无能力欣赏精英文化,只能以大众波普文化为唯一消遣,如今在全球金融危机与生态-社会危机中也日渐沉沦了。

人类的一线光明,在中华人文主义复兴,在中华古典人文主义与曾经鼓舞全世界的西方近代人文主义的互补、共进,在天地人宇宙生命大一统秩序的重建伟业中!

第十五章　西周古典宪政治理

西周文明秉袭华夏古典民主制之天子、诸侯、群臣、士绅、庶民之多元分权制衡的宪政结构，率诸侯各邦以及蛮夷诸部族，讨伐诛灭殷纣，建立起崭新的王朝——周，而其传承的文明传播观念与宪法精神，来自华夏人文主义"敬天保民"的一贯宪政宗旨，来自从炎黄尧舜大同推举制到联邦王制的德治、法治、民治、官治彼此制衡监督的宪法制度体系，周人在此基础上，进一步予以法制化、德教化与人文化，建构起灿烂的"封建礼乐秩序"的巍峨大厦，使之成为奠定中华文明长期稳定繁荣的传播秩序的核心要素之一。

一、伟大灿烂的西周封建制度

西周文明的最大成就之一，是设计完善了华夏民主制之第二阶段形式——联邦王制的制度体系（封建制度）和传播秩序（礼乐秩序），封建礼乐秩序，使华夏各邦、各族、各姓氏、各地域、各种文化与生活方式，无论华夏城邦还是蛮夷外邦，都融合凝聚为一个更加紧密、稳定、有序而辉煌的政治、社会、经济、文化统一实体。《尚书·周书》《周礼》等三礼经、《史记·周本纪》以及其他史书完整记录了这一天下大一统的秩序建构及其伟大灿烂的历史进程。

周武王在伐纣灭殷后，率诸侯、群臣敬拜皇天后土、名山大川、周人始祖以告成功，遂有《尚书·武成》之辞：

> 一戎衣，天下大定。乃反商政，政由旧。释箕子囚，封比干墓，式商容闾。散鹿台之财，发巨桥之粟，大赉于四海，而万姓悦服。列爵惟五，分土惟三。建官惟贤，位事惟能。重民五教，惟食丧祭。惇信明义，崇德报功。垂拱而天下治。❶

---

❶ 十三经注疏·尚书正义[M]. 北京：北京大学出版社，1999：293-295.

周初一系列仁政措施，使天下百姓悦服。华夏古典民主制之宪法精神，在于"建官惟贤，位事惟能"，即任官惟贤、崇德报功，所以，"周初大封建"即以公侯伯子男五等爵位为标准，分封有德有功者为诸侯国君以疆土，公侯封国方百里，伯爵封国七十里，子爵男爵封国五十里，天子之国则千里，华夏民主制之二元联邦分权制衡结构，由此重新树立起来。《史记·周本纪》记载道：

> 封诸侯，班爵宗彝。……武王追思先圣王，乃褒封神农之后于焦，黄帝之后于祝，帝尧之后于蓟，帝舜之后于陈，大禹之后于杞。于是封功臣谋士，而师尚父为首封。封尚父于营丘，曰齐；封弟周公旦于曲阜，曰鲁；封召公奭于燕；封弟叔鲜于管；弟叔度于蔡。余各以次受封。❶

观此文献可知，华夏古典民主制，创始于伏羲、神农炎帝时代，神农被诸侯公推为天子，其后代苗裔炎帝因不能平定蚩尤之乱而逊位，退为诸侯之一，天下诸侯遵循华夏公推任贤之宪法定制，公推黄帝就任天子，而神农炎帝因"不私公位"、遵古制而行禅让，因此备受天下诸侯礼敬，遂保存其封国两千余年，至周初仍受褒封为焦国之君，华夏民主制之推尊"天下为公"、毅然让贤者如此！

周初褒扬分封神农、黄帝、尧舜、大禹之后于焦、祝、蓟、陈、杞国，又分封功臣谋士姜尚、周公、召公、毕公、毛公等异姓、同姓贤德于齐、鲁、燕等诸侯大国为君，因屏藩捍卫周天子。经此伟大封建进程，华夏文明进一步融合凝聚，同姓异姓之诸侯，受封保土安民，同心拱卫社稷，奠定了西周文明繁荣昌盛、联邦王制更加稳定的政治基础。

周武王更与周公定计，在洛河之滨营造都城洛邑，以为"此天下之中，四方入贡道里均"❷，文王都城在丰邑，武王都城在镐京，洛邑经周公、召公营建，遂成西周东都，象征天下社稷之重器——九鼎安居焉。

武王伐纣两年后病逝，子诵立，是为成王。

成王年幼，周公乃摄政当国。武王弟管叔、蔡叔流言周公谋篡，与殷纣之后武庚率殷遗民作乱，被周公率军讨伐，三年才平定。东方蛮夷淮夷以及奄国又叛乱，成王在周公、召公辅佐下再兴兵征讨，一一平定，全国遂稳定下来。

周公居摄政王期间，制定《周礼》《仪礼》等规范、协调、涵养天子、诸侯、群臣、士绅、万民彼此约束的礼教制度，伟大的封建礼乐秩序，由此确立下来。天子、诸侯、群臣、士绅、万民之间的宪法关系与传播秩序，由此灿然大明，华夏礼乐文明传播由此辉煌夺目，人民和睦安宁，诗人歌颂不绝，周公遂在摄政七年后归

---

❶ 王利器. 史记注译[M]. 西安：三秦出版社，1988：60.
❷ 王利器. 史记注译[M]. 西安：三秦出版社，1988：62.

政于成王。

西周封建礼乐制度之伟大，具体体现在西周君臣之施政上，天子、诸侯、群臣秉承华夏人文主义的伟大价值信仰和华夏民主制的宪法精神，对凝聚抟合华夏蛮夷众多城邦为一稳定有序之整体这个"天下第一要务"，始终保持着高度的政治自觉。

武王克商之初，即派遣众多使节打通各条道路，与"九夷八蛮"等蛮夷城邦取得政治联系：一则告以华夏新王朝已稳固确立，以杜绝其觊觎中原之心；二则通和睦交好之谊，以安定中国广大边疆人民，不受戎狄侵扰。

周人崛起于西戎之间，深知蛮夷乱华之危险：祖先古公亶父曾率周人治豳（陕西彬县），薰育戎狄数度功掠之，予之财物犹嫌不足，欲侵占周人土地、人民以自富。古公不忍治下人民遭受战乱之苦，遂率领族人避戎人、翻越梁山（陕西乾县），安营于岐山（陕西凤翔）脚下，豳人举国扶老携幼追随而来，复归依古公。古公乃知华夏人民宁愿背弃故土也不愿久居蛮夷治下而背弃华夏文明教化之坚贞，遂"贬戎狄之俗，而营筑城郭室屋，而邑别居之，作五官有司。民皆歌乐之，颂其德"❶。周人因此崛起。

西周王朝之通道路、遣信使、交戎狄，盖华夏文明内部稳定有序，则必伸张文明声威于远方蛮夷也。西戎旅国以犬大为异，乃贡奉高四尺之犬"獒"来华，一则窥伺华夏内政，二则交换礼物以自傲于诸蛮夷也。

太保召公，立即利用这一中外交涉的机会，训诫武王以及群臣，重申华夏人文主义、华夏古典民主制（联邦王制）对待贡赋、珍玩、财物的一贯态度，从而巍然树立起中华文明博大深邃地对待经济事务的基本道德准则，是为华夏政教不朽名篇《尚书·旅獒》❷：

> 呜呼！明王慎德，四夷咸宾。无有远迩，毕献方物，惟服食器用。王乃昭德之致于异姓之邦，无替厥服。分宝玉于伯叔之国，时庸展亲。❸

召公训诲武王：天子、王者慎德修政，远近方物、珍玩、宝玉、财税、贡赋会源源不断地到来，四海蛮夷都会一一归顺朝贡，王者之真富贵、真享乐，不在以财货珍玩为喜，而在于以天下和睦、万邦安定为喜，所以珍玩宝物应当封赏于远近诸侯各邦，使之受赏而心悦，心悦而诚服，与王共享天下太平繁荣也！安国、颖达先后为之精确注疏曰：

---

❶ 王利器.史记注译[M].西安：三秦出版社，1988：56.

❷ 孔安国依据古文尚书经，驳斥今文尚书学者注"獒"为"豪"并谓"国人遣其酋豪来献见于周"之说"良由不见古文，妄为此说"，甚确。清代阎若璩依据一些零碎训诂考据而判定现存古文尚书为"伪书"，毛奇龄等人力斥其非。

❸ 十三经注疏·尚书正义[M].北京：北京大学出版社，1999：326-327.

明王有德，四夷乃贡……"昭德之致"，正谓赐异姓诸侯，令其见此远物，服德畏威，无废其贡献常职也。……"以宝玉分同姓之国"，示己不爱惜，共诸侯有之，是"用诚信其亲亲之道"也。❶

华夏封建礼乐之制度何其伟大，用心何其深邃！仅接纳贡物、赏赐诸侯一项，就有极其严密的制度规定和博大的政治寓意。宝物赏赐异姓诸侯，使之睹物思服，实际上是提醒其切勿荒疏政教、鱼肉人民并存非分之想：远方蛮夷之邦都千里迢迢来朝华夏并尽力修好，华夏诸侯城邦更应同心同德拱卫华夏天子、贡献财税于中央政府也；宝物分赐同姓诸侯，政治用意在于显示：天子封邦建国，最重"亲亲、尊尊"之礼乐秩序，珍玩与天下诸侯共享之，同姓诸侯城邦更应同心同德拱卫天子，并把礼乐政教之亲爱和睦精神，作为文明传播的普世秩序，一一深广而温存地灌溉于华夏人民的心中以及中央地方的公共生活中。

富贵，恒为人欲之大者；财货，恒为人生之基业也。

人类在公私生活中如何控驭财物、富贵乃至一切声色珍玩之乐，是鉴别古今中外文明的第一标尺也。宗教主义文明认为财富乃人生向道的最大障碍，一味主张排拒、压抑之；功利主义文明认为财富乃人生唯一价值所在，一味主张占有、夸诞之，不惜蝇营狗苟、作奸犯科、至死不悟；唯华夏圣贤教诲一切人类："富贵为人正当欲望，但若不能以正当途径（道）获得，则分毫不取也！"

此即华夏古语"君子爱财，取之有道"之精髓，亦即华夏文明传播，一贯主张：以德驭物，则人财两得；反之，一味排拒或一味占有，则人财必两失也。

首揭此宏纲伟义的，就是西周著名政治家、北方诸侯燕国始祖、姬周姻亲、在《旅獒》中训诲武王的召公：

人不易物，惟德其物。德盛不狎侮。狎侮君子，罔以尽人心。狎侮小人，罔以尽其力。不役耳目，百度惟贞。玩人丧德，玩物丧志。志以道宁，言以道接。不作无益害有益，功乃成。不贵异物贱用物，民乃足。犬马非其土性不畜，珍禽奇兽不育于国。不宝远物，则远人格。所宝惟贤，则迩人安。呜呼！夙夜罔或不勤。不矜细行，终累大德。为山九仞，功亏一篑。允迪兹，生民保厥居，惟乃世王。❷

华夏文明之经济哲学、财富哲学，尽在此雄伟训诲中也！古今多少文明，富强嚣张于一时，顷刻灰飞烟灭；中外多少愚人，日日颠仆于蝇营狗苟、物欲横流之中，最

---

❶ 十三经注疏・尚书正义[M]. 北京：北京大学出版社，1999：327-328.
❷ 十三经注疏・尚书正义[M]. 北京：北京大学出版社，1999：328-330.

终身家性命毁于一旦者，何也？均因未悟此召公之训诲也：华夏文明奥妙就在于"德其物"，亦即主张人类发挥美德以控制物欲，"以德役物"，就是用道德秩序规范物质财用，由此巍然建树起人类生活与物质财富之间的伟大道德关系与传播秩序也。

召公所谓"不作无益害有益，功乃成。不贵异物贱用物，民乃足。犬马非其土性不畜，珍禽奇兽不育于国。不宝远物，则远人格。所宝惟贤，则迩人安"云云，恰遥遥揭示出今日世界各国政策，若唯"国民生产总值"马首是瞻，必会造成全球生态枯竭、资源短缺、社会动荡、人文错乱；百姓（生民）倘能安然保守其居所、家园、家养之根基，不受上层权贵的侵扰、掠夺、奴役，则世界长治久安，王者可世代为天下共主也。

召公正告天下万民："志以道宁，言以道接"，人生志向，合乎大道，则必享安宁、幸福；言论、思想、学问、事业，与大道结合，则必成就！否则，不仅生命丧失价值、安宁、幸福，且一切言论、思想、学问、事业，亦必"沸反盈天"，难以善终也！

启蒙主义傲慢宣称过往一切均为"蒙昧"，所以自身的"历史使命"（西方中心论的话语霸权由此发端）就是"启蒙"，即教诲全人类从以往"蒙昧状态"中，自我解放出来，运用自己的理性进行判断，从而伸张自己的权利与彼此之间的正义，这一思路从康德的《何为启蒙？》、卢梭的《论不平等》和《民约论》开始，一直延续到密歇尔·福科等人的后现代思想中，构成西方近代文明的主流话语——"启蒙主义论述"也。

启蒙主义在近代历史演进中，一再遭遇重大挑战：

首先，人类运用理性处理自身事务、公共事务的能力，不仅非常脆弱，而且严重依赖既定环境、条件的一系列制约，现代心理学、生命哲学等学科的研究表明，人类行动的基本动机，深深来源于激情、盲目而自私的利己冲动以及固有价值观所赋予的意志力，弗洛伊德、叔本华、尼采、柏格森等现代学术思想巨匠的革命性发现，宣告了康德、卢梭对人类理性的乌托邦式期许的破产。

其次，依据人类理性设计出来的现代两大宪政制度——三权分立的普选代议民主制和自由市场经济制度（二者可统称自由主义民主），尽管取得了全球范围工商科技的巨大成就，但也在实际建立和运行过程中遭遇到一系列巨大挫折和深刻失败：第一，法国大革命标榜理性、自由，却酿成史上最大的"红色恐怖"，此后，全球各国国内血腥冲突、白色与红色恐怖不断；第二，各民族国家根据本国之"国家利益"和资本家的理性要求（实则为盲目的赢利冲动），肆意挑起对全球资源、市场的抢夺，不惜发动各种侵略战争乃至世界大战，使全球生灵为之涂炭，但各国军火商以及权贵阶层却坐收渔利（譬如第二次世界大战后德日英美迅速致富、美国悍然发动伊拉克战争所获石油红利等）；第三，仅仅凭借市场理性的"看不见之手"的调节和党派对垒以瓜分政权的自由主义民主，常常触发选举失败（譬如魏玛共和国选举出希特勒、美国总统大选阿尔·戈尔与小布什得票相当、最高法院决定小布什当选之失误等）和市场失败（自工业革命以来全球愈演愈烈的经济危机、社会动荡、犯罪激增等）；第四，全球生态危机更宣告了人类理性宰制自然生态系统之启蒙主义理论预设与制度设计的全面破产和根本不可持续的巨大危害。

最后，启蒙主义傲慢宣布自身负有"启蒙、理性、自由、解放"等历史使命和改造历史的巨大权利，实则被污损以"蒙昧、非理性、不自由、僵化、落后、不人道"等罪名的古典文明，尤其是中华古典文明，正被日益证实为最合理、最人道、最自由、最和谐的文明形态。天地自然之保护、社会稳定繁荣之维系、人文道德规范的遵守、文明辉煌成就的可持续性的取得，均赖于华夏古典文明的一个道德主义的基本预设：人性如果没有道德约束和宗教约束，就会丧失基本的价值尺度、方向感、秩序感等安定私人与公共生活，进而循序渐进地取得社会成就的精神力量。近代西方文明在康德"要敢于认识"（独立于固有文明传统之外而运用自身理性）的启蒙主义口号感染下，在卢梭伸张个人权利思想下设计出来的自由主义民主制度，尽管有释放个人、社会精力和提升知识水平的一定进步作用，但其对于"人性可以在固有文明传统之外独立存在并获得解放"的基本预设，目前已被全球各种职务犯罪、治安犯罪、赌博、吸毒、自杀等巨大社会病态，充分证明为伪；欧文·白璧德、辜鸿铭、陈寅恪、艾恺等人文主义思想家的反启蒙主义思想，托克维尔、勒庞、伊尼斯、波兹曼等反思大众文化的媒介传播思想，已被充分证实为真。

启蒙主义论述的巨大局限，预示着华夏古典文明"社群主义民主"特质获得全球认同的伟大时代正在来临❶。

本书就是在华夏古典人文主义基础上，重新建构人类文明传播思想与传播秩序的较新角度的论述之一。

二、伟大灿烂的西周礼乐秩序

孔子《礼记·礼运》曰：亡国败家，先去其礼。

至矣哉！礼是一切社会成员必须承担的道德责任、公共职责。礼教、乐教的根本精神，就在于规范天子、诸侯、卿相大夫、士绅、庶民的道德良知与社会责任感，因此，礼乐秩序就成为中华文明最根本的传播秩序。

忠实记录西周联邦王制的礼乐政教大一统秩序的伟大文献《尚书·周官》《周礼》《仪礼》等经典，就成为全球史上最早的成文法典、协调华夏文明一切社会关系的基本准则与制度的根本大法——宪法。

---

❶ 参见 郝大维，安乐哲. 先贤的民主：杜威、孔子与中国民主之希望[M]. 南京：江苏人民出版社，2004：395.

《史记·周本纪》记载道：

> 成王……归在丰，作《周官》。兴正礼乐，度制于是改，颂声兴。……成王既崩……太子钊遂立，是为康王。康王即位，遍告诸侯，宣告以文武之业以申之……故成康之际，天下安宁，刑错四十余年不用。❶

西周"成康之治"是继"尧舜之治"之后的著名文明巅峰之一，下启西汉"文景之治""明章之治"、盛唐"贞观之治"等一系列"国泰民丰、刑错不用"的伟大文明治理模式，其传播秩序的奥秘何在呢？

《尚书·周官》揭示了这一奥秘：

> 制治于未乱，保邦于未危。（王）曰：唐虞稽古，建官惟百。内有百揆四岳，外有州牧侯伯。庶政惟和，万国咸宁。夏商官倍，亦克用乂。明王立政，不惟其官，惟其人。……立太师、太傅、太保，兹惟三公。论道经邦，燮理阴阳。官不必备，惟其人。少师、少傅、少保，曰三孤。贰公弘化，寅亮天地，弼予一人。冢宰掌邦治，统百官，均四海。司徒掌邦教，敷五典，扰兆民。宗伯掌邦礼，治神人，和上下。司马掌邦政，统六师，平邦国。司寇掌邦禁，诘奸慝，刑暴乱。司空掌邦土，居四民，时地利。六卿分职，各率其属，以倡九牧，阜成兆民。六年，五服一朝。又六年，王乃时巡，考制度于四岳。诸侯各朝于方岳，大明黜陟。❷

严密合理的文官制度体系，就是华夏文明超越全球各古典文明的传播诀窍！防患未然、未雨绸缪，严格规范天子、诸侯、群臣、万民的各自职责，就是西周伟大灿烂的礼乐秩序与古典宪法制度的核心！

观此文献，可知周朝官制之严密合理：三公、三孤，居天子师傅地位，位尊而职闲，匡弼天子、议论朝政，实则发挥着现代议会的职能；冢宰（丞相）执掌联邦王制的主要行政权力，诸侯、群臣受其控驭，乃政府首脑，犹如今日民选政府之总统、总理；司徒执掌邦国教化，乃联邦最高教育、学术、舆论、文化、社会教化的最高首长；宗伯执掌祭祀典礼等礼制，乃全国最高宗教首脑；司马是最高军事首长；司寇是最高司法首长；司空是联邦建设事业总长。

冢宰与五"司"称"六卿"，与天子、九州诸侯，构成联邦王制的二元治理结构：

---

❶ 王利器. 史记注译[M]. 西安：三秦出版社，1988：62.
❷ 十三经注疏·尚书正义[M]. 北京：北京大学出版社，1999：481-486.

天子是联邦权力的法定来源、天下统一稳定的象征，其主要职责是确立制度、选拔人才；三公、三孤，在朝廷辅佐天子，犹如尧舜时代的百揆四岳，职责在于主持天下舆论（清议）、匡弼天子；天子定期巡守诸侯、诸侯定期朝见天子，诸侯代表"四岳"，负责主持考核联邦王制各项制度的遵守执行情况，所谓"王乃时巡，考制度于四岳。诸侯各朝于方岳，大明黜陟"，不守制度的天子、诸侯均遭贬黜，可谓后世儒家孟子所谓"贬天子、退诸侯、讨大夫"之华夏宪法精神的代表机关；冢宰（丞相）总领百官，为政府首脑，职责是治理万民；六卿分管执掌各部门权力，其中司徒、司马尤其职责重大，即从万民中初选人才，举荐于冢宰、天子，伟大古典宪政体系、文官制度体系的核心，在于选贤任能的人事制度、人才制度。

在如此严密合理的治理结构与治理制度下，华夏文明遵循文明传播的博大秩序，优美有序地扩展到广大地域与人群，长期维持公平协调、稳定繁荣的政治局面，取得旷世罕匹、光辉灿烂的文明成就，不亦顺理成章之事耶？

周初成康之际，君臣极重视中央地方各种宪法制度（《尚书·周官》）、文官制度（《周礼》）的设定，以确立天子、诸侯、群臣、万民之间分权制衡的宪法关系，尤其重视一系列"敬天保民"的施政规范与宪法精神。

《尚书·周官》曰：

> 王曰："呜呼！凡我有官君子，钦乃攸司，慎乃出令，令出惟行，弗惟反。以公灭私，民其允怀。学古入官，议事以制，政乃不迷。……蓄疑败谋，怠忽荒政，不学墙面，莅事惟烦。戒尔卿士，功崇惟志，志广惟勤，惟克果断，乃罔后艰。位不期骄，禄不期侈。恭俭惟德，无载尔伪。作德，心逸日休。作伪，心劳日拙。居宠思危……推贤让能，庶官乃和……举能其官，惟尔之能。永康兆民，万邦惟无斁。"❶

成王所言，除了恭谨民事、公平施政、推贤让能等一贯训诫外，"学古入官，议事以制，政乃不迷。……蓄疑败谋，怠忽荒政，不学墙面，莅事惟烦。戒尔卿士，功崇惟志，志广惟勤，惟克果断，乃罔后艰"等语，尤显华夏古典民主制（联邦王制）严谨对待上古制度等文明传播遗产的人文精神，"学古"犹如"稽古"，即"议事以制"，即严格遵守华夏王制的一系列宪法、法律规定，近代学者认为华夏文明为"人治"而非"法治"，实不妥也：诸大国家，施政毫无规章法度，如何能长治久安近万年耶？

成王训诫"不学墙面"之状态，恰与清末民初以来某些名流学者"废经不读、束书不观"，却对传统文化妄加批评的恶劣学风若合符节也。观孔安国、孔颖达对"不学墙面"一语之传、疏，层层递进、解释明白、启迪深广，民初蔡元培任北洋教育总

---

❶ 十三经注疏·尚书正义[M]. 北京：北京大学出版社，1999：486-488.

长,下令"废经不读",则偌大国家,又如何能涵养人才、治理国家、振奋中华耶?今试观孔安国、孔颖达之注疏:

> 人而不学,其犹正墙面而立,临政事必烦。(孔安国传注)……人而不学,如面向墙,无所睹见,以此临事,则惟烦乱,不能治理。(孔颖达疏注)[1]

孔子曰:困而不学,民斯为下矣。《论语》首篇"学而第一"乃儒家千古教诲之根本,人而不学,犹如面墙而立,无所睹见,大脑空空,身无良策,一生无所建树矣;若穷困陷溺,仍然不学,则一生困守高墙之内,无由睹见大道、无由自我振拔于穷困卑微也!试想,君主父兄、师长朋友,千言万语以教诲后生小子好学,何如《尚书·周官》寥寥四字、安国颖达不足数行之注疏之灌溉人心于无穷耶?

司马光《资治通鉴》尝言"政简则风清",盖深知政治真谛在于"择本执要、不事滋章",若依"全盘西化"论者之见,则举凡公私生活一切领域,均须立法并严密执法,如此,《老子》所谓"法令滋彰、盗贼多有"的病态局面,必一一出现于全球社会,立法机关不耐烦琐必仓促立法,权贵、律师等必趁机大肆枉法,政风之清廉、民风之淳朴,于此必荡然矣!

三、《尚书》《周礼》构筑中华宪政体系

《尚书·周官》是西周文明联邦王制、古典宪政制度体系的总体框架,是周公居摄政王之位,辅佐周成王施政时创设、厘定、设计、完善,以成王名义发布的华夏成文宪法(《尚书·尧典》和《尚书·舜典》乃全球最早之成文宪法),那么,周公主持订立的《周礼》,就是具体规范天子、诸侯、群臣及其僚属各自职责的伟大宪法制度的瑰伟篇章之一。

自伏羲时代创立《河图易经》之天地人宇宙生命大一统秩序以来,历代圣贤明王,均标举天人合一的伟大生命境界,这一境界在儒家学说之奋进不息精神中一一体现,在道家学说之顺应自然哲学中得以深化,而在汉儒董仲舒不朽巨著《春秋繁露》之"天副人数"说中得到精致贯彻。西方文明则自希腊罗马时代以及中古基督教时代,即坚执天人远隔、人神思慕、天神最终审判拯救人类等二元论学说,神人交会常被视为"神秘主义异端";迟至文艺复兴时代,一些思想家才提出"人是小宇宙"的看

---

[1] 十三经注疏·尚书正义[M]. 北京:北京大学出版社,1999:487.

法，但终不能扭转西方文明对天人对立的宇宙观基本假设。

中国人秉持一万年绵延不息的天人合一宇宙观，认为天道自然（神）与人生规律之间的协调一致，不仅具有莱布尼茨所谓"普遍预定的和谐"这一哲理深度，而且体现在天时节气、大地节律、人体百窍等一切生命节奏与万物肌理之中。

因此，《周礼》作为周朝成文宪法，在中央政府中，为冢宰、司徒、宗伯、司马、司寇、司空"六卿"各自设立六十僚属，合成三百六十名文官系统，以构成宪政文治主义的中央治理体系，乃为配合一年三百六十五天之周天公度数，周代联邦王制之"天副人数""天人合一""替天行道""敬天保民"之伟大宪法精神，可谓宏约深美、温存博大也！

据载，尧舜时代，中央政府文官大约一百，夏商时代大约二百；至此，周朝文官系统，增至三百六十余名官吏，华夏民主制的文官治理体系，更趋完备、周密，西周文明取得"郁郁乎文哉"的伟大成就，更顺理成章也。

《十三经注疏·周礼注疏》由汉儒郑玄和唐儒贾公彦先后完成，汉唐经学之灿烂辉煌，于斯见焉。《周礼》分天官冢宰、地官司徒、春官宗伯、夏官司马、秋官司寇、冬官司空六部分，备载西周官制僚属职责，取天地四季之天道运行法象，以规范天子、诸侯、六卿等群臣、万民之宪法关系以及华夏民主制之宪法精神，备极人文政教官制之典章，因此，又称"周官经"或"六典"。

其中，天官冢宰总摄联邦政治、地官司徒总领联邦教化，可谓提纲撷领、探本穷源、纲举目张，今择取而观之。

《周礼·天官冢宰第一》曰：

> 惟王建国，辨方正位，体国经野，设官分职，以为民极。乃立天官冢宰，使帅其属而掌邦治，以佐王均邦国。治官之属：大宰，卿一人；小宰，中大夫二人；宰夫，下大夫四人。上士八人，中士十有六人，旅下士三十有二人。❶

天子（称王）建立邦国，正王城、宫室、朝廷以及诸侯朝觐之位（辨方正位）、分其城（体国）、经纬治理其民（经野），最重（惟）设立官府以治理上下，分其职权以制衡，"设官分职"得当，则万民得公平正当（极，中也）之治理而安居乐业也，天子、诸侯、冢宰、百官之建国、设官，联邦王制取得统治权的合法依据，华夏民主制之宪法准则，均在"以为民极"也。冢宰居众卿之首，与小宰、宰夫、上士、中士、众多（旅）下士，组成冢宰机关（丞相府），以"掌邦治，以佐王均邦国"，即负责整个联邦的政治治理，辅佐天子均平联邦各诸侯国。冢宰机关职权之大、担当天下均平

---

❶ 十三经注疏·周礼注疏[M]. 北京：北京大学出版社，1999：1-6.

之政治职责之重，历代王者均极尊重，历代儒学宗师均极重视之。

郑玄、贾公彦注疏之曰：

> 体犹分也，国谓城中也。分国城之中为九经九纬，左祖右社之属。经谓为之里数，此野谓二百里以外，三等采地之中有井田之法，九夫为井，井方一里之等是也……王城十二门。门有三道，三三而九则九道。南北之道谓之经，东西之道谓之纬。……"面朝后市"者，三朝皆是君臣治政之处，阳，故在前。三市皆是贪利行刑之处，阴，故在后也。……"掌邦治"者，掌，主也。言主治则兼六官……王之卿六命，其大夫四命，士以三命……"百官总焉"，谓贰王治事，总摄三百六十官则谓之"冢"……是贰王事总众职而称"冢"也。❶

冢宰（丞相）职权之大，在"贰王治事"，即作为"副天子"以分封其国（王事）、规划其城（国中经纬、面朝后市）、设立官府、督察百官、总领王事也。

联邦王制之上层——天子、诸侯，下层之群臣、万民，均受冢宰（丞相）规范、节制，华夏古典民主制之文治主义、士大夫统治之宪政实质，在此揭示无遗矣！

秦朝初立，秦始皇深恶痛绝儒生本一贯宗旨，每每称引《尚书》《周礼》以限制君权，极力维护相权、士权、民权，遂悍然下令焚书坑儒，其仇视、畏惧华夏民主制之伟大宪法精神，适足以千古唾弃、旋踵而亡也！

汉初官制，丞相、御史大夫、太尉并列"三公"，位尊权重，为文治政府最高首长并能有效限制君权，中央集权制下之华夏民主精神，亦千古承袭而次第演进深化也。

《十三经注疏·周礼注疏》正文前，列载《序周礼废兴》一文，特别指出《周礼》何以引起秦始皇深恶痛绝、必欲焚毁禁绝而后快的深刻政治原因：

> 周公制礼之日，礼教兴行。后至幽王，礼仪纷乱……《艺文志》云："昔仲尼没而微言绝，七十二弟子丧而大义乖。诸子之书，纷然散乱，至秦患之，乃燔灭文章，以愚黔首。"……是以《马融传》云："秦自孝公以下，用商君之法，其政酷烈，与《周官》相反。故始皇禁挟书，特疾恶，欲绝灭之，搜求焚烧之独悉，是以隐藏百年。……"……（郑）玄以为"括囊大典，网罗百家"，是以《周礼》大行，后王之法。《易》曰"神而化之，存乎其人"，此之谓也。❷

---

❶ 十三经注疏·周礼注疏[M]. 北京：北京大学出版社，1999：4-7.
❷ 十三经注疏·周礼注疏[M]. 北京：北京大学出版社，1999：序文7-9.

呜呼！《周礼》之伟大，正在贯彻守护华夏民主制之伟大宪法精神，这一制约王权、大张民权之宏纲巨法，虽遭暴秦之焚毁禁绝，更凸现其华夏民主制之伟大文明光辉与传播特质：华夏民主制之宪法制度，迭经尧舜时代之公推任贤制、联邦王制、中央集权制之演进深化，至明初废宰相建内阁而逐步荡然，明代政治仍延续朝廷合议（廷议）、封驳、清议等民主制度，至清则全面废弃，谭嗣同《仁学》痛批"两千余年中华政制乃秦政"之论断，被清末民初某些名流学者不加深研即贸然采纳，导致华夏文明，被误判为"封建君主专制"所造就，不仅难以自圆其说（专制政体以恐怖为原则，只适用于秦、清等少数朝代），更从文化、信仰、心理上，摧毁了中国人千万年来对伟大华夏文明的尊敬传承之心。今日面对千古疑案，捧读深思《十三经注疏·周礼注疏》，足以一举廓清之，不亦吾儒横扫举世之误判、"推倒一世之智勇，开阔万古之心胸"耶！

四、天官冢宰制度：德法匹配的宪政治理

《周礼》宽以待民，严以治官，所以才能取得"刑错四十余年不用"，即全凭古典宪法制度（官制系统）和礼俗制度（载《仪礼》），即可安定、协调天子、诸侯、群臣、万民之间各种复杂的社会关系，其治理之精细、治法之严密、周详、完备，允称西周"成康之治"之治理典范也：

> 太宰（冢宰）之职，掌建邦之六典，以佐王治邦国：一曰治典，以经邦国，以治官府，以纪万民；二曰教典，以安邦国，以教官府，以扰万民；三曰礼典，以和邦国，以统百官，以谐万民；四曰政典，以平邦国，以正百官，以均万民；五曰刑典，以诘邦国，以刑百官，以纠万民；六曰事典，以富邦国，以生万民。❶

冢宰（太宰、丞相）所掌"六典"，乃六种最根本的典章制度与治理原则，治典、教典、礼典、政典、刑典、事典六大治理制度，构成完备宪政治理体系。

其中，有以下三点殊堪注意：

第一，冢宰佐王施政，总领六卿、百官、万民，位尊任重，担当天下邦国之根本治理责任，堪称"副天子"。郑玄、贾公彦注曰："'以佐王治邦国'者，以六典是王

---

❶ 十三经注疏·周礼注疏[M]. 北京：北京大学出版社，1999：24.

执治邦国，王不独治，故云'佐王'也。"❶准此可知，自《周礼》时代直至汉唐王朝，华夏民主制观念，备载典章、深入人心，郑玄、贾公彦等汉唐名儒鲜明宣称"王不独治"，即天子、诸侯无"独治天下"的特权，而必须与冢宰、卿相大夫、群臣、万民共治天下，此一民治主义的宪法观念与宪法制度，历历如目、不可污损，判华夏文明为"封建君主专制"之说，为之摧陷廓清矣！

第二，天下太平、长治久安的关键，主要在于官制的合理严密，"六典"之设置，都是依据"先官后民"问责原则，即先责成"官府"后责成"万民"，严格规范、限制、纠察官府行为。官府的依法行政，成为华夏民主制的最大宪法考量，官吏问责制成为"六典"的中心内容。长期的制度贯彻和朝廷对官府执法的严密督察，养成了中华民族"奉公守法"习惯和官民之间相互信赖的宪法关系，孔子所谓"足食、足兵、民信之矣"之华夏政治三大宪法原则之精深含义在此发源；在古典华夏民主制下，很少出现种种公然不法、侵害民众之"个别行为"！

第三，《周礼》此段文献，鲜明揭示"以刑百官"，亦即华夏文明一贯主张：在法律面前人人平等，晚周末期（战国）诸子一家之私论，譬如荀子所谓"礼不下庶人，刑不上大夫"之说，既不符合《仪礼》"礼下庶人"之细密记载，也不符合《周礼》"以刑百官"之宪政规制，历代王侯将相，犯法被诛、灭族、除国、受刑的记录，史不绝书。自秦汉直至明清，华夏文明对高官厚禄者的严密督责，依现代标准，有些堪称"严苛"；中华百姓"王子犯法，与庶民同罪"之观念源自典章、牢不可破。

华夏古典民主制之法纪严明细密、法治完备周详，在《周礼·天官冢宰》中历历如数、呈露无遗也：

> （冢宰）以八法治官府：一曰官属，以举邦治；二曰官职，以辨邦治；三曰官联，以会邦治；四曰官常，以听邦治；五曰官成，以经邦治；六曰官法，以正邦治；七曰官刑，以纠邦治；八曰官计，以弊邦治。❷

西周文明以"八法"治理官府行为，可谓严密督察到每一细节：立官必设属员（官属），使之彼此纲维以兴办各种文治事业；立官必严限职责（官职），以明辨其治理得失；官与官之间联署互督（官联），使之会同办理；官府之日常治理（官常），必受随时抽查；官府行为有固定程式（官成），不得随意而行；治官之法十分严密（官法），必规整恰当；治官之刑严苛（官刑），必严督严办贪官污吏、不法施政；年终考绩、三年大比（官计）以断定（弊）官府治理成绩。如此严密周详、治理得当，西周文明所以勃兴！

---

❶ 十三经注疏·周礼注疏[M]. 北京：北京大学出版社，1999：24.
❷ 十三经注疏·周礼注疏[M]. 北京：北京大学出版社，1999：26.

官府系统既已获得严密治理，则万民心悦诚服，天下百业兴旺，财税贡赋源源不断汇聚而来：

> （冢宰）以八统诏王驭万民：一曰亲亲，二曰敬故，三曰进贤，四曰使能，五曰保庸，六曰尊贵，七曰达吏，八曰礼宾。……以九赋敛财贿：一曰邦中之赋，二曰四郊之赋，三曰邦甸之赋，四曰家削之赋，五曰邦县之赋，六曰邦都之赋，七曰关市之赋，八曰山泽之赋，九曰弊余之赋。……以九两系邦国之民：一曰牧，以地得民；二曰长，以贵得民；三曰师，以贤得民；四曰儒，以道得民；五曰宗，以族得民；六曰主，以利得民；七曰吏，以治得民；八曰友，以任得民；九曰薮，以富得民。正月之吉，始和布治于邦国都鄙，乃悬治象之法于象魏，使万民观治象，挟日而敛之。乃施典于邦国，而建牧，立其监，设其参，傅其伍，陈其殷，置其辅。乃施则于都鄙，而建其长，立其两，设其伍，陈其殷，置其辅。乃施法于官府，而建其正，立其贰，设其考，陈其殷，置其辅。……岁终，则令百官府各正其治，受其会，听其致事，而诏王废置。三岁，则大计群吏之治，而诛赏之。❶

华夏民主制依法治理之文治主义，其他古典文明庶几难望项背也：冢宰辅佐（诏，赞也）天子治理万民，以"八统"亲其亲、敬其故、举其贤、报其功（保庸），则礼教德治与严明法治配合，官吏问责制让万民心悦诚服；以"九赋"合理敛财，则天下财税源源不绝；以"九两"（九种任官尊贤的和谐社会原则，两犹耦也，以维系万民）来使万民协调一致、和气生财：诸侯（牧、长）、师儒、宗族族长、官府大夫（主）、百官群吏、邻里友朋、山林养护之官等，一一以"得民"（养民）为己任，保障天下百姓安享富贵尊荣也。

择取正月吉日，官府将治法条文公开悬挂于官府观阙（象魏）之上，振木铎召唤万民前来，观法懂法而知典章规矩，十日（挟日）后再予收藏，以备稽考；在诸侯国建立州长（牧）、公侯伯子男之爵（监），设立三卿五大夫（设其参，傅其伍，低于天子朝廷之六卿建制），陈设众士（殷，众也）以辅佐治理诸侯国；在都鄙（公卿大夫之采邑）设两丞、众士以治理；在各官府设立正职、副职以及众士以治理也。年末考绩，诸侯国、各采邑、各官府，会同考评，冢宰辅佐（诏）王，决定或废或置州牧、诸侯国君、公卿大夫之职位，荒废王事、侵害人民者，难逃王法之严惩；三年年末则全面考绩一切官吏，上至诸侯公卿，下至胥徒小吏，一一"会计"考评之，天子、冢宰行诛赏之权，彰报功之德，宣爱民之义，天下百姓，感恩戴德、心悦诚服，华夏文明据以万世永固也！

---

❶ 十三经注疏·周礼注疏[M]. 北京：北京大学出版社，1999：31-52.

西周官制系统之严明完备，在冢宰（太宰）之副职小宰等职责规制上，亦呈露无遗：

> 小宰之职，掌建邦之官刑，以治王官之政令，凡官之纠禁。掌邦之六典、八法、八则之贰，以逆邦国、都鄙、官府之治。执邦之九贡、九赋、九式之贰，以均财节邦用。……以听官府之六计，弊群吏之治：一曰廉善，二曰廉能，三曰廉敬，四曰廉正，五曰廉法，六曰廉辨。以法掌祭祀、朝觐、会同、宾客之戒具，军旅、田役、丧荒亦如之。七事者，令百官府共其财用，治其施舍，听其治讼。……月终，则以官府之叙受群吏之要，赞冢宰受岁会，岁终，则令群吏致事。正岁，帅治官之属而观治象之法，徇以木铎，曰："不用法者，国有常刑。"乃退，以官刑宪禁于王宫。令于百官府曰："各修乃职，考乃法，待乃事，以听王命。其有不共，则国有大刑。"❶

西周王朝政制乃"法治"而非"人治"，于此一目了然：小宰执掌"官刑""官禁"，严密督察百官执法，每年年初，率百官观看悬挂于王宫魏阙之法条，奋木铎以警戒之，申令曰："不用法者，国有常刑！"每月月末，则详密审查群吏上交的文书簿记，称"要"；年末则佐助冢宰考核百官执法，称"会"；其法治严明之规制，在申戒百官"修乃职，考乃法，待乃事"之依法行政之精神也，认为古典政治为"人治"者，则何以待之耶？

《周礼》规定：小宰之经济职责，在于辅佐（贰）冢宰，以九贡、九赋、九式之定制，合法收取天下财税，其依法取财之宪法精神，更在于"均财、节邦用"之民本主义，即抽取富户之财税以扶助赈济穷苦人民、节制中央地方两极政府之用度。

北美、西欧素来自诩"法治"而认为一切非西方文明为"人治"，其频频触发的金融危机、经济危机、生态危机却常使全球许多国家、地区陷于动荡（譬如20世纪90年代数次经济危机使墨西哥、阿根廷、印尼等国经济破产、政治动荡；又譬如全球变暖使海平面上升，太平洋、印度洋诸岛国以及孟加拉、海地等低地国家遭遇灭国之灾，等等），"全盘西化"论者却仍在自我矮化中华文明为"人治"，钱穆先生《国史新论》形容其为"盲人骑瞎马、夜半临深池"，真妙喻之词也！

西周联邦王制之"民治主义"宪法精神，在《周礼·天官》对冢宰府下属之"宰夫"职责规定中亦鲜明呈现：

> 宰夫之职，掌治朝之法，以正王及三公、六卿、大夫群吏之位，掌其禁

---

❶ 十三经注疏·周礼注疏[M]. 北京：北京大学出版社，1999：53-64.（原文"宫刑"据嘉靖本、闽本、监本、毛本以及阮元引惠栋之论而改为"官刑"，以区别于作为刑罚之一的宫刑也。详53页注1）

令。叙群吏之治，以待宾客之令，诸臣之复，万民之逆。……岁终则令群吏正岁会，月终则令正月要，旬终则令正日成，而以考其治。治不以时举者，以告而诛之。❶

宰夫除执掌朝仪外，主要职责就是受理诸侯、群臣、万民之朝奏、上书，即尧舜时代之"纳言"机关。郑玄解"诸侯之复、万民之逆"曰："复之言报也，反也。反报于王，谓于朝廷奏事。自下而上曰逆，逆谓上书。"❷

准此可知，依西周王制，诸侯可在朝奏事，群臣、万民可上书言事，宰夫受理，然后再上报冢宰、天子，民意之表达、民治的精神，均鲜明规定于政府典章规制中。迟至清末，古制犹存，康、梁等应试举子，尚可联合在京举人"公车上书"，光绪帝亲自披览康梁之奏章，则"与民同治"之宪法精神，在清朝政制中残存，亦未全然泯灭之例也。

---

❶ 十三经注疏·周礼注疏[M]. 北京：北京大学出版社，1999：64-70.
❷ 十三经注疏·周礼注疏[M]. 北京：北京大学出版社，1999：65.

第十六章　西周宪政治理之美

西周乃中华文明"联邦大一统时代"之重要时期，其在《尚书·周官》和《周礼》所奠定的古典宪法制度体系中，巍然建构起确立周朝绵延八百年以上联邦王制的伟大封建礼乐秩序和民治、法治、德治匹配的宪法机制和大一统文明传播秩序。若溯源至周人始祖后稷，则西周文明可谓两千年不磨之伟大灿烂之文明传统也。正是这一深厚博大的传播遗产，不仅造就了光辉辉煌的西周文明诸多成就，更为晚周时代以诸子百家为代表的中华文明智慧、人文学术超绝百代的繁荣，奠定了文明基础，亦为秦汉大一统时代中华民族进一步凝聚为中央集权制的伟大文明实体，创造了文明条件。

一、地官司徒制度：文明教化之美

依据西周官制，地官司徒的地位仅次于天官冢宰，冢宰制度犹如浩瀚长天，冢宰府作为副天子，全面执掌联邦治理；而司徒制度，则如深厚广博的大地，安稳执掌联邦教化体系，以全面安定人心，从深度的人文道德层次上，配合天子、冢宰之宪政治理。《周礼·地官司徒第二》备载大司徒职责、司徒府大小官职之设立原委、居官操守以及宪法精神：

> 惟王建国，辨方正位，体国经野，设官分职，以为民极。乃立地官司徒，使帅其属而掌邦教，以佐王安扰邦国。教官之属：大司徒，卿一人；小司徒，中大夫二人；乡师，下大夫四人。……徒百有二十人。❶

天子、诸侯建国，首要在于辨别王都、邦国所在四方之位（辨方）以敬天祭祀、授民农时，正天子、诸侯、卿相大夫、士绅、万民之位（正位），分划国都内朝廷街市

---
❶ 十三经注疏·周礼注疏[M]. 北京：北京大学出版社，1999：223-224.

之区隔（体国），经划乡野之治理（经野），设立官府，分限职权，作为万民治理之根本（民极）。司徒府内设大司徒、小司徒、乡师等官职，彼此分权制衡，以执掌邦国之文明教化也。

郑玄等注释"惟王……以为民极"一句曰："六官皆有此叙（序）者，欲见六官所主虽异，以为民极是同故也。"❶天子、冢宰、司徒、宗伯等六卿，以及百官，全奉"以为民极"（民极者，民中、民本也）为最高政治宗旨与宪法精神，犹如今日普选政府之"民有、民治、民享"或"为人民服务"之谓也，古今中外合理之政治治理之根本，均在此也。

判古今中外文明孰为进步或落后之近代启蒙学者，根本忽略古今中外之文明体系，均以保守土地和人民为第一要务：无土何以立民？无民何以立国？古今政治，或宽仁或苛细，或长久或短暂，但无论如何，统治者必须推行一定社群范围（或宽泛或苛细）内之公平正义，为保守土地和人民的准则，孔子所言"政者，正也"遂为千古不易之明训也。

启蒙主义判定近现代文明为进步人道而古代文明为落后、反人道，乃囿于西方古典文明的若干显著缺点（譬如希腊罗马奴隶制文明、中古基督教文明黩武黩神、不恤民生之苛政等）而深陷成见。

稍早的但丁、马基雅弗利、蒙田、维柯等历史哲学大师，较晚近的西方浪漫主义史学（赫尔德、歌德、席勒等）、经验主义、人文主义史学（利奥波德·兰克、狄尔泰、斯宾格勒、汤因比等）诸多思想流派，均对启蒙主义的独断论有深刻批判与彻底反省，"西方中心论"遂终结。

不幸中国的全盘西化论者，迫于清末国困民穷之危机，对西方启蒙主义武断学说不加深察就一味崇信之，遂误判华夏民主制之天子、诸侯、群臣、万民分权制衡、全社会自我克制、体恤民生民情之民权法治主义，为"君权专制主义"，近代学术草率之间将此万年绵延的有序主义、精英主义、社群主义之伟大民主传统毁弃，不亦一大悲剧耶？！

民国初年，著名学者王国维提出所谓"二重证据法"，如今在对原始文献的详密研读和地下出土器物的考古研究中，已然获得不可倾摇的确切证据：中华文明在炎黄尧舜时代所奠立的大同推举制和夏商周所建构的联邦王制，不仅是华夏有序民主的伟大宪法制度，更是全球史上最完备的民治、法治、德治体系和公共服务体系。

学者最重详密、完备地占有原始文献，进而依据一定价值信念以及某个社会现象，在历史与现实中一再出现的几率，给出合理并具启发性的解释。

现当代中国若偏颇地引进西方近代学术分科、分专业进行研究的孤陋寡闻的体制，当代学者就根本无暇对历史问题与现实问题背后深广的文献依据进行周详研习、探究，而贸然采信某一学科内外种种固陋之见，以为"早有定论"，遂在错误结论（偏

---

❶ 十三经注疏·周礼注疏[M]. 北京：北京大学出版社，1999：223.

颇成见）基础上开始钻研，如此叠床架屋、沙上聚塔、一触即溃，最后必误人误己、谬种流传也。

譬如本书所论之华夏文明大一统传播之内在秩序——古典宪政体系等深层机制问题，读者只要细心捧读《十三经注疏》《史记》和希罗多德《历史》、李维《罗马建城史》等名著一遍或两遍，再对照当代全球文明之深刻问题，古典文明之真相立即清晰浮现！

再譬如上引之《周礼·地官司徒第二》首段文字，细读郑玄、贾公彦对"乃立地官司徒……以佐王安扰邦国"之精辟注释，不仅可洞悉古今政教之博大精深含义，更可廓清学术上的重重"人为谜团"：

> 教所以亲百姓，训五品。有虞氏五，而周十有二焉。扰亦安也，言绕衍之。（郑玄）……云"教所以亲百姓"者，案《尚书·舜典》云："帝曰：契，百姓不亲，五品不逊，汝作司徒，敬敷五教，在宽。"……有虞氏五，即《舜典》所云"敬敷五教"。又文十八年（左传·文公十八年）云"舜臣尧，举八元，使敷五教于四方，父义、母慈、兄友、弟恭、子孝"是也。……民为邦本，不安则散，特须安而复安，故云扰亦安也（贾公彦）。❶

呜呼！"民为邦本，不安则散"之政教道理，古今一概、中外皆同，地官司徒执掌邦教，恭敬提倡"父义、母慈、兄友、弟恭、子孝"之华夏文明此一博大政教精神轴心，严谨传承自尧舜时代之"五教"传统，进而发展出西周文明的"十二教"（引文云"周十有二"）绵密完备的文明教化体系，人民恭谨遵循这一伟大传播秩序，妥善协调一切人际关系，则种种利益冲突、社会动荡可大多消弭于无形，此长治久安之道，绝不亚于天子、冢宰、百官之依法行政，华夏法治、德治彼此配合协调，则文明大一统教化之美、天下太平之乐，享受不尽矣！

学者倘能尊敬于原始文献之揭示伟大、启迪深广，则必深明于古今中外政教之堂奥，予以恭敬传承并斟酌损益之、推陈出新之！

西周古典民主自治体系，与中央大政之法治、德治体系配合，在司徒体制上表现为乡邻"人民道德自治"之种种建制、措施与德治民主也。民国七贤之一、柳诒征先生《中国文化史》谓之"乡遂制度"❷：

> 乡老，二乡则公一人。乡大夫，每乡卿一人。州长，每州中大夫一人。

---

❶ 十三经注疏·周礼注疏[M]. 北京：北京大学出版社，1999：223.
❷ 柳诒征. 中国文化史[M]. 上海：东方出版中心，1988：131-137.

党正，每党下大夫一人。族师，每族上士一人。❶

西周王朝在王畿置六乡，每乡有五州，每周下有五党，每党下有五族，每族有四闾，每闾下有五比，每比下有五家，命以公卿大夫士治理之，则联邦王制之治理，渗透到每一家庭，全邦国之整齐划一、凝聚向心，不言自明也。郑玄解上引"乡老……每族上士一人"曰："老，尊称也。王置六乡，则公有三人也。三公者，内与王论道，中参六官之事，外与六乡之教，其要为民，是以属之乡焉。"❷三公在西周官制中地位最高，但并非虚职，除了在中央政府（朝廷）辅佐天子、主持道义舆论、监察六卿官府行政外，还分身任职于地方自治，配合司徒府在地方（六乡）推行教化，西周德治之精神，遵循法治轨道，一一灌溉凝聚于每一家庭、社会每一细胞也。

司徒府还下设师氏（教化官）、保氏（劝谏督察天子朝廷之保傅官）、司谏（劝谏百官万民）、司救（纠百官万民之过）、调人（调解民众纠纷）、媒氏（和合男女以婚配）、司市（管理市场）、质人（负责平定物价）、廛人（管理房屋租赁）、胥师（维护市场秩序）、泉府（征收市场税）、司门（管理城门）、司关（稽征关税）……乃至土均（管理土地赋税）、草人（管理农田除草施肥）、稻人（管理稻种及耕作）、山虞（管理山脉养护及出产）、林衡（管理林木及出产）、川衡（管理江河及出产）、泽虞（管理湖泊、湿地）、迹人（管理禽兽）、司稼（管理播种谷物）等四五十种大小官职，人类公共生活可谓巨细无遗地被网罗治理，其中师氏、保傅、司谏、司救、调人、媒氏等官职最紧要：民受教则仁义立、天下安；保傅、司谏、司救、调人、媒氏等均为"师氏"之推行教化之佐助、配合者，天子、朝廷、百官、万民有过错则劝谏补救之，有纠纷则调解安抚之，男女婚配时则予以绍介、中保之，民事治理之细密完备，可谓全球独步、举世无双也。

郑玄解"保氏"曰："保，安也，以道安人者也。"❸大哉！郑玄解经之鞭辟入里也：宇宙之太平，全在自然秩序（道）不受人为干扰之正常运行；人生之安定，全在人文秩序（德）之循序扩展；余读经至此，慨然批注曰："人有道则安，无道则亡。大矣哉！"

二、教治政令：四重宪政治理之美

司徒府以教（教化、德治）、治（法律、法治）、政（政策、民治）、令（行政命

---
❶ 十三经注疏·周礼注疏[M]. 北京：北京大学出版社，1999：224.
❷ 十三经注疏·周礼注疏[M]. 北京：北京大学出版社，1999：224.
❸ 十三经注疏·周礼注疏[M]. 北京：北京大学出版社，1999：229.

令，官治）之四重宪政体系，构筑起一个无比绵密的民主自治主义的古典宪法制度体系与大一统文明传播机制，在此体系的基础上，巍然树立起天子、三公、三孤、冢宰、司徒、师氏、保氏、百官、万民之间彼此制衡的宪法制度大厦和公共服务体系，有效确保了西周文明的长期繁荣昌盛。

西周教化制度以"十二教"闻名。尧舜时代之五教体系，乃父义、母慈、兄友、弟恭、子孝也，树立天地人伦之大、奠定人类社群之安者，以此；西周文明之"十二教"体系，则在五教基础上，特为引申、增广，更趋细密完备也：

  施十有二教焉：一曰以祀礼教敬，则民不苟。二曰以阳礼教让，则民不争。三曰以阴礼教亲，则民不怨。四曰以乐礼教和，则民不乖。五曰以仪辨等，则民不越。六曰以俗教安，则民不偷。七曰以刑教中，则民不虣。八曰以誓教恤，则民不怠。九曰以度教节，则民知足。十曰以世事教能，则民不失职。十有一曰以贤制爵，则民慎德。十有二曰以庸制禄，则民兴功。[1]

大司徒府众教化官，以十二教之文明大一统传播秩序，晓喻万民以公共生活之准则、规矩，构成一个极其绵密而完善的文明教化、社会公德教育的博大体系：

第一，以祭祀天地祖先圣贤之谨严礼制，教育万民恭敬之仪，上至天子、诸侯，下至百官、万民，无不恭敬谨严地进行祭祀大典，天下人民从庄严典仪中感恩于宇宙慈惠生养万物、祖先圣贤创造文明之莫大恩惠，进而领悟自身的公共责任，所以临事必不苟且马虎；

第二，以乡射饮酒、尊老慈幼之礼（阳礼）训导人民，教育人民懂得行仁讲让才能造成万物发达的兴旺局面（阳者生也），争夺相杀则人类必自取灭亡的根本仁义大道，则人民遭遇利益冲突，必然尽量和解而不争斗；

第三，以男女亲爱之礼（阴礼）教育人民，训导人民懂得：男欢女爱之情背后，乃天地生养万民之宇宙法则在隐秘处（阴）为之主宰，男女彼此相爱、相敬如宾，实则是履行生养繁育的道德责任，如此内无旷怨、外无愁闷，弗洛伊德所谓情欲压抑导致精神疾病的问题亦大为缓解、疏导之；

第四，以音乐之礼教育人民，使之体悟宇宙一体、天下一家之万物生命之和谐、自由、美丽，人民从庙堂音乐之崇高悠远、乡间歌诗之纯真质朴，进一步懂得彼此协调才得以生存之人类大道，则人民必不乖戾放荡；

第五，以君臣父子之仪礼来分辨社会等级，训导人民懂得：君臣、父子、夫妇、长幼、师生、朋友之间，乃天地宇宙间最根本的人伦秩序，一切公共事业、社群生活

---

[1] 十三经注疏·周礼注疏[M]. 北京：北京大学出版社，1999：246.（该版"民不偷"作"民不愉"，不从。阮元引《释文》"不愉，音偷"并谓"愉"俗字即"偷"，据改。详见该页注释1所释）

的有序展开，都无法绕开、废弃这博大而温存的秩序而能正常进行，人民习得尊老慈幼之礼教，就能荡涤自私贪欲之主宰，必不越位错乱；

第六，以优美风俗教育人民，则天下人民必有廉耻之心，居官不贪、行商不奸，不为苟且鄙薄（偷）之事；

第七，以王法之尊、刑法之严、百官执法之细密、国法科条之完备，时时训诫威震不法奸民（虣，凶暴），王法之森严律条以及严正的法制教育，预先杜绝了官府的腐败和人民的作奸犯科；

第八，以每年正月悬治法于王宫观阙（象魏）时训诫百官的誓词"各修乃职，各守乃德，失职叛教，则国有常刑"，来训诲、教育人民守德仁爱、彼此抚恤，则处灾厄时必能奋力自救而不荒怠；

第九，以饮食、服饰、居室之度数规制，时时教育人民守其本分，时时严禁苛责豪富大贵之家，禁止竞相奢华、严防奢侈萎靡风气，人民必知足常乐；

第十，推举父子相继之"世家"传承受业之职业道德，士农工商之"四民"世代以美德维系其道艺，同时又开办国家教育（太学），使四民子弟可入学而授官，父守其业，民不会失业丧德，而子受国学、拜国恩、得朝廷委派为官，则子弟前途更加光明；

第十一，贤德之人受爵拜官，天子恭敬拜揖卿大夫，拜托平民以国事，则万民景仰，人心思齐，人民必慎守其道德、弘扬其善良、思慕追随不尽；

第十二，有功之人受国禄封赏，天下万民，人人图报国家、建功立业，必奋力兴作其事业，使百业兴旺、国家昌盛、人民富足也。

西周文明教化之伟大优美，由此"十二教"可窥一斑：举凡祭祀天地祖先圣贤之宗教神圣典仪、尊老慈幼之乡俗淳朴仪礼、男女亲爱匹合之婚嫁之礼、庙堂升歌之雅颂乐教、君臣父子之伦常大义、社群生活之和谐恭敬、父承子继之职业道德、举贤任能之民选制度及公共道德评价、预防违法乱纪之法制教育，等等，一一细密网罗于其中，可谓高下并举、巨细无遗、丝丝入扣，将人类社群生活与公共事业的准则、规矩，全在优美而深湛的礼仪规制中一一加以温存体现，西周文明，可谓人类文明之巅峰，乃人类公共秩序之翘楚也！

以西周文明之"十二教"体系，观察探究当代全球社会某些颠倒错乱、人伦败坏之衰象，真乃洞若观火也。

三、西周公共教化-服务系统之美

西周民事治理之绵密完善，观大司徒府所掌职责之林林总总、巨细无遗，万民得以生养、教化之古典宪法制度与宪法精神，可知华夏文明大一统传播之伟大宪政秩序与公共教化-服务体系之完备、优美也：

> 以土宜之法辨十有二土之名物，以相民宅而知其利害，以阜人民，以蕃鸟兽，以毓草木，以任土事。辨十有二壤之物而知其种，以教稼穑树艺。以土均之法辨五物九等，制天下之地征，以作民职，以令地贡，以敛财赋，以均齐天下之政。……凡建邦国，以土圭土其地而制其域：诸公之地，封疆方五百里，而食者半；诸侯之地，封疆方四百里，其食者参之一……以保息六养万民：一曰慈幼，二曰养老，三曰振穷，四曰恤贫，五曰宽疾，六曰安富。……令五家为比，使之相保；五比为闾，使之相受；四闾为族，使之相葬；五族为党，使之相救；五党为州，使之相赒；五州为乡，使之相宾。❶

西周文明之民事治理、文明教化比尧舜时代大为细密：分辨十二种土地性能以分别安排人民居住耕种；辨别土壤肥力以确定人民贡赋的等级、份额；以土圭测定地域疆界，诸公之封地五百里，公爵所食土地财税占全部财税之半，另一半上交国库，公侯伯子男爵依次类推。以六法使人民生养繁息：十四岁以下不负担征调劳役；七十岁以上由乡供养；赈济贫穷者；宽免废疾者，均平徭役赋税，使勤奋富裕者安心。更以比、闾、族、党、州、乡之建制，使人民结成道德自治、彼此扶助的社群组织和民事基层单位，并为之立比长、闾胥、族师、党正、州长、乡大夫，使之主持社群生活的方方面面，举凡相保不违法、民宅破损时相受寄托、死者扶助埋葬、灾祸相救济、贫苦人民无钱备办礼仪供品则彼此周济、行礼接待宾客，等等，均一一细密规制之、妥当措置之。

由此可知，孔子"郁郁乎文哉"之赞绝非虚词。

西周文明孕育出晚周各国文明之繁盛，亦绝非仅仅各诸侯国自我开发之力也——西周文明宪法制度《周礼》，将天子、诸侯、冢宰、司徒等六卿百官、万民之宪法权限一一合理规划、建制起来，乃西周文明内外繁盛、开启晚周轴心时代智慧、学术、文明跃迁之传播奥秘也。

大司徒府之文明教化建制，一方面有通常和平时期之用，即以道义生养、教诲万民，使之富足安乐，以分享文明灿烂成果；另一方面，又有战争动员、国君丧亡祭祀等非常时刻之集合、汇聚民力之用：

> 以乡三物教万民而宾兴之：一曰六德：知、仁、圣、义、忠、和；二曰六行：孝、友、睦、姻、任、恤；三曰六艺：礼、乐、射、御、书、数。……以五礼防万民之伪，而教之中。以六乐防万民之情，而教之和。凡

---

❶ 十三经注疏·周礼注疏[M]. 北京：北京大学出版社，1999：248-264.

万民之不服教而有狱讼者，与有地治者听而断之……大宾客，令野修道委积。大丧，帅六乡之众庶……大军旅，大田役，以旗致万民……若国有大故，则致万民于王门，令无节者不行于天下。大荒、大札，则令邦国移民通财、舍禁驰力、薄征缓刑。岁终，则令教官正治而致事。正岁令于教官曰："各共尔职，修乃事，以听王命。其有不正，则国有常刑。"❶

乡大夫负责在乡饮酒典仪上，为邦国考察、举用人才，将人才名姓书于簿册而献于天子、冢宰也。三物即三事，亦即考察人才的三大标准：智慧、仁爱、通而先识（圣）、正义、忠诚、和蔼乃人品之高；孝顺、爱护兄弟（友）、睦于父族（睦）、亲于母族（姻）、信守然诺（任）、抚恤贫弱乃道行之高；行礼作乐、射御书数则为道艺之高；三物备，则登录于名册、登用于天子也。吉凶宾军嘉五礼教化人民防范造假作伪之事；黄帝尧舜夏商周之六代音乐，教化人民防范性情流荡失常；不服教化而兴狱讼之事，则在乡邻之间即遭管束；国有大宾，则修道路、供饮食；大军旅、大田猎，乡治者树旗招万民集合；国家遭遇大变故（王崩或寇兵来袭），则万民瞬间汇聚王宫门外听令，邦国道路封锁，无王符节者不得通行；大荒年、大疫病（札），则邦国之间移民通财，废弛山林之禁、力役之征，薄赋宽刑以抚恤万民。每年年初，大司徒训令属下教官，德法并用以治民；每岁岁末，属下教官一一上交文书计簿，接受司徒府详细考核审查。

西周教化之绵密、治理之严明、举国动员之民事、军事能力之高强，准此可知。华夏万民辐辏、凝聚向心、举国一体，不亦全球史上最大文明奇迹耶？奈何西欧、北美以及近代全盘西化派之中国学者，惯于西方历史上小国寡民、黩神黩武之窠臼，而认为华夏文明之"举国体制"为忽视个人权利之专制暴政耶？惟西哲卡尔·雅斯贝尔斯《历史的起源与目标》慨叹"中华帝国之政治、宗教完全一致，胜过罗马帝国"之论与汤因比《历史研究》称"中国儒士文官乃人类历史的佼佼者，长期平稳有序地治理着偌大帝国"云云，不愧为少数"通而先识"之西方圣贤也。

《周礼·地官司徒第二》载司徒府之副职小司徒及其属员，"掌建邦之教法"❷，即具体负责各项民治体系（公共服务体系）的制度设计与贯彻实施，举凡统计人口、征收赋税、教育子弟、尊老慈幼、救济灾荒、战争动员等公共服务的必要措置、实施、考评、推广，均在其职权内。其一曰："凡四时之征令有常者，以木铎徇于市朝。"❸一年四时，天子定期狩猎于田野，宣示天子与万民共守天下之民治主义之古典宪法精神。郑玄、贾公彦注释曰：

---

❶ 十三经注疏·周礼注疏[M]. 北京：北京大学出版社，1999：266-273.
❷ 十三经注疏·周礼注疏[M]. 北京：北京大学出版社，1999：274.
❸ 十三经注疏·周礼注疏[M]. 北京：北京大学出版社，1999：292.

征令有常者，谓田狩及正月命修封疆，二月命 雷且发声。……案《月令》仲春之月，"先雷三日，奋木铎以令兆民曰：'雷将发声，有不戒其容止者，生子不备，必有凶灾。'"❶

呜呼！西周文明之博大精微、周代文明大一统传播之庄严秩序，盖将天地人神这宇宙间之四大要素，一一纳入崇高神圣之道德整体、民治主义之宪政整体也：天子田猎于四时，与诸侯、万民修治各自职权、疆域、田封，以明共有天下、秋毫无犯；司徒府征令各地、服事王猎，亦必须遵守法制（有常）；小司徒在仲春之月、春雷发声前三日，奋力击打王宫前之木铎，庄严誓词以训诲天下：

春雷即将发声，万物即将萌生！
有不修德教、不戒言行者，生子将不活！
不遵天道者，天神震怒，必有凶灾！❷

余今执教之北京师范大学（前身为民国著名学府北平师范大学与辅仁大学），其主楼广场前亦竖有一砖石金属结构之"木铎"雕塑（木铎当为木质金舌），余颇思仿行《周礼》，奋力振木铎而宣誓敬告天下：春雷、秋霜者，乃至全球变暖、气候异常、天气灾变者，可谓苍天预警；中华万年大一统文明德教之宗旨，必将复兴！敬大保民之巍巍天道，必解全球文明于倒悬，赋予全人类广大繁荣之太平！

方今全球文明恰如暴烈变暖气候下浮冰融化之南北极，若仍不思振刷自1800年以来西方工业文明之种种流弊，则普天迅猛之春雷、照彻灵魂之闪电，正震响闪耀于四方，不修德教之全人类，将归宿于何处呢？

孔子论定《周礼》乃周公"致太平之具"。灭殷建周、摄政天下、制作礼乐、设计巍巍华夏宪法之周公，在《周礼·地官司徒》中细心规划建制，为一个绵延八百载的黄金王朝，建构了具有高度价值合理性（天道）与经验合理性（民治）之伟大宪法制度！

孔子梦寐以求西周文明，而3000年后自居杜甫《江汉》所谓"乾坤一腐儒"的我，惟在著名钢琴家Murray Perahia演绎的莫扎特钢琴奏鸣曲的伴奏下，凭借《十三经注疏·周礼注疏》的真理之光，一窥周秦汉唐文明之万丈光焰也。

---

❶ 十三经注疏·周礼注疏[M].北京：北京大学出版社，1999：292.
❷ 据郑玄、贾公彦之注疏而以现代汉语译解之。

四、西周文明民选自治制度之美

遵西周官制，司徒府之乡大夫等众卿士，担负着民治主义的各项具体职责以及教育子弟、为国举贤等重要责任：

> 乡大夫之职，各掌其乡之政教禁令。正月之吉，受教法于司徒，退而颁之于其乡吏，使各以教其所治，以考其德行，察其道艺。以岁时登其夫家之众寡，辨其可任者。国中自七尺以及六十，野自六尺以及六十有五，皆征之。其舍者，国中贵者、贤者、能者、服公事者、老者、疾者皆舍。以岁时入其书。……乡老及乡大夫群吏献贤能之书于王，王再拜受之，登于天府，内史贰之。……此谓使民兴贤，出使长之；使民兴能，入使治之。……大询于众庶，则各帅其乡之众寡而致于朝。❶

据此可知，华夏民主制之民选制度与民治制度之宪法精神也：乡大夫、群吏等官府，受乡老等民众推举，定期录用民众之贤能者，免其征役，试以民事治理之职责，观其德行道艺如何，将胜任者登录于书，定期进献于天子，天子恭敬再拜接受此书，藏于天府（掌祖庙之宝藏之官府）以备授官、爵禄之。

华夏民主制之民众推举、官府试用、天子登录、授官爵禄之民选制度，次第分明、有条不紊，比照西方近代政党选举制之党同伐异、财团贿选、传媒蛊惑，这种人才经民间推举、官府试用最后天子正式任命之华夏民选制度，更稳健有序，华夏文明之人才英俊、层出不穷者，恰因这一民选制度而使民事治理与文明传播的公共事业更加发达兴旺也。

郑玄注释"此谓使民兴贤，出使长之；使民兴能，入使治之"一句曰："所谓使民自举贤者，因出之而使之长民，教以德行道艺于外也。使民自举能者，因入之而使之治民之贡赋田役之事于内也。言为政以顺民为本也。"❷

大哉郑玄之言，一语道尽华夏民主制"为政以顺民（意）为本"之宪法精神、民治主义精神也：民众推举贤者（德行高超者），官府顺应民意，任命其出掌一方政教，百姓见自己推举的贤德之人出任管理自己事务的官吏，自然欣喜用命，德教因此增进于一方也；民众推举能者（才干高超者），官府亦顺应民意，招致官府之内，任以贡赋田役等专门管理职责，因为能者不如贤者足以出掌一方之政教，遂纳入既有官府，以

---

❶ 十三经注疏·周礼注疏[M]. 北京：北京大学出版社，1999：295-300.
❷ 十三经注疏·周礼注疏[M]. 北京：北京大学出版社，1999：299.

便就近督察其行使职责也。

大哉华夏文明之古典民选制度、人事制度之英明高超也！古人深知：贤者或许稍稍欠缺某种专业才干，但决不会投机取巧、祸害人民，待历练既久，自然才干增长，足以保一方平安、风俗纯正也；能者却须"慎重使用"，因为能者往往自矜其能、卖弄聪明而伤害百姓、肆意贪污而败坏风气，所以华夏民主制深察其弊，将其纳入既定官府之故有法制轨道中，以便随时督察也。

华夏民主制之民治主义、宪政主义精神，还体现在"大询于众庶"之宪法制度上。郑玄等注释曰："大询者，询国危、询国迁、询立君。……国有大事，必顺于民心，故与众庶询谋。则六乡大夫各帅其乡之众寡而致于朝，谓外朝三槐九棘之所，共询谋之。"❶

据此可知，凡是国之大事，譬如国家陷危难局面而谋救国之策、国都迁移、新立国君等最重大事宜，朝廷官府必须询谋于众庶万民，国之大政，不可专断于官府，虽天子、诸侯、冢宰、卿士之尊贵，亦不能专权以独断，故而六乡大夫率领各乡民众，来到朝廷议决大事之外朝，与天子、诸侯、群臣共同商议之也。准此可知，华夏文明自古即"民有、民治、民享"之民主制度也，判定其为"封建君主专制"之种种所谓定论，于今可以再议矣！

华夏文明之大一统传播秩序之奥妙，就在于法治与德治之匹配、交融、并美而不偏废一方也。观《周礼·地官司徒》所载，可知各级官府对法治的重视：

> 州长，各掌其州之教治政令之法。正月之吉，各属其州之民而读法，以考其德行道艺而劝之，以纠其过恶而戒之。若以岁时祭祀州社，则属其民而读法……党正，各掌其党之政令教治。及四时之孟月吉日，则属民而读邦法以纠戒之。……族师，各掌其族之戒令政事。月吉，则属民而读邦法，书其孝悌睦姻有学者。……闾胥，各掌其闾之政令。以岁时各数其闾之众寡，辨其施舍。凡春秋之祭祀、役政、丧纪之数，聚众庶；既比，则读法，书其敬敏任恤者。❷

原来西周法治体系，如此严明细密：大至2500家以上的州制，还是中等规模之500家以上之党制，或是100家以上的族制，小至25家之闾制，每岁吉日，州长、党正、族师、闾胥等，必聚众读法，其教、治、政、令四重宪法体系，全依法严格推行；每岁岁末，则再次聚众读法，凡奉公守法、奉德教而有善行者，必当众书于簿册，以便上报乡大夫、司徒、冢宰、天子以登用之；凡不守法不服教者，则受处罚。

---

❶ 十三经注疏·周礼注疏[M]. 北京：北京大学出版社，1999：300.
❷ 十三经注疏·周礼注疏[M]. 北京：北京大学出版社，1999：300-309.

西周法制可谓严明绵密、施行有道。

西周之德教（教），巧妙匹配其法治（治）、政策措施（政）、行政命令（令），建构起严密公开、公平合理的公共服务体系，国家地方财税源源不绝，人民生活安定、繁荣、有序：

>闾师，掌国中及四郊之人民、六畜之数，以任其力，以待其政令，以时征其赋。……凡庶民，不畜者祭无牲，不耕者祭无盛，不树者无椁，不蚕者不帛，不绩者不衰。……遗人，掌邦之委积，以待施惠。乡里之委积，以恤民之艰厄；门关之委积，以养老孤；郊里之委积，以待宾客；野鄙之委积，以待羁旅；县都之委积，以待凶荒。凡宾客、会同、师役，掌其道路之委积。凡国野之道，十里有庐，庐有饮食；三十里有宿，宿有路室，路室有委；五十里有市，市有候馆，候馆有积。凡委积之事，巡而比之，以时颁之。❶

西周文明遵循"敬天保民"之宪法精神与联邦王制一系列宪法制度，德法并用以利民生，保养天时地利以推行高度可持续之绿色农耕制度以及体恤民力之工商经济制度，庶民不耕作，不仅无衣食且无供品（盛）以祭祀祖先，羞耻莫此为甚！是以庶民均勤勉农耕以养家、祭祖、贡奉国用以报国恩。举凡养家、祭祖、贡奉国家，均渊源于这一仁爱价值观：人托生于天地之间，深深秉受父母亲族之慈爱养育、祖先师长之垂恩立教、国家之文明教化、武装保卫之恩赐也，因此，人生天经地义的职责，就是报国、报家、光宗、耀祖！吾华夏民族断然不能接受晚周暴秦贪功之教、西方蛮夷霸权劫掠之说、近代史家"阶级斗争"论之割裂人伦之念也。

西周自天子至万民，均深深秉持"天恩浩荡""国恩浩荡""父母师长慈恩浩荡"之德教，人人勉励履行人生职责，经济因此兴旺发达，文明因此鼎盛繁荣也：委者小财，积者大财，联邦百业兴旺，上缴国库之外，尚有大量盈余留存地方，谓之"委积"，遗人执掌此财物，以赈济老孤、灾民，以接待宾客、旅人。凡国都、郊野，十里道路必有庐舍，供旅人饮食；三十里有宿室，供旅人食息；五十里有市集候馆，旅人不仅可以食息，更可登高远望以探前路也。郑玄云："庐舍安民，馆舍施教令"❷，则宾客、旅人不仅可以获得饮食休息之地，更可获得政教文化等各方信息，西周文明公共服务体系之完备周密、经济文化之繁荣兴盛，由此可见一斑也。

---

❶ 十三经注疏·周礼注疏[M]. 北京：北京大学出版社，1999：339-346.
❷ 十三经注疏·周礼注疏[M]. 北京：北京大学出版社，1999：346.

五、古典教育学术文化制度之美

中国近代教育学术体系，仿照西方学制之分科体系，在推进工商科技的同时，却茫昧于此根本之点：西方学术虽分科详密，但其价值整合却在其学制之外，举凡希腊罗马学术之精致超迈，中古天主教之超然卓绝信仰，文艺复兴以来诸人文思潮之博大邃密，新教伦理之质朴深沉，浪漫主义、经验主义、自由主义之开放探索……凡此深沉精神教养，通过家庭、教会、学校之"古典教育"传统，以及全社会人文氛围等细密深入途径，一一汇入西方青少年的成长进程中。西方大中小学体制内之自由修学传统，更使其分科教育深具弹性，教师、学生具备独立成长的巨大空间。

即便如此，阿尔伯特·爱因斯坦仍尖锐批评通行于西方高校的"学分制"使学生肤浅浮躁、急功近利，奥斯卡·王尔德更深刻讽刺说"近代教育的唯一功能是让学生在后半辈子费尽心力以忘掉所学"。卓越的加拿大传播学者哈罗德·伊尼斯、诺斯洛普·弗莱以及美国传播学家尼尔·波兹曼等，更对当代西方模式主导下的全球教育体制的弊端，痛下针砭。❶

近代中国废科举、立学校，即采纳西方近代学制之分科教育，然后再参照苏联集权式社会主义教育模式；最近30年，又加入了"教育产业化"、官僚化的管理模式，遂使人文综合、学术独立精神，代之以一定程度上的急功近利的商业主义、琐碎无聊的实证主义。

华夏古典教育传统的创立者——孔子所谆谆告诫的"君子不器""勿为小人儒""文行忠信"等伟大教诲，中华文明大一统传播，在全球软实力竞争中一再丧失话语权。

"两弹元勋"钱学森先生去世时，媒体报道，钱先生临终前对温家宝同志倾诉两大遗愿：一是贪污腐败问题，思之痛心疾首；二是没有建成一所像样的国际水准大学，一流人才无从涌现！二者具深刻关联性：丧失了以君子人格为教育宗旨、没有深厚的人文教养、受急功近利模式管理的大学，不仅无法促使一流人才涌现，更是贪腐官员的培育温床！

痛定思痛，困而思学。深研《周礼·地官司徒》有关教育、学术与政教、风俗之间深刻关系的经典论述，不仅可以让我们领略华夏古典教育制度之醇厚优美，更可以启迪我们毅然进行根本性的教育、学术、文化制度改革的深广智慧：

师氏，掌以媺（美）诏王。以三德教国子：一曰至德，以为道本；二曰

---

❶ 参见 伊尼斯《传播的偏向》、弗莱《现代百年》、波兹曼《娱乐至死》等名著。

敏德，以为行本；三日孝德，以知逆恶。教三行：一日孝行，以亲父母；二日友行，以尊贤良；三日顺行，以事师长。

居虎门之左，司王朝。掌国中失之事，以教国子弟……凡祭祀、宾客、会同、丧纪、军旅，王举则从。听治亦如之。使其属帅四夷之隶，各以其兵服守王之门外，且跸。朝在野外，则守内列。❶

据此可知，隶属于司徒府之全国总教化官之一的"师氏"，在朝廷内外享有极高道德威信："以媺诏王"即告王以美善之道也。《礼记·文王世子》曰："师也者，教之以事而谕诸德也。"❷师者，以德教训诲天子、国子弟、百官以从事政治治理者也。由此亦可知，天子临朝，不仅受三公、三孤、冢宰、司徒等朝廷命官的节制，诸侯、万民的监督、进谏，更受到师氏、保氏等全国教化官的督导、训诫，根本不能肆行专权独断也。

依据西周之宪政典制，师氏教育国子弟之教法，殊堪启迪今人者，有如下几点：

第一，三德、三行的道德教育，乃举世教育学术文化之渊深起点和崇高归宿。中和之德称"至德"，即培育学子温柔敦厚、宽以待人、严于律己之儒家修身养性之人生智慧与人文精神；敏于修学进德、锐意奋斗进取，称"敏德"；尊祖爱亲、通晓是非善恶等道德规范，称"孝德"。三德匹配，刚柔互济，将君子人格的树立作为全部教育、学术、文化活动之开端和归宿。

今日学校推行"公民教育"收效不佳的原因在于：教师、学生没有从根本处懂得、体会"八荣八耻"等道德规范的价值源泉，人类道德行为的源泉，恰在于儒家对宇宙人生的深刻洞察——人寄托生长于宇宙间，领受千恩万赐（大自然之恩赐、国家秩序之维护、父母养育、师长教诲等恩赐）才能生存，人应当对此感恩戴德、反本报始，从"仁爱"的感情深处，才能蕴育出孝敬长辈、爱护友朋的道德行为来！

当代"公民教育"动辄就主张"伸张个人权利"，如此，个人除了畏法外，尽可逞其自私之欲，他人无权干涉；如此，人就无法从社群生活中体会道德感情与道德行为的深广源泉；如此，人就很难成为一个具有君子人格的成人！

第二，古典教育遵循"德行第一、政事第二"的次序展开，即以国家大事、社群治理的实事，以所蕴含之深刻治国、治身的哲理来教育学生，使之从社群治理的方方面面里，汲取治国安邦、利用安身的深刻智慧。

当代中国教育，以应试教育为基本模式，以技术主义的习题练习为基本内容，教师、学生、家长多遭受考试分数的奴役，甚至有的学生只顾埋首学习，已然蜕变为不谙世事的"高分数白痴"，等到学生离校上岗，必须"从头再来"学习接人待物甚至扫洒、应对的基本道理与适应技巧，若社会风俗不善，则该学生往往茫然失措

---

❶ 十三经注疏·周礼注疏[M]. 北京：北京大学出版社，1999：348-352.
❷ 十三经注疏·周礼注疏[M]. 北京：北京大学出版社，1999：348.

或迅速堕落。

观《周礼》所载：师氏率领学生，居朝堂议论政教得失，陪伴天子从事祭祀、宾客、会同、朝觐、军旅等重大政务，担任王宫之护卫，等等，可知古典教育让学生从实际政事中获得深刻历练的伟大人文精神。

第三，树立师尊之道德宗仰地位。师氏在朝廷、社群地位十分崇高，仅次于三公、三孤、冢宰、司徒，可上谏天子朝廷、下督百官万民，师之所尊即道之所尊，学生亲临朝廷、社群历练，亲闻老师以天下道义为己任，在朝廷之上、社群之中因主持正义而备受尊崇，不禁油然而生仿效追随之心，毕业后为官必操守严谨、奉公守法；万民亲见朝廷尊仰教师、礼敬圣贤道义，必树立廉耻之心，在日常生活中努力为道德楷模也。

第四，师生承担民事治理的重要职责，学问从实际政事中一一磨砺出来，可有效避免学术草率空疏或琐碎无用之通病。郑玄等注疏师氏职责曰："察王之视朝，若有善道可行者，则当前以诏王。……师氏知德行，识其善恶得失，故掌国家中礼、失礼之事，以教国之子弟。"❶古人常言"世事洞明皆学问，人情练达即文章"，除去其功利主义的解释，则颇具实情：学生若仅仅照本宣科或空空论道，则不仅于事无补，且助长全社会空疏粗率的不良风气。

第五，古典教育一贯推行"通经致用""君子不器"的"通才专治"之教育模式，在博大深厚的人文教养与综合培育的基础上，再对学生进行分科训练。

《论语》记载：孔子以德行、政事、言语、文学之"孔门四科"来教育学生，可谓循序渐进。先通才育德，再专治某科，其轻重缓急亦恰如其分也：

（1）德行第一，道德教育居首位，颜回即孔子所树立的德行楷模，受学生拥戴、万民敬仰；

（2）政事第二，学生追随孔子从事政治、外交等实际社群活动，才干获得极大提高，子路、子贡乃为代表人物；

（3）言语第三，孔子选派弟子从事独立政治、外交、经济管理等实际事务的治理历练，学生秉其通才，从中锻练出专门才干，以应对多种复杂局面，做出得体举动与措置，此即孔门第三科"言语"也；

（4）文学第四，即对经典"文献"的深入而精准的掌握、体悟，师生随时温故知新以通晓人类文明长治久安之道，文献之"文"乃指一切过往人类所创造的礼乐典章制度，文献之"献"，则是往圣先贤，依据过往典章制度，予以斟酌损益之，进而提出推陈出新的见解，以增进对人类文明的更深入、更精准的把握，如此文、献具足，乃能称为"文学"也。子夏、子游擅长于此，在参与政事之余，成为儒家学派的宗师。

自古华夏教育、学术、文化，均以治国安邦、利用安身为最高宗旨，教师、学生均以贤德、才能，参与治理而历练成为"士"。士者事也，可任以天下治理之事者也。

---

❶ 十三经注疏·周礼注疏[M]. 北京：北京大学出版社，1999：350-351.

"通经致用"乃千古明训，即要求学者：通达经典文献之道德含义、典章制度之宪法精神，致力于改进国计民生之大业（用）也。

当代学者若丧失了"通经"（综合通达古今中外人文经典）的基本能力，又困于狭窄分科、偏枯专业的种种不实之见的误导，就会沦为惟有靠剿袭当代西方各种华而不实的理论、方法（譬如"后现代主义"等）为其浅陋、荒疏、鄙俗来自我粉饰、标榜，如此，当代教育、学术、文化，就会在官僚僵化腐败的管理体制下完全丧失原创生机与内在活力，更无法"致用"以有补于世道人心、国计民生也。

譬如，判定华夏文明乃"封建君主专制"之说是否恰当，学者只要打开《周礼·地官司徒》各卷细读一遍，即可明了："中华封建秩序"乃西周伟大灿烂的大一统联邦王制、古典宪政体系，天子与诸侯之间封国、巡守、朝觐、会同等分权制衡关系之专有名词也，秦汉以下2200年中国均转而实行中央集权文官制，如何能以"封建"命名之？

再譬如，判定华夏文明乃"君主专制"之说，其所以不能成立者，在于：天子在朝廷受到三公、三孤、冢宰、司徒、师氏、保氏等人的谏诤、封驳等一系列制约，在全国更受到"诸侯之复、万民之逆"等强有力复议、奏章的约束，"诸侯不朝"即行宣告联邦王制的解体（《史记·夏、商、周本纪》——记载之），君主如何能肆行专制独断？

学者打开《十三经注疏·周礼注疏》之"地官司徒"卷十四诸条记载，即可醒悟"君主专制"说之误判：

> 保氏，掌谏王恶。而养国子以道，乃教之六艺……凡祭祀、宾客、会同、丧纪、军旅，王举则从。听治亦如之。使其属守王闱。
>
> 司谏，掌纠万民之德而劝之朋友，正其行而强之道艺，巡问而观察之，以时书其德行道艺，辨其能而可任于国事者。以考乡里之治，以诏废置，以行赦宥。❶

保氏、司谏，在司徒府仅为下大夫，但谨守西周法制赋予之职权，上谏天子之恶、督导朝廷之大政，下以巡视纠察百官万民之过失，考核其依法治理之成绩，其职权之大、责任之重，仅下大夫皆如此，则三公、三孤、冢宰、司徒等上大夫之限制王权，诸侯卿相之分庭抗礼、不朝废立之职权之大，万民不满朝政，可上书奏事、击鼓鸣冤，西周法制更明文规定：万民奏章必须由专门官府受理、天子必须答复，则上下纲维、彼此制衡之华夏宪法关系，不难判定矣！

如此，柳诒征《中国文化史》宣称华夏古制"政事无不公开、无由专制"之说，

---

❶ 十三经注疏·周礼注疏[M]. 北京：北京大学出版社，1999：352-355.

钱穆《国史大纲》言"汉以下之丞相、御史大夫、太尉乃三权分立"之论，陈寅恪所谓"中国古典政治乃士大夫统治"之说，伏尔泰、魁奈、莱布尼茨、卡莱尔、爱默生、法国汉学家谢和耐《中国社会史》、美国学者郝大维和安乐哲所著《先贤的民主》等西方鸿儒贤哲之高论，对误判华夏政治为封建君主专制之批评驳斥，亦可证为不刊、不移之正大论断也。

廓清上述学术迷雾，乃中华文明之长治久安、教育学术文化步入正轨之第一步也。汇通古今中外之经典文献、文明制度，以共享价值予以重新诠释发挥，以配合全球时代中华文明之主导地位，不仅可一扫近代华夏人文事业之自我矮化、自甘低下、亦步亦趋于西方之文明迷局，更可为全球文明冲破西方模式下生态-社会-人文三大系统危机而开辟出一个多元动态协调与稳定有序繁荣之大一统和谐世界（《易》所谓"保合太和"），从而有效探索建树一个天下太平的崭新人类前途与博大文明格局也。

第十七章　西周礼教风俗之美

余撰集《大一统文明》，仅《尚书·周书》以及《周礼》前两篇《天官冢宰》和《地官司徒》（《史记·周本纪》记载佐证之），种种文明制度、宪政治理之宏富、优美，即可统观西周文明伟大灿烂的封建礼乐体系，其教、治、政、令之四重宪政治理体系之完备，再详究周汉之际诸子百家、儒学大师如孔、孟、荀子、陆贾、董仲舒、司马迁、孔安国、郑玄、孔颖达、贾公彦等精确深入之诠释、疏注，中华文明大一统之宏纲巨目，必然巍峨而光辉地浮现出来。

盖一国政教规模宏大、措置得宜，则其文明观念与文明制度必深广传播、稳固持久，其文化必博厚高明、精粹优美也。文明乃人类社群公共生活的完整体系，其价值信仰、宪法制度、道德习惯、社会风尚之全面、完整、综合之传播秩序之统称，而文化则是这一传播秩序之诸外在形态也。

西周之文明，在远绍炎黄尧舜时代大同推举制与夏商两朝联邦王制的古典宪法制度基础上，将华夏古典民主制的各项机制，进一步完善、协调、精密化，使之进一步适应西周统治版图比夏商增扩一倍以上的巨大治理需要。

周文王、武王、周公、召公等伟大政治家，绵密而完备地设计、创设、建构起封建礼乐政教秩序，德治（教）、法治（治）、民治（政）、官治（令）四重宪法体系和民事治理机制，在天子、诸侯、群臣、万民之间，确立起分权制衡、彼此约束、共同治理天下的文明传播机制。

天子在朝廷，受三公、三孤、冢宰、司徒、师氏、保氏、司谏、诸侯之复、万民之逆等诸多制约监督，诸侯、群臣、万民亦然，如此，上下纲维、内外约束，西周文明因此秩序井然、灿然，不仅经济文化繁荣发达，更缔造出独步于人类古典时代的最博大、最优美的文化形态。

一、妙和神人：春官宗伯制度

万物初春萌生，西周教化乃教诲万民思念万物所以萌生之根本主宰力量（天神、自然）以及化自然为文明之祖先圣贤（人鬼、祖先），特设春官宗伯以执掌天下祭祀之礼，谓之"宗"而不敢如"司徒""司马""司空"之六卿名称一般以"司"命名之，乃特示深广之恭敬也：天地自然（神明）非人力可"司"，故命名为"宗"，特宗仰之也。

德国现代伟大哲学家马丁·海德格尔（1889—1976）在论述希腊神庙以及德国诗圣荷尔德林的诗歌时，宣称"唯诗人能对万物之生命作恰如其分之命名"❶云云，诚"见道之言"也：春官之谓宗伯，其为诗人哲学家、音乐家、政治家周公所创设，特别为之"诗意命名"耶！

宗伯府设大小宗伯、肆师、府、史、胥、徒多人，其中，"天府"掌乡遂选举之人才典册、宗庙宝器等；大师、小师、钟磬笙师等掌宗庙音乐；太史、小史掌国史记录；冯相氏、保章氏掌天文；内史掌国法、国令以及群臣之册命；外史掌文书、三皇五帝之书；御史掌赞佐礼书、法令；神士掌占卜。

举凡教(德治)、治（国法）、政（民治）、令（国令）等大小民事治理之事，礼乐祭祀、天文历法、国史档案、三皇五帝文献等，宗伯府一一执掌之、规制之、督察之，上至天子、诸侯、朝廷之大政，下至官府、乡遂、万民之治理，宗伯府均执"国法"、"政令"一一纠察之，其职权亦重矣。

礼乐所以并称者，礼主分辨，申明每一社群成员之公共职责；乐主凝聚，每一社群成员凝为同心同德之文明整体。

是故《周礼·春官宗伯第三》曰：

> 大宗伯之职，掌建邦之天神、人鬼、地示之礼，以佐王建保邦国。以吉礼事邦国之鬼神示……以凶礼哀邦国之忧……以宾礼亲邦国。春见曰朝，夏见曰宗，秋见曰觐，冬见曰遇，时见曰会，殷见曰同。以军礼同邦国。大师之礼，用众也；大均之礼，恤众也；大田之礼，简众也；大役之礼，任众也；大封之礼，合众也。以嘉礼亲万民。以饮食之礼，亲宗族兄弟；以婚冠之礼，亲成男女；以宾射之礼，亲故旧朋友……以九仪之命，正邦国之位。一命受职，再命受服，三命受位，四命受器，五命赐则，六命赐官，七命赐国，八命作牧，九命作伯。……以玉作礼器，以礼天地四方。……以礼乐合天地之化、百物之产，以事鬼神，以谐万民，以致百物。❷

大矣哉！西周文明之传播秩序，周文化之美轮美奂，西周宪法制度体系之博大协

---

❶ 参见 海德格尔.艺术作品的本源[M]//海德格尔选集.上海：三联书店，1996；海德格尔.荷尔德林与诗的本质[M]//海德格尔选集.上海：三联书店，1996.

❷ 十三经注疏·周礼注疏[M].北京：北京大学出版社，1999：450-480.

调，诚然"以谐万民、以致百物"之古典和谐社会也！大宗伯辅佐天子、万民行"吉礼"以祭祀天地鬼神，涵养邦国恭敬天地自然、爱护祖先文明之德治教化；行"凶礼"以吊死救灾；行"宾礼"显示天子、朝廷以宾客之恭敬，接待诸侯之朝觐、宗遇、会同，重申联邦王制下天子诸侯之间、中央地方之间彼此担负、共治天下之宪法关系，警告诸侯地方不可悖亲反叛；行"军礼"凝聚军士之勇，显示授田屯兵、平均地界、贡赋之常制；行"嘉礼"以促使宗族亲睦、男女成年（冠）、合婚（姻）、故旧之恩爱。行"册命"之礼，庄严宣告官府职责所在：一受命而为士；再受命为诸侯之大夫；三受命则为诸侯之卿；四受命为可持祭器之诸侯三孤上卿；五命赐予治国法典（则），乃为天子下大夫，受赐百里、二百里之国以治之；六受命而为朝廷上卿，可受采邑、自置家臣；七受命为天子上卿，又加封一等，以治诸侯之国；八受命为州牧，可奉王命讨伐诸侯也；九受命为二伯，夹辅王室，可征讨天下叛盟诸侯也。

如此，天子、诸侯、群臣、万民，均被纳入一严整周详之宪法体系内，周文明传播秩序之高超、文化之精美，全仰赖这一上尊天地自然、下谐官府万民之宪法《周礼》。尊礼自然、保护山林等自然资源与爱护百姓、珍惜民力的结果，必然促使百业兴旺、百物繁荣，此为奠定华夏文明保持绿色可持续农耕文化以及繁荣工商经济的生态、人文基础。

西周文明的宪法框架是封建礼乐秩序，而传播这一秩序、确保西周文明长治久安的宪法制度体系，则是德治（教）、法治（治）、民治（政）、官治（令）四重相互匹配的宪法机制，四者协调配合且层层递进、水到渠成。

德治天下，则人人自我约束，可谓政教之根基；全社会执国法、国令而治理国之大政，则人人必自守职责，不敢逾越；人民经民选推举而治理民事，则朝廷上下职权，均受万民监督节制，犹如今天议会以及地方自治；最后才是官府以行政命令推行之官治，由于德教之高、法治之严、民治之公作为治理基础，严密约束督察着官府之行政行为。德治、法治、民治、官治作为宪法制度的完备体系，一一规范纠察着官府万民行政职责，官府贪腐暴虐之政不易推行，万民协调一致之和谐社会足以实现也！

孟子曾形容一个社会或文明即将解体时，其社群风习必然是"上无道揆，下无法守；君子犯义，小人犯刑……"甚为精确：今日全球文明之陷于生态-社会-人文三大系统危机之哲学根源，即深埋于西方形而上学传统中，这一"道揆"（终极真理之预设，揆者度也）的缺失，集中体现在近代西方人错误判定自然生态系统仅仅是供人类享用的资源系统，进而毫不顾及大自然自我平衡的、自足自享的、可持续的内在生命，毫无顾忌地掠夺地球资源，最终导致地球生态系统的崩溃和人类自身的濒临灭绝❶。

著名海洋生物学家蕾切尔·卡逊，在首版于1962年的名著《寂静的春天》结尾部

---

❶ 参见 阿尔·戈尔.濒临失衡的地球[M].北京：中央编译出版社，1997；何塞·卢岑贝格.自然不可改良[M].北京：三联书店，1999.

分的第十六章，以"崩溃声隆隆"❶为题，预先揭示出当今人类的危急困境。不幸时光错失近50年，2009年全球各种生态灾难激剧爆发！

此时此刻，返观、省察、修习西周文明，不得不佩服华夏古人在全球历史的黎明时分（公元前2500年前后之尧舜大禹时代），在全人类各古典文明体系中，率先取得的"哲学突破"，其意义之重大、影响之深远，不可低估：中国古人奉天地自然为神明，远远超越了其他古典文明（譬如美索不达米亚、埃及、印度、犹太、希腊、波斯等一神教或多神教崇拜）对自然神力的过度想象，直接敬奉天地自然、祖先圣贤为"亲人"，时时以克制私欲、谨守道德为返本报始、光宗耀祖的最大义务，这一伟大的礼教信仰，一举突破了喜马拉雅山以西文明之宗教独断论和彼此仇杀、徒耗民力之黩神、黩武主义，从而在全球率先赢得"人道主义的黎明"，为华夏文明的长治久安、繁荣昌盛奠定了"道揆"即万年不摇的终极真理以及民主宪政秩序也！

今试观《周礼·春官宗伯》有关"小宗伯"职责之规制，即可明了这一华夏文明博大温存之宗教智慧也：

> 小宗伯之职，掌建国之神位，右社稷，左宗庙。兆五帝于四郊，四望、四类亦如之。兆山川、丘陵、坟衍，各因其方。掌五礼之禁令与其用等。……毛六牲，辨其名物，而颁之于五官，使共奉之。❷

大宗伯总掌邦礼，小宗伯与下属执掌祭祀礼制。建国安邦，先建神位：王宫坐北朝南，左立宗庙，祭祀祖先圣贤；右立社稷，祭祀土地之神，二者犹如国之天地，负载繁育众生，周礼之美，就在于其妙和神人、凝聚万民于一体也。

读者今日若敬观故宫建筑之美，其宗庙之巍峨、社稷坛之宁静，恰与王宫三大殿之威严，鼎足而匹配，虽明清之建筑规制，不尽合乎《周礼》之庄严崇高、雄伟瑰丽，但典仪风范犹残存其间，可一窥仿佛也。

天子春分筑坛（兆）于东郊以祭祀日神，以祈祷万民遍受日照而生机无限；秋分筑坛于西郊以祭祀月神，以祈祷万民遍受月之清辉而修养身心；夏至在北郊祭地、冬至在南郊祭天，亦感恩神明祖先赐予皇天厚土足以养育万民也。

读者敬观今日北京之天地日月四坛公园，即可约略得窥《周礼》之恭敬自然、涵养万民之美丽精神也。古人更祭祀东西南北中五方天神（五帝），以太昊伏羲、神农炎帝、黄帝、少昊、颛顼之人文初祖以配享，盖人有圣德，即可优入天神之域，神人之间紧密相连，一一定准于道德评价也：天神得到祭祀、祖先得到崇拜，均因为他们有功德于万民，是故神明圣贤之存在，非依据其神秘莫测之天威神力，而依据其对文明

---

❶ 参见 蕾切尔·卡逊. 寂静的春天[M]. 长春：吉林人民出版社，1997.
❷ 十三经注疏·周礼注疏[M]. 北京：北京大学出版社，1999：487-490.

之贡献，此乃华夏民族之最大哲学发现，超越于万千古典文明之最大传播奥秘也！

《周礼》注疏家郑司农认为"四望"是"日、月、星、海"，"四类"则是"三皇、五帝、九皇、六十四民"，郑玄、贾公彦注疏与之不同，盖均为有益生民之天道、人文之表征也，后世读者可心领宏旨而不必深究其确指为何也。

余读《周礼》，知郑玄等人注疏，其采择、判断，往往优于郑司农，但郑司农此解却颇美丽：日月之光，辉丽万有、经天纬地，睹之心神超迈、寥廓无涯；星、海者，诚苍天大地恩赐之瑰丽诗篇，睹之不胜依依之感，璀璨星群、浩渺沧海，适足以寄托生命之豪放激情也：唐人张若虚《春江花月夜》、梵高《星光灿烂之夜》、惠特曼《从巴门诺克开始》、弗拉吉米尔·霍洛维茨（1904—1989）指尖流珠泻玉倾泻而出的海顿和莫扎特的钢琴音乐，以及安东尼奥尼、文德斯合导的《云上的日子》、英格马·伯格曼的《少女莫尼卡》等电影诗篇对蔚蓝大海之绝美抒写等，庶几近之。

美学家宗白华曾慨叹"中国文化的美丽精神"在近现代沦丧了，《周礼》被污损、毁弃为"礼教吃人"，则文明不存，美丽安在？古人对山川、丘陵、坟衍极其恭敬爱护，绿色可持续之农耕文明，足以保养大自然之美丽；天子至万民，一一节制私欲之膨胀，则人文之美丽、身心之富足安宁、文明之长治久安，均依据《周礼》一一规制起来。

孔子告诉最心爱的弟子颜回"克己复礼为仁。一日克己复礼，天下归仁矣！"❶，可谓华夏文明千古不移之传播诀窍也：人人出于仁爱友善之心而克制私欲膨胀，遵从《周礼》之负担公共责任之宪政精神，则争夺相杀之人祸、自然崩溃之天灾，必远离文明也！

此段文献尚有一细节须注意："毛六牲，辨其名物，而颁之于五官，使共奉之"一句，郑玄引郑司农注曰："毛者，择毛也。……司徒主牛，宗伯主鸡，司马主马及羊，司寇主犬，司空主豕。"贾公彦疏解曰："云'颁之于五官'者，六卿应言六官，而云五者，以其天官贰王治事，尊而不使奉牲，故五官也。"❷

读者须注意这一文献细节：天官冢宰，"贰王治事"即以"副天子"（贰王）的身份治理国家，其宗庙祭祀之地位，等同于天子，所以供奉六牲以敬神之职责，就由司徒等五官担当，冢宰（丞相）地位之尊贵、华夏文明尊崇丞相以制衡天子之民治主义宪法制度，由此鲜明可见也。

许多近代学者内无定准、疑惑终身，遂妄断《周礼》乃战国、秦汉间儒生之伪托，实则周公制定《周礼》《仪礼》规制十分严密，经史之间彼此匹配互证，断无可疑。譬如，宗伯府下属之"天府"职责，《周礼注疏》曰：

> 天府掌祖庙之守藏与其禁令。凡国之玉镇、大宝器，藏焉。若有大祭、大丧，则出而陈之；既事，藏之。凡官府乡州及都鄙之治中，受而藏之，以诏王察群吏之

---

❶《论语·颜渊》。读《论语》当依钱穆《论语新解》（北京：三联书店，2002）。
❷ 十三经注疏·周礼注疏[M]. 北京：北京大学出版社，1999：490.

治。上春,衅宝镇及宝器。……季冬,陈玉以贞来岁之媺恶。若迁宝,则奉之。若祭天之司民、司禄而献民数、谷数,则受而藏之。❶

　　天府执掌宗庙祭祀之宝器,同时典藏官府民治之法律文书,纠察群吏治理民事是否公平合理(治中,中即正),然后据书上报天子朝廷;孟春之月,祭祀神明祖先;季冬之月,陈玉占卜,问来年收成之美恶、民事治理之善恶,若立君、迁都、大封国,则奉宝以从王;若祭祀天之司民(轩辕十七星之二角星)、司禄(文昌宫之第六星),群吏进呈人民数目和谷物数目,则受而藏之。

这段文献一则告知我们:西周法治之严密、治理之完备,群吏之文书、进献之民数、谷数,均一一由天府官典藏之以报告天子朝廷,各乡普查统计之人口、物产等经济数据,如同镇国之宝器、宗庙之礼玉一般贵重之,周文化"敬天保民"之宪法精神,由此呈露无遗。

一则可见周王朝保守文明传播遗产之严谨精神。郑玄、贾公彦注疏曰:"玉镇大宝器……陈之以华(丽)国也。……《书·顾命》曰:'……陈宝:赤刀、大训……'……大训者,礼法先王礼教。即《虞书》典谟是也。"❷典者尚书之尧舜二典,谟者尚书之大禹谟诸篇,大多为古文尚书,且几乎一字不差地备载于司马迁《史记》等典籍,足以充分印证古文尚书之真确可靠也。

华夏古人伟大经学传统,乃举世罕见之谨严、绵密、完备、优美之文明体系与学术系统,孔安国、郑玄、孔颖达、贾公彦诸大儒,司马迁、班固诸良史,去古未远、研古深沉,断然能识真伪之经,魏晋时代王肃、梅赜亦断然无法拼凑出如此匹配互证之经文、典章也!

西周礼教之高、文明之美,集中体现在执玉器以祭祀天地人神之瑰伟礼制上。玉器者,坚贞温存,寄寓君子之人格、天地之风范、人神之极致也,其外柔内刚、宁碎不苟之美德,与西方近代文明风尚所流行之张狂外露之躯体美,不可同日而语也。读者试观吾华夏新石器时代内蒙古、辽宁之红山文化玉器与江浙良渚文化之玉器,即可想象数千年后西周玉器礼制之精美瑰丽也:

　　典瑞掌玉瑞、玉器之藏,辨其名物与其用事,设其服饰。王晋大圭,执镇圭……以朝日。公执桓圭,侯执信圭……以朝觐宗遇会同于王。诸侯相见亦如之。……四圭有邸祀天、旅上帝。两圭有邸,以祀地、旅四望。……圭

---

❶ 十三经注疏·周礼注疏[M]. 北京:北京大学出版社,1999:529-533.
❷ 十三经注疏·周礼注疏[M]. 北京:北京大学出版社,1999:530.

璧以祀日月星辰。璋邸射以祀山川，以造宾客。土圭以致四时日月，封国则以土地。珍圭以征守，以恤凶荒。牙璋以起军旅，以治兵守。……琬圭以治德，以结好。……大祭祀、大旅、凡宾客之事，共其玉器而奉之。大丧，共饭玉、含玉、赠玉。凡玉器出，则共奉之。❶

举凡大圭、镇圭、桓圭、信圭、四圭、两圭、圭璧、璋邸、土圭、珍圭、牙璋、琬圭等，均为美玉之礼制，天子、诸侯、群臣奉之，以行朝觐会同、祭祀天地日月星辰四时山川等大礼，天子奉之推行征召诸侯、赈灾恤荒、讨伐蛮夷、修好万方等大政，玉器之奉持、展示，乃美好诚信以教天下之文明精神也！君子佩玉以修贤德，朝廷奉玉以治四方，天地万物、日月星辰、四时运行，不可一日无诚信也，是故《中庸》曰"不诚无物"，意即内无诚信，则万物飘忽、若存若亡；外无诚信，则教、治、政、令，无不颠倒扭曲、紊乱纷杂也！《河图括地象》谓"昆仑东南方五千里曰神州"❷，举凡华夏神州之土地，均是诚信如美玉之国度，如今全球肆虐的假冒伪劣之言行，难受天恩地养，不得长存于世！以此优美礼教之精神教化万民，则华夏无敌、神州无敌也！

二、寓美善政教，于乐舞歌诗之中

春官宗伯府下设大司乐等音乐官，使之执掌天下邦国之教育、学术。华夏文明以音乐之和谐，教养学子灵魂之教育学术精神，实现天人之交流、社群之沟通、文明之传播、品格之熏陶、学术之延续，盖华夏礼乐政教之伟大传统，自清以来遭到一一磨损，当代人鲜少能理解华夏司乐制度之良规美意、《周礼》乐教之深沉华美、华夏音乐精神之妙和神人也！

《周礼·春官宗伯》下篇曰：

> 大司乐掌成均之法，以治建国之学政，而合国之子弟焉。凡有道者有德者，使教焉，死则以为乐祖，祭于瞽宗。以乐德教国子：中、和、祗、庸、孝、友。以乐语教国子：兴、道、讽、诵、言、语。以乐舞教国子：舞《云门》《大卷》《大咸》《大韶》《大夏》《大濩》《大武》。以六律、六同、五声、八音、六舞大合乐，以致鬼神示，以和邦国，以谐万民，以安宾客，以

---

❶ 十三经注疏·周礼注疏[M]. 北京：北京大学出版社，1999：533-543.
❷ 十三经注疏·周礼注疏[M]. 北京：北京大学出版社，1999：536-537.

悦远人，以作动物。❶

五帝之学统称"成均之学"，即成就天下均平之学也，盖大同之学也，郑玄、孔颖达引西汉大儒董仲舒《春秋繁露》之说以谓也；三代之学统称"辟雍之学"，即导引天下以雍雍安和之学也，盖小康之学也。

《礼记·王制》曰："王太子、王子、公卿大夫、元士之适子、国之俊选，皆造焉。"❷国之子弟，谓王子、群臣、民众之英俊，即受选举、推荐（乡老、乡大夫所举于王）之平民子弟、优秀青年，均可入学受教也。

吾华夏文明历久弥新、万年绵延，端赖教育学术之伟大建制也：成均、辟雍之学，即全球史上最早的高等学府也。大司乐掌教国子以大舞（宗庙乐舞），使国之俊选（民选之俊秀者，入国学，修习宗庙乐舞）在国立大学接受政教合一之乐舞修习，从巍巍宗庙之神圣、天子群臣之威严、礼乐政教之谨严不苟、优美乐舞之和谐中，修得中正、温和、恭敬（祗）、守常（庸）、孝顺、友爱六德，学会兴、道、讽、诵、言、语六种歌诗技艺，更从《云门》等六舞的修习中深入细腻地领悟黄帝、尧、舜、禹、汤、武王六代音乐以及背后深远的文明传播内涵，从而深刻把握"致鬼神、和邦国、谐万民、安宾客、悦远人、兴万物"之天人合一之政教体统、传播秩序、文明精神。试想：如此教育学术熏陶养育而成之国子，源源不断从中华大地、森森万民间俊选出来、教养而成，华夏文明因之博大悠久、辉煌灿烂，不亦宜乎！

诸君试想象3000年前之华美场面：蔚蓝天宇之下、绿树婆娑之间、清雅太学之内、巍巍庙堂之上，大司乐，统帅一群面容姣好、身材匀称、心眼明亮、恭谨修礼之青年才俊，翩翩舞蹈、诵诗、奏乐，天子、诸侯、群臣、乡老、万民一旁屏息静观，悠然欣然，油然而生天人和美之思、九州清晏之想！

余尝为学生播放获奥斯卡奖之著名纪录电影《从毛泽东到莫扎特：斯特恩在中国》，当片中著名小提琴大师艾萨克·斯特恩，作为1979年首度访华的文化使者，在尽显其演绎莫扎特音乐的绝妙魅力之余，凝视着一位娇小的中国少女，那玲珑剔透的手指，在琵琶琴弦间上下翻飞，倾泻出沁人心脾的潺潺国乐时，余在讲堂上大声道："这是中国之灵魂！"学生们也深为自己所属的伟大文明而感动：当优美教育与博大文明之光照进青年的心灵，他们自然不会沉溺于网络游戏、废学、吸毒等诸多恶习之中！

本书倘有少许价值，或许不在学术上之建树，而在价值上重树中国人对自身文明的道德信仰：仅西周文明之教（德治）、治（法治）、政（民治）、令（官治）之四重宪法机制之良法美意，就可以作为当今民族复兴事业之一大制度资源与价值源泉，当权者倘能挣脱于全盘西化之固陋成见，则中华文明之巨大道德优势，就能从西方自封自

---

❶ 十三经注疏·周礼注疏[M]. 北京：北京大学出版社，1999：573-578.
❷ 十三经注疏·周礼注疏[M]. 北京：北京大学出版社，1999：573.

谓的"西方文明中心论"所施放的思想学术迷雾中巍然凸现出来，中华之崛起不仅可以赢得国际话语权和有利的国际环境，而且更能从中华传播机制上率先突破近代西方工业文明的不可持续性危机，为全球文明探索长治久安之道。

汲取中华文明大一统传播智慧的前提，是对华夏古典民主宪政机制之社群主义、有序合理主义、道德人文主义、宪政文治主义，有一种根本性的认知与尊敬。

譬如郑玄、贾公彦注释《周礼·春官宗伯》大司乐之"凡乐，黄钟为宫……《九德》之歌，九韶之舞"❶一句，援引《左氏春秋》（《春秋传》）文公七年"赵宣子"所言"劝之以九歌。九功之德，皆可歌也，谓之九歌。六府、三事，谓之九功。水、火、金、木、土、谷，谓之六府；正德、利用、厚生，谓之三事"❷以注释之，贾公彦所举《左传》文公七年所载❸，原本晋大夫郤缺劝告赵宣子之言，可见《尚书·大禹谟》（古文尚书）所谓"六府三事、九功九德"之说，确实记载于尧舜时代文献，并深广传播于晚周秦汉之际，今人汲取借鉴，可使自身焕然一新，并恭谨汲取华夏古典民主制之博大深广智慧也！

周人幼小时从乐师习小舞，《礼记·内则》曰："十三舞《勺》，成童舞《象》，二十舞《大夏》。"❹周人十三岁离家就学于乐师，谓之"成童"，修习小舞《勺》即周公所作《周颂·酌》和《象》即武王所作《周颂·维清》，前者可谓"文舞"，注家以为"《酌》，告成《大武》也，言能酌先祖之道以养天下也"❺，后者可谓"武舞"，注家以为"《象》，象用兵时刺伐之舞，武王制焉"❻。

少年潜心修习乐舞歌诗七年，深入领悟华夏文明之政教精髓与传播秩序，年二十而加冠成人，乃舞《大夏》，夏训大，大夏形容华夏文明在尧舜禹时代，于制度、精神之博大外，更以九州朝贡制而凝聚向心、不断增扩而广大无边也。

学子少年翩翩而冠，将黄帝、尧舜以来"六舞"一一修习舞蹈之，举国上下，于巍峨庙堂之大殿、乡邦射饮之坛场、辟雍彬彬之讲堂，观文武双全之青春才俊，献乐、舞、歌、诗于神明、祖先、圣贤、朝廷、万民前，此美轮美奂之景象、文明传播之精雅，有何文明能超越之耶？

余读《周礼》至此，醺然陶然，沉醉其间，欣欣然提笔批曰："一乐一舞、一歌一诗、一名一义，秩序井井又翩翩灵动，其青春焕发之生命气息，寓于典雅庄重之礼乐制度中，华夏文明之精妙，有如此美善者！"

炎黄尧舜时代华夏民族所创立之文明制度，遵循华夏有序民主制之宪法精神而在广大社群体系内外一一展开，至此可谓高度凝结为令后代难以逾越之周文化之华美丰

---

❶ 十三经注疏·周礼注疏[M]. 北京：北京大学出版社，1999：586.
❷ 十三经注疏·周礼注疏[M]. 北京：北京大学出版社，1999：590.
❸ 参见 新刊四书五经·春秋三传（上卷）[M]. 北京：中国书店，1994：279.
❹ 十三经注疏·周礼注疏[M]. 北京：北京大学出版社，1999：596.
❺ 十三经注疏·周礼注疏[M]. 北京：北京大学出版社，1999：596.
❻ 十三经注疏·周礼注疏[M]. 北京：北京大学出版社，1999：596.

碑，《尚书·大禹谟》所谓"正德、利用、厚生"之华夏民主制宪法三原则，至此，亦通过周之礼乐秩序——灌注于国人身心，注家称"正德，人德；利用，地德；厚生，天德"❶之妙解卓识而淋漓呈现其和谐之精神，春官宗伯制度之妙和天人、博洽民心、灌溉深广，亦可谓辉耀天地，无以复加也！

三、安宁天地：古典史官、天文官系统

宗伯府之修礼官、典乐官，以礼制、学制妙和神人；宗伯府之史官、天文官，则以对历史经验的忠实记录和对天象节气的精准记录，来规谏纠察朝廷百官和精确预测天象、发布地时节气，从而安定天人协调之道。

这些官府制度，并非如近代大学、文史馆之类，仅仅考据典章文物、聊备顾问而已，而是直接参与政治治理，史官、天文官等对人事天文活动的忠实记录，成为断定官府是否依法行政、考核百官是否奉公守法、评价王朝政教利弊得失的最重要依据。西周史官、天文官制度，通过规制、评价、纠察朝廷一系列教治政令的宪法机制以及依法治理的实际绩效，来切实实现其安定天人的传播秩序与文明宗旨。

独立谨严、一丝不苟的史官制度，是华夏文明在全球史范围内的一大创造，确保了华夏文明传播的稳固持久，更确保了中华民族"一时胜负在于力，千秋胜负在于理"的道德大一统信仰。

《周礼·春官宗伯》曰：

> 太史掌建邦之六典，以逆邦国之治，掌法以逆官府之治，掌则以逆都鄙之治。凡辨法者考焉，不信者刑之。……小史掌邦国之志，奠系世，辨昭穆。……冯相氏掌十有二岁、十有二月、十有二辰、十日、二十有八星之位，辨其叙事，以会天位。……保章氏掌天星，以志星辰日月之变动，以观天下之迁，辨其吉凶。……内史掌王之八枋之法，以诏王治。一曰爵，二曰禄，三曰废，四曰置，五曰杀，六曰生，七曰予，八曰夺。执国法及国令之贰，以考政事，以逆会计。掌叙事之法，受纳访以诏王听治。……御史掌邦国都鄙及万民之治令，以赞冢宰。凡治者受法令焉。❷

太史作为史官制度的总负责人，并非仅仅率领徒属记录本朝历史，然后交付下一王朝史官对本朝进行评价论断，而是参与本朝政治治理。太史等史官制度规定，太史

---

❶ 十三经注疏·周礼注疏[M]. 北京：北京大学出版社，1999：590.
❷ 十三经注疏·周礼注疏[M]. 北京：北京大学出版社，1999：692-713.

执掌建邦立国之"六典"即《周礼》六卿之宪法职责等一系列法典、法律文书，定期考察监督百官行政，举凡邦政（朝廷）、国政（诸侯）、官府、都鄙（公卿采邑）之治理，均加以记录、评价、纠察。如有腐败不法官吏争讼狡辩、不守诚信，太史立即出具成文法典验证其行，将乱政贼民之官用刑处罚也。

天文官冯相氏执掌天象之法，《易纬·通卦验》曰："冬至日，置八神，树八尺之表，日中视其影，如度者岁美人和，晷不如度者岁恶人伪，言政令为之不平。"❶注家以为冬至日，树立八根木桩（杙），建日晷以测日影，冬至日影长三丈，夏至日影仅尺五寸，凡不如度者，说明政教鄙恶，阴阳失和，冯相氏上告天子、朝廷，使修政教。阴阳五行严重错乱、致使天灾频繁爆发，则天子朝廷必须下《罪己诏》以谢罪天下，群臣百官更自减俸禄以安养万民也。

另一天文官保章氏，负责观察日月星辰之变动，以预测年成。《周礼》曰："以星土辨九州之地"❷，盖天上众星，分主九州之地也。纬书《春秋纬·文耀钩》云："布度定记，分州系象。华岐以西龙门、积石，至三危之野，雍州，属魁星。太行以东，至碣石、王屋、砥柱，冀州，属枢星。……此九州属北斗。……故七星主九州也。"❸

浩浩夜之苍穹，北斗七星闪耀，清辉遍洒宇宙，垂绵绵钟爱于吾泱泱华夏九州也！余每晚散步至北京邮电大学操场，仰卧推举杠铃之余，远眺天空璀璨星群，心中默诵孔子名句"为政以德，譬如北辰，居其所而众星拱之"以观天象之美，浩瀚宇宙之神秘气息，悄然灌注头顶，更思梵高《丝柏与星光之夜》所绘之瑰丽画面、博尔赫斯小说《凤凰教派》之玄妙莫测、科雷利等巴洛克时代音乐家之古韵幽深，不禁流连忘返，不复闻问：斯世为何世也！

春官宗伯府不仅执掌邦国礼乐典章规制，更以"内史""御史"等职务督察官府行政是否守法，内史官执掌八柄之法（爵禄废置、生杀予夺）以"执国法""考政事""逆会计""受纳访"，即执守法典法规，督察朝廷百官行政，迎受考核官吏绩效，接受民众上访；御史更佐赞冢宰，以督察官府、万民之守法，举凡教、治、政、令，均须依法而行。

总括以上可知，西周大一统古典宪政秩序下，不仅天子、诸侯、群臣、万民，均一一接受冢宰、司徒、宗伯等制度的制衡约束，冢宰府、司徒府、宗伯府等六卿官府之间，也彼此严密监督制衡，西周法制之严明绵密，足证周王朝诚全球史上最严谨之法治国家之一也！而其德治、法治、民治、官治之四大社群主义民主宪法机制相互匹配，在不少方面，超过当今西方代议制，仅凭一人一票当选、竞选诺言难以兑现的西方政客政治。

---

❶ 十三经注疏·周礼注疏[M]. 北京：北京大学出版社，1999：702.
❷ 十三经注疏·周礼注疏[M]. 北京：北京大学出版社，1999：705.
❸ 十三经注疏·周礼注疏[M]. 北京：北京大学出版社，1999：705-706.

第十八章　西周公共治理之美

民国杰出学者孟森先生在名著《明史讲义》中说："有经久难坏之制度，即有历久始衰之国祚。有周之制度，即有周之八百年；有汉之制度，即有汉之四百年；唐宋皆然。"❶此论可谓道尽古今一切文明盛衰起落之关键：八百年之周文明，端赖《周礼》《仪礼》等宪法制度对国家政权与社会风俗的绵密规制。举凡天子、诸侯国君之职责、群臣之职责、万民之组织协调，均在《周礼》等宪法制度中一一奠定、不容倾摇，所以周人才缔造出《三字经》所谓之"周八百，最长久"之昌盛国运，才孕育出晚周时代以孔子为代表的儒家文化与诸子百家学术之灿烂辉煌、超绝百代。❷

西周文明之宪政，寓于天子、诸侯、群臣、士绅、万民之间分权制衡的华夏社群主义民主宪政机制中，这一机制在夏官司马制度、秋官司寇制度和冬官司空制度的规制上，获得充分体现，西周文明之繁盛，因此获得奠定和保障。

一、军民整合：夏官司马制度

《周礼·夏官司马第四》篇规定大司马府之职责，在于执掌天子六军的军事制度以及相关民事制度，以确保联邦王制内外的政治稳定与高度统一：

> 大司马之职……以九伐之法正邦国，冯强犯寡则眚之，贼贤害民则伐之，暴内陵外则坛之，野荒民散则削之……❸

大司马执掌讨伐诸侯的军事职权"九伐之法"，郑玄、贾公彦注释曰："诸侯有违王命，则出兵以征伐之，所以正之也。诸侯之于国，如树木之有根本，是以言伐

---
❶ 孟森. 明史讲义[M]. 上海：上海古籍出版社，2002：17.
❷ 授课之余，常被问及：为何"轴心时代"之后，中国越来越少独创性思想家，秦汉以下直至当代文明制度的诸多流弊，是最重要原因。
❸ 十三经注疏·周礼注疏[M]. 北京：北京大学出版社，1999：759-762.

云。……先以兵加其境，服乃告之、坛之、削之……按《月令·孟夏》云'无伐大树'，孔子云：'伐一木不以其时，非孝子。'"❶

此段文献殊可注意处，第一是天子命司马府率军出征，兵临以强凌弱、贼贤害民的有罪诸侯之国境，诸侯服罪则立即予以处置：告乃四面削其封地；坛乃废诸侯旧国君而另立贤德新君，郑、贾注释此云"古者不灭国"❷，即保留其既有封国，但予以废旧君、置新君。

这讨伐之九法，一脉相承自西周初年伟大灿烂之封建秩序（譬如武王伐纣后初封殷纣子为宋国国君以保存其社稷、文化）之宪法精神。后来秦始皇"灭六国"，一反周文明之宪法精神，遭到华夏万民的痛恨、唾弃，始皇帝也因此深深畏惧、仇视《周礼》必欲焚烧、摧毁而后快也！

第二值得注意之点是，诸侯大罪在于"以强凌弱、贼贤害民、野荒民散"，而西周封建秩序，此时尚深藏不露的危机亦潜伏在此：受封在华夏中心区四边的诸侯国，必然因向外扩充地域、人口而日益离心于中央政府，所以晚周时代北方的晋国、东方的齐国、南方的楚国以及西部的秦国，都能获得较充足的土地和劳力而崛起，逐渐与周王室分离，而分封于华夏中心区的宋、卫、鲁、郑等国，没有外扩空间，只能彼此兼并，进行巧取豪夺的兼并战争。

伴随周王朝中枢政治的暗弱，周王室非但不能以西都（镐京）为据点向西北扩张，反而在诸侯挟持下东迁洛邑（东都），东周朝廷因而长期局促于大小诸侯国的虎视、凌辱之下，礼崩乐坏、天下大乱就不可避免了。

第三值得注意之点在于，"野荒民散"表明，诸侯国内部民事治理的荒废就构成大罪。郑、贾引用《礼记·月令·孟夏》以及孔子的评论，对这段文献进行注疏，更令后世读者明了古人对耕地、山林的高度保护意识："伐一木不以其时，非孝子"之庄严记录，意味着倘若有人胆敢不遵循时令节气之法制政令而胡乱砍伐树木、毁损生态环境，他不仅在道德风俗上被视为不孝逆子、败家灭伦之人而饱受全社会的道德谴责，更会遭到法律制裁！华夏农耕文化之高度可持续性，先于西方20世纪60—70年代罗马俱乐部科学家的《增长的极限》、卡逊《寂静的春天》等名著约3000年之久，其从深广的文明传播经验中，获致万物和谐共存之悠久博大信念：中国人坚信，保持自然-社会-人文三大系统得到大一统之协调均衡，文明就能长治久安、稳定繁荣。

许多西方学者意识到，中华文明之所以能供养全球最庞大的人口并能长期保持稳定繁荣的奥秘，就在于其精耕细作、一年两熟甚至三熟、保持土壤肥力、农林牧副渔业彼此协调的高超农耕制度。

《周礼·夏官司马》有详细规制：

---

❶ 十三经注疏·周礼注疏[M]. 北京：北京大学出版社，1999：760.
❷ 十三经注疏·周礼注疏[M]. 北京：北京大学出版社，1999：761.

凡令赋，以地与民制之。上地食者参之二，其民可用者家三人；中地食者半，其民可用者二家五人；下地食者参之一，其民可用者家二人。中春，教振旅，司马以旗致民，平列陈（阵），如战之陈（阵）。❶

据此可知：西周军赋制，依据各家土壤肥力之高下、财力之不同、人口之多寡而有别，注家郑司农云："上地，谓肥美田也。食者三之二，假令一家有三顷，岁种二顷，休其一顷。"❷西周农耕制度之发达，准此可见：每岁必有休耕之地，以养护土壤肥力，再加以官府、万民对天文气象、山林水利的精确把握、财税贡赋的依法征收、中央、地方、乡遂制度对灾害、孤寡的抚恤等合理的治理、救济措施，西周农业经济之发达可以推断也。

根据这段文献可知，西周军制乃寓兵于农的伟大制度，每年初春，即征调农民进行军事演练，演练到仲春时节，再集合操练，谓之"振旅"，大司马以熊虎之旗召集军队操练，然后遣散众兵以致力农耕。四季皆如此：农闲时操练，农忙时务农，国家无须征重税困民，即可养兵于农、寓军事于民事，井田制之授民田土以安民，十一税制之轻赋爱民，兵农合一、可战可耕之伟大制度，与宋元明清以下徒耗巨资养冗兵却不敌外患、反成内贼之军制，不可同日而语也。

二、严明完备的选贤进士系统

司马府在征兵定赋之外，还有一项重大职责，即践行贯彻西周联邦民主制试贤进士之伟大人才选拔制度：

司士掌群臣之版，以治其政令，岁登下其损益之数，辨其年岁与其贵贱，周知邦国都家县鄙之数，卿大夫士、士庶子之数，以昭王治，以德诏爵，以功诏禄，以能诏事，以久奠食。❸

司马府属下之司士官，职责极其重大：为国试用贤才，进于王朝而用之，谓之"进士"。《礼记·王制》曰："司马辨论官材，论进士之贤者以告于王，而定其论，论定然后官之，任官然后爵之，位定然后禄之。"❹

---

❶ 十三经注疏·周礼注疏[M]. 北京：北京大学出版社，1999：765.
❷ 十三经注疏·周礼注疏[M]. 北京：北京大学出版社，1999：765.
❸ 十三经注疏·周礼注疏[M]. 北京：北京大学出版社，1999：814.
❹ 十三经注疏·周礼注疏[M]. 北京：北京大学出版社，1999：814.

西周人才选拔制度之精妙，在于其推举、试用、审查、教育培养、试用、再推举、再审查，直至最后授予官职、确定爵禄之严密程序：

第一程序，司徒府系统主持乡邦民选推举出各地人才，予以初步审查和初步试用，分别其才德高下，录入乡贤名籍（版），定期进贤于天子朝廷，藏于典藏宗庙礼器之天府；

第二程序，乡贤被贡举为国子（太学生）后，与太子、卿大夫元士子弟，一并纳入西周伟大的国家教育体系中，由宗伯府负责教育，国家最高学府（成均、辟雍等太学）对国子监生进行礼乐政教、典章文献的精心培育，造就《礼记·学记》所谓"强立不返"之德才兼备、可以担当国事（士者事也）的人才；

第三程序，将学成国子纳入司马府治理体系，进行实际的军事、民事治理的反复试用、历练，国子才德经实际历练而合格后，经司马府司士官等众官属对其才干的审查甄别后，再进呈冢宰、天子，冢宰府再根据其在司徒、宗伯、司马各府试用、修习的各种政绩、成绩记录，上奏天子，最终授官定爵。

换言之，人才必须经过司徒府、宗伯府、司马府、冢宰府和天子朝廷这五重推举、考察、试用、辨析、讨论，最后才能获得官职、爵位，如此严密周详的人才选拔制度，不仅确保了西周联邦教、治、政、令四重法治体系的严格贯彻实施，更开启了此下西汉文治政府人才制度之荐举、察举、科举并用的文官选拔机制，这套严格的文官选拔、治理天下的政府体系一直持续到明清，不仅确保了华夏文明的稳定繁荣，更在近代启发英法各国设计出现代文官制度。

自周秦汉唐以来，"进士门庭""天子门生""状元及第"等最高道德评价与社会荣宠，绵绵流布于中国民间，传播极其深广，造就道德廉耻之风灌溉华夏，中国人恒以学问造诣为人品、家庭教养与社会地位之最高标准，而不以富贵判断人品层级。迟至清末，若一家连续三代无人中举，即沦落为"寒籍"而遭乡邦耻笑，青年士子更以好学为荣、以无知为耻，此等社会风尚大有利于稳定和谐社会、有序传承文明，与倾慕富贵、崇尚投机而炫耀无知之浅薄、恶俗、败坏之风，真如霄壤之别也！

隋唐以下日益偏重科举而忽视荐举（民选官用）、察举（官选试用），大大失落西周以来五重官府在民选基础上试用、历练后再录取人才之严谨绵密之宪法精神，仅凭一纸试卷录取人才，流弊所致，有"进士无耻"之讥，腐败不学、考试作弊之风逐渐肆虐，虽屡经严办亦不能禁绝，与西周司徒府、司马府将民选人才委以民事、军事治理之实务，以详密考察其才德人品，不可同日而语也。

国子或世袭或民选，而受教于太学、历练于官府者，其尊贵荣宠，虽能工巧匠、巨富大贾，不敢望其项背也：

> 诸子（官）掌国子之倅，掌其戒令与其教治，辨其等，正其位。国有大

事，则帅国子而致于太子，惟所用之，若有兵甲之事，则授之车甲，合其卒伍，置其有司，以军法治之。司马弗征。凡国征弗及。大祭祀，正六牲之体。凡乐事，正舞位。大丧，正群子之服位。会同、宾客，作群子从。凡国之政事，国子存游倅，使之修德学道，春合诸学，秋合诸射，以考其艺而进退之。❶

诸子官率领国子学士，参与祭祀、诸侯朝觐、会同、宾客等国家重大政事活动，兵革之事则从太子出征，司马府之军赋以及邦国一切贡赋徭役皆免，平时春秋合乐，习文舞于太学（王宫之左），习武舞、射御之艺于射宫（西郊小学），《礼记·王制》云："春秋教以《礼》《乐》，冬夏教以《诗》《书》，王太子、王子、群后之太子、卿大夫元士之适子、国之俊选，皆造焉。"❷贾公彦注疏曰："贵贱皆在教科也"❸，则举国上下，无论王太子、诸侯太子、卿大夫元士之适子（嫡长子）、庶子和众多邦国民选推举所贡之俊选少年，均入学为国子也。一旦为国子，则其家之军赋、民赋皆免，举国因此尊崇学问道德，盖由此伟大文明制度也！

三、周密完善的民意上达系统

司马府不仅执掌军事以及军赋、人才试用等相关民事治理，同时也与冢宰、司徒、宗伯府一样，负责民情上达：

> 太仆掌正王之服位，出入王之大命。掌诸侯之复逆。王视朝，则前正位而退，入亦如之。建路鼓于太寝之门外，而掌其政。以待达穷者与遽令，闻鼓声，则速逆御仆与御庶子。❹

天子外朝视官、内朝议事，太仆负责在上朝前正天子服饰、所立位置，接受诸侯奏折，在内朝门外，建立"路鼓"，以备万民穷困者，可击鼓鸣冤，路鼓即震动路寝（天子内朝）之"敢谏鼓"，今日天安门外"华表"是也。

太仆一旦听闻有人击鼓鸣冤或军事快报（遽令）送到，立即迎接平时值班守于路鼓之侧、接受穷困鸣冤者诉状的御仆、御庶子，将万民冤情、军事情报，一齐上奏天

---

❶ 十三经注疏·周礼注疏[M]. 北京：北京大学出版社，1999：820-822.
❷ 十三经注疏·周礼注疏[M]. 北京：北京大学出版社，1999：822.
❸ 十三经注疏·周礼注疏[M]. 北京：北京大学出版社，1999：814.
❹ 十三经注疏·周礼注疏[M]. 北京：北京大学出版社，1999：827-829.

子。盖万民穷困之冤情，与各地军事情报一样紧急若水火——华夏民主制之体恤民间疾苦，联邦王制有如此民情上达且急如军情之宪法制度与宪法精神也！

华夏民主制之精髓，即在于天子、诸侯、群臣、万民之间分权制衡、彼此约束、依法行政、上下政情保持畅通之宪法机制也：传自尧舜时代舆论官"纳言"，至西周更加严密精细，六卿制度中的冢宰、司徒、宗伯、司马等官府，均有负责沟通上下政情、民情的机制，司马府之太仆官，就负责接纳诸侯奏章和民众击鼓鸣冤，贵为副天子之冢宰府系统以及司徒府、宗伯府系统，无权干涉。

太仆每天伴随天子视朝，则诸侯之复奏、民众之冤情，不因朝廷命官居中阻隔而被搁置或隐瞒；司徒府更设有"小臣"机关专门负责"掌三公及孤卿之复逆"❶，前文所言值班负责路鼓、接待民众诉冤的"御仆"，则专门负责"掌群吏之逆及庶民之复"❷，即下层官员（群吏）与万民奏章。如此，天子、朝廷之依法行政，受到内外臣民（诸侯、卿大夫元士、万民）的严密监督与制衡，君主无由专制，政务无不公开，诚华夏社群主义有序民主制之伟大典范也！

西周文明遵循华夏民主制之宪法机制而稳步扩大，司马府属下之职方氏，执掌天下地图、物产、人口、财力、交通、山川险要等军情民生之规制、数目，华夏文明此时传播到四夷、八蛮等政教较平易（夷）、经济文化较欠发达（蛮）的广大地区，神州之地域更加扩大：

> 以先王之作土有三焉，若太平之时，土广万里，中国七千。中平之世，土广七千，中国五千。衰末之世，土广五千，中国三千。……至武王崩，成王幼，不能践阼，周公摄政，六年致太平，制礼，成武王之意，斥大九州，九州方七千里……❸

武王、周公之制作《周礼》、分封诸侯，其政治用意，正在扩大九州以传播华夏文明，中国九州，居七千里之沃土，更修政教以怀柔羁縻四夷、八蛮，将之纳入华夏联邦王制的伟大朝贡体系和公共服务体系中，所以敬天保民，传承光大华夏文明于万世也！

书行至此，胸中澎湃而起吾华夏文明之巨大自豪感和自信心，今日中华复兴之伟业，不亦《周礼》之遗教，炎黄尧舜、文武周公之传人不可推卸之神圣使命耶！

---

❶ 十三经注疏・周礼注疏[M]. 北京：北京大学出版社，1999：831-832.
❷ 十三经注疏・周礼注疏[M]. 北京：北京大学出版社，1999：833.
❸ 十三经注疏・周礼注疏[M]. 北京：北京大学出版社，1999：878.

四、教治并举：秋官司寇制度

余常凌晨五点即起床，在熹微的晨光和寒气中锻炼身体，深感旷世奇儒梁漱溟先生（1893—1988）名著《朝话——梁漱冥讲坛录》所言，儒者修炼身心之浩然不虚也：

> 如在冬季，天将明未明时，大家起来后在月台上团坐，疏星残月，悠悬空际，山河大地，皆在静默，惟间闻更鸡鸣作啼，此情此景，最易令人兴起，特别的感觉心地清明、兴奋、静寂，觉得世人都在睡梦中，我独清醒，若益感到自身责任之重大。在我们团坐时，都静默着，一点声息皆无。静默真是如何有意思啊！❶

记得梁先生曾教诲说："深深地进入了解自己，而对自己有办法，才得避免和超出了不智与下等。——这是最渊深的学问，最高明最伟大的能力或本领。然而却不是一味向外逐物的西洋科学家之所知矣。……今日世界问题之形成由于西方文化。要避免人类之毁灭只有转向中国文化。中国问题之陷于今日局面正为盲目学西洋之结果。欲把僵局化归缓和而达于统一，必须矫正划界限与用武力之两点错误。"❷

作为20世纪最卓越的智者、贤哲，梁漱溟与阿诺德·汤因比，抵达了人类文明传播奥秘、进步法则的"巅峰智慧"之中。对自己有办法，就是孔子所谓"克己复礼，天下归仁"，也就是汤因比在《人类与大地母亲》中所预言：当人类企图完全掌握他自身以外的自然环境时，他发现：这一时刻也就是他自身的末日——他将因毁灭生物圈而自我灭绝。或许此时，他会猛醒：一直以来人类的正确目标，不是在物质上掌握自然，而是在精神上掌握自身，即对自己有办法，通过掌控、调节自己的私欲，进而与自然协调一致。❸

西方文明之优长，在于"对外界、对物质有办法"，即划分界限以穷治自然、控制环境，为此不惜疯狂掠夺自然资源、挑起世界大战。西方文明在近代宗教败落后，却"对自己没办法"，即难以控制人类自身不断扩张的贪欲。

中华文明与之恰恰相反，其优长之处正在于"对自己有办法"，即通过调控自身情欲，以适应大自然所蕴含的无限深广的宇宙生命，这一伟大深邃的文明信仰，表现于

---

❶ 梁漱冥. 朝话——梁漱溟讲谈录[M]. 合肥：安徽文艺出版社，1997：2.
❷ 这个世界会好吗：梁漱溟晚年口述（封底）[M]. 上海：东方出版中心，2006.
❸ 参见 汤因比人类与大地母亲：一部叙事体世界历史[M]. 上海：上海人民出版社，2001.

一系列的文明制度和生活形式中。本书就是这博大优美、生机盎然又自我节制的文明制度与生活形式的一种全新揭示而已。

每当余仰卧推举杠铃时，漫天璀璨的晨星在行将凋零的俄顷，发散出无声而浩繁的私语，仿佛这些美丽的生灵也在彼此倾诉自身的寂寞。初冬的寒风将白杨的叶子席卷而下，这些寒风似乎也在星辰间浩瀚奔腾之后倾泻而下，灌注在寥廓晨星下锻炼的人身上，赋予其清明广大的意志、自由欢乐的精神。余眺望杏坛路两侧，那些大学生宿舍仍在酣眠的窗户，深知这些年轻而懵懂的生命，犹如晨间操场上偶尔蹿出觅食的流浪猫，需要岁月之寒风狂暴吹袭后，才能猛醒，神明自然所奠立的、无人可以摇撼的宇宙大一统秩序，就在这生者与死者、醒者与睡者之间，不可知地传递着、误解着、错综着、交织着，永永不息……

华夏文明之生机、自由、尊严和美，就在于"依傍自然"，即严守自然之秩序，在自然生命的浩大根基上，巍然建树起绿色可持续的社会、人文系统与文明传播的生命秩序。

譬如《周礼》，作为天官冢宰、地官司徒、春官宗伯、夏官司马制度的合理组成部分，秋官司寇制度就担负着民事治理的重要职责，即以德教为宗旨，以法治为手段，采取教治并举的方式，处罚、惩戒不守法的官民，从而在严明法制的基础上，确保华夏文明的稳定繁荣、井井有条：

> 大司寇之职，掌建邦之三典，以佐王刑邦国，诘四方。一曰刑新国用轻典，二曰刑平国用中典，三曰刑乱国用重典。以五刑纠万民：一曰野刑，上（尚）功纠力；二曰军刑，上命纠守；三曰乡刑，上德纠孝；四曰官刑，上能纠职；五曰国刑，上愿纠恭。以圜土聚教罢民……其能改者，反于中国，不齿三年。其不能改而出圜土者，杀。以两造禁民讼，入束矢于朝，然后听之。……以嘉石平罢民……以肺石远穷民，凡远近茕独老幼之欲有复于上而其长弗达者，立于肺石，三日，士听其辞，以告于上，而罪其长。[1]

伟哉西周法制之严明适度也：一切官民皆受法律节制，乡野之民，纠其不力耕孝顺者；军事民事官吏，纠其不守职责、鱼肉百姓者；犯法判刑者禁闭于圜土（监狱）中服劳役；大罪服刑仅三年，刑满释放返归故里，尚不能与乡邻论年齿而列为平民，为了促使其明理雪耻也。不改悔反而私逃出狱，则杀。民事诉讼者要缴纳诉讼费（束矢）。违法但未触犯刑律者，则桎梏而令其坐外朝嘉石上，睹文石之纹理而反省自身过错，然后到司空府服劳役；茕独老幼者有冤情或困苦，得不到长官通报、抚恤，则可立于外朝肺石（赤石）之上，三日不去，则士师必听其诉说，属实，则上奏大司寇而

---

[1] 十三经注疏·周礼注疏[M]. 北京：北京大学出版社，1999：902-907.

处罚不恤民苦、不通民情的长官。西周法制之严格执法、爱惜人民、轻刑省赋、严督官吏，如此这般！

五、完备合理的民意采纳系统

司寇府的重要职责之一，在于主持国家大政的民意采纳："小司寇之职，掌外朝之政，以致万民而询焉。一曰询国危，二曰询国迁，三曰询立君。"❶外敌入侵谓之国危，王国迁徙谓之国迁，选立君主谓之立君：三者可谓国政之最大者，三公、三孤、冢宰、司徒、宗伯、司马、司寇等三公六卿官府，各率所属群吏、民众，齐集外朝以决定，华夏民主制之有序采集民意，以决定国家大事之古典宪法机制，经典文献备载而毋庸疑也。

司寇府朝士官，执掌天子与万民朝见之礼仪规制："朝士掌建邦外朝之法，左九棘，孤卿大夫位焉，群士在其后。右九棘，公侯伯子男位焉，群吏在其后。面三槐，三公位焉，州长众庶在其后。左嘉石，平罢民焉。右肺石，达穷民焉。"❷准此可知朝堂之规制与宪法精神：天子朝南立，面对三公、州长、庶民代表，三公为天子师傅，州长为乡遂地方官，庶民为邦国根本，天子肃立恭对，三公、州长、众庶朝位之背后，是繁茂槐树之浓荫，郑玄注解曰："槐之言怀也，怀来人于此，欲与之谋。"❸天子特别树立槐树，以表尊敬邦国之师贤（三公）、地方民治代表（州长）和民意代表（众庶），永寄邦国民意于心怀（槐树之含义），与三公官民共谋国家大计也。三孤六卿居左，公侯伯子男居右，树立棘树以象征朝臣、诸侯"赤心而外刺"❹，表意为朝廷内外忠诚国事、刚直劝谏天子也。朝堂之外，更有罢蔽之民立于嘉石之侧以反省服法，穷困之民立于肺石之侧以告诉冤情，满朝文武官吏，敢不奉公守法耶？！朝仪、法制，威威赫赫，从天子到庶民，孰敢自逞私意、专制独裁耶？！

西周法制之严明，观司寇府之司刺官职责，亦可判然分明也："司刺掌三刺、三宥、三赦之法，以赞司寇听狱讼。一刺曰讯群臣，再刺曰讯群吏，三刺曰讯万民。"❺刺者杀也，讯问死罪，必遍讯群臣、群吏、万民与罪案相关者，使之"众人共证，乃可得真"❻，如此慎重侦讯办理命案，则冤假错案必然较少发生。

近代人迷惑于卢梭《社会契约论》凭空想象杜撰之所谓"民约"论甚深，以为宪法准则、宪法机制在于人民享有无上、完全之"主权"，人民彼此合约，让度一部分主

---

❶ 十三经注疏·周礼注疏[M]. 北京：北京大学出版社，1999：912.
❷ 十三经注疏·周礼注疏[M]. 北京：北京大学出版社，1999：936-937.
❸ 十三经注疏·周礼注疏[M]. 北京：北京大学出版社，1999：937.
❹ 十三经注疏·周礼注疏[M]. 北京：北京大学出版社，1999：937.
❺ 十三经注疏·周礼注疏[M]. 北京：北京大学出版社，1999：946.
❻ 十三经注疏·周礼注疏[M]. 北京：北京大学出版社，1999：946.

权给政府，使之治理公共事务，而最高、最终极的主权，仍在人民手中。这一套自由民主宪政理论的最大缺陷在于：如何有效、恰当地区分、确定人民这一概念的实际意谓，如何面对人民全体，必然分化为统治者与被统治者以及二者之间极其错综复杂、经常水乳难分的关系，如何行使人民主权这一经常旁落的宪政权利，以实现近代宪法普遍信誓旦旦地宣称却很少能完全切实贯彻的"主权在民"呢？

《周礼》之"民约"论，比起卢梭《民约论》来，更贴近政治运行机制与宪政权利的实际贯彻："司约掌邦国及万民之约剂，治神之约为上，治民之约次之，治地之约次之，治功之约次之，治器之约次之，治挚之约次之。凡大约剂，书于宗彝。小约剂，书于丹图。"❶

约剂者，即天子朝廷与诸侯、群臣、万民之间约定之宪法权利、宪法关系之法律文书也。郑玄对此注疏曰：

> 此六约者，诸侯以下至于民，皆有焉。剂，谓券书也。……神约，谓命祀、郊社、群望及所祖宗也。……民约，谓征税迁移……是也。地约，谓经界所至，田莱之比也。功约，谓王功国功之属、赏爵所及也。器约，谓礼乐吉凶车服所得用也。挚约，谓玉帛禽鸟，相与往来也。❷

读者诸君倘若稍稍阅历人世后，再翻阅近代各国宪法，立即会哑然失笑，而心中诘问卢梭及其在当代的自由主义民主宪政理论的传人：试问，汝等所心仪之自由民主宪法条文，信誓旦旦宣称"主权在民"，为何在当今普遍宣称实行宪政的东西方各国，拥有主权的人民，尤其是底层人民，被大官僚机关、大财经机构、大传媒产业巧取豪夺，权利可谓被剥夺殆尽，其"人民主权"如何实现？

再阅《周礼》此段经文以及郑玄注释，西周联邦王制之社群民主，举凡如何祭祀祖宗神明，如何依法管理民众赋税迁徙，如何划分民众田地经界，如何依法赏赐爵禄，如何进行礼乐典仪，天子与诸侯群臣之间如何执玉帛禽鸟、恭敬以相往来，这些国计民生之大端，一一记载在大小"约剂"之上，刻写于宗彝、丹图，由"司约"官执掌之、勘验之、督察之，《周礼》并未信誓旦旦宣称"主权在民"，但人民有"约剂"（券书）在手，官府有"约剂"在藏，一一依法进行祭祀、征税、划界、封赏、举贤、宾客交往等，人民主权岂不更有宪法保障与切实贯彻之秩序，国家更能保持稳定、有序、和谐、繁荣耶！

全民守法之西周古典民主宪政制，更在天子、诸侯、群臣、庶民之上，巍然建树起一个更高的宗教性的誓约，使这一宪法条约"约剂"具有更高的约束力：

---

❶ 十三经注疏·周礼注疏[M]. 北京：北京大学出版社，1999：947-949.
❷ 十三经注疏·周礼注疏[M]. 北京：北京大学出版社，1999：948.

> 司盟掌盟载之法。凡邦国有疑会同，则掌其盟约之载及其礼仪，北面诏明神。既盟，则贰之。盟万民之犯命者，诅其不信者亦如之。凡民之有约剂者，其贰在司盟。❶

司盟官执掌天子、诸侯、群臣、万民之"盟誓"，杀牲取血，坎其牲，加盟书于上而埋之，谓之载书，即歃血为盟也。司盟官宣读载书盟辞，北面进于明神也。郑玄注："明神，神之明察者，谓日月山川也。"❷

妙矣哉！伟矣哉！吾华夏文明崇奉日月山川为明察秋毫之神灵，因此盟誓于明神之前，不敢彼此欺诈而受罚于天神，古人常言"人固蠢愚，天神何欺"，民约之上，复有神约予以更高的宗教约束，华夏文明之标举万物"诚信第一"之伟大道德信仰，不仅国法、盟约、重大宪法文书如此，连庶民间的盟约、诉讼者保证诚实的誓词等，均向神明发誓信守，更由司盟官副写其盟辞、文书随时以备勘验、督察，全民守法意识之树立，可谓早在公元前1046年西周建立之初年就确立了一整套完备的宪法、法律、法治、法制意识匹配的伟大灿烂的文明制度体系！

六、绵密细致的民事治理系统

西周民事治理之严密，从一细节亦可鲜明揭示也：

> 萍氏掌国之水禁。幾酒，谨酒。禁川游者。❸

司寇府萍氏官，执掌国之水禁、渔禁、酒禁、野泳之禁也：水中有深泉洪波、沙虫水弩之类，萍氏预先为之设防、查禁非时捕捞、川游野泳者。《礼记·月令》规定春秋冬三季捕鱼，夏季不可捕鱼，盖长养鱼苗也，萍氏掌其禁令。"幾酒，谨酒"者，民以时（幾）沽买酒水，仅可用于祭祀、乡射、婚姻等少数场合，不可非时多卖酒水，唯恐庶民酗酒失德。《周书·酒诰》云："有政有事无彝酒。"❹彝者，平也，常也。"无彝酒"即不得日常饮用以败德也。《周礼》之绵密严谨，可谓深入到日常生活的所有细微层面！

再譬如司寇府专设伊耆氏之官，以敬老尊贤也："伊耆氏掌国之大祭祀，共其杖

---

❶ 十三经注疏·周礼注疏[M]. 北京：北京大学出版社，1999：950-952.
❷ 十三经注疏·周礼注疏[M]. 北京：北京大学出版社，1999：951.
❸ 十三经注疏·周礼注疏[M]. 北京：北京大学出版社，1999：974-975.
❹ 十三经注疏·周礼注疏[M]. 北京：北京大学出版社，1999：974-975.

咸。军旅，授有爵者杖。共王之齿杖。"❶《礼记·王制》云："五十杖于家，六十杖于乡，七十杖于国，八十杖于朝。"❷老年人上朝虽可柱杖，但大祭祀之敬神礼神也，虽耆老亦去杖，伊耆氏负责提供"杖函"（杖咸）以盛之，大祭祀典礼完毕，再把杖归老者以退朝，其敬老复敬神之礼制，细密到如此程度：祭祀之庄严恭敬，连老者柱杖之些微声息都不可容忍，事先预备出特制之函以存放，其恭敬天地神明（实即自然）之礼教精神，磅礴乎宇宙之间，感奋于万物深处，天子、诸侯、群臣、庶民，置身这一礼乐典仪之严整典雅气氛中，怎能不深受感染而悠然升起尊神敬贤之心呢！

大军出征，授予有爵者（士以上）以杖，以扶宠尊者，将军更杖钺以树威。军士受命持杖，必生不辱使命、奋发威武以酬王爵禄之厚、光耀华夏祖德之心，如此不战而威之师，必能收不战而屈人之效。天子更以年齿授予老臣节杖，以示天下敬老尊贤之法。

暴秦之焚书坑儒，元朝之九儒十丐，清朝以文字狱杀害士子，此三朝文化政策、社会政策之不仁不义，永遭华夏文明唾弃；其余王朝虽在末期有败德之政，但国朝恩典，深入人心，遂多有不甘投降的武将、殉国而死的文士，岳飞、文天祥等为之翘楚，受全民敬仰膜拜。宋亡、明亡之时，更有举家、举族、举乡相率自尽者，《冯梦龙全集》最后一卷《国难录》备载明亡民众殉国、抗暴、起义事迹，而暴秦、元朝、清朝灭亡时，国人无不欢呼，无人为之殉节也：梁济、王国维在民国初年毅然自杀而受国人推尊，梁济自称"殉清乃为殉一种文化"；王国维之死，亦被名儒陈寅恪论断为"殉一种理想，而非殉一家一姓之兴亡"❸，则一朝文明制度，有无敬老、尊贤之宪政法制，亦为其历史公断之一侧面而不容掩饰也。

七、华夏古典民主制的多元宪政结构

西周联邦王制下，天子与诸侯、群臣、士绅、庶民分享权力之多元宪政结构与制衡机制，在司寇府"大行人、小行人"之官职规制中，亦鲜明揭示：

> 大行人掌大宾之礼及大客之仪，以亲诸侯。春朝诸侯而图天下之事，秋觐以比邦国之功，夏宗以陈天下之谟，冬遇以协诸侯之虑，时会以发四方之禁，殷同以施天下之政。……王之所以抚邦国诸侯者：岁遍存……七岁属象胥，谕言语，协辞命；九岁属瞽史，谕书名，听声音；十有一岁达瑞节，同度量，成牢礼，同数器，修法则；十有二岁王巡守殷国。……小行人掌邦国

---

❶ 十三经注疏·周礼注疏[M]. 北京：北京大学出版社，1999：991.
❷ 十三经注疏·周礼注疏[M]. 北京：北京大学出版社，1999：991.
❸ 参见 梁漱溟传记资料所称引之梁济《梁桂林遗书》和陈寅恪先生《王观堂先生挽词并序》。

宾客之礼籍，以待四方之使者。令诸侯春入贡，秋献功，王亲受之，各以其国之籍礼之。……万民之利害为一书，其礼俗政事教治刑禁之逆顺为一书，其悖逆暴乱作慝犹犯令者为一书，其札丧凶荒厄贫为一书，其康乐和亲安平为一书。凡此五物者，每国辨异之，以反命于王，以周知天下之故。❶

朝觐宗遇会同之大礼，大行人执掌，以树立华夏大一统之宪法秩序也：天子朝见诸侯，乃重申天子与诸侯之间的统属关系，考核各地诸侯效忠中央、治理四方的政绩，考定中央、地方各项宪法机制、法律制度的执行情况，尤其是在推行联邦法制的第七年，西周王朝要派出"象胥"以统一邦国各地言语、辞命，以免政教歧异、风俗败坏；第九年，派出瞽师、史官，统一文字、音乐，避免雅乐、雅音、雅文、正字，沉沦变乱于地方俗乐、俗音、俗文、邪字之淹没、改窜，维护正典之权威，防止文化衰变；第十一年，更统一王命瑞节、度量衡、礼制、法规等宪法、法律制度；第十二年时，天子巡守各国，全面考订联邦治理的教、治、政、令四重宪法机制与贯彻执行情况：华夏大一统，诚可谓天地间自有人类以来，最统一、最悠久、最灿烂之文明建树，诚可谓人类文明之传播盛业也！

小行人则是巡视各地的督察官，依据每年春秋两季诸侯所上贡赋、所献功绩文书，一一实地勘验、探访、考察，依法撰成五书，上奏司寇、冢宰、天子，首书（犹如美国总统上呈国会之国情咨文）总体评价邦国治理下万民所利所害之处，由天子、三公、三孤、冢宰等六卿、诸侯群臣等当政者，斟酌损益以修订法制；其余四部书分别辨析邦国礼俗政教之得失、凶年丰年之国家财税、人民安居乐业之情况，等等，一一上奏，使天子朝廷详细洞察邦国实际，此真乃华夏民主制下纲维有度、守法严明、治理得当、万民负责之宪政也！

暴秦焚书坑儒，致使中华文明的伟大宪法《周礼》之"六典"残缺，如今《周礼》仅存天官冢宰、地官司徒、春官宗伯、夏官司马、秋官司寇五篇，第六篇"冬官司空"遭焚缺失，汉兴购之千金而不得，乃以先秦儒者之《考工记》增补代替之，仅能聊备一格而已，后世无法如前五篇一样，由此洞悉古典华夏制度之宏伟规模与良法美意矣！

八、轻赋爱民：冬官司空制度与井田制

《周礼·冬官考工记第六》有三点值得注意。第一点是《周礼》注家对西周王朝六卿之一的司空官制，所据以设立的宪法精神的理解："象冬所立官也。是官名司空者，

---

❶ 十三经注疏·周礼注疏[M]. 北京：北京大学出版社，1999：992-1016.

冬闭藏万物，天子立司空，使掌邦事，亦所以富立家，使民无空者也。"❶司空主建造，负责全国农闲时节规划、措置、兴修富民、利民、便民之国家、地方工程，"富立家，使民无空"云云，盖华夏文明自古传承之富民、利民、便民、藏富贵于人民之宪法精神也。

注疏家们解释六篇具足之《古周礼》之兴亡存废，足以观晚周秦汉以下联邦王制之宪法精神渐次衰微之历程：

> 《古周礼》六篇者，天子所专秉以治天下，诸侯不得用焉。六官之记可见者，尧育重黎之后，羲和及其仲叔四子，掌天地四时。《夏书》亦云"乃召六卿"。商周虽稍改其职名，六官之数则同矣。……今按《汉书·艺文志》云："经礼三百，威仪三千。及周之衰，诸侯将逾法度，恶其害己，皆灭去其籍，孔子时而多不具。"故郑注《乡饮酒》云："后世衰微，幽厉尤甚，礼乐之书，稍稍废弃。"❷

细察深研《周礼》乃可洞悉：吾华夏文明之宪政大法，全在《尚书》《周礼》之古典社群有序繁荣之民主制度设计与贯彻中，无《尚书》《周礼》则无华夏文明也！

孔子忧时愤世，遂毅然担当天下道统、开创华夏学统，其所志所向，乃至梦寐以求者，全在"温故知新"即复活并更新《周礼》之古典宪法精神上。孔子告颜回"克己复礼"之说，实乃告知其人类文明万年不易之传播秩序与生死兴亡之传播奥秘也：晚周废弃礼乐，则天下大乱；暴秦焚灭诗书，则迅速灭亡；炎汉勃兴，高祖、文、景、武诸帝，与张良、陆贾、贾谊、伏生、叔孙通、公孙弘、董仲舒、司马迁等大儒名公，奋然扫除暴秦法家之偏说，一举奠定炎汉四百年基业，中华民族遂以儒教文明巍然屹立于世界，至今一再复兴，如凌霜傲雪之青松者，以此。

古典中国乃士农工商四民并盛之发达社会，不仅民事治理依法有度、士子学问举世罕匹，农耕绿色经济更养育了全球最多的人口且民财国用绰绰有余，足以供养城市工商经济之繁荣发达，《周礼·冬官考工记》备载曰：

> 坐而论道，谓之王公。作而行之，谓之士大夫。审曲面势，以饬五材，以辨民器，谓之百工。通四方之珍异以资之，谓之商旅。饬力以长地财，谓之农夫。治丝麻以成之，谓之妇功。❸

---

❶ 十三经注疏·周礼注疏[M]. 北京：北京大学出版社，1999：1054.
❷ 十三经注疏·周礼注疏[M]. 北京：北京大学出版社，1999：1054.
❸ 十三经注疏·周礼注疏[M]. 北京：北京大学出版社，1999：1057.

读者试观《清明上河图》即可知古典中国之繁荣有序、井然不乱也。天子、诸侯（王公）乃联邦统一稳定之象征，并不具体负责民事治理，亦无从独断专制也，六卿分权执掌，天子、诸侯从容论定"道"之依法奉行与否、人才选拔教养如何，立法之大政，与冢宰等六卿共决之而已；士大夫负责民事治理，纠察百官、万民，实际执行统治之责，陈寅恪所谓"士大夫统治"是也；工商阶层负责制器通财；农夫耕地、农妇织衣，以成就天地四时生养不息之美也。

近人或有沾沾自喜于西方工商经济发达，妄自鄙薄古典社会乃"小农自然经济"，殊不知：英国工业革命以来，全球财富固然汇聚于西方，然而全球各地之资源、环境却因忽视环保而枯竭、摧残，大量使用化肥农药使全球粮食危机、淡水危机日益加重，高度可持续之绿色小农自然经济，如今反而久觅而难得了！《周礼·考工记》云："天有时，地有气，材有美，工有巧，合此四者，然后可以为良。"[1]若天时错乱、地气枯竭、物财不美，工匠更丧尽天良以造假，则各种古怪疾病（非典、甲流、艾滋、血液病、痴呆等）就会层出不穷，全球动辄不治绝症患者，不亦工业革命后人们不思节欲、控制、治理之流弊耶！

《周礼·考工记》第二点可注意处，在于其城市规划之布局合理："匠人营国，方九里，旁三门。国中九经九纬，经涂九轨。左祖右社，面朝后市……内有九室，九嫔居之。外有九室，九卿朝焉。……经涂九轨，环涂七轨，野涂五轨。"[2]史载元明清三朝营建之北京城，即根据《周礼·考工记》之规制而成，天子国都之内城以"九轨"（可容九辆车并行）为经纬之途（涂），王宫（紫禁城）坐北朝南，左为祖宗神庙，右为社稷神庙，天地日月四坛分布于城之四方，王宫背后为市场，全民守法而士农工商四民繁盛，自尧舜一直绵延到汉唐宋元明清。

近代早期，马可·波罗来华，见北京城以及整个中华文明如此富丽辉煌，叹为观止，归欧撰游记赞美之，引发久困于教会统治下百业凋敝之欧洲商人之贪欲，哥伦布等人遂开辟新航路、殖民掠夺东方财富，耶稣会教士亦不辞劳苦来华传教，其所翻译的四书五经等中华典籍回传欧洲，引发启蒙思想家伏尔泰、莱布尼茨、魁奈、蒙田等巨匠的惊讶和赞美，诸公盛唱儒家人文主义、理性主义、开明统治以对抗欧洲教会统治和君主专断，遂掀起持续数世纪之"中国热"思潮，与中国四大发明一起，将人类历史引入近代历程之开端——启蒙运动。[3]

《周礼·考工记》第三点值得注意之处，在于西周王朝"井田制"之轻税富民国策之仁政爱民："匠人为沟洫。……九夫为井，井间广四尺，深四尺，谓之沟。方十里为成，成间广八尺，深八尺，谓之洫。"[4]大抵一农夫授予百亩之地，中央为公田，有

---

[1] 十三经注疏·周礼注疏[M]. 北京：北京大学出版社，1999：1060.
[2] 十三经注疏·周礼注疏[M]. 北京：北京大学出版社，1999：1149-1155.
[3] 参见 朱谦之《中国哲学对欧洲的影响》（上海人民出版社，2006）、安田朴《中国文化西传欧洲史》（商务印书馆，2000）等论著.
[4] 十三经注疏·周礼注疏[M]. 北京：北京大学出版社，1999：1157-1158.

井、沟、洫等为之水利灌溉，九农夫先公田后私田，收成十分之一上交国库，九成自用，轻赋减税、藏富于民遂为华夏民主制之根本宪法制度与宪法精神也，孔子、孟子等儒家学派，因此盛赞井田制度以及"什一税"制之爱民富民，标举其为"仁政"之要务，公然怒斥晚周各国（尤以法家主张为最）之横征暴敛、不恤民力之财税扩张、军备扩张制度为"贼残万民之虐政"也。

《周礼》注家云："贡税之法，古来皆什一，故《孟子》说三代，而云其实皆什一，是以《公羊传》云：'古者什一而籍，多乎什一，大桀小桀'……"[1]准此可知，西周联邦王制之轻赋爱民，儒家盛赞古制什一税之藏富于民，怒斥盘剥搜刮百姓财税之晚周诸侯为"大桀小桀"，均是为了抑制社会上层不法之贪欲，保护社会下层人民的合法权益也。

---

[1] 十三经注疏·周礼注疏[M]. 北京：北京大学出版社，1999：1163.

第十九章　孔子命世而出

西周大一统联邦王制的文明传播秩序，在于其天子朝廷与诸侯之间二元分权制衡的宪法结构，这一根本机制，由于晚周天子、朝廷即中央政府的一再失德而逐步衰颓，更由于诸侯各国的不断扩充实力而加速崩解，"诸侯不朝"而各自为政，晚周"王纲解纽、礼崩乐坏"的局面出现，联邦王制遂向华夏民主制的新形式——秦汉中央大一统集权制过渡。

一、晚周礼乐大一统秩序的衰颓

《史记·周本纪》备载西周文明衰落的大致线索：周昭王南征到汉江，南人不满，以胶船载之，中流崩解，昭王遂溺死。朝廷不向诸侯报丧，企图隐讳之。太史公评断其为"王道微缺"❶。穆王继位，不思整顿，却借故讨伐位于中国西部的犬戎以炫耀武力。大臣祭公谋父谏阻曰：

> 先王耀德不观兵。夫兵戢而时动，动则威；观则玩，玩则无震。……先王之于民也，茂正其德而厚其性，阜其财用而利其器用，明利害之乡，以文修之，使之务利而辟害，怀德而畏威，故能保世以滋大。……先王之顺祀也，有不祭则修意，有不祀则修言，有不享则修文，有不贡则修名，有不王则修德，序成而有不至则修刑。于是有刑不祭，伐不祀，征不享，让不贡，告不王。于是有刑罚之辟，有攻伐之兵，有征讨之备，有威让之命，有文告之辞。布令陈辞而有不至，则增修于德，无勤民于远。是以近无不听，远无不服。……❷

---

❶ 史记注译[M]. 西安：三秦出版社，1988：62.
❷ 史记注译[M]. 西安：三秦出版社，1988：63.

祭公谋父之言颇能揭示西周联邦王制之堂奥：正联邦上下之德，明示万民以利害得失，官府慎修教治政令（文），则万民怀德畏威、依法生息，华夏文明秩序据以不断扩大（滋大）。对王畿以外的诸侯邦国，凡不祭、不祀、不享、不贡、不王（朝觐）者，中央政府首先要自我修正其礼乐政教之失（修意、言、文、名、德），其次以文告辞命等外交手段重新修好，全不奏效才动用刑罚、发兵征讨等强制手段。祭公谋父所言，突显西周联邦王制天子与诸侯、中央与地方之间彼此约束的宪法关系，联邦之教治政令四重宪政机制，通行于诸侯邦国的宪法前提，是中央政府的道德威信，而不是耀武扬威、动辄兴师问罪也。

犬戎氏乃陕西西部的一个游牧部族，其酋长大毕、伯士在昭王时代不修职贡之礼，当因华夏政府"王道微缺"❶、边远蛮夷部族不纳贡可谓事出有因；如今大毕、伯士已死❷，继任者再度来朝职贡，穆王借故兴兵征讨，属不义之师，虽以兵临其境的强索方式，获得犬戎本来正常进贡之"四白狼、四白鹿"，但中央威信因此扫地，"自是荒服者不至"❸。司马迁之评断"王道衰微"❹颇确。

穆王之后，共王、懿王、夷王均难根本振作，中央政教更形衰败，《史记》称"王室遂衰，诗人作刺"❺。《汉书·匈奴传》亦载云："王室遂衰，戎狄交侵，暴虐中国，中国被其害，诗人始作，疾而歌之……"❻大抵朝廷衰败、昏弱之政，最喜盘剥民财、与民争利，又最忌讳公正舆论的尖锐批评，古今一概。政府贪婪则民不堪命，压制舆论则忠义吞声，西周数百年之辉煌伟业，遂因此寿终正寝！

芮伯良夫谏厉王曰：

> 王室其将卑乎？……夫利，百物之所生也，天地之所载也，而有专之，其害多矣。天地百物皆将取焉，何可专也？所怒甚多，而不备大难。……王其能久乎？夫王人者，将导利而布之上下者也。使神人百物无不得极，犹日怵惕，惧怨之来也。……今王学专利，其可乎？匹夫专利，犹谓之盗，王而行之，其归鲜矣。❼

政府应以稳定繁荣为大利所在，政府与民争夺小利、横征暴敛，必然造成秩序崩

---

❶ 史记注译[M]. 西安：三秦出版社，1988：62.
❷ 《史记注译》63-64页对"今自大毕、伯士之终也"一句解"终"为"终王"，误。唐张守节《史记正义》引贾逵注《史记》此句并按曰："大毕、伯士终后，犬戎氏常以其职来王"，"终"乃"寿终"也。参见 司马迁. 史记[M]. 北京：中华书局，1999：99-100.
❸ 史记注译[M]. 西安：三秦出版社，1988：63.
❹ 史记注译[M]. 西安：三秦出版社，1988：62.
❺ 史记注译[M]. 西安：三秦出版社，1988：65.
❻ 史记注译[M]. 西安：三秦出版社，1988：65.
❼ 史记注译[M]. 西安：三秦出版社，1988：65.

解。周厉王信用主张与民争利的荣夷公主持朝政,万民不堪其命,诸侯纷纷不朝。

厉王昏暴,竟然任用卫巫监视杀害毁谤非议朝政者,以致"国人莫敢言,道路以目"❶。厉王竟然沾沾自喜告召穆公说"吾能弭谤矣,乃不敢言"❷。

观厉王之言,可知晚周王朝之衰败昏乱:联邦王制之宪法精神已荡然无存,厉王对压制舆论不忧反喜,可见整个王朝从采纳民意的民主制度到太子的教养、天子的规谏等一系列宪法机制——处于深刻崩溃与瓦解之中。

二、华夏民主制的崩溃与诸侯共和制的试行

召穆公规谏周厉王之言,可谓华夏民主制固有之宪法精神与宪法机制的一再重申:为水者决之使导,为民者宣之使言。故天子听政,使公卿至于列士献诗,瞽献曲,史献书,师箴,瞍赋,矇诵,百工谏,庶人传语,近臣尽规,亲戚补察,瞽史教诲,耆艾修之,而后王斟酌焉,是以事行而不悖。❸

伟哉召穆公之言!突显华夏民主制之宪政常态也:天子总领朝政,公卿列士献诗讥刺,瞽者献曲规谏,史官献书守法,太师进呈劝诫箴言,瞍矇之人赋诗诵辞以讽喻,百官(百工)直谏,庶人奏言(传语❹),左右侍从官皆尽职规谏,亲戚大臣补王政之过、察王政之失,瞽史之官,依据王朝教治政令之成宪,教诲天子修政改过,耆艾老臣更对大政进行考察修补,一系列的民主议政程序之后,天子朝廷在采纳斟酌民意的基础上,更新礼乐政教,则教治政令——可在民主宪政基础上合法有效地推行。

华夏古典民主制之伟大,可谓渊深久远、毋庸存疑矣!《左传·襄公十四年》记载著名音乐家师旷对晋悼公的一段议论,亦可佐证华夏民主制之确立已久:

> 天生民而立之君,使司牧之,勿使失性。有君而为之贰,使师保之,勿使过度。是故天子有公,诸侯有卿,卿置侧室,大夫有贰宗,士有朋友,庶人、工、商、皂、隶、牧、圉皆有亲昵,以相辅佐也。善则赏之,过则匡之,患则救之,失则革之。自王以下,各有父兄子弟,以补察其政。史为书,瞽为诗,工诵箴谏,士传语,庶人谤,商旅于市,百工献艺。故《夏书》曰:"遒人以木铎徇于路,官师相规,工执艺事以谏。"正月孟春,于是

---

❶ 史记注译[M]. 西安:三秦出版社,1988:65.
❷ 史记注译[M]. 西安:三秦出版社,1988:65.
❸ 史记注译[M]. 西安:三秦出版社,1988:65-66.
❹ 张守节《史记正义》解为"庶人微贱,见时得失,不得上言,乃在街巷相传语",误。《周礼》专设外朝司谏官以受理"诸侯之逆、万民之复",庶人可凭借司谏之官引见而上奏天子朝廷,非在"街巷传语"也。《史记注译》解"庶人传语"为"把意见间接传给国王",亦含混不清。

乎有之，谏失常也。天之爱民甚矣，岂其使一人肆于民上，以从其淫，而弃天地之性？必不然矣。❶

妙哉师旷之言也！华夏民主制之宪法精神及其价值信仰——"天之爱民甚矣，岂其使一人肆于民上，以从（纵）其淫，而弃天地之性？"至此一语而被鲜明道破：普天慈爱万民，岂容一人专断独行；华夏民主制之宪法制度，亦鲜明揭示无遗也："有君而为之贰，使师保之，勿使过度。是故天子有公，诸侯有卿，卿置侧室，大夫有贰宗，士有朋友，庶人、工、商、皂、隶、牧、圉皆有亲昵，以相辅佐也。善则赏之，过则匡之，患则救之，失则革之。自王以下，各有父兄子弟，以补察其政。史为书，瞽为诗，工诵箴谏，士传语，庶人谤，商旅于市，百工献艺。"

师旷所引《夏书》和"遒人"在正月孟春时节，于大路之旁振木铎，以广泛收集、采纳民意的华夏民主制度记载，与《周礼》六典记载若何符节，进一步说明华夏民主制创立于尧舜，历经夏商，到西周时代灿然完备，师旷道之如数家珍，与《国语》《史记》相关记载完全符合一致，清至民国盛行、至今不衰之疑古、辨伪思潮，认为《尚书》古文部分、《周礼》等古籍为战国、秦汉、魏晋时代之伪造、伪托之论，亦昭然若揭也！

华夏古典民主制的伟大建制、依法推行，乃西周王朝初年鼎盛之传播奥妙，而其在西周王朝末年之渐次废弛、完全背离，直至王朝、诸侯等全社会上下之公然不遵宪法、法制，正是王朝灭亡之主因。

周厉王竟然不以大举违背华夏民主制的一贯宪法传统为忧，反而以肆行"弭谤"、压制舆论为喜，王朝崩颓指日可待了。政府与民争利、压制舆论的唯一结果，是王朝的覆灭：公元前841年，不堪经济盘剥、政治压制的西周国人相聚反叛，遂爆发了华夏史也是全球史上最著名的人民起义。起义人民袭击厉王，厉王逃亡；起义者又包围藏匿太子的召穆公家，召穆公无奈以己子代替太子而死，自与周公等诸侯共同摄政，号称"共和"，此亦华夏民主制之一种形态——诸侯共同执政之共和制，而中华文明的确切纪年，亦从此共和制时代正式开始。

十四年后，太子继立为宣王，王室稍稍中兴，诸侯复来朝觐。然而此时周王室已是强弩之末，外有戎狄逼迫，内有诸侯干政，宣王不修籍田之礼，强制征兵讨伐而败绩于姜氏之戎，后在会同诸侯田猎时被杜伯射死❷，周室之威信、法纪如今已荡然无存也。

---

❶ 左传[M]. 长沙：岳麓书社，2001：390-391.
❷ 司马迁. 史记·周本纪[M]. 北京：中华书局，1999：105.

三、晚周巨大的生态-社会-文明危机

周幽王继任的第二年，作为西周文明发祥生息之地的三川流域（西周都城附近三条大河渭水、泾水、洛水流域）均发生强烈地震，天人感应，甚可敬畏：

伯阳甫曰："周将亡矣。夫天地之气，不失其序；若过其序，民乱之也。阳伏而不能出，阴迫而不能蒸，于是有地震。……夫水土演而民用也。土无所演，民乏财用，不亡何待？昔伊洛竭而夏亡，河竭而商亡。今周德若二代之季矣，其川原又塞，塞必竭。夫国必依山川，山崩川竭，亡国之征也。川竭必山崩。若国亡不过十年，数之纪也。天之所弃，不过其纪。"是岁也，三川竭，岐山崩。❶

周大夫伯阳甫，堪称洞悉隐幽之生态问题观察家和社会问题观察家也：盖《周礼》之教治政令之四重宪法制度，其制度设计与贯彻，全在"敬天保民"之宪法精神。敬天之用意，非在于宗教神秘仪式之外在形态，而在于深深敬畏、珍惜、爱护天地山川（大自然）之恩赐万民以生命也，无生态系统之保合太和，则万民丧失生存依托，必暴乱，文明社会之一切亦必随之毁灭，因此，保民之根本，即在修人德以配合天地阴阳之运行，如今西周文明由于各项敬天保民制度的衰颓败坏而阴阳错乱、山崩川竭，一如夏文明因伊水、洛水之枯竭而灭亡，一如殷商文明因黄河枯竭而灭亡，西周文明亦将因泾渭洛三水的枯竭而灭亡也！

炎汉巨儒董仲舒，卓然而以"天人感应"为学说核心，近代常斥之为荒诞不经而轻率否定之，殊不知，华夏文明早在尧舜禹夏商周时代，就已巍然树立保护山林水土、克制官民无度索取损耗自然的各项文明制度，直接奠定了华夏文明在生态、社会、人文三大系统上的和谐繁荣，人之社会行为直接影响了天地自然的运行节律，索取无度、紊乱自然的结果，必是人类自身的毁灭。

余居天津期间，尝携幼子梦鸥到文庙敬拜孔子，见庙门处一前一后巍然树立牌匾曰："德配天地，道贯古今"，不禁油然而生无限敬意——人德匹配天地，则众美归之；天地之道，贯穿古今，会通中外，又何尝有一事例外耶！

---

❶ 王利器.史记注译[M].西安：三秦出版社，1988：67.

四、古学衰微：天下道术分裂

周初分封一千八百余国，至春秋之初，仅存一百二十余国：鲁兼九国，齐兼十国，晋兼二十二国，楚兼四十二国，秦在周室东迁后尽得周地，宋、郑、卫、吴、越等强国，亦以弱肉强食为残酷兼并之基本国策，分别兼并多国[1]，天下为此大乱而生民为之涂炭也。

《孟子》称"春秋无义战"，盖道其实情也。

礼乐政教秩序的崩溃，引起人们对固有文明价值与传播秩序的深刻怀疑与价值紊乱，道德的堕落与权术思想的盛行，表明道与术的巨大分裂，预示着文明的深度崩解。伴随西周教治政令四重体制一并崩溃的，是西周官学（古学）之衰颓，周王室的太子教养荒废到如此程度，竟然培育出厉王"弭谤而自喜"乃至"烽火戏诸侯"等不法行为，晚周社会与学术的价值紊乱与衰颓可谓无以复加；各地私学之勃兴，亦大多投合诸侯放肆离心于中央、运用权术和武力野蛮兼并邻国之不法需要，道术之分裂遂为晚周学术（今学）的基本特征，孔子《论语》称"古之学者为己，今之学者为人"，实深刻揭示古今道术之变迁：古学以安己而安一切社群，今学则造作诈欺权术以售卖祸害于人也。

《庄子·天下》颇道其原委：

> 古之所谓道术者，果恶乎在？曰："无乎不在。"曰："神何由降？明何由出？""圣有所生，王有所成，皆原于一。"……以天为宗，以德为本，以道为门，兆于变化，谓之圣人。以仁为恩，以义为理，以礼为行，以乐为和，薰然慈仁，谓之君子。以法为分，以名为表，以参为验，以稽为决，其数一二三四是也。百官以此相齿，以事为常，以衣食为主，蕃息畜藏，老弱孤寡为意，皆有以养，民之理也。

> 古之人其备乎？配神明，醇天地，育万物，和天下，泽及百姓；明于本数，系于末度，六通四辟，小大精粗，其运无乎不在。其明而在数度者，旧法世传之史，尚多有之。其在于诗书礼乐者，邹鲁之士、缙绅先生多能明之。《诗》以道志，《书》以道事，《礼》以道行，《乐》以道和，《易》以道阴阳，《春秋》以道名分。……天下大乱，贤圣不明，道德不一，天下多得一察焉以自好。譬如耳目鼻口，皆有所明，不能相通……不赅不遍，一曲之士也。判天地之美，析万物之理，察古人之全，寡能备天地之美、称神明之

---

[1] 参见 柳诒征.中国文化史（上卷）[M].上海：东方出版中心，1988：206-216.

容。是故内圣外王之道暗而不明,郁而不发,天下之人,各为其所欲焉以自为方……道术将为天下裂。❶

余常告诸生:华夏学术之高,在融会而贯通之;西洋学术之弊,在分析而破碎之。华夏学者,贵在会通百家而折衷一是,从而收取通经致用、安身立命、治国安邦之大效,可谓道术合一、天人合一,亦即余所谓"全人类的价值统一",又称"共享价值"也。就余所见,华夏文明自伏羲以来,直至汉唐,均采纳这一文明传播秩序之宪政宏规,因此缔造出容纳百族之盛大辉煌之文明,东亚各国群起仿效,欧西帝国亦艳羡不已,马可·奥勒留时代就有罗马商人假罗马皇帝之名来华贸易并深致敬意。迟至宋元明及清朝前期,虽然中央集权制流弊渐显,但其依法行政、敬天保民的宪法机制却仍然有效地维系、供养着最庞大的帝国人口,西洋游商、传教士频频惊艳于古典中国之繁荣稳定,马可·波罗等人宣称"置身中国,如同置身天堂";而利玛窦等传教士翻译的四书五经等华夏圣典回传欧洲,引起了启蒙思想家的极大共鸣,孔子被尊为古今第一师表并发挥着"启明"欧洲摆脱天主教会僵化统治的巨大思想解放功能,儒家思想和中国四大发明一道,推进全球进入近代化世界❷。

华夏文明之传播奥秘,恰在于"博采众长、会而通之"的思维方式,这一思维方式酝酿于伏羲河图八卦宇宙生机主义的阴阳互动模式中,深埋于华夏古人泛神论的宇宙观、宗教观和价值信仰中❸,鲜明体现在炎黄尧舜夏禹商汤文武周公孔子儒家这一万年绵延传递并不断建构完善的文明传播秩序中,具体体现在华夏民主制的各历史形态(大同推举制、联邦王制、中央集权制等)中,"敬天保民"之宪法精神为"道","依法行政"之宪法制度为"术",道引导术,术贯彻道,道术合一、天人协调,华夏文明因此能万年不衰,因此能不断复兴,因此能永葆青春也!

西洋学术之深弊,在于分而析之:自希腊罗马时代以来,泛神论的宗教信仰逐步一神化为"奥林匹亚国教"或基督教体系,同时民间又有"奥尔菲斯秘教"等各种异端神秘教派在传播并与之冲突,古希腊哲人(前苏格拉底各派、苏格拉底、柏拉图、亚里士多德等)大抵抱定知识主义、理性主义态度对待天界(自然)和人界(社会),基督教神学更将天人隔绝,其结果必然是神学、科学、人文学术的不断分歧,直至近代神学凋敝、人学扩张,各种近代学术分类更加分歧、隔绝而莫衷一是,直至第二次世界大战以后解构主义、后现代主义思潮兴起,一切人类记录几乎全被判定为"虚构"(福科、海登·怀特等"新历史主义"倡其说),而"西方中心论"的独断体系,均从一个不可检验的前提出发,堂而皇之地虚构出一个遥不可及的"理想国"乌托邦,不仅经常造成对人类经验开放性的最大威胁(卡尔·波普《开放社会及其敌人》

---

❶ 陈鼓应.庄子今注今译[M].北京:中华书局,1983:855-856.
❷ 参见 本书后面章节《中国照亮世界》。
❸ 参见 毛峰.神秘主义诗学[M].北京:三联书店,1998.

给予其深刻揭露），更数度将全球导入经济、社会、生态危机等各种巨大灾难。

西方学术极易陷入独断论的思维弊病，就在于它凭借一种热烈而病态的推理分析和浪漫的想象力，将异常复杂纠结的社会现象加以"同一律"和"因果律"的简化与错误推演（尼采深刻揭露之），从而企图"剥洋葱"式的"分析"出一个现象的"内核"，全不顾这些被剥离的"洋葱皮"所组成的生命整体，就是这一洋葱的"本质"，这种实证主义的分析法，实际上是致这一"洋葱"以死命，而分析出的结论，要么完全无用、徒耗精力，要么由于以偏概全而产生有害后果。近代学术思想因实证主义分析而日益"分崩离析"，由此导致的全球一系列生态、社会、人文危机的根源，就在西方学术思维模式的偏执与流弊中。

深研《庄子·天下篇》这篇"最早的中国学术史"❶开篇部分，不仅可以洞悉晚周时代华夏古典政教的博大含弘的气度，更可精确了解华夏民主制渊源久远的宪政运行机制。

首先，"以天为宗，以德为本，以道为门，兆于变化，谓之圣人。"这句话，实际上是形容华夏文明贯通天人上下的道德秩序、宪法制度的价值哲学基础，其创立期当在炎黄、尧舜时代，这一时代的人类文明活动，完全遵循天道自然的生命运行机制而展开，道家学派尊其为"黄老之学"之开端，儒家经典《尚书》诸篇所谓"德治天下""垂拱而治"，《尧典》所谓羲、和四子等"四岳"诸侯主政时代，纯粹的绿色农耕经济时代，亦即《周礼》四重宪法机制之第一重——以"德教""圣人"等道德楷模来表率统领全国大同政治之宪法机制也。

其次，"以仁为恩，以义为理，以礼为行，以乐为和，薰然慈仁，谓之君子。"这一文明阶段相当于夏禹、商汤、文武周公执政的小康政治时代，仁义礼乐为宪法原则，天子、诸侯、群臣、万民彼此分权制衡为宪法制度，天下薰然于慈爱之治理、君子人格之养成，恰是本书所谓西周四重宪政机制之二——教治政令体系之"治"，即严守法度、恩惠万民、官方教育、社群风俗合力铸就朝廷内外君子人格之人文治理也。

再次，"以法为分，以名为表，以参为验，以稽为决，其数一二三四是也。百官以此相齿，以事为常，以衣食为主，蕃息畜藏，老弱孤寡为意，皆有以养，民之理也"，则分别是西周教治政令之四重宪法机制的后两重——政与令。"以法为分，以名为表，以参为验，以稽为决，其数一二三四是也"，即朝廷、诸侯、官府、万民均严守法律制度、社群体制所设立的一系列法定名分，三公三孤六卿辅佐匡正天子，诸侯、群臣、万民亦遵循严密的治理体系彼此纲维，如此"政者正也"（孔子诠释政治的千古明训），民事军事治理——勘验稽考于成文法规之固有规制，所谓"以参为验，以稽为决，其数一二三四是也"，即《周礼》"三年大比"之类，一一对照法典验明全国上下是否依法治理，谓之"政"也；而"百官以此相齿，以事为常，以衣食为主，蕃息畜藏，老弱孤寡为意，皆有以养，民之理也"，则是最后一重宪法机制——令之实施，即

---

❶ 陈鼓应.庄子今注今译[M].北京：中华书局，1983：852.

行政命令遵循着"相齿相维"的原则,即上下级官吏间既有服从又相互匡正,行政命令的推行贯彻,——以百姓衣食蓄藏、恩恤老弱孤寡为根本宗旨,如此行事有常而不朝令夕改,则万民皆受供养,道术可谓合一也!

余读华夏典籍,常惊讶于古人文明智慧之高超,茫然不知何以如此之故,更无从在学理上解释雅斯贝尔斯在《历史的起源与目标》中提出的历史哲学观念——"轴心时代"何以出现在公元前500年前后这一全球文明动荡崩解时期?

直至恭敬捧读《尚书》(今古文)和《周礼》以及汉唐旧注数遍,遂恍然大悟:原来中国古人记述历史之一言一行,全有华夏文明极完备、极严谨之古典宪法制度作为遵循依凭的根据,伏羲炎黄尧舜、禹汤文武周公孔子所言所行,均有华夏民主制为之法度、为之规制、为之楷模,均有《史记》《左传》《国语》、经书、纬书为之佐证,均有华夏人文主义"敬天保民"之泛神论宇宙观之道德人文主义,作为文明传播秩序的最高依托和最深奥秘!

如此,云开雾散、一通百通,中华文明自公元前2500年,即早于希腊、犹太文明两千年,就率先进入"大轴心"时代,更在西周时代达致宪政文治主义鼎盛,所以中国才在晚周时代取得学术辉煌,在秦汉中央集权制下取得举国同一、举世罕匹的大一统文明成就!中华文明的深层传播机制,终于如清水芙蓉一般地纤毫毕现了!

譬如《庄子·天下篇》所言华夏学术之道术合一之古典境界,背后就有传承自炎黄尧舜而在西周初年达致巅峰的古典民主宪政机制"教治政令"四重治理体系为之依据,如此研读诠释,庄子所言之严谨逻辑才清晰浮现:炎黄尧舜时代是纯粹的绿色农耕经济时代,所以大同政治的根本法度就是"以天为宗",即严格遵循自然生态节律,绝不以文明活动等一切人为造作,干扰破坏大自然的运行和绿色农耕经济的正常进行,如此,道家学派的"黄老之治"、儒家主张的"圣人之治"就有了制度依据和社会经济层面的依据。

伴随农耕经济的扩大与繁盛,工商经济必然随之发达,财富的囤积、人口的增长、贸易的繁荣、土地等一切经济资源的争夺必然加剧,适合文明早期的"休养生息"政策必然不敷其用,德教之外的治、政、令三重宪政机制必然要发挥巨大作用,儒家学派之仁义礼乐之说恰足以厘清一切社群成员(天子、诸侯、群臣、万民)之宪法职责,足以上限天子、诸侯、官府之不法,下保万民之奉法如常、彼此恩恤、敬老抚幼,如此,黄老、圣人之德治,必须配合以儒家学说之君子人格培育与全民上下分权制衡、彼此约束之宪政精神,四重机制协调一致,华夏文明因此不断繁盛也!

晚周道术分裂的历史进程,《庄子·天下篇》亦清晰勾勒之:"天下大乱,贤圣不明,道德不一,天下多得一察焉以自好。譬如耳目鼻口,皆有所明,不能相通……不赅不遍,一曲之士也。"天子朝廷失道、失教既久,则诸侯、官府、万民只能自逞私欲、自行其是、党同伐异、彼此攻击,而狂妄之徒趁机大肆鼓吹其"一察之说",言简意赅、遍通天人之古学,反而被讥讽为"迂腐",是以孔子被弟子子路讥刺为"迂",

孟子更被梁惠王诸人嘲讽为"迂远而阔于事情",似乎只有鼓吹残酷巧诈兼并的学说(法家、纵横家)才是符合历史发展方向的!

"一曲之士"狂妄企图"判天地之美,析万物之理,察古人之全",即从一个极其有限的视角(一察)而管窥古今文明之"全豹"(譬如黑格尔哲学)或宣称自身之"一察"乃如数学公式一般清晰而不可摇撼(譬如西方中心论、西方文明万能论及全盘西化论),其结论往往偏执而有害,却赢得愚昧大众、凶险政客、不法富商、浮躁传媒的连声喝彩!

庄子批评其为"寡能备天地之美、称神明之容。是故内圣外王之道暗而不明,郁而不发,天下之人,各为其所欲焉以自为方",即世人内无圣德操守之定准,外受物欲虚荣之逼迫,"内圣外王"之古学晦暗不明,犹如今日奉"怎么都行、赚钱就好"为信条之后现代主义流行时尚一般,道术分裂天下到一塌糊涂之境地,今日全球危机,不亦恰合晚周《庄子·天下篇》之先见而为更大文明规模之重演、深化耶!

五、孔子启纳百家,折衷一是

孔子深入洞察自己时代的各种危机的根源,在全面传承、播撒晚周以前时代文明传播遗产的基础上,毅然担当起伟大天命,巍然缔造出中华文明的三大秩序轴心——以仁义礼智信为价值信念的华夏"道统"、以天地君亲师为宪法源泉和治理核心的华夏"政统"、以诗书礼乐易春秋为文献核心的华夏"学统"。三统合一,造就出中华文明万年绵延的伟大、稳定、和谐、繁盛、辉煌。

如果说尧、舜、禹、周公是华夏古典民主制的立法者,他们逐步确立起天子、诸侯、群臣、士绅、万民之间分权制衡、彼此纲维的华夏民主制的宪法制度体系,那么,孔子就是中华文明第一位的宪法哲学家,即把尧舜周公的制度,因应晚周历史的新需求,予以创造性的诠释和阐发,重新确立起华夏文明渊深博大的人道主义、文治主义宪法精神,重新确立起联邦王制大一统宪法观念下全国各地方向文明中心(中央政府权威)逐级凝聚的伟大宪政基础,重新为晚周文明传播的无序扩张,指明了正确的人文主义方向,从而为秦汉时代极其成功地挣脱各国彼此兼并的黩武主义泥潭、建立全国大一统的中央集权制政府奠定了伟大的思想学术基础。

清末民初中国第一思想家、精通东西文明的翻译家辜鸿铭(1857—1928)在不朽巨著《中国人的精神》(又名《春秋大义》或《原华》,1915年和1922年出版)中,最精准地概括了孔子思想的全球意义与当代意义:

在儒学中必定存在像宗教那样能给众生以安全感和永恒感的东西……孔

子生活在中国历史上的春秋时期……巨大的变化不仅必然带来世界的无序，而且造成人们思想的混乱……在孔子生活的时代里，中国也同现在的欧洲一样，人们的心灵与头脑发生可怕的冲突……冲突使中国人对一切文明感到厌倦，在极度痛苦与绝望中产生了对文明的不满，他们试图灭绝一切文明。比如中国的老子就仿佛今天欧洲的托尔斯泰，他看到心脑冲突给人类造成的不幸后果，认为所有的社会制度与文明均有根本性的错误……然而，同样是看到社会与文明造成的苦难和牺牲，孔子却认为错误不在于社会与文明本身，而在于这个社会与文明的发展方向上，在于人们为这个社会与文明打下了错误的基础。孔子告诉中国人不要抛弃他们的文明——在一个有着真实基础的社会与文明中，人们能够过上真正的生活……孔子毕生都致力于为社会和文明规定一个正确的方向，给它一个真实的基础，并阻止文明的毁灭。……当孔子看到中国文明这一建筑已不可避免地趋于毁灭时，他自认只能抢救出一些图纸。这些被抢救出来的东西，现在被保存在中国古老的经书——即著名的五经之中。孔子对中华民族的一大贡献，就在于他抢救出了中国文明的蓝图。[1]

辜鸿铭学贯中西、洞悉今古，与柳诒徵、陈寅恪、钱穆、马一浮、熊十力、梁漱溟等旷世奇哲，可并称"存亡继绝、返本开新"之"民国七贤"也！

他把孔子思想精准定位为：奋然以天下为己任，诠释保存、传播发扬华夏五经文献精华以及背后渊深博大的制度体系（笔者所谓华夏民主制之宪法机制也），从而在晚周秦汉之际渐次重建起新政治经济格局下的中华文明的传播秩序。这一贯穿千年的伟大事业，最终在汉唐时代开花结果：中华民族巍然建树起普适于一切人类文明的伟大道德秩序与严密制度基础。辜鸿铭恰切地宣称孔子所开创的儒家事业，是为人类社会与文明，规定一个"正确的方向和真实的基础"，从而使人类文明摆脱无序与混乱而重获新生。

孔子思想的全球意义在于：孔子不仅将人文主义法则"仁义"树立为个体生命价值合理性的最高规定，从而一举照亮了生命本然的迷惘，更进而将神秘主义法则"天命"树立为个体生命的最高归宿和德福一致的最高信仰，如此，生命的形而上学问题全然解决，孔子进而荟萃炎黄尧舜夏商西周的文明经验于一炉，从而在万千纷纭事物中拈出一字"礼"（礼乐秩序）作为全球文明的永久真实根基，在孔子看来，只要人类活动遵循"礼"（教治政令之四重宪法机制），就会繁荣昌盛；反之，"礼崩乐坏"、不守法度，则必然衰落灭亡！

华夏民主制的宪法精神，就是孔子所云"为政以德。譬如北辰，居其所而众星拱

---

[1] 辜鸿铭文集（下卷）[M]. 海口：海南出版社，1996：40-42.

之"。而华夏民主制的宪法机制则是"君使臣以礼，臣事君以忠"，即君主、臣子作为华夏宪法权力主体具有对等的权利义务关系：上至天子、下至庶民，都必须遵守华夏宪法而不得逾越。

孔子依据这一宪法机制的基本精神，锻造出人类文明的共享价值体系和这些不朽价值赖以体现的文明传播秩序，具体体现在以"仁义礼智信"为博大渊深内涵的华夏礼教（名教）秩序，以责成天子、万民严格遵守法律，各自履行道德职责、社会义务与宪法责任的一系列完善机制：

> 孔子的最大贡献是按照文明的蓝图做了新的综合与阐发。经过他的阐发，中国人民拥有了一个真正的国家观念——为国家奠定了一个真实、合理、永久、绝对的基础。……儒学在中国为整个民族所接受，它成了宗教……就广义而言，我们所说的宗教是指带有行为规范的教育系统……儒学在中国得到全民的信仰，它的规范为全民族所遵从……儒教与欧洲人心目中的宗教如基督教、佛教之间真正的不同在于：一个是个人的宗教或称教堂宗教，另一个则是社会的宗教或称国教。……在欧洲，政治成了一门科学，而在中国，自孔子以来，政治则成为一种宗教。……孔子的宗教思想反映在他晚年的一部著作《春秋》中，之所以如此取名，是因为该书揭示了国家治乱的根源——道德。……在这部书中，孔子描述了腐败的国家、衰落的文明所带来的苦难与不幸，指出问题的根源在于人们没有一个正确的国家观念，对自己的责任没有正确的认识……孔子教导人们，人类社会的所有关系中，除了利害这种基本动机外，还有一种更为高尚的动机影响着人们的行为，这就是责任。……一个国家或民族的民与君之间也存在这种高尚的责任动机，并使他们的行为受到影响和激励。然而，这种责任的合理基础又是什么呢？……这个新基础便是名分。……这四个字就是名分大义。我将其翻译为名誉与责任的重大原则。……儒学被称为名教——名誉的宗教。孔子教诲中的另一词汇是君子之道……它最接近欧洲人语言中的道德法则……孔子在国教中教导人们，君子之道、人的廉耻感，不仅是一个国家，而且是所有社会和文明的合理的、永久的、绝对的基础，除此之外，别无其他。……实际上，人没有廉耻感，社会就只能依靠暴力维持一段短暂的时间。但我可以证明，暴力无法使一个社会长治久安。……没有廉耻感，财富的转让和占有造成了社会的贫富不均……现代社会公职人员的欺诈和伪善，使得他们一面声称政治无道德可言，一面又动听地大谈什么社会之安、国家之善。……正如我们所看到的那样，即使是赌博、经商这一类的小事，廉耻感都是如此重要和必不可少，那么对于人类已然建立起来的两个最基本的制度——家庭与国

家来说，廉耻感更是不可或缺了。

　　众所周知，所有民族的文明史，总是始于婚姻制度的确立……在距孔子很遥远的时代里……中国出现了一个很伟大的政治家，中国法律的缔造者，即周公。他制定并确立了成文的君子法……著名的周礼——周公之礼。……这个前儒教，使中国人建立了家庭制度，并令中国人的家庭得到巩固和持久的维系。……在孔子所创立的新国教制度下，中国人民和他们的帝王都要受到新的圣物即名分大义的约束——这部名誉法典，是君臣共同遵守、神圣不可侵犯的契约。……神圣的婚姻巩固了家庭，使之长久维系，没有它，人类将灭绝；忠诚之道则巩固了国家，使之长存不朽，没有它，人类和文明就将毁灭……这种神圣的契约、这部名誉法典，不仅是中国和政府，而且是中国文明唯一真实的宪法。[1]

　　辜鸿铭自幼生长于马来亚槟榔屿，长年在英国等欧洲国家受教育，师从英国著名历史哲学家托马斯·卡莱尔，归国后受教于清一代名臣张之洞，在张之洞幕府中任翻译文案，可谓中西学术、古今政教精熟于心，所以在20世纪初年享誉国际，与印度诗圣泰戈尔并称东方两大圣哲，英国著名作家毛姆甚至宣称"在中国可以不看故宫三大殿，但不可不见辜鸿铭"。余观其书赠日本友人萨摩雄次之四字"敦行不怠"，稚朴古雅、率真脱俗，知此四字采自《礼记》"敦行不怠，谓之君子"，深感此公愤激于近世廉耻道丧之现状，与陈寅恪、梁漱溟、钱穆等民国诸大贤、巨儒一样，深忧国家前途与文明命运，乃慨然以道自任，愤世嫉俗以行，垂为不朽巨著，其揭示精辟、启迪深广者，有如下诸要点。

　　第一，文明兴衰、国家兴亡的根源，并非如近代启蒙主义、功利主义主流史学认为的经济军事实力等物质条件，而是合理运用这些物质实力的价值观念、传播秩序，即儒家所谓道德秩序，中华俗语所谓"钱要用在刀刃上"，亦即辜鸿铭在《中国人的精神》开篇所揭示的：人类文明利用工商科技调动物质力量的能力固然重要，但人类文明调动道德力量以平衡运用物质财富的能力更加重要，许多旋起旋灭的西方文明，之所以在古典时代和近代，一再重演贫富分化、阶层冲突、社会动荡等文明衰落的悲剧，即因始终没能把握孔子思想所揭示的华夏文明的精髓——全社会每一成员务必严格恪守各自的社会责任的宪法精神与宪法机制也。

　　第二，人类文明起源于婚姻家庭等社群制度，而完成于国家、社会的宪法制度，中华文明起源于伏羲时代"制俪皮之礼"之婚姻家庭制度，在尧舜时代确立起国家、社会制度的宪法体系，而在《周礼》中被确立为成文宪法，孔子则进一步创立起普遍施予教化、规范全民族言行的"儒教"秩序，即以"君子之法""忠诚之道"为根本内

---

[1] 辜鸿铭文集（下卷）[M]. 海口：海南出版社，1996：42-51.

涵的共享价值体系与道德体系，从而有效确保了文明的长治久安。

第三，辜鸿铭从自身教养、在清末进行的政治和外交活动的历练以及长年旅居海外的经验中，提炼出儒教在政治上和宗教上的双重功效，即凝聚在国家统一稳定的象征——天子以及朝廷（中央政府）身上的万民归属感，正是这一博大深刻的万民归属感，使频遭动荡之苦的孔子、孟子、荀子、董仲舒、司马迁、班固等撰述《白虎通》的儒生，一直到民国初年撰述《王观堂先生挽词并序》的陈寅恪等历代儒家，一再强调对国尽忠、对家尽孝的"价值优先性"，即无论国家是否治理完善、父母是否道德完美，作为臣民和赤子的人，首先要履行的是忠诚的义务、效忠的责任，犹如军人不问长官命令是否合理、恰当，首先的责任是执行，否则，任何价值行为的履行、道德责任的担负，都会因为"必须事先对其进行合理性考量"这一借口而被贻误、废弛。

在对道德义务先予履行之后，作为臣子、公民的个人，有权利更有义务对不完善的国家治理、不完美的父母等社群关系进行规谏、匡正、补救。从孔子到陈寅恪，数千年间，历代儒家之所以信守"纲常名教"之价值合理性与行为优先性，就在于：没有统一稳定的中央政府（天子、朝廷乃其象征）的权威治理，任何诸侯、地方、官府、社团、臣子、公民均可以借口"不合理、不完美"而拒绝履行道德义务，从而陷自身、陷天下于不仁不义之大混乱。

总之，晚周文明，是在西周文明大一统传播的巨大成就基础上，形成的一个崭新的文明局面。西周政治文明的突出成就《周礼》的制定、推行，既确保了晚周农耕工商经济的发达繁盛，同时又促成了各诸侯国坐拥这些经济、军事实力而放肆挑战中央权威、彼此残酷兼并的混乱无序局面；西周官学的发达，促进了学术思想的繁盛与深广传播，但伴随诸侯各国离心倾向与天下无序局面的形成而出现古学衰微、道术分裂的价值紊乱。孔子应命而出，一方面怒斥诸侯叛离、维护华夏文明大一统；另一方面又鼓舞士子、万民奋然担当天下道义，遂缔造出华夏文明稳固不变的两大文明传播遗产——地方服从中央、局部服从整体的大一统整体主义观念和一切权力必须为人民而设立并接受民众监督制衡的古典宪政主义的、道德人文主义的大一统价值信仰。

第二十章　孔子集大成

　　生命本然是一种迷惘的存在。当婴儿从摇篮里向外张望，他能看到什么呢？一个不可理喻的世界，一个在他诞生前就存在、在他死后依然存在的，与他休戚远隔、渺不相关的冷漠世界而已。当他回望自身，他会发现自身更不可理喻：为什么出生？为什么死亡？为什么要进行这场往往非常残酷和虚幻的人生游戏？无人能解答这一切。古往今来，多少圣哲，奋然挣扎，企图梳理出一个理性可以圆满解释的世界秩序或可以清晰辨认的宇宙图景，结果大都陷于惘然。人被赋予敏锐的感官和清明的理智，难道仅仅是为了一步步挣扎、探索，最终却只能认清自身的无能与死亡？

　　余漫步纽约、罗马、巴黎、维也纳、惠灵顿、新加坡、北京街头，发现不管肤色、语言、文化有何细微不同，对生命迷惘的掩饰、抑制却如出一辙，至深至秘的统一，埋藏在每个人的眼眸中央：人与人对望的一瞬，他们彼此的命运就已经注定——你是谁？你在何处失落？你在此世的沉沦还要多久？你瀑布般奔泻的浓发与懵懂青涩之美、你刻意掩饰的沧桑之感所赋予你表情和体态的优雅……你的恐惧就是我的恐惧，你的浓发、你饱经沧桑的优雅青春，在我的呼吸与记忆里，波涛汹涌、浩瀚不息！

一、捍卫人类生命的价值

　　挣脱生命迷惘的唯一途径是信仰，即照亮人生与历史的价值信念。余撰述之际，或平居闲暇，常爱观赏一册珍藏的《孔子圣迹图》（中国画孤本欣赏丛书之一，天津杨柳青画社1997年出品），亦曾携之登上大学课堂，在讲台上特意将一方深蓝色的蜡染画布仔细展开，然后恭敬取出同样为深蓝色封面的画册，展开第三幅明代木刻画《钧天降圣》，将之展示于学生之前，然后问诸生："我何以如此郑重其事地展示这一物品呢？"诸生默然。

　　余告之："孔子乃古今中外第一圣人。圣者何谓也？通也！贯通天地人、融会中西印，彻古彻今、囊括中外，孔子将宇宙人生的终极究竟，融会贯通地表达出来、传播开去，所以《孟子》援引有子的话说：'自有生民以来，未有盛于孔子者'，此乃千古定评也。君看这幅明代精美木刻：传说孔子母亲颜徵在，生下孔子时，普天降下'和乐之音'，美妙无比，预示着孔子的智慧将给苦难的世界带来安乐和平。

传说虽含神秘性，但却道出孔子诞生的全球史意义。君看画面上这缭绕不散的祥云、这仙童鼓乐吹笙的可爱情景、这巍巍远山与嵯峨屋宇、青葱树木合构而成的优美图景，婴儿孔子的形象虽未出现，但已隐然预示着：他必将感天动地、澄净人寰！古典文明之博大深邃、悠远安和、优雅精致之美，不亦灿然如在目前耶！"诸生似懂非懂、唯唯而已。

孔子思想之根本奥秘，就在于从瞬息流逝、倏忽沉沦的生命迷惘中，给人指出一条向上奋进的出路，吾儒所谓"予人向上一极"，生命从而挣脱迷惘，浩然奋发、道术精熟，最终成就"立德、立功、立言"所谓华夏文明"三不朽"之博大价值信念与传播事业[1]也。

处于晚周礼崩乐坏、宪政废弛、道术分裂的黑暗混乱时代，上至天子、诸侯，下至士人、庶民，无一不以权谋诈术、彼此欺凌为理所当然。孔子之所以为圣人，乃是因为他以无比的道德勇气和无比坚定的信念，截断众流、当头棒喝道："住口！你们这些'一曲之士'休再胡言乱语！"生命首先是一种价值存在！生命个体以及无数生命个体凝聚而成的文明整体，其价值存在的合理性（道），是不可或缺的仁义信念！不仁不义的无道的个人与文明，必然灭亡！

孔子学说可谓在人类历史的黑暗时刻，放一大光明；在生命迷惘沉沦、文明土崩瓦解的关键时刻，向全人类当头棒喝："朝闻道，夕死可矣！"在这句深湛而决绝的名言中，我们可以体悟出一种更高的价值实在，高悬于冥冥之中，又内涵在我们血液的每一丝涌动之中——宇宙之道体、朝夕不停旋转的那至高而无言的道，就在我们每日生活的呼吸之中，只要我们在清晨的朝露、晚霞的夕晖中，在一切澈悟的瞬间中，深刻辨认出它，则生命的全幅意义就得以终极实现，我们即使此刻封闭我们的闻见之感官也死而无憾了！

孔子的人生教诲是向真理敞开你的生命！不要将生命自困于无知之中："学而时习之，不亦悦乎？"学那真理之言，又在晨昏四季的绚烂转换里时时加以温习，犹如恋人的身体时时从依偎中体会生命的温存与美丽，每个人的生命也可以从对真理的温习中获得纯净无垢、绵长无尽的喜悦！

孔子曰："困而不学，民斯为下也！"

余为大一新生开设"传播概论"而用几乎一半课时讲解钱穆先生为《论语》注释的《论语新解》时，明告诸生："你们所学很多'课程'，不过是'困而不学'的高级形态——学的含义是觉，即对宇宙人生的终极真理产生一种觉悟，而当今许多课程，

---

[1] 阅读本卷者须先了解孔子的基本思想，读者可参《十三经注疏·论语注疏》和钱穆《论语新解》，其他注释本错误较多，须仔细甄别。

只有'实用知识'和'实用技术',如此,你们将越学越困惑,逐步沉沦于仅凭上网检索些乌七八糟的资料来拼凑作业或论文,完全泯灭独立判断力而为孟子所谓不思不学的'众人'了!"

天下滔滔,谁予正之?

孔子时代"春夏习礼乐,冬夏修诗书"的理想教育制度,如今荡然无存,孔子儒家所谓"君子务本,本立而道生"之深远教育洞见,亦随着近代社会道德规范的确立而弱化!2009年11月下旬,北京大兴某小区居住、年仅29岁的青年私营企业主李某,将自己的父母、妻子、两个年幼的儿子、妹妹一家六口残忍杀害后前往深圳、海南旅游,被警方拘捕后未见任何精神异常或丝毫悔罪的表示,如此人性的彻底泯灭,使传媒大惑不解,实则道德教育的缺失与全球社会忽视价值构建而造成的价值荒芜、社会紊乱,才是这一起惊人的自灭家门惨案的深层原因!

作为传播学者,余目击某些中国青少年,在当代的大众传媒环境中成长,呈现出心智的低幼化、冷漠化、自私化倾向,似乎社会责任、道德操守这些基本的人伦概念,在他们的生活中完全没有地位。

是故,以阐释"开放社会"理论闻名的伟大思想家卡尔·波普在《20世纪的教训》一书中以"电视腐化人心,一如战争"为题批判大众传媒的不道德倾向,甚至一反其"开放社会"理论而主张对电视等传媒进行内容审查![1]

孔子在《论语·学而第一》中开宗明义告诉我们,教育、学术、文明予以深广传播的人文诀窍,在于:"弟子入则孝,出则悌,谨而信,泛爱众,而亲仁。行有余力,则以学文。"(第六条格言)教育的重点在"孝悌"即言行的规范,在家能孝敬父母,出门则亦恭敬有礼、谨严守信、和气爱人,在言行规范能力具足之后,再学习文化知识、实用技术,这样,一个人的君子人格、道德操守稳固树立起来了,再去学习掌握谋生的本领。

现代教育常常先从文化知识的记诵和谋生技术的掌握入手,道德教育这一根本往往缺失,各级学校虽以"思想品德教育、法制教育"辅之,但难敌开放的大众传媒等不良影响,任凭其污染青少年的心灵,个别青少年厌学、辍学而躲入网吧鬼混,混到身无分文时就外出抢劫、盗窃、无恶不做,这一忽视德育根本地位的教育方式的社会危害已昭昭若揭。

部分青少年堕落除了大众传媒、网络游戏的误导外,更深刻的原因在于全球社会忽视价值构建而造成的价值混乱与秩序紊乱,某些高官显贵、名流巨贾,每天表演"好话说尽、坏事做绝"的不法勾当,这些虚伪宣扬、竭力维护的守法、守德等空洞口号,伴随这些权贵的垮台而一起崩溃,岂不是天下最合乎情理的事情。孔子所谓"为政以德,譬如北辰,居其所而众星拱之"的千古政教明训,可谓透彻告诉人们,一切文明崩溃的深层原因,不在于某种物质力量的匮乏,而在于精神力量的长久颠倒、缺

---

[1] 卡尔·波普. 20世纪的教训[M]. 桂林:广西师大出版社,2004:79-90.

失与全社会的价值紊乱与道德沦丧。

当一个人发现自身以外的世界正处于瓦解与崩溃中时，他唯一可以依靠的，就是他自身，即一个在天赋良知指引下坚固不移地开发自身道德资源和精神境界的"自己"。孟子形容这一境界为"虽千万人，吾往矣！"吾儒一向标举的生命境界就是：捍卫你自己！开发你自己！保持你生命的崇高美丽的价值，不受外在环境的污染和腐蚀！

孔子形容这一次第展开的伟大生命进程是："十有五而志于学，三十而立，四十不惑，五十而知天命，六十而耳顺，七十从心所欲，不逾矩。"观此进程可知，在孔子心目中，个人生命犹如宇宙洪流一样浩浩不息、奋进不止，不断从博大之立志求学，向卓然不与庸俗合流之独立品格奋进，直至德行高尚、学问渊博，足以廓清宇宙人生一切困惑，直至浩然而知天命之流行、人类一身之所寄托，直至开放小我之感官而聆听到宇宙之和谐（耳顺），直至一己之私欲与宇宙之规矩（道）完全吻合而融会无间也！

清末民初著名思想家辜鸿铭，极其精确地捕捉到了儒家思想的精髓："在儒学中必定存在像宗教那样能给众生以安全感和永恒感的东西"❶，这是帮助众生摆脱生命迷惘的道德力量、精神力量！

孔子告诉人们：无论外在世界多么混乱无序，人类的内心世界却可以保持稳定坚固、清明广大的境界，人的天赋良知，不仅使自身生命在此坚定境界中徐徐展开、从容舒展出崇高美丽的品德，更能在潜移默化中逐渐转化外在世界，使之趋于合理有序。

我在大一新生课堂上反复告诫诸生："你们绝不缺少宏伟的志向、天赋的聪明，你们缺乏的是稳定有序的价值环境所培养造就出来的三个根本品质——精神信念的道德坚固性、循序渐进的学术稳定性与博采折中的尺度平衡性。孔子说'爵禄可辞、白刃可蹈、天下国家可均，中庸不可能也'，又说'至矣哉！中庸之为德也，民鲜能久也'，是告诫我们：随时清醒地把握事物的分寸（中庸），是最难又是最紧要的！庸是恒常不变，即吾所谓价值的稳定有序，而中则是不偏不倚地直射事物靶心（希腊人谓之逻格斯，即道）的能力！"

推扩而言，人类文明、华夏文明之道，亦即本书所谓"中华文明的大一统传播秩序"，它恒常体现在孔子儒家学派所诠释的《尚书》和《周礼》的礼乐政教体系中，体现在儒家思想的价值精髓，即为渺小而软弱的个人，打通与天地山川、祖先神明、圣贤师友、父子君臣等一切恒久存在的事物之间密切沟通、深刻交流、细腻传播、血脉融合的生命进程，这一博大深刻的、饱含永恒感与安定感、囊括和寄托宇宙万物于一身存在的生命交流、迸发、涌动过程，即"仁爱"。

---

❶ 辜鸿铭. 辜鸿铭文集（下卷）[C]. 黄兴涛，等，译. 海口：海南出版社，1996：40-42.

二、仁爱是生命的深度交流

孔子所言"己欲立而立人，己欲达而达人"之"仁"的定义，实际上是告诉全人类：除了与他人并立，人无从以自立；除了与他人共同抵达天堂，人无从独自抵达天堂；而这一彼此搀扶、共同迸发的生命交感过程，就是"仁"，而这一生命交感、奋发过程的重要前提，是"己欲立""己欲达"，即每个人从生命欲望的深处，始终贯穿着一种莫名的有所树立、有所抵达的生命意志，余谓之本体性或宇宙性的冲动，它从生殖性、肉体性的冲动开始，却进而挣扎出一种更高的、更开阔的精神性境界。恰如柏拉图在《斐德若篇》所言，每个人都具有生殖冲动以维系种族的绵延与不朽，但某些人却具有生殖冲动之上的、企图在种族绵延之上树立起灵魂不朽的博大冲动，柏拉图谓之"灵魂的生殖力"。

孔子高于柏拉图之处在于：柏拉图《理想国》认为只有哲人、战士、统治者才具有这一高级冲动，孔子却认为一切人都具有这一灵魂不朽的冲动，只要他受到良好的教育、他的良知在智慧的引导下获得开放，他的生命就可以升上更开阔的境界，直至臻于"三不朽"。孔子"有教无类"的教育主张，实则促使华夏文明传播扩及全体社群，而希腊罗马文明只能泽及"本邦人"这一小部分人群而致命地遗漏了外邦人、外族人、奴隶等广大人群因而迅速覆灭。

为此传播目的，孔子精心设计出诗书礼乐易春秋的"新六艺"体系以补足《周礼》礼乐射御书数的"六教"体系，使之构成一个人成长的稳定价值环境，以便人的灵魂摆脱鄙俗、获得伸展。

孔子为此不遗余力，一而再、再而三地捍卫、建树、维系、加固着生命的价值、文明的价值，有效地击退了引起生命迷惘和文明崩溃的重重价值混乱与道术分裂。孔子儒家告诉世人：一切人伦社群关系的根本秩序，亦即"天地君亲师"这五重道德责任，其所依托、所呈现的华夏礼教，绝非某些偏激作者所谓"吃人礼教"，而是树立博大人生与灿烂人类文明不可或缺、不可摇撼的自然、社会、人文秩序之"正义"大厦！

如是，儒家仁义礼智信之礼教秩序，通过千丝万缕的温情纽带，有效击退了一切生命本体性的迷惘与本能冲动的潮汐，将人类文明锻造为稳定繁荣的宪法制度与宪法精神的坚固堤坝，又进而将广土殊俗的中华民族凝聚为一个伟大坚固的传播整体，华夏文明以成功对抗生命的本质迷惘和外在环境的一切冲击、变乱而闻名于世，并将引导全球文明走出生命迷惘与社会动荡的双重危机。

余撰写此卷之际，除了用海顿、莫扎特等古典音乐天才之玲珑清丽的音符伴奏以营造一个澄净广阔的氛围外，下午则观赏中央电视台11频道播放的京剧音配像节目以为休息。

譬如2009年12月3日央视戏曲频道播放的由袁世海、袁小海等合演的名剧《曹操》。在叹赏袁世海活灵活现地塑造曹操形象之余，余蓦然领悟，原来《曹操》一剧尤其是"败走华容道"一折，袁世海用狼狈不堪的曹操形象与此前"横槊赋诗"里不可一世、外强中干的曹操形象进行对比，不仅寓意骄狂必败的普泛哲理，更以其败走途中一再遭遇围追堵截却仍自欺自许"天下用兵第一"，最后向关羽可怜求饶、侥幸逃命的一系列情节，引发观众对这个阴谋篡位的奸佞之人的心理快感。此刻，这出传统京剧，实则犹如一首文天祥之《正气歌》，无情地嘲弄、鞭挞了曹魏政权的非法性，歌颂了诸葛亮匡扶汉室的正义性和促使关羽在不自觉中贯彻其放走曹操、以牵制东吴之深谋远虑也。

余更进而深思，传统京剧演员，甚少传出吸毒、自杀等负面消息，与传统京剧乃华夏"正统史学""正气灌注"下之国粹艺术不无关系，其是非善恶的标准在戏文中千年传承、稳固不移，其演员生长的价值环境也比较稳定，京剧作为国粹艺术的最高标准被严格传承下来也。再进一步思考，当今一些大学、研究所缺乏稳定有序的价值环境，个别师生们为名利而奔忙却无暇深究道德学问，故而出现一流人才匮乏的现状。

余更进一步深思，正经、正史乃中华民族赖以健康成长、繁衍不息的极其稳定、协调、有序、优良的道德环境、价值环境，毁弃之而企图另起炉灶者迄今无成就可言，秦始皇、曹操等历史人物之功过是非，正统史学已然判定分明，传统戏曲更将这一判定融入人民日常生活的价值判断中而不可摇撼。可见千古定评俱在华夏人心，《孟子》所谓"孔子春秋成，乱臣贼子惧"足以灌溉华夏文明者，以此。

三、德福一致的生命信念

儒家思想不仅集华夏文明之大成，更荟萃全球共享价值于人类文明之大一统传播秩序中，其他如道家、佛家以及基督教等宗教思想，虽然在许多侧面，其深广博大或许超越儒家，但在至大至刚至和、安定宇宙人心社群方面，却难出孔子儒家所立之瑰伟典范与博大规模也。

概要而言，孔子思想在两个方面达致人类智慧的巅峰：一是人类如何合理组织自身文明生活的法则，即"仁"和"义"；二是人类如何对待自身文明赖以建立安定的天地人宇宙生命大一统环境及其运行的法则，孔子谓之"天命"，即不言不语、不思不议、阴阳莫测却在幽玄神秘境界中孕育、供养、成全万物的宇宙大生命系统，孔子所谓"四时行焉、百物生焉，天何言哉"者，即宇宙生命之绝妙概括也。

孔子在人道主义基础上树立起共享性的生命准则"仁者爱人"即"与人为善、与物为春"之法则外，又在神秘主义的基础上，极其周全细密地解释了"行仁却未得善报"这一哲学难题："道之将行也欤，命也；道之将亡也欤，命也。公伯寮其如命何?"即将人道准则上推到天之命令这一最高价值层次上,从而稳固树立起人文主义赖以确定其价值的神秘主义之超越性的更高价值本源也。

换言之,行仁是人的唯一使命与价值规定性,而是否获得善报,则只能听凭莫测天命之终极决定,因为宇宙人生之纷纭错综,往往使人一时无从精准把握善恶之一得与一失,恰如阴阳莫测之大自然有时难以预测阴晴一样。但人的价值规定性、其善恶决断,却是不容一丝一毫的含糊,因为人的天命就是行仁讲义,而不仁不义的言行必以毁灭为终局,只是人类往往不知这一终局何时来临而已。华夏古人所谓"善有善报、恶有恶报"即"德福一致"的价值信仰,恰建构出稳固的价值得以生长的环境,进而稳固安定了全社会的道德秩序。

时时处处徒劳无功地寻求"确切实据"的近代实证主义,之所以败坏人心,恰如让·保罗·萨特援引陀思妥耶夫斯基小说《卡拉马佐夫兄弟》中句子"假如上帝不存在,则一切行为就都是可以进行的了",萨特以为"这是近代历史的开端",仅仅因为一时一地"确切实据"的暂缺,就宣判天神、上帝、末日审判乃至一切善恶是非之价值标准,皆是"查无实据"的人为虚构或历史疑案,这些近代实证主义思潮演化出的罪恶,我们倒是从当今全球激增的各种犯罪与不良行为中已然获得"确切实据"了。

四、礼是社群协调的大一统秩序

孔子从瞬息万变而又聚讼纷纭的社会万象的最深处,拈出一个"礼"字,从而一举囊括了古今中外文明存亡兴衰的大一统传播机制之深度奥秘、不二法门:

> 子张问:"十世可知也?"子曰:"殷因于夏礼,所损益可知也。周因于殷礼,所损益可知也。其或继周者,虽百世可知也。"❶

礼即文明。孔子告诉子张:文明的历史,毫无神秘之感,人类理性完全可以把握,不仅300年(十世)可知,即使3000年(百世)亦可知,只要人类能择本执要地把握文明存亡兴衰的根本机制,即"礼",亦即本书所谓的文明传播秩序赖以体现的宪法机制也!

准此可知,孔子历史哲学的若干要点:

首先,人类文明具有稳固明晰的历史知识与价值判断,绝然不会如胡适所形容"历史是可以随便打扮和涂抹的小姑娘"那样虚无、混乱、无序,更不会出现顾颉刚所

---

❶ 钱穆. 论语新解[M]. 北京:三联书店,2002:48.

谓"层累地造成的古史说"这种历史怀疑主义的偏颇结论。

其次，文明的历史演进，从其前后制度的损益、斟酌中，即可了解当时社会的政治经济文化的实际状况，进而提取出可以借鉴的丰富文明传播经验。

再次，文明传播的常态是"因"（传承）而非"革"（革命），后代文明对前代文明的因袭传承、斟酌损益，构成人类文明的绵延不息的传播主体，断裂式的革命，是一种非常态的个别现象，根本不足以解释人类历史发展的主流。

最后，孔子身居晚周时代，已深知西周文明固然伟大辉煌，但周王室已自振乏力，人类文明必然超越西周文明而有更伟大辉煌的进展，但历史进步断不可能从摧毁旧文明、割裂人类文明的内在联系这一错乱、狂妄、自欺的历史观念上获得，而只能从虚心学习文明的历史经验同时又结合历史进步的新局面（温故而知新）上不断取得。

孔子伟大的历史哲学，实则已从晚周地平线上满怀信心地眺望着"继周"者的出现，即华夏民主制的新形态——秦汉中央集权制的文明即将取得的历史进步。

如今，距孔子所处晚周时代之公元前500年，恰在孔子所谓"百世可知"的3000年范围内，读者拭目以待人类历史如何斟酌损益而再创辉煌也！

礼即天地人宇宙生命大一统秩序的合理形态，是全球自然、社会、人文三大系统一体协调的、高度可持续的、和谐有序的绿色文明传播秩序之称谓也。

孔子曰：

道千乘之国，敬事而信，节用而爱人，使民以时。❶

孔子告诉我们治理大国（千乘之国）的宪法精神是：恭敬对待天地人三大生态人文系统，严谨恪守法度以取信于民（敬事而信），严格节制政府支出和社会上层的贪欲，轻征赋税以爱惜民力、藏富于民（节用而爱人），严格遵照四季运行的节律（农时）来征调劳役，使中国农工商各业保持稳定繁荣（使民以时）。

读者诸君！试深思：在政治稳定的基本条件下，还有什么宪法精神以及背后的宪法制度，能超越孔子此处所言之五大原则：敬、信、节、爱、时？在此五大宪法原则规范下，又有什么文明不能稳定繁荣、绵延不息呢？

在这宪法精神与宪法制度的背后，是一条贯穿千古的价值信念：人民！只有推行爱护人民的仁政，文明才兴旺发达，如此浅显而通达的政教真理，古今许多领导者常振振有词地予以宣讲，却又常常予以遗忘从而覆亡其国家！孔子曰："无欲速，无见小利；欲速不达，见小利则大事不成！"孔子之警告，不亦恰当形容今日全球文明之通病耶！

治国之根本要务，在于信守法度，孔子在《论语》最后一篇"尧曰"中祖述尧舜

---

❶ 钱穆. 论语新解[M]. 北京：三联书店，2002：9.

禹之言而精辟概括出华夏民主制之宪法精神与宪法制度：

> 尧曰："咨！尔舜，天之历数在尔躬，允执其中，四海困穷，天禄永终。"……谨权量，审法度，修废官，四方之政行焉。兴灭国，继绝世，举逸民，天下之民归心焉。所重民食、丧、祭，宽则得众，信则民任焉，敏则有功，公则悦。❶

在孔子总结性的宪法哲学中，有如下诸要点殊堪注意：

第一，《论语》此段开篇所引尧舜禹等人言论，大多出自古文《尚书》相关记载，与《孟子》《史记》等文献记载完全一致，不仅足以印证《尚书》今古文记载之完全真确可信，更进一步证实孔子思想确实从周公所制定的《周礼》制度体系中一脉相承而来，绝非向壁虚构或如后代学者所谓"伪托一种理想"也❷；

第二，孔子重申华夏民主制的最大要务，在于谨慎地量才授官（谨权量）、严密地审定一切法律规章（审法度）、修治废弛腐败的吏治（修废官），天下（中央）四方（地方）之教、治、政、令即可贯彻通行，而信守法制的宪法含义，在于确保宪法基础上的中央权威、华夏大一统，从而纠正当时诸侯国各自为政、肆意盘剥搜刮人民，以供养其奢侈纵欲与黩武主义、公然分裂国家之种种不法，孔子所谓"四方之政行焉"乃有所针对、有所寄托而发，不可以泛论等闲看也；

第三，兴灭国、继绝世、举逸民之说，更巍然将华夏民主制之宪法精神一语道破：《周礼》言"古不灭国"而为放肆兼并邻国的诸侯各国尤其是秦始皇所恐惧痛恨者，即因华夏联邦王制主张修德治而各国自动来朝觐，中央、地方统称"邦国"而并尊，因此，华夏宪法《周礼》拒绝承认诸侯各国之间的兼并战争的任何合法性，兴亡继绝、恢复天下正义遂成为孔子宪法哲学的重要基础，而"举逸民"即遵循《周礼》层层推举隐逸不仕的贤人，进入民治体系中，以显示联邦王制"与民共治天下"的宪法精神与人才选拔、官吏任用的民主机制，"天下之民归心焉"就成为取得统治合法性的宪法前提。

换言之，联邦王制下的正统（天子、诸侯共治天下、分权制衡）的稳固维系，与联邦王制下的普选贤德、量才授官的民选制度的推行一起，构成华夏民主制稳定有序的两大宪法机制：一是天子、诸侯的世袭制度以及社会上层彼此分权制衡、与群臣万民之间的彼此监督制度，构成华夏大一统的稳定性与社会上层的稳固性；二是群臣（卿相大夫士等）的普选制，从而保障了全社会中坚阶层的公平性、开放性与流动性，

---

❶ 钱穆. 论语新解[M]. 北京：三联书店，2002：503.
❷ 钱穆《论语新解》508页注释所言"伪造古文《尚书》"……后儒又转据伪尚书以说《论语》此章……然亦不知其果然与否"云云，盖以钱先生早年参与"古史辨派"而晚年亦不自安也。后代学者当引为殷鉴。

—272—

两大机制彼此匹配，促使和谐有序的文明状态在中国历史上维系两千年以上的稳定繁荣，秦汉隋唐以下更逐步冲决、扫荡、剥夺诸侯上层的法律特权，群臣中坚阶层、文治系统因此进一步扩大其权力和公平流动性，汉唐文明之辉煌灿烂因此奠定。

第四，在华夏民主制成功解决文明社群上下层之间的宪法关系之后，整个社会的关注点，就是用一种仁义、公平的宪法精神一一贯彻实施上述各项宪法制度，民生所重在食（经济）、丧（养老送终等社会保障体系）、祭（确保风俗淳厚的社会风气）等层面，宽赋、省刑以养民，信守法度、严治官吏、聚敛财用有节制，则人民甘愿奉献财税劳役于国家；勤勉于民治，则有功德于民生；公平于民治，则民心大悦、天下太平也。

孔子在总结、阐发华夏民主制的宪法机制之余，更一再怒斥诸侯国上层（譬如鲁国权臣季康子、卫国国君卫灵公等）暴虐人民为"非法不道之治"："不教而杀谓之虐，不戒视成谓之暴，慢令致期谓之贼……"❶显现出原始儒家思想学术政治传统中极其可贵的"为民舍生请命、担当天下道义"的民主宪政精神。

司马迁《史记》将一介布衣孔子，升入诸侯"世家"举世荣耀之不朽地位，与秦末毅然竖起反叛旗帜的陈涉"同列"两大"布衣世家"而巍然垂为历史正统，不亦正告一切统治者：倘若社会上层不想重蹈暴秦覆辙，使陈胜、吴广与项羽、刘邦愤然起义而改朝换代者，其亟亟推行孔子仁义公平之道，不亦解民倒悬之苦、宽抚万民之急、树立华夏民主之正也！

五、中华古典宪政哲学的确立

孔子作为华夏古典民主制之宪法哲学的第一诠释者，将华夏古典民主的宪法精神，成功寓意于"仁义礼智信"的华夏文明之"道统"（道德统系、价值信念、传播秩序）中，并予以博大而深刻的诠释：

> 樊迟问仁。子曰：爱人。问智。子曰：知人。樊迟未达。子曰：举直错诸枉，能使枉者直。樊迟退，见子夏，曰：乡也，吾见于夫子而问智，子曰举直错诸枉，能使枉者直。何谓也？子夏曰：富哉言乎！舜有天下，选于众，举皋陶，不仁者远矣。汤有天下，选于众，举伊尹，不仁者远矣。❷

仁乃人群相爱感通之情，智乃通达宇宙人生道义之智慧，二者构成儒家思想中从深厚的感性（仁）到明晰的理性（智）的渊深两极，孔子简要解答人生两大境界（仁、智）以"爱人""知人"者，盖揭示儒家一贯的人文主义宗旨：人固然当爱宇

---

❶ 钱穆. 论语新解[M]. 北京：三联书店，2002：509.
❷ 钱穆. 论语新解[M]. 北京：三联书店，2002：323-324.

一切事物，但最紧要还在于"爱人"，即爱护那值得爱护的生命——自我的、亲友的、有贤德的、天下一律的普遍人，这种爱的终极指向在于其人文价值性，而非宗教神学泛爱一切（包括罪恶之人）的超越价值性，因此儒家主张"以直报怨""以德报德"而不是宗教家主张的"以德报怨"，而贯彻"仁爱"价值的制度依据，就是"礼"，礼训诲人类哪些是值得爱、值得尊敬的。

人类感情往往盲目泛滥，所以"仁"必须配以"义、礼、智、信"乃完备，其中"智"即"懂得上述价值（仁义）得以贯彻的制度依据、道德依据（礼）的道理、智慧"，因此"智即知仁"乃指最紧要的智慧是了解人生得以成立而不致崩颓的方法，这一方法就是仁义礼信诸德，儒家思想之严密匹配，由此可见。

"仁即爱人""智即知人"推扩一步，就是爱护一切人组成的社群、一切价值得以维系之文明。在此，人由个体意义上升为群体意义，即人民。对社会上层来说，仁爱人民、合乎价值理性（仁）地完善治理人民（义）的最好途径，就是华夏民主制，尤其是其普选官吏的人才制度，因为一切合理价值的实现，都必须仰赖宪法机制尤其是人才选拔制度的完善，所以孔子在回答樊迟这一关系到儒家思想最紧要处"仁""智"之后，立即告诉樊迟：一切价值理性（仁义礼智信）的贯彻实现的关键，在于华夏民主"举直错诸枉，能使枉者直！"

换言之，如何选拔正直者，使之稳固地居于不正直者（枉者）之上，不仅可以有效地保证人类文明的稳定有序繁荣，更是促使不正直的现象（人或事）逐步趋于正直的唯一途径！亦即人才选拔制度，是分权制衡制度以外的最重要的民主制度，华夏古典民主的成功模式，即在此处揭示无遗：天子、诸侯分权而立，群臣无论大小一律普选产生，文官系统稳定有序又选拔公平，华夏文明因此繁荣昌盛也！

正直人士经过合理公平的人才选拔制度（荐举、察举、科举等）被安置在社会上层，俗语所谓"上梁正下梁不歪"，不仅可推行合理的治理，更可有效矫正不正直者的过失乃至罪孽，使全社会步入稳定有序繁荣的宪政轨道。

由此亦可推知"纯任法制"不足以兴国：一切法制规章的执行者，必须是民主选举产生的贤德君子！余20世纪80年代在南开大学法学系，较系统地学习了古今宪法哲学、法律制度、法律思想等，再配合古今中外的哲学人文社科思想，又到某传媒担任政法新闻记者、编辑，较广泛地接触了社会现实，更辅以对中国1980—2010年间社会变迁的观察思考，遂认定：宪法、法律等一切人为制定并贯彻实施的强制性规定，不能自行纠正一个非法的社会行为，更不能规整这一非法行为赖以产生的社会环境，文明规整治理的主要手段，只能是道德、精神等非强制性力量下确立的民主宪政体制及其人才选拔制度，即孔子所谓的"道之以德，齐之以礼"！华夏文明之所以在数千年中获得良好治理，即因道德主义的宪法哲学与宪法机制，而"纯任法制"的近代西方观念，恰如全盘西化论一样，必然贻误中华民族的崛起大业，造成"法令滋彰，盗贼多有"（老子）的局面！

樊迟素以迟钝知名，乃再求教于同门友朋子夏，子夏早以"文学"（文献典章之学）闻名于孔门，其解答深刻揭示了孔子儒家之宪法哲学：爱人乃引申为爱惜人才，知人乃知晓人才得以产生、得以选拔、得以培育、得以委任之华夏古典民主制之一整套制度也！

子夏深知孔子简洁之解答，包含丰富深邃之宪法哲学，故而称赞"富哉言乎！"更举华夏民主制的著名案例予以说明：舜受尧帝、四岳、诸侯、万民推举而继任天子，继任之初即推举八元、八恺等贤人（大禹即其一）主持天下大政，所以取得华夏文明的首度辉煌（舜禹平治水土、制定九州朝贡制等）；中央政府之大官府、大权位，由民众推举普选产生，皋陶因此主持全国司法事务，所以不仁不法者必然畏法远遁、逃往蛮夷之邦也，良好治理、善良风俗因此确保无虞也；商汤继位亦然，普选贤德之人、任用伊尹主持官府行政，遂有殷商文明的辉煌。子夏告诉樊迟：华夏民主制下推举、普选、培育、委任官吏的一整套人才选拔制度，正是确保官府依法行政、教治政令依法实施、华夏文明长治久安的关键，孔子之言"爱人、知人"，乃爱惜人才、依法普选、知人善任之宪法哲学含义也，《周礼》规定冢宰、司徒、宗伯、司马、司寇等六卿官府，履行民事、军事、司法治理的重大职责之一，就是为国举贤、历练人才、培育贤德，孔子将"举直"（普选推举正直者、促使枉者望风而改过）作为"仁"这一华夏文明宪法原则的最直接、最实际的制度保障与制度贯彻，真不愧为"择本执要"之宪法哲学第一人也！

准此亦可知：孔子简洁一言或寥寥数语，背后必有深邃博大、推行既久之宪法机制为其制度依托，更有西周完备的史官档案为其文献依托，更有子夏、孟子、子思、董仲舒等儒家正宗嫡传为之诠释传注，更有《左传》《国语》《史记》等史籍为之佐证，更有马融、郑玄、孔安国、王肃、孔颖达等汉唐巨儒为之疏解传记，更有周秦汉唐诸子杂家为之旁证，如此完备之制度沿革、档案记载、文献记录、前后一贯之贤德疏解，若不能虚心"稽考"华夏古典文明之真制度、真精神，遗落孔子以及原始儒家"通经致用"的伟大学统，必会误导华夏学术思想深陷疑古辨伪之泥潭。

观《论语》可知，孔子全面而深湛地继承了华夏民主制的宪法制度体系与博大宪法精神，在斟酌损益、温故知新的基础上，建树起一套价值坚固、体系完备的华夏宪法哲学：

哀公问：何为则民服？孔子对曰：举直错诸枉，则民服。举枉错诸直，则民不服。❶

季康子问：使民敬忠以劝，如之何？子曰：临之以庄则敬。孝慈则忠。

---

❶ 钱穆. 论语新解[M]. 北京：三联书店，2002：43.

举善而教不能则劝。❶

　　定公问：君使臣，臣事君，如之何？孔子对曰：君使臣以礼，臣事君以忠。❷

　　季康子问政于孔子。孔子对曰：政者，正也。子帅以正，孰敢不正？❸

　　仲弓为季氏宰，问政。子曰：先有司，赦小过，举贤才。❹

　　子曰：善人为邦百年，亦可以胜残去杀矣。诚哉是言也！❺

　　子路问事君。子曰：勿欺也，而犯之。❻

　　子曰：无为而治者，其舜也欤！夫何为哉？恭己正南面而已矣。❼

　　华夏古典民主制之根本，在人民权利的保护、树立上，孔子所以反复训诫诸侯国君、大臣保障人权，其宪法精神，渊源自远古、流长于晚周，孔子乃择善而固执之也：孔子赞美大舜"无为而治"之言，最能代表华夏民主制之宪法机制——天子恭敬礼待天地人神、群臣万民，如此己身恭正，即足以正朝廷（南面）上下、内外诸侯、大小官府、远近人民，因为文明生活的各项宪法制度已然完备规制、严格实施，天子不必亲自治理天下万事，只要治理自身、恭敬严格地奉法持礼、担当宪法职责，则天下太平、万民守法，"无为而治、政简风清"的华夏文明的盛景就会出现，更因为真正治理国家的，是六卿官府等文官系统，天子、诸侯做到守法表率，就发挥了最大的凝聚全国人心的宪法功效。

　　华夏民主制此后出现重大变化，当在明清末期，尤其是废宰相而建内阁后，康雍乾诸清帝独揽大权、猜忌贤臣、畏惧民意，从根本上破坏了华夏民主制的分权制衡机制，皇帝的"独断乾纲、日理万机"，恰恰造成全国军民事务的治理不善，朝廷不仅"南面不正"且陷天下于混乱无序，最终断送了自家王朝。

　　孔子推许自己的学生冉雍足以南面称君为王，"雍也可使南面"❽，实乃醒目传达出一个明确的政治讯息：中国须遵循华夏民主制尤其是尧舜大同推举制的宪法精神，普选有德天子以担当统一国家之宪法职责，联邦王制、小康政治的混乱衰颓，实则呼唤着历史的新局面——华夏大同民主推举制，将一举冲破小康权贵阶层的垄断地位，平民天子（刘邦）和一群挑战诸侯贵族特权的平民知识分子（诸子百家等各派人士）即将登上华夏文明的伟大传播平台与历史舞台。

---

❶ 钱穆. 论语新解[M]. 北京：三联书店，2002：44.
❷ 钱穆. 论语新解[M]. 北京：三联书店，2002：73.
❸ 钱穆. 论语新解[M]. 北京：三联书店，2002：318.
❹ 钱穆. 论语新解[M]. 北京：三联书店，2002：328.
❺ 钱穆. 论语新解[M]. 北京：三联书店，2002：336.
❻ 钱穆. 论语新解[M]. 北京：三联书店，2002：372.
❼ 钱穆. 论语新解[M]. 北京：三联书店，2002：399.
❽ 钱穆. 论语新解[M]. 北京：三联书店，2002：139.

第二十一章　宪政道统：儒门众派及其传播

儒家思想是中华文明大厦的基石，是天地人宇宙生命大一统秩序的伟大建构者，是中华古典宪政体系的伟大实践者。孔子学说，以其对晚周之前中国绵延数千年文明传统的继承、整理、诠释、更新，对人类长治久安的宪政-道德秩序、共享文明的恒久价值与进步意义的一再坚守和弘扬，广受天下君主、诸侯、贵卿、士绅、百姓的礼敬好和推崇。

历经周秦汉唐宋明等历代变迁，孔子学说颠扑不破的真理性、人道性，获得古今历史正反经验的一再验证，从而成为垂范千古、促进全人类进步的伟大智慧的代表。

儒家思想在中华民族的文明传播事业中，之所以能超出晚周其他诸子，巍然而为中国第一学派，关键要素有三：

一曰儒家学说之真理性、人道性。

二曰孔子创立的"世家之学"（孔子家学）传播体系。

三曰独立于官学之"私家之学"（私门之学）传播体系。

司马迁《史记》率先在正史中确立孔子"世家"地位。太史公在记述中国历代帝王本纪、年表、礼乐八书等国体，在叙述吴、齐、鲁、燕等诸侯国的贵族血统"世家"之后，奇峰突起，将平民身份的孔子列入"世家"，称"孔子世家"，一举打破夏商周两千余年天子、诸侯、贵卿主导中国社会的惯例，将"匹夫而为百世师"的孔子及其后人，列为《孔子世家》，与此同时，把平民抗暴造反的英雄人物陈胜，列为《陈涉世家》，紧随《孔子世家》之后。

司马迁一举突破了三代"小康礼教传统""王官之学"只记录官方历史活动、学术活动的先例，巍然使中华文明正统，恢复到炎黄尧舜创立的"天下大同、以德居位"的"大同正统""大同之学"的古典宪政秩序上。司马迁秉承孔子、董仲舒、孔安国的伟大历史哲学，警告一切高高在上的当权者：在中华宪政-道德秩序下，一切合法性的来源，是人民的意志、百姓的道德评价，而非血统、出身、权势等非道德、非人文因素。孔子主张仁政爱民，颠沛流离以传大道；陈胜不堪暴政、毅然揭竿而起；两人虽为平民，却足以震铄千古、照亮历史，永为人类楷模、华夏英雄也！

"孔子世家"之学，乃孔子及其后世子孙千百年间传递思想、学术之"家学"传播过程的记录，列载于《孔丛子》（最早著录于《隋书·经籍志》和《新唐书》《旧唐书》，传世本为《四库全书》3卷本和《四部丛刊》7卷本）等古典名著。

晚周天子卑弱、诸侯各自为政，"王官之学"式微，天下百姓苦于列国纷争，而诸侯贵卿子弟、平民俊彦子弟，更有"学绝道丧"之苦。孔子毅然兴起，创立"私家之学"，传授四方来学之莘莘学子，儒门彬彬可观，传承一丝不乱，儒生在孔子率领下，积极参与各国政治革新活动，儒家思想也一再适应不断变化的中国时局，所谓"温故知新"，所谓"圣之时者"，孔子三千门生中，颜回、子路、子贡、子夏、曾子、子思、孟子、荀子等"七十二贤人"，在孔子儒家的基础上，不断自立、自强，渐渐自成一派，极大丰富、完善、发展了孔子学说，对晚周秦汉中国社会产生深远影响，声势上达天子、诸侯，下至平民百姓，汉代以下，全国无不仰慕推尊、憪然向化，确立了儒家第一学派的不朽地位。

近来，国学伴随国运腾飞而重光，对郭店楚简等出土文献的研究一再获得深化，极大刷新了对中国学术思想史的基本认识，与传世文献、马王堆汉墓文献等，彼此印证，一道构成中华文明传播史的伟大脉络，不仅可一窥孔子家学的伟大传承与更新，更可以从孔子-子夏-子思-孟子等"道统"学派，体会儒家对"中华古典宪政秩序"的理想主义坚守；从孔子-子夏-李克、吴起、段干木、田子方-尸子-商鞅-荀子-李斯、韩非等追求事功之"政统"学派（由儒法合流，演进到儒法并立而争鸣），发现儒家"正名"思想向法家"明法"思想的转变、传递，可领悟儒家现实主义之堂奥。

一、孔子世家的宪政道统

儒家宪政-道统之学，主张天子、贵卿、百官、士绅、百姓均受制于善良天意（天地之仁）的约束，而善良天意的最集中体现，则是人民的意志、百姓的安乐。《尚书》所谓"民之所欲，天必从之"就是中华古典宪政体系的最高哲理概括。这一古典文明意义上的、具有浓厚道德意味的、以"敬天爱民"（天意与民意，实为一体）为宗旨的古典宪政制度与精神秩序，是中华文明绵延数千年以上的传播奥秘，缔造了全社会的长治久安、繁荣昌盛，是儒家思想的精髓和全球文明的宝贵遗产。

儒家宪政思想的传播路径之一，即孔子家学。

孔子世家之学，记载于《孔丛子》《孔子家语》《说苑》《韩诗外传》《十三经注疏》《群书治要》等传世名著中。譬如《孔丛子》20篇，记述了孔子、孙子思、七世孙孔穿、八世孙孔谦、九世孙孔鲋（孔甲）的思想传承与政治、学术活动，是一部记述晚周孔子世家、儒家学派与当时政治、经济、文化、学术环境之间鲜活互动的伟大而珍贵的历史见证与文献记录。

孔子在世及逝世后，孔门一族始终保持了旺盛的思想活力，人才辈出，从名显于世的大德名儒，一直到封侯拜相的达官贵人，代不乏人。孔门历代子孙，学行端正，巍然名世，传承、弘扬孔门世家之学，长达六百余载。司马迁《史记》赞"孔子布衣，传十余世，学者宗之"确非虚誉。

其中，圣孙子思，亲承圣人教诲，持身正义、涵养正学，傲然维系儒家道统、学统，居儒家学术传播之重要地位。因子思父孔鲤早逝，子思亲承祖父孔子教化，襄助孔子完成儒家六经撰述，尤其是巍然名世之《春秋》《易传》等，孔子学说至此，堪称博大深粹、登峰造极，子思与有力焉。

七世孙孔穿（子高）与齐王、魏王、平原君、信陵君等战国上层人士交游、议论时政，极受各方推尊，著有《谰言》；八世孙孔谦（子顺，又称子慎）出任魏相，受封文信君。

尤其需要注意的是，九世孙孔鲋（子鱼，又称孔甲），博学正直，遭秦暴政焚坑之忧，冒着极大危险，将《论语》《尚书》等儒家经典藏于孔子旧宅墙壁中，率众弟子逃避隐居嵩山讲学。《孔丛子》即由他与弟子编撰而成。

陈胜起义，号楚王，孔甲率弟子下山襄助，陈胜亲迎，拜为博士、太师，成为儒家学者加入人民起义军、反抗暴政压迫、以鲜血和生命捍卫中华宪政秩序的伟大代表！❶

研读这段经籍，可知孔子家学传承千年不断的传播奥秘：孔甲秉承孔子宪政思想，毅然加入人民起义，鲜明凸现了孔子学说一贯的宪政宗旨——以仁义维护百姓利益，为此不断抗衡诸侯权贵、代民请命、反抗暴政，故而遭到秦始皇等当权者的仇视、忌惮，直至悍然焚坑儒生而自取灭亡！

国粹京剧有"家有诗书如沧海，铁打的双肩两昆仑"之唱词，揭示中国人极其重视"家学"涵养、家教谨严的文明教养精神，民国七贤之一、学贯中西的思想家、外交家、翻译家辜鸿铭，在《中国人的精神》中称"中国人的家庭生活，尊老慈幼，和乐融融，犹如西方人之举家前往教堂礼拜"云云，最传神概括出孔子创立"世家之学"之深意——家庭作为人生第一个传道场所，最能以温情爱意，传播人类文明至大至高、光明瑰丽的道德精神与宪政信念！

观《论语》所载，孔子尝独立于庭，子思父孔鲤，趋而过庭，孔子训诲以"学《诗》、学《礼》"，否则"无以言，无以立"。从孔子一生圣迹，到子思之傲然对抗王侯，再到孔甲率弟子毅然加入陈胜起义军，孔门历代嫡传之心法，孔子世家之学，其捍卫中华宪政之崇高道德理想，其立身、传道之醇、厚、精、粹、宏、约、深、美，可见一斑。

---

❶ 孔丛子（前言）[M]. 北京：中华书局，2009.（《隋书·经籍志》《新唐书》《旧唐书》著录题为孔鲋撰，确然不伪。朱熹认为《孔丛子》"文气软弱"即怀疑该书是注释者宋咸伪造，颇为主观）

《孔丛子·独治》诸篇，记载了孔甲在战国末期的学术、政治活动：其"乱世独治其身"的态度；鼓励门生叔孙通参与政治；秘藏儒家经典；受张耳、陈余之荐，参加陈胜起义军，拜为博士、太师；与陈胜讨论族礼、军礼、治道；在委任将帅问题上，与陈胜意见不合，退隐不仕，陈胜军后来果然败绩；孔甲去世前召告侄子，如何修身、求学等，弥补了《史记》等正史对这一段历史的记载空阙，非常珍贵。

《孔丛子》最后一篇《答问》记载孔甲与陈胜之间有关天下治道的议论，传达了秦汉之际巨变的重大政治讯息：

> 陈王问太师曰："寡人不得为诸侯群贤所推，而得南面称孤，其幸多矣。今既赖二三君子，且又欲规久长之图，何施而可？"答曰："信王之言，万世之福也，敢称古以对。昔周代殷，乃兴灭继绝以为政首。今诚法之，则六国定不携（离），抑久长之本。"……王曰："六国之后君，吾不能封也。远世之王，于我何有？吾亦自举，不及于周，又安能纯法之乎？"❶

孔甲此番"兴灭继绝"之论，与《论语》最后一章《尧曰》遥遥呼应，显示孔子家学之严谨传承、中华古典宪政体系之崇高道统："兴灭国、继绝世"（兴亡继绝），乃人类文明进步之大道——复兴濒临灭亡的礼乐文明、继承濒临绝灭的世家文化，并非照搬前代礼乐典章，而是进行一番"损益""斟酌"，使文明事业永葆宪政的精髓，以适应、以奋然开拓文明进步的新局。

陈胜虽然历经晚周衰乱，且粗通文化，但毕竟是农民起义领袖，虽然明白"南面称孤"必须"诸侯群贤所推"（中华古典宪政之根本精神），但出于浅近之见，以为"六国后君""远世之王"分封以后，于己不利，遂不予采纳。

孔甲见陈胜刚愎自用、拒绝劝谏，遂适时退隐。

临终前，召侄子孔腾（子襄），告以孔子家学之精髓：

> 鲁，天下有仁义之国也。战国之世，讲诵不衰，且先君之庙在焉。吾谓叔孙通，处浊世而清其身，学儒术而知权变，是今师也。宗于有道，必有令图，归必事焉。❷

孔甲真名儒也，一眼看穿此后历史新局之展开：叔孙通属儒家"事功主义"（政统）一派，初仕于秦，任秦博士；见秦暴虐无道，巧计逃脱，归隐于鲁，与孔子后

---

❶ 孔丛子[M]. 北京：中华书局，2009：278-279.
❷ 孔丛子[M]. 北京：中华书局，2009：288.

人孔襄等讲习儒术；汉灭秦楚，巍然兴儒术，叔孙通入朝为官，受汉高祖之命，制朝仪以控悍将功臣，毅然守护太子（惠帝），促使高祖放弃废长立幼之乱谋，汉初惠、文、景、武帝休养生息、奖掖儒术，中国长治久安、繁盛未央，孔子、子思、孔甲、孔腾以及叔孙通等世家之学、儒家众派，堪称守护文明、开拓人类进步事业之圣贤功臣也！

二、儒门私学的宪政道统

孔子在周游列国、颠沛流离之时，即已敏锐察觉到时局之巨变与学术思想之一代新风，正在列国渐次生成。

首先，晚周诸侯各国实力猛增，与周天子所代表的王室之离心离德趋势已无可挽回，孔子复兴"周道"于"东方六国"的理想（如有用我者，吾其为东周乎！）日显迂阔难行，故而，孔子"晚年变易"，变"小康秩序下之周政"为"大同秩序下之尧舜之政"，《论语》记载孔子对尧舜大同宪政体系一再推崇，其文明寄托，即深且广。

民国七贤之一、现代哲学家熊十力先生，在《原儒》《乾坤衍》等巨著中，称呼孔子这一思想转变为"小康之学"向"大同之学"的回归，确实深有见地、深有启发。

其次，颜回、子路、子贡、子游、子夏等新老两代儒生，亲身经历、参与推动这一时代巨变，且深入钻研孔子古典宪政道统之精髓，措之晚周列国争雄之"时宜"，亦襄助孔子学说完成这一深刻变化，儒门内部"狂简之学""狂狷之学"勃然而兴，蔚然成风，不可遏止。

孔子自叹不能裁量这一孔门新学："归与！归与！吾党小子狂简，斐然成章，不知所以裁之。"同时，孔子内心对此新一派思想，亦深表赞许："不得中行而与也，必也狂狷乎！狂者进取，狷者有所不为也。"天下无道，中庸之行日益艰困局促，不如狂傲狷介之士，更合乎时宜。

总之，"狂儒"奋然进取，有所作为；狷介之士，则归隐深山、不屑流俗、以待时机。子夏、子思、孟子、荀子因之巍然而兴，李克、吴起、尸子、商鞅之学，纷然杂作，共同扩大、完善、更新了儒家道统，商鞅、李斯、韩非等，更进而创立儒家政统之别派——法家，与儒家并立、争鸣矣。

子夏就是儒门新进思想学术变革的代表人物。

子夏乃孔子新进弟子，受孔子赞许，为儒门四科之一"文学"一门的表率（另一人为子游），对孔子晚年提出变革周礼小康秩序，以适应晚周平民阶层之崛起，谋求古典宪政大一统新局面的政治、学术主张，颇有所襄助、有所阐扬。

《论语·颜渊第十二》载曰：

樊迟问仁。子曰："爱人"。

问知。子曰："知人。"

樊迟未达。子曰："举直错诸枉，能使枉者直。"

樊迟退，见子夏，曰："乡也，吾见于夫子而问知，子曰：'举直错诸枉，能使枉者直'何谓也？"

子夏曰："富哉言乎！舜有天下，选于众，举皋陶，不仁者远矣。汤有天下，选于众，举伊尹，不仁者远矣。"❶

孔子此处答樊迟问仁，一言以蔽之，曰"爱人"，即普天之下，人类惟有彼此相爱，才能生存下去，并获得生命的完满幸福，斯义巍然赫赫，朗若乾坤、灿若日月，迟钝如樊迟之辈，亦一告而豁然也。惟其不知，孔子每言一义，必兼涵两大领域——个体生命领域之"德"与群体生存领域之"道"，故而，"爱人"特涵古典宪政意义，即"爱民"之意，故而，樊迟问"知（智）"，孔子即告"知人善任"之义，樊迟不解，孔子以"举直错诸枉"谆谆以告：选举正直的君子，依据"古典宪政的制度体系"，把这些正直君子，放置在不正直的"枉者"之上，如此，选举、任用贤德之才的一系列宪政制度安排，就可以使天下"枉者"自我改善，而无须对"枉者"实施行政命令式的限制、改变。

子夏作为孔门高足，深得孔子宪政哲学之精髓，在樊迟仍然不解而主动求教的情形下（子夏在儒门弟子中的地位可见一斑），耐心启发学弟，诠释圣意并援引宪政史，予以发挥：宪政核心，在"选举贤德之人，主持天下大政"——舜帝即位，公开选举，任命皋陶、大禹、夔、龙等贤德九卿，组成宪政文治政府，不仁者自然被筛选出局；商汤即位，公开选举，任命伊尹等一批贤德在位，不仁者亦远矣！

子夏实乃孔子学说一大传播重镇。

其传播路径有三：一是精准传承"六艺之学"，从而缔造儒家学统，为儒家学者世代稳居中国知识界一流地位奠立基础；二是促进儒门内部的思想学术更新，大力推进新派思想的孕育、成熟；三是对外开拓儒家政统，积极参与、主导诸侯各国的政治活动，产生重大的社会影响。

民国七贤之一、一代文史宗师柳诒征，其巨著《中国文化史》博引众说，推许子夏之传经、布道：

孔门弟子之有功于吾国者，惟讲学授经之人；六艺之昌，微诸弟子，未能历数千年而不绝也。……

《史记》称："子夏居西河教授，为魏文侯师。"初未言其传经，而子夏

---

❶ 钱穆. 论语新解[M]. 北京：三联书店，2002：292-294.

之传独广，于《易》则有传。……毛公之传，相传出于子夏。……伏生之学，亦由子夏所传也。《礼》有《丧服传》，亦子夏作……《春秋》虽莫赞一辞，而《公》《榖》二传……子夏传公羊高……盖今世所传五经，皆出于子夏。子夏之于吾国文化之关系，亦大哉！❶

子夏学行精深博大，不仅传承儒门六艺之学，后代儒家"学统"，均赖子夏而开启，汉儒伏胜、辕固生、鲁申公、刘向、孔安国、马融、郑玄等名儒为代表；更重要的，是开启出儒家理想主义"道统"一派，子思、孟子及其门生，以恢复、重建"古典宪政体系"（道统、学统、政统合一）为根本文明宗旨，巍然为理想主义学派，汉初陆贾、董仲舒、司马迁为此一派之大宗师，堪称缔造伟大民族信仰者。

与此同时，子夏受魏文侯、魏武侯父子尊崇，被立为国师，以儒家"政统"之学，讲授于西河，李克、尸佼、商鞅、荀子、李斯、韩非等受学于子夏，或子夏之门人，进而开启出儒家事功主义政统一派，儒家宪政哲学的重心，由"尊周礼"一变而为"崇新法"，为儒家政统之别派——法家思想的出现，准备了必要条件。法家代表人物如李克、商鞅、吴起等，均受教于儒家，分别主持各国变法，毅然推行耕战统一中国之大业，汉初名臣叔孙通、公孙弘等亦主张儒法合流，以顺世、趋时、建政、立功者，乃其流风所致也❷。

三、子思之学：傲然与天地相仿佛

子思之学，一则得自孔子之家学嫡传，一则得自子夏、曾子等先辈大师之教授、栽培，巍然为儒家道统中坚。

《韩非子·难三》载曰：

> 鲁穆公问于子思曰："吾闻庞涧氏之子不孝，其行奚如？"子思对曰："君子尊贤以崇德，举善以劝民。若夫过行，是细人之所识也，臣不知也。"❸

子思时已尊贵为鲁穆公老师，他谆谆告诫鲁穆公，衡量君子的大节，在于"尊贤

---

❶ 柳诒征. 中国文化史[M]. 上海：东方出版中心，1988：250-252.
❷ 钱穆先生首倡此说于1923年之北京大学、北京师范大学等著名高校讲堂，于1935年集结出版《先秦诸子系年》，累年考订再版，详见该书商务印书馆之新版（2001，北京），实为揭示精辟之不刊宏论。
❸ 郭店楚简国际学术研讨会论文集[C]. 武汉：湖北人民出版社，2000：636.

以崇德，举善以劝民"，不要纠缠其私生活之细节，斤斤计较于这些细节，是"细人之识"也，有为君主应当警惕，勿陷入俗细之人俗细之见，反而忽视了君主"尊贤"之大道。观此可知，子思胸襟、眼界、气魄之宏大、开阔，不拘细行、细识，真"王者师"气象也。

子思（约公元前483—前402年）名孔伋，孔子之孙，孔鲤之子，年辈上属于孔子再传弟子。孔鲤早死，在学术和政治上没有什么建树；子思承孔子嫡传之家学，对儒学发展产生重要影响，是战国前期儒家一大重镇。

《孔丛子·居卫》颇能道出子思其人之独特风采，鲜活展现其学、其思之独特品质与博大境界。

> 子思谓子上（孔白，子思之子，孔子四世孙）曰："有可以为公侯之尊，而富贵人众不与焉者，非唯志乎？成其志者，非唯无欲乎？夫锦缋纷华，所服不过温体；三牲大牢，所食不过充腹，知以身取节，则知足矣。苟知足，则不累其志矣。"❶

孔子学说之难能可贵、万世不朽者，即在于扶持每一人生，奋然挣脱"富贵荣华"对平生大志之种种羁绊、迷乱、束缚，巍然而傲然，广大而自由地担当人生之仁爱道义责任（儒家所谓"大节"者），外足以安定天下、社稷、家国，内足以安定自身生命，如此，每一人生乃能奋然超脱"俗累"，克尽其"天命"，自由而幸福地度过每一天！

子思精妙传承孔子"尚志之学"，谆谆教诲儿子孔白（子上、孔子四世孙）说："唯有安身安人安天下之志，才能拥有公侯之尊，而那些贪求富贵与流俗人众，是无法理解的！"亦即君子"以身取节"，小人"以身殉利"；君子终生自由，小人终生受困。如此而已，岂有他哉！

子思之学规模广大，"傲然与天地相仿佛"，故而，子思常有傲视王侯、率性脱俗之举。作为亲炙孔子之私学的先辈学长，曾子亦与子思深入讨论此一学风分歧之点：

> 曾子谓子思曰："昔者吾从夫子游于诸侯，夫子未尝失人臣之礼，而犹圣道不行。今吾观子有傲世主之心，无乃不容乎？"
>
> 子思曰："时移世异，各有宜也。当吾先君，周制虽毁，君臣固位，上下相持若一体然。夫欲行其道，不执礼以求之，则不能入也。今诸侯方欲力争，竞招英雄以自辅翼，此乃得士则昌、失士则亡之秋也。伋于此时不自

---

❶ 孔丛子[M]. 北京：中华书局，2009：93.

高，人将下吾；不自贵，人将贱吾。尧舜揖让，汤武用师，非故相诡，乃各时也。"❶

子思数语道尽晚周之时移世变：晚周初期，礼乐制度虽毁坏，但诸侯各国君臣之间尚结成一体，孔子及门徒必须执礼恭敬，以劝说诸侯大夫改弦易辙以行大道；到了子思所处之战国时代，诸侯各国彼此争霸，延揽名士以谋划统一中国，此时儒家必一改曾子之恭谨小心，而为高亢其行、傲视王侯之"狂简""狂狷"风度，以警醒世俗、匡正时弊也！

同样，子思的学生羊客，顺承儒门一贯推崇古典宪政体系之伟大精神宗旨，与子思深入讨论中华古典宪政制度体系中"伯"一级权力建制的由来：

羊客问子思曰："古之帝王，中分天下，使二公治之，谓之二伯。周自后稷封为王者，后子孙据国，至大王、王季、文王。此固世为诸侯矣，焉得为西伯乎？"❷

中华文明自五帝、三王以来，创设起古典宪政体系，除了广建诸侯外，尚设置诸侯之长，谓之"伯"，上以约束天子，下以监督诸侯，黄帝时代称"左右大监"，尧舜时代称"四岳""方伯"；夏殷时代沿袭宪制，以周公、召公为"二伯"，以监督天子、诸侯行政，洛阳以西，周公主之，洛阳以东，召公主之，其权足以代天子、专征讨、保万民。故而，汉初儒宗董仲舒，亲诲史圣司马迁曰，孔子《春秋》之旨，在于"贬天子、退诸侯、讨大夫，以达王事而已矣"，儒门宪政道统之学，传承分明，有如此者。

故而，子思教诲羊客曰：

吾闻诸子夏，殷王帝乙之时，王季以功，九命作伯，受珪瓒秬鬯之赐，故文王因之，得专征伐。此以诸侯为伯，犹周召之君为伯也。❸

此子思自述其学，得之于子夏者为多也。

子思宪政思想，以"君臣一体、彼此纲维"为本，即古今宪政哲学第一义——无论社会品级，一律均衡对等为特色。《昭明文选·王褒·四子讲德论》曰："君者中

---
❶ 孔丛子[M]. 北京：中华书局，2009：93.
❷ 孔丛子[M]. 北京：中华书局，2009：100.
❸ 孔丛子[M]. 北京：中华书局，2009：100-101.

心,臣者外体。外体作,然后知心之好恶。"李善注引《子思子》曰:"民以君为心,君以民为体。心正则体修,心肃则身敬。"郭店楚简所出、子夏所作《缁衣》曰:"民以君为心,君以民为体。心好则体安之,君好则民欲之。"

换言之,上述文献之间,彼此参证,可以明了,自孔子、子思、孟子,直至王褒、李善、魏征,周秦汉唐文明一以贯之的中华古典宪政精神,就是"君民一体,彼此纲维、彼此制衡又彼此担负"的权利义务均衡对等关系,犹如心脏与身体四肢一般的密切;"民以君为心,君以民为体"精准概括了天子、诸侯国君、朝廷大臣、百姓之间水乳不分、紧密一体、彼此纲纪的伟大宪政关系,而子思及其门人学派,不愧为上继孔圣、下传孟子,巍然树立儒家伟大古典宪政与人文道统的智慧枢纽、开宗立派的伟大导师。

子思是晚周儒学大师,据《孔丛子》载,子思学生有曾子之子曾申、子张之子申详(祥)、县子、羊客,还有子思之子孔白(子上)、孟子等一代圣孙、名儒,列于门墙,另有鲁穆公、费惠公、卫公子交等诸侯、贵卿、名流。

子思之学,恢宏瑰丽、胜义纷披,其规模之广阔、哲理之精深,传承自孔子晚年"序《易》、著《春秋》"之天地人大一统宇宙生命之学,开启孟子"浩然正气"之儒家辉煌道统,实乃承先启后、奠立根基的一代儒宗。

依稀记得,初次研读子思所著《中庸》,蓦然间,一个真气弥满、伟岸磅礴、光明瑰丽的世界,自简短的文字间喷涌而出!一个傲然立于天地之间、毅然担当天下道义的伟岸男儿形象,自子思笔下,汩汩而出!

浑浑噩噩者,举世滔滔皆是,但决不是孔子、子思,决不是孟子,决不是真儒家!从晚周诸子,到"民国七贤",一代代仁人志士、古今贤哲,以男儿的正气、精血、生命与青春,书写出中国史、人类史上一篇篇文天祥式的《正气歌》,一部部向光明、幸福奋进不息的瑰丽史诗!

如今,完全可以认定:哺育出尧舜、大禹、关公、岳飞、文天祥、海瑞等如此众多英雄人物的中华文明正统,及其主导的宪政思想——儒家学说,不可能是"吃人礼教"束缚下的可怜制度、可怜学问、可怜精神的造物,而是"傲立于天地之间,挺拔乎宇宙之外"的伟大文明、伟大教化、伟大信念,伟大生命之不朽灵魂!伟大男儿之精血!

子思哲学代表作《中庸》,作为人类思想史上最瑰丽的一篇哲理散文,与新出土的郭店楚简《六德》《五行》《缁衣》《成之闻之》《尊德义》《性自命出》诸篇之间,与先秦文献《子思子》《孔丛子》等巨著,与《尸子》等隋唐经籍所载录的传世文献之间,彼此印证、生发,揭示了儒家学说的"智慧链条",自孔子创立以来,经子思、孟子等历代巨儒传承、发挥,巍然灿然,构成华夏文明的伟大正统,其真理性与共享性,在全球文明时代将日益彰显。

子思之学乃儒家精髓之"尽己之学",即儒家自立、自爱,进而立世、爱人之博大宗旨与精髓所在也。子思儒学传入晋、秦、楚等中国中西部、南部地区，与学生尸子、商鞅等兼采儒法思想，致力于中国统一大业的思想家、政治家一起，发挥出更大的政治、社会影响。

四、从尸子到商鞅：儒家事功别派

尸子，名佼，公元前4世纪中国重要思想家，河南偃师县尸乡人，因乡以为氏，称尸子。

《史记集解》引刘向《别录》曰：

> 楚有尸子，谓疑其在蜀，今案尸子书，晋人也，名佼，秦相卫鞅客也。卫鞅商君谋事画计，立法理民，未尝不与佼规之也。商君被刑，佼恐并诛，乃逃入蜀。自为造此二十篇书，凡六万余言，卒因葬蜀。[1]

尸子乃商鞅老师，商鞅许多学术思想、政治措施，尸子亲为其讲授、谋划也。《汉书·艺文志》杂家类载《尸子》二十篇，注云："名佼，鲁人。秦相商君师之，鞅死后，逃入蜀。"[2]盖尸子早年居鲁，受业于子思，后入三晋，亦曾居留楚国，襄助学生商鞅谋划法家统一中国事业。商鞅被杀，尸佼逃难入蜀，著成《尸子》二十篇，卒葬于蜀地。

蒙文通先生在《古学甄微》中，揭示晚周儒法等诸子百家之间融会贯通的学术趋势曰："子思氏之儒，固援法而入于儒者也。法家法殷，儒取法而有改周文从殷质之说……儒家之李克（子夏弟子、魏文侯相），因亦浸淫于法者。战国之世，儒家之杂取法家者多，岂特贾生、晁错然后明申商之说哉？"[3]李克师事子夏，在魏拜相，推行"尽地力之教"而率先变法；吴起师事曾子，变法于楚国；商鞅师事尸子，变法于秦；李斯、韩非师事儒家荀子，却卓然为法家巨子，皆因时移世变，儒家遵孔子"温故知新"之旨，其"正名"思想，与法家"循名责实"思想殊途同归，故而可知，儒法汇合、诸子汇合，为晚周中国政治学术一大趋势与潮流。

《尸子》经汉末董卓之乱，有所散失。唐贞观十五年（641年），名臣魏征奉敕修撰《隋书·经籍志》，著录《尸子》二十卷，大体恢复《汉志》旧观。此前十年，魏征奉敕率虞世南、褚亮、肖德言编撰《群书治要》，收录《尸子》十三篇，以"陈仁义道

---

[1] 郭店楚简国际学术研讨会论文集[C]. 武汉：湖北人民出版社，2000：637.
[2] 郭店楚简国际学术研讨会论文集[C]. 武汉：湖北人民出版社，2000：637.
[3] 蒙文通. 古学甄微[M]. 成都：巴蜀书社，1987：198.

德之纪"，为目前可见的最早版本。清人汪继培据此本编成《尸子》两卷，允称善本。民初，梁启超、张西堂认为今存《尸子》，或为后人伪造，其理据不能成立[1]。

《汉书·艺文志》列《尸子》为杂家。班固谓杂家者流："兼儒墨，合名法，知国体之有此，见王治之无不贯，此其所长也。"迁史、班志，其深邃见识，远超今人，不知凡几也：天地人宇宙生命之大道，无不融会贯通；中华古典宪政之"王治"，无不融会贯通；故而，儒墨爱民之慈，名法治民之正，道阴阳顺理宇宙群生之妙，融会贯通；诸子百家智慧之融会贯通，要诀在"不拘一法一式"、熔铸一体、触类旁通，故而成就人类文明之大、中华智慧之高也。

"杂家"者，杂取诸家之长，措置时宜，融会贯通之伟大学问也。秦汉之际巨著《吕氏春秋》《淮南鸿烈》，汉初名儒陆贾、贾谊、董仲舒、司马谈、司马迁等，均能融会贯通而适应中国历史发展之时宜，巍然为一代儒宗也！

名贤魏征，率诸贤撰集《隋书·艺文志》，列《尸子》为杂家之一而精辟诠释之曰：

> 杂者，兼儒墨之道，通众家之意，以见王者之化，无所不冠者也。古者，司史历记前言往行，祸福存亡之道。然则杂者，盖出史官之职也。[2]

观尸子学说，归宗儒家，博大纯质，主张正己、修身、用贤、举善、正名、明分，量才而授爵，量功而授禄，代表着晚周儒家、法家合流下，一代新知识分子的思想趋势，指示着中国历史迈向王道大一统的合理方向。

今检取晚周诸子之一《尸子》所论，与《子思子》《中庸》等，如出一辙，可知周秦汉唐之华夏文明正统也：

> 目之所美，心以为不义，弗敢视也；口之所甘，心以为不义，弗敢食也；耳之所乐，心以为不义，弗敢听也；身之所安，心以为不义，弗敢服也。然则令于天下而行，禁焉而止者，心也。故曰：心者，身之君也。（《尸子·贵言》）

> 耳目鼻口手足六者，心之返也。心曰唯，莫敢不唯……和则同，同则善。[3]

---

[1] 参见 郭店楚简国际学术研讨会论文集[C]. 武汉：湖北人民出版社，2000：637-638.（梁启超等人受清末民初"疑古学派"影响，张心澂编撰《伪书通考》（上海商务印书馆，1954），笔者认为多不可从）

[2] 郭店楚简国际学术研讨会论文集[C]. 武汉：湖北人民出版社，2000：642.

[3] 郭店楚简国际学术研讨会论文集[C]. 武汉：湖北人民出版社，2000：638-639.（楚简《子思子·五行》《五行》、帛书《五行·说》义同，文稍异）

近代有西方论者提出"物质与意识关系"诸说，观子思子、尸子、陆九渊、王阳明、熊十力历代诸贤哲所论，即确知其虚妄：耳目鼻口手足者，乃至万事、万物者，均由人类心灵予以调动、派遣、措置，"心"主导"物"乃天地间了了分明、判然无讹者，近代论者执一管而窥全豹，更有据以推行"标准答案"者，悍然以此愚弄天下士子，不亦悲乎！

> 国乱则择其邪人而去之，则国治矣。胸中乱，则择其邪欲而去之，则德正矣。
> 仲尼曰："得之身者得之民，失之身者失之民。不出于户而知天下，不下其堂而治四方，知反之于己也。"以是观之，治己则人治矣。（《尸子·处道》）
> 射有似乎君子，失诸正鹄，反求诸己身。君子之道，譬如行远必自迩，譬如登高必自卑。（《中庸》）
> 明王之治民也，事少而功多，守要也；身逸而国治，用贤也；言寡而令行，正名也。
> 执一以静，令名自正，事自定，赏罚随名，民莫不敬。执一之道，去智与巧。有虞之君天下也，使天下贡善；殷周之君天下也，使天下贡财。夫致众贤而能用之，此有虞之盛德也。（《尸子·分》）
> 仁义圣智参天地。天若不覆，民将何恃何望；地若不载，民将安居安行。圣人若弗治，民将安率安将。是故天覆之，地载之，圣人治之。天高明然后能烛临万物，地广大然后能载任群体。其本不美，则其枝叶茎心不得美矣，此古今之大径也。是故圣王谨修其身，以君天下。（《尸子·神明》）
> 尊德性而道问学，致广大而尽精微，极高明而道中庸。（《中庸》）❶

研读《中庸》《子思子》《孔丛子》《尸子》、郭店儒简等传世经典，对照中国周秦汉唐直至明末的宪政治理经验，可灿然明了儒家倡导的"古典宪政体系"（儒家道统、学统、政统三统合一体系），旨在约束天子、诸侯、贵卿、大夫、士绅之恃权不法，以保护百姓安居乐业的权利、天下苍生的幸福，故而，孔子之"正名"、孟子之"王道"、《尸子》之"正名覆实"、子思与孟子之"王道"诸论，皆旨在树立全社会之正义、合理、均衡之宪政秩序，唯此，人生乃能自安而安人，进而广大高明、精微神妙，与天地相参矣。

民国七贤之一、经史大师钱穆《先秦诸子系年》曰："至魏文时，而李克著《法

---

❶ 郭店楚简国际学术研讨会论文集[C]. 武汉：湖北人民出版社，2000：639-641.

经》,吴起偾表徙车辕以立信,皆以儒家而尚法,盖礼坏则法立,亦世变之一端也。"[1]

魏文侯是战国初期主持变法、广招儒生、扩张国势的一代政治家,魏文侯及其子魏武侯,父子同拜儒学大师子夏为师,两朝同拜著名儒生李克(李悝)为相,拜另一儒生吴起为主帅,一时间,儒学大盛于三晋之国中率先崛起的魏国,儒门弟子云集魏国,著名儒生有子贡学生田子方,子夏学生段干木,子夏再传弟子李克,曾子学生吴起等,分别主持魏国民事、军事大政,儒学一举告别在鲁国的长期"在野地位",成为主导战国初期政治、经济、军事潮流的"显要之学"。

与此同时,儒学作为博大深邃的学术统系,也由子夏、子思、尸子等人的辛勤培育,儒门大师的代代传承而灿烂可观:"(曾)申传魏人李克,克传鲁人孟仲子,孟仲子传牟子根,牟子传赵人孙卿子(荀子)"[2],可谓代代杰出。

儒家因此成为晚周以来第一大学派。

其中,子思一派,传至孟子及门弟子,巍然为儒家宪政理想主义之"道统"学派;子夏一派,连同李克、吴起,连同尸子、商鞅师徒,再有荀子、李斯、韩非等师弟子加入、变化,长期讲学于三晋、秦、楚,活跃于魏、秦、楚等国政坛,巍然转成儒家事功主义、现实主义的"政统"学派,直接孕育了法家思想的出现与兴盛;更有曾子、子贡及其再传弟子,活跃于学坛、商界,巍然为名儒,维系儒家学统。

商鞅约在魏武侯执政末期、魏惠王执政初期由卫入魏,儒业学于尸子,法政学于李克、吴起,后在魏惠王丞相公叔痤门下办事,公叔痤临终推荐商鞅于魏惠王,惠王不能用,商鞅遂西入秦,因秦孝公嬖幸之臣景监的推介,数次游说秦孝公,受孝公赏识而主持秦国变法。商鞅初次游说孝公,以尧舜、夏殷周王道等儒家主张为标榜,孝公不予理睬;后改为法家霸道主张,孝公大为赏识,当即委以重任。

由此可知,孔孟"儒家王道仁政理想",必须经历"法家霸道政治"这一历史曲折,乃能统一中国,进而从容措置、徐徐展开,否则,国乱而民困,仁政、王道无从措置也。

可惜秦始皇、李斯等秦朝君臣、权贵,师心自用、不明斯理,统一中国之后仍然不恤民力、残暴专制,终于自我断送大一统王朝;而汉初君臣,深明斯义,一味体恤民生、休养生息,同时以儒家教化规范天子、贵卿、大夫、士绅、百姓,遂铸就四百年绵延之光辉灿烂之大汉文明也。

儒法诸子根本智慧的一致性,司马谈、司马迁父子(《论六家要旨》)、陆贾、贾谊、董仲舒、孔安国等汉初诸贤,均论之凿凿;民国七贤之一的钱穆大师,巍然接续而揭示于《先秦诸子系年》曰:"人尽夸道鞅政,顾不知皆受之李、吴。人尽谓法家原于道德,不知实渊源于儒者。其守法奉公,即孔子正名复礼之精神,随时势而一

---

[1] 郭店楚简国际学术研讨会论文集[C]. 武汉:湖北人民出版社,2000:641.
[2] 经典释文·序录[C]//郭店楚简国际学术研讨会论文集. 武汉:湖北人民出版社,2000:641.

转移耳。"❶

孔子正名之说，博大深湛，垂范万世：父有慈爱之名，子有孝顺之义；君有礼贤爱民之名，臣有忠诚勤勉之义；依次类推，一切人伦关系、公共关系，必有此一"名分"在，必以此"名分"为标尺而加以协调、维系，一切社会之公共生活、私人生活，据此而有序、合理地运转起来。

儒家宪政道统，贯穿于孔子仁义思想。仁义作为普世共通之道德信仰、文明理想，凝聚为古典宪政体系，以道统为信仰，以学统为标尺，以政统为制度，三统合一，余谓之古典宪政体系。《子思》谓之"仁义礼智圣"，《白虎通》谓之"三纲六纪"，全民族咸尊"仁义礼智信"为人类公共关系的准绳、法则，人类文明秩序之道德基础与精神核心。民国七贤之一的陈寅恪先生，谓之"犹如柏拉图之Idea"，同为"民国七贤"之一的辜鸿铭先生，谓之"名分大义，乃人类荣誉与责任的最高法典"云云，以此。

《商君书·定分》曰："一兔走，百人逐之，非以兔也；夫卖者满市，而盗不敢取，由名分已定也。故名分未定，尧舜禹汤且皆如鹜焉而逐之；名分已定，贫盗不取。"❷

商君之言信哉！神农设市，日中交易，百姓互通有无，虽财货粲然陈列，贫盗不敢攻取者，名分已定也；黄帝立国，诸侯公推天子、大臣、百官之"宪政名分"已定，天子、诸侯、百官，只能以德居位，天下为公之宪政精神，深入人心，虽暴如桀纣、贤如周公、伊尹，不能乱之，中华文明乃井井有条；尧舜二帝允恭克让、爱民如伤，百官百业，繁盛有度，中华文明乃灿然华美。故而，儒家所谓"名分大义"，在虞夏殷周为"礼"，在晚周秦汉为"法"，在希腊罗马、近代宪法哲学，谓之"自然法""法治"者，即发自天地人宇宙生命大一统秩序中而万古不移者也。

《尸子·发蒙》论之曰："正名以御之，则尧舜之智必尽矣。明分以示之，则桀纣之暴必止矣。……明分则不蔽，正名则不虚，赏贤罚暴则不纵，三者治之道也。"❸尸佼之学博大深邃也：明确君臣父子、百官百业之职责，谓之"明分"；合理正当地对待万事万物之实质、法则、规范，谓之"正名"；奖赏贤德、惩治残暴不仁，谓之"有度"（不纵），三者匹配，礼教为主，法治为辅，人类社会必长治久安也！

长治久安，而非混乱局促，谓之王道。儒家诚万世不易之王道也：孔子、子思、孟子为之正统，子夏、尸子、荀子为之别派，匹配互动，措置时宜而大用于世，全球大一统之仁爱和平，庶几近之矣。《尸子·劝学》曰："惟德行与天地相弊也。"弊者，尽也，终也，人类德行，鼓舞奋发，足以匹配天地之大道、万物之丰美、宇宙之无穷也。

---

❶ 郭店楚简国际学术研讨会论文集[C]. 武汉：湖北人民出版社，2000：641.
❷ 郭店楚简国际学术研讨会论文集[C]. 武汉：湖北人民出版社，2000：641.
❸ 郭店楚简国际学术研讨会论文集[C]. 武汉：湖北人民出版社，2000：642.

五、穆如清风：从孔子到钱穆之中国正统

中国古典宪政体系之道统、学统、政统，历经孔子、子夏、子思、孟子、尸子、荀子、子鱼（孔甲）等历代圣贤之传播实践，巍然灿然，而为天地人宇宙生命大一统之中国正统，不仅历经忧患、确保了中华文明一再复兴，更在近现代忧患纷乱之世，哺育出"民国七贤"等思想大师以及中国现代一流艺术家的精美文艺作品，堪称"现代中国正统"。

近来观赏民国电影大师费穆拍摄的伟大电影史诗《孔夫子》（2009年由中国香港地区予以数码修复并发行），欣赏这一史诗巨片，其素朴如歌、浩气长虹、感人至深，是近代中国人、民国一流艺术家民族正气、铮铮傲骨与精湛技艺的完美表现。

影片结尾部分，特别抒写孔子晚年孤苦无依、门生寥落，膝下唯嫡孙子思殷勤陪伴。孔子正是在子思的侍奉、陪伴下，毅然完成伟大著作《春秋》。祖孙二人相濡以沫，将董仲舒、司马迁精辟概括为"贬天子、退诸侯、讨大夫，以达王事而已"之《春秋》宪政精神，发挥到极致：中国人相信，以天子之尊、诸侯之贵、大夫之强，不足以摇撼中华文明的伟大信念——莽莽苍苍之天地人宇宙生命大一统，以仁爱正义为价值核心，以人民安乐为治理王道，亦即《尚书》金光闪闪之八字文明奥秘——"民之所欲，天必从之"，违背这一宪政宗旨的天子、诸侯、大夫等天下一切势力，均遭贬斥、罢退、讨伐，换言之，宪政的终极裁判，是人民！

试问：费穆先生何以有此深妙之见？

观民国七贤之一、一代文史巨匠钱穆大师著名回忆录《八十忆双亲·师友杂忆》对民国学术思想与人文氛围的精致描绘，可知其学问渊源：中华文明之宪政神髓，嘉言懿行、宏规伟模，彼时尚在中国灌溉、传布，既深且广，是故伟大电影《孔夫子》，足以在编、导、演、制片上，臻于世界一流水平。在神州沦陷、南京惨遭大屠杀、孤岛上海乃至全中国愁苦无告之时，受儒家仁义教化长达数千年的中华民族，在颠沛流离中同仇敌忾、浴血奋战，誓将中华文明光复！费穆特别细致刻画孔子高足——子路奋不顾身与篡弑者决一死战的壮烈情节，寄寓着伟大的电影艺术家对民族正气、祖国光复的殷切呼唤！

余在北师大2013年大一新生、研一新生课上，谆谆以告诸生：余之选定教材，乃民国七贤之一、钱穆先生《论语新解》，柳诒征《中国文化史》以及费穆先生执导史诗巨片《孔夫子》等名著，钱穆、费穆两先生以道德、文章垂教于世，其名讳之"穆"字，深涵中华文明神髓——穆者敬也，深深恭敬于天地人宇宙生命大一统，则个人生命亦深深浸润于《诗》所谓"于穆不已"之温存恻怛、刚直纯正，庶几自立而立人，巍然为人群楷模、人世良知，任凭举世俗流滔滔而"确然不可拔"者也。

子思《中庸》曰："博厚配地，高明配天，悠久无疆"，此中华文明之广大自由境界，天地人大一统宇宙生命之繁复美盛也。置身今日社会中，余内心之无尽光明，得之于儒家六经、晚周诸子、西方贤哲，乃灿然绽放于内心深处！

恰如晨光熹微之曙色中，余在海口西岸之美丽海滩上，眺望北部湾，遥想浩瀚太平洋，鲜红朝阳跃出于胸中，铺展万道金光于粼粼海面，余深知此"黄金之路"，得之于余内心黄金一般宝贵之灵性觉醒，得之于天地神明之黄金恩赐，犹如惠特曼所吟咏之密叶丛中的一对雏鸟，犹如杰克·凯如阿克在北美荒凉峰上领悟出的那"钻石一般的寂静"，犹如浩瀚银河之天鹅星群、北极辰星，犹如宇宙一切广大精微之神妙律动，绵绵不息，刹那新生，周而复始，直至永生！

下篇

大一统文明之路

第二十二章　中央集权大一统

晚周秦汉之际，中华文明传播秩序的断裂与重生，为全人类积累了最可宝贵的传播遗产与文明经验：一个历经数百年艰辛开国、不断积聚实力、东征西讨、扫荡天下、统一全国的诸侯（秦），在仅仅十数年间，因内政紊乱而土崩瓦解、最终覆灭，而一群平民人士（以刘邦、萧何等人为代表），在一种合理的文明观念的引导下，巍然建树起全球史上最为稳固、有序、繁荣的文明之一——汉，至今全球人口的四分之一，不仅自我定义为"汉"民族，更以无比的奋斗精神，力图在当今全球化的格局中，恢复其举世尊仰的文明地位。

一、中国历史是人类史的光辉正统

长久以来，东亚史、中华文明史，在近代西方通史著作中，始终处于陪衬、从属乃至点缀的地位，西方史家刻意造成这样一种印象：西方历史才是人类史的正宗；不能充分融入"西方主流"的各民族文明，注定干涸、衰残、灭亡。

历史与现实的生命进展，完全驳斥了这一论调。

阿诺德·汤因比在不朽巨著《历史研究》（修订插图本）中，试图寻求一个适用于全球历史的普遍文明模式。他在考察希腊文明模式的"文化统一与政治分裂"之间的深刻冲突促使希腊文明毁灭后，将目光投向人类历史的另一大模式——中国模式："中国历史具有漫长的跨度，它表现为一个大一统国家的理想不断变为现实……从中国历史的传统表现来看，由始皇帝完成并经刘邦加以拯救的那种有效的政治统一，实际上必定是史无前例的成就……"❶

换言之，人类历史的正途、合理模式，应当是中国保持高度可持续性的文明模式，而西方历史模式，仅为补充模式之一，如同很早亡国但宗教保持不灭的犹太模式一样。

追步汤因比的伟大洞见，深入研究中国伟大的经史文献与历史脉络，今天，我们

---

❶ 汤因比. 历史研究（修订插图本）[M]. 上海：上海人民出版社，2000：37-38.

完全可以理直气壮地宣称：中国模式，作为人类史具有典范意义的正统模式，远比断裂性的希腊模式，在全球史上放射出更加合理而耀眼的文明光芒。

中国文明大一统模式之所以能超越希腊模式的固有缺陷——政治分裂断送文化统一，进而打破所有西方城邦文明的命定循环，从自身文明传播秩序的巨大断裂处，屡次获得惊人的复原与新生，原因即在于：在晚周秦汉之前的漫长文明创制、建构、培育期里，从炎黄尧舜时代确立的华夏古典民主之大同推举宪制，直到周公制定《周礼》所确立的华夏民主之联邦王制这一整套宪法机制，早已将中华民族凝聚为一个紧密协调的文明整体，即华夏大一统。

历经晚周秦汉之际的混乱无序，全社会一致认同恢复华夏民主制的宪法哲学（儒家思想）和宪法机制（敬奉人民为邦国根本的华夏民主制），并在这一根本机制的基础上重建文明统一。这一伟大历史进程的体现，就是违背华夏民主制的暴秦迅速覆灭，就是恢复并奠立华夏民主制新形态（中央集权下的宪政文治政府体系）的炎汉王朝的勃兴与迅速繁荣，而以汉朝儒教思想以及宪政文治主义的社群公共体系的完备而坚固的建制、成熟而告完成。

二、暴秦覆灭的深刻历史教训

秦人始祖乃舜时调驯鸟兽的伯益，其后裔在周成王、穆王时为御者，孝王时非子在犬丘为周王室养马，宣王时受命讨伐西戎。周王室遭遇幽王之乱，秦襄公派兵护送平王东迁，尽得岐山以西之土地、人民并受封为诸侯，遂开始了逐鹿中原、吞并巴蜀、扫荡天下的霸业。

经历数代经营，尤其是秦孝公重用商鞅、张仪等人为相，废井田、开阡陌、奖耕战、力兼并，白起等著名将领率军征战南北，威震天下，仅秦军与赵国在长平（今山西高平）一战即残杀赵军40余万[1]。秦嬴政继位，以吕不韦为相、李斯为舍人、蒙骜等为上将，用尉缭之计，以30万金贿赂诸侯各国大臣，以破坏诸侯合纵抗衡之谋，秦军各个击破，终于在公元前221年以暴力统一中国。

大梁（魏都，今开封）人尉缭，颇能道秦始皇之为人、秦政权之居心：

> 秦王为人，蜂准，长目，挚鸟膺，豺声，少恩而虎狼心，居约易出人下，得志则轻食人。我布衣，然见我，常身自下我。诚使秦王得志于天下，天下皆为虏矣。不可与久游。[2]

---

[1] 王利器. 史记注译[M]. 西安：三秦出版社，1988：104.
[2] 王利器. 史记注译[M]. 西安：三秦出版社，1988：121.

秦以暴力诈欺统一全国，乃妄想继续以暴力诈欺而奴虏人民，长久以"霸术"统治天下，一反孔子《春秋》以"王霸之辨"为"三辨"（王霸、华夷、义利之辨，即华夏文明三大宪法原则）之根本，弃王道而行霸道。

初并天下，始皇即自恃成功，令丞相王绾、御史大夫冯劫、廷尉李斯等朝廷高官，"议帝号"。

绾、劫、李斯等人望风希旨而奏：

> 昔者五帝地方千里，其外侯服、夷服，诸侯或朝或否，天子不能制。今陛下兴义兵、诛残贼，平定天下，海内为郡县，法令由一统，自上古以来未尝有，五帝所不及。臣等谨与博士议曰：古有天皇，有地皇，有泰皇，泰皇最贵。臣等昧死上尊号，王为泰皇。命为制，令为诏，天子自称曰朕。❶

秦灭六国，正是华夏大一统文明逐步突破联邦王制缺陷、建立单一制的中央集权大一统的历史进程的一部分，始皇暴虐骄横而不自知，秦乃华夏历史借助其暴力而迅速实现全国统一与华夏民主制更迭与提升之工具而已。

在联邦大一统王制下，诸侯与天子实际上处于对等的宪法地位，诸侯"或朝或否"即构成对天子朝廷（中央政府）合法性的确认或否决，华夏古典民主制之所以恭敬尊礼地方诸侯、恭敬采纳诸侯属下万民的民意取向，中央政府之所以自限权能并严格遵循《周礼》等宪法机制以从事民事、军事治理，皆因联邦王制的天子-诸侯二元分立、分权制衡的宪法制度所致。倘天子朝廷失德，则诸侯有权各自为政，上下离心离德必然造成天下崩解，秦统一全国可谓一举终结了联邦王制这一宪法结构的固有缺陷，中央集权制的华夏一统巍然建树起来，秦之建立统一国家，乃华夏文明之工具也。

始皇生于王权崩解、霸权横行的战国时代，自骄偏执，肆行法家推崇霸术、不恤民力、奴虏天下等不仁不义、一往而偏之论，自诩功业逾越五帝、超迈三皇，自制名号为"皇帝"，更公然将华夏历史正统之"谥法"全予废弃：

> 朕闻太古有号毋谥，中古有号，死而以行为谥。如此，则子议父、臣议君也，甚无谓，朕弗取焉。自今以来，除谥法。朕为始皇帝，后世以计数，二世三世至于万世，传之无穷。❷

始皇生为人质，十三岁继位，一生专务兼并，其不学无术如此之甚也：太古炎黄

---

❶ 王利器. 史记注译[M]. 西安：三秦出版社，1988：123.
❷ 王利器. 史记注译[M]. 西安：三秦出版社，1988：123.

尧舜屡相禅代，中古夏商周三代彼此更替，岂有"二世三世至于万世"之王朝？

历代史官制度，总结政教得失，必议谥号以论定前朝之是非、君主之高下，以示道德评价、历史评价、人民评价之至高无上、稳定坚固、不可摇撼也。

夏桀、殷纣、周幽王、厉王，虽有王者之权，却无王者之尊，其暴虐无道、伤天害理，不仅覆灭自家数百年王朝，更落下千古骂名、遭万世唾弃（桀、纣、幽、厉皆恶名），如此伟大威严之谥法，乃凸现吾巍巍华夏文明以人民意志、道德公断为唯一之历史是非标准。

父子君臣之间，虽尊卑有别，其宪法地位全然对等，子议父、臣议君乃华夏宪法《尚书》《周礼》《春秋》之理所当然者，始皇不学，反以为非，废除谥法，私意企图摇撼、逃避吾华夏史学之正统评断、道德评价之终极合法性也。

秦初定天下，始皇大兴土木、横征暴敛、四出游幸、立石自夸，严刑峻法以待天下，人民稍有不堪劳役、兵役之苦而获罪，即被流放到边远地区以修筑长城，民怨沸腾而起，尚不节制，在阳武博浪沙（今河南原阳）等地屡遭盗者（流民）袭击，表明其统治虽暴虐残忍至极，亦不能禁制人民纷纷反抗也。

博士淳于越奏称："今陛下有海内，而子弟为匹夫，卒有田常、六卿之臣，无辅拂，何以相救哉？事不师古而能长久者，非所闻也"❶云云，表面上创议恢复封建规制，实则规谏始皇：臣民当下潜伏着分崩不宁形势，如战国时代田常篡齐、晋国六卿（范、中行、智、韩、赵、魏六氏）篡晋的危乱局面正在形成，寄望始皇改辙师古。

始皇非但不采纳，反而采纳李斯建议，悍然发动"焚书坑儒"、钳制舆论的千古惨祸，将自身政权完全推向丧失一切合法性的、反人类、反文明的残暴境地。

始皇巡幸至平原津（今山东平原）时染病而死，李斯、赵高等秘不发丧，伪造遗诏赐死长子扶苏、上将军蒙恬，立少子胡亥继位。胡亥任用赵高、肆意屠戮，人民更加愤怒。

七月，戍卒陈胜、吴广首揭义旗、毅然起义，各地人民纷纷响应，刘邦、项梁及项羽等纷纷起兵，暴秦被迅速葬埋于人民起义的伟大怒潮之中！

撰述至此，余持书浩叹：秦暴虐不仁、毁弃文明、焚书坑儒、肆意不法，其人神共愤，天绝其祀，千古大快哉！

三、楚亡汉兴的历史玄机与文明奥秘

《史记索隐》注释《高祖本纪》开篇云："高祖小字季，即位易名邦。"❷古以伯仲叔季称呼男子兄弟排行，刘邦盖因排行小名"刘老四"而称刘季，即位后改称刘邦，

---

❶ 王利器. 史记注译[M]. 西安：三秦出版社，1988：129.
❷ 司马迁. 史记[M]. 北京：中华书局，1999：241.

可知其为秦末出身微寒之底层平民。刘邦为人"仁而好人，喜施，意豁如也。常有大度，不事家人生产作业。及壮，试为吏，为泗水亭长，廷中吏无所不狎侮"❶。为县送刑徒，中途逃亡者大半，刘邦遂释放众刑徒尽逃亡，自谓"公等皆去，吾亦从此逝矣！"❷十数壮士感其仁义而自愿跟从：呜呼！天下苦于秦暴政久矣，高祖释放刑徒、毅然与秦决裂而起义，其仁义豪放如此，是以其后屡遭大挫败而归附者不绝也。

秦二世元年秋，陈胜等起义，号张楚，天下纷纷响应。沛县令初欲归附后又反悔，闭城欲杀主张起义的县衙主吏萧何、曹参等，萧、曹等人逾城投奔刘邦，此时刘邦已有近百人之众，遂书帛射城上，谓"天下苦秦久矣，今父老虽为沛令守，诸侯并起，必屠沛。沛今共诛令，择子弟可立者立之，以应诸侯，则家室完"❸，沛县父老接信，遂率子弟杀沛县令，开城门迎刘邦，推举刘邦为沛公。

少年豪吏萧何、曹参、樊哙等收编沛县子弟三千人为义军，祭祀黄帝，以祈望兴义兵定天下；又祭祀蚩尤，以求"五兵之祖"保佑；更行"衅祭"，将牲血涂于鼙鼓、战旗上，以神武其戎器❹也。

观刘邦等人起兵经过，可知其人深通华夏文明之精髓：释放刑徒、聚众造反乃其仁义果敢精神之首发也；敦促沛县父老杀县令起义则以保护家室为号召，则可谓深通时宜、权变也；祭祀黄帝、蚩尤、衅祭鼙鼓、战旗，所以壮军威于义兵、祈福祉于神灵，不学者难知此也！

萧何、曹参诸人主其事，二人不仅于创立汉朝的军事谋划上立有大功，更接续担任汉朝丞相，开创出"休养生息""萧规曹随"之汉初众多文治主义宪政制度，乃为当时知识分子投奔刘邦麾下以创立汉朝事业之伟大缩影。

秦政暴虐不法，万民纷纷反叛，刘邦以一介平民而崛起，可谓吾华夏文明豁然新生之契机也！

再观项梁、项羽起兵之经过，乃知秦末贵族阶层之衰败残暴、平民阶层之巍然勃兴以及二者此消彼长之局面，华夏文明自诸侯贵族主持下的联邦王制，向平民主持政治之中央集权制过渡之伟大历史进程也：

> 项籍（羽）少时，学书不成，去，学剑，又不成。项梁（项羽叔父）怒之。籍曰："书足以记名姓而已。剑一人敌，不足学，学万人敌。"于是项梁乃教籍兵法，籍大喜，略知其意，又不肯竟学。……籍长八尺余，力能扛鼎，才气过人，虽吴中子弟皆已惮籍矣。……陈涉等起大泽中。其九月，会稽守（殷）通谓（项）梁曰："江西皆反，此亦天亡秦之时也。吾闻先即制

---

❶ 司马迁. 史记[M]. 北京：中华书局，1999：242.
❷ 司马迁. 史记[M]. 北京：中华书局，1999：243.
❸ 司马迁. 史记[M]. 北京：中华书局，1999：247.
❹ 司马迁. 史记[M]. 北京：中华书局，1999：247-248.

人,后则为人所制。吾欲发兵,使公及桓楚将。"是时桓楚亡在泽中。梁曰:"桓楚亡,人莫知其处,独籍知之耳。"梁乃出,诫持剑居外待。梁复入,与守坐,曰:"请召籍,使受命召桓楚。"守曰:"诺"。梁召籍入。须臾,梁眴籍曰:"可行矣!"于是籍遂斩守头。项梁持守头,佩其印绶。门下大惊,扰乱,籍所击杀数十百人。一府中皆慑服,莫敢起。梁乃召故所知豪吏,谕以所为起大事,遂举吴中兵。使人收下县,得精兵八千人。❶

观此可知,项羽乃叔父项梁之威猛杀手而已,学书学剑两无成,仰赖项梁之奸诈权术也:会稽县令殷通延请项梁父子商议起义,反遭项氏父子暗杀,苍天有眼,项氏不义而起事,最终不敌刘邦而败亡,可谓报殷通之冤也!

项氏家族乃楚国军事贵族,暗杀屠戮敌手如若平常,曾攻陷一城,将降卒数十万尽皆坑杀,所过尽归残灭,与刘邦大军所过秋毫无犯不可同日而语也。项梁用范增计,求得楚国末代君主楚怀王孙,立为楚怀王以号召天下,数破秦军而骄横自满,不用宋义计谋而大败身死。怀王以宋义为上将军,项羽不平,重演暗杀殷通故事,暗杀宋义而自立为假上将军,怀王无奈认可之,但与诸将约定:先入定关中者为王。

楚怀王、诸老将皆曰:

项羽为人僄悍滑贼。项羽尝攻襄城,襄城无遗类,皆坑之,诸所过无不残灭。……不如更遣长者扶义而西,告谕秦父兄。秦父兄苦其主久矣,今诚得长者往,毋侵暴,宜可下。今项羽僄悍,不可遣。独沛公素宽大长者,可遣。❷

刘邦遂奉命西出兵,定关中、夺咸阳,秦王子婴投降,秦灭。用樊哙、张良计,封存秦朝重宝、财物于府库,还军霸上,召关中父老豪杰曰:"父老苦秦苛法久矣,诽谤者族,偶语者弃市。吾……与父老约,法三章耳:杀人者死,伤人及盗抵罪。余悉除去秦法。……"❸

关中民众大悦,寄望刘邦受封为关中王。项羽却闻讯大怒,引兵四十万欲攻之,刘邦兵仅十万,不敌,从百余骑,赴鸿门宴而用张良、樊哙计得脱。

项羽军入咸阳,焚烧宫室、所过残破,秦人恐惧慑服。项羽怒怀王不肯令己与刘邦西入关灭秦而令己北救赵,遂佯尊怀王为义帝,而自行封立,负诸侯盟约,驱使刘邦王巴蜀汉中,使卒三万人从,盖监视之。

---

❶ 司马迁.史记[M].北京:中华书局,1999:209-210.
❷ 司马迁.史记[M].北京:中华书局,1999:252.
❸ 司马迁.史记[M].北京:中华书局,1999:256.

刘邦一路烧绝栈道，示无意东归，实则用韩信诸人计谋，出兵关中而大胜。其时项羽自封西楚霸王，强徙义帝并在中途派人暗杀之，诸侯多叛项羽。

刘邦兵至洛阳，闻义帝遭暗杀，大哭而为义帝发丧，告诸侯项羽之罪，与项羽大战，几经大挫折，终于在垓下大破楚军，天下遂大定也。

四、汉廷勃兴之根基：重申中华古典宪政哲学

自秦灭六国、统一华夏以来，中华文明经历了全球史上最大的一次社会变革，诸大国土、人民，遭受生灵涂炭的残酷战争之苦，至汉初，经济困窘，中央政府竟然不能配备毛色统一的马匹以供天子朝廷用车，天下之残破，莫此为甚也。

经受了秦楚汉之际的巨大动荡，在空前惨烈的历史变乱中奋然崛起的平民天子，以及平民精英知识分子等各阶层人士，必然要深思并解答这一文明传播的核心命题——合理组织文明生活的真谛、文明演进的规律（传播秩序）以及秦楚灭亡、炎汉兴起的传播奥秘，究竟何在？

首先尝试做出解释的，是自平民阶层毅然崛起而奋斗不息、受天下万民拥戴（天命）而为华夏史上首位平民天子的刘邦。刘邦即位，置酒于洛阳南宫，问满朝群臣："吾所以有天下者何？项氏之所以失天下者何？"❶

高起、王陵对曰："陛下慢而侮人，项羽仁而爱人。然陛下使人攻城略地，所降下者因以予之，与天下同利也。项羽妒贤嫉能，有功者害之，贤者疑之，战胜而不予人功，得地而不予人利，此所以失天下也。"❷

高祖以为此论"知其一，不知其二"，刘邦自谦才干大逊色于臣僚，但能妙用张良、萧何、韩信等一大批同样自民间奋然崛起的豪杰、贤士而得天下也。

观汉初君臣之间对话，彼此平等而坦诚率真，群臣毫无忌惮，直言指摘天子之病；高祖更雅意大度，自知、自爆其短，反愈益突显其长，朝廷上下、群臣万民必自叹弗如、愈加拥戴也。

高起、王陵之言，恰如秦博士淳于越之论，颇代表当时天下人痛恨秦始皇"废封建、行郡县"，以为不足以"封赏功臣宗亲、屏藩天子"。高祖初年亦顺应古制，遍封同姓、异姓王，虽然后来这些诸侯王均因不法叛乱被削夺除国，证明秦汉大一统中央集权国家之郡县制，远远优于联邦大一统之封建制，但高起、王陵之言，实则揭示出华夏宪法精神之一脉相承而延续不改也：上至天子、下至百姓，一体拥有华夏文明之宪法权力，王者必"与天下同利"也！

比刘邦君臣更高明，对秦灭汉兴做出更高普世意义上之宪法哲学、历史哲学解释

---
❶ 司马迁. 史记[M]. 北京：中华书局，1999：268.
❷ 司马迁. 史记[M]. 北京：中华书局，1999：268.

的，是西汉名儒陆贾、贾谊等杰出思想家。其中，以18岁闻名天下，被文帝拜为博士、20多岁即位列公卿大夫的洛阳少年贾谊之名篇《过秦论》，最为脍炙人口，诚乃千古定论也：

> 先王知壅蔽之伤国也，故置公卿大夫士，以饰法设刑，而天下治。其强也，禁暴诛乱而天下服；其弱也，五伯征而诸侯从；其削也，内守外附而社稷存。故秦之盛也，繁法严刑而天下振；及其衰也，百姓怨望而海内畔矣。故周王序得其道，而千余岁不绝。秦本末并失，故不长久。由此观之，安危之统相去远矣。野谚曰："前事之不忘，后事之师也。"是以君子为国，观之上古，验之当世，参以人事，察盛衰之理，审权势之宜，去就有序，变化有时，故旷日长久而社稷安矣。❶

伟哉贾谊之言也！华夏民主制之宪法哲学，被其一言道破："先王知壅蔽之伤国也，故置公卿大夫士，以饰法设刑，而天下治。其强也，禁暴诛乱而天下服；其弱也，五伯征而诸侯从；其削也，内守外附而社稷存。"依据华夏古典民主制，天子诸侯之所以设立公卿大夫士之宪法制度，即在防止"壅蔽伤国"，亦即分权制衡、采纳民意的华夏古典民主制，乃中华文明长治久安之根本，其处强势扩张期，则尧舜禹建九州朝贡体系而四夷归顺；其处守势虚弱期，诸侯方伯尚可会盟华夏、尊王攘夷；其处削弱缩退期，尚可内守宗庙而外附强国，至少社稷幸存、文明不至覆灭也。

西周之王序（礼教秩序）千年不绝，而暴秦之繁法严刑，虽能在武力攻伐扩张的初期发挥一时功效，但秦君臣不悟华夏民主制下采纳民意、体恤民力、增殖民富、培育民德为华夏文明之邦本，奋末技而横征财税、野蛮攻伐而为华夏人民痛恨，民本不立，天下分崩，强大武力亦随之瓦解，本末并失，因此不能长久。秦以暴力一统天下却仅15年而覆亡，文明传播秩序（华夏古典民主制）之安危统系，不亦判然分明、洞若观火耶！孔子曰："人而不仁如礼何？人而不仁如乐何？"仁义公平以固民本、以纳民意之华夏古典民主制，诚乃万古不灭之文明传播秩序，全人类文明当下生死存亡、盛衰荣枯之不可摇撼之终极真理也！

贾谊建议文帝"法制度、定官名、兴礼乐……悉更秦之法"❷，实乃主张在华夏古典民主制基础上，重建炎汉王朝之宪法制度，亦即重申华夏古典民主制之宪法哲学，去秦而就周，斟酌损益古宪政而为天下长治久安之良策也。

文帝初即位，受到迎立大臣周勃、灌婴等人掣肘而无法采纳。待英俊雄伟之少年天子汉武帝即位，迅速采纳董仲舒《天人三策》与贾生相同之论，巍然将华夏大一统

---

❶ 司马迁. 史记[M]. 北京：中华书局，1999：196.
❷ 司马迁. 史记[M]. 北京：中华书局，1999：1940.

文明建树为举世罕匹的"大一统儒教国家",对内完善华夏古典民主制之文治政府体系,对外驱逐匈奴等蛮夷部落的暴掠侵扰,一举奠定吾华夏民族绵延至今之弘大国土、政教之规模,隋唐宋元明清历朝承袭延续而无以过之也!

五、中华古典宪政体制的君臣制衡

华夏古典民主制经历了大同推举制、联邦王制和中央集权制三种民主形态。尧舜时代的大同推举制,是天子、群臣均经民选推举产生;夏商周联邦王制是天子世袭,群臣的任命则为民选推举;而中央集权制,则仍是天子世袭、群臣的任命经民选推举,但大同推举制、联邦王制中,推举天子、任命官吏、认可中央权力的诸侯贵族,逐步退出历史舞台,从而进一步稳固了大一统文明秩序。

余尝援引柳诒徵、蒙文通等民国大儒论述,反复告诫北京师范大学诸博士生、硕士生、本科生:断不可将古文《尚书》《周礼》等古籍,误判为战国秦汉时代儒生之伪造,尧舜之大同民主制、夏禹之九州朝贡制、周公之制礼立宪,倘被误判为后世伪托,那就根本无法解释中华文明何以在晚周秦汉时代创造出"中华大轴心"时代的一系列辉煌成就;更无法解释周秦楚汉时代,何以儒家思想深入人心到如此程度,秦楚贵族集团企图单凭暴力统治全国而屡遭挫败,刘邦集团作为平民代表而崛起于华夏舞台并最终胜出。

这一切文明传播奥秘的合理解释,只能是:在晚周秦汉之前的数千年时间里,华夏文明的大同主义、共享主义的宪法原则与民本观念早就稳固树立起来,体现这些原则与观念的宪法机制(大同推举制、联邦王制)业已相当完备。

"敬天保民""民为邦本"的宪法精神、宪法原则,与天子、诸侯、群臣、士绅、万民之间分权制衡、彼此纲维的宪法制度体系,相互匹配、均衡推行、深广传播的结果,是促使华夏古典民主制的观念深入人心、不可倾摇。

秦楚贵族反其道而行,不纳民意、不恤民力、奴虏天下,必然迅速败亡;刘邦出身民间、深察人民疾苦,以"仁厚长者"的政治形象和"尽去秦法"的政治措施相号召,遂在贵族主政制残余未尽、人民尚普遍怀念精英贵族的时代,以一介平民的卑微身份登上舞台,遂开启了以平民精英(士)阶层主导华夏文明的伟大新时代!

中华古典民主制宪政秩序的关键,就是君臣制衡、上下纲维、采纳民意、体恤民生。君主采纳民意与否,尤其是其采纳群臣规谏的程度,构成了一个王朝政治成败、文明盛衰存亡的主要标志之一。

譬如汉初,刘邦本欲定都洛阳,娄敬、张良谏阻,主张定都关中,刘邦一旦听从,当日立刻起驾入都关中,其纳谏之速、效率之高,诚乃炎汉王朝巍然兴起之诀窍也!

余读《史记》观秦楚动荡、陈胜首义、群雄逐鹿、大汉兴起之文明壮剧,常深夜难眠,倾心思慕不已。亦常深夜披衣起身,撰写读书札记《世上的一切》等数百十条,读者试观"娄敬论定都"一则,颇寄托古今兴亡之感:

齐人娄敬于汉五年(公元前202年)求见刘邦,娄敬身穿羊毛织就的粗鄙衣服,引见者请他换上鲜美精致的衣服,娄敬道:"是真士,无论衣帛还是衣褐,均可以面君!"

刘邦问以定都之地,娄敬道:"陛下欲都洛阳,岂非欲与周室比隆?(刘邦点头称是)陛下取天下与周室异……及周之盛时,天下和洽,四夷向风,慕义怀德,附丽而并事天子,不屯一卒,不战一士,八夷大国之民莫不宾服,效其贡职。及周之衰也,分而为两,天下莫朝,周不能制也。非其德薄也,形势弱也。

今陛下起丰沛,收卒三千人,以之径往而卷蜀汉、定三秦,与项羽战荥阳,争成皋之口,大战七十,小战四十,使天下之民肝脑涂地,父子暴骨中野,不可胜数,哭泣之声未绝,伤痍者未起,而欲比隆于成康之时,臣窃以为不侔也!"

高祖对儒生俊士不得不敬畏采纳其言也:娄敬所言,直截了当贬低当朝、颂扬周代,始皇、项羽若闻此言必大震怒,而刘邦非但不以为忤,还力排众议,在张良的附议下,接受娄敬建议,由洛阳移都长安,从而使汉朝得关中秦地"被山带河、四塞为固、金城千里、天府之国"(娄敬、张良语)之形胜,真定国良策也!

娄敬献定都之策,拜为郎中,赐国姓刘,号建春君。后出使匈奴,归告阻出兵,刘邦怒囚之,亲率大军击匈奴,被围困在大同东北之平城白登,七日乃解围。刘邦立即斩首娄敬之前出使匈奴归报匈奴可击之徒,封娄敬为关内侯,并且采纳娄敬建议,与匈奴和亲。娄敬更针对关中新都、地广人稀的特点,建议迁徙关东原六国齐、楚、燕、赵、韩、魏之富户豪杰,入关中居住、生产,外御胡寇,内弱豪强,可谓一箭双雕!

高祖立命娄敬主持这一国策,迁徙全国十余万富户入居关中,不仅加强了中央政权,更虚弱了地方势力。

此真乃儒生献计定国策之范例也。❶

观汉初刘邦、娄敬(因受赐国姓而改称刘敬)、张良之英明国策,除了定都关中、

---

❶ 参见《史记·刘敬列传》。

和亲匈奴外，强制迁徙原六国富户豪杰，使之居住在地广人稀的新都（长安）附近，以便繁荣、安定当地经济、社会，亦为明智有效之举措。

史家更可由此洞悉华夏古典民主制之一大奥秘：

农耕文明以小农耕作为国家财税的主要来源，因此，古典民主制的一大经济社会政策（国策）就是"崇本抑末"，即尽力保护弱小农民的合法利益，同时尽力压抑工商富户豪杰之贪婪聚敛，防止其实力膨胀而构成对中央政府权威的巨大威胁，华夏大一统之长治久安，与"崇农劝农""压抑工商"的一贯国策有直接关系。

华夏古典民主制之君臣分权制衡、采纳民意、体恤民生之案例，史不绝书；君主采纳儒生、贤臣之规谏而定国策之案例，在炎汉文明中更比比皆是也：

例一：郦食其者，落魄狂生也。陈涉起兵时，诸将争夺地盘，数过其乡里，郦生深自藏匿。刘邦来，麾下骑士告之，郦生出求见，刘邦正坐床边令两女子洗足，郦生入，长揖不拜，曰："足下欲助秦攻诸侯耶？非耶？"刘邦大骂："竖儒！天下苦秦久矣，诸侯相率攻秦，何谓助秦乎！"郦生道："必欲合义兵诛无道秦，不宜倨见长者！"刘邦辍洗，延为上座，郦生乃献计兵取陈留，郦生为其内应而取之。

事成，受封广野君。

郦生更进计曰："臣闻知天之天者，王事可成；不知天之天者，王事不可成。王者以民人为天，而民以食为天。夫敖仓，天下转输久矣，臣闻其下乃有藏粟甚多。楚人拔荥阳，不坚守敖仓，乃引而东，令谪卒分守成皋，此乃天所以资汉也。"敖仓乃秦朝建于敖山之大粮仓。刘邦从郦生策，"据敖仓之粟，塞成皋之险，杜太行之道，据飞狐之口，守白马之津"，天下知所归也。郦生后奉命游说齐王田广，田广以为然，罢兵守战备，却遭韩信偷袭，命郦生止汉兵，郦生拒绝："举大事不细谨，盛德不辞让。"遂毅然就烹。汉十二年，刘邦封郦生子为高梁侯。郦生可谓儒生定国策也！

例二：陆贾者，楚儒辩士，奉刘邦命出使南越。南越王尉佗倨傲见之。陆贾曰："足下中国人，亲戚昆弟坟墓在真定。今足下反天性、弃冠带，欲以区区之越与天子抗衡为敌国，祸且及身矣。……汉王起巴蜀，鞭笞天下，劫略诸侯，诛项羽而灭之。五年之间，海内平定，此非人力，天之所建也。天子……使一偏将将十万众临越，则越杀王降汉，如反覆手耳！"尉佗惊起，谢罪道："居蛮夷中久，殊失礼义。"

尉陀因问陆贾曰："我与萧何、曹参、韩信，孰贤？"陆贾答曰："王似贤。"复问："我孰与皇帝贤？"陆贾曰："皇帝起丰沛、讨暴秦、诛强楚，为天下兴利除害，继五帝三王之业，统理中国。中国之人以亿计，地方万里，居天下之膏腴，人众车舆，万物殷富，政由一家，自天地剖泮，未始有也。今王众不过数十万，皆蛮夷，崎岖山海间，譬若汉一郡，王何乃比于汉！"尉佗大笑曰："吾不起中国，故王此。使我居中国，何渠不若汉！"

乃大悦陆贾，留饮数月，赠送千金，向汉称臣。陆贾归报，刘邦大悦，拜陆贾为太中大夫，专掌议论朝政。

例三：叔孙通者，历仕秦始皇、秦二世、项梁、楚义帝、项羽、刘邦等君主，唯刘邦能用之。汉五年，刘邦平定天下，诸侯尊其为皇帝于定陶，叔孙通定其仪号。高祖悉去除秦朝苛刻仪法，群臣饮酒争功，醉后狂呼，拔剑击柱，高祖深以为患。叔孙通乃曰："儒者难与进取，可与守成。臣愿征鲁诸生，与臣弟子共起朝仪。"刘邦道："不难就行！"鲁有两生不肯受征："公所事者且十主，皆面谀以得亲贵。今天下初定，死者未葬，伤者未起，又欲起礼乐。礼乐所由起，积德百年而后可兴也。公所为不合古，公往矣，无污我！"叔孙通笑曰："真鄙儒也，不知时变。"遂与所征三十鲁儒、高祖身边儒生、自己弟子共百余人习礼野外，月余礼成，高祖认可，乃令群臣从儒士练习朝仪。

正当汉七年冬十月，长乐宫成，诸侯、群臣朝见天子。平明，谒者导引诸侯、群臣入殿门，廷中陈列战车、御者、战马、骑手、步兵、卫官、旗帜，气氛肃穆。前方谒者传言"趋（快步近前）！"殿下数百郎中夹陛道站立，功臣列侯、诸将武臣依爵位次序站立殿西，丞相文官站立殿东。

负责典礼的大行令宣告"九宾"典仪规制，依次下传。皇帝龙辇此刻出宫，百官持帜传警，导引诸侯群臣依次奉贺。诸侯群臣无不振恐肃敬。礼毕，设法酒，诸侯群臣依次举觞祝皇帝寿，九次敬酒后，谒者令"罢酒"。御史随时把不守朝仪的臣子引出殿外处罚。礼毕，高祖道："吾乃今日知为皇帝之贵也！"遂拜叔孙通为太常，赐金五百斤。叔孙通遂请高祖赐弟子官职，高祖许之，悉为郎官。这些追随叔孙通的弟子，以前尚抱怨叔孙通只举荐壮士于高祖，如今不仅被举为陪侍皇帝的郎官，更将高祖所赐五百金分赠，大悦道："叔孙生诚圣人也，知当世之要务！"

叔孙通后为太子太傅。汉十二年，谏阻刘邦废太子之议："秦以不早立扶苏，令赵高得以诈立胡亥，自使灭祀，此陛下亲见。今太子仁孝，天下皆闻之；吕后与陛下攻苦食淡，其可背哉！陛下必欲废适而立少，臣愿先伏诛，以颈血污地！"高祖曰："公罢矣，吾直戏耳。"叔孙通曰："太子天下本，本一摇天下振动，奈何以天下为戏！"高祖道："吾听公言。"后来吕后、太子用留侯张良计策，延聘刘邦不曾延聘到的隐士"商山四皓"为顾问，陪侍左右，刘邦见太子身边贤人辅佐、羽翼丰满，遂罢废立之议。

后世儒者多批评叔孙通"希世邀宠"、制定朝仪以尊皇权，实则朝仪对君臣谨守礼制、王法均具规范作用，历史进步意义不容抹杀也。

叔孙通为立太子而谏诤刘邦，亦可谓社稷之臣也。

例四：季布者，楚之侠士，为项籍将兵，数窘汉王。项羽灭，高祖购季布千金。季布藏匿于大侠朱家之田园中。朱家深结纳于高祖幸臣滕公夏侯婴，游说曰："臣各为其主用，季布为项籍用，职耳。项氏臣可尽诛耶？今上始得天下，独以己之私怨求一人，何示天下之不广也！"夏侯婴遂为之游说高祖，高祖果然赦免季布并拜为郎中。

惠帝时，季布升任中郎将。匈奴单于以书猥亵吕后，吕后怒，召诸将议兴兵讨伐。娶吕后女为妻之上将军樊哙，大言不惭宣称将兵十万可扫荡匈奴。诸将不敢惹怒吕后、樊哙，皆附和之。独季布道："樊哙可斩也！夫高帝将兵四十余万众，困于平城，今哙奈何以十万众横行匈奴中，面欺！且秦以事于胡，陈胜等起。于今创痍未瘳，哙又面谀，欲摇动天下！"殿上振恐，太后罢朝，遂不复议兵。季布真不愧为社稷之臣也。

文帝时，季布为河东郡守，有人言其贤，文帝召之，欲以为御史大夫。又有人言其过勇，好饮难近。复欲遣之。季布见文帝道："臣无功窃宠，待罪河东。陛下无故召臣，此必有人以臣欺陛下者；今臣至，无所受事，罢去，此必有人以毁臣者。夫陛下以一人之誉而召臣，一人之毁而去臣，臣恐天下有识闻之，有以窥陛下也。"

文帝默然而惭愧，良久乃道："河东吾股肱郡，特召臣耳。"季布昂然辞别文帝，慷慨官回原任。

贤哉侠士也！文帝以天子之至尊，不能随便召致一河东郡守，何故也？华夏民主制之天子、诸侯、群臣百官、庶士万民之间，有严格的权力制衡关系，中央地方之文官任免、督察、升降等制度更森然不紊，季布自称"待罪河东"者，非如《史记注译》所谓"谦称"❶，乃直陈汉代官制之严谨：一郡之守，奉朝廷命治理一郡军民行政事务，时刻不敢荒忽，唯恐朝廷奉汉官制、律条而究其治理不善之罪，故文官自称"待罪"，盖谨严于职守、恭敬于朝廷所命也，此一称呼之华夏文明传播之深义，非可含混其辞、糊涂稀松看过！

季布之所以能气冲斗牛地指责文帝，当因其治理河东郡之政务无懈可击也：从中央到地方，汉朝文治守法主义政治治理之井然有序，可以推想也！

季布之言，更饱含深刻政治警醒意味：作为天下至尊之君主，若因一言而授官，又因一言而废官，则天下有识之士闻之，必生不臣之心；天下奸诈之辈闻之，必时时窥伺君主一时之好恶而妄进谗言，如此则朝廷纲纪荡然、天下社稷崩颓，全由于君主任命臣子之不严谨、对待左右人言不明察也！

贤哉！文帝之默然而惭、温言遣臣也！

观汉初政治之贤良，真辉耀史册也：以高祖之粗鲁、吕后之毒妒、文帝之贤明，虽品格各异，但君臣之间相互制衡、彼此纲维之关系，则毫厘不差也。

高祖将兵平定天下，身经百战，负伤、失意、颓唐之间，偶以美男（闳孺之类）、靓女（戚夫人之类）为消遣，遭樊哙、周昌之直言斥责而谢罪改过，废立太子之议更遭群臣阻遏而罢；吕后惨毒善妒，却不敢贸然兴兵、紊乱朝政；文帝恭谨推行仁政，男宠邓通险些被丞相申屠嘉治以不敬大臣之罪而问斩……汉治之贤明、吏治之严谨，在在足以映照暴秦"尊君抑臣"之紊乱华夏民主宪制，在在足以证明奠立"文景之治"千古辉煌之华夏民主宪制之博大深远也！

---

❶《史记注译》2158页本条注释7解释"待罪"为"古人谦称……"云云，误。

第二十三章　文武并用之道

若问当今21世纪全球格局如何，余谓：一如晚周秦汉之华夏格局也！其突出特征在于：新的社会经济势力的激剧增长，突破了原有文明传播秩序的各种固有稳定轨范。在晚周时代，是周初封建礼乐秩序被各诸侯国势力的激剧增长所破坏；在当代，则是由近代西方一直主导的国际政治经济文化秩序，被与西方文明判然有别的新兴工业化国家（中国、印度、巴西、南非、俄罗斯等）的激剧增长所打破。

新国际秩序无法确立的长期空白，造成大格局下全球各大系统的机能紊乱：在晚周，是中央政府（周王室）的权威一落千丈、最终被取代和列国纷争、四夷交侵、民不聊生；在当代，则是全球各自为政，全球生态系统出现危机却无力联合施救，全球经济系统的贫富悬殊，政治系统内各民族主权国家或集团的各行其是、难以协调。今日全球财富大多汇聚于少数西方发达国家。孔子曰"贫而无怨难"，新兴工业国家财富分配的某些不公，促使各种职务犯罪、治安犯罪、恐怖犯罪时有发生。

掉头自顾：晚周时代经历秦亡汉兴的巨大历史动荡，华夏文明从道术分裂、诸子分歧中，逐渐融会贯通、巧妙折中，最终归于一是，在孔子身后350年，演出了一幕文明传播的最大史诗壮剧——在重建华夏民主宪政体制、民生恢复的基础上，全面复兴儒家学说并将之定为一尊，从而逐步而深入地扫除暴秦苛政，在华夏民主制的宪法原则（敬天保民）和宪法制度（君、臣、士绅、庶民分权制衡）的宪政体系内，成功确立儒教大一统，从而惊人成功地再造了稳定繁荣的华夏文明！

追今抚昔，华夏古典文明尤其是周秦汉唐文明之传播奥秘，实乃寻求全球文明如何挣脱当代危机，重演汤因比在《历史研究》中所概括的"由始皇帝开创、由刘邦成功加以拯救的那种统一"，即全人类的文明大一统，进而寻求如下文明传播的全新途径：将人类历史的两大模式——活泼开放的希腊文明模式与稳定和谐的中华文明模式，在当代全球一体的宪政基础上，实现高度综合[1]，使全球文明绝处逢生！

余以为，华夏古典文明之伟大生命线，在于儒家教化思想（儒教）之仁义价值核心，在于其所建树中华文明至大至刚之道德精神，在于一代代受儒家教化的文官武将

---

[1] 这种高度综合由汤因比、雅斯贝尔斯、海德格尔等开端，哈罗德·伊尼斯、诺思罗普·弗莱、泰戈尔等西方贤哲，辜鸿铭等民国七贤继其后，而以"文明传播"学派的尝试建构为后续努力。

等百官群臣、士绅万民，执天下道义督责天子、朝廷，在于朝廷君臣上下分权制衡、彼此纲维、奉人民为邦本，在于君主自幼受儒家教化因而深明大义——儒家教化上海天子，下训万民，其坚守仁义价值、纲维全体人民、凝聚中华民族、传播道义秩序，悠悠天地间，何等学问、智慧、教化体系和文明传播秩序，足以匹敌之！

奉儒家思想为文明传播秩序的价值核心和古典民主制的宪法基础，华夏儒教大一统国家，不仅缔造出炎汉文明四百年之久的长治久安、稳定繁荣，更缔造出华夏文明此下绵绵数千年和谐有序、辉煌灿烂之巨大成就，亦为当今全球文明摆脱危机的重要出路。

一、汉文明的新生："并天下，行仁义"

具有共享意义之华夏儒教大一统，实乃全人类协调合作之文明大一统也，其文明传播秩序，尽显于儒教人文主义宪法制度体系，尽显于儒家士大夫执诗书礼易春秋五经纲纪天下，以文武并用、刚柔互济、兼容并包之英明国策，巍然建树华夏文明之万年辉煌也。

汉初，承袭战国、暴秦、楚汉连年战争遗患，经济、社会、文化一派凋敝、残破景象。汉初政治，一方面扫除秦政许多残暴措施和暴力侵夺扫荡全国的错误国策，"与民更始"，尊行儒家道义，以稳定人心、协调社群；另一方面，吸收道家清静无为主张，扫除暴秦烦苛细政之种种扰攘民生措施，实行"休养生息"政策，从而振衰起敝、救弊补偏，不仅收长治久安之效，更促使文明焕然新生！首倡此议者，即炎汉名士、成功实现儒道融会的政论家、太中大夫陆贾。

陆贾议论朝政，常称引儒家诗书。

刘邦骂曰："乃公居马上而得之，安事诗、书！"

陆贾曰："居马上得之，宁可以马上治之乎？且汤武逆取而以顺守之，文武并用，长久之术也。昔者吴王夫差、智伯极武而亡；秦任刑法不变，卒灭赵氏（嬴姓又姓赵）。向使秦已并天下，行仁义、法先王，陛下安得而有之！"[1]

刘邦面有惭色道："试为我著秦所以失天下、吾所以得之者何，及古成败之国。"[2] 陆贾乃粗述古今文明兴衰存亡之征象，每奏一篇，刘邦连连称善，左右朝臣皆山呼万岁，可见其思想大快人心、符合当时社会普遍心态。

书名《新语》，实乃文明新生之语、华夏不朽篇章也。

陆贾之言，以儒家"仁义"教化为天下纲宗，其文武并用之术、长治久安之道，精髓在儒家诗书礼乐之教、仁义道德之说，同时旁参道家清静无为之玄旨，两相融

---

[1] 王利器. 史记注译[M]. 西安：三秦出版社，1988：2123-2124.
[2] 王利器. 史记注译[M]. 西安：三秦出版社，1988：2123-2124.

汇，古今文明存亡成败之奥秘，中华文明之博大传播秩序，均在陆贾所著《新语》文字间揭示无遗矣！

高祖粗鲁，然深明此道，不仅成功避免了重蹈暴秦之覆辙，且开创两汉四百年基业也。暴秦所灭，炎汉所兴，逆取顺守，应乎天人，陆贾"马上得天下，不可马上治天下"之倜傥宏论，盖揭示共享文明传播之奥秘也：倘若全球各古典文明，譬如巴比伦、埃及、波斯、希腊、罗马、犹太等文明，深通吾华夏文明刚柔互济之道、文武并用之术，力避陷入本书所谓"城邦文明之命定循环"——因国力扩张而陷入黩武主义、黩神主义而自取灭亡、自我毁灭，普世安定和谐之文明根基早已在此树立矣！

二、贤哲陆贾，畅论古今兴废

余读陆贾《新语》而深感其浩瀚博大若汪洋巨川，洁净精微则如宇宙众窍之玲珑剔透，恰与维也纳古典音乐的伟大宗师约瑟夫·海顿（Joseph Haydn，1732—1809）之钢琴、小提琴、大提琴三重奏曲一般纯粹质朴而又精雅端庄也。

陆贾撰著《新语》以告刘邦："秦所以失天下、吾所以得之者何，及古成败之国"，实乃告谕天下万民、古今万邦，共享文明所以存亡兴废之文明传播大道也：

> 传曰："天生万物，以地养之，圣人成之。"功德参合，而道术生焉。故曰：张日月，列星辰，序四时，调阴阳，布气治性，次置五行，春生夏长，秋收冬藏，阳生雷电，阴成霜雪，养育群生，一茂一亡，润之以风雨，曝之以日光，温之以节气，降之以陨霜，位之以众星，制之以斗衡，苞之以六合，罗之以纪纲，改之以灾祸，告之以祯祥，动之以生杀，悟之以文章。……于是先圣乃仰观天文，俯察地理，图画乾坤，以定人道，民始开悟，知有父子之亲，君臣之义，夫妇之别，长幼之序。于是百官立，王道乃生。……民知畏法，而无礼义，于是中圣乃设辟雍庠序之教，以正上下之仪，明父子之礼，君臣之义，使强不凌弱，众不暴寡，弃贪鄙之心，兴清洁之行。礼义不行，纲纪不立，后世衰废，于是后圣乃定五经，明六艺，承天统地，穷事察微，原情立本，以绪人伦，宗诸天地，纂修篇章，垂诸来世，被诸鸟兽，以匡衰乱，天人合策，原道悉备，智者达其心，百工穷其巧，乃调之以管弦丝竹之音，设钟鼓歌舞之乐，以节奢侈，正风俗，通文雅。❶

---

❶ 王利器.新语校注[M].北京：中华书局，1986：1-18.

举凡伟大著述，必先宇宙哲学，而后历史哲学，盖天道（自然天文秩序）巍然树立，地道（社会人文秩序）亦随历史文献的合理传承、解释而堂皇奠定，其他问题，譬如政教纲常之垂宪、思想学术之培育、社会风俗之设施等，必迎刃而解，此即孟子所谓"道揆"者——宇宙大道之揆度，首先必须建树起来，然后方能择本执要、纲举目张也。

近代西方文明常遭重大挫折，皆因其"道揆"不明：启蒙主义、实证主义主流舆论，根本否弃"道"即终极形而上存在的合理性，拒斥"道揆"为空虚无用之道德形而上学；另一派标榜形而上学（譬如浪漫派、黑格尔等）却奉某些主观虚构之观念（譬如绝对精神、德意志精神等）为历史运动的终极原因而陷于各种有害的独断论，频引世界步入歧途，陷于专制独裁政权的巨大灾难（英国克伦威尔专政、法国大革命、连年国际战争、希特勒法西斯政权等），卡尔·波普据此严正斥责这些独断论为"开放社会的敌人"。

近现代国际格局，一如华夏晚周战国时代，在"道揆"紊乱、道术分裂之下，各国群起仿效秦政，蔑视儒家仁义道德之说为"迂腐"，贸然采纳法家一味吹嘘的法制、诈术、权势思想，妄想横扫天下以自利。各种全球规模的生态、社会灾难频繁爆发，文明落入孟子所谓"上无道揆，下无法守，君子犯义，小人犯刑"的无序状态。

此下全球文明能否重演炎汉文明做出的重大历史抉择——"尽除秦法"而焕然新生，关键在于：迅速舍弃暴秦法家野蛮贪利之政，重申华夏宪法哲学即儒教大一统之"道揆"，从而重建全球文明均衡、和谐、稳定之传播新秩序也。

华夏宇宙哲学之高妙根基，俱在尊崇自然、顺应天道、爱护环境与爱护民生（敬天保民四字囊括之）之道德学说上，其"道揆"鲜明不贰，道术重合之际，天生四时、地育百物，人依偎天地节律而运行，宇宙万象美妙无穷也！

返观深思陆贾《新语·道基第一》上述引文，不亦感慨系之耶？苍天自然，张设日月星辰以普照，铺陈春夏秋冬以运行，阴阳消息井然不紊，宇宙万象森然罗列，人类在绿色农耕文明各项宪政制度下安定协调、百业兴旺、和乐富足、欢洽无间；《庄子》言"鹪鹩巢于深林，不过一枝；鼹鼠饮河，不过满腹"，不亦彻悟宇宙自然之妙、厌弃蝇营狗苟之人生宏论耶？

近代启蒙意识形态之根本迷误，在于舍弃道德、宗教、人文而崇拜物质贪欲、经济利益，断然假设自然界拥有满足人类贪欲的无限资源，断然以为大自然可以被任意索取、掠夺和摧残而不会惩罚这些非法攫夺者（全人类），如今这一错误设结，已轰然坍塌、不复成立！

伟大的英国学者罗伯特·马尔萨斯，曾与其父在家接待来访的让·雅克·卢梭，闻其父与卢梭在书房高谈阔论"解放人类"云云，不禁哑然失笑道："解放人类种种道德约束和外在依附关系的第一个明显社会效果，必然是人类性欲的解放，从而促使人口数量膨胀，最终人口增长速度，远远超越生活必需品的供给增长速度，则必然触发

社会动荡、混乱失衡等众多危机！"❶

真一语中的：尽管工商科技可以提高全球生活必需品的无限量供给，但地球自然生态系统，却难以支撑这一工业、人口、资源的无限度扩张，人类私欲的膨胀曾断送过史上无数文明。

陆贾《新语·道基第一》告诉人类，曾经有过一个高度可持续的绿色文明，巍然屹立并绵延至今：中华大地曾经以最少的资源消耗，供养过史上最多的人口；曾以最合理的文明观念，组织、维系过一个博大深厚、稳定繁荣的文明生活秩序；曾以最高超的宇宙哲学、历史哲学、人生哲学、宪法哲学，协调整合广土众民之文明传播事业——先圣（伏羲、炎黄、尧舜等）仰观俯察天地之道，深悉宇宙阴阳乾坤之序，设立"五伦之教"，奠定华夏宪法（《尚书》等），于是"百官"制度创设起来，万民协调相安之"王道"（王者往也）巍然建树！

华夏文明演进至中古阶段，陆贾精确形容其为"民知畏法，而无礼义"，即华夏法制确立后，百姓粗知畏惧法纪而不犯过，但懵懂于法制赖以设立、贯彻、完善的社会环境、风俗条件——礼义廉耻、道德良知等形而上规范力量，所以，中圣（文王、周公）遂制定礼乐、设立学校，即将《尚书》创设确立的宪法制度，进一步细密完备，使之构成《周礼》"教、治、政、令"四重宪法机制，构成协调一致、匹配得当、均衡合度的严密而合理的治理体系。

华夏古典大学制度——"辟雍庠序之教"尤为关键，《白虎通·辟雍篇》曰："天子立辟雍何？辟雍所以行礼乐、宣教化也。辟者璧也，象璧圆以法天也。雍者，雍之以水，象教化流行也。辟之言积也，积天下之道德；雍之言壅也，天下之仪则；故谓之辟雍也。"又曰："乡曰庠，里曰序。庠者，庠礼义；序者，序长幼也。"❷

大哉华夏文明的最高学府——辟雍、庠序之学也！汇集天下英俊少年，教以礼乐仁义之道德文章，青年子弟获得深厚博大之培育，宜乎晚周秦楚汉唐之际，华夏人才繁盛卓绝、文明成就之辉煌灿烂也！盖西周大学制度（辟雍）小学制度（庠序）创设之合理、规模之宏大、启迪之深广，造就华夏文明周秦汉唐美景！

晚周时代古学衰微、道术分裂，"后圣"孔子奋然而起，以五经教诲天下万民，华夏文明历经晚周秦楚之暴乱而勃然新生，子夏、孟子等大批先秦儒家巍然垂示道统，孔子后人、儒家后学，置生死于度外，持礼器参加陈涉、刘邦等起义军，孔子嫡系后代孔甲曾任陈涉博士，毅然战死于抗秦起义军之中。大批平民儒士更奋然前行，合力诛灭暴秦残虐，匡扶炎汉儒教兴盛，华夏文明再度垂宪立统，儒教再度复兴！

---

❶ 参见 马尔萨斯. 人口原理[M]. 北京：商务印书馆，1992；丹尼斯·米都思. 增长的极限[M]. 长春：吉林人民出版社，1997.

❷ 王利器. 新语校注[M]. 北京：中华书局，1986：1-18.

三、儒家智慧乃人生博大根基

人生天地间，必有赖于全社会之道统、学统、政统之贞定有常、广大坚固，人生乃能巍然树立、博大无穷也。宇宙哲学、历史哲学、人生哲学、宪法哲学等彼此匹配、深度呼应，构成良善有序的教养、学问、文化、传媒环境，人自幼受到家庭、师长、学友、民众等不同层次之合理教化、温柔培育、深广启迪，乃能形成博大坚韧、合理有序之价值信念，灿烂可观之人文品格与境界也：

> 夫人者，宽博浩大，恢廓密微，附远宁近，怀来万邦。故圣人怀仁仗义，分明纤微，忖度天地，危而不倾，佚而不乱者，仁义之所治也。行之于亲近而疏远悦，修之于闺门之内而名誉驰于外。故仁无隐而不著，无幽而不彰者。虞舜蒸蒸于父母，光耀于天地，伯夷叔齐饿于首阳，功美垂于万代；太公自布衣，升三公之位，累世享千乘之爵；知伯仗威任力，兼三晋而亡。❶

陆贾告诉人们：人生本当极其宽阔博大、恢宏寥廓，同时又智慧绵密，能深入密微隐幽，足以安宁己身、安定周遭环境，更能吸引远方人群慕德好义而前来归附，直至协和天下万邦之民！

世人颠倒错乱，皆因不悟"仁"之渊深奥妙：陆贾所言"仁无隐而不著，无幽而不彰"一句，可谓道尽孔子学说之深邃温厚、悠远无垠之旨趣也。儒家立"仁"一字为万千文明教化所从出，"仁"可囊括"仁义礼智信"五大传统美德，可将万物之终极究竟和盘托出！

仁即感通，即个体与周遭环境、万事万物之间，乃是一种"同呼吸、共命运"的血肉关系，犹如生命体之间的呼吸相通、血脉相连。人人皆欲自我树立，唯饱受儒家教化之个人，乃能同时省察、体悟到：他人亦皆欲自我树立，我、他之间同欲树立于人群，我与他人之间，即构成同树共立的生命感通、命运互振、深度交流的传播关系，这就是孔子所谓"夫仁者，己欲立而立人，己欲达而达人"之深奥、博大、温存含义，这一人之为人的本然究竟（终极真理）领悟了，则宇宙之为宇宙、万物之为万物的终极奥秘，亦随之一通百通、全然彻悟了。

悠悠宇宙万象，无论什么隐幽难解之谜，都可以在儒家仁学那生命情感的交互流

---

❶ 王利器. 新语校注[M]. 北京：中华书局，1986：25.

动、彼此感通的博大生命现象学（存在现象学）中，在余所谓"生命传播学"境界中，获得清晰彰显，陆贾所言"仁无隐而不著，无幽而不彰"，实则揭示了吾中华民族、吾中华文明之重大特质，即富于同情地、设身处地地、感同身受地，理解自身处境与他人处境之间血肉难分的关系，自我与他人，通过互动、交流达致和谐，从而建立起自我与他人各自独立又不断沟通、决不强加己意于他人的文明进程、生命境界与传播秩序。仁义礼智信"五常"之说，涵括情感（仁）、良知（义）、强制性道德规范、文明传播秩序（礼）、智（理性、生命经验基础上的真知）、信（操守、意志、信念），这五大文明品质，彼此匹配、融会无间，构筑起人性得以合理成长、有序提升、独立伸展的文明传播空间，以达致生命价值的自我实现：此即余在2005年创立文明传播学的最大初衷❶！

简括而言，人生能够挣脱鄙俗而自致广大自由境界者，端赖"仁义"二字：怀仁则感通慈爱、养育万物；仗义则安定社群、平治天下。陆贾举虞舜、伯夷叔齐、姜太公、智伯等史上正反事例，晓喻刘邦、群臣、万民：治天下必用仁义礼教，否则将如晋国权臣智伯"仗威任力"兼并三晋而必自取灭亡也！

四、华夏宪政体系之广大自由

陆贾在中华宇宙哲学、历史哲学、人生哲学的基础上，畅论华夏宪法哲学即中华文明"建国垂统"之宪法原则：

> 夫谋事不竝仁义者后必败，殖不固本而立高基者后必崩。故圣人防乱以经艺，工正曲以准绳。德盛者威广，力盛者骄众。齐桓公尚德以霸，秦二世尚刑而亡。故虐行则怨积，德布则功兴，百姓以德附，骨肉以仁亲，夫妇以义合，朋友以义信，君臣以义序，百官以义承……守国者以仁坚固，佐君者以义不倾，君以仁治，臣以义平……仁者道之纪，义者圣之学。学之者明，失之者昏，背之者亡。……君子以义相褒，小人以利相欺，愚者以力相乱，贤者以义相治。《穀梁传》曰：仁者以治亲，义者以利尊。万世不乱，仁义之所治也。❷

大哉陆贾之妙言！足以指示千秋、垂宪万代而永为普世文明之宏范也：仁义礼教乃千载文明传播之根基，不建树这一根本，则骤居高位者必崩溃，秦朝仅传二世即灭

---

❶ 参见 毛峰.文明传播的秩序：中国人的智慧[M].北京：中国传媒大学出版社，2005.
❷ 王利器.新语校注[M].北京：中华书局，1986：29-34.

亡，就是最深刻显著的文明传播教训！

陆贾传《谷梁春秋》之学，故《新语·道基第一》结尾与开篇相呼应，引述《谷梁传》以告诫汉初朝廷：仁爱以促成亲者相亲之礼教，可保障天下大治；正义以促成尊者守尊之德教，可保障天下之利；如此，仁义匹配、传播均衡，人类文明，必能收获"万世不乱"之奇效！树立华夏仁义教之文明传播秩序，使之纲维上下、善待万民、均平利益，人类文明必将本固枝荣、繁荫广布，华夏古典民主制之宪法原则，足以拯救人类文明于危机、挽救全球狂澜于既倒也！

五、汉代宪政机制的良性运行

汉初君臣经历晚周秦楚之乱，常怀《尚书》所谓"戒慎恐惧"之心和安危存亡之感，是故汉享国祚四百年，在中古、近古各王朝中最为长久，唐宋明清等朝皆不及也。汉朝政治之稳定有序，在于其建国垂宪、各项制度之规模宏大、措置得宜，在于其儒家大一统之文明传播秩序之坚固不移，在于汉初君臣之出身民间阶层、深知民间疾苦而推行朴实真率、体恤民生之教、治、政、令也。

太史公《史记·高祖本纪》承其师、西汉巨儒董仲舒之说而总评曰：

> 夏之政忠，忠之敝，小人以野，故殷人承之以敬。敬之敝，小人以鬼，故周人承之以文。文之敝，小人以薄，故救薄莫若忠。三王之道若循环，终而复始。周秦之间，可谓文敝矣。秦政不改，反酷刑法，岂不谬乎？故汉兴，承敝易变，使人不倦，得天统矣。❶

太史公之言，简洁不易也：尧舜虞夏文明之传播秩序在"忠"，即赤诚于家族、邻里、乡邦而天下恭己、无为而治；殷商文明传播秩序在"敬"于鬼神天地；西周文明传播秩序在于统合人神于"文"（礼），其流弊在于徒具礼仪而无忠厚之质，即"薄"，故而孔子曰"人而不仁如礼何？"即揭示此下文明必须救弊补偏于"薄"而大倡忠厚仁义之教，文明传播之斟酌损益之道，可谓了了分明也。

秦政乃承袭没落军事贵族之淫威，不明儒家大义，反其道而行，用法家贪虐权诈之说而侥幸统一天下，旋踵而灭；汉君臣崛起民间，深知百姓在晚周诸侯贵族（秦贵族尤甚）治下横征暴敛、征伐坑杀之苦，毅然扫除秦楚贵族之暴虐，以儒家大一统善待人民（使人不倦），遂得天下稳定繁荣之道统（天统）也。

---

❶ 王利器. 史记注译[M]. 西安：三秦出版社，1988：219.

高祖刘邦深明儒家大义所在,兵过鲁国,以"太牢之礼"祭祀孔子,开历代天子祭祀孔子之先河;更采纳陆贾等儒生建议,扫除秦朝残政苛法,与民休息,遂将纷乱烦苛之天下推入稳定繁荣之文明新生状态。

《史记·高祖本纪》记载,刘邦率兵过故乡沛县,与民酣歌《大风》,其政治智慧实乃超绝群伦也:

> 高祖还归,过沛,留。置酒沛宫,悉召故人父老子弟纵酒,发沛中儿得百二十人,教之歌。酒酣,高祖击筑,自为歌诗曰:"大风起兮云飞扬,威加海内兮归故乡,安得猛士兮守四方!"令儿皆和习之。高祖乃起舞,慷慨伤怀,泣数行下。……十余日,高祖欲去,沛父兄固请留高祖。高祖曰:"吾人众多,父兄不能给。"乃去。沛中空县皆之邑西献。高祖复留止,张饮三日。❶

天下男儿,谁人不以澄清天下、荣归故里、高歌《大风》为志耶?刘邦所歌所舞、所慷慨而泣下者,盖告谕万民:平定天下固难,守卫天下更难中之难也!

刘邦酒酣十日,实丝毫未减体恤民情之政治智慧。所以率军辞别,乃因军卒众多,唯恐故里人民供给困难;沛县父老闻讯乃空其所有以献军,乃再留三日,其戒慎恐惧如此!比之秦嬴政巡幸天下、靡费万方,或清帝乾隆九下江南之搜刮奇珍、纵官摊派,不亦霄壤之别也!

汉初政治之廉洁清明、规模宏大,其根本性的体制原因有二:一是中央集权制下华夏古典民主的宪政机制,在汉初政治中迅速恢复、发扬,君臣之间平等相待、彼此纲维诤谏,虽粗鲁如刘邦、惨毒如吕后、仁慈如文帝,品格高下虽不一,皆不能丝毫摇撼这一宪政机制。

汉初君主接受群臣规谏等古典宪政制度约束的实际情形,辉耀人伦,史不绝书也。今分别举例,予以诠释之:

宪政机制一:君主接受、采纳群臣规谏。

《史记·樊郦滕灌列传》记载:刘邦因所封异姓王多举兵反叛而病重罢朝,因宠幸男宠而遭群臣斥责。高祖十二年,黥布举兵反叛,刘邦病重,十余日不朝见群臣。樊哙率人排闼而入,见刘邦正枕一宦者高卧!樊哙等人流涕道:"始陛下与臣等起丰、沛,定天下,何其壮也!今天下已定,又何惫也!且陛下病甚,大臣震恐,不见臣等计事,顾独与一宦者绝乎?……"高祖笑而起。

宪政机制二:群臣不奉君主诏令。

汉初名臣有周苛、周昌兄弟,原为秦时泗水卒史,从高祖叛秦。周苛被项羽俘

---

❶ 王利器.史记注译[M].西安:三秦出版社,1988:217.

获，毅然就烹，周昌继任御史大夫，后受封为汾阴侯。周昌为人敢直言，丞相萧何、曹参等均自觉不如。一次，周昌入朝奏事，刘邦正拥抱戚姬玩乐，周昌走避，刘邦追上，骑到周昌脖颈上，问："我何如主也？"周昌答："陛下桀纣之主也！"刘邦大笑，深敬畏之。

刘邦欲废太子，谋立戚姬子赵王如意，群臣争之不得，周昌盛怒，口吃道："臣口不能言，然臣期期以为不可，陛下虽欲废太子，臣期期不奉诏！"刘邦笑而罢。后更有叔孙通等人以死相谏，只好作罢。群臣不奉君主诏令者，汉唐直至明代，垂为制度法守，即宰相、群臣可封存、驳回君诏之封驳制度也。

宪政机制三：丞相可斩天子近臣。

汉文帝开创汉初"文景之治"的政治局面，乃千古仁慈明君，亦有男宠之爱。邓通本为皇家游船上的摆渡郎，文帝爱幸之，赏赐累万。丞相入朝，邓通居文帝旁，礼仪怠慢。申屠嘉奏事毕，谓文帝曰："陛下爱幸臣，则富贵之；至于朝廷之礼，不可不肃！"文帝道："君勿言，吾私之。"意思是"先生不必多言，我私下宠爱而已！"

申屠嘉回到丞相府，立即发檄文召邓通到丞相府，不来则问斩。邓通惊恐，到丞相府，免冠、赤足、顿首、谢罪。申屠嘉安坐堂上，不为礼，斥责道："夫朝廷者，高皇帝之朝廷也。汝为小臣，游戏殿堂之上，大不敬，当斩！来人，推出斩了！"邓通顿首求饶，磕头出血。文帝度测此时丞相已重训邓通，乃派使者持节召邓通，并向丞相谢罪："此人乃吾弄臣，君饶之！"乃释回。

申屠嘉死后被谥为节侯，太史公称赞其"刚毅守节"。宰相大臣，节操凛凛，在朝议政，严守法度，尊严如此，其维护纲常名教，实则维护华夏古典民主制之宪法机制，足以纲纪天下也❶。

依据汉朝宪政制度，群臣可以规谏天子，非秦朝尊君卑臣之制可比，丞相府发檄文召天子宫中私宠近臣，不仅可以严厉斥罚之，且可予以定罪问斩，丞相府所统领之汉朝文官制度，权力之大，足以抗衡君主权力。

而内宠不得干政、太子不得随意废立等朝廷法度，贵为天子者亦不得独断，群臣可"不奉诏"即拒不执行君主诏令，由此可知"封驳""谏诤""朝议"等古典民主制度，乃华夏文明兴盛之体制原因也。

六、宪政根本：重德爱民，休养生息

汉初华夏古典文明之兴盛，另一大政治原因在于：汉高祖、惠帝、文帝、景帝等，全力推行"修养生息"之英明国策，举凡华夏文明宪法制度之教、治、政、令四

---

❶ 事例具载《史记》《汉书》等典籍，君臣更在当朝法度外忌惮于周礼谥法之严正、名教之不苟。

重机制，文帝、景帝一一予以恢复、培植、贯彻，遂重演华夏文明传播之博大秩序：尧舜设置四岳、百官等《尚书》宪法制度，恭己无为以培植百姓财力，大禹等平治水土，全国土地、水利得到养护，万民繁息不尽财物，经济文化昌盛，九州朝贡中央的财税体系得以建立，华夏大一统之宪法体系乃灿然成形；周公垂宪《周礼》、严格节制诸侯赋税财用、休养民生，乃一举开创出西周"成康之治"的文明盛景；汉初君臣，扫荡秦政、与民休息，推行崇农尊儒、深养民德的国策，华夏古典文明之繁盛美景，巍然重现，非但唐宋后世罕匹，举目蛮夷不及，正史艳称其为"文景之治"。

《史记·孝文本纪》曰：

> 孝文皇帝，高祖中子也。……立为代王，都中都（今山西平遥）。太后薄氏子。即位十七年，高后（吕后）八年七月，高后崩。九月，诸吕吕产等欲为乱，以危刘氏，大臣共诛之。谋召立代王……代王问左右郎中令张武等。（张武等以为诈）中尉宋昌进曰："群臣之议皆非也。夫秦失其政，诸侯豪杰并起，人人自以为得之者以万数，然卒践天子之位者，刘氏也，天下绝望，一矣。高帝封王子弟，地犬牙相制，此所谓磐石之宗也，天下服其强，二矣。汉兴，除秦苛政，约法令，施德惠，人人自安，难动摇，三矣。……故大臣因天下之心而欲迎立大王，大王勿疑也。"……而使宋昌先驰之长安观变。昌至渭桥，丞相以下皆迎。宋昌还报。代王驰至渭桥，群臣拜谒称臣。代王下车拜。太尉（周）勃进曰："愿请间言。"宋昌曰："所言公，公言之。所言私，王者不受私。"太尉乃跪上天子玺符。……（文帝）遂即天子位。❶

余读《史记》至此，太息而批注曰：宋昌有大臣风节，周勃、张武不及也！夫大臣者，究明天人之际，深察古今之变，进退有度、节操凛凛、傲然难犯，虽太尉周勃诛灭吕氏、迎立代王（文帝）有大功，亦持节不废朝廷公议之宪法礼制，不示天下万民以私相授受之非法！观代王官邸之中尉，有如此节操、见识，则知汉兴享国、法度公开、秩序严密，非侥幸可任天子朝廷、王侯大臣，更不可轻窥华夏古人法纪之严明、官府法制之足以寄托万民福祉也！❷

文帝一本高祖体恤民众之政风，与群臣深思熟虑地逐步去除暴秦法制之惨酷寡恩，可谓兴利除弊、澄清天下也：

---

❶ 司马迁.史记[M].北京：中华书局，1999：291-293.
❷ 周勃后来果然居功专权，被文帝废黜，其子周亚夫继承父亲爵禄、兵权，文帝尊宠之。汉代法制之严明公允，非后世可比。详见《史记·孝文本纪》。

十二月，上曰："法者，治之正也，所以禁暴而率善人也，今犯法已论，而使毋罪之父母妻子同产坐之，及为收帑，朕甚不取。其议之。"有司皆曰："民不能自治，故为法以禁之。相坐坐收，所以累其心，使重犯法，所从来远矣。如故便。"上曰："朕闻法正则民悫，罪当则民从。且夫牧民而导之善者，吏也。其既不能导，又以不正之法罪之，是反害于民为暴者也。何以禁之？朕未见其便，其熟计之。"有司皆曰："陛下加大惠，德甚盛，非臣等所及也。请奉诏书，除收帑诸相坐律令。"❶

伟哉！文帝精熟于华夏古典民主制之宪法精神也！"法者，治之正也，所以禁暴而率善人也……法正则民悫，罪当则民从。且夫牧民而导之善者，吏也。其既不能导，又以不正之法罪之，是反害于民为暴者也"云云，将华夏法制精神揭示得极其透彻：法制乃政治治理公平正义之表现，法制公平、罚当其罪，民众必拜服之。且人民犯法，牧民导善的官吏也负有责任，官府不能督导人民向善，已经失职，又对犯法者施以连作等"不正之法"，这是暴虐害民之贼政！文帝之政治远见、宪法精神，不受有司蒙蔽、旧制局限而毅然改革更张，其高出故步自封之群臣百僚，不知凡几也！

君臣彼此纲维、上下谏诤、反复计议之华夏古典民主制之宪法机制，在此亦鲜明凸现：君臣熟计深谋之法，最终以天子诏书名义下达，朝廷奋然更张，秉承华夏民主制之宪法精神与人道主义准则，毅然去除承袭自战国、暴秦刑律"连坐罪"诸法条，为天下万民树立起公平正义之良善法制与政治治理之人道精神，大汉勃兴，岂不顺理成章地印证了孔子"政者正也"之千古明训耶！

文帝即位元年十二月就去除秦连坐等恶法，示天下以宽仁；转年正月，采纳群臣建议，立太子以定储君之位。

起初，文帝援引华夏古典民主制之"选举禅让法"而拒绝立太子："朕既不德，上帝神明未歆享，天下人民未有嗛（慊）志。今纵不能博求天下贤圣有德之人而禅天下焉，而曰豫建太子，是重吾不德也。谓天下何？"❷群臣再请，文帝曰："诸侯王宗室昆弟有功臣，多贤及有德义者，若举有德以陪朕之不能终，是社稷之灵、天下之福也。今不选举焉，而曰必子，人其以朕为忘贤有德者而专于子，非所以忧天下也。朕甚不取也。"❸

华夏古典民主制经历了大同推举制、联邦王制和中央集权制三种成熟的宪政文治形态，至汉代，天子世袭而宰相以下文武官员实行选举制的宪法机制，自夏商以来沿袭两千多年，虽在当时无法再恢复大同推举、普选天子的制度，但其"天下为公、选贤与能"的宪法精神却沿袭不改、贯穿始终，所以文帝以不能选举天子、禅让天下为

---

❶ 司马迁. 史记[M]. 北京：中华书局，1999：295.
❷ 司马迁. 史记[M]. 北京：中华书局，1999：295.
❸ 司马迁. 史记[M]. 北京：中华书局，1999：295.

"不德",其"公天下"之古典宪政民主精神,在汉代文治政府、选举文官以治理天下的宪法机制上获得具体体现[1]。

群臣援引殷周古制以及高祖分封之宪法精神与政治稳定之考量,告谕文帝:"古者殷周有国,治安皆千余岁,古之有天下者莫长焉,用此道也。立嗣必子,所从来远矣。……子孙继嗣,世世弗绝,天下之大义也,故高帝设之以抚海内。今释宜建而更选于诸侯及宗室,非高帝之志也。更议不宜。"[2] 此番群臣所言,合乎华夏文明日益中央集权化的政治实际,文帝所引尧舜大同时代联邦诸侯、万民公推普选天子的禅让制度反而不合时宜,群臣意见十分鲜明:天子所言"不宜"!

文帝幡然了悟、从谏如流,遂建太子。天子世袭而文官普选,华夏古典民主制之稳定有序,靠天子世袭制;华夏古典民主制之权力公平流动、选贤与能,靠文官普选之荐举、察举、科举制,两相匹配、动静有常,华夏文明因此敬天保民、协调万机、繁盛无双也!

---

[1] 参见 钱穆《国史大纲》《国史新论》以及何怀宏所著《选举社会及其终结》(北京:三联书店,1998).
[2] 司马迁.史记[M].北京:中华书局,1999:295.

第二十四章　中华大一统盛景

汉高祖刘邦与张良、萧何、陆贾、陈平等大批贤臣，崛起于华夏民间，深知人民疾苦，所以在创立炎汉文明基业之初，就尽力扫荡秦政之残暴，与民休息，华夏古典宪政机制、宪法精神"敬天保民"逐步得到恢复与充实、完善。

炎汉文明初期，不少秦制在仓促间沿袭未改，真正对秦制进行较全面、较深入改革的，是孝文帝、景帝、武帝。

一、对人民负责：汉文帝的罪己诏制度

汉文帝恢复华夏古典民主制的重大宪政举措之一，就是天子面对朝廷百官和天下人民，毅然发布"罪己诏"，以求得苍天万民的谅解宽容，进而求取天下万民的举贤、建言，即在重新采纳民意的基础上，重新赢得治理的合法性：

> 十一月晦，日有食之。十二月望，日又食。上曰："朕闻之，天生蒸民，为之置君以养治之。人主不德，布政不均，则天示之以灾，以诫不治。……朕获保宗庙，以微眇之身托于兆民君王之上，天下治乱，在朕一人，唯二三执政犹吾股肱也。朕下不能理育群生，上以累三光之明，其不德大矣！令至，其悉思朕之过失，及知见思之所不及，匄以告朕。及举贤良方正能言极谏者，以匡朕之不逮。因各饬其任职，务省徭费以便民。朕既不能远德，故介然念外人之有非，是以设备未息。今纵不能罢边屯戍，而又饬兵厚卫，其罢卫将军军。太仆见马遗财足，余皆以给传置。"❶

观此可知：华夏古典民主宪政制的根本特质，是确保西汉"文景之治"得以辉映千秋之文明传播奥秘也：

---

❶ 司马迁. 史记[M]. 北京：中华书局，1999：297.

第一，天子、朝廷、官府乃至一切统治权力的合法性根基，在于顺从天意和民意，而依据炎黄尧舜以来的古典宪政制度，天意与民意是根本一致的，《尚书》所谓"民之所欲，天必从之"；敬天保民就成为华夏政权合法性的最高宪法依据，天子、朝廷、官府等权力的宪法基础就是天意、民心，违背天意、民心的直接表征，就是天灾的降临。天灾出现，实乃警告人祸，遂为华夏古典政治中极其重要的一环——天子、朝廷、官府必须因为天灾的降临而承担道义责任、自我检讨、自我谴责、改革弊政，华夏民主制的儒教自然哲学基础，在天子朝廷官府之上，设立了一个至高的权威、形上约束和道德裁判力量——天意，自然生态系统的任何灾变，被直接理解为上天对天子朝廷官府治理不善的谴责、警告、劝诫。

从今天的角度看，自然生态系统的灾变，大多数是人类活动的不合理所导致，因此，负责管理人类活动的各级政府（天子、朝廷、官府）就必须为此负担宪法责任，为政府不当治理触发的天灾人祸进行自我检讨、自我谴责，从而使政府治理获得一次全面更新的政治契机。

古典民主制之天子问责制、高官问责制，在"罪己诏"上集中体现。近代早期来华的利玛窦等大批耶稣会传教士、伏尔泰、莱布尼茨以及近代晚期的爱默生、卡莱尔等西方学者、哲人认为，中华民主制度是"最合理有序的精英民主制度"，中国儒教自然神学信仰（敬天保民）实际上有效发挥了限制政府权力的民主制衡作用，是补救纠正一切权力统治中必然滋生的诸多生态、社会流弊的良药。

深明洞彻华夏民主制这一宪法根基，汉文帝毅然创设"罪己诏"制度，率领文武百官，进行自我检讨、自我谴责，以获取天下万民对其治理合法性的重新认可："人主不德，布政不均，则天示之灾，以诫不治。……朕下不能理育群生，上以累三光之明，其不德大矣！"❶

文帝之目光，可谓洞穿了今日全球生态-社会-人文种种危机现实的症结所在："人主不德，布政不均，则天示之灾，以诫不治。"❷贫富悬殊、摧残自然、毁弃历史、糟蹋文明，天灾恰由人祸引起！"布政不均"一句，恰恰道尽今日全球危机之堂奥：少数富贵国家、富贵阶层、肆意摧残自然、盘剥民众，弱势群体被逼无奈，只好铤而走险，文明传播秩序之基本公平均衡严重失衡，布政不均，各种颠倒错乱、恐怖危机因此激剧爆发也！

文帝更以"天子、高官问责制"之宪政精神，严格贯彻华夏宪政精神。他把治理不善的道德责任，全部承担下来："朕获保宗庙，以微眇之身托于兆民君王之上，天下治乱，在朕一人，唯二三执政犹吾股肱也。朕下不能理育群生，上以累三光之明，其不德大矣！"❸

---

❶ 司马迁.史记[M].北京：中华书局，1999：297.
❷ 司马迁.史记[M].北京：中华书局，1999：297.
❸ 司马迁.史记[M].北京：中华书局，1999：297.

文帝将治理不善、天降灾祸的责任全部担承于一身，并且在"罪己诏"中明言左右执政大臣犹如一身之股肱，其行政过错亦由于天子主持治理不善所致，如此勇于担当、返躬责己，垂教天下以儒家"严于律己、宽以待人"之君子人格风范，朝廷上下、群臣百姓、天下万民岂不更加自我鞭策、自我警醒以兴利除弊耶！

第二，"罪己诏"制度在厘清责任的基础上，推行一系列政治改革措施。其首要之务，在于广开言路、采纳民意、鼓励群臣万民，直言上书，批评朝政："令至，其悉思朕之过失，及知见思之所不及，乞以告朕。"❶

换言之，"罪己诏"制度同时就是"求言诏"制度，即天子朝廷一声令下，各级官府层层检讨，全民均可上书指摘朝廷、批评天子，凡政府知、见、思所不及、不当之处，均可一一加以指明，华夏古典民主制之开明采纳民意、容忍批评之宪政制度，至此鲜明无遗也！

第三，"罪己诏"制度之三，在于"举贤求才"之人才选拔制度："举贤良方正能言极谏者，以匡朕之不逮"❷，汉代人才选拔制度之所以高出此后历朝历代，即在于其人才选拔，以"贤良方正、直言极谏"为最高道德标准，华夏民主制之宪政制度体系，实维系于中央地方各级官府的人才选拔任用培育制度体系，即将贤良方正之士、受儒家教化而刚毅敢言者，不断输送到中央政府，这些人主持天下道义、匡正官府失职，保障了华夏文明稳定繁荣。

从此，"举贤良方正、极言直谏"制度，即成为汉朝定制，各级官府的一大职责，就是以民间推举（荐举）、官府历练后被推举（察举）和开科考试录用（科举）三大制度，考察、推选、举荐、试用、培育人才，汉代古典政治与社会风俗之美，因此冠绝于后世。

武帝时代，名儒董仲舒，即被推举为"贤良方正之士"而面见天子，更因应答汉武帝《举贤良对策》（史称"天人三策"）而获武帝激赏，不仅被授予官爵，更因其三大国策之建议，使汉武帝毅然下定决心，改变初即位时，迫于太后临朝而推行的清静无为之"黄老之学"，定儒家教化为举国一尊，建立五经博士制度作为"太学"（汉代大学制度），用以作为取士的基础，从而促使公孙弘等人"朝为牧牛郎，暮登天子堂"、以布衣官至丞相、封侯拜爵和"汉代公卿多文学彬彬之士"的政治生动局面，将吾中华文明锻造为长治久安、牢不可破的伟大灿烂文明！

第四，文帝"罪己诏"制度饬令天下官府勤勉恭敬任职，务必减省百姓徭役赋税，使遭受天灾人祸的万民获得喘息恢复之生机。"罪己诏"并非一纸空文，实则是检讨失政、督责失职、俭省财税、与民休息、惠民养民、藏富于民等一系列"新政"（便民）国策的连续推出。

第五，"罪己诏"制度，包含要求各级政府同时改革、修正对外国策的重大内

---

❶ 司马迁. 史记[M]. 北京：中华书局，1999：297.
❷ 司马迁. 史记[M]. 北京：中华书局，1999：297.

容。华夏民主制下之儒教大一统，要求天子朝廷"修德怀柔"以安抚华夏文明以外之各民族（蛮夷），虽然边防屯戍政策不能更改，但厚养后备部队（卫将军军之类）构成对财用民力的一大耗费，文帝因此在"罪己诏"中下令罢设一些多余的后备役部队，马匹财用足够战备之外者，一律拨给邮传驿站，以犒劳旅人、邮寄官，其督责官府、体恤下民之华夏宪政精神，在政策和制度上如此细致入微，炎汉繁盛有体制保障也！

二、汉文帝的古典宪政精神

抵古典宪政体系，包含采纳民意、体恤民生、从民间选拔官吏等诸方面，而以最高权力（天子朝廷官府）受宪法约束为根本保障。上述诸层面，在汉文明中均有制度性规定与贯彻，其中大多创自文帝、景帝、武帝诸帝。

《史记·孝文本纪》载文帝诏曰：

> 古之治天下，朝有进善之旌，诽谤之木，所以通治道而来谏者。今法有诽谤妖言之罪，是使众臣不敢尽情，而上无由闻过失也。将何以来远方之贤良？其除之。民或祝诅上以约结而后相谩，吏以为大逆，其有他言，而吏以为诽谤。此细民之愚无知抵死，朕甚不取。自今以来，有犯此者勿听治。❶

文帝之宪政，首在广开言路、废除思想言论罪之暴政恶法，甚至百姓诅咒天子朝廷、被秦律定为"大逆"之罪者，文帝亦诏令不予追究！凡宽弘于思想言论之仁政，上下必效忠诚以报国；凡严密文网、堵塞言路之暴政，则上下必离心离德而肆意非法，最终覆灭也！古今一律，概莫能外也！

文帝更在这一伟大诏书中，将华夏古典民主制之宪政精神，其博大深厚之历史渊源、制度起源，予以精确阐明：

> 古之治天下，朝有进善之旌，诽谤之木，所以通治道而来谏者。❷

《尚书》（今古文）与《周礼》等原始文献之确切记录，华夏古典民主制之确立实

---

❶ 司马迁. 史记[M]. 北京：中华书局，1999：298.
❷ 司马迁. 史记[M]. 北京：中华书局，1999：298.

施,上可追溯至炎黄尧舜时代,下可通达唐宋元明诸朝代,确然有据而毋庸置疑也!

《史记》注家更博引众家之注疏,使华夏古典民主制的宪政制度,冲破清末民初以来种种置疑而大白真相于天下:

> 应劭曰:旌,幡也。尧设之五达之道,令民进善也。如淳曰:欲有进善者,立于旌下言之。❶

此注疏告诉天下,吾中华文明早在尧舜时代就确立了采纳民意的民主宪政制度,万民均可在朝堂之外、旌幡之下进言、请愿、表达诉求;《周礼》更进一步规定:特设官员值班守候,在"肺石"旁侧,接受万民进言,特设官员将民众上书直接上奏天子,或将民意代表直接引入朝堂议政也。

《史记》注家在诠释"进善之旌"之后,进而诠释"诽谤之木"采纳民意的制度规定:

> 服虔曰:尧作之,桥梁交午柱头。应劭曰:桥梁边板,所以书政治之愆失也。至秦去之,今乃复施也。《索隐》按:《尸子》云:尧立诽谤之木。……韦昭云:虑政有阙失,使书于木,此尧时然也,后代因以为饰。今宫外桥梁头四植木是也。郑玄注《礼》云:一纵一横为午,谓以木贯表柱四出,即今之华表。❷

华夏读者,天下诸君!倘若您漫步于巍巍天安门前、汤汤金水桥边,驻足观赏那两根巍峨树立、蟠龙飞舞、挺拔云霄的汉白玉石柱,请恭敬肃立!这就是中华文明的伟大象征,这就是华夏古典民主宪政采纳民意、上通苍天、下限权力的伟大制度的象征——华表!

挺拔俊美之华表,乃吾中华民族融贯天意与民心、巍然树立于天地间之伟大文明之生命流露也!华表者,非徒然装饰之用也,乃吾华夏文明廓然大公、树立民本、采纳民意、匡正失道、推行宪政之伟大民主立国精神之体现也!

在尧舜时代,华表为木制,以便万民书写民意于其上;后代改为石制,但古典民主之宪政精神,沿袭未改、延续久长也!其间虽有短暂朝代(秦末、晚清等)戮辱士夫、钳制舆论、伪造民意,只会加速其自身覆灭,无损于中华文明自古传播之伟大民主宪政体系之灼灼光辉!

---

❶ 司马迁.史记[M].北京:中华书局,1999:298.
❷ 司马迁.史记[M].北京:中华书局,1999:298.

依华夏古制,天下万民,无论贵贱,均可上书言事、议论朝政,亦可为己、为民请愿,华夏史籍备载之。其著名事例之一,乃《史记·孝文本纪》所载少女缇萦为父犯法将受肉刑而上朝廷请愿书,奏上文帝,文帝览阅后下诏曰:

> 盖闻有虞氏之时,画衣冠异章服以为僇(辱),而民不犯。何则?至治也。今法有肉刑三,而奸不止,其咎安在?非乃朕德薄而教不明欤?吾甚自愧。故夫驯道不纯而愚民陷焉。诗曰:恺悌君子,民之父母。今人有过,教未施而刑加焉,或欲改行为善而道毋由也。朕甚怜之。夫刑至断肢体、刻肌肤,终身不息,何其楚痛而不德也,岂称为民父母之意哉!其除肉刑。❶

伟哉!文帝之"吾甚自愧"之华夏天子督责自己愧为民之父母之宪政精神!吾儒家一贯教诲当权者"责己严、待人宽",因此推行爱民宽恕之仁政,尧、舜时代常采取涂画衣冠、改变服装而不采取监禁、强制劳役的方式以惩戒罪犯,惩戒其心远在处罚其身之上,其德教精神远胜后代纯任刑罚却犯罪激增也。

文帝出身帝王之家,但爱民自省、频频罪己、担当天下失德之举,诚然为儒家宪政精神之伟大表率!从文帝可知,儒家思想在晚周秦汉全中国上下各阶层之深广传播之程度,《书》《诗》《乐》《礼》之教化,可谓涓然细流,淙淙灌溉,养护人心,纲维上下,不待武帝之尊崇、董子之垂教,吾儒教大一统,早已堂皇备载于天子诏书、朝廷万民之中也。

文帝英明的政治智慧,在于深察天下政治治理之纯正,在于德治之教化得宜而不在于刑罚之严苛,天子自责"德薄、教不明、驯道不纯而愚民陷",实则延续孔子"不教而杀谓之虐"之华夏政治文明之正统,朝廷百官从天子自责中反省"教未施而刑加"之暴虐贼民之行政,不宜宽刑爱民之"新政"契机耶!

缇萦上书,直达天子,促使朝廷毅然废除秦政遗留之诸众多肉刑,华夏古典民主宪政之体恤民情、哀悯众生之过,督责当权者施政不当、陷民于罪,其唯恐愧为"民之父母"之自警、自谴、自我问责之宪政制度与爱民守法精神,举目古今,尚无朝代足以超过之也!

三、文景之治下中华大一统盛景

汉初扫除秦政,与民休息,百废赖以俱兴。文帝顺承汉高祖、惠帝、高后、萧

---

❶ 司马迁. 史记[M]. 北京:中华书局,1999:301.

何、曹参、陆贾、贾谊等君臣法意而扩大之，休除一切苛细扰民之政，养人民以富足敦厚，仅23年间，中华大地一派欣欣向荣景象，中央府库内所藏粮食、金钱，常因积存腐朽而不能使用。

"文景之治"所以堪称后世罕匹之真正太平盛世，乃在于其内外国策之公平合理、人文教化之深入得当、朝廷上下之严于律己、文明传播秩序之秉持华夏古典民主制之宪政精神，因而本末并举、百业兴旺。《史记·孝文本纪》载：

> 上曰：农，天下之本，务莫大焉。今勤身从事而有租税之赋，是为本末者毋以异，其于劝农之道未备。其除田之租税。……天下旱，蝗。帝加惠：令诸侯毋入贡，弛山泽，减诸服御狗马，损郎吏员，发仓庾以振贫民，民得卖爵。❶

自古以来，华夏以农业立国，崇农为本，与欧西文明工商航海立国之规模、境界，不可同日而语也。今采纳西法，大力发展工商科技，但仍须奉农业为"第一产业"，仅此一国策之博大深刻的经济、社会原因，巍然注定：中华民族的当代复兴大业，必须深入汲取"文景之治"前后华夏古典文明万年间储备的优秀传播遗产和文明智慧，断然不可采纳民初舆论主张之"全盘西化说"，将人口、资源、环境等根本国情，素来高度脆弱而与西方判然有别的中国，推入深渊！

最高统治者是否受到儒家教化培育并深入体会民间疾苦，常为华夏文明之措置得宜之关键。文帝即位前，长期生活于荒寒"代"地，深知民间疾苦，所以后来居天子尊位而毅然与民休息、时时处处警惕豪奢，对内推行仁政，对外与匈奴和亲，虽随时戒备外患，但唯恐兴兵烦扰民众。更频频下诏罪己，将天下失政尽归于己身之"不德"，可谓华夏古典民主宪政制度下之模范天子也！

《史记·孝文本纪》总评曰：

> 孝文帝从代来，即位二十三年，宫室苑囿狗马服御无所增益，有不便，辄弛以利民。尝欲作露台，召匠计之，直百金。上曰：百金中民十家之产，吾奉先帝宫室，常恐羞之，何以台为！上常衣绨衣，所幸慎夫人，令衣不得曳地，帷帐不得文绣，以示敦朴，为天下先。治霸陵皆以瓦器，不得以金银铜锡为饰，不治坟，欲为省，毋烦民。……专务以德化民，是以海内殷富，兴于礼义。

> 太史公曰：孔子言：必世然后仁。善人之治国百年，亦可以胜残去杀。

---

❶ 司马迁.史记[M].北京：中华书局，1999：301-304.

诚哉是言！汉兴，至孝文四十有余载，德至盛也。❶

观文帝之为人，恭谨有盛德，其于华夏人文主义之价值信仰，有极博大深厚的教养，故而可以外绝浮华豪奢之虚荣，内拒贪生畏死之鄙俗，成就天地间一大伟业，《史记索隐述赞》谓之"千年颂声"❷，堪与尧舜比肩也！

余观文帝死前遗诏，深知其为儒家人文主义之信徒、超越生死利害等一切世俗桎梏之伟大哲人也：

> 帝崩于未央宫。遗诏曰：朕闻盖天下万物之萌生，靡不有死。死者天地之理，物之自然，奚可甚哀。当今之时，世咸嘉生而恶死，厚葬以破业，重服以伤生，吾甚不取。且朕既不德，无以佐百姓；今崩，又使重服久临，以离寒暑之数，哀人之父子，伤长幼之志，损其饮食，绝鬼神之祭祀，以重吾不德也，谓天下何！……其令天下吏民，令到出临三日，皆释服。毋禁娶妇嫁女祠祀饮酒食肉者。❸

呜呼往圣先贤之盛德也！

文帝不仅生前频下"罪己诏"，死后遗诏仍"罪己"、自谦"不德"，更申明天下：生死大义在仁义善德，不在嘉生而贪财、畏死而厚葬，其明令天下临丧三日即解除丧服等一切禁制，唯恐丧葬礼制烦扰民间祭祀、婚嫁、饮食等一切正常生活秩序之开展，其人文主义明澈生死之价值信仰、民治民本主义之体贴入微，远超乎前之秦皇、后之汉武之广求仙人长生不死药而靡费天下之败政，不知凡几也！

文景之治之太平盛景，其必要的传播条件是：儒家人文主义经晚周秦汉之际的深广传播，深深嵌入华夏文明各阶层之脑海；秦亡汉兴的历史教训，使儒家人文纲常名教更加深入人心、颠扑不破，华夏民族深刻意识到：没有儒家教化，就没有太平盛世，就没有中华文明的数千年辉煌灿烂！如果说汉高祖"马上得天下"，尚须王霸之术参合，那么，汉文帝、景帝、武帝之"守成天下"，就必须兴起儒家礼乐教化，否则，"马上天下"以"马上治之"（秦政如此），则"文景之治"就根本无法出现了。

文帝之群臣、儿子孝景帝深知此一点，遂在景帝即位之初，群臣商议，将文帝谥号定为"孝文"，即孝顺祖德、文治天下之有道明君也！

准此可知，被秦始皇废除的《周礼》谥法已然再度确立，以便告谕天子朝廷、百官万民：何人足以效法、何事足以恭敬、天下法度之一视同仁、天子行为亦受宪法约

---

❶ 司马迁. 史记[M]. 北京：中华书局，1999：304-307.
❷ 司马迁. 史记[M]. 北京：中华书局，1999：308.
❸ 司马迁. 史记[M]. 北京：中华书局，1999：305.

束！秦始皇以为"子议父、臣议君、甚不可取"之古典民主宪政之"谥号"制，至此可谓全面恢复而更严谨有度矣！

景帝更与丞相、总掌朝廷谏议、督察百官行政的御史大夫（与丞相、太尉并列汉朝三公，为文治政府首脑之一，称"副丞相"）等群臣，谨慎商议对已故孝文帝的岁岁祭祀之庙制、礼仪：

> 盖闻古者祖有功而宗有德，制礼乐各有由。闻歌者，所以发德也；舞者，所以明功也。……孝文皇帝临天下，通关梁，不异远方。除诽谤，去肉刑，赏赐长老，收恤孤独，以育群生。……其为孝文皇帝庙为昭德之舞，以明休德。❶

丞相申屠嘉等复奏曰：

> 臣谨议：世功莫大于高皇帝，德莫盛于孝文皇帝，高祖庙宜为帝者太祖之庙，孝文皇帝庙宜为帝者太宗之庙。天子宜世世献祖宗之庙。郡国诸侯宜各为孝文皇帝立太宗之庙。诸侯王列侯使者侍祠天子，岁献祖宗之庙。请著之竹帛，宣布天下。❷

孝景帝、申屠嘉等人确立太祖太宗庙制、礼仪之宪法意图，并非如近代之人所谓"尊君抑民"，而是要为天子朝廷、郡国诸侯、群臣百官、天下万民树立一个道德楷模、宪法表率——太祖有功，太宗有德，功德匹配，足以寄托华夏文明"敬天保民"之宪政精神，人民从对这些道德楷模、宪法表率的祭祀思念中，浑然凝聚为稳定有序之文明整体，亦即王国维《殷周制度论》所谓《周礼》足以抟合中华民族为一"道德之团体"❸而非仅为权势扩张之利害共同体，从而永葆人类生活之繁荣也！

四、景帝的轻赋劝农与清明吏治

孝景帝顺承文帝宪政精神，常以仁爱宽免为政，汉赋三十税一，史上惠民富民第一！而且常常宽免，"文景之治"实乃惠民、富民、养民之治也。景帝诏曰：

---

❶ 司马迁. 史记[M]. 北京：中华书局，1999：306.
❷ 司马迁. 史记[M]. 北京：中华书局，1999：307.
❸ 参见 王国维. 观堂集林（卷十）：殷周制度论[M]. 石家庄：河北教育出版社，2003：231-244.

> 雕文刻镂，伤农事者也；锦绣纂组，害女红者也。农事伤则饥之本也，女红害则寒之原也。夫饥寒并至，而能无为非者寡也。……今岁或不登，民食颇寡，其咎安在？或诈伪为吏，吏以货赂为市，渔夺百姓，侵牟万民。[1]

民主宪政之基础，在于惠民养民、富民教民，使民安享福寿康宁，其体制、法度之表征，就是宽以待民、严以治官。

景帝深明此理，在加意奖励农桑耕织、严查官吏贪赃害民之外，又下诏：

> 农，天下之本也。黄金珠玉，饥不可食，寒不可衣，以为币用，不识其终始。间岁或不登，意为末者众，农民寡也。其令郡国务劝农桑，益种树，可得衣食物。吏发民若取庸采黄金珠玉者，坐臧为盗。二千石听者，与同罪。[2]

农耕桑蚕，辛苦一年，所获有限；工商贩卖，坐收厚利，百姓欣羡，必群趋若骛，舍本逐末。长期下来，必地荒粮少、物价腾贵，黄金珠玉等不蔽饥寒之物，百姓若以之代替劳役（农耕种树、兴修水利之类），则主持其事的官吏，当以盗贼之罪论处，听任其事的朝廷高官（二千石）亦与之同罪！盖舍本逐末、摧残农耕者，实乃动摇国本之窃贼也！

近代宪政体制之运作，在于多党派之间的相互制衡，其弊在党同伐异、政出多门；古典宪政体制之运作，在于朝廷上下的分权制衡，其弊在政出一门、易陷呆板。古今利弊互见，非可薄古厚今而自陷迷障也。古今互补、斟酌损益，乃为文明传播之长治久安之策也。

景帝深知古典宪政之关键环节在于严明的吏治，而严明吏治的基础是官吏选举制度。汉初沿袭秦制，缴纳一定数额的费用即可为吏，谓之"赀选"。富家儿郎虽能读书识字、堪任吏事，但家贫无财者，难以步入仕途，其民事治理必然腐朽不堪而无法实现华夏宪政之敬天保民之宏旨也。

景帝的改革措施是降低入仕门槛，由以往缴纳"十算"（十万钱）下调为"四算"（四万钱），希望由此"廉士得宦"。《汉书》注家应劭曰：

> 古者疾吏之贪，衣食足知荣辱，限訾（赀）十算乃得为吏。十算，十万

---

[1] 班固.汉书[M].北京：中华书局，1999：108.
[2] 班固.汉书[M].北京：中华书局，1999：109.

也。贾人有财不得为吏，廉士无訾又不得宦，故减訾四算得宦矣。❶

准此可知，秦末汉初之人才，非富户难以步入仕途，非钱财无由尊显荣耀，其士风民风之无耻，可谓莫此为甚也！观《周礼》可知西周学校教育普及、文化昌盛，人才可由此"正途"入仕；晚周官学荒废、私学兴起，颜回子路子贡子夏等师从孔子等名师，足以器重于世；秦末汉初，富家儿郎靠家财赀选为官，衣食足不知荣辱者盖大有其人，百姓遭其侵害鱼肉烦扰，岂不顺理成章？

中国士农工商之四民社会之繁荣稳定，全靠士这一阶层之选拔、培育，农工商百业依靠士之统率而兴旺发达。如任凭钱财主宰、权贵当道、选举无耻、吏治腐败，任何宪法大典（古之《尚书》《周礼》、今之宪法）均可堕落为一纸空文，谈何民主、民本、民有、民治、民享等自欺欺人之论？景帝之诏，深明此理而又无可奈何之：

> 人不患其不知，患其为诈也；不患其不勇，患其为暴也；不患其不富，患其无厌也。其唯廉士，寡欲易足。❷

廉士难得，景帝下调赀算入仕之法不足以根本改变这一吏治问题，文景之治所休养生息之民力、国财，必须被引向一个更博大深厚的文明传播秩序上去，遵循这一秩序，国家的治理、官吏的选拔培育、朝廷万民的自我约束，都提升到一个全新的境界，这一全球文明史上最大的传播奇迹的发轫，正在汉武帝、董仲舒之大时代也！

---

❶ 班固.汉书[M].北京：中华书局，1999：109.
❷ 班固.汉书[M].北京：中华书局，1999：109.

第二十五章　大一统文明奥秘

炎汉文明常被推许为中华古典宪政的重要成就之一，其文明成就的根源，即在于其所建树的华夏大一统的宪法哲学依据和宪政精神依据——原始儒家各大宗师（孔子、孟子、荀子、陆贾、董子等），远承炎黄、尧舜，近接三代宪政制度和《尚书》《周礼》宪政精神，主张上限天子、下限官民的宪政哲学思想，也就是在全民道德信仰和行为规范上，予以博大深厚的深入教化，即"宪政精神上的休养生息"，将"文景之治"国策进行大幅提升，"独尊儒术"这一英明国策，奠定了中华文明两千余年的稳定繁荣的宪政基础。因此，汉代在政治、经济、教育、学术、文化等诸多根本方面，树立起后世很难企及的弘大规模与典范。

汉代思想学术，融会先秦诸子百家而折衷一是，锻造出广大坚固、傲视群伦的儒家经学、史学传统，灌注中华文明无比深广，最终把晚周时代"道术为天下裂"的局面，一举廓清为华夏道统（仁义礼智信）博厚高明、学统（诗书礼易春秋五经）井然不紊、政统（天地君亲师）纲常有序的文明传播大秩序、大宪章，为中华文明雄踞东方并取得光辉灿烂的传播成就奠立了不朽根基。

一、儒家大一统传播秩序巍然确立

中华文明最深重的危机出现于公元前770年开始的东周时代。长达549年的内战、分裂、混乱、纷争在摧毁旧的礼乐秩序的同时，儒家却传播着一个更合理、更人道、更稳固的"天下一家"的文明理想，而公元前221年秦统一中国，尤其是公元前202年刘邦重新统一中国以后汉初政治家、思想家的一系列政治与文化建树，不仅使中国固有的文明传统获得重新确认并发扬光大，中华文明由此最终定型，而且中国经受住了长达数世纪的内部分裂而重新获得统一，这一世界历史与文明传播的最大奇迹，显示了中华民族政治上和文化上不可动摇的伟大凝聚力；中华民族经受住了极严峻的历史考验与传播危机，重新凝结为稳固而统一的文明世界！

历史的启迪是巨大的：秦汉建大一统王朝，废封建而行郡县，中央设丞相、太尉、御史大夫分掌全国行政、军事、监察而成三权分立之有效政府，更有九卿分掌各种行政事务，其确保政治统一、稳定与有效治理之中央地方关系以及各级官制，使中国社会由诸侯社会一跃而为中央集权、有效治理的政治、经济、文化统一体，可谓丰功厥伟；其书同文、车同轨，其广修驰道、疏通水利，其南定闽越、北逐匈奴、建筑万里长城，皆不朽之历史功勋也。

秦政纯任法治、刑戮残忍、焚书坑儒、奴役、掠夺人民，使其仅存15年而灭亡。又经15年战乱，刘邦才削平各种反对势力，公元前195年即汉高祖即位12年后，天下才算彻底稳定下来。

历经战国纷乱、暴秦灭亡、楚汉相争、汉初定国等战火纷乱、内外交困之岁月，刘邦深知创业艰辛，更感治国守业之难，丞相萧何、曹参、陈平诸人均崛起民间，亦深知战乱给人民造成的苦难、给国家造成的损失，故以"休养生息"为当朝急务，所幸惠帝、吕后、文景诸帝深明大义，一意减轻人民负担、谋求社会安定，文景两朝39年，国家富庶、百姓康乐，成就千古叹美之盛业"文景之治"。

历史已然行进到这样一个伟大庄严的时刻：重新统一并迅速富裕起来的社会急需道德教化与人文熏陶；中华文明的伟大传统急需恢复并光大，历史一再证明这是中华民族长治久安、千秋大业之宏基；汉初决策者审时度势、与时俱进，大力提倡中华文明传统之核心精神——儒家教化，并予以弘扬光大，使全社会高度认同于中华文明之道体——自爱爱人之儒家仁道，以一系列政治、文化措施使之制度化、固定化，使之成为全社会一体遵行的道德轨范，如此，中华民族之复兴伟业，才能一举奠定。

两汉国祚四百年，乃中古欧亚大陆最大、最久之文明统一体，任何政治动荡、外族入侵等巨大灾难皆不足以摇撼其统治基础。令中华民族世代景仰的英明决策者，恰好呼应这一历史要求而出现于历史舞台的中心：公元前140年，年仅17岁的太子刘彻即位，是为汉武帝。

国史以秦皇、汉武并称，其崇高之地位可见：在中古人君中，武帝之武功，直追始皇，而文治之德，则大大过之，其政治、文化建树，一举奠定汉民族此下两千余年发展之基础，后起之唐宗、宋祖，亦无以过之。武帝在位54年，凭借国家几十年休养生息所积累的雄厚资本和自己天赋之英才，以无比的智慧与魄力，对外开拓疆土，北伐匈奴、南定南越与西南夷、东征朝鲜、西通西域，把秦朝时的中国版图扩大了一倍，征服、融合了许多民族，极大地开拓了中华民族的生存空间。他倾全国之力，与长期为患北方的匈奴人进行殊死的搏斗，在当时东方两大民族——匈奴与汉人之间的生死大决斗中，击破匈奴，使汉民族赢得了历史性的胜利；他经略岭南，恢复了自秦以来对闽、粤、越南的统治权，并使云南、贵州与四川西南部之少数民族归化中国；开辟河西走廊，将政治势力扩展至塔里木河、葱岭一带，为经略西域（中亚）、将新疆等西域广大领土纳入政治版图奠定了基础。

武帝为太子时，以儒生王臧为师。即位后，以王臧为郎中令，迎儒学大师鲁申公入朝，拜为"高等顾问"，于是儒风大盛。又下诏各级官吏，荐举贤良方正、青年才俊，讨论国家长治久安之道。武帝亲行策问，儒学巨子董仲舒应以《天人三策》，武帝大为激赏，遂有"罢黜百家、独尊儒术"之定策，历史确认了中华文明之大一统传播秩序（道统、学统、政统合一）即儒家思想的伟大地位。

二、《天人三策》：奠定中华文明不朽基础

《史记·儒林列传》曰："董仲舒，广川人也。以治《春秋》，孝景时为博士。下帷讲诵，弟子传以久，次相受业，或莫见其面。盖三年董仲舒不观于舍园，其精如此。进退容止，非礼不行，学士皆师尊之。"

董子学高行廉，天下尊仰。景帝时即为《春秋》博士。所著《春秋繁露》奠定有汉学术思想之巍然纲宗。其《天人三策》（又称《举贤良对策》）尤传诵千古、脍炙人口，揭示出中国历史文化之堂奥、文明传播之神髓。

大抵一个社会政治稳定、经济繁荣，则面临骄奢淫逸、贪污腐败这一重要问题。这一问题处理得好，则一个社会得以保持长期稳定繁荣；处理得不好，则这个社会必然由盛转衰，最终被腐败所拖垮。五千年的中国史，虽纷纭复杂，扼要言之，不过如此。

武帝少年践天子位，以天赋之聪敏、少年皇帝之雄心，首先在第一道策问中，表露出对自身肩天下之责的高度重视："朕获承至尊休德……任大而守重，是以夙夜不皇康宁，永为万事之统，犹疑有阙。故广延四方之豪俊，郡国诸侯公选贤良修洁博习之士，欲闻大道之要，至论之极。"❶

中华文明之传播奥秘，在于居社会上层之政治领袖与居社会中层之知识分子以及居社会下层之大众之间的良性互动。政治领袖有好学之德、向道之心，则知识分子必以道统之尊、学统之精严、民意代表之重，向君主建言，从而推动实现中国社会之平稳改良。否则，居社会中坚地位之知识分子，若受尽戮辱而不敢发言，则政治信息的传播反馈严重受阻，天下必大乱。

武帝以少年之俊，深思治道，尤其是最近五百年间各国君臣"日以仆灭"之严峻历史现实，深思天命与人的行为之间的复杂关系，渴望天下大治："伊欲风流而令行，刑轻而奸改，百姓和乐，政事宣昭。何修何饬而膏露降、百谷登，德润四海、泽臻草木，施乎方外、延及群生？"❷

他高度重视饱学之士的见解："子大夫明先圣之业，习俗化之变、终始之序，讲闻

---

❶ 董仲舒. 春秋繁露·天人三策[M]. 长沙：岳麓书社，1997：303.
❷ 董仲舒. 春秋繁露·天人三策[M]. 长沙：岳麓书社，1997：304.

高谊之日久矣,其明以谕朕。科别其条,勿猥勿并,取之于术,慎其所出。"❶汉武帝对近臣之阻塞言路十分警觉,因此向天下贤良方正之士保证:答卷将密封进奏,直呈御览,学者可直言指摘当道官吏,不必后怕也:"乃其不正不直、不忠不极、枉于执事,书之不泄,兴于朕躬,勿悼后害。子大夫其尽心,靡有所隐,朕将亲览焉。"❷

观武帝之言,可知汉初社会经六十余年休养生息,政治宽容、经济繁荣,吏治、民风渐有松弛、奢靡之象。

贾谊《治安策》尖锐指出汉初政治存在"可为痛哭者一,可为流涕者二,可为长太息者六"的多种潜在危机:中央集权与诸侯封国所形成的割据问题;匈奴侵扰和亲无益之外患;太子教育与皇权继承问题;贫富分化、世风败坏问题;德治法治关系问题;整顿朝纲与礼遇大臣问题;重农恤民、增加中央财政收入等❸。

很明显,汉初清净无为的黄老政治观念已不能适应社会形势的巨大变化,必须采用儒家学说作为治理国家的理论基础。文帝即位后废除了五种肉刑中的三种,在位23年,天下判死罪的不过几百人,刑罚几乎措之不用。景帝在位16年,法网便不得不加严,史称景帝之治已偏于刑名。故武帝策问欲求"风流而令行,刑轻而奸改",且以皇帝之尊,尚不能杜绝近臣阻塞言路、官吏弄权,可知当时社会吏治、民风,大有松弛、奢靡之象,官吏弄权于上、小民作奸于下,武帝深以为患,故求治心切也,此其一。

其二,汉承周、秦之后,虽经兼并之战火、坑儒之惨祸、楚汉之争夺,民间讲学之风仍巍然不坠,儒家标举之"五帝三王之道"深入人心,夷夏之别、王霸之辩等儒家历史哲学经秦灭汉兴之历史检验而日益鲜明,经周秦之际五百年之分裂,非但中国未曾解体,且日益扩大,中国大一统之观念更加巩固,这一切,均有赖于孔子思想之高度真理性,有赖于其以毕生心血所锻造出的坚不可摧的儒家学术传统,尤其是儒门弟子坚守师训、不为势力所摇撼之伟大精神也。

《史记·儒林列传》曰:

> 自孔子卒后七十子之徒散游诸侯,大者为师傅卿相,小者友教士大夫,或隐而不见。故子路居卫,子张居陈,澹台子羽居楚,子夏居西河,子贡终于齐。如田子方、段干木、吴起、禽滑厘之属,皆受业于子夏之伦,为王者师。是时独魏文侯好学。后陵迟以至于始皇,天下并争于战国,儒术既绌焉,然齐、鲁之间,学者独不废也。于威、宣之际,孟子、荀卿之列,咸遵夫子之业而润色之,以学显于当世。及至秦之季世,焚《诗》《书》,坑术

---

❶ 董仲舒. 春秋繁露·天人三策[M]. 长沙:岳麓书社,1997:304.
❷ 董仲舒. 春秋繁露·天人三策[M]. 长沙:岳麓书社,1997:304.
❸ 参见 班固. 汉书·贾谊传[M]. 北京:中华书局,1999;贾谊. 新书校注[M]. 北京:中华书局,2000:455-484.

士，六艺从此缺焉。陈涉之王也，而鲁诸儒持孔氏之礼器往归陈王。于是孔甲为陈涉博士，卒与涉俱死。陈涉起匹夫……然而缙绅先生之徒负孔子礼器往委质为臣者，何也？以秦焚其业，积怨而发愤于陈王也。及高皇帝诛项籍，举兵围鲁，鲁中诸儒尚讲诵习礼乐，弦歌之音不绝，岂非圣人之遗化，好礼乐之国哉？……汉兴，然后诸儒始得修其经艺，讲习大射乡饮之礼。叔孙通作汉礼仪，因为太常，诸生弟子共定者，咸为选首，于是喟然叹兴于学。……及今上即位，赵绾、王臧之属明儒学，而上亦乡之，于是招方正贤良文学之士。自是之后，言《诗》于鲁则申培公、于齐则辕固生、于燕则韩太傅，言《尚书》自济南伏生，言《礼》自鲁高堂生，言《易》自菑川田生，言《春秋》于齐鲁自胡毋生、于赵自董仲舒。❶

由此可知，儒生不仅为一切安定社会之巍然中坚，革命年代，更奋起而为革命者。陈胜起义，儒生持孔子礼器往助者很多，孔子嫡派后裔孔甲毅然加入起义军，为陈涉博士，英勇就义。刘邦起事，鲁申公弟子多有从军者。

汉高祖过鲁，以太牢祭孔子，开历代帝王祭孔之先河。文帝置《诗经》《春秋》两博士。天下儒生应汉武帝贤良之选，而为文治政府之巍然中坚，从此，儒士尊居四民之首，永为中华文明之根基、人类文明之表率。

三、树立古今道义：儒家三统

名儒董仲舒即为儒家道学政三统之表率，扶持儒家政教之大师，传播儒家理想之学行高超、应运而起者。

董仲舒《天人三策》第一策开篇即言"视前世已行之事，以观天人相与之际，甚可畏也。……强勉学问，则闻见博而知益明；强勉行道，则德日起而大有功……"❷揭明学问与事功、人为与天命之间的关系："道者，所由适于治之路也，仁义礼乐皆其具也。故圣王已没，而子孙长久安宁数百岁，此皆礼乐教化之功也。……故声发于和而本于情，接于肌肤，藏于骨髓。……夫周道衰于幽、厉，非道亡也，幽、厉不由也。至于宣王，思昔先王之德，兴滞补弊，明文、武之功业，周道粲然复兴，诗人美之而作，上天佑之，为生贤佐，后世称诵，至今不绝。……故治乱废兴在于己，非天降命不可得反，其所操持悖谬失其统也。"❸

---

❶ 王利器. 史记注译[M]. 西安：三秦出版社，1988：2549-2551.
❷ 董仲舒. 春秋繁露·天人三策[M]. 长沙：岳麓书社，1997：304.
❸ 董仲舒. 春秋繁露·天人三策[M]. 长沙：岳麓书社，1997：305.

仲舒本儒家天人合一之旨，一语廓清少年天子之疑惑：天命非神秘不可解者，天命有生生不息之仁，人生有礼乐和谐之义，仁义礼乐即治乱兴废之关键、天命人生之枢机也："臣闻命者天之令也，性者生之质也，情者人之欲也。或夭或寿，或仁或鄙，陶冶而成之，不能粹美，有治乱之所生，故不齐也。……故尧、舜德则民仁寿，桀、纣行暴则民鄙夭。"❶仲舒以阴阳说明德治、法治之别："天道之大者在阴阳。阳为德，阴为刑；刑主杀而德主生。……王者承天意以从事，故任德教而不任刑。……为政而任刑，不顺于天，故先王莫之肯为也。今废先王德教之官，而独任执法之吏治民，毋乃任刑之意与！孔子曰：不教而诛谓之虐。虐政用于下，而欲德教之被四海，故难成也。"❷

仲舒直率而言，指汉初纯任刑罚为"虐政"，主张以"德教"代之："凡以教化不立而万民不正也。夫万民之从利也，如水之走下，不以教化堤防之，不能止也。是故教化立而奸邪皆止者，其堤防完也；教化废而奸邪并出，刑罚不能胜者，其堤防坏也。"❸

他认为教化乃当今急务，决策者当改制更张："圣王之继乱世也，扫除其迹而悉去之，复修教化而崇起之。教化已明，习俗已成，子孙循之，行五六百岁尚未败也。"❹他斥纯任法治之秦政为"乱政"，而汉须奋起更化之："自古以来，未尝有以乱济乱，大败天下之民如秦者也。其遗毒余烈，至今未灭，使习俗薄恶，人民嚚顽……孔子曰：'朽木之木不可雕也，粪土之墙不可圬也。'今汉继秦之后，如朽木、粪墙矣，虽欲善治之，亡可奈何。法出而奸生，令下而诈起，如以汤止沸，抱薪救火，愈甚亡益也。……当更张而不更张，虽有良工不能善调也；当更化而不更化，虽有大贤不能善治也。故汉得天下以来，常欲善治而至今不可善治者，失之于当更化而不更化也。"❺他总结说："夫仁、谊、礼、知、信五常之道，王者所当修饬也；五者修饬，故受天之祐，而享鬼神之灵，德施于方外，延及群生也。"❻

仲舒可谓得民情、政情之实际：小民好利，如水之就下；赃官好贿，如苍蝇逐臭；权钱结合则社会腐败，不堪一击。人行不善，皆因未闻大道、未受教化、不知礼义廉耻。法网再细，贪官奸民必能寻孔而入；刑罚再重，铤而走险之人不绝，"法出而奸生，令下而诈起"的现象比比皆是，正如今之所谓"上有政策、下有对策"也。

观今可以知古，观古可以知今：经济繁荣必定促使人口增长，由于资源、环境等生态局限，人口增长必然超过经济增长的速度，于是就业、生计等人生机会必然趋于

---

❶ 董仲舒. 春秋繁露・天人三策[M]. 长沙：岳麓书社，1997：306.
❷ 董仲舒. 春秋繁露・天人三策[M]. 长沙：岳麓书社，1997：306-307.
❸ 董仲舒. 春秋繁露・天人三策[M]. 长沙：岳麓书社，1997：307-308.
❹ 董仲舒. 春秋繁露・天人三策[M]. 长沙：岳麓书社，1997：308.
❺ 董仲舒. 春秋繁露・天人三策[M]. 长沙：岳麓书社，1997：308.
❻ 董仲舒. 春秋繁露・天人三策[M]. 长沙：岳麓书社，1997：309.

紧张，是时社会上层若骄奢淫逸、巧取豪夺，则社会下层必作奸犯科、铤而走险，于是社会乱象叠生、最终衰亡覆灭。

近代以来，西方古典经济学倾向于认为：通过科技进步，经济增长，全球财富可以保持超过人口的增长速度，而忽略了经济增长极易使社会因贫富分化而解体，忽略了经济增长受生态条件的制约，不可能无止境地持续下去。而市场经济的盲目性和无限扩张性，更会促使一个社会因经济崩溃或彼此之间因扩张而引起的战争而解体。因此，一个社会的自我克制，就成为这个社会长治久安的关键，而自我克制的基本途径，就是道德教化。

四、太学与乡学：养士、选贤制度

英明俊伟的汉武帝，览仲舒策而异之，复问曰："……今朕亲耕籍田以为农先，劝孝弟，崇有德；使者冠盖相望，问勤劳，恤孤独。尽思极神，功烈休德未始云获也。今阴阳错缪，氛气充塞，群生寡遂，黎民未济，廉耻贸乱，贤不肖浑淆，未得其真。……待诏百有余人，或道世务而未济，稽诸上古之不同，考之于今而难行……将所由异术，所闻殊方与？……毋讳有司。"❶

仲舒在明"德教立国"之根本宗旨后，于第二策重点讲"储才任贤"："夫不素养士而欲求贤，譬犹不琢玉而求文采也。故养士之大者，莫大乎太学；太学者，贤士之所关也，教化之本原也。……臣愿陛下兴太学，置明师，以养天下之士，数考问以尽其材，则英俊宜可得矣。……今吏既亡教训于下，或不承用主上之法，暴虐百姓，与奸为市，贫穷孤弱，冤苦失职，甚不称陛下之意。……群生寡遂，黎民未济，皆长吏不明，使至于此也。"❷

兴学尊师，所以储才化民；养天下之士，立为天下之矜式，所以立民极、兴廉耻，使天下之人有精神奋进之志、自爱自耻之节，而渐离蠢蠢奔竞之俗境也。

董仲舒更进一步指出当时官吏任选制度上的弊病，并提出当行的人事制度："夫长吏多出于郎中、中郎，吏二千石子弟选郎吏，又以富訾，未必贤也。……累日以取贵，积久以致官，是以廉耻贸乱，贤不肖浑淆，未得其真。臣愚以为：使诸列侯、郡守、二千石，各择其吏民之贤者，岁贡各二人以给宿卫，且以观大臣之能；所贡贤者有赏，所贡不肖者有罚。夫如是，诸侯、吏二千石皆尽心于求贤，天下之士可得而官使也。……毋以日月为功，实试贤能为上，量材而授官，录德而定位，则廉耻殊路，贤不肖异处矣。"❸

---

❶ 董仲舒. 春秋繁露·天人三策[M]. 长沙：岳麓书社，1997：311-312.
❷ 董仲舒. 春秋繁露·天人三策[M]. 长沙：岳麓书社，1997：314-315.
❸ 董仲舒. 春秋繁露·天人三策[M]. 长沙：岳麓书社，1997：315.

人才选拔、培养、任用、监察、升迁制度，乃一切政治制度之根本。中国传统政治之所以成为中国社会长期稳定繁荣的核心因素，关键就在于中国人在周秦之际的历史巨变中，逐步摸索出一整套适合中国国情的，保障政治统一、开明、有效、廉洁的政治治理模式（华夏民主制之古典宪政机制），其中，保障平民中的德才兼备的人才经过选拔、培养、考核而进入中央、地方各级政府的人才选拔、人事任免制度，是保障政府由文官治理这一举世罕见的伟大创造的基石。董仲舒的《天人三策》对此做出了卓越的历史性贡献。

汉初承秦制，学童识字达一定数量、缴纳一定费用，即可任书吏，然后积累资历，慢慢升迁。秦政无耻，以家财富有为选官条件，谓之"赀选"，宜乎早亡。汉初沿用未改。仲舒一语中的：以资历、财富、地位为选举标准，一个社会必然廉耻丧尽、忠奸混淆，他因此主张"量材授官，录德定位"，并建议每年由各地方官向中央选送人才。仲舒此策可谓汉以下中国传统政治之关键：国家政治之主要职责，即在选拔、培养人才，任用、监察官吏；人才盛则国家盛，吏治清则国家宁。仲舒本儒家思想"选贤与能"之一贯宗旨，开汉以德行、才学取士任官之荐举、察举、科举三途并举之"选举政治"之先河，一举奠定中国平民精英（贤人）主持天下政治、华夏民主制下古典宪政、文治政府的伟大基础，正是这种政治，突破西方军功贵族政治之黩武僵化，以及近代政党政治之更替纷乱，而令平民好学子弟，单凭其德行、才学即可崛起于民间，成为中华文明繁荣昌盛、独步古典世界之伟大中坚。

陈致平在《中华通史》中详细论述了汉代人才制度、选举制度之"六途"：一曰"文学"，即博士弟子、太学生，经培养、考试而授官。二曰"征辟"，即由天子、三公直接征召、辟举民间饱学贤德之士。三曰"察举"，即由地方官保举贤良方正（贤良）、孝子廉吏（孝廉），经考试而授官。东汉有"四科取士"之说，曰德行高妙、志节清白；曰学通行修、经中博士；曰明达法令、足以决疑；曰刚毅多略、遭事不惑，皆用人授官之标准也。故汉代人最重品行，乡党之评论直接关系人才之前途。东汉许劭，喜品评人物，每月评定数人，时人称为"月旦评"。四曰"对策"，即应天子策问而被选拔授官。更有上书求进、毛遂自荐者，如东方朔上书自称"已诵四十四万言。臣朔年二十二，身长九尺三寸，目若悬珠、齿若编贝，勇若孟贲、捷若庆忌、廉若鲍叔、信若尾生，若此可以为天子大臣矣！"武帝阅其奏折，两月乃毕，其中诙谐幽默寓婉讽，武帝大为欣赏，遂拜为郎。由此可见汉代人才之不拘一格。五曰"吏员"，六曰"任荫"，分别以资历与荫袭得官，如苏武，受父苏建荫而为郎，出使匈奴十九年而劲节不屈，成千古佳话。综括而论，汉代选举制度的基本特点是：人人皆可仕进，而无贵族平民之限制；选举以德行为主、才能为辅，务求德才兼备；学问为仕进之阶，德行为征辟之由，读书人地位崇高，全社会好学问讲廉耻，两汉民风士风之刚直淳美，为历来史家所公认。

五、融贯百家，独尊儒道

董仲舒在第一策讲明"道在仁义礼乐"、第二策论清"储才用人"之标准与制度的基础上，在第三策中提出了具体的政治、学术与文化主张与建议："古者修教训之官，务以德善化民，民已大化之后，天下常无一人之狱矣。今世废而不修，亡以化民，民以故弃行谊而死财利，是以犯法而罪多，一岁之狱以万千数。以此见古之不可不用也，故《春秋》变古则讥之。天令之谓命，命非圣人不行；质朴之谓性，性非教化不成；人欲之谓情，情非度制不节。是故王者上谨于承天意，以顺命也；下务明教化民，以成性也；正法度之宜，别上下之序，以防欲也：修此三者，而大本举矣。人受命于天，固超然异于群生，人有父子兄弟之亲，出有君臣上下之谊，会聚相遇，则有耆老长幼之施，粲然有文以相接，欢然有恩以相爱，此人之所以贵也。……明于天性，知自贵于物；知自贵于物，然后知仁谊；知仁谊，然后重礼节；重礼节，然后安处善；安处善，然后乐循理；乐循理，然后谓之君子。"❶

仲舒不愧为孟、荀、诸子之后巨儒，将天人之理，古今之验、命、性、情之说，融贯汇纳而折中，归结为君子之教：只有当人意识到自身具有超越乎万物之上之价值，则人方能自我振拔于蠢蠢而动之世俗层次，知仁义礼乐、乐循理处善，可谓君子。人而君子则可以治理国家，小人效君子之行，安其居、乐其业，明廉耻，讲礼节，则天下大治矣。

仲舒曰："王者有改制之名，无变道之实。然夏上忠，殷上敬，周上文者……道之大原出于天，天不变，道亦不变。……今汉继大乱之后，若宜少损周之文致，用夏之忠者。"❷中国世界观之核心精神，一言而蔽之，曰仁爱和平。仲舒曰："乐而不乱、复而不厌者谓之道；道者万世无弊，弊者道之失也。先王之道必有偏而不起之处……举其偏者以补其弊而已矣。"❸

仲舒本孔子"损益""与时俱进"之旨，公允地指出：道者不易也；可易非道也。然道之行不能无弊，时人救弊补偏，有所损益，与时谐行，终归往复常道也。夏尚忠、殷尚敬、周尚文，皆归于仁。归仁则兴，不仁则亡。彻古彻今，其道一也。

仲舒针对当时官吏与民争利之腐败情形，言于武帝曰："身宠而载高位，家温而食厚禄，因乘富贵之资力，以与民争利于下，民安能如之哉！……富者奢侈羡溢，贫者穷急愁苦；穷急愁苦而上不救，则民不乐生；民不乐生，尚不避死，安能避罪！此刑罚之所以蕃而奸邪不可胜者也。故受禄之家，食禄而已，不与民争业，然后利可均

---

❶ 董仲舒. 春秋繁露·天人三策[M]. 长沙：岳麓书社，1997：318-319.
❷ 董仲舒. 春秋繁露·天人三策[M]. 长沙：岳麓书社，1997：320.
❸ 董仲舒. 春秋繁露·天人三策[M]. 长沙：岳麓书社，1997：320.

布，而民可家足。"❶仲舒更以社会上层为全社会之表率："尔好义，则民乡仁而俗善；尔好利，则民好邪而俗败。由是观之，天子大夫者，下民之所视效，远方之所四面而内望也。……夫皇皇求财利常恐乏匮者，庶人之意也；皇皇求仁义常恐不能化民者，大夫之意也。"❷

社会上下必须有一种道德精神与文化精神为主导，否则难以长治久安。故董仲舒提出了千古不朽之政治、文化建议："今师异道，人异论，百家殊方，指意不同，是以上无以持一统；法制数变，下不知所守。臣愚以为诸不在六艺之科孔子之术者，皆绝其道，勿使并进。邪辟之说灭息，然后统纪可一而法度可明，民知所从矣。"❸所谓"抑黜百家"非如秦政灭其学也，仅逐出官学，不立博士而已。

此时西汉学术思想，经过晚周秦汉历史巨变的正反经验的积累，刘邦、吕后、文帝、景帝、武帝、萧何等贤君名臣创制，张良、萧何、曹参、贾谊、陆贾、董仲舒、司马迁等名儒议论，融贯渐趋一统，逐步由汉初扫荡秦政、休养生息的黄老清静之治，向儒家大一统宪政文治政府制度大步前进。而"汉初四贤"陆贾、贾谊、董仲舒、司马迁的伟大思想，恰恰呼应了晚周秦汉之际诸子百家融合贯通、折中于儒家一是的时代潮流和宪政潮流，儒家宪政正是秦朝暴政、天下涂炭的对立物和始皇帝妄图毁灭的直接对象，天下万民思慕孔子儒家教化既深且久，刘邦遂呼应这一心理，以"太牢大礼"祭祀孔子，不仅开创历代帝王祭祀孔子的先例，更使天下万民蓦然欢洽于炎汉文明之扫除秦政、与民更始、重建宪政；文帝进一步扫除秦政，废除秦朝"挟书令"，广求图书、儒术，鲁申公、伏生等献书、献徒、献道于朝廷，辕固生为复兴儒教，毅然与野猪对峙；文帝设立《春秋》博士，董仲舒应征传道，华夏正史传统，由他和弟子司马迁传承开辟，诸子百家如涓涓细流，汇入儒家渊深博大的宪政文治主义和道德人文主义的思想学术宝库中，由《天人三策》予以简要概括而从此垂诸不朽也！

经此天人三策之伟大建构、诠释与不朽筹划，中华文明迅速摆脱晚周秦汉初之混乱，全国思想统一在儒教大一统之人性道统（博大深厚的公共信仰）、人文学统（儒家道术）、人本政统（宪政文治政府下的完善公共服务体系）之下，恰如尧舜文明（备载于华夏宪法《尚书》）和西周文明（备载于联邦宪法《周礼》），因而率先在全球文明中获得政治突破一样，炎汉文明再次率先获得历史性突破，其宪法精神与古典宪政机制，备载于《天人三策》这一不朽文献中，作为华夏宪法之伟大准绳，将中华文明的稳定繁荣、合理治理、万年绵延、不断复兴的根本规矩，确立起来！

---

❶ 董仲舒.春秋繁露·天人三策[M].长沙：岳麓书社，1997：321-322.
❷ 董仲舒.春秋繁露·天人三策[M].长沙：岳麓书社，1997：322.
❸ 董仲舒.春秋繁露·天人三策[M].长沙：岳麓书社，1997：322-323.

六、独步全球的文明奥秘：古典宪政体系

《汉书·董仲舒传》曰："及仲舒对策，推明孔氏，抑黜百家。立学校之官，州郡举茂才孝廉，皆自仲舒发之。"于是，公元前136年，武帝置五经博士，公元前124年，采公孙弘议，设五经博士弟子员，额定50人，以后一再增加，汉成帝时达三千之众。武帝又建"明堂"，立太学。博士弟子每年考试一次，能通一经以上则授官，不及格则随时淘汰。东汉光武帝即太学生出身，大力崇儒兴学，明帝初年建成三雍"明堂、辟雍、灵台"，明帝亲临太学讲经。顺帝时太学学舍达1850间，质帝时太学生达三万人之众。从此汉代公卿多彬彬饱学之士，以后历代不衰。儒学自孔子卒后，历三百五十年传播而终于大行于天下，儒家思想成为中华文明传统之道统，由儒家道统生发出儒家教化之学统与儒家士人政治之政统，从而保障了古典中国的稳定繁荣。

儒家道德统系（仁义礼智信），自孔子去世后三百余年终获确立并广泛深入地传播于东亚社会，儒家学统（诗书礼易春秋）与政统（天地君亲师）也随之确立：学统者，传播儒家道统之学术传统、经世传统也。儒家三百年后的伟大复兴，关键在于孔子亲手锻造出的一支坚不可摧的传播群体、集天下学术于一身的思想学术传播统系、一种"贫贱不移、富贵不淫、威武不屈"之伟大传播精神。此群体、传统与精神，以孔子为传播领袖，崛起于晚周时代，中经无数次"二级传播"，将一种文明精神传播于社会各阶层、各角落，绵延两千余年，直至清末民初，虽历经秦之政治迫害、佛老宗教之代兴、隋唐以下科举考试之种种流弊、元之贬斥、清之摧残，始终傲然屹立，巍然为社会之中坚、政府之领导，挺然而为社会风气之表率、文明传播之渊薮。

中国自古以来就形成一个不同于西方的独特社会形态：士、农、工、商，井然有序；而以"士"为全社会之表率、领导。士之所以能领导中国社会，一方面在于他们赋予中国社会正确的价值准则并身体力行之，此准则，即"忠、孝、仁、义"或"礼、义、廉、耻"之儒家道德观念（道统），全民族对此涣然心折，确信不疑，两千余年，相沿不改——无忠则叛，无孝则蛮，无仁则贼，无礼则野，无义则乱，无廉耻则为禽兽也！

另一方面，士之居于全社会之领导地位，还在于他们掌握融道德信仰、历史经验与治国方法于一炉之学术知识，是为儒家学统。孔子以诗、书、礼、乐、易、春秋"六教"授徒，学生明历代政治、经济、文化之沿革、古今大道之所在、天人相与之奥妙，内圣外王之学行、治理国家之才干，为举世所公认，则西周贵族政治，一变而为东周之游士政治（贵族与平民知识分子结合之政治），再变而为秦汉以下直接从平民中选拔治国人才的平民政治，从而一举奠定中国古典政治之成功与中华古典文明光辉灿烂之宪法基础。

道统确立，学统坚固，方有清明廉洁之政治、天下为公之政统。政统者，坚守儒家道统之基本价值观念、饱受儒家学统之浸润培养，以天下为公、勤政爱民为宗旨，以清明廉洁为基本道德操守，合理公平地治理天下、提供完善公共服务的中国古典政治秩序也。

道统稳固，则公共信仰体系确立，民知自爱，官知廉耻；学统稳固，则公共教化体系完备，德才兼备之人才、官吏，源源不断地培养、选拔出来，中国社会因此长治久安；政统稳固，则公共服务体系完善，从天子到庶民，均依宪法行动、彼此分权制衡，则中华文明因此光辉灿烂于古典世界也。

中国古典文明之核心，乃三统合一之儒家士大夫宪政秩序。士起自民间，深知民间疾苦，保有质朴清刚之民气；自小受儒家教育，身肩儒家道统，慷慨以天下为己任；受荐举、察举与科举而被选拔到中央太学与地方郡学，受高等教育后，经考试合格被委任为各级官吏。或受民间教育如东周两汉之私人讲学、唐末之书院培养而成材，主持地方事务。士者，能任以国事之人也，其身荟萃道统之博大、学统之深厚、政统之清明，虽君主之位、富贾之财，不能摇撼其为社会中坚之地位，古典中国因此稳定繁荣，近代思想家伏尔泰、卡莱尔、郝大维等人，尊其为"精英政治""古典民主政治""儒教民主"者，以此。

中国社会使有教养、有学问的知识分子稳居于靠武力或财力而发迹之武人与商人之上，使道德的力量、人文的力量，稳居于武力或金钱等势力之上，这一有形的政治选拔制度与无形的视学问为最高社会地位的社会风气，判然有别于国王、贵族、武人、教士、政客或富豪把持政治之西方社会，是古典中国取得独步世界的文明成就之关键。

第二十六章　大一统文明智慧

时当2010年元月，百年不遇的雪灾和严寒席卷北半球，中国内蒙古、新疆等地的冰雪将数十节列车车厢掩埋封冻，渤海、黄海出现罕见的海冰灾害，全球各地交通瘫痪，人畜安全遭遇严重威胁，同时南半球干旱酷暑肆虐。

气候异常造成的天灾以及各种人祸激剧爆发：2009年，几乎每周都能监测到全球各地地震，全球最贫困的国家之一海地发生7.3级大地震，首都太子港被夷为平地，很多人沦为无家可归的难民，灾民对着电视镜头说："求求你们！请让我们活下去！"石油、煤、地下水等矿藏、资源的过度开采与使用，是造成全球地壳脆弱、气候异常的主因！

急功近利的片面工业化造成全球生态-社会-人文灾难，印证了中华文明在数千年岁月中锤炼而出的自然哲学与历史哲学之伟大真理性洞见：人类从大自然和天赋良知中不合理攫取的任何一份物质和精神资源，大自然和人类道德良知以及社会系统，就必然要付出双倍乃至更多倍的惨重代价！

这一迭经伏羲、炎黄、尧舜、禹汤、文武、周公、孔子等往圣先贤一再阐发的伟大真理，在晚周秦汉时代达致辉煌，其标志性人物之一，就是奉孔子儒家学说为根本标尺，融贯诸子百家智慧，吸取秦亡汉兴的历史巨变时代的传播经验，开创华夏文明儒教大一统的伟大思想家董仲舒。

其不朽巨著《春秋繁露》以及清代学者苏舆所撰"义证"，全面体现孔子《春秋》之历史哲学、政治哲学，同时参以孟子义理学派和荀子礼教学派的精华，创造性地吸取道家、阴阳家、名家、杂家等丰富智慧，开创出儒家诠释经典文献与历史实践的博大坚固的"经学传统"和"史学传统"，为中华民族的高度凝聚力和传播力奠立了不朽根基。

清末学者苏舆（？—1914）所撰《春秋繁露义证》取义弘深、举证详密、阐发精准，不愧为儒家伟大经史之学的最后传人，该注释善本，巍然凸现董仲舒思想对炎汉文明创制垂宪所起作用、周秦汉初之际中国思想界之百川汇聚、朝宗大海（儒教）之文明传播深层机制，凭此可窥汉唐宋明之道、学、政统，可谓南山捷径也！

一、《春秋繁露》：普世一贯，三统合一

苏舆《春秋繁露义证》卷一开篇诠释董仲舒命名自己不朽巨著为《春秋繁露》之深广义蕴曰：

> 《周礼·大司乐》贾（公彦）疏云：前汉董仲舒作《春秋繁露》。繁，多；露，润。为《春秋》作义，润益处多。南宋《馆阁书目》云：《逸周书·王会解》"天子南面立，絻无繁露"，注云："繁露，冕之所垂也，有联贯之象。"《春秋》属辞比事，仲舒立名，或取诸比。《史记索隐》及王应麟《汉艺文志考》说同。❶

董仲舒极推重儒家名教、大道纲常，立书名为"繁露"，唐儒贾公彦注疏《周礼·大司乐》时解释"繁露"之义蕴为"为《春秋》作义，润益处多"，疏解极其精辟。"繁露"一书全在根据《春秋》义法，指点华夏文明垂宪立法的根本机制，其天下政教长治久安之润泽益处，多如时雨繁露，仲舒命名己书之深意，至此鲜明无疑。唐宋名儒诸说皆大体相同。南宋《馆阁书目》引申疏解出古天子所戴冠冕之垂"繁露"润民，更增优雅趣味。

苏舆注解《春秋繁露》用力精勤，但他依据《汉书·艺文志》无此书名、隋唐《经籍志》始有此书名，遂判唐宋诸儒之说为"近傅会"❷，稍嫌武断鲁莽。儒者立名之本义，在于润泽人世，即使"繁露"一名真如苏舆所言，非仲舒自定，为后世学者从书中一篇《蕃露》中采择而定，亦无关"繁露"立名之宏旨。

董仲舒深于孔子《春秋》历史哲学之宏旨，在《春秋繁露》第一篇《楚庄王》中，诠释楚庄王杀陈国篡权大夫夏征舒、《春秋》何以贬楚庄王，乃因"不予专讨也"❸，即不赞同其作为诸侯，擅自兴师伐罪、僭越礼制而行天子之权。仲舒凭借诠释《春秋》对晚周重大政治事件的深刻历史评价，进而发挥出华夏历史哲学之精义：

> 春秋之辞，多所况，是文约而法明也。……（故）曰：春秋尊礼而重信。信重于地，礼尊于身。……春秋贤而举之，以为天下法，曰礼而信。礼

---

❶ 苏舆.春秋繁露义证[M].北京：中华书局，1992：1.
❷ 苏舆.春秋繁露义证[M].北京：中华书局，1992：1.
❸ 苏舆.春秋繁露义证[M].北京：中华书局，1992：2.

无不答，施无不报，天之数也。❶

华夏文明之传播秩序，就在"尊礼重信"这一最高价值设定上，扩而充之，就是"仁义礼智信"这五常信念，这一信念支撑起华夏文明的公共信仰体系（道统）、公共教化体系（学统）和公共服务体系（政统），三者生成人性准则、规范人本宪政、培育人文秩序，合成华夏文明与人类文明之长治久安。

《春秋》顺承《尚书》《周礼》等华夏民主制之古典宪政精神，特举"礼"和"信"为一切社群关系、政治关系、公共关系的准绳，为仁、义、智等公共秩序的核心表征，西周礼制下规范天子诸侯关系（中央地方关系）之"礼"，规范人际关系之"信"，作为古典宪政的制度形态，得到普遍遵守奉行，则"天之数"亦即天之道得到捍卫，一种文明不仅能稳定繁荣，更不断扩大、昌盛也。

譬如2009年美国爆发金融危机，危机席卷全球、重创世界经济，美国国会在危机之初、之中、之后，不断立法追究这场危机的道义责任和经济责任，严限大金融机构派发高额奖金给高层管理人员，也就是董子所谓"施无不报"之春秋精神，或所谓"高官问责"之宪政精神。

倘那些"始作俑者"任凭小民挣扎于经济下滑的困苦旋涡中，自己却高踞银行宝座而大发"危机财""国难财"，则天下何人再遵守法制、信诺、道义呢？

董子深察古今之变，乃谓：

> 春秋之道，奉天而法古。是故虽有巧手，弗修规矩，不能成方圆。虽有察耳，不吹六律，不能定五音。虽有知心，不览先王，不能平天下。然则先王之遗道，亦天下之规矩六律矣。故圣者法天，贤者法圣，此其大数也。得大数而治，失大数而乱，此治乱之分也。所闻天下无二道，故圣人异治同理也。古今通达，故先贤传其法于后世也。❷

余自幼受西方启蒙主义主流史学所谓"历史进步论"的教育熏染，懵然不知"奉天法古、古今通达"之儒家大道思想，待历验人世、深加思考，乃涣然冰释，彻悟启蒙进步论之大谬不然也：外在社会形态、规模、法度等变动不居，乃人世常态，此之谓"术"，即文明的器物层面，常予人古今之际巨变、屡迁的粗浅印象；然而，深察体悟文明器物背后的深层义理，即"道"之价值层次，则古今中外，普世一贯，彻始彻终，丝毫未尝变迁！

展阅品味、沉潜涵咏《尚书》《周礼》、孔子、孟子、荀子、庄子、老子、列子、

---

❶ 苏舆. 春秋繁露义证[M]. 北京：中华书局，1992：3-6.
❷ 苏舆. 春秋繁露义证[M]. 北京：中华书局，1992：14-15.

陆贾、董子、司马迁等不朽名论，再参酌体悟、借鉴比照柏拉图《斐德若篇》《理想国》、马可·奥勒留《沉思录》、塞涅卡《哲学的治疗》、但丁《神曲》、惠特曼《草叶集》等西方巅峰之作，你会发现：每个人的心灵，都面对着一个本体同一的内外世界，这个世界不分古今、不分中外，永恒如一，董子《天人三策》所谓"天不变，道亦不变"，《春秋繁露》所谓"古今通达"，其"术"、其"权"之变动不居，根本不能摇撼其道体（天之法度、人之本性）之自我统一、亘古不变、普世一贯也。

目击今日全球文明之危机，灼然而知当今危机的根源，在于"道"（共享价值）之义理不明，而"术"之纷歧淆乱也：天道自然生态秩序稳固有序、能量守恒，人类自然、社群本性稳固有序、良知不朽，文明传播之两大根本秩序，均稳固有序、博大坚卓，则由此根本性的文明传播秩序中，才能逐步孕育、生发、扩展出文明外在形态——器物、法度、权变、规制细节等外在方面的"真实进步"，而非仅仅当代全球文明注重之"经济规模进步"也。

"道"（共享价值）不明，则术之悖理之变，常常触发自然秩序和社会秩序的紊乱乃至崩溃。董子所言"天之大数""治乱之分"，恰如此前两千年之《尚书》所言："四海困穷，天禄永终"；恰如此后两千年之公元2010年之全球危机：自然生态系统、公共服务系统（物种、人口、资源、财富等）的均衡而舒缓的流动，被最近两百年工业化、城市化打破，那么，上天赋予人类的一切自然恩惠（"天禄"）均岌岌可危，而依赖自然的脆弱"人禄"（不合理、不公平、不均衡的全球财富及经济繁荣）又能保守多久呢？

为《春秋繁露》进行注释的清末学者苏舆，援引晚周秦汉著名经传《韩诗外传》对"古今一如"说，进行精湛论述道：

> 夫诈人者曰：古今异情，其所以治乱异道。而众人皆愚而无知，陋而无度者也。于其所见犹可欺也，况乎千岁之后乎？圣人以己度人者也。以心度心，以情度情，以类度类。古今一也。类不悖，虽久同理。[1]

宣称古今异情、治乱异道之启蒙"诈论"，之所以能行欺骗性的宣传，即在于大众愚昧无知，眼前现象尚不能分辨，更无力辨析自远古至未来即"历史长时段"内人类文明传播的规律、秩序。唯具有较高智慧的人（圣贤、哲人、智者），才能"以己度人"，亦即运用生命现象学（以己度人之深湛生命体验与对现象的穿透式领悟力）和人文主义认识方法（陈寅恪所谓"同情的了解"）掌握古今文献、治乱兴衰之精髓，才能洞悉人类文明传播的深层秩序与普世一贯的大一统价值奥秘。

古今一如、普世一贯的价值认知，最早在伏羲《河图易经》哲学-科学-人文体

---

[1] 苏舆. 春秋繁露义证[M]. 北京：中华书局，1992：15.

系、炎黄尧舜宪政时代即已成熟，更在晚周孔、孟、荀、老、庄、列子、墨子等各派哲学中缤纷呈现，此刻，遭遇秦楚汉之交社会巨变的陆贾、董子、司马迁等，再度予以确认：《尚书》"协和万邦"的理想，孔子"天下一家、中国一人"信念，《太史公自序》所言"通古今之变"之"通"，均宣示着中华文明的一个根本道德信仰、文明宪政秩序的根本哲学基础。

宇宙本性、人类本性，万古如一，稳定不变，无所谓古今中外，无论种族、信仰、生活方式的表现形式如何纷歧变幻，但其本质，始终如一。因此，"一视同仁"就成为中华文明的最高宪法哲学，"视"即平等看待天下一切生命体（从天子到庶民，从生存者到已逝者、未来者，从人类到宇宙万物），"仁"亦即一切生命体之间的深广交流、感通、怜惜、价值共享与传播，就成为华夏文明第一要义！

华夏古人遭逢晚周固有宪政礼制体系的崩溃，各种新势力（如五霸）、新学说（如法家）肆虐其"诈人"之力以兼并、攻取、屠杀，文明传播秩序瓦解崩坏，新旧交替（秦亡汉兴）造成的生灵涂炭、社会残破等灾难，使人们在喘息之余终于认识到：文明外在层面（器物技术）的"悖理之变"（秦用法家诈力之说以推行暴政），不仅重创文明秩序，更令人民生命财产遭受巨大损失和无尽痛苦，大众终于蓦然警醒、幡然悔悟，懂得了古今一如、普世一贯之义理，懂得了保守、珍视、继承道统（儒家共享价值体系），懂得了循序渐进、温故知新、斟酌损益地扩展文明，懂得了以博大深广的价值秩序感，稳步均衡地扩展人类文明，才能避免动荡，才有利于文明传播秩序的重整，各种传播失衡、传播断裂，最易触发文明灭绝，应设法力避！

于是，晚周诸子分歧杂陈之说，至秦汉之际渐趋汇聚，合流为陆贾之《新语》、贾谊之《新书》、董子之《春秋繁露》、司马迁之《史记》等一代名儒俊彦之确论：中华文明必以儒家思想为正统，以道家、阴阳家、名家、杂家之说为补充，吸取众家合理因素，同时荡涤法家暴虐愚民之说、墨家宗教之说、杨朱极端利己之说等，稳固协调全社会之公共信仰、公共教化与公共服务体系之传播秩序，以"休养生息""敬天保民"的宪法精神与宪法机制，力避一切"古今异道、除旧布新"之纷乱邪说，以儒家思想稳固协调人心，同时博采道家、阴阳家、名家、杂家等"息事宁人"之说之合理因素，以"古今一如、普世一贯"之价值秩序，均衡协调人类文明的一切活动，这一共享价值的文明传播秩序，不仅开创出汉唐文明的千古辉煌，亦足以解救今日全球文明之惶惑纷乱也！

二、全球文明新生：古今宪政秩序重整

董仲舒在确立儒家道统、学统、政统之古今一如、普世一贯，其"道"体恒久不

变之巍然灿然之博大义理后，继而深入探讨文明传播秩序在器物、法度层面即"术"上的传播秩序、变革规律。《春秋繁露·楚庄王》曰：

> 春秋之于世事也，善复古，讥易常，欲其法先王也。（宣十五年传："上（尚）变古易常，应是而有天灾。"……案：董子言治重法古。其《对策》亦云："春秋变古则讥之。"汉世儒者，多循其说。《贡禹》疏："承衰救乱，矫复古化，在于陛下。臣愚以为尽如太古难，宜稍仿古以自节焉。"）……今所谓新王必改制者，非改其道，非变其理……故必徙居处、更称号、改正朔、易服色者，无他焉，不敢不顺天志而明自显也。若夫大纲、人伦、道理、政治、教化、习俗、文义尽如故，亦何改哉？（申制度之可改，以明道理之决不可改。《礼大传》云："不可得而变革者，亲亲、尊尊、长长，男女有别。"）故王者有改制之名，无易道之实。（《盐铁论·尊道篇》："……师旷之调五音，不离宫商。圣王之治世，不离仁义。故有改制之名，无变道之实。上自黄帝，下至三王，莫不明德教、谨庠序、崇仁义、立教化，此百世不易之道也。殷周因修而昌，秦王变法而亡。"）……制为应天改之，乐为应人作之。……且以和政，且以兴德。……应其治时，制礼作乐以成之。成者，本末质文皆以具矣。（《礼·乐记》："王者功成作乐，治定制礼。"）是故作乐者必反天下之所始乐于己以为本。❶

董子所谓"改制不改道"之大一统主张，恰道出文明传播在外在形态（"徙居处、更称号、改正朔、易服色"之类）上的变化形式，其"传播发散"效果是：凭借王宫、朝廷等政府所在地建筑之规制变化，天子诸侯公卿大夫百官群臣等称号、礼仪的变化，年月纪历等天文历法的变化，朝廷命官、庶民服色的变化等外在形式，昭告天下——新王朝已经坚固树立，万民扫荡晚周之乱政、暴秦之残政，一一重新归返华夏文明之正统（伏羲炎黄尧舜周公孔子一以贯之之古典宪政精神），人人当鼓舞奋进、日新其德，《礼记·大学》所谓"新民"，即更新人民道德、改进社会风习，扫除贪鄙政风民气，使华夏文明焕然一新也！

余告诸生：吾华夏文明自伏羲炎黄以来，一万年绵延传承不息者，端赖吾儒家经学、史学传统之秩序井然、巍然屹立、一丝不乱也。试观《春秋繁露义证》之首篇《楚庄王》论道不变而礼乐制度因治、时变迁而改制之义，寥寥数页间，孔子《春秋》公羊经传、董子《举贤良对策》、《春秋繁露》、《汉书·贡禹传》奏疏、《礼记大传》、《盐铁论》、《礼记·乐记》等晚周秦汉文献一一引述其间、彼此印证，苏舆更援引汉唐宋明诸名儒以诠释之，天下何等文章能如此秩序井井、统系分明、诠释真确、断无可

---

❶ 苏舆. 春秋繁露义证[M]. 北京：中华书局，1992：17-20.

疑耶？

人类文明的共享价值秩序、制度沿革、斟酌损益之宪法精神，一一呈现古典经史传统中，天下执政者，倘能稍通经术，即可与董仲舒、弟子贡禹同一见识，即"尽如太古难，宜稍仿古以自节焉"，意谓：恢复太古很难，但可以有节制、有次序地"仿古"更化，重整天人秩序、崇起礼乐教化，在确立儒家仁义礼智信之公共信仰体系、诗书礼乐易春秋之公共教化体系，进而在梳理、培育人类共享价值秩序的基础上，变而通之，采择吸取华夏文明古典宪政制度之公共服务体系，借鉴西方近代宪政体制之若干优点，同时剔除各自若干流弊，则中国改革开放、民族复兴之伟业，必走上稳定、协调、繁荣之大道，全球文明之振刷积弊、重获新生也！

方今重整天人大一统秩序，最急莫过于对共享价值之道统、学统、政统之重新梳理与重新确立也：西方近代启蒙主义、自由主义主流舆论，将人类本性偏执锁定于人权之伸张、人欲之满足、人财之保障上，从而严重忽视了人类道德良知之确立、培育、养护，造成当代社会道德沦丧、法令滋章却盗贼多有的危险局面！

董仲舒处秦亡汉兴之大乱时代，毅然决然以重整天人、再铸儒家道、学、政之三统，作为深湛赋予社会、人生以博大秩序感之突破点，进而稳定树立起华夏文明传播和一切人类文明之内在严整秩序之前提：

> 人受命于天，有善善恶恶之性，可养而不可改，可豫而不可去，若形体之可肥臞，而不可得革也。……君子知在位者之不能以恶服人也，是故简六艺以赡养之。诗书序其志，礼乐纯其美，易春秋明其智。六学皆大，而各有所长。（《汉书·儒林传》云：六学者，王教之典籍，先圣所以明天道、正人伦，至治之成法也。《匡衡传》：臣闻六经者，圣人所以统天地之心，通人道之正。）诗道志，故长于质。礼制节，故长于文。乐咏德，故长于风。书著功，故长于事。易本天地，故长于数。春秋正是非，故长于治人。能兼得其所长，而不能遍举其详也。（所谓读书通大义。如《大戴礼记·保傅篇》所云：春秋之元，诗之关雎，礼之冠婚，易之乾坤，皆慎始敬终云尔。）……是故善为师者，既美其道，又慎其行。[1]

董子精湛于孔子"性近习远"之说，深知人性含善恶两端，唯有严谨养护之，乃能弃恶从善。养护培育人类善行的根本，在于儒家"六经"亦称"六学"。仲舒言《诗》《书》足以规范（序）人生志向、意欲，《礼》《乐》可醇厚完美人生之德行，而《易》《春秋》则足以使人类通达天地万物、历史沿革之智慧。

儒家之地位，犹如古罗马帝国宪政体系之"保民官"，其宪政作用，更远超其上：

---

[1] 苏舆. 春秋繁露义证[M]. 北京：中华书局，1992：34-37.

儒家在朝廷，为天子三公三孤、冢宰上卿、太子师傅，反复训诫天子朝廷"在位者不能以恶服人"之华夏价值信念，王侯将相、群臣百官，只能以古典宪政精神之价值准绳——"敬天保民"来养育、爱护、治理人民，所以儒家学者，以其朝廷师傅、政府教官的尊贵地位，以"六经"儒学来教育、培养、督导天子、太子、百官，使之爱民勤政、自我约束；儒家在士农工商之"四民社会"中，为士绅、庶民之统领、表率、老师，以"六学"教育、训导万民，使之安于职守、自我修身。如此，上下纲维、天人欢悦、协调凝聚，永葆稳定繁荣也。

公共信仰体系与公共教化体系经儒家确立，华夏古典宪政之公共服务体系，遂获得依法运行、法度严明之价值保障与制度保障，董子谓之"圣化"：

> 省其所为，而成其所湛，故力不劳而身大成，此之谓圣化……（《礼记·保傅篇》云：天子不论先圣王之德，（则）不知君国蓄民之道、不见礼义之正……。是古天子习经之证。）❶

人能随时省察自身所修为，则学问人品皆可大成也；寄身天子、大臣之高位，则可君国养民；托身士农工商之平民，亦能安己安人而不虚此生也。

仲舒曰："春秋修本末之义，达变故之应，通生死之志，遂人道之极也。"❷方今某些全球公共教化体系（学校、家庭、传媒、人际社群等），若舍本逐末、急功近利，以考试成绩及毕业求职为唯一目标，学生一味死记硬背而严重荒废仁义良知、广博学识、道德素养，大众传媒、社会习俗、文化时尚，更以浅薄名利为唯一价值趋向，如此，不仅一个社会的文明秩序无从建立，连一个人为什么活着这样的问题，都无法获得合理的解释与安顿，抑郁、吸毒、自杀、网瘾、犯罪等个人罪错与职务犯罪势必泛滥成灾、危及公共秩序，整个社会将对此束手无策、惶恐不安，启蒙自由主义标榜的"人道"理想，将成镜花水月之虚幻"乌托邦"。

重返儒家道、学、政之伟大三统，斟酌损益于古今中外宪政之优点而革除其弊病，不仅可以重整天人秩序，更可救全人类于价值紊乱与心灵阴暗也。

三、民生邦本：中外宪政大一统贯通

漫步全球各地奢华富丽之商品走廊，这些商品背后那些宣示当今贫富悬殊实情的商品天价，更令余默然心惊：天下多少生灵，为这些商品之设计、制作、运输、

---

❶ 苏舆. 春秋繁露义证[M]. 北京：中华书局，1992：38.
❷ 苏舆. 春秋繁露义证[M]. 北京：中华书局，1992：39.

存储、批发、零售、消费、炫耀、占有，而披肝沥胆、大动干戈、受困终生而不得自拔呢？

蓦然想起汉初奠立文景之治、奉行黄老治国术之丞相曹参，他在《史记·曹相国世家》中的一句深沉名言："市狱如寄"，此刻豁然开朗：市场、监狱何用？乃为寄托众生盲目情欲也！众生孤悬于生死飘忽、现象诈变之激流中，必百无聊赖、无处宣泄、挥霍其生命情欲，唯有市场、监狱，作为合法经营与非法侵夺之世俗生活之两极致，古今一如，恰似钟摆两端，足以寄托其命也！亚当·斯密、玛·撒切尔、罗·里根等"自由市场经济"代表人物，颇与曹参同一见识而有以导致全球贫富悬殊之畸形繁荣，可谓滋生流弊之偏教也；叔本华、尼采等则冰雪聪明、洞悉真伪，浩然不与世俗同殉也！孔、孟、荀、陆、董、司马迁等儒家，更于众生颠倒沉沦之际，矫正偏教流弊，超然振拔万民以自爱、爱人之道，实天地间至大至刚之正教也！

近世名儒钱基博有云："国于天地，必有与立。"大哉斯言！立国立民之道，在仁义礼智信，舍此无他。树立华夏文明与人类文明之道，首在"协和万邦"（《尚书》）、"天下一家"（《礼记》）之宪法原则，在于"尊王斥霸""贵义贱利"（《春秋》）之宪法精神，在于"天下为公、选贤与能"之古典宪政体系和"限制权力、保障民生"之近代宪政体系也。古今一如、普世一贯，余所谓共享价值、文明传播秩序者，舍此亦无他也。

立国之道在仁义，儒家谓之"道统"，即公共信仰体系；立人之道在六经，儒家谓之"学统"，即公共教化体系；立政之道在刚柔兼济、礼法并用、儒家一尊、百家互补、敬天爱民之华夏古典宪政体系也，儒家谓之"政统"，即民本主义、人道主义的公共治理、服务体系，其表征形态就是古典宪政之"天地君亲师"纲常秩序，与近代宪政之民选、民治、民生保障制度，足以融会贯通也。

董子《春秋繁露》第三篇《竹林》以下诸篇，深入细致地剖析了华夏宪政体系之精粹含义。司马相如《上林赋》曰："览观《春秋》之林"；《文选》注云："《春秋》义理繁茂，故比之于林薮也。"[1]古典宪政之制度资源、精神资源，其规模、法度，诚大可借鉴也！

研读董子《春秋繁露》以及苏舆旁征博引道家、法家、墨家、阴阳家、杂家以及晚周秦汉隋唐名儒之妙论，不仅焕然了悟中华文明在制度和义理层次上，汇聚众族、融贯百家、折衷一是、不断自我更新的巨大传播凝聚力和发散力，更惊叹于古今价值传承之连续不断、中外宪政体系之互补互动、共享价值虽表象纷繁但其"传播内核"却始终如一、颠扑不破也！《易》曰"精义入神"，《庄子》云"道通为一"，不亦神乎！

《春秋繁露·竹林》首揭华夏民本主义、仁义道德为准、中外一如之国际关系哲学，凡爱民、养民之宪政治理，即视为华夏文明而不论其地域、种族如何；凡残民虐

---

[1] 苏舆. 春秋繁露义证[M]. 北京：中华书局，1992：46.

民之暴政，无论其地域或种族，一律贬斥为蛮夷文明，因为这种蛮夷文明急功近利，只求权势、物欲之伸张，不认同、不遵奉华夏仁义保民之教而自甘于道统、学统、政统之贪鄙堕落也：

> 春秋之常辞也，不予夷狄而予中国为礼……今晋变而为夷狄，楚变而为君子……（进夷狄而为君子，以其合于礼义耳。……程子亦云：春秋之法，中国而用夷道，即夷之。）春秋之敬贤重民如是。（敬贤重民，春秋之大义也。《说苑·君道篇》：夫天之生人也，盖非以为君也。天之立君也，盖非以为位也。夫为人君，行其私欲，而不顾其人，是不承天意，忘其位之所以宜事也。如此者，春秋不予能君而夷狄之。……《白虎通》卷四：王者即位，先封贤者，忧民之急也。故列土为疆，非为诸侯，张官设府，非为卿大夫，皆为民也。）❶

博大哉！中华文明之不断扩展、长治久安、稳定繁荣之传播内核，均在此寥寥数言间：吴、楚等国，原本属于贪鄙蛮夷之邦，因逐渐遵奉华夏礼教，华夏文明遂接纳其加入联邦王政体系中，封其爵位、视为中华；晋、齐等国，原本为华夏大国，但逐渐不行仁义礼教，遂被贬斥为"蛮夷"，亦即被降格看待。苏舆注释董子之论曰："此圣人之大，天地之至仁也。"❷即中国人早就怀抱天下一家之共享主义，凡行仁义者，不论其地域、种族、肤色、语言、文化如何，均视为华夏之人、文明之国也。

孔子著《春秋》，就是为人类文明垂宪立法。凡摆脱蛮夷贪鄙诈力之教而遵奉仁义礼智信之教者，则立即接纳为"华夏联盟"之合法成员，予以荣宠；凡自甘堕落而奉行贪鄙诈力、兼并虐民之教（如晋、秦等）者，则严词痛斥为"蛮夷"而排斥于"华夏联盟"之外！韩愈《原道》所谓"孔子作春秋也，诸侯用夷礼则夷之，进于中国则中国之"❸。准此可知，中国非地域、种族之称谓，乃共享价值之体现、仁义宪政之寄托也！

华夷分辨的唯一标准，乃在仁义，即看其政教是否"敬贤爱民"。敬贤则天子、诸侯、群臣、百官不可专权，必须不断公平选拔人才来分享民众的治理权，华夏民主制之宪法基础于斯树立；爱民则朝廷上下、中央地方之宪政治理，一一以民本主义为准绳，古典宪政之法权来源，由《说苑》白虎通》等伟大文献，予以揭示分明：苍天设立君王、诸侯、卿大夫之权力、官府，非为君王、诸侯、官府之权位、尊宠，而是为了保障人民的利益！从《尚书》《周礼》到《春秋》《春秋繁露》《说

---
❶ 苏舆.春秋繁露义证[M].北京：中华书局，1992：46-47.
❷ 苏舆.春秋繁露义证[M].北京：中华书局，1992：46.
❸ 苏舆.春秋繁露义证[M].北京：中华书局，1992：39.

苑》《白虎通》，华夏古典宪政之制度与精神，可一言以蔽之：人民是政治的本体；人民利益，高于一切！

倘有人问余：方今全球之世道，何如耶？

董子《天人三策》谓秦楚、汉初之政为"以乱济乱"，颇与今日全球局势相类似。杨雄《法言·问道篇》曰："或问道。曰：道也者，通也，无不通也。或曰：可以适他欤？曰：适尧舜文王者为正道，非尧舜文王者为他道。君子正而不他。"[1]道者通也，通古今中外为一也，共享价值之谓也，尧舜文王之表征也，孔、孟、荀、董之论说也，《尚书》《周礼》《春秋》《易传》《新语》《春秋繁露》《白虎通》所言之古典宪政体系之纲常名教也，斯密、卢梭、密尔、波普所昌言、所完善之近代自由主义宪政之"开放社会体系"也，舍此适他，必乱天下也！

今日中国推行伟大的改革开放，国运因此复兴。"民本树立"而万象繁茂、百业兴旺之根本也。倘再行深究古典宪政之博大有序体系，以补充完善近代宪政体系之活泼有余、稳健不足之流弊，则中华民族之长治久安、人类文明之稳固长盛，颇可期许也。

董子《春秋繁露》说："天之为人性命，使行仁义而羞可耻，非若鸟兽然，苟为生、苟为利而已。"[2]官民知仁义而懂羞耻，则天下人类之安、中华文明之美，均不可估量也。

---

[1] 苏舆.春秋繁露义证[M].北京：中华书局，1992：51.
[2] 苏舆.春秋繁露义证[M].北京：中华书局，1992：61.

第二十七章　大一统民族精神

中华文明自伏羲、炎黄直至两汉、唐宋、有明一代，葆有欧亚大陆东端最大文明统一体的古典宪政治理的典范模式，这一文明治理的典范，是融会数千年各种古典宪政制度体系和各种思想观念为一炉，斟酌损益、融会贯通、折中一是、巍然建树、长期陶养而凝成，即使在汉末六朝巨大社会动荡、魏晋隋唐时代佛教、基督教等教派强盛传播的情况下，仍然坚固不变，同时吸纳外来文明的有益成分，其制度和观念体系保持活力与稳定。

余素喜天津杨柳青年画，曾在北京王府井外文书店购得一套新版《杨柳青木版年画》八辑，归来欣赏，喜庆祥和之气立刻充盈满室。尤其是第三辑《金玉满堂》一幅，一个白胖男孩正专注阅读一册书卷，身边陈设为花木、古器，并无金玉，唯男孩颈项上挂一项圈，上坠书有"长命百岁"字样的麒麟锁。年画作者的深刻寓意，传承古人崇高之价值信念：遗子黄金满筐，不如遗子一卷经典。读书明理，则金玉满堂、书香满室，忠厚之教深入幼儿灵魂、温润大众身心，则诗书礼乐文章，必使人类文明生活之优雅美丽，如清水芙蓉，和盘托出，不掺杂一丝丝纷扰缭乱也。

大抵具一定资质的著述，诚然是主观信念之表达，其客观验证有三：一是历史经验教训之文献记录。二是全人类恒相感通之良知，熊十力先生所谓"心证"。三是古今中外艺术品之无伪呈露：观赏希腊雕塑，文艺复兴以来西方美术、音乐杰作，柏拉图、奥勒留、但丁以来的西方伟大名著，乃知西方文明何以在近代崛起而至今不衰；观《十三经注疏》《诸子集成》《新语》《春秋繁露》《史记》《白虎通》等历代经典，甚至公元1800年前后才开始称胜于中华大地之杨柳青木版年画，一种沐浴天恩❶、历经精纯培育、一万年未尝中断的古典文明的极峰体现，就从这些文字、图画、国乐、戏曲、建筑、器物等文明的一切方面、层次与境界中呈露出来，不改其本真无邪、雍容美丽之贞正品格，天地间人生之宝贵、万物生命之葱茏，一一如明珠闪耀，难掩其旷古绝今之光辉也！

---

❶ 辜鸿铭《中国人的精神》形容古典中国人的生活态度如英国诗人华兹华斯所吟哦之"如沐天恩"，妙比拟也。

一、大一统文明：内建宪政，外靖边疆

炎汉文明之创制，在汉高祖、文帝、景帝、武帝诸朝经营缔造，尤以汉武帝时代为多。研读《史记·匈奴列传》乃知当时匈奴为患中国边疆之烈，汉武帝与李广、卫青、霍去病、张骞、苏武等人艰苦经略，终于扫除此心腹大患，华夏民族乃能从容舒展、培育其文明。时论多以武帝为靡费，至今乃知：非如此不可！

观《史记·平津侯主父列传》，乃知炎汉文明创制之规模、内忧外患之解除、古典宪政体系之渐次成熟：

> 丞相公孙弘，齐淄川国薛县人也……家贫，牧豕海上。年四十余，乃学春秋杂说。养后母孝谨。建元元年，天子初即位，招贤良文学之士。是时弘年六十，征以贤良为博士。使匈奴，还报，不合上意，上怒，以为不能，弘乃病免归。元光五年，有诏征文学，淄川国复推上公孙弘。弘让谢国人……国人固推弘，弘至太常。太常令所征博士各对策，百余人，弘第居下。策奏，天子擢弘对为第一。……是时通西南夷道，置郡，巴蜀民苦之，诏使弘视之。还奏事，盛毁西南夷无所用，上不听。……每朝会议，开陈其端，令人主自择，不肯面折庭争。……元朔三年，张欧免，以弘为御史大夫。是时通西南夷，东置沧海，北筑朔方之郡。弘数谏，以为罢蔽中国以奉无用之地，愿罢之。于是天子乃使朱买臣等难弘置朔方之便。发十策，弘不得一。弘乃谢曰：山东鄙人，不知其便若是，愿罢西南夷、沧海而专奉朔方。上乃许之。……卒以弘为丞相，封平津侯。[1]

汉武帝雄才伟略，深知中华文明要长治久安，必须扫除外患，才能内安社稷、外靖边疆，这一高瞻远瞩的贤明决策，当时汉初群臣百姓未必通晓，大多"以为罢蔽中国以奉无用之地"，若干朝代之后，人们才懂得武帝开疆拓土的伟大意义，公众舆论未必一定正确，此见。

公孙弘就是当时舆论的代表。他出身贫苦，创造了炎汉文明流传千古的一则奇迹："朝为放猪郎，暮登天子堂。"炎汉人才选拔制度之不拘一格、地方用人之不避权贵，可谓辉映千秋：公孙弘初使匈奴、归报忤旨被免，淄川国不顾天子喜怒，再次荐举于朝廷，百余博士对策论政，天子从被朝廷九卿之一的太常推荐的百余对策中，偏

---

[1] 司马迁. 史记[M]. 北京：中华书局，1999：2253-2254.

偏要将被压在下面的公孙弘对策擢拔为第一！公孙弘的巧妙处，在于"不面折庭争"，而是将方方面面的情况摆在天子面前，由天子自作抉择。这样，天子权威获得维护，同时丞相亦通过对社稷民情的陈述、比较中，曲折表达自己对政治措施的看法。

从公孙弘的被破格擢用亦可见，在天子、朝廷重官（太常）、地方官吏（淄川太守）、底层人才（公孙弘）之间，构成古典宪政在人才选拔制度上的彼此制衡关系：天子不能以喜怒进退人才，淄川太守不畏强权而再次荐举；太常览百余博士对策，将公孙弘所对压在下面，天子却不受蒙蔽而擢拔为第一！

底层人才凭其真才实学而被上下推举、考量、破格擢用，天子、太常无从以个人好恶而随意进退人才，炎汉文明之伟大、政风士风之廉洁清明、古典宪政之权力制衡，不亦昭然若揭耶？！

当时大政之一，就是在驱逐匈奴、打通西域之外，再开辟西南夷、东海、朔方等华夏民族的地理空间，将中央政府的权力贯彻到这些边远地区，而措置这些军事、民事治理，必然会大量靡费百姓生命财产。

公孙弘为民请命，为达到谏诤的效果，采取"迂回战术"，即不面折庭争，而是推陈利害，由天子自作抉择；天子为了论证自己抉择的合理性，就发动与自己同一观点的大臣朱买臣等，与公孙弘辩论，公孙弘表面服输，实则得寸进尺，主张暂停经略西南夷、东海，专力经略朔方，遂以委婉方式获得天子支持。

观此可知，即使是天子，以孤见之明、九五之尊而决心推行某项大政，也不能独断专行，而必须在朝廷上进行辩论以论证其合理性，时任三公之一的御史大夫、主掌天下舆论的公孙弘，必须被说服，这项政策才能顺利通过"廷议"而获得合法性，古典宪政体系之法度严明、规制凛然，由此灿焉可见。

从今天观点看，西南夷、朔方的经略，与驱逐匈奴、经略西北、东北等广大地区的经略部署，实乃彼此呼应、配合，中华民族凭仗这一战略而在这些地区站稳脚跟、扩展文明，汉武帝之英明雄才与宏伟韬略，非公孙弘自谦之"山东鄙人"可比；而天子时时采纳谏诤、尊重古典宪政之廷议制度、以理服人、爱惜人才、尊敬民意，则更显天子法度之严明、见识之高超、制度之严饬。

《史记索隐》引《汉书》曰："汉兴，皆以列侯为丞相，弘本无爵，乃诏封弘高成之平津乡六百五十户为平津侯。丞相封侯，自弘始也。"❶从此，平民阶层，靠苦学修德、恭谨持重、巧妙设施而能进身公卿、拜相封侯、主持天下大政，"文治政府"体系巍然树立，那些靠出身贵族世家而位居诸侯王地位者，却常因骄奢淫逸而国除身灭，炎汉文明至此焕然而为平民人士不断崛起之伟大文明，而同期之古罗马文明，因仅限于军功贵族凭武功封爵而日渐僵化，炎汉文明却因不断接纳平民人士之健康血液而勃然兴旺、永葆繁盛也！

与公孙弘恭谨、持重风格截然相别、同样对扫除内患做出重大贡献的，是同为

---

❶ 司马迁. 史记[M]. 北京：中华书局，1999：2254.

齐人的主父偃。他出身贫苦，武帝时代遍游诸侯，无人理睬，无奈，以一介布衣上书阙下。朝奏而暮即受天子召见。其所言九策，与陆贾、贾谊、董仲舒、司马迁并列汉文巨典，读之乃知古人盛称"唐诗、晋字、汉文章"为华夏文明"三璧"之诚然不虚，更可知西汉舆论制度之合理开放，一介布衣可上书天子，朝奏而暮即获天子召见，古典宪政下华夏民主制之采纳民意、拔擢人才，真如浩然江河。天下英雄背秦向汉，由此：

> 《司马法》曰：国虽大，好战必亡；天下虽平，忘战必危。天下既平，天子大凯，春搜秋狝，诸侯春振旅，秋治兵，所以不忘战也。且夫怒者逆德也，兵者凶器也，争者末节也。古之人君一怒必伏尸流血，故圣王重行之。昔秦始皇……百姓靡敝，孤寡老弱不能相养，道路死者相望，盖天下始畔秦也。及至高皇帝定天下，略地于边，闻匈奴聚于代谷之外而欲击之。御史成进谏曰：不可。夫匈奴之性，兽聚而鸟散，从之知搏影。今以陛下盛德攻匈奴，臣窃危之，高帝不听，遂北至于代谷，果有平城之围。高皇帝盖悔之甚，乃使刘敬往结和亲之约，然后天下忘干戈之事。故兵法曰：兴师十万，日费千金。……夫匈奴难得而制，非一世也。行盗侵驱，所以为业也，天性固然。上及虞夏殷周，固弗程督，禽兽畜之，不属为人。夫上不观虞夏殷周之统，而下循近世之失，此臣之所以大忧，百姓之所疾苦也。❶

主父偃援引《司马法》等兵书战策、虞夏殷周千年文明传统、秦始皇汉高祖之功过得失，劝谏武帝深察民间疾苦、百姓呼声，深思熟虑其征伐匈奴之拓边政策之轻重缓急也。

二、古典宪政奥秘：整肃权贵，剪抑豪强

与其同时，更有赵人徐乐所剖析"土崩瓦解"之局面，道尽古今政权变迁之深刻规律，足令千古警醒也：

> 臣闻天下之患，在于土崩，不在于瓦解，古今一也。何谓土崩？秦之末世是也。陈涉无千乘之尊、尺土之地，身非王公大人名族之后，无乡曲之誉，非有孔、墨、曾子之贤，陶朱、猗顿之富也，然起穷巷，奋棘矜，偏袒

---

❶ 司马迁. 史记[M]. 北京：中华书局，1999：2256-2257.

大呼而天下从风，此其何故也？由民困而主不恤，下怨而上不知，俗已乱而政不修。此三者陈涉之所以为资也。是之谓土崩。何谓瓦解？吴、楚、齐、赵之兵是也。七国谋为大逆，号皆称万乘之君，带甲数十万，威足以严其境内，财足以劝其室民，然不能西攘尺寸之地而身为禽于中原者，此其何故也？非权轻于匹夫而兵弱于陈涉也。当是之时，先帝之德泽未衰而安土乐俗之民众，故诸侯无境外之助。此之谓瓦解，故曰天下之患不在瓦解。……间者关东五谷不登，年岁未复，民多穷困，重之以边境之事，推数循理而观之，则民且有不安其处者矣。不安故易动。易动者，土崩之势也。[1]

徐乐所言，深明华夏文明大局，在于民众安足，人民富足、安定，则"土崩"之势难成，而"瓦解"之情势，虽亦须重视、防范，但远不及"土崩"之危急也。明末三大儒之一的顾炎武《日知录》所言"亡国"与"亡天下"之别，盖导源于此：亡国乃中央政权之变动、中央地方政权之间关系之消长，亦即徐乐所谓"瓦解"之势，亡而复振、解而复合，较易；亡天下则是《尚书》所谓"四海困穷，天禄永终"，即人民贫苦而骚动，闻风而起义，则"土崩"之势已成，如何相救？华夏文明的国策根本，就是强本抑末，即富足百姓而剪抑豪强，否则"土崩"之势形成，"瓦解"之势必随之，亡国亡天下必然同时出现！

严安的书奏，则将晚周秦汉天下大势和汉初国策的根本问题，以简洁而清晰的语言勾勒完整、指示明确，不仅体现了当时历史认识的高度，更显示了秦亡汉兴这一历史巨变铭刻在中华民族心头之深刻程度，华夏文明正是在总结秦亡汉兴的传播遗产的基础上，摸索出了颠扑不破的价值真理——儒家仁义道德之教、敬天保民之说：

臣闻周有天下，其治三百余岁，成康其隆也，刑错四十余年而不用。及其衰也，亦三百余岁，故五伯更起。五伯者，常佐天子兴利除害，诛暴禁邪，匡正海内，以尊天子。五伯既没，贤圣莫续，天子孤弱，号令不行。诸侯恣行，强凌弱，众暴寡，田常篡齐，六卿分晋，并为战国。此民之始苦也。……及至秦王，蚕食天下，并吞战国，称号曰皇帝，主海内之政，坏诸侯之城，销其兵，铸以为钟虡，示不复用。元元黎民得免于战国，逢明天子，人人自以为更生。向使秦缓其刑罚，薄赋敛，省徭役，贵仁义，贱权利，上笃厚，下智巧，变风易俗，化于海内，则世世必安矣。秦不行是风而循其故俗，为智巧权利者进，笃厚忠信者退；法严政峻，谄谀者众，日闻其美，意广心轶。欲肆威海外……行十余年，丁男被甲，丁女转输，苦不聊生，自经于道树，死者相望。……秦贵为天子，富有天下，灭世绝祀者，穷

---

[1] 司马迁. 史记[M]. 北京：中华书局，1999：2257-2258.

兵之祸也。故周失之弱，秦失之强，不变之患也。❶

华夏古典民主制的三大阶段，一是炎黄尧舜的大同民主制，二是夏殷周时代的联邦王制，三是秦汉以下的中央集权制，严安所谓"周失之弱、秦失之强"即精准概括出古典宪政后两大阶段的固有问题：联邦王制往往诸侯权势超过王室；中央集权制下地方权力往往被过度集中于中央政府，中央政府不恤民情、一味暴虐，则秦之灭亡、汉武帝时代军费靡费足以困民、扰民，以此。

汉唐政治采取周秦之间强弱兼具、刚柔并济、王霸参杂的中庸之道，因此稳定繁荣，长达数百年。

公元2010年1月底，时值寒假，余携17岁儿子前往北京位于西四大街的历代帝王庙参观，见大殿之上，伏羲、神农、黄帝神位居中，周武王以下三十二代周王之神位居右，汉唐诸王不及也。

余告儿子，"孔子尝言：周监于二代，郁郁乎文哉，吾从周！观历代帝王庙，即可知圣人之言不虚：周王朝绵延八百余载，真乃人类文明奇迹也！百家姓氏学说，吾家姓氏'毛'即传自周文王，《史记·周本纪》言，文王八子毛叔郑（伯明），助武王伐纣成功，吾毛姓先祖毛叔郑（伯明）奉明水清酒，辅弼武王、周公告成于天地祖宗，后受封毛国，因姓毛。小子继之，以宣续祖德！"儿子唯唯。

主父偃、徐乐、严安三人对策谈古论今，全在长治久安之国策，天子览奏，立即召见三人，谓"公等皆安在？何相见之晚也！"❷很快拜三人为郎中，主父偃数上书言事，一岁中四度升迁，拜为中大夫。主父偃向武帝进"推恩策"，将地广千里、易于叛乱的诸侯国，分封给诸侯王众多子弟，使诸侯国势力大为削弱，内患为之扫除，华夏大一统之中央权威因此稳固，武帝欣然采纳；又建议将"天下豪杰并兼之家、乱众之民"强制迁徙到茂陵地区，以便削弱其在当地的权势，收到"不诛而害除"的政治效果，武帝亦从其计策。❸

盖豪杰并兼之巨室、久拥权势之权贵阶层，富可敌国、操控权柄，必然多有藐视国法、侵逼小民、为非作歹之事，将之强制迁徙到皇陵守陵，则地方行政必然清静安宁不少。华夏强本抑末、强干弱枝之国策，意在有效维持社会稳定与小民利益，而维持社会大局稳定的秘诀，恰在扶贫抑富、剪除豪强、严打贪官，主父偃之策颇可玩味也。

---

❶ 司马迁.史记[M].北京：中华书局，1999：2258-2259.
❷ 司马迁.史记[M].北京：中华书局，1999：2260.
❸ 司马迁.史记[M].北京：中华书局，1999：2260.

三、古典宪政秩序：君臣制衡，社稷安康

中华文明近代以来亟亟探求富强之道，至20世纪80年代毅然推行市场化改革和全方位对外开放，中华富强大业方走上正轨。然贫富悬殊、权力腐败以及自然、法制环境频遭破坏等流弊，却始终如影随形、屡治不止。何故？

立国之道在立人，人人自立而不盲从、不苟且，则举国上下以天下道义之担当为己任，法条不必滋章、惩治不必严苛，人人懂得奉公守法的道德责任、社会操守，亦即从内心深处接受华夏共享价值——孔子儒家倡导于2500年前、中华文明奉行10000年之久的价值规范"仁义礼智信"，切实获得举国尊崇、贯彻，则中国必能革除上述流弊，中国法制环境必大为改善而赢得举世尊敬！

君不见西方近代文明奉行法制数百年、国富民强程度全球第一，但其各种社会流弊亦随之滋生，绝不亚于东方社会之内政混乱，二者仅为程度之别而非本质不同。原因在于：西式法制惩办于流弊滋生之已成，而儒家道德预防于流弊滋生之未成，孰优孰劣，一目了然。

当代社科学界长期分歧于人性之本质主义和建构主义，对此毫无成熟见地。其实这一问题，早在周秦汉唐时代即获解决：人性如水流，端赖渠道之引导。以儒家道统（仁义礼智信）、学统（诗书礼易春秋）、政统（天地君亲师）以规范之、引导之，作奸犯科者盖寡；以启蒙主义"个人至上"之法权观念以放纵之、引导之，人人寻求物欲满足而伺机规避法制，则物质主义、消费主义、拜金主义、实用主义甚嚣尘上，举国富而不足、强而不安，各种不可持续性长久积累汇聚，贫富悬殊、价值颠倒、流弊丛生而最终出现《增长的极限》所预言的生态社会人文系统的巨大动荡！

中华文明为一万年后的华夏子孙，预先储备了一笔巨大的、具有高度可持续性的文明宪政制度与文明道德精神的遗产，这笔巨大的传播遗产，将帮助中华民族度过当代全球性危机而率先迎来国运昌盛与文明新生。

这笔举世无双的文明遗产，就是以儒家共享价值为公共信仰体系；就是以诗书礼乐易春秋为公共教化体系和学术体系，参酌诸子百家、西方学术精华而融会贯通之；就是以华夏民主制之古典宪政体系为蓝图，参酌西方近代宪政若干优点而为东西文明融贯的新宪政体系！谁领悟继承了这笔巨大深厚的遗产，谁就率先迎来新共享文明的曙光！

余深夜研读《史记·汲郑列传》，喟然而叹：华夏文明之社稷长存，不仅需要叔孙通、公孙弘之类审时度势、不面折庭争却巧为弥缝、关键时刻亦能挺身而出的贤臣，更需要汲黯、郑当时以及《儒林列传》所记叙的各色贤士、儒生之刚直极谏、贤良方正之凛凛风骨，二者或柔或刚、互为补充，构成华夏文明最为亮丽的人文风景与社会

图景，余阅读深思、默然心会，仿《孟子》而眉批《史记》卷一二〇之《汲郑列传第六十》曰："读古文，如集浩然正气也！"

华夏学统贵在通达世务、普济苍生、为民请命之道术之学，不贵学术专精于某一狭小领域而不问国计民生、天下利害之专门学问也。前者称"君子儒"，后者称"小人儒"；前者担当道义，后者区区营营于世俗权势或专门技术而已。

孔子杏坛立教，浑圆完整、融贯众家，举凡诗书礼乐、天下利害、人生进退、扫洒应对、燕居之乐、穷困之固、政教措施、天命流行、弟子品格，无一不教养、无一不深研，《论语》称"子以四教，文、行、忠、信"，弟子因此享誉列国、受举世尊仰，儒家学统如同活样板立于世人目前，儒家学说得以在孔子身后三百余年而巍然复兴，其传播奇迹之一，就是孔子所谓"君子不器"，即不分专科而能通达世务人情、进而增长个人智慧与公共福祉。

观《史记·汲郑列传》所记汲黯之成长经历与从政风格，即可了悟余所言君子儒与小人儒之别，即可了悟汉初黄老、儒家、阴阳家、杂家之学荟萃一炉，虽主张微有不同，但根本宗旨一致，即维护人民利益，反对当权者靡费扰民：

> 汲黯字长孺，濮阳人也。其先有宠于古之卫君。至黯七世，世为卿大夫。黯以父任，孝景时为太子洗马，以庄见惮。孝景帝崩，太子即位，黯为谒者。东越相攻，上使黯往视之。不至，至吴而还，报曰：越人相攻，固其俗然，不足以辱天子之使。河内失火，延烧千余家，上使黯往视之。还报曰：家人失火，屋比延烧，不足忧也。臣过河南，河南贫人伤水旱万余家，或父子相食，臣谨以便宜，持节发河南仓粟以振贫民。臣请归节，伏矫制之罪。上贤而释之，迁为荥阳令。黯耻为令，病归田里。上闻，乃召拜为中大夫。以数切谏，不得久留内，迁为东海太守。黯学黄老之言，治官理民，好清静，择丞史而任之。其治，责大旨而已，不苛小。黯多病，卧闺阁内不出，岁余，东海大治。称之。上闻，召以为主爵都尉，列于九卿。治务去无为而已，弘大体，不拘文法。❶

汲黯诚世卿之家，庄严威武，时人忌惮，然内自高洁，爱民如子。武帝时为谒者，持节视察，中途矫制，便宜行事，归报天子，天子以为贤。派遣为令，汲黯竟以为区区县令乃大材小用，辞官归田。武帝欣赏其廉直，拜为中大夫。数度切谏，不称上旨，外任东海太守，治理得宜，再拜为九卿：西汉官制之贤明，不以官员之个性鲜明、刚直不阿为忤也！汲黯好黄老言，以清静无为、不拘文法为治，与武帝尊儒好事不合，然武帝强忍不快，始终礼敬之：

---

❶ 司马迁. 史记[M]. 北京：中华书局，1999：2261.

黯为人性倨，少礼，面折，不能容人之过。合己者善待之，不合己者不能忍见，士亦以此不附焉。然好学，游侠，任气节，内行修洁，好直谏，数犯主之颜色……天子方招文学儒者，上曰吾欲云云，黯对曰：陛下内多欲而外施仁义，奈何欲效唐虞之治乎！上默然，怒，变色而罢朝。公卿皆为黯惧，上退，谓左右曰：甚矣！汲黯之戆（音壮）也！群臣或数黯，黯曰：天子置公卿辅弼之臣，宁令从谀承意，陷主于不义乎？且已在其位，纵爱身，奈辱朝廷何！……最后病，庄助为请告（假）。上曰：汲黯何如人哉？助曰：使黯任职居官，无以逾人。然至其辅少主，守城深坚，招之不来，麾之不去，虽自谓贲育亦不能夺之矣。上曰：然。古有社稷之臣，至如黯，近之矣。……丞相弘燕见，上或时不冠。至如黯见，上不冠不见也。上尝坐武帐中，黯前奏事，上不冠，望见黯，避帐中，使人可其奏。其见敬礼如此。❶

　　武帝好儒更张、奋力拓边，汲黯好黄老学以清静不扰民为宗旨，君臣政见不合，或言辞冲撞，或意气相加，然武帝未尝加罪于汲黯，汲黯亦忠心耿耿于朝廷，君臣并立朝堂之上，辩论面折，彼此礼敬畏惮，共以"唐虞仁义之治"为鹄的，武帝偏于理想主义，汲黯偏于现实主义，君臣二人共同维系着华夏民主制下古典宪政之不以言论治罪、采纳民意、爱护民生之伟大制度与伟大精神。

　　千载之下，余闻其遗教，慕其高风，诚然思念向往《孟子》所谓"贪夫廉，鄙夫宽，懦夫有立志"之人生大道，万民提升之道德、审美、人生境界也；诚然体悟感受华夏民主制之一脉相承、此后唐太宗与魏征继承之君臣谏诤之灿然政统也；诚然领悟华夏文明不拘儒、道、百家之学，全以通达世务、爱护人民为天下道义所在也；诚然洞悉当代中华文明倘能推行儒家砥砺名节之严明官制、通达世务、爱护人民、自树节操之学制以及公共教化体系，当局者倘能毅然推行官制、学制的伟大变革，任德治官、通学养才，则汉唐文明之繁盛、全球普世之尊仰，不必虚饰经营以求，必焕然重现人间，无须托之梦寐也！

四、中国大一统的文明传播精神

　　从古至今，未有道统不立、学统不固、政统不清，而能长治久安于世者。道统即公共信仰体系，中国自《尚书》《周礼》时代以来，历经晚周秦楚之际大变乱、大动荡的痛苦教训，终于明白唯孔子儒家思想堪称华夏正统，而道家、阴阳家、杂家等先秦诸子百家思想为之补充，全社会上至天子下至庶民一体遵奉崇仰，公共信仰体系设立

---

❶ 司马迁.史记[M].北京：中华书局，1999：2261-2262.

了华夏文明的道德基础和价值准绳，"仁义礼智信"就成为中国社会不可逾越的伦理底线，这中华文明的第一义谛，作为华夏文明的根本大法之宪法原则，深入中华民族的心灵之中，牢不可破、稳如泰山，浩瀚如江海、寥廓如苍穹，《易传》"立人之道仁与义"可谓一语破的；本此宪法原则，中华文明稳固树立起辉煌灿烂的几大宪法秩序，即有效治理全社会的、彼此匹配的宪法制度体系。

首先，以儒家六经、纲常之说为价值依据和价值宗极，融贯诸子百家、道释回耶诸教派为一炉，灿然凝聚为经史子集等古典文献的传授、诠释、注解、发挥的经学、史学传统和人才选拔、培育、推举、任用的人事制度，为辉耀全球的中国文官系统，储备了极其深厚博大的学术资源、道德资源、人才资源的华夏学制体系、公共教化体系。

汉武帝接受董仲舒、公孙弘建议，设立"五经博士"学制，同时在民间普选产生博士弟子生员，从博士官求学，学成被授予官职，这一整套伟大的太学制度（全球最早的大学制度），使受过高深经学教育的平民子弟，源源不断地进入政府治理系统，确保了古典宪政的有序推展，确保了华夏文明此后两千余年的稳定繁荣、长治久安。

其次，源自《周礼》的家族制度、地方礼义自治制度的巧妙设施，使全体人民被编织进一个比刑罚、诉讼之法网远为严密也远为温柔的宗法人伦网络中，宗族家长、地方乡绅、退休官僚、乡学教授、私塾先生、乡学士子等，构成一道天然的约束人性泛滥、调节民事纠纷、规范地方自治的伦理屏障，治理成本极低，教化效果却极高，是华夏文明"德治"体系的重要环节和维系稳定和地方繁荣的文明特色之一。

礼乐射御书数之"古典六艺"之学，就是乡遂自治制度的重要内容，凡触犯伦理道德规范的罪错人犯，有的甚至终生不得参与乡邦定期举行的乡射、乡饮酒等"六艺"大典，其严厉的道德惩戒作用，远比刑事审判、拘禁、劳役更有教化效果和警戒作用。

太学、郡学等中央地方学校制度体系，与乡射、乡饮酒、乡三老等地方礼俗制度、家族宗法制度一起，构成华夏文明的公共教化体系，全体国民终生在伦理教化的道德氛围中生活，"忠厚传家、诗书继世"成为华夏"学统"的标志语，深入中华文明的心魂之中，积淀为中华民族知书达理的全民价值信念。

最后，源自《尚书》的古典宪政制度体系，最集中体现在华夏天子、诸侯皇族、三公三孤、丞相、御史大夫、太尉等九卿群臣、博士官、太学生等士绅、庶民之间分权制衡、依法行政、采纳民意、敬天保民的一系列制度设计与依宪实施的治理系统中，其中，"王子犯法，与民同罪"的司法制度（王法），廷议、封驳、谏诤、纳言、上书、肺石、巡守、谏鼓、谏木等一系列舆论公开、民意诉求制度，剪除豪强、保护小民、三十税一的财货赋税制度，山林水土的国家养护培植制度，士农工商等职业信义制度、商业信用制度、国家祭祀制度，严格依法规范的建筑、服饰、饮食、起居制度等，合称华夏"政统"。

道统（仁义礼智信）博大坚固，学统（经史子集、道释回耶、太学取士、社群自治等）稳定有序，政统（天地君亲师）严明有度，古典宪政体系因此巍然灿然，中华文明凭此公共信仰体系的不断树立、公共教化体系的不断完善、公共服务体系的规整严密而万年绵延、长治久安，在全球古典文明一一败落、灭绝的漫长岁月中，独享荣光！

　　三统合一是华夏文明宪政秩序的灵魂。人在社群伦理中生活，彼此必须体恤扶助，这就是"仁"，然而彼此之间的体恤扶助，也必须遵循一定的秩序、规则，这就是"义"。仁义原则遂为华夏最高宪法准则，万事万物不得逾越。具体到最根本的社群关系，则不外父子、夫妻、君臣三大类，长幼、朋友关系，类似于父子、夫妻、君臣，合称"三纲五常"，即每一权利主体之间，必须有所分别（尊卑即分别）、有所依从、有所规范又彼此担负、彼此平等，亦即法权上的平等和事（务）权（变）上的暂时不平等：父、夫、君，在社会关系的上位（尊位），与处于下位的子、妻、臣，在法权上的平等就是《周礼》主张的"相敬如宾"，而事权上的尊卑分别，是为了人间百务得以有序推行。

五、仁义礼智信：文明价值的稳固传递

　　孔子告诉子路事君之道是"勿欺也，而犯之！"君臣之间以道义忠诚而彼此纲维寄托，臣子不可欺瞒君主而自行其是，而是要犯颜直谏、匡正补救其过错，这正是东汉儒生集体撰述《白虎通》时提出"三纲六纪"说的宪法精神所在也：

> 　　三纲者，何谓也？谓君臣、父子、夫妇也。六纪者，谓诸父、兄弟、族人、诸舅、师长、朋友也。故《含文嘉》曰："君为臣纲，父为子纲，夫为妻纲。"又曰："敬诸父兄，六纪道行，诸舅有义，族人有序，昆弟有亲，师长有尊，朋友有旧。"何谓纲纪？纲者，张也。纪者，理也。大者为纲，小者为纪。所以张理上下，整齐人道也。人皆怀五常之性，有亲爱之心，是以纲纪为化，若罗网之有纪纲而万目张也。❶

　　三纲六纪之说乃形容华夏文明大小事体一一网罗之宪法机制也：君臣、父子、夫妇三纲，犹如这张文明巨网中的三条主线，一一担当起文明运行的道德责任，若分主次，则君、父、夫为大为上，因为其担负的社会责任更重，而臣、子、妇往往在其权

---

❶ 陈立撰.白虎通疏证[M].北京：中华书局，1994：373-374.

威、经验、公共活动的范围上逊色于前三者（臣德行再高亦难望君主累世君临天下之德；子学行出众亦难望父祖养育之恩；妇女生活在家庭，其经验亦不如参与公共事务较多的丈夫），因此，三纲实乃各自均具有极端重要性，其宪法职责是彼此纲维、相互制衡，其宪法精神则是"整齐人道"之文明传播秩序也。

博大坚贞、学贯中西的20世纪民族英雄、一代宗师陈寅恪先生，在《王观堂先生挽词并序》中说：

> 吾中国文化之定义，具于白虎通三纲六纪之说，其意义为抽象理想最高之境，犹希腊柏拉图所谓Eidos者。❶

柏拉图之"理念"乃宇宙终极真实之表象也，是一切事物的理想范型，吾华夏文明凭仗儒教信仰而把万民对天子替天行道的崇拜，逐步强化为凝聚广土众民于一紧密相联、彼此制约、协调之道德、生命整体之宗教情感中，忠君实为爱国，孝敬实为遵守文明法则也。

同为民国七贤之一的辜鸿铭精辟论道：

> 在其他国家中，是信仰来世的宗教给予了大众以永恒感，而在中国，这种永恒感则来自忠诚之道。……忠诚之道，使人们在国家方面感受到民族的永生，同样，儒家所宣扬的祖先崇拜，又使人们在家庭中体认到族类的不朽。❷

纬书《含文嘉》依阴阳观念而谓"君为臣纲、父为子纲、夫为妻纲"，实则确切表述了在治理公共事务方面君臣、父子、夫妇之间地位、威望、经验以及活动范围具有高下差别这一现实状况，但在近代启蒙主义"个人权利"说的长期传播下，这一说法乍听起来却颇有些刺耳。究实而论，这一说法乃道出了一切社群、一切文明的公共事务得以正常有序运行的实际状况与情形，即必需预先设定君主（国家象征）、父母、丈夫（家庭象征）的决定，具有价值合理性与权威性，同时又以"五常"之说（君臣有义、父子有亲、夫妇有别等）为之补充、协调，即预先悬拟君臣、父子、夫妇、长幼、朋友中较有权威或较有经验的一方（君、夫、父、师长等）做出的决定是合理的，先予以执行，同时在实际执行中又不断予以补救、匡正，这样，一个社群的公共事务，才能正常运行下去。否则，每一国事、每一家常，都必然在空洞、混乱、无序

---

❶ 陈寅恪. 陈寅恪集·诗集[C]. 北京：三联书店，2001：12.
❷ 辜鸿铭. 辜鸿铭文集（下卷）[C]. 黄兴涛，等，译. 海口：海南出版社，1996：52.

的人权平等要求以及"理性审议"等借口下被搁置、被废弃,犹如一个普通士兵,在履行命令前,非请长官说明这一命令的合理性不可,则战斗休想正常进行并取胜!

每一个人,都是文明战胜野蛮这个万年绵延的伟大事业中的普通一兵。他的成就,一定程度上取决于他的价值设定,即他把文明事业较有权威、较有经验的一方(天地君亲师)奉为楷模,进而传承并更新之,还是相反,追随近代启蒙主义种种空虚不实之论(譬如个人权利至上、人人平等、人人均有权独断)、荒谬之说(不依凭任何权威而仅凭个人理性就可以认识事物真相)而荒废一生,每个人尽可自行决定!

余在北京师范大学为诸生讲解"古希腊文明传播遗产",一男生持余著《传播学概论》所引赫西俄德《工作与时日》所谓"黄金、白银、青铜、英雄、黑铁五时代循环"以问:"敢问当今黑铁时代如何循环回返至此前时代?是骤然折返黄金时代还是从英雄时代循序而进耶?"

余赞叹曰:"大哉所问!历史发展演进的路径何止一条:或黑铁时代学绝而道丧,自然社会两大系统一一崩溃殆尽,全人类濒临灭绝、痛定思痛、改弦易辙,则文明在巨大动荡后可骤然折返黄金时代;或黑铁时代天下人民奋然存亡继绝、慷慨担当道义,天下王者毅然改革、损益斟酌,励行均平贫富、协和万邦之儒道佛耶回之人文教化,则全人类可循序而进乎英雄时代也!汤因比《人类与大地母亲》称人类大觉醒当在大灾难出现之后,其庶几可待乎!"

余告别该生而陷入沉思:吾儒家学说之高明远大,即在对人性本来秉承于天之天赋良知,深具坚固不易之信念,比较西方哲人卢梭所谓"天赋人权"之论,不啻霄壤也!天赋人权说告诉人:"你要捍卫你的权利!"却没有告诉人:"你权利的行使,必须依赖相当的社会条件,包括经济有保障、法制有保障、理性获得培育的教育经历,等等。"

近代人遵循卢梭天赋人权说的流弊一往而偏,只求伸张个人权利、责备外在环境(经济、法制、教育等),往往丧失了自我督责的基本道德能力,迷信外在环境的改善必然促使权利伸张、道德完善,往往混淆了外在环境改善与人类自我约束的道德义务之间的区别。

儒家教化,恰恰反其道而行:人乃"天赋良知"而非"天赋权利"者,人自幼童时就被教导以仁义礼智信五常之性,稍长更训以父母子女兄弟长幼朋友之节操,再长则受师儒之教,从《诗》《书》《礼》《乐》《易》《春秋》之经典文献中,深入体会修己立身扬名、荣耀父母乡邦、平治天下万邦的宏伟道理,学成优异者经乡邦荐举、官吏察举、朝廷科举而为"国子""贡士""举人""秀才",荣膺天子门生,与宰相公卿士大夫交游、历练,被授官进爵,受万民拥戴;学成居留乡邦者为士绅,主持邻里道义、安宁一方水土;如此,士子自幼即稳固树立"天赋良知",事事先督责己身,自正然后正人,孔子所谓"君子求诸己,小人求诸人",乃千古教育、学术、政治之大一统不二法门也!

倘若华夏古人以"天赋人权说"为价值信念，则事事督责于人、事事抱怨外在环境不足以伸张个人权利，天子事事贪求一己私欲之满足而不顾人民死活，诸侯事事伸张一己贪欲而不顾华夏联邦之统一，则吾中华文明早已分崩离析，灭亡于晚周、暴秦时代矣！

余因以告诸生：吾中华文明传播，传自上古伏羲时代，绵延万年至今，虽屡经动荡衰乱，却不曾如其他古典文明一般完全灭亡者，即在于其三统合一之文明传播秩序，巍然屹立天地间。

华夏文明传播之宪法基础，具体体现为华夏古典民主制之天子、诸侯、群臣、士绅、万民之分权制衡、责在朝廷官府、依法治理万民、教治政令四重宪法机制（宪政制度）之贯彻；凝聚为"敬天保民""民为邦本，本固邦宁"等宪法精神之表述；其制度、其精神，万年传承，统系井然，如参天大树，巍然屹立不倒、经纬万物之三统也：

一曰道统，即全民信仰之共享价值统系，以仁义礼智信"五常之教"为根本性的公共信仰体系；

二曰学统，即全民尊敬之学术教化统系，以诗书礼易春秋之经学传授、诸子百家之融贯、道释回耶众教之杂糅吸纳、乡射乡饮酒等乡邦礼教自治系统等为根本性的公共教化体系；

三曰政统，即全民奉行之古典宪法统系，以天地君亲师、三纲五常之人文治理秩序为根本性的公共服务体系。

三统合一、彼此匹配呼应，构成华夏文明大一统的严整绵密体系，炎汉以下各朝代，贯彻古典宪政体系者，必兴旺发达（譬如唐初、宋初、明初政治），废弃古典宪政体系者（譬如元、明、清王朝末期等）则必衰灭。

今日全球社会，当以中华大一统文明为楷模，旁接西方文明之诸多优长，予以融会贯通、借鉴创新，安定全球人心、摆脱全球危机，更能提升人道价值，增长共享文明，顺应宇宙天地人大一统之繁荣滋长、万物自由幸福之生命境界也。

第二十八章　中国作为现代之源

伏羲、炎黄、尧舜、夏殷、周秦、汉唐文明，在全球范围内，相继取得古典时代具有共享价值和典范意义的巨大成功。尽管在宋元明清等近古中华文明中，古典宪政体系，遭到宰相制的废弛、党争、官僚腐败、外族入侵等重大挫折，但作为饱含共享价值的古典宪政治理的文明典范，中华文明的伟大观念与合理制度，诸如儒家治国理念、易经大一统自然哲学等，在近代早期的中亚细亚-地中海世界（西方）仍被广泛传播，持续产生深刻影响，形成了欧洲长达三个世纪的"中国热"潮流，直接催生了摆脱天主教会僵化统治的启蒙-人文主义思想，中国儒家人文主义的治国模式，与古希腊罗马人文主义一起，促成了现代文明的伟大诞生。

与卢梭等启蒙-乌托邦主义的误判有别，天主教耶稣会传教士利玛窦等人，凭借在华传教的亲身经历，发现了"合乎理性的儒家士大夫统治"的"政治文明的新大陆"以来，直至1800年前后，"中国形象"被大多数西方人士描绘为合理、稳定、繁荣的文明楷模、人类道德秩序的典范。中华古典宪政秩序、自然生机哲学，更被伏尔泰、莱布尼茨等"启蒙-人文主义"大师奉为理性主义、人文主义的宪政治理榜样，启蒙思潮凭借其对儒家理性精神的诠释，积极探索摆脱教会统治的世俗治理与现代宪政治理的模式。

朱谦之先生在伟大巨著《中国哲学对欧洲的影响》中，精辟地论证了中华文明尤其是儒家思想在中古晚期承担着以人文主义"启蒙"（照亮）西方世界、引领世界潮流的传播角色，具有的极高的共享价值与全球启蒙意义。如果说"中国四大发明"赋予西方乃至世界以物质动力，那么，儒家人文主义思想则赋予西方乃至世界以精神解放的伟大动力[1]。

一、深思欧洲"中国热"的当代传播意义

追溯深思这段历史，可以较深刻地理解中华文明传统，在过去数千年的大部分时

---
[1] 朱谦之.中国哲学对欧洲的影响[M].上海：上海人民出版社，2006.

间中所取得的巨大成就、中华文明的全球价值，深刻检讨与西方近代文明接触时，近代学术和舆论主流，出现一系列传播失误的原因，以便在新的"文明传播学"的视野、框架下，充分肯定、吸纳中华古典文明的智慧资源、宪政资源和传播遗产，重新建构"中国形象"，以高屋建瓴之势，改变目前身披西方近代观念的枷锁、追随西方近代文明节奏、吃力而笨拙地起舞这一自我定位的巨大劣势，彻底更新中华文明的传播战略和传媒策略，使中华文明的全球价值、宪政治理，成为引领全球走出当代文明危机的主导性力量之一。

自13世纪马可·波罗（Marco Polo，1254—1323）访华以来，"中国形象"就凭借西方商人、探险家、传教士的建构而引起西方世界对中华文明的热烈想象与憧憬，在地理大发现、文艺复兴、启蒙运动等一系列塑造近代世界历史进程的伟大事件中，"中国形象"的热烈吸引力都是重要促成因素。

中华文明在近代史上的传播角色日益引起当代国际学界的深入探讨[1]，中华文明与西方文明在中古晚期、近代所进行的影响深远的交流、互动，不仅是传播学研究进入宏阔的文明传播学视域的重要理论课题，更对正在迅速崛起的中国社会如何对自身文明传统展开恰当的体认、诠释、传承、创新、建构等紧迫的现实课题，如何汲取"他者文明"的积极成果，以建构、塑造自身的文明形象，从而在建树共享价值、引导世界潮流这一全球传播进程中居领先地位，具有重大战略意义和紧迫现实意义。

1582年，意大利耶稣会传教士利玛窦（Mathew Ricci，1552—1610）来到中国澳门地区，开启了近代沟通中西文明的伟大事业。在许多西方人士的影响下，中华文明在海外迅速传播，欧洲16—18世纪掀起了持续三个世纪之久的"中国热"。这一社会文化热潮，直接促成了欧洲启蒙运动的发生，引发欧洲社会政治经济文化结构的巨大变革，进而"启明"整个世界。

人们往往对文艺复兴时代古希腊罗马文化的传播耳熟能详、津津乐道，却较少有人了解：中华古典文明，在近代历史的关键时刻，即16—18世纪的欧洲，担当着世界"启蒙者"的传播角色。

朱谦之在《中国哲学对欧洲的影响》中精辟指出：

> 东西文化接触是文明世界的强大推动力。……以吾所见，13世纪至16世纪中国的重要发明，以蒙古人与阿拉伯人为媒介，其所传播的中国文明，实予欧洲文艺复兴之物质基础创造了条件；而16世纪以来耶稣会士来华传教，

---

[1] 最突出的例子是德国经济学家贡德·弗兰克所著《白银资本：重视经济全球化中的东方》（中央编译出版社，2005年版）以及英国历史哲学大师汤因比在《历史研究》《人类与大地母亲》（上海人民出版社，2000、2001年版）等名著以及美国历史学家保罗·柯文所著《在中国发现历史：中国中心观在美国的兴起》（中华书局，1989年版）中提出的突破西方中心论、强调中华文明的传播角色的经济史、社会史、文化史模式，深具启迪意义。

其所传播之中国文化，则实予17、18世纪欧洲启明运动创造了思想革命的有利条件。[1]

历史地看，一种文明主动担当全球传播者这一重要角色，则这种文明即处于上升势头中，13—16世纪正是蒙古人、阿拉伯人所代表的新兴文明处于上升势头中，他们吸纳外来文明的能力强，因此担当起传播者的角色；而在16—18世纪，欧洲人开始担当这一传播角色。

从传播史的角度看，正是16—18世纪的欧洲人，主动地担当起历史赋予他们的传播者角色，创造性地吸收了自"轴心时代"（雅斯贝尔斯界定为公元前500年前后，本书扩展为公元前2500年起始的"文明大轴心"）以来，即为欧亚大陆古典文明两个最显著代表的中华文明与古希腊罗马文明的伟大成果，率先实现了"传播"一词中"传"即"传承"的文明功能，进而添加上自己崭新的理解、诠释，经广泛播撒与深入扩充（"播"），引导自身社会向理性化、人道化发展，最终塑造了领导全球的西方近代文明。

相反，原本担当"启蒙者"、传播者角色的中华古典文明，由于明清以降政治专制主义、文化专制主义所造成的全社会的停滞、僵化和外患等诸多内外因素，逐步沦入"被启蒙者""被传播者"的不平等地位。1840年鸦片战争等一系列的外交、军事失败与持续内乱，使中华文明中的许多弱点和缺陷暴露无遗，"中国热"遂迅速消退，一些后起的启蒙思想家如孟德斯鸠、卢梭、斯密等，凭借其单线直进、割裂肢解人类文明整体的粗浅历史观、社会观以及对中国现状、中国文献的生疏把握，对中华文明草率做出以偏概全、简单武断的负面评价，这些评价不断回传中国，恰逢中国当时内外极度虚弱的社会情势和"全盘西化论"占据思想、舆论主流的混乱时刻，悲剧性地误导了中国人对自身古典文明传统的总体评价、反思、择取，进而悲剧性地误导了中国现代化进程中对固有古典文明的自我贬损、怀疑、全面毁弃等一系列传播失败。

人类文明是古今一贯的价值整体与传播整体。近代西方经历了文艺复兴、宗教改革、宪政改革等正面经验和巨大社会动荡、宗教战争、世界大战等负面经验的正反综合，终于从惨痛的历史教训中意识到：人类文明作为不可分割的完整传播遗产，具有极高的借鉴吸纳价值，对当代文明无比重要、不可或缺。若仅仅凭借某些可疑的、有害的独断论（譬如启蒙运动中"今必胜古"的单线进步论、自诩"近代文明登峰造极"等各种思维偏执）而妄断古典文明、中世纪文明为野蛮、黑暗、落后、僵化，从而毁弃传统、割裂历史、脱离历史和现实状况而草率推行某些"变革"，不仅促成当代文明诸多价值混乱、社会动荡，更极大损害了人类传承过往、开

---

[1] 朱谦之.中国哲学对欧洲的影响[M].上海：上海人民出版社，2006：24.

辟未来的文明事业[1]。

具有先见之明的著名史家雅克布·布克哈特（1818—1879年）在《历史讲稿》（1865—1885年）这部巴塞尔大学的讲稿和笔记中，对"启蒙主义"的诸多预设，进行了深刻的反思与尖锐的批评。该书英译本序言，鲜明而集中地揭示了这些反思与批评的卓绝预见：

> 雅各布·布克哈特有力挑战了那个在他的时代就已广为传布，今天更为人们所固执的观念，即过去四百年的历史，其实质是进步和启蒙的挺进。……像托克维尔一样，他对平等主义大众民主的来临深感忧虑，认为将导致粗俗的不断加深、文化和政治的单一化和败坏，最终是煽动家的专制。大众民主文化的主要问题是把平等奉为全部生活的主导原则……这一荒谬结论将导致文化的毁灭和野蛮的复归。布克哈特同样严厉对待19和20世纪的另一尊偶像，即作为"进步"实质的经济增长和发展的普及。……这个信念，连同资本主义的成长、工业化以及为在经济上掠夺地球资源而不断增多的技术发明，已造成一种燥热贪婪、物质主义、在精神和美感上邋遢的文化。……随着大众民主、平等主义和工业化的推进，削弱了诸如教会和贵族这样一些国家权力的围栏，国家权力被用来服务于暴政只是个时间问题。……平等主义、消费主义和福利国家的结合，已造成广泛的道德败坏、政治冷淡，以及自由秩序与公民能力之间日益严重的不协调……人们对快乐和财富的嗜欲已不能忍受任何限制……早在核子生化武器、基因工程和广泛的环境破坏来临前，他就担忧，科学、经济优先和国家对权力的无尽索求将把西方引向何处。……在21世纪的拂晓，我们有更确凿的依据为这一切如何收场担忧。……
>
> 他惊叹西方文明的成就，特别是精神和艺术成就，相信这些远比物质和技术成就重要。由于深深意识到世界多元文化的丰富性，他相信西方文明的继承者们，有责任好好理解自己特有的文化遗产。……他对那些不关心自己过去的人们有一个称呼："野蛮人"。……
>
> 现代世界无情地迈向庞大城市，在这些城市里，人类过着禁锢在琐碎、粗俗和物质饱足之上的、疏离、孤独和茫然的生活。[2]

布克哈特的深刻洞察与忧思，揭示出了全球近代史的基本进程和困扰当代世界的

---

[1] 参见 雅各布·布克哈特.历史讲稿（英译本序言，艾尔伯托·科尔撰）[M]. 北京：三联书店，2009：1-6.
[2] 雅各布·布克哈特.历史讲稿（英译本序言，艾尔伯托·科尔撰）[M]. 北京：三联书店，2009：1-6.

危机根源：导源于启蒙独断主义的自我夸诞，全球自然、社会、人文系统陷入紊乱，全人类在金钱崇拜、道德败坏、政治冷漠和生存焦虑中苦苦挣扎。启蒙主义者孟德斯鸠、卢梭、亚当·斯密等极力主张的大众民主和市场经济，在释放平民活力和市场活力上卓有成效，但在培育公民自制与公共道德上乏善可陈，因为启蒙运动的主流思想，激愤于中世纪晚期天主教会的僵化，遂夸诞地将一切约束人类情欲、自私贪婪本能与民族国家权力膨胀的文明要素——传统宗教、道德、社群礼仪、宪政治理等古典传播遗产，一一予以否弃，而古典中华文明的传播遗产，恰恰在这些领域积累了最博大、最丰富的治理经验，因此，利玛窦、伏尔泰、莱布尼茨等巨匠一再宣扬的"中国热"，伴随西方殖民扩张、工业扩张而逐步衰落，直到"21世纪的拂晓"，人们才无限痛惜地发现：当初被启蒙运动中的急功近利派，武断而轻率地加以否弃的"中华文明经验"弥足珍贵，耶稣会士思想家、早期启蒙学者对中华文明的积极肯定，才合乎古典中国现状并饱含全球典范意义。

反思自身，近现代中国崛起的一个主要迷误，其在文明传播学上的深刻教训，就是简单粗暴地抛弃了儒家历史观、社会观里最核心的价值尺度——斟酌损益、温故知新、平衡古今的"中庸"思维方式，一味追随近代西方粗浅、武断的启蒙主义偏执，造成一万年绵延的中华古典文明的中断和毁弃，进而致使中国复兴大业，目前仍然处于全球紧密一体的产业、信息、价值生产链条的低端位置。

二、"置身中国，犹如置身天堂！"

1271年11月，马可·波罗（Marco Polo，1254—1323年）一行从威尼斯启程前往东方，1275年夏抵达中国元朝上都。他以客卿身份在朝中供职并深受忽必烈器重。在1298年即回到故乡威尼斯后的第三年，他口述了举世闻名的巨著《马可·波罗游记》，将"迷人的中国文明"介绍给西方。他凭在华17年的广泛游历与深入体验，盛赞中华文明富足繁荣、文教昌盛，置身中国，如同"置身天堂"[1]。

《马可·波罗游记》这部名著竟诞生于牢狱，马可·波罗因参加威尼斯与热那亚的战争而身陷囹圄，正反映出当时欧洲内乱纷争的残酷局面，与中国之稳定繁荣形成了极鲜明的传播落差：作为落差一方的中华文明显得如此富足宁静、繁荣昌盛，作为落差另一方的欧洲，此时就显得更加落后纷乱、不堪忍受了。16世纪来华的西方人士，无论商人还是传教士，都对这种"传播落差"有鲜明而一致的感受，说明当时中西社会之间"文明落差"的巨大。

葡萄牙商人科沙利（Corsali）在1515年1月6日的一封信中写道："我们葡萄牙的

---

[1] 参见 武斌.中华文化海外传播史[M].西安：陕西人民出版社，1998：1104-1120.

航海家到了中国。他们是发明了伟大的瓷器和丝绸的人民。……我们在广州度过了几天美好的时光。他们（中国人）出售货物，使我们获巨利。"❶另一位航海家埃姆波利（Empoli）则把这种最初的感触上升为一种总体的评价："我们发现了中国，并在那里逗留了一段时间。这是世界上拥有最富裕财产的国家，很多美丽、伟大的情景，使我们大吃一惊！所以，我假如不死的话，真希望再到广州时，能带领我的同伴们到北京去见中国的皇帝！"❷

自16世纪初即源源不断来华经商、传教的西方人士，都对当时中国的富庶繁荣、中国政治治理之秩序井然以及中国人的友善热情、聪明能干、彬彬有礼赞不绝口。

值得注意的是，即使是在中国沿海从事走私贸易、被中国政府羁押、流放数年之久的葡萄牙贵族盖略特·伯莱拉（Galeot Pereira），在1565年首版于威尼斯的《中国报道》一书中，对中国的司法制度的宽大、公平仍给予高度赞扬："我不知道有比他们尊重我们这个事实更足以证明他们司法值得称赞的了：我们不过是浮囚和外国人。因为在基督教国土的任何城镇，无论何处，像我们这样的异乡人受到控告，我可不知道真正无辜者的案件将有什么结果。……中国人在司法方面的措施……是多么超越基督徒，比他们更讲公道和事实。"❸

对中华文明伟大繁盛的各种报道、记录和文献，在1580年奉西班牙国王之命出使中国的奥古斯丁会修士胡安·冈萨雷斯·德·门多萨（Juan Gonzales de Mendoza，1540—1620）1585年出版的《大中华帝国史》（Historia del Gran Regno de China，又称《中华大帝国史》）中，汇聚为第一个文明传播的高峰。这部名著描绘了一个强大的帝国，为首的是一个颖慧非凡、修养深邃的君主，根据"理性的法律和高尚的伦理原则"进行统治；人民受高尚而纯粹的习惯规范约束，生活在一种有规律的、乐于承受的制度（古典宪政）中；艺术和科学繁盛，受到所有人尊重；战争和争端被摒弃于社会之外，和平与和谐成为最高的追求。❹

门多萨的《大中华帝国史》是16—18世纪欧洲人眼里"中国形象"的重要文明传播基础。尤其值得注意的，是这部名著在细致观察中国社会的基础上，对中华文明的道德层面和精神层面，提出了饱含智慧和哲理的精妙概括："和平与和谐成为最高的追求"，换言之，直到今天，对外主张"正义"与"和平"，对内推行"公平"与"和谐"的大一统文明价值观与治国理念，一直是中国当代社会的主要目标。经过420余年的古今激荡和中外融合，当代中国社会各界，仍把"和平"与"和谐"悬为文明的最高理想。

如果我们再追溯到中华文明轴心时代的伟大经典《尚书·尧典》所宣示的"协和

---

❶ 朱培初. 明清陶器和世界文化交流[M]. 北京：轻工业出版社，1984：35.
❷ 朱培初. 明清陶器和世界文化交流[M]. 北京：轻工业出版社，1984：35.
❸ 博克舍编注. 16世纪中国南部行纪（导言）[M]. 北京：中华书局，1990：11-13.
❹ 参见 中华大帝国史[M]. 北京：中央编译出版社，2009；博克舍编注. 16世纪中国南部行纪（导言）[M]. 北京：中华书局，1990：61.

万邦"的政教理想，我们不能不赞叹：在一万年的文明传播进程中，中华文明形象的基础、自我认同的传播角色，始终是孔子在儒家经典中所揭示的"天下为公""和而不同"的"大同"境界。❶

三、"中国形象"的建构与传播

耐人寻味的是，中华文明良好形象的近代建构，并非由中国近现代学者建构完成，而是依赖于当时欧洲一批杰出学者以及一套成功的文明传播机制。

首先，欧洲有大批一流的思想家、学者，崛起于民间，对人类文明的根本机制以及作为人类文明典范的中华文明进行了极其深入的体察与研究，并进行了热情洋溢的传播，堪称"利玛窦主义"的文明传播典范；相反，中国明清、近代主流学者，除少数例外，迫于内外忧患的紧迫和自身的浮躁，对西方文明何以崛起，抱有根本性的误解。

对16—18世纪欧洲"中国热"做出巨大贡献的，是一批批高瞻远瞩、洞烛幽微的欧洲杰出思想家：先是一批批前仆后继、富于宗教热忱和献身精神的耶稣会传教士，即抱有理性态度与献身精神的"利玛窦主义"者；后是一批批对中西文明的内在肌理洞若观火，并能提出各自文明改进方案的启蒙-人文主义伟大思想家，伏尔泰为其代表。

耶稣会是天主教内部反对新教改革所造成的欧洲宗教分裂、主张通过真诚信仰和广泛参与社会事务重振天主教的一个重要改革教派，创始人是西班牙贵族伊纳爵·罗耀拉（Ignacio de Loyola，约1491—1556年）。耶稣会至今仍是天主教会内部规模最大、实力最强的国际性修会组织。它的特点是：修士不穿僧服、不住修道院，而以开办学校、医院等人道主义事业、担任公职和传播福音教义为己任。

乔治·福特·穆尔（George Foot Moore，1851—1931年）的《基督教简史》说："耶稣会士是欧洲天主教国家中的教育改革家……（他们）积极参与科学新发展的活动。在……促进天主教的文化发展方面，耶稣会的学者与老修会的修士们可以并驾齐驱。"❷

耶稣会士可谓欧洲天主教内部的人文主义思想家和改革家。他们不仅能尊敬并灵活对待"受传教国"的信仰、礼仪、风俗，而且能深入研究该国文明的各个层面，这样，他们不仅传教成功，且成为欧洲近代东方学、汉学的权威。

其次，欧洲主要近代国家的宗教机构、世俗机构和学术机构，为"中国热"的兴

---

❶ 参见 毛峰. 文明传播的秩序：中国人的智慧（第九章"发扬传播智慧，建造和谐社会"）[M]. 北京：中国传媒大学出版社，2005：158-175.

❷ 穆尔. 基督教简史[M]. 北京：商务印书馆，2003：274.

起提供了丰富的研究动力和健全的研究机制，将"中国热"提升为"中国学"（汉学）的独立而规范的庞大学科体系；相反，明清以降直至当代，中国却根本没有建立起系统合理的"西学"研究体系。

法国和德国是欧洲汉学建设最成功的国家。法国耶稣会士编辑出版的三部巨轶丛书，号称18世纪汉学的"三大名著"，即《耶稣会士书简集》《中华帝国全志》和《中国回忆录》，洋洋数十卷，一出版即在欧洲引起轰动，是耶稣会士汉学研究的集大成之作。当时来华的法国传教士中，有很多法国科学院的院士，被称为"一个真正的科学教会"。在法国"太阳王"路易十四的要求下，法国科学院将一份详细的《中华王国情况调查表》交给即将返回中国的法国传教士菲利普·柏应理（Philippe Couplet），嘱其深入调查中国情况。大臣柯尔伯（Colbert）更嘱托教士们说："希望你们能在布教福音书之外，注意收集大量能改进我们自己艺术与科学的情报。"❶

最后，将中华文明内蕴的理性主义、人文主义精神与当时欧洲波澜壮阔的思想文化运动——启蒙主义、浪漫主义、保守主义等思潮紧密结合，将中华文明的古典宪政遗产、现代共享价值和文明传播角色，发挥得淋漓尽致，这一整套传播机制，极大推动了欧洲政治经济文化变革。

四、利玛窦主义：合情合理地诠释中华文明

1601年，利玛窦到达北京，受到明神宗万历皇帝的召见，开启了以基督教为代表的西方文化在中国的广泛传播。从1581年到1712年间，总计来华的耶稣会传教士达249人，到清初康熙年间，中国天主教徒已达15万之众。耶稣会传教士在中国传教的成功，主要得力于两点：一是他们的科学文化知识受到中国朝廷的器重；二是他们尽量将基督神学教义与中国人千百年来形成的信仰、礼俗进行调和。而之所以进行这一调和，则主要得力于耶稣会传教士对中国文明传统的高度尊敬和深入研究。这方面，《利玛窦中国札记》就是杰出代表❷。

1615年，《利玛窦中国札记》由利玛窦学生、耶稣会来华传教士金尼阁（P. Nicolaus Trigault，1577—1628）整理出版，立即轰动欧洲，成为了解中华文明的权威著作。

利玛窦详细介绍了中国皇帝的统治方式、中央地方官制、科举考试制度、教育制度等主要文明制度，尤其赞赏中国知识阶层能有效参与政府管理：

---

❶ 武斌. 中华文化海外传播史[M]. 西安：陕西人民出版社，1998：1715.
❷ 《利玛窦中国札记》中华书局1983年版译本"中译者序言"对耶稣会和利玛窦的历史作用有较严重的低估与错解，读者当以"英译者序言"为准。

标志着与西方的一大差别,而值得注意的另一重大事实是:全国都是由知识阶层即一般称为哲学家的人来治理的。井然有序地管理整个国家的责任完全交付给他们来掌握。❶

与此同时,利玛窦敏锐的目光横扫晚明官僚的腐败和庞大皇族的靡费,正是这二者最终拖垮了大明江山:"大臣们作威作福到这地步,以致没有一个人敢说自己的财产是安全的……不难想象他们(皇族)构成多么大的公众负担。"❷

换言之,深具合理性的中华古典文明制度、古典宪政制度、文官制度等,被实际运行中的腐败利益集团逐步拖垮,正符合明清直至近现代中国的政治、社会的实际运行状况。尽管利玛窦对中国文明制度的合理性、共享价值予以充分肯定,但也不讳言这一制度运行中出现的巨大扭曲,展现出一个严谨学者、成熟思想家的敏锐、深刻。

相比较而言,身为启蒙主义空想家、教条主义者的孟德斯鸠、卢梭、亚当·斯密等人,混淆了中华文明制度本身的巨大合理性与实际运行中的诸多问题,因而做出了自相矛盾的论述或简单化的误判,如孟德斯鸠判定"中华帝制的统治原则是恐怖"、斯密认为"中华帝国的经济长期停滞"等错误观点,不仅不符合中华古典政治经济体制的常态,更被当时以及此后国际学术研究的一系列结论所推翻❸。

作为精通汉语,在华生活、工作多年,以学识和品行深受朝廷、士人和民众尊敬,率先翻译了中国儒家经典的西方伟大哲人,利玛窦高度评价了儒家学说对治理国家、维持社会稳定与大一统和谐秩序的巨大作用:

> 它(儒家经典)主要着眼于个人、家庭及整个国家的道德行为,在人类理性的光芒下对正当的道德活动加以指导……儒家这一教派的最终目的和总的意图是国内的太平和秩序。他们也期待着家庭的经济安全和个人的道德修养……完全符合良心的光明和基督教的真理。……他们还教导说理性之光来自上天,人的一切活动都需听从理性的命令。❹

---

❶ 利玛窦. 利玛窦中国札记[M]. 北京:中华书局,1983:27.

❷ 利玛窦. 利玛窦中国札记[M]. 北京:中华书局,1983:93-94.

❸ 参见 何炳棣:《明初以降人口及其相关问题1368-1953》(北京三联书店,2000年版)。其第11章"结论"说:"由于中国在近代缺少一次重大的技术革命,中国不可能对其土地经济有突破性的发展。"换言之,近代中国的主要危机,并非中华古典文明、中国国民性存在根本缺陷,而是人口与资源之间不成比例的关系,迫使中国必须建立现代经济制度而已。孟德斯鸠等人对中华文明的误判,详见法国汉学家安田朴所著《中国文化西化欧洲史》第二卷第4编"对华友好和不友好的人士"以及结论(商务印书馆,2000年版)。另见维吉尔·毕诺著《中国对法国哲学思想形成的影响》(商务印书馆,2000年版)。

❹ 利玛窦. 利玛窦中国札记[M]. 北京:中华书局,1983:35,99.

启蒙空想家康德所谓"头上的星空和心中的道德律令"之理想境界,终于可以从利玛窦以"理性"诠释中国儒家思想的精确把握中,寻到人类道德行为的价值源泉了。

五、蒙田、斯卡利哲:透彻论析中国

广泛传播的"中国热"引起欧洲人文主义思想家的高度重视与浓厚兴趣。在1585年至16世纪末的短短20年间,门多萨的《大中华帝国史》一版再版、共出版了30种版本时,法国人文主义思想巨匠、现代随笔的创始大师米歇尔·埃康·德·蒙田(Michel Eyquem de Montaigne,1533—1592年),在该书的法文版译本上加以批注,并评论说:

> 中华帝国的政体和艺术在许多杰出方面都超过了我们。中国的历史告诉我们,世界该是多么辽阔而变化无穷。无论是前人,还是我们自己,都没有彻底了解它。中国由国王派出的钦差大臣巡视各地,惩办地方上的腐败官员,褒奖清廉秉正者。❶

从蒙田对中国的评论中,我们可以清晰地呼吸到一个新的历史时代即将降临之际的清新气息:蒙田对中国社会的深刻了解、对当时欧洲现状的批评、对欧洲以外的"辽阔而变化无穷"的文明历史(中华古典大一统文明为代表)的全新感受、试图全盘了解历史和改进文明制度的激情、那种文明正经历青春期时所特有的空间感与想象力……这种种自然流露于笔端的清新感触,实际上已呼唤着人文主义、启蒙主义时代的来临,而中华文明则历史性地担当着启迪理性、智慧与道德的"启蒙者"的传播角色。

杰出的人文主义科学家斯卡利哲(Joseph Justus Sacliger,1540—1609)在1587年写信给蒙田谈到该书时,一语道破了当时欧洲人对中华文明的推崇、对基督教僵化统治下的欧洲社会现状的激烈批评:

> 和中国这一令人赞赏的王国比较起来,我们法国人太渺小了。我们法国人之间非但不能和睦共处,而且互相厮杀,中国人却安逸地生活,在法律上井井有条。单凭这一点,中国人就会指斥我们,就会使基督羞愧难容。❷

---

❶ 严绍璗. 日本中国学史(第一卷)[M]. 南昌:江西人民出版社,1991:198.
❷ 严绍璗. 日本中国学史(第一卷)[M]. 南昌:江西人民出版社,1991:198.

六、莱布尼茨、伏尔泰：盛赞伟大中国

作为一个百科全书式的伟大哲学家和科学家，莱布尼茨（Gottfried Wilhelm Leibniz，1646—1716）不仅凭借自身的研究，将儒家思想和中华文明传统提升到全欧哲学和人类文明传播的高度加以思考、汲取，更积极推进在德国、奥国、俄国、波兰等国设立旨在促进科学研究尤其是汉学研究的"科学院"。据说他曾致函康熙皇帝，建议在北京也设立这样一所科学院❶。1700年，莱布尼茨出任柏林科学院首任院长，他明确主张，以柏林科学院为手段，"打开中国门户，使中国文化同欧洲文化相互交流"❷。

莱布尼茨以希腊神话"金苹果"的故事作为隐喻，提出了在文明传播学上的极其著名的评判：

> 假使推举一位智者来裁定哪个民族最杰出，而不是哪个女神更美貌，那么他会把金苹果交给中国人。❸

他高度赞赏中国社会以儒学为中心的仁政德治模式和以"礼"为调和剂的社会关系准则，中国社会正是由"理性"创造的和谐王国，而灾难深重、道德败坏的欧洲应当向中国学习摆脱现实苦难、建立和谐社会的正确道路：

> 我担心，如果长期这样下去，我们很快就将在所有值得称道的方面落后于中国人。……鉴于我们道德急剧衰败的现实，我认为，由中国派教士来教我们自然神学的运用与实践，就像我们派教士去教他们神启神学一样，是很有必要的。❹

莱布尼茨所言极其精辟透彻：儒道佛所遵奉的自然生机主义的哲学智慧（自然神学），与西方基督教神启（天启）神学有异曲同工之妙，彼此完全可以相互对话、交流甚至融会，就像唐代宰相房玄龄、大将军郭子仪是朝廷重臣、儒家名士，同时又是新

---

❶ 武斌.中华文化海外传播史[M].西安：陕西人民出版社，1998：1797.
❷ 武斌.中华文化海外传播史[M].西安：陕西人民出版社，1998：1797.
❸ 莱布尼茨.中国近事序言：以中国最近情况阐释我们时代的历史[M]//夏瑞春.德国思想家论中国.南京：江苏人民出版社，1989：9.
❹ 莱布尼茨.中国近事序言：以中国最近情况阐释我们时代的历史[M]//夏瑞春.德国思想家论中国.南京：江苏人民出版社，1989：9.

传入的一个基督教派的信徒一样。

传统中国人在公共生活中担当儒家的传播角色，而在私人生活中尽可以是道家、佛家乃至任何一个教派以及生活方式的信徒。梁漱溟作为"最后一个儒家"亲口告诉来访的传记作者艾恺"我是一个佛教徒"惊得艾恺瞠目结舌的故事[1]，鲜明揭示了一点：西方文明宗教信仰上独断偏执，近代启蒙主义厚今薄古、自设樊篱、割裂历史的思维偏执，与中华文明兼容并蓄一切人类共享价值的巨大优越性，悬如天壤也。

莱布尼茨主张中西文明之间"交流我们各自的才能，共同点燃我们的智慧之灯"，位于大陆两端的欧洲和中国，拥有全人类最伟大的文化和最发达的文明，现在，这两个文明程度最高又相距最遥远的民族携起手来，逐步使位于二者之间的各个民族都过上更为合乎理性的生活，"东西方关系是具有统一世界的重要性的媒介"。[2]伟大欧洲哲人的预言，如今正成为21世纪最显著的世界现实。

著名科学史家、自称道家传人的思想巨匠、中国科学院外籍院士李约瑟，充分肯定了中国哲学借助莱布尼茨等人的思想，传入欧洲，促成了欧洲理性主义哲学思潮和近代化历史进程的巨大进步："随着莱布尼茨而传入欧洲的那股潮流，推进了今天对有机自然主义的广泛采用。"[3]

继莱布尼茨之后，在充分肯定、积极评价以及创造性诠释中华文明传统方面，伏尔泰、魁奈等有别于启蒙-实证主义主流的杰出启蒙思想家发挥了巨大的传播作用。

欧洲启蒙运动的伟大领袖、被尊为"18世纪的良知"、著名法国哲学家、文学家、历史学家伏尔泰（Francois-Marie de Voltaire，1694—1778），将中华文明的内在精神与启蒙思想中"开明的人文主义"（非卢梭等人狭隘的乌托邦主义）进行高层次融合，强有力地推动了欧洲近代的伟大变革。

他称赞中国是世界上最优美、最古老、最广大、人口最多和治理最好的国家，尤擅长政治治理和社会风俗的培养：

> 中国人很早具备对社会有用的各种事情的知识和实践，虽然在科学方面没有取得像我们现在一样的进展……但他们使道德至善至美，而这正是科学首要的东西。[4]

他尊孔子"实为天下唯一的师表"，孔子学说教人以德，使普遍的理性抑制人们利己的欲望，从而建立起和平与幸福的社会，使中国两千余年来得以国泰民安："这两种

---

[1] 参见 艾恺.最后的儒家——梁漱溟与中国现代化的两难[M].南京：江苏人民出版社，1996.
[2] 武斌.中华文化海外传播史[M].西安：陕西人民出版社，1998：1797-1802.
[3] 李约瑟.中国科学技术史（第二卷）[M].科学出版社、上海古籍出版社，1990：328.
[4] 参见 伏尔泰.风俗论（上册导论十八节"中国"和前言、第一章、第二章）[M].北京：商务印书馆，2003.

东西（道德与治国）在中国已经臻于完善。"❶

伏尔泰判定中国的政治制度不是专制政体，而是在法律限制下的君主政体。这一根本判定，也是本书所谓"中华古典宪政遗产"的学理基础。

伏尔泰认为，中国这种开明君主制度或君主立宪制度，是最好的政府形式，人类智慧再也不能设计出比中国政治更优良的组织："他们的帝国组织确实是世界上最好的。"❷中国道德与政治、法律的结合，即中国式的德治主义，是公正与仁爱的典范。

伏尔泰等杰出的思想家，把中国文化尊为最合乎理性和人道的文化，内蕴理性主义和人文主义精神的中华文明，成为启蒙-人文主义的智慧范型："孔子成了18世纪启蒙时代的保护神……在欧洲人的心理上渐渐形成了一种多少被普遍承认的关于中国的概念，而且继续被人信守为一种模范……从中国，他们发现了一个完全新的道德世界。"❸

七、魁奈、米拉波、歌德：揭示中国灵魂

一种文明的物质基础、社会基础和道德基础，受该文明的经济制度的严格制约。在这方面，被尊为"欧洲的孔夫子"的法国著名经济学家魁奈（Francois Quesnay，1694—1774），即从中国经济制度的合理性中发现了"重农主义"经济理论的学理基础和改革法国自路易十四时代以来实行的重商主义经济政策的重要学理依据。他在1767年发表的专论《中华帝国的专制制度》中深刻地指出："如果没有农业，各种社会团体只能组成不完善的民族。只有从事农业的民族，才能在一个综合的稳定的政府统治下，建立起稳固和持久的国家，直接服从于自然法则的不变秩序。因此，正是农业本身构成了这些国家的基础，并且规定和确立了它们的统治形式……农业的发展或衰落必然取决于统治的形式。"❹

魁奈敏锐地觉察出农业在国民经济中作为"第一产业"的举足轻重的基础地位，并且意识到农业生产方式与国家统治形式之间的紧密关系，这一点正揭示出中华文明的制度性基础："在中国，租地农民的地位高于商人和手工业工人……这（单一、较低的农业税）就是许多世纪以来一直由政府如此杰出地遵循的学说（及政策）的基本原则。"❺

---

❶ 伏尔泰. 路易十四时代[M]. 北京：商务印书馆，1982：595.
❷ 伏尔泰. 哲学辞典[M]. 北京：商务印书馆，1991：330.
❸ 利奇温. 18世纪中国与欧洲文化的接触[M]. 北京：商务印书馆，1962：68-79.
❹ 魁奈. 中华帝国的专制制度[M]. 北京：商务印书馆，1992：122-123.
❺ 魁奈. 中华帝国的专制制度[M]. 北京：商务印书馆，1992：66-67，127-130.

换言之，以农为本、国家经济政策向农业倾斜的文明，就是符合"自然秩序""自然法则"的最合理的文明：

> 广大的中华帝国的政治制度和道德制度，是建立在对于自然法则的认识基础上的……因此完全可以作为一切国家的范例。❶

他解释用"专制制度"一词称呼"中华帝国"的原因："用专制一词来称呼中国政府，是因为中国的君主独掌国家大权"，但是，"中国的制度建立于明智和确定不移的法律之上，皇帝执行并审慎地遵守这些法律"。所以，"在那个帝国的统治中，一切像它赖以建立的普遍和基本的法则不可改变一样，是永远稳定和永远开明的。"❷

魁奈所谓"中国的君主独掌国家大权"的看法，只适用于明清废宰相、建内阁以后，特别是清朝时期的政治运行，明代政治的阁老（大学士）、六部以及一般官民，也通过廷议、封驳、督察、清议、上书言事等制度分享国家治理权，《利玛窦中国札记》第一卷第六章"中国的政府机构"对此有第一手的记录与论述❸。魁奈所谓"专制制度"至多可称"开明专制"或"古典宪政"制度而已。

魁奈特别景仰中华文明的奠基人孔子："中国人把孔子看作是所有学者中最伟大的人物，是他们国家从其光辉的古代所留传下来的各种法律、道德和宗教的最伟大的革新者"；孔子"坚贞不渝，忍受着各种非难和压制"，是一位具有崇高声望、立法明智、要求在全民中树立起公正、坦诚和一切文明风尚的"贤明大师"❹。

魁奈的学生米拉波，在老师葬礼上发表的著名演说，更直探中华文明的内在灵魂：

> 孔子的整个教义，在于恢复人受之于天而被无知和私欲所遮蔽的本性的光辉和美丽……对这种宗教、道德的伟大箴言，似不可能再有增补……❺

魁奈本人，曾在综合考察中国的教育、科举、谏议、文官（学者）内阁、司法制度等各个方面后，总结性地得出了18世纪启蒙-人文学者对中华文明的总体评判："一个繁荣和持久的政府，应当按照中华帝国的榜样"❻。

---

❶ 魁奈.中华帝国的专制制度[M].北京：商务印书馆，1992：111-121.
❷ 魁奈.中华帝国的专制制度[M].北京：商务印书馆，1992：24，72.
❸ 利玛窦.利玛窦中国札记[M].北京：中华书局，1983：44-62.
❹ 魁奈.中华帝国的专制制度[M].北京：商务印书馆，1992：37-38.
❺ 利奇温.18世纪中国与欧洲文化的接触[M].北京：商务印书馆，1962：92-93.
❻ 魁奈.中华帝国的专制制度[M].北京：商务印书馆，1992：122.

这样，经历三个多世纪的努力，一个完整的"中国形象"，凭借传教士的实地考察和深入研究，凭借启蒙-人文主义伟大学者，在新的人文主义哲学思维的观照下，对中华文明的深刻洞察与创造性诠释，已经牢固地树立起来：莱布尼茨揭示了中华文明的哲学基础，伏尔泰揭示了中华文明的政治、社会治理的伟大完善机制，而魁奈则从经济学的角度揭示了这一文明的最深的制度基础。

对照当时欧洲连绵不断的宗教战争、政治动荡和法国大革命恐怖专制主义政治的倒行逆施，"中国形象"更是大放异彩，成为启蒙-人文主义思想家呼吁进行理性化、人道化改革的最强大、最锐利的思想武器和舆论武器。

中华古典文明的各种制度，通过这些学者的诠释、传播，直接促成了欧洲及全球近代化的伟大变革，其巨大的文明传播学意义，至今仍令中国人深思、反省：作为中华万年伟大文明传统的直接传人，我们是如何传承、诠释、弘扬、建构、激活自身文明的深广活力的？

"中国热"在18世纪的欧洲达致新的高潮，举凡饮食、家居、服饰、园林、建筑、绘画、工艺美术、文学艺术、人文社科等领域兴起一股模仿、吸收中国文化的观念、式样、趣味、风格、情调的热潮"中国风"。影响所及，伟大的德国诗人、被尊为"魏玛的孔夫子"的思想文化巨匠歌德（Johann Wolfgang von Goethe，1749—1832）在阅读中国文学作品时提出了"世界文学（文化）的时代即将来临"的著名预言，并且精辟地指出："正是这种在一切方面保持严格的节制，使得中国维持数千年之久，而且还会长存下去。"❶他在《中德四季晨昏杂咏》中深情地表达了欧洲近代文明中最具理性深度和情感强度的、渴望吸收中国文化的普遍精神取向："视线所窥，永是东方。"❷

八、"中国热"的短暂退潮与再度复兴

持续三个世纪之久的"中国热"短暂退潮的深刻原因，在于清朝政府的内外高压、僵化与封闭政策，促使中国国力跌落、形象受损，而那些原本落后的西方国家譬如英德等国，却在积极借鉴中国儒家人文思想与治国模式的基础上，积极推行内外开放的灵活政策，成功赶超中国而后来居上。

美国学者孟德卫（David E. Mungello，1943—）在《1500—1800：中西方的伟大相遇》一书结尾处，以富于启发意义和反讽意味的笔触，描述了1793年英王特使马戛尔尼在中国热河行宫觐见乾隆皇帝这一标志着1500—1800年中西文明富有成果的相遇历程的落幕：

---

❶ 歌德. 歌德谈话录[M]. 北京：人民文学出版社，1981：112.
❷ 武斌. 中华文化海外传播史[M]. 西安：陕西人民出版社，1998：1961.

尽管中国的荣耀仍是一目了然——庄严的陈设、精致的帷帐、成群的随从、掌控外国使节的能力——但衰落的征兆已经呈现……乾隆皇帝正在日益衰老，他的衰老引发了他对一个外表俊朗的年轻侍卫的迷恋，只因为他的英俊面庞，使他回忆起失去的宠妃。此人就是贪污腐化的和珅，正是他加剧了18世纪末中国的衰落。这些迹象在马夏尔尼看来如此明显，他把中国比作一艘硕大的漂浮着的轮船，正在危险地四处游弋。虽然马夏尔尼使团的出使是一次外交失败，但在东印度公司看来，其所获取的信息可以抵偿他们的赞助费用。这些信息在以后的两个世纪被很好地运用于英国赶超中国的伟大事业中，直到1997年英国人被逐出香港。[1]

仔细观察中国自1979年以来重新开启的赶超西方发达国家的伟大进程，我们发现了文明传播史的不变铁律，这一铁律，在华夏文明的黎明时分，就被《尚书》和《周礼》揭示无疑——任何公共权力的产生，不是为了当权者的荣耀和利益，而是为了普天下的公共利益。

《尚书》《周礼》的宪政语汇是"敬天保民"，而实现公共福利的最大宪政保障，就是当权者与人民大众必须共同遵循一套合理的文明传播秩序——普遍信守的公共信仰体系（仁义礼智信）和教化体系（《诗》《书》《礼》《易》《春秋》等文献所揭示的道德准则——义在利上、义利均衡等），为此，政府必须实行内外改革与开放，以确保人口、资源、财物、讯息、物质精神利益等一切人间价值和品质的合理流动，政府只有在公平、开放的法制环境中，才能建构起促进公共福利的公共服务体系的运行，才能从根本上避免和珅式贪腐与停滞循环相生的文明悲剧的重演，也才能确保中华文明在复兴进程中进行伟大的价值创造。

目前当代中国的现实问题十分明显：在我国进行现代化改革与建设进入新的重要历史时期，我国的学术教育部门、意识形态部门、舆论宣传部门、文化娱乐管理机构等所有从事精英传播、大众传播的领域，不仅没能发挥中华文明绵延万年之久的固有文明传播遗产以及巨大的道德、精神、文化资源，无法有效建构起当代中国的真实形象，更无从实现文明传播本应具备的内外改革、开放，以采纳民意、汇聚民族精神和在国际环境中扩展文明影响的巨大传播功能。

当代中国的飞速发展，正面临一个巨大的战略挑战：如何建构、设计、传播一个与其历史、现状和未来相适应的、恰如其分的文明形象。

美国高盛公司顾问、清华大学客座教授、因提出"北京共识"而引起国际瞩目的战略分析家乔舒亚·库珀·雷默（Joshua Cooper Ramo）在《中国形象：外国学者眼里的中国》一书中指出：中国目前最大的"战略威胁"在于"国家形象"的不确定、内

---

[1] 孟德卫.1500—1800：中西方的伟大相遇[M].北京：新星出版社，2007：186-187.

外评价的巨大反差。

他援引一些国际知名的调查机构在最近数年对全球十几个国家的受访者进行调查分析的数据，发现：在人们对中国的评价中，"难以亲近""不可信赖"是几乎满分的评价，除"充满活力"一项外，其他诸如"有创新力""可靠可信"等许多方面都得分很低，并且在"其他国家如何看中国"和"中国如何看自己"之间存在巨大落差。他认为，中国国家形象的危机、声誉资本的匮乏，不仅增加经济改革、开放、社会稳定诸方面的成本，更不利于营造缓和的国际环境❶。

当代西方自由主义民主理论，目前正遭受贫富悬殊、经济失衡、社会动荡以及资源、环境、生态灭绝等全球问题的巨大困扰。敏锐的西方学者譬如汤因比、郝大维、安乐哲等人，在《历史研究》《先贤的民主：杜威、孔子与中国民主之希望》(The Democracy of The Dead) 等一系列名著中，从历史哲学和"社群主义民主"理论出发，重新审视儒家民主制的理论和实践问题，刷新了以往对儒家思想、宪政体制的认识，为中西文化克服成见、在共享价值的基础上创建全球共同体社会开辟了一个重要的对话与传播平台。

本书认为：以固有文明传播的强大资源（儒释道等共享价值、古典宪政机制、天地人大一统文明传播遗产）为基础，塑造一个与西方自由主义民主制交流互动、彼此补充的华夏社群主义民主宪政机制的理论探索与实践尝试平台，不仅有助于树立中华文明在参与并引导全球事务中享有崇高的道威信和巨大的"声誉资本"（软实力之一），更足以洗刷中西近代交流中的一系列错位、误读、紧张与传播失败，进而有助于廓清近代以来，某些全盘西化的中国人文学术思想，缺乏深邃鲜活的独创性、诠释力以及实践性等诸多积弊。

---

❶ 乔舒亚·库珀·雷默等. 中国形象：外国学者眼里的中国[M]. 北京：社会科学文献出版社，2006：1-49.

二十九章　利玛窦的伟大发现

天才总是从文献的字里行间迸射出夺目的光辉，这一光辉可以照亮长久盘踞在人类心头的重重黑暗。

在古典时代，孔子、孟子、子思、子夏、老子、庄子、列子、陆贾、董仲舒、司马迁、孔安国、马融、郑玄以及佛陀、苏格拉底、奥勒留、耶稣等圣贤言行，是这一光辉的最神圣与最博大的源泉；在近现代，这一文明光辉从但丁的《神曲》、蒙田的《随笔》、维柯的《新科学》、赫尔德的《人类历史哲学思想》、惠特曼的《草叶集》等一系列杰作中喷薄而出，永恒照耀着被物欲、迷惘交织围困下的全球人性。

在近代揭示中华文明的特质方面，闪耀着一流天才光辉的作品是：利玛窦《中国札记》、伏尔泰《风俗论》、莱布尼茨《论中国人的自然神学》、卡莱尔《过往与现在》、阿尔弗雷德·韦伯《文化社会学视域中的文化史》、卡尔·雅斯贝尔斯《历史的起源与目标》、汤因比《历史研究》《人类与大地母亲》《展望21世纪》、谢和耐《中国社会史》、郝大维、安乐哲《先贤的民主》、宇野哲人《中国文明记》和笔者所谓的"民国七贤"（辜鸿铭、陈寅恪、柳诒征、马一浮、梁漱溟、熊十力、钱穆）的伟大开创性作品。

伟大著述的特质，在于超出文献考据的细节之上，全面完整地把握一个事物内在神髓的视野和能力。伟大的学术思想与智慧，以无比的价值坚定、特立独行的风格，始终捍卫着贯穿在宇宙万物自身之内的、赋予所有存在物以价值、理由和秩序的那一生命呼吸。正是这一生命呼吸，维系着万物生长转化的内在命运（文明即其一），令古今中外的天才人物，彼此之间跨越千年，也能了若指掌、声息相通，也令古今中外的庸俗大众，盲人摸象般胡乱猜测而望尘莫及。

一、中华民族的伟大特质，永世长存

近代以来，由于"全盘西化"派在舆论上的长期盘踞与有意误导，有关中华文明的制度特质、文明神髓以及中国事物的内在规律性揭示，始终处于要么空白、要么扭曲的荒芜境地。然而，伴随中国1978年实行改革以来总体状况的极大改善与蒸蒸日上的经济社会发展态势，大规模重新梳理、解释、总结中华文明特质，尤其是在悠久岁月中绵延并稳步扩大的传播奥秘，这一历史任务和传播责任，摆在中外好学深思之士的面前，这些人渴望从这笔全球最丰厚、最博大的传播遗产中，汲取生命智慧和开拓未来的文明正能量。

伴随上述一流著作的翻译出版和深入研究，笼罩在中华文明身上的重重思想迷雾，正被笔者所谓的"萃取法"（对经典文献的生命现象学式的"直面、细读、检验与矫正"）逐步予以廓清，中华文明有望洗净污秽，有望如蒙尘花朵，重绽其清新而美丽的人性光辉。

试以《利玛窦中国札记》为例，演绎展示一番笔者所谓的"萃取法"对中华文明的内在特质的整体把握。

《利玛窦中国札记》英译者路易·加莱格尔（Louis Gallagher）所写《中国札记》序言（1953），精准概括了利玛窦所写、其学生金尼阁在其死后出版、轰动世界的巨著《中国札记》的历史意义：

> 它打开了中国与欧洲关系的新纪元……它开启一个新世界，显示了一个新民族……利玛窦进入中国的目的是要争取这个民族，首先是赢得有文化的即受过教育的阶层的好感和支持……在苦学中国语文之后，一旦受到实际上统治中国的上层哲人阶层的接待时，利玛窦就采用僧服即中国僧人的服装，他的家就成为文武官员的聚会处……对于实现他的目标，这是理想的环境，因为所有文武官吏都是依法从知识阶层即受过教育的阶层中挑选出来的。他穿了六年僧袍，然后才换上哲学家的衣袍（指儒生的衣袍），哲学家是中国最高的知识阶层。……利玛窦以一名卓越的物理学、数学和地理学教授、有学问的精通中外学理的哲学家、杰出的孔夫子的诠释者，特别是优秀的基督教的教师，而为中国受教育阶层所熟知。
>
> 自从1911年君主政体瓦解、中国出现混乱局势以来，不管文明和文化会发展为什么样的形态，在建立任何稳定的政权时，必须把中国古代的生活方式估计在内。……无论在中国建立或被强加什么样的政体，这个民族的基本特征是不会改变的。中国人的高贵品质，他们对自由、秩序和学识的热爱，对宗教的热忱，对正义和伦理观的敏感，再没有比利玛窦……表述得更清楚了。……这个民族对待其他所有民族的宽厚和平的态度，利玛窦在他对中国政体的透彻说明中，清晰地勾画出来。……未来中国的生活，在很大程度上将按照他们自己过去独特的原始模型而塑造出来。不知道这一点，就不能理

解因而也就不能欣赏他们特有的天才。❶

这篇精准而凝练的序言,是对伟大原著的高度提纯,即一种"萃取"。这篇"英译者序"极其精确地概括了利玛窦开创性的历史贡献:作为卓越哲人,利玛窦凭学识、人品和一套循序渐进、中外融会的传播策略,成功赢得中国社会上层(儒生、文武官员、朝廷)的欣赏与下层人民的信赖,不愧为伟大的"文明传播学家"。

令人叫绝的,是英译者凭自身的渊深学识和对利玛窦著作的研读、翻译,揭示出中华文明的若干根本特质:

首先,"实际上统治中国的"是"哲人阶层",即"依法选举"(荐举、察举、科举)产生的儒家知识分子。

儒家知识阶层居于中国社会各阶层的最高地位,实际上治理着这个庞大的国家。天子、士大夫、儒生、庶民分享着国家的统治权,其中,实际负责国家宪政治理的,是士大夫阶层,这就是陈寅恪先生称中国古典政体的实质为"士大夫统治"的根本理由,也是伏尔泰、卡莱尔、辜鸿铭、汤因比、钱穆等一大批中外史学宗师,当代美国学者譬如郝大维、安乐哲的《先贤的民主》以及本书所谓"儒家民主制"或"华夏古典宪政秩序"的事实依据和学理依据。

其次,确保儒家宪政制有效运行的根本保障,在于天子、士大夫、儒生、庶民分权制衡、参政议政的一整套古典宪政制度体系,《尚书》《周礼》就是这一华夏宪政体系的学理源泉。其中,确保庶民子弟经过公平选拔、受到良好教育并委任以重要官职的伟大古典学制体系(太学、乡学制度)和确保朝廷官吏依法治理全国的伟大古典官制体系(从宰相、太尉、御史大夫、六部尚书等官僚制度的设立与彼此制衡,到大小官吏的选拔、试用、任命、考绩、督察、审判、官民公开上书奏事、采纳民意等一系列完善的宪政制度体系),就成为中华文明长期稳定繁荣、不断扩大的关键。

再次,在合理学制和合理官制的依法规范和宪政治理下,中华民族养成了一系列无与伦比的高贵品质:"对自由、秩序和学识的热爱,对宗教的热忱,对正义和伦理观的敏感,"以及中华民族"对待其他所有民族的宽厚和平的态度",等等,这些高贵品质受到举世尊仰。

而在末代王朝——钱穆《国史大纲》所谓"狭义的部族政权"(清)极不合理的官制与学制的高压摧残下,中国近代社会形成了一些陈规陋习,其根源在于清高压政治的积弊,这些未加深究的鄙陋之处,被民初学者渲染夸大为"礼教吃人"或"丑陋的中国人"等错误论断,这些偏执误判,殃及全部中华文明,至今流毒未从舆论界、学

---

❶ 利玛窦. 利玛窦中国札记[M]. 北京:中华书局,1983:29-36.

界肃清。

最后,《利玛窦中国札记》的英译者加莱格尔,以宏阔的历史眼光,精准预言了中华文明的生活方式、中华民族的基本特征、高贵品质和独特天才,将"永世长存",而不论其政权形式、文化形态出现何种变化。

本书惟需补充的是:这一文明所具有的全球价值,不仅足以奠定中国长期稳定繁荣的深厚基础,更将赋予全球文明久觅不得的大一统秩序、公平、自由与和谐。

二、利玛窦珍贵的第一手观察

利玛窦在1582—1610年间的中国传教、学习、介绍西方科学、翻译四书五经的伟大生涯,恰好在中国由盛转衰的重大历史关头——明神宗万历年间。

利玛窦以一流哲人的眼光和深厚学养,为最后一个典型的华夏王朝(明王朝)留下了无比珍贵的第一手纪录:

> 这个国度从远古时代就有一个习惯,常常是统治权从一个家族转移到另一个家族……这个国家在一个时候称为唐,意思是广阔;另一个时候称为虞,意思是宁静,还有夏,等于我们的伟大这个词。后来又称商,这个字表示壮丽。以后称周,就是完美。还有汉,意思是银河。……必须交纳皇税的成年人口为58550801人,这个数字不包括妇女、免税的男人:士兵、宦官、皇亲、地方长官、学者和很多别的人。……虽然除了鞑靼人的侵扰而外已经享有很长时期的和平,政府仍花钱维持着百万人以上的军队服役。……
>
> 中国人是最勤劳的人民……他们有各种各样的原料,他们又天赋有经商的才能,这二者都是形成机械工艺高度发展的有力因素。……可以十分肯定,中国人至少在五个世纪以前就懂得印刷术了,有些人断言他们在基督纪元开始之前,大约公元前50年,就懂得印刷了。

中国所熟习的唯一较高深的哲理科学是道德哲学……中国哲学家中最有名的是孔子。……如果我们批判地研究他那些被载入史册中的言行,我们就不得不承认他可与异教哲学家相比美,而且还超过他们中的大多数人。……被称为中国圣哲之师的孔子,把更古的哲学家的著作汇编成四部书,他自己又撰写了五部。……它主要着眼于个人、家庭及整个国家的道德行为,而在人类理性的光芒下对正当的道德活动加以指导。……孔子的这九部书构成最古老的中国图书库,它们大部分用象形文字写成,为

国家未来的美好和发展而集道德教诫之大成,别的书都由此发展而来。❶

利玛窦以天才的目光,首先准确追溯了中华文明的轴心时代——自唐虞(尧舜)时代直至夏商周汉等伟大王朝的"国号",即后人对中华文明黎明时分伟大功业所怀的无限感恩缅怀之心。受民初"疑古学派"的误导,当代中国许多文史研究者,对《尚书》《史记·五帝本纪》心存狐疑,利玛窦却目光如炬,通晓中华文明在整个古典时代高超的宪政治理、工商科技、学术教育众多领域的高超水平,更透彻地了悟:这一切成就的取得的价值基础,就是"在人类理性的光芒下对正当的道德行为加以指导"的孔子儒家哲学。

三、利玛窦眼中的中华古典宪政

利玛窦在仔细考察了中华文明的人才选拔制度与官吏任命制度(历经秀才、举人、进士三阶段培育、选拔)之后,进而深刻剖析了中华文明上至天子下至庶民一体遵守法制与礼教匹配的古典宪政秩序与制度体系:

> 从远古以来,君主政体就是中国人民赞许的唯一政体。……在他们的古代史中,与公侯伯等爵位相应的称号是很多的……这些称号和他们所拥有的管辖权已废止大约1800年了。……据说古代有两三位帝王把王位不是传给他们认为不宜掌权的儿子,而是传给皇亲以外的继承人。然而,不止一次,人民对无能的统治者感到厌恶,剥夺了他的权力,以某一性格坚强和有勇气的人取而代之,从此以后,他们就把他当作合法的君主。我们可以赞美中国人说,通常他们宁愿光荣赴死也不肯效忠一个篡位的君主。……凡是成功取得王位的人,不管家世如何,都按自己的思想方法制订新的法律。继位的人必须执行他作为王朝创业人所颁布的法律,这些法律不得无故加以修改。今天治理中国人的法律都不早于洪武,所有这些法律或是由他亲自制订,或是从前人那里接受过来的。他的计划明显地是制订一部全面性的法典,是以可惊叹地保证国家的安全以及子孙后代绵延久远。……他规定此后皇族一律不得担任文武官职。……诸王的儿子被赐予统治者的头衔并称为王,给予巨额的年俸……他规定人人都必须尊重这些统治者,尽管他们对任何人都没有权力。……对于解放国家和持同情态度的领袖们,也赐予荣誉头衔和年俸。他们被任命为军事长官,薪俸优厚,但和别人一样受文官

---

❶ 利玛窦. 利玛窦中国札记[M]. 北京:中华书局,1983:5-35.

的管辖。❶

据此可知，自伏羲、炎黄、尧舜时代直至晚明，中国始终是拥有宪政秩序的"古典法治国家"，开国元勋们、皇亲国戚们虽被荣宠为"王"或担任军事长官，但一律接受考试产生的文官政府的管辖并接受全国一体遵守的法律约束。"王子犯法，与庶民同罪"的守法观念，深入中华文明的宪政秩序和天下百姓的心中，即使天子、近幸、贵戚集团也不能违法胡来，因为人民拥有最终决定王朝统治合法性的权力，遭到人民厌恶的无能统治者，将被剥夺统治权。

利玛窦进一步深入考察中华文明的宪政秩序的运行机制，得出了弥足珍贵的、符合实际运行状况的结论：

> 只有取得博士（进士）或硕士（举人）学位的人才能参与国家的政府工作；由于大臣们和皇帝本人的关怀，这类的候选人并不缺乏。因此被委以公职的人对于职务要靠经过考验的知识、审慎和干练来加以巩固……道德生活的完美已由洪武皇帝的法律做出规定，而且大部分都得到实现，除了由于异教徒缺乏宗教训练以及由于人类的弱点而易于造成违法乱纪的情况而外。
>
> 虽然我们已经说过中国的政府形式是君主制，但如前述以及下述，它还在一定程度上是贵族政体。虽然所有由大臣制订的法规必须经皇帝在呈交给他的奏折上加以书面批准，但是如没有与大臣磋商或考虑他们的意见，皇帝本人对国家大事就不能做出最后的决定。如果一个平民偶然有事呈奏皇帝……他（皇帝）就在奏折上做如下批示：著该部详核此项请求，并呈覆最好的措施。我已做过彻底的调查研究，可以肯定下述情况是确凿无疑的，那就是：皇帝无权封任何人的官或增加任何人的赐钱，或增大其权力，除非根据某个大臣提出的要求这样做。❷

由此可知，从炎黄尧舜时代直至晚明王朝，中国一直实行的是古典形态的宪政体制，即具有鲜明华夏古典文明特质的"君主立宪制"，天子、士大夫、庶民必须依据宪法秩序来决定国家大事。本书经过审慎研究，与利玛窦"经过彻底调查研究因而确凿无疑地"宣称的结论完全一致，"华夏民主制下的古典宪政秩序"，或如《先贤的民主》❸作者、美国学者郝大维和安乐哲所称谓的"儒家民主制"，均共同指称这样一种良好运行的宪政治理机制：天子、文官士大夫、儒生、乡绅、庶民之间分权制衡，严

---

❶ 利玛窦.利玛窦中国札记[M].北京：中华书局，1983：44-47.
❷ 利玛窦.利玛窦中国札记[M].北京：中华书局，1983：48.
❸ 郝大维，安乐哲.先贤的民主：杜威、孔子与中国民主之希望[M].南京：江苏人民出版社，2004.

格依法治理全国各种事务，民众以公开有序的方式贯彻其意志、表达其诉求，包括对国家大政的参与、对官员的选拔、考核、督察，作为宪政合法性的唯一基础，是全民无一例外对法制与礼教的遵奉。

特别值得注意的是，在详细探究了吏户礼兵刑工六部的宪政治理机制后，利玛窦又着重介绍了明代严格有序的古典宪政制度的几个主要组成部分：

> 在五六大本全国政府官员花名册里，刊载着……每一个大臣的名字。这种花名册在全国都有出售。它们不断在修订，在皇都北京每月订正两次……内阁分六部……还有另一种参议机构……他们叫阁老，具体职责是国家的普遍安全，这是皇上的秘密机构。现在皇上不像以前的习惯那样，公开与阁老一起参与讨论国家大事了，所以阁老们整天待在宫里，批复呈给皇帝的无数奏折。……还有两个我们从未听说的等级，他们是科吏和道吏，各有六十位以上经过挑选的哲学家，都是谨慎可靠的人，而且已显示不平凡的证明是忠于皇上和国家的。这两种官员是皇帝专门为处理朝廷及各省的重大事项而设立的……他们……经常向皇上报告全国各地的违法事件。没有人逃得过他们的监视……即使涉及皇上本人或皇族，他们也直言无忌。……他们如此恪尽职守，真使外国人惊奇并且是模仿的好榜样。无论皇上还是大臣都逃不过他们的勇敢和直率，甚至有时触怒皇上到震怒的地步，他们也不停止进谏与批评，直到对他们猛烈抨击的恶行采取某种补救的措施为止。……根据法律，这种书面提出批评的特权也同样给予所有大臣，甚至还给予公民个人，但大多数场合还是只由负有特殊职责的人来行使。所有这些呈送皇上的书面文件和答复，都要复制很多份。这样，朝廷上发生的事情就迅速传遍全国每个角落。这种文件也编辑成书……载入本朝的编年史。❶

明代宪政秩序运行的实际状况，终于在利玛窦笔下清晰浮现了：天子、内阁大学士（阁老）、六部、督察机构（科吏、道吏等）、文武百官、平民之间分权制衡，公开、严格地依据法制和礼教来治理国家。古典华夏民主宪政制，虽然没有近代西方代议民主制在分权制衡、采集民意等方面的诸多优点，但也同时避免了西方代议民主制下政党、财阀勾结操纵选举、党同伐异等流弊，确保了古典中国的稳定繁荣。

利玛窦举证两个明代著名案例来说明其观察：明神宗企图废长子常洛（光宗）被大臣谏阻而作罢和最宠信的大臣张居正遭群臣弹劾而被罢免。换言之，古典宪政秩序规定了天子世袭制，以确保全国政治的统一稳定，但与此同时，天子必须接受宪法约束和百官进谏，而天子以下的一切文武官员，即使像张居正那样柄政20年的阁老（相

---

❶ 利玛窦. 利玛窦中国札记[M]. 北京：中华书局，1983：49-53.

当于宰相），也必须接受官民上下的严格监督，遭众多大臣弹劾就会被罢免。明代官制之严谨、宪政秩序之严明，可见一斑。

四、从利玛窦到何炳棣：人口与资源的临界点

常言"当局者迷，旁观者清"。自利玛窦创立海外汉学以来，明清近代汉学家对古典中国的治理机制与近代独特困局的深入揭示，往往比中国近现代困于内忧外患等危急局面中的学者更为冷静客观，提出的改进建议也更合理。

在伟大著作《中国札记》对华夏古典政治的精确刻画中，利玛窦捕捉到了中华文明的许多核心机制与独特品质：

> 首先，如果我们停下来想一想，就会觉得非常值得注意的是，在这样一个几乎拥有无数人口和无限幅员的国家，而各种物产又极为丰富，虽然他们有装备精良的陆军和海军，很容易征服邻近的国家，但他们的皇上和人民却从未想过要发动侵略战争。他们很满足于自己已有的东西，没有征服的野心。在这方面，他们和欧洲人很不相同，欧洲人常常不满足自己的政府，并贪求别人所享有的东西。西方国家似乎被最高统治权的念头消耗得筋疲力尽，连老祖宗传给他们的东西都保持不住，而中国人却已经保持了达数千年之久。
>
> 标志着与西方一大差别而值得注意的另一重大事实是，他们全国都是由知识阶层即一般叫做哲学家的人来治理的。井然有序地管理整个国家的责任完全交付给他们来掌握。……所有高官任职都是三年……（每三年）进行一次严格的审查……以定升降和惩罚……对任何人都一视同仁。我自己亲眼看到，即使皇上也不敢更改这次公开调查的审查官们所作的决定。受到惩罚的绝不是少数或低级官员。在1607年举行的那次普查后，我们看到对四千名官员作出了判决；我说"看到"是因为所涉人员的名单被刊为单行本发行全国。[1]

明代严格完善的宪政治理制度与华夏文明的古典宪政秩序，不仅在《利玛窦中国札记》中被记录详备，更在钱穆《国史大纲》、孟森《明史讲义》、陈致平《中华通

---
[1] 利玛窦. 利玛窦中国札记[M]. 北京：中华书局，1983：58-61.

史·明卷》以及美国华裔学者何炳棣《明初以降人口及其相关问题：1368—1953》[1]等中外学者的一流研究中，获得证实。

何炳棣援引明代学者谢肇制在《五杂俎》卷四所言而予以"结论"道："从洪武元年（1368）明朝开国以来……二百四十年来，休养生息，民不知兵，生齿繁盛，盖亦从古未有之事。……如果一个时代的伟大是以人们休养生息的幅度来衡量的话，那么他认为明代超过以往所有的盛世——商、周、汉、唐。"[2]

何炳棣更在这一伟大"结论"的最后部分，援引清代学者汪士铎（1802—1889）对明清以来人口过快增长、造成中央与地方财政困难、百姓生计困窘的观察而推阐道：

> 根据汪氏的诊断，19世纪中国的痼疾，既不是治理不当，也不是国民缺乏创造力和勤奋努力，主要是来源于人口与经济资源间不成比例的增长。[3]

人口增长与资源紧张之间的密切关系，是全球现代化的第一大要义。明清农耕经济与社会规模，日益不能满足明清两朝的宪政治理（包括裁抑豪强、约束权贵、保护小农、永不加赋、摊丁入亩等经济-社会政策），其始料不及的结果是，明清人口的迅猛激增，使官府与民间财政、资源日益濒临崩溃。法国宪政哲学大师约瑟夫·德·迈斯特、英国政治经济学家罗伯特·马尔萨斯、中国的洪亮吉等人，都不约而同地发现了"人口、资源、经济与社会规模的临界点"，即逼近这一人口与经济资源"不成比例的增长与相对的紧张稀缺"之间的脆弱平衡所能承受的限度，社会变革必然发生。

这一农耕社会向工业社会的大转变，并非源于卢梭、康德等启蒙空想家提出的"以往政治制度、文明传统的野蛮、蒙昧"所致，而是迫切需要如约瑟夫·德·迈斯特与埃德蒙·柏克所合理主张的那样——在保持宗教信仰、文明传统、宪政秩序的基础上，予以温和渐进的改良，使膨胀的人口规模与经济、社会资源（包括生态资源）之间获得新的平衡。

将此论断与利玛窦《中国札记》第九章[4]对晚明社会弊病的批评加以对照，再对照当代发达、发展中、欠发达社会各种顽疾，就可清晰看出，明清体制这些流弊中的绝大部分，都是基于"人类的普遍弱点"而产生，这些永难清除的痼疾，譬如，从达官显贵到贫苦民众的诸多荒唐迷信、江湖术士的欺骗行径、大臣们的作威作福、皇族集团的骄奢淫逸、军队的腐败无用等，倘若在一个稳定有序的大一统宪政治理体制下，加以有效控制、整肃和缓解，就不会造成社稷倾覆、天下大乱、文明倒退、人口锐减

---

[1] 何炳棣. 明初以降人口及其相关问题1368—1953[M]. 北京：三联书店，2000.
[2] 何炳棣. 明初以降人口及其相关问题1368—1953[M]. 北京：三联书店，2000：308.
[3] 何炳棣. 明初以降人口及其相关问题1368—1953[M]. 北京：三联书店，2000：321-322.
[4] 利玛窦. 利玛窦中国札记[M]. 北京：中华书局，1983：87-99.

的危险局面。

从利玛窦到何炳棣,海外汉学家的一流研究,告诉了我们一个事实:庞大人口造成的财政压力,必须在一个强势管制的政府与稳定有序的大一统宪政治理体制下获得解决,动辄鼓吹实行激进变革,必将触发不可收拾的混乱局面。

读者将此审慎结论,与钱穆在《八十忆双亲·师友杂忆》中对清末古典中国的细腻刻画相对照,即可补充、修正何炳棣的结论:中华古典宪政机制基本合理,虽然遭受清统治者相当程度的破坏(譬如皇帝独揽军民治理大权、刻意推行致使全国官民噤若寒蝉的专制高压、文字狱横行等),造成全国宪政治理体制日益紊乱、腐败横行、社会普遍缺乏促进经济-文化创造力的治理机制,但民生困窘、财政困难,仍是明清两代直至现当代中国的主要社会矛盾。

因此,将炎黄、尧舜、周秦、汉唐直至明清的中华古典宪政秩序与制度体系,武断草率地误判、毁弃的清末民初各种激进的"全盘西化"论主张,其长期误导的后果,非但远不如"自强运动"(洋务派运动及其"中体西用"说)符合清末民初的基本国情,且难以取得实效,更无助于主要民生问题的解决,反而激化、蜕变成固有文明秩序内一切道德、法治与伦理秩序横遭摧毁与毁灭的不良后果。

直至1978年开始实行改革开放事业,中国社会的主要矛盾——明清以来500多年的积贫积弱、长期累积的人口与经济资源之间的巨大矛盾,也就是全国经济-社会资源上的贫困与精神遗产上的误导性空白(毛泽东所谓"一穷二白")问题,终于获得了强有力的缓解与合理有序的根本解决。

五、明清史料中的宪政制衡与民生问题

谁要想透彻了解明清以来的"中国问题",只要在春节前夕来到北京、上海、广州火车站、汽车站等交通枢纽,就会一目了然:全球最大的人类迁徙,就在每年腊月二十三至正月十五之间惊人展开,占全球人口六分之一以上的中国十数亿的人口,汇成惊人的洪流,中国人历尽千辛万苦,也要回到家乡,与父母亲朋度过一年之始的"春节"(古称元旦)

这就是令欧美近代化模式出现一系列失效的"中国问题"的实质——人口庞大基数上的激剧膨胀,使官府与民间社会始终财政困难,任何照搬、照抄西方有限人口规模上的文明经验的主张,都会带来难以逆料的经济-社会灾难!

1978年开始实行的改革开放事业,就是把明清以来500年之久的"中国问题"予以合理破解:第一,民主集中制,确保了中国的内外稳定与统一,确保了日益急迫的民生问题逐步获得合理而有序的解决;第二,引进西方工商科技经验创造了经济-社

会财富的巨大增长,与计划生育政策控制下较低的人口增长率匹配,促使明清以来长达500年的"国困民穷""一穷二白"问题获得根本扭转、改善与解决;第三,中国政府成功地化解了西方基于启蒙空想一再发出的、对包括生育权在内的诸多"人权"问题的无端指责,使广大人民不同程度地享受到了"改革红利"和"人口红利",这是政府合法性的重要基础;第四,中华民族的大一统凝聚精神,根源于悠久无疆的全社会协调一致的"儒家文明教化传统";第五,中华古典宪政的遗产——各阶层的自我约束与彼此制衡,被执政者一再以"现代语言"予以重申,在经济资源的配置与分配领域出现的严重不公,幸运地被整个经济-社会的长足进步所缓解、化解、解决。可以预期,中国改革开放事业的前途,必然是古典遗产与现代需求的有机结合。

根据《明史》卷一百八十一之列传第六十九、卷一百八十二之列传第七十的记载,明中期位居宰辅地位(称"内阁首辅大学士"等官衔)的名臣徐溥、邱浚、刘健、谢迁、李东阳、王鏊、刘忠、王恕、马文升、刘大夏等,与当时天子及其宦官、贵戚集团之间,处于明显的宪政制衡关系:天子决策,须经阁臣评议,才能施行,谓之"廷议";阁臣不复议,谓之"封驳",天子决策终难施行;各级"言官"随时弹劾百僚,常常到了苛细的程度;这些明代宪政制衡与严督官吏的运行状况,表明《利玛窦中国札记》所言不虚——尽管明初朱元璋废宰相、建内阁,造成古典宪政的相当程度的废弛、紊乱,但汉唐文明设立的三公九卿制、三省六部制与天子贵幸集团的彼此制衡的宪政机制依然存在❶。

而在丁昶所著清代名家传记《袁枚》中,著名文坛盟主、地方政绩斐然的袁枚(字子才,号简斋、存斋、随园老人或仓山叟,1716—1798年)历经康雍乾三朝"盛世",却一生沉郁下僚,四十岁即萌生退隐之意,多次拒绝出任官职,根本原因在于"避席畏闻文字狱"(龚自珍诗),乾隆朝文字狱超逾历代,满族权贵集团骄纵不法,使中华古典宪政的大多数制度,都荡然无存,在国困民穷、内外催逼的不利情形下,满族权贵依然专断、屠戮,其灭亡也就指日可待了❷。

六、重新认识中华古典文明的精髓

作为洞烛幽隐的伟大哲人,利玛窦凭一流的观察力和钻研精神,将中华文明的精神遗产之神髓一一揭示:

在欧洲已知的所有异教教派中,我不知道有什么民族在其古代早期比中

---

❶ 参见 明史(第四册)[M].长沙:岳麓书社,1996:2613-2641.
❷ 参见 丁昶.袁枚("第五章:宦海归来"和"第六章:移家随园")[M].南京:江苏古籍出版社,1996.

国人犯更少错误了。从他们历史一开始，他们的书面上就记载着他们承认和崇拜的一位最高的神，他们称之为天帝，或加以其他尊号，表明他既管天也管地。看来古代中国人把天地看成是有生灵的东西，并把它们共同的灵魂当作一位最高的神来崇拜。他们还把山河以及大地四方的各种神都当作至高无上神的臣属而加以崇拜。他们还教导说，理性之光来自上天，人的一切活动都须听从理性的命令。

人们可以满怀信心地希望，由于上帝的慈悲，很多古代中国人借助于他们必然有过的那种特别帮助，已在自然法则中找到了得救……这一点是完全可以从他们四千多年的历史中断定的，他们的历史就是他们代表国家谋公共福利所做的无数善行的记录。从他们古代哲学家的那些罕见的智慧著作中也可以得出同样结论。这些书仍然存在，上面满都是训导人们要有德行的最有益的忠告。在这方面，他们完全可以和我们自己最杰出的哲学家相匹敌。

中国人以儒教治国，有着大量的文献，远比其他教派更为著名。就个人来说，中国人并不选择这一教派，他们毋宁是在研究学问时吸收它的教义。……孔庙实际是儒教上层文人唯一的庙宇。法律规定在每座城市并且是文化中心的地点，都建造一座中国哲学家之王的庙宇。这种庙修得十分华美，与它相邻的就是……学宫。庙中最突出的地位供奉着孔子塑像……儒家这一教派的最终目的和总的意图是国内的太平和秩序。他们也期待家庭的经济安全和个人的道德修养。他们所阐述的箴言确实都是指导人们达到这些目的的，完全符合良心的光明与基督教的真理。他们利用五对不同的组合来构成人与人的全部关系，即父子、夫妇、主仆、兄弟以及朋友。……他们十分重视子女尊敬和顺从父母，奴仆对主人忠诚，青年效忠长辈。这一点确实引人注目。因为他们既不禁止也不规定人们对于来世应该信仰什么，所以属于这一社会等级的很多人都把另两种教派和他们自己的教派合而为一。……儒家不承认自己属于一个教派，他们宣称他们这个阶层或社会集团倒更是一个学术团体，为了恰当治理国家和国家的普遍利益而组织起来的。❶

中华文明的公共信仰体系（道统），就在于礼敬那蕴含在自然-人文环境中的、天地人宇宙大一统生命（道），这一伟大崇高的宇宙哲学体系，自伏羲创立《河图易经》宇宙图式以来，使中华民族摆脱了一切独断论的宗教体系、哲学体系的长期困扰，犹如磐石一样，稳稳托住中华民族的心灵，使之摆脱一切无谓的困惑、空想以及长期摧残人类文明的各种宗教-种族战争等所有恐怖主义根源，将全部文明精力，灌注于世

---

❶ 利玛窦. 利玛窦中国札记[M]. 北京：中华书局，1983：99-105.

俗事业和对自然人文环境的珍惜、养护上。

这一伟大道统，西方直到现、当代，出现了一批生命哲学大师叔本华、尼采、柏格森和生存现象学哲学大师海德格尔等人，经过他们极其艰苦的努力，才从东方生命智慧和希腊经典智慧的深处，逐步领悟、洞悉并诠释出来，而中华文明早在"九皇六十四民"的旧石器时代晚期和新石器时代早期，就已经从渔猎采集和农耕事业中最早予以原始颖悟了。

利玛窦宣称"在古代早期，中国人犯错误最少"，与"民国七贤"之一的梁漱溟先生在《中国文化要义》提出的"中国人理性早熟"之说，300年间若合符节；更与2014年初春时节，我在每个清早、午后、晚间锻炼、散步时，观察到的中国百姓一样，深刻领悟、洞悉了这一终极性的真理：宇宙是大一统生命体；大自然就是真理；就是道德之本体、源泉、根基；每个人的"理性之光"惟在贴近自然生命时才焕发出来，而日常生活却往往沉溺于宇宙假象（物质之流）的泥潭中！圣贤教诲荟萃于这句名言："物来顺应，廓然大公"（梁漱溟语），即任凭一切假象（物）瞬息冲激而泰然自若，与之伴随起舞，不顶礼膜拜之（西方近代工商文明流于此弊），清风明月瞬息而来，人生恒久，广大寥廓而自由也！

细细研读利玛窦的第一手观察，更可领悟中华文明在远古时代一劳永逸地解决"形而上"哲学-神学困扰（道统）之后，全副精力都投入到公共教化体系（学统）和公共治理、服务体系（政统）的缔造、建树、完善上，用利玛窦的话讲就是"从自然法则中得救"后，中国人全部精力，用于建树其文明生活的两大传播秩序（仁义礼智信的礼教传播体系和天地君亲师的宪政治理体系）的建构、完备、贯彻上，儒家思想就是这古典宪政秩序的宪法源泉和绝对权威，而《诗》《书》《礼》《乐》《易》《春秋》等经典文献，就是将全民族缔造为长期和谐有序、稳定繁荣的命运共同体的最大价值和制度保障！

特别值得注意的是，利玛窦提到："大约五个世纪前开始流传的那种崇拜偶像的教派。这种教义肯定整个宇宙是由一种共同的物质所构成的，宇宙的创造者好像是有一个连续体的……他们根据物质的这种统一性而推论各个组成部分都应当团结相爱，而且人还可以变得和上帝一样……他们现在的全部哲学都是有负于那些古代哲学家的。"❶

有理由相信，利玛窦所说的距晚明约5世纪时开始流传的"新哲学流派"，就是北宋时创立的所谓"新儒家"，即杂糅了佛教、道教因素和《河图易经》象数学而成，强调"理""气"等哲学概念的程朱理学和陆王心学等新儒学流派。

这派新儒家哲学，一定程度上忽略了原始儒家"通经致用"的宗旨，在空洞的哲学概念和自我内在修持的功夫上用力过多，逐步蜕变为程朱理学的"存天理灭人欲"等僵化之说，触发清初学界对新儒学"空疏无用"的过度批评以及顾炎武"经学即理

---

❶ 利玛窦. 利玛窦中国札记[M]. 北京：中华书局，1983：102.

学"等考据学的偏颇实证主张。

而今，拨乱反正，我们确信：孔子所荟萃、提炼，以炎黄尧舜时代的古典宪政秩序和夏商周、汉唐宋明文明为宪政制度依托的"原始儒家"精神，才是重铸国运、重塑国魂、缔造中华大一统价值与吸纳西方经验的伟大而合理的智慧！

下篇　大一统文明之路

第三十章　中国照亮世界

中国如何自立于世界民族之林？在列强窥伺、虎视眈眈的国际格局下，中国如何自处、自明？在内外环境的巨大挑战与风险中，中国如何自强不息？一个国家、一个民族的内在持久力量（软实力和硬实力）的本源在哪里？

概要而言，中国之道是什么？

这些巨大而紧迫的战略挑战，呼唤着中国人的大智慧，呼唤政、商、学、传媒等各界精英，奋起应战、振国兴邦！

一、文明传播大智慧的三个层次

人类在过往数千年的文明创造活动中，积累了丰富、渊深、博大的生存智慧，即大智慧，其在不同的社会文化背景中各自成熟，因而构成三个不同的等级与层次。

第一等级的文明传播大智慧，作为上上之选，是直接从天地人大一统的生命运行秩序中，汲取道德、理性、精神，用以缔造、建构、完善其文明体系的大智慧，这些直接从苍天大自然中"萃取"出来的生命大智慧（道），由于未经人类情感与意志的夸诞、幻想、变形，保有道德理性的足够的分寸感、秩序感、合理性，呈现为贴近人生实际、天地自然的清醒、反思与自我约束，堪称"道德理性"的典范，用来指导人生实践-社会实践-生态实践，总能取得繁荣稳定的文明成就，这一大智慧的代表性体系，就是中华古典文明。

第二等级的大智慧，作为中上之选，是以厌弃、否定世俗生活为主流趋向的、以宗教精神为核心的智慧，由于深刻洞察人类情感与意志的虚妄不实，宗教家们转而将人类情感与意志，引向幻想的诗意层次，即从超自然的神灵崇拜中，间接地汲取、领悟生存的智慧，反过来，再用以指导世俗的人生-社会实践活动，这一智慧形态的优点，是对人类飘忽情感与意志的约束，缺点是容易形成教派纷争，引发因种族、信仰分歧而爆发的惨烈战争、各种迫害与禁忌，这一智慧形态的代表体系，是东西方各主要文明——自苏美尔阿卡德文明以来，埃及、印度、波斯、希腊、马其顿、罗马直至欧洲中世纪，直至梵蒂冈教廷——建构根本秩序的惯常形态，今天世界各大宗教文明均为代表。

第三等级的大智慧，作为中下之选，是近代以来以世俗扩张、实用精神为核心的欧美文明，即以产品和服务，无限度地满足和刺激人类同样以几何形态加速度地增长、膨胀的物质欲望、生理-心理等情欲需求，这一工具理性的优点，是破除欧洲中世纪以来的宗教禁忌，缺点是满足与需求交互刺激的增长模式，极大地摧残了大自然自我安足的全球生态系统，使人类文明岌岌可危；同时，也极大地摧残了人类自我安足的生命状态。工具理性的智慧，具有热烈迷人的外貌，用以指导人生-社会实践，具有"开放社会"物质充裕与精神自由的巨大优势，以近现代西方文明为代表体系。

三大智慧等级和精神核心，其分别主导下的中国古典文明、各宗教文明以及欧美世俗文明，虽价值并非均等、齐一，但均有不可替代的巨大价值，缺一不可。

中华古典智慧、宗教智慧、欧美世俗智慧，三大体系之间相互补充、相辅而成，其道德人文理性、宗教神秘理性、世俗工具理性，各有优长，合称"文明大智慧"。

其中，中华古典大一统道德智慧，"直接"萃取于天地人宇宙大一统秩序中的道德精华，擅长于建构天地人和谐的大一统秩序；佛老耶回诸圣教人文主义，围绕诸伟大创教者（佛陀、耶稣等）的瑰伟人格，虚拟出超自然的神力、神迹，借以规范天、地、人的道德秩序，"间接"萃取于天地万物内蕴的道德秩序，擅长于建构约束人类狂暴情欲和贪婪物欲的宗教规范体系；发端于近代西方的、自我张扬其权利的启蒙-世俗-实用-工具形态的人文主义，直接萃取于人类经验现实（物理现象与心理现象）的自由扩展，发展出能够极大满足人类情欲等物质需求、人类"主宰""掌控"自身事务的文明形式，当代全球发展工商科技事业的"开放社会"体系，即拜其所赐；但同时，近代西方文明，由于错误草率地判定人类以往文明经验和宪政遗产（包括中华古典宪政体系和诸圣教人文主义的宪政体系）是"落后、愚昧、僵化、黑暗的"历史陈迹，进而予以全盘摒弃，在工商科技事业的无节制发展、膨胀与扩张中，罔顾宇宙天地的道德秩序（自然生态系统的自组织-自平衡）和人类自我约束情欲物欲的古老道德教诲，因而引领着全球文明，深深陷入生态、经济、社会、人文四大系统的崩溃性危机中。

如今，深入反思启蒙主流思想，即卢梭、康德、笛卡尔等启蒙主义乌托邦一派思想的主要失误，即在于：因为愤慨于欧洲天主教会的僵化、腐败，误以为一切宗教理性、古典文明都是有害的、都妨害了人的理性发挥、自由解放，因此，法国大革命、俄国革命等激进思潮，常有打砸抢烧等荒唐事件发生，更经常激化为迫害、屠杀一切异议人士和大批无辜者的"恐怖主义"。

如今，人们斟酌损益、积极探索，把道德、宗教、世俗三大智慧体系，予以协调的全球新文明，从大一统中国智慧、东西方宗教智慧和欧美世俗智慧中，精心培育出来！

二、欧洲自由思想对孔子智慧的发现

笔者的论文《中国照亮世界》（在2009年11月5日"中外文化中的共同价值观"研讨会上发表）指出中国儒家思想是促使欧洲文艺复兴和启蒙运动发生的文明动力，朱谦之先生最早在《中国哲学对近代欧洲的影响》中揭示了这一点。

读翻译家范存忠先生（1903—1987）的专著《中国文化在启蒙时期的英国》[1]，再次印证了这一长期以来被忽略、遮蔽、掩盖的惊人结论：儒家人文主义思想，既是古典中国的精神核心，也是近代全球文明的启蒙者、照亮者。

《中国文化在启蒙时期的英国》用大量史料和分析，揭示了中华文明的人文主义特质，如何深刻影响了英国、法国等欧洲近代先进国家的政治、文化、艺术、风俗等诸多方面，进而推动了欧洲启蒙运动、自由思想的风起云涌。

进一步阅读史料发现，法国哲学大师、散文大师蒙田（1533—1592）在晚年阅读了西班牙教士门多萨出版于1584年的名著《中华大帝国风物史》（《大中华帝国史》），遂在1588—1592年间的《论经验》中，对中国的政治制度表示钦佩。而在1590年的澳门，三位葡萄牙人用拉丁文出版了《绝妙论著》，对中国大量人口妥善分布于城乡、土地的肥沃、物产的丰富、科技的发达、政治宗教道德制度的考究完善等，大为欣赏。

到了1621年，英国出版了学者罗伯特·伯顿的名著《忧郁症的解剖》，书中三十多处都提到中国人勤劳整洁、彬彬有礼，良好的政府治理以及选拔人才的科举制度："他们从哲学家和博士中选拔官员……显贵来自事业上的成就，而不是由于出身……他们的老爷、高官、学生、硕士以及由于德才而升上来的人——只有这些人才是显贵，也就是被认为可以治理国家的人。"[2]

自马可波罗中国游记发表以来，中国被欧洲人视为传奇性的国家；到了17世纪后半叶，由于多种确实可靠的报道与研究，中国被塑造为一个富有智慧的国家。

1687年，是中西文明交流史上最富于纪念意义的一年：法国教士柏应理，将利玛窦等人翻译的四书在巴黎出版，题名为《中国哲学家孔子》（Confucius, Sinarum Philosophus），立刻在欧洲引起轰动，各种译本极多。

1688年6月巴黎的《学术报》登载柏尼埃的文章说：

---

[1] 范存忠. 中国文化在启蒙时期的英国[M]. 南京：译林出版社，2010.
[2] 范存忠. 中国文化在启蒙时期的英国[M]. 南京：译林出版社，2010：8-10.

> 中国人在德行、智慧、谨慎、信义、诚笃、忠实、虔诚、慈爱、亲善、正直、礼貌、庄重、谦逊及顺从天道诸方面，为其他民族所不及，你看了总会感到兴奋，他们依靠的只是大自然之光，你对他们还能有更多的要求吗？❶

由于耶稣会教士们对孔子学说系统、深入的翻译、介绍、研究，整个欧洲到处听到称颂中华文明的声音。

约翰·奥格尔比（Ogiby）在1688年翻译的《中国史新编》译者序言中，引用马加利亚内斯（Magalhanes）的话说："中国这个国家，这样巨大，这样富饶，土地这样肥沃，气候这样温和，人口之多几至不可胜数，而他们的制造工业和治国之道又如此突出，所以我们可以老实地说……这个题目（出版有关中国的书）真是够大了……需要动用最有才能和最有见识的作家。"❷

英国政治家、散文家威廉·坦普尔（William Temple，1628—1699年）在《政府的起源及其性质》（Essay upon the Original and Nature of Government，1671年）和《英雄德性论》（Of Heroic Virtue，1683）里，对孔子的德治主张，表现出高度的激赏与深入透彻的理解："政府的管理形式多种多样，但是其间差别远不及政府管理人员的品格来得伟大。"

他概括孔子的治国之道是："没有好的政府，百姓就不能安居乐业；而没有好的百姓，政府也不会使人满意。所以，为了人类的幸福，从王公贵族到最微贱的农夫，凡属国民，都应当端正思想、听取劝告、遵从法令、努力为善，发展自己的智慧与德性。"❸他非常推崇孔子极其杰出的天才、高超的品性和词句典雅、巧譬善喻的文风。

在《讨论古今学术》（On Ancient and Modern Learnning）中，他形容中国如同一个"伟大的湖泊或蓄水池，是知识的总汇"，他比较希腊和中国说："希腊人注重个人或家庭的幸福；至于中国人，则注重国家的康泰。"❹威廉·坦普尔有《文集》（1770年）多卷问世，贤明睿智的威廉·坦普尔爵士，深深掌握了孔子治国、治人智慧的核心。

可惜僵化的欧洲天主教会，对此不加研究，就武断行事，在17世纪末屡屡挑起"中国人事件"：利玛窦来华，对中国固有风俗之祭祀孔子和崇拜祖先，善加容忍、疏通，且学行深湛，受中国朝野尊敬。不料，罗马教廷1704年明令禁止中国教徒祭祀孔子和祖先，引发朝野不快乃至中西冲突。

---

❶ 范存忠. 中国文化在启蒙时期的英国[M]. 南京：译林出版社，2010：12.
❷ 范存忠. 中国文化在启蒙时期的英国[M]. 南京：译林出版社，2010：13, 23.
❸ 范存忠. 中国文化在启蒙时期的英国[M]. 南京：译林出版社，2010：16-17.
❹ 范存忠. 中国文化在启蒙时期的英国[M]. 南京：译林出版社，2010：17-18.

法国耶稣会士李明（Louis le Comte）受法王路易十四派遣，于1688年来华，归国撰成《中国现状新志》（1696）和《论中国礼仪书》（1700），备受欧洲瞩目。

李明指出，中国人的宗教信仰与西方信仰如出一源，其原始时代的信仰，完好保存在儒家学说中。孔子信天道，不信偶像，与基督教无大出入，虽然形式上属于另一系统。

中国儒生所信奉的，就是这些简单朴素的真理，与大众被和尚、道士糟蹋了的偶像崇拜不同。巴黎神学院和教会当局对此观点大为光火，竟然下令予以查禁。

孔子具有"自然神学"（deism）色彩的精辟言论，如"天何言哉"等名言，成为17、18世纪一大批自然神论者的思想解放利器。休谟在《论迷信与宗教狂热》中宣称："孔子的门徒，是天地间最纯正的自然神论的信徒。"

思想史家称这一瓦解天主教思想禁锢、告诉欧洲人基督教信仰以外的生活方式、信仰方式的存在，进而获得对人类历史的正确认识和人生基本问题——信仰问题的合理解决的观点，叫"来自中国人的议论"❶。

自然神论，兴起于启蒙早期，即17、18世纪的英法等国，这批思想家常常自称或被称为"自由思想者"（free-thinkers），代表人物有安东尼·柯林斯（1676—1729）、马修·廷德尔（1657—1733）、切沃利·兰塞姆、亨利·圣约翰（博林布鲁克子爵，1678—1751）、伏尔泰、莱布尼茨等，对近代启蒙运动有着重大而深远的影响。

1731年，马修·廷德尔发表《基督教探源》（Christianity as Old as the Creation），又名《圣经原是自然法则的翻版》，宣称："我不认为孔子和耶稣基督教的格言有何差异，我甚至认为：前者简单朴素的语录，可以帮助我们阐明后者比较晦涩的指示。"❷

英国著名军事家、外交家亨利·圣约翰，即博林布鲁克子爵，在1714年写给英国大文豪斯威夫特的信中说："孔孟之道含三部分：（1）个人对自己的责任；（2）个人对家庭的责任；（3）个人对国家的责任。"

妙矣哉！我读遍近代论著，除"民国七贤"等大师外，未有如此简洁明白地说清孔子学说的伟大、简朴、深邃——人对自己、对家庭、对国家的责任，就是孔子所谓"仁"和"义"的神髓所在。孔子告诉古今一切人类：孤独一人，无法自存、自足，唯善待别人，才能赢得别人善待；唯帮助别人，也就是帮助了自己；这是人生、社会的铁律，也是宇宙自然的大道（天命，笔者所谓"天地人大一统"者）！

博林布鲁克子爵恰当地概括、总结说：古代中国的帝王要亲自示范种田，后妃要亲自养蚕，用流汗的收获，来祭祀上帝。中国人信仰"自然的道理"（order of nature），一切后起的私人道德和公共政策，都由此推导、设立出来。

孔子的天道信仰，没有任何晦涩难明的启示，天就是自然，天道就是自然的法则、道理，因此，"生活的大原则是，理性应当统率情欲；而按照这个道理行事，就是

---

❶ 范存忠. 中国文化在启蒙时期的英国[M]. 南京：译林出版社，2010：25-31.
❷ 范存忠. 中国文化在启蒙时期的英国[M]. 南京：译林出版社，2010：32.

沿着生活的康庄大道前进"❶。

伟哉！英国近代早期的一位军事家、外交家，其远见卓识，竟然超过两百年后的某些中国舆论领袖、知识领袖，不知凡几！他竟明白：生活的康庄大道，即孔子仁爱之道！

约当1714—1718年间，伏尔泰还是20多岁的青年，就在法国与博氏订交，而在1726—1728年间，伏尔泰流亡英国，与子爵过从甚密，全面接受了其"自由思想"。

伏尔泰仔细研究中华文明，称道教、佛教是满足一般大众精神需求的"粗粮"，而孔子学说，则是中国精英阶层（儒生）的信仰与道德基础，是"细粮""精品"。

在《哲学辞典》"中国"条目下，伏尔泰说："我认识一个哲学家，他的书斋里只挂孔子像，画像下有这么几行诗：

> 他探索思想，一点也不狂妄。
> 且为人类，揭示那理性之光：
> 他是作为哲人而立言，不是先知；
> 但也怪，他的国家奉其为祖师。❷

伏尔泰诗歌所吟咏的，是孔子思想的两个方面：一方面，他揭示了孔子思想的实质——孔子"为人类，揭示理性之光"；另一方面，他也揭示了孔子在古典中国的广泛而深入的社会影响——孔子以哲人立言，不是宗教先知，但是，自古至今，性喜崇拜偶像的大众，总是把孔子打扮成宗教"祖师"，还把儒家智慧奉为"国教"，殊为可笑复可悯：孔子是文明智慧的最高层次，无端被降格了！

三、孟德斯鸠的失误与一则公案的初步破解

孟德斯鸠《论法的精神》（《法意》），根据不实报道，偏听偏信、以讹传讹，做出了"中国乃专制政体"的重大误判，当时遭到伏尔泰等一大批启蒙思想家的批驳，但却流入中国维新知识界和舆论界，造成中西交流、传播史上一大"冤假错案"。

有关这一公案的思想舆论背景，请参考本书最后一章。

简单经过如下：1740年，乔治·安逊（George Anson）所率远洋船队，开始了环球航行，其主舰"百总"（Centurion）号于1742年11月13日，抵达澳门，此时英国正与西班牙交战，百总号潜伏在南中国海的菲律宾群岛海域，与一艘西班牙大船作战，截获了大量物资和500多名俘虏。

---

❶ 范存忠.中国文化在启蒙时期的英国[M].南京：译林出版社，2010：36-38.
❷ 范存忠.中国文化在启蒙时期的英国[M].南京：译林出版社，2010：41-44.

志得意满的安逊船长，要求澳门当地官员整修船只、供应粮食，却不按照当时惯例向中方提供贡品。几经交涉，中方满足了英船的要求，那500多俘虏被移交广州总督处理。英船1743年12月15日离开澳门。1744年安逊回到英国，向海军部报告航行经过，说中国总督接待他很有礼貌。

不料，安逊部下有四人发表航行经历，其中一人，名理查德·华尔德（Richard Walter）在谈到澳门交涉时，由港口官员的"办事拖拉"一直胡扯到"中国的美术工艺极其生硬，语言文字极其笨拙，政府官员软弱贪婪，人际关系装腔作势，民众性格麻木不仁"等，其恶意攻击的言论，被几家杂志辗转评论，耶稣会士们靠长期居住和深入研究得出的众多积极评价，被这篇以偏概全的负面评价遮蔽住了。

历史的不幸在于，安逊部下华尔德所著的航行记，于1748年出版后，竟然不胫而走，两年内就有了两种法译本、一种德译本，到1756年，七年间该书英文原版就被翻印了九次之多，可见其在欧洲流行、传播之广。

中国学者、诗坛盟主袁枚曾在《记富察中丞四事》一文中，叙"百总"号与广州当局的交涉经过，完全可以纠正华尔德等人的一面之辞、草率评价，完全可以洗清这一小段历史"沉冤"。❶

历史的更大不幸，却在偶然性中，如霉菌般发酵了：该书在法国的传播，激起了孟德斯鸠、卢梭等启蒙激进思想家的错误共鸣。孟德斯鸠据此在《论法的精神》（1748）中，将中国政体误判为"专制-恐怖政体"；卢梭在《论科学与艺术》（1749）中据此片面观察，推导出"科学、艺术在历史上只起消极作用，中国科学艺术昌盛，所以才抵挡不住鞑靼人的入侵"等错误结论。博物学家布封也随声附和，把中国人描绘为柔弱懒惰、注重繁文缛节。

浊流之中，伏尔泰并没有被迷惑。

他在名著《风俗论》中，批驳安逊、华尔德、孟德斯鸠、卢梭等人说：光在一个港口，看到一些人和事，怎么就可以对一个伟大的国家放言高论呢？

他进而从中国的历史、风俗、艺术、科学、宗教、政治等诸多方面，论析中华文明的优点，尤其突出中国知识界、学术界和统治中国的帝王、卿相们，将对天道自然的理性崇拜与孔子学说结合，树立了中国人的崇高信仰。

正是这一信仰（自然宗教）确保了中国"从来没有受到各种邪说暴行的破坏，中华帝国也从来没有出现过欧洲那样连绵不断的宗教战争"。正因为这样，中国古典文明，比世界上很多奉行宗教蒙昧主义的文明，要高出一等！

可惜，伏尔泰的孤见之明，未能阻止被伏尔泰专门批驳的启蒙空想家孟德斯鸠的《论法的精神》，在华广泛传播，更未能阻止卢梭的启蒙空想"社会契约说"、自相矛盾的"科学艺术有害论"等，一再大行其道。

伏尔泰为了驳斥卢梭《论科学与艺术》的偏颇，专门创作了根据元杂剧《赵

---

❶ 范存忠. 中国文化在启蒙时期的英国[M]. 南京.南京人民出版社，2010：57-59、63-64.

氏孤儿》改编的《中国孤儿》，以伸张"文明终将战胜野蛮"这一文明传播的黄金律条[1]。

四、重建文明自信：朱谦之、范希衡、范存忠的伟大志业

无独有偶。自民国乃至当代，除"民国七贤"的光辉论著外，朱谦之、范存忠、范希衡等学贯中西的宗师、巨匠，饱含"温情与敬意"地论证了近代西方对中国古典文明的大肆采借、镜鉴，可惜这些观点，被人为埋没了很久。

民国学术宗师朱谦之先生的巨著《中国哲学对近代欧洲的影响》（商务印书馆，1940）、著名翻译家范存忠先生的专著《中国文化在启蒙时期的英国》（译林出版社，2010）和著名翻译家范希衡的遗著《赵氏孤儿与中国孤儿》（上海古籍出版社，2010），都一脉相承地揭示出古典中国所具有的"现代意义"。朱谦之、范存忠、范希衡三位先生的光辉巨著，在中西思想史、学术史和文明传播史上，堪称洪钟大吕、振聋发聩，至今交相辉映，难以企及。

从三位大师的学术志业、生平遭际，颇能了悟"中国人重建对自身文明的伟大自信心"之艰苦卓绝：

朱谦之先生（1890—1972年）的代表作《中国哲学对欧洲的影响》自1940年在商务印书馆首次出版以来，谦之先生又对该书反复修订，前后长达40年之久。抗日战争期间，谦之先生只携此稿避难，看得比生命还宝贵！1958年，谦之先生将书稿交商务印书馆，希望予以再版；1962年，几经周折，终于排出铅样，不料终因种种原因，巨著被剥夺出版权利。1972年，先生弥留之际，仍对此书不能出版耿耿于怀，乃至落泪而不能瞑目![2]

范希衡先生（1906—1971年）的遭遇，也是现代中国学术思想不能正常发育、难以成熟的深刻的历史镜鉴。

范任，字希衡，笔名任典、知人、范行，1906年10月出生于安徽桐城县西乡小枫树村一个私塾先生兼中医医生家庭，他四五岁就能即席吟诗、作对、作文，人称"神童"。自幼随父修习四书五经，后随父赴任湖南《公言报》而就读长沙养中中学、安徽安庆六邑中学。

他1922年考入上海震旦大学法文特别班，后入本科一二年级，1925年因参加五卅运动而被开除，逃往北平。同年考入北大法文系插班三年级，1927年毕业，就任中法大学孔德学院法文讲师，1929年获庚子赔款奖学金赴比利时鲁汶大学攻读拉丁文学，1931年以最优等成绩获硕士学位，1932年以优等通过博士论文《伏尔泰与纪君祥——

---

[1] 范希衡. 赵氏孤儿与中国孤儿[M]. 上海：上海古籍出版社，2010.
[2] 朱谦之. 中国哲学对欧洲的影响[M]. 上海：上海人民出版社，2006：7.

对〈中国孤儿〉之研究》，获拉丁语言学与拉丁文学双博士学位。1932年归国，先后就任中法大学、震旦大学法文教授，有大量译著、专著问世。1952年院系调整至南京大学外语系任教。

范希衡先生遗著《赵氏孤儿与中国孤儿》，对元杂剧《赵氏孤儿》与伏尔泰名剧《中国孤儿》进行深入透彻的比较研究，揭示出17、18世纪欧洲"中国热"思潮中，著名启蒙思想家伏尔泰与卢梭之间进行的，对"科学艺术是否促进人类道德进步"这一重大文明传播学、文明传播史课题的观点交锋、思想实质，作出了里程碑式的历史评判。

三人之中，唯有范存忠先生（1903—1987年）的生活，比较平静、顺利：范存忠，字雪桥、雪樵，上海崇明人，留学美国，1931年以英文论文《中国文化对十七、十八世纪英国的影响》获得哈佛博士学位，回国任教。1958年被任命为南京大学校长；多次当选为民盟中央委员、全国人大代表、南京市政协副主席等职。他把哈佛博士论文修订再版为《中国文化在启蒙时期的英国》一书，荣获第六届中国图书奖和1995年国家教委评选的全国高校人文社科成果一等奖。

五、清明广大的道德理性：伏尔泰的中国观

法国18世纪启蒙思想家、"法兰西思想之王"伏尔泰的《风俗论》《中国孤儿》等作品，使笔者对启蒙主义思想中清明理性一派，而不是卢梭、康德那种浪漫乌托邦一派的智慧，产生了浓厚的研读兴趣与吸纳、借鉴的考量。

法兰西学院院士勒内·波莫在1955年出版、1989和1994年一版再版的传记作品《伏尔泰》中，认为他非凡的智慧和犀利的文风，如同一种革命性的笑，"远比卢梭的哭声破坏性更大"。因为伏尔泰用轻松的滑稽，崩解了欧洲天主教会与集权国家的种种荒诞、压抑。

在2010年的译本《伏尔泰》中，伏尔泰的著名小说《查第格》里的一个插图场景，传达出查第格与天使之间的有趣对话：天使们，总以欧洲大陆另一哲学大师——莱布尼茨哲学"普遍的、预定的和谐"来解释万物，而查第格总是以"但是……"举出反例来戳破天使的迷梦。

现藏巴黎国家图书馆的1778年版《查第格》精美插图中，张开翅膀、飘飘欲飞的天使，一个健美的少年，正向人间的少年查第格伸出手指，指着查第格身后的大地，似乎暗示着天人之间的不可逾越的距离。

或许，宇宙太空被普遍的、预定的和谐所支配，但人间的种种偶然、不幸，却不是天使所能解释和照管的，如果硬说人间秩序也是"普遍的、预定的和谐"，那就无异

于"为一切涂脂抹粉"（伏尔泰对莱布尼茨的讥讽）了！

伏尔泰主张人应当克制自己的情感冲动，他认为本能是靠不住的。他的不任凭自己随波逐流的意志力，贯穿于全部作品与生活。伏尔泰认为古今最好政体，是开明专制政体，即精英民主体制，因为"下层人民都是没有思想的人"，极易受到极端情感和冲动的支配："庸人在所有国家都是些残忍的人"，他坚信"很少有人可以自己管理自己"，因此成为支持"开明专制"的著名人物，欧洲改革派君主对他优礼有加。

他的历史哲学也是认为"时代精神或民族精神"总是"由那些支配多数人的少数精英来体现，并由精英来发扬和驾驭"。他虽然赞赏希腊雅典和日内瓦共和国的全民民主治理，但认为"那只适合一个很小很小的城邦或国家"，而幅员辽阔的文明国家，无不实行君主专制等开明专制制度。

在《哲学辞典》的相关重要词条里，他承认，平等是天赋人权，但为了维护社会秩序，不平等也是必需的。他在《施肥》中坚持认为：老百姓的孩子根本不需要受教育，因为一旦学会读书写字，他们就会抛弃艰苦的农业劳作，成了耍笔杆子的废物，而大量土地却荒芜了，人们涌向大城市居住，极大增加了城市生活的各种成本。

他认为文明的典范，是中国的皇帝、大臣，每年定期地示范如何耕作土地，以鼓励农耕、扶本抑末。

伏尔泰为开明君主编织智慧花冠，亚历山大、凯撒、亨利四世、路易十四、腓特烈二世、彼得大帝、叶卡捷琳娜二世等开明专制政策受到赞美，因为他们维系了传统，保留了历史。《伏尔泰》作者勒内·波莫，结合伏尔泰所处的历史阶段评论说："在18世纪，开明专制是惟一的进步政治。"

伏尔泰的精英主义观点，体现在这一著名格言中："我有自己的果园和葡萄园，还有我自己。"拥有个人财产与自由，靠平等机会上的个人奋斗，欧美"开放社会"积累了丰富经验；而拥有"我自己"则更难，这需要财产与自由之上的深厚教养、道德意志力与优雅品位，中国古典文明、东西方宗教智慧，是这一教养、意志和品位的源泉。

作为资本家，他把从日内瓦逃来避难的钟表匠安置在自己庄园生产钟表，然后利用自己在上层社会的各种关系，把钟表推销到凡尔赛及其他地方，获得丰厚利润。

他和孟德斯鸠一样，慷慨激昂地谴责奴隶贸易和北美种植园，自己却拥有从事奴隶贸易的印度公司的股份，而孟德斯鸠则是印度公司的股东之一。（难怪孟德斯鸠对清王朝以及中华古典文明肆意攻击，原来他是企图打开中国市场而屡遭败绩的印度公司的股东之一！）

伏尔泰的性格，是多种矛盾的统一体，他生来多病，因此认为"健康的体魄与病魔缠身都会让我们具有哲学思想"，来自身体内部的威胁让他急于享受、急于生活，他对"五脏六腑空空荡荡"的感受体会很深，他深刻地洞察到：灵魂不过是一个空洞的名词而已，决不会是笛卡尔所声称的那种无时不在的清醒理智，而是伴随身体状况而闪烁不定、随时熄灭的东西。

伏尔泰的清明理性，体现在他对人性固有局限的深刻认识上。在《哲学辞典》里，他添加了"人类思想的局限"这一词条：人被赋予思想是为了谋求生存的行动，而不是为了认识上帝的奥秘、物质的属性或生命的意义。

他也因此成为欧洲著名的"自然神论"思想的支持者。他承认，上帝的存在、启示，能填补理智的缺憾，满足情感的需求。在可知世界之外，还存在着上帝、神灵。

伏尔泰教诲说：别忘了你是一粒灰尘，你要脚踏实地地生活，首先是生存，然后是享乐。

随着寒来暑往，这种满足本能的活动就创造了文明；人被赋予了比例大得惊人的思想、理智，人的生活就是要运用你的清明有限的理智，与幻想、情欲或习惯进行斗争。

为此，他呼吁思想和行动的自由，要求允许文人用文字表达梦幻，允许人们以自己的方式崇拜或不崇拜上帝，允许人们生活方式的各种差异与个性。

他参与各种金融投机，同时不停地写作、重写，不惜前后矛盾。他拥有一个不屈不挠、百折不回的灵魂，每天早晨都自感新生，自觉成为一个崭新的人，耄耋之年仍然如同一个顽童，不停走动和写作，通过文章来思考。

其代表作《哲学书简》《哲学辞典》和《杂论集》都是文章的集合、随笔的拼凑，却浑然天成，展现着"字母思维"的词条式的跳跃、电影镜头闪回的逻辑。

他的《风俗论》是两卷充斥"琐事"的巨著，正是通过一件件琐事，他浏览了整个世界历史。这种明快迷人的风格横扫18世纪的欧洲思想舞台，使他的对手溃不成军。

六、伏尔泰《中国孤儿》：揭示中国道德精神

伏尔泰创作的《中国孤儿》于1755年8月20日首演，成为中西文明传播史上的一座里程碑。

> 伏尔泰在《作者献词》里自述：这个中国剧本（《赵氏孤儿》）作于十四世纪，就是在成吉思汗朝：这是一个新的证据，证明鞑靼的胜利者不改变战败民族的风俗，他们保护着在中国建立起来的一切艺术，他们接受了它的一切法规。这是一个伟大的实例，说明理性和天才，对盲目、野蛮的暴力所具有的优越性；而且，这是鞑靼人两次提供的例证，当他们又征服了这广大帝国时，他们再度降服于战败者的文德之下；两国人民只构成了一个民族，由世界上最古老的法制治理着；这一引人注目的大事件，就是我作品的初衷。

> 称为《孤儿》的这篇中国悲剧,是从该国一个庞大戏剧总集里抽取的:这个民族三千多年来就研究这种用言行周旋来妙呈色相、用情节对话来劝世说法的艺术,这艺术,稍迟一点又被希腊人发明出来。
>
> 由此可以推断,只有中国人、希腊人、罗马人是古代具有真正社会精神的民族。可不是吗,要发展人的社会性,柔化他们的风俗,促进他们的理性,任何方法也比不上把他们集合起来共同领略纯粹的精神乐趣。
>
> 《赵氏孤儿》是篇宝贵的大作,它使人了解中国精神,有甚于人们对这广大帝国所曾作与所将作的一切陈述……而这种风俗的描绘(指《中国孤儿》),虽是艺术的最大秘诀之一,如果不引起人们的道德感,也是一种无谓的消遣。❶

伏尔泰的用意,在于激起人们对"文德"终将战胜野蛮暴力的"道德情感",在于揭示道德信念这一文明精髓。而中国原剧本《赵氏孤儿》,恰是这一不惜生命等一切代价也要保全文明正统(赵宋王朝后裔)的伟大忠义精神的体现。伏尔泰《中国孤儿》进一步扩展、提升了这一主题,告诉全世界:成吉思汗的武力、一切野蛮暴力,无论如何强大,都终将拜倒在人类道德理性(文德,亦即孔子仁义学说之核心)的至高威严之下!

研读原作,参考卓越的翻译家、研究家范希衡在《赵氏孤儿与中国孤儿》中的论述,可概要总结出伏尔泰伟大剧作《中国孤儿》成就的三个主要方面:

首先,在思想上,以"中国精神"(坚信文德,亦即坚信人类文明的道德理性,终能战胜一切野蛮暴力的孔子仁义教化思想、《春秋》王霸义利之辩)为主导的文明核心,"驳掉了卢梭的两篇洋洋大文"❷(《论科学与艺术》以及《论人类不平等的起源和基础》等夸诞之作,笔者注);

其次,希腊悲剧是人与神、与不可知、不可抗的命运的斗争,到了法国悲剧之父高乃依那里,主旨在于刻画纯人间的心理冲突和斗争所引起的高贵情感,伏尔泰以《中国孤儿》振衰起弊,再次奏响了西方古典悲剧那英雄式的慷慨悲歌;

最后,伏尔泰作为诗人、学者兼哲学家,精准掌握到了人类文明进步的终极线索和伟大表征之一——中国精神,在200多年前的欧洲启蒙思潮中,堪称独具慧眼。

他与孔子学说、《赵氏孤儿》的深度契合,绝非一时兴会的偶然巧合,而是深刻洞悉文明进步规律在于超越工具技艺之上的道德理性(文德)这一伟大见解的结果,范希衡形容这一伟大思想过程与结果,是"同明相照,绝非偶然"❸。

---

❶ 范希衡.赵氏孤儿与中国孤儿[M].上海:上海古籍出版社,2010:84-88.
❷ 范希衡.赵氏孤儿与中国孤儿[M].上海:上海古籍出版社,2010:72.
❸ 范希衡.赵氏孤儿与中国孤儿[M].上海:上海古籍出版社,2010:72-74.

七、伏尔泰高度推崇中华文明的传播秩序

伏尔泰一方面由于学识渊博、观察敏锐，另一方面由于受到英国"自然神论"影响，遂深悉道德、宗教、世俗三大理性，合力才能构成"文明"这一最核心的奥秘。

由于最少"启蒙乌托邦"之通病，因此，他能独具慧眼地发现：从宇宙自然秩序（道）中，直接汲取智慧的中华文明，远比经常陷入宗教偏执的欧洲文明优越，也远比经常陷入世俗偏执的现代文明优越。

伏尔泰《中国孤儿》，是"中国精神"的壮丽赞歌。

伏尔泰虚构了成吉思汗这位皇帝，对前朝官员、学士宰相臧惕及其妻子伊达美，为了掩护宋室孤儿不惜一死的忠信节义精神的尊敬、赦免并委以重任的传奇故事。

《中国孤儿》开篇，就是臧惕妻子伊达美对曾经追求自己未果的成吉思汗的回忆，对前朝文明的赞美与讴歌：

> 那时他（成吉思汗）的面目已显英雄气概，预示伟大前途……他爱上我，我也许还得意洋洋，也许我内心深处还另有企图，想把这落网雄狮由我来予以驯服；想用我们的文明来约束他那豪放，想用我们的道德来点化他那顽强，想利用这关系使他终能侧身上国衣冠，消灭掉华夷界限。这样，他岂不成了我国干城大将？然而，我却拒绝了，竟酿成人类灾殃！你知道我们民族是多么自负自豪，我们的礼法艺文是多么庄严古老，一个清纯的宗教不断地升华精粹，好几千年的历史充满着光辉……❶

剧中女主角伊达美的上述台词，是中华民族忠孝精神的感人流露，更是全剧转折的契机所在。

作为征服全球的皇帝，成吉思汗却是内心缺乏"幸福、满足、宁静、自由"感的心理冲突者，他一方面随时提防伊达美唤起的"那种丑恶情感，这里人叫作爱情"❷的侵袭，唯恐妨害了自己对人类的"统一大业"；另一方面，他又因为对伊达美的幽娴贞静之美和臧惕的忠勇刚毅敬佩不已，进而对自己的"统一哲学""势力横绝"政策，深感灵魂上的困惑与纷扰："我得承认，伊达美曾使我灵魂迷惑，那种特殊滋味啊，我此前不曾尝过。"❸

---

❶ 范希衡. 赵氏孤儿与中国孤儿[M]. 上海：上海古籍出版社，2010：93-94.
❷ 范希衡. 赵氏孤儿与中国孤儿[M]. 上海：上海古籍出版社，2010：126.
❸ 范希衡. 赵氏孤儿与中国孤儿[M]. 上海：上海古籍出版社，2010：127.

剧中人的战友窝阔台，描绘臧惕为"全亚洲都尊敬的博学鸿儒，那班人侈谈礼法……高踞庙堂，连帝王都敢违拗。他们为数众多，如今都成俘虏，遇到更高王法，看他们如何强过"❶。臧惕就是儒家知识分子的代表。

伏尔泰笔下的窝阔台，是"权势政策"的拥护者与执行者，常劝成吉思汗不要"儿女情长"："那段爱情曾使你一度颠倒，其实那只是稻草火，轻飘飘一阵燃烧……我相信那稻草火连灰都不剩一点……"❷

成吉思汗凭更高的理智与天赋的鉴赏力，比窝阔台有更深沉的情感：

> 难道是忠义之行，难道是妍美之貌，具有一种法力，比我的威势还高？啊，窝阔台，你别走，我胆怯糊涂，我想有个知心人，过去却一直没有，我的心感到需求。❸

伏尔泰笔下的成吉思汗，从内心的情感骚动，进而思考他所征服的这一独特文明的内在品质：

> 自由啊，安宁、恬静，我功业的目标，
> 就这样消逝无踪，永远地离开我了！
> 我总是不能自主！到今天我才痛感
> 我这倒霉的权力反成了负担！……
> 唉！这些忧劳都是我命中注定，
> 我心另有牵挂，却要我事事操心。
> 我既要控制臣民，又要领导部属；
> 我既要预防祸乱，又要镇压阴谋；
> 我心里隐痛无穷，还加上这许多烦扰！
> 啊！回想当年贫贱，倒是何等逍遥！
>
> 我侥幸征服的竟然是些什么生灵？
> 我真不知他们长得什么心肝，
> 在北国我们何曾梦想到这般情感？
> 为了已死的君王他们竟牺牲一切，

---

❶ 范希衡.赵氏孤儿与中国孤儿[M].上海：上海古籍出版社，2010：130.
❷ 范希衡.赵氏孤儿与中国孤儿[M].上海：上海古籍出版社，2010：145.
❸ 范希衡.赵氏孤儿与中国孤儿[M].上海：上海古籍出版社，2010：144.

一个要杀子救孤，一个要为夫尽节……
若放眼仔细考究，这群灾难深重的亡国者，
我给他们戴上锁链，同时又不禁赞美：
他们的文化，教育了全人类；
他们历史悠久、人口众多、勤劳精敏。
君王的权力，建筑在以德临民；
为着驯服四邻，他们制定了优良礼法，
治国不需征诛，治人但凭风化。
上天赋予我们的却只有一门武力，
战斗是我们的技能，破坏是我们的成绩；
我的丰功伟绩究竟何益于我？
全世界人的眼泪，能给我什么收获？
胜利之神的车驾，我们用鲜血涂红。
我在想，武功以外，该有别的光荣；
我内心实在羡慕他们的德性；
我但愿战胜者能与战败者平行。❶

伏尔泰笔下的窝阔台，实际是卢梭主义的信徒："这个民族的文弱，你怎能赞赏？文艺都产生于萎靡，能有什么用场！文艺能使他们免于被杀、俘囚？弱者注定要为最强者服务。"❷启蒙主义若只承认趋利避害的工具理性和世俗精神，不承认三大理性之另外两者——道德与宗教，于是，只有功利、权势、金钱，而无是非、公正、自由、精神寄托可言，堕退为实用主义的漆黑泥潭。

伏尔泰以成吉思汗与伊达美的台词，宣告了世俗权势的短暂空虚，中华文明道德精神的万古长存：

我这样无上尊荣，到底成就了什么？
我专叫别人不幸，自己也不能快乐。
我的战士步我后尘，只贪着弄枪使棒，
不惜流血牺牲，却无人了心事、遣愁肠！
我吞了多少王国，内心却依旧空虚！

你灭亡的帝国原该是亿万年，

---

❶ 范希衡. 赵氏孤儿与中国孤儿[M]. 上海：上海古籍出版社，2010：153-156.
❷ 范希衡. 赵氏孤儿与中国孤儿[M]. 上海：上海古籍出版社，2010：157.

> 他立国的基础就是父权，就是
> 夫妇的和谐、妇人的贞烈，
> 就是盟誓的不渝，就是正义与名节！
> 你虽侥幸灭了他的国运，
> 他立国的精神却是万古长存！❶

成吉思汗最终被臧惕、伊达美刚毅求死的精神感动，不仅赦免了赵氏孤儿，而且任命臧惕为丞相，象征着"文德战胜武功"，象征着中华文明的道德精神，促使"霸道"的征服者转变为"讲求正义与理性"的王者：

> 我原不知一个人可以征服他自己，
> 这个无上的光荣，我学到了，谢谢你。……
> 我要求战败之民来治理战胜之民，
> 临民以文德为先，从此要崇文黜武。
> 就请你（作为宰相）控制武力，它应当
> 向你低头：我首先作则，以帝王之尊，
> 身披铠甲、手持弓箭，服从你的规劝。❷

伏尔泰笔下的成吉思汗，融合了忽必烈、康熙帝等征服者的精神，他们毅然采纳了华夏文明古典宪政的博大精神，更代表了《逸周书》最早揭示出来的"中国精神"——"武不止者亡。文无所立，智士寒心"的道德人文精神，恰是这一精神，奠定了中华文明自炎黄直至汉唐两宋"文治政府"的古典宪政体系，确保了中华文明长治久安与稳定繁荣。

伏尔泰以一句简单台词解释了促使成吉思汗乃至一切迷信金钱权势的启蒙-功利主义者们的伟大转变的精神条件："你们的道德"❸，即中华文明饱含深蕴之道德理性精神。

伏尔泰一语，寄托着全球文明的未来。

八、洞彻古今：苏格兰医生的第一手观察

苏格兰医生、传教士杜格尔德·克里斯蒂（1855—1936年）的精妙回忆录《奉天

---
❶ 范希衡.赵氏孤儿与中国孤儿[M].上海：上海古籍出版社，2010：158-162.
❷ 范希衡.赵氏孤儿与中国孤儿[M].上海：上海古籍出版社，2010：192-193.
❸ 范希衡.赵氏孤儿与中国孤儿[M].上海：上海古籍出版社，2010：193.

三十年（1883—1913年）——杜格尔德·克里斯蒂的经历与回忆》，忠实记录了清王朝末年的文明结构性问题和日本侵占东三省、日俄战争、义和团运动、清朝覆灭等一系列重大历史事件的内幕真相，堪称洞彻古今。

该书以第一手的观察和深入研究，直面清王朝的内外困境：1894年初夏，战争的阴云已然密布。日本帝国主义一直企图控制朝鲜，而中国政府对此不能漠视。7月末，驻扎东北的左宝贵将军，奉命率所部开赴朝鲜。随后几周，从东北各地召募了数万士兵，大多是农民或大街上的乞丐，根本没有经过起码的训练，就开赴战场："看到这些可怜的受蒙蔽的家伙们情愿去接受现代武器的屠杀，是件悲惨的事情。"❶

克里斯蒂医生锐利的目光横扫这些乌合之众，横扫乱象背后的社会结构危机：

> 大批士兵来自最北部，平生第一次南下辽沈，还有许多是预备军人，常年从国家领取兵饷，但从没打过仗。所有的人，包括预备军人或没有参加过实际军事行动的满族人，都顽固且盲目地排外。他们根本不了解自己和将与之战斗的外国人之间有什么区别。……他们甚至轻蔑地看待汉族人，把他们当作理所当然的践踏对象。……人们从行军路过的村庄里逃走，把妇女儿童以及没被掠走的牲畜都藏了起来，地里农活也停止了……"汉族士兵还没有那么坏，"人们压低声音说，"可怕的是满族人。"❷

清政权的结构性危机，自1644年清兵入关后就始终存在：满族人少数军事集团，始终对占人口大多数的汉族各阶层，采取高压、歧视和猜忌的错误政策，这一政策的直接后果，是这一狭义的部族政权，逐渐丧失其原本就残缺不全的宪政治理的合法性基础，既在文明观念和文明制度上落伍于华夏古典宪政机制，更落伍于西方近代民主自由的宪政机制，其败亡覆灭，仅仅是时间问题了。

苏格兰医生杜格尔德·克里斯蒂的名著《奉天三十年（1883—1913年）——杜格尔德·克里斯蒂的经历与回忆》观察敏锐，其最后一章"展望未来"中，对中国的历史、现状和未来进行了总括性的精辟论述、剖析与阐释，堪称洞悉古今、烛照中外之论：

> 在漫长的历史进程中，中国一直保持着自己的特性，这一特性是世上独一无二的，即使在今天的革命中亦可看出来。尽管时有王朝更迭，征服洪流的激荡，但这个国家依然存在。中国人的固有观念很难改变，如天命难违、

---

❶ 杜格尔德·克里斯蒂.奉天三十年（1883~1913年）——杜格尔德·克里斯蒂的经历与回忆[M].武汉：湖北人民出版社，2007：74.

❷ 杜格尔德·克里斯蒂.奉天三十年（1883~1913年）——杜格尔德·克里斯蒂的经历与回忆[M].武汉：湖北人民出版社，2007：74-75.

祖先崇拜、家庭神圣、敬奉鬼神，等等。孔子生活和写作在基督诞生前5世纪，他的理论观点、哲学思考、人生态度，基本上为今天的中国人所传承。中国人不仅信奉孔子，而且把孔子的著述融入思想中，并转化为具体行动，这一点是无法改变的。

  不管她的历史多么漫长、前些年有多么衰落，如今，中国正在强大起来，摆脱萎靡不振的状态，越过各种各样的障碍，生机勃勃地屹立在世人面前。王朝会灭亡，但人民常在。与那些不利的观点和质疑相反，他们的生活充满了生机与活力。

  中国人民的特质永远不会改变，而且，事实证明这种特质是无与伦比的。他们能够融入世界潮流，能够吸收迄今对他们来说还是陌生的优秀思想。……正是那曾一度威胁到中国统一的进步力量，会将中国塑造为比以往任何时候都更加强大的国家。我们对此坚信不疑。

  最初，中国似乎只是在模仿其他国家，但是，或迟或早，她将开辟出一条自己的道路。……那些对中国人内在人格力量深有感触的人们确信：中国有着光明的未来。当一个古老文明吸收了年轻的文明之后，这个国家完全可以走上与世界其他国家不同的发展道路。……人们渴望永久的和平、稳定的政府、公正的规则，由此，中国可以发展和繁荣，从而完成其伟大的历史使命。[1]

克里斯蒂医生以敏锐的观察，洞悉了中国历史的伟大前途。今日中国，仍在为实现这些1913年的"苏格兰预言"而积极奋斗着：葆有中国独一无二的文明特性、中国人内在的人格力量、和平稳定、发展繁荣、廉洁高效的政府、公正合理的公共规则、对西方文明的合理吸纳，等等。

作为精准的预言家，克里斯蒂对1910年代即距今100年左右的中国年轻人的观察，更显得振聋发聩：

  在那些为革命与共和制度奔走呼号的年轻人中间，许多人具有非凡的才干与智慧，国家的兴衰就落在他们肩上。……可能的情况是，他们不能容忍与自己观点不同的人及措施，这将最终阻止他们对国家的重组与改造。……目前存在一种不良倾向，即轻率地抛弃旧的东西，仅因为其旧；盲目采纳新的东西，仅因为它新。既不尝试，也不了解。嘲笑传统的礼仪制度；模仿和夸大西方两性之间的自由……孔子的道德理想也被弃置一边。在孔子有

---

[1] 杜格尔德·克里斯蒂.奉天三十年（1883~1913年）——杜格尔德·克里斯蒂的经历与回忆[M].武汉：湖北人民出版社，2007：238-239.

关国家和社会制度的理论中非常重要的五种关系,现在实际上被颠倒了。在处理这些关系时,孔子主张把忠诚和服从作为人们内在和恒久的义务,但是现在……孩子们开始蔑视和反抗父母;青年人不再尊敬长者;学生们决定教师必须教什么、什么时候教以及如何教;少年宣称有自己的原则,对老者的经验嗤之以鼻。

在有身份有责任感的中国人眼里,新中国成长起来的青年缺乏道德自律,这是现实生活中最为急迫的危险。……道德和信仰是人们普遍的向往……为了抵制今天社会上的不良倾向,为了给社会做出更大的贡献,从而摆脱只为个人利益和幸福而奋斗的困扰……[1]

毫无疑问,克里斯蒂医生批评的100年前的新青年,就是奉新文化为圭臬、主张抛弃旧文明的那批人,这些全盘西化论者的流毒,至今仍盘踞在人们头脑和知识系统中,仍在误导着从事自私式功利主义奋斗的一代代中国青年。

2011年5月4日,我应邀到中国国际广播电台的"孔子学堂"节目,为海内外听众录制"中华文明'和的智慧'"系列讲座。我详细阐释了孔子仁爱学说的伟大精妙的哲理含义,剖析说:当代青少年以及社会各阶层,某些人之所以经常陷入价值混乱和行为偏失,其根本原因,就在于自幼缺乏儒家思想的精神教化,不懂得仁义礼智信是一切社会关系的基本准则。我进而引用苏格拉底、耶稣、叔本华、惠特曼等圣哲的名言警句,告诉全球华裔人士:惟有建树起仁者爱人的儒家君子人格,才能挣脱"深度无聊与短暂刺激之间反复摇摆"的恶性循环,进行光明普照的人生奋斗!

我在录制节目的现场说:"中华文明在最近百年来出现了可悲的断裂,我的使命就是接续上这一伟大的文明传统!"录音现场的节目导播、参与互动的大学生等,都不禁为之肃然:自孔夫子、董仲舒、司马迁、利玛窦、伏尔泰、杜格尔德·克里斯蒂、汤因比,一直到梁漱溟、钱穆等大儒慷慨悲歌、存亡继绝的事业,又添加了我这普通一兵,余三生有幸焉!

在为本科生、研究生花费数月时间串讲钱穆先生《论语新解》之后,我与学生进行小结性的讨论,有学生发言:"应当在大一新生第一学期入学就来听您的课、读《论语》等经典,不仅能廓清我们在初高中阶段不甚理解的那些理论,更能培育青年一代积极向上的人生品格!"

我呼吸并畅饮了未来的气息。

---

[1] 杜格尔德·克里斯蒂.奉天三十年(1883—1913年)——杜格尔德·克里斯蒂的经历与回忆[M].武汉:湖北人民出版社,2007:240-241.

第三十一章　深湛之见：从伏尔泰到钱穆

文明之光要想照亮全世界，先须照亮创制、建构、完善这些文明传播秩序的人，即中国人自己的心灵。

伴随中国改革开放事业的强劲推展和综合国力的不断提升，中华文明的强大生命力，冲破重重误导，正焕发出全球无与伦比的经济、社会、文化活力。中华文明的制度活力与精神活力，如蛟龙出水、群鹤飞天一般不可阻遏。中华文明，必将日益成为全球产业链、信息链、价值链、智慧链的重要源头！本书主题所揭示的"中华古典社群民主制下的宪政体系"与"中华文明的全球共享价值体系"，作为人类文明传播秩序的根本机制与普遍规律，正凸现其不可替代的引导全球文明重建的伟大意义。

一、伏尔泰精辟揭示中华文明精髓

西方18世纪被称为"伏尔泰的世纪"，伏尔泰（1694—1778年）在历时16年始告完成的巨著《风俗论》（全名《论各民族的精神与风俗》）以及该书导论《历史哲学》中，纪念碑式地勾勒了近代人对人类文明发展进程的基本认识轮廓，更鲜明地提出了"全人类统一"的全球共享的文明价值哲学，可谓文明传播学的近代鼻祖。

在《风俗论·导论》中，伏尔泰以明白晓畅的风格，对人类文明的起源、发展、变迁、统一机制等重大文明传播学课题，进行了一番深入浅出的梳理：

> 几乎所有民族，尤其是亚洲民族，都有几千年的历史，年代之久，足以使我们瞠目。……一个民族要能够集合为国家，能够强盛，经得起磨练，又有文化知识，肯定需要经历很长的岁月。……要组成一个受共同法律约束的大型社会，需要各种有利条件在若干世纪内相互配合……
>
> 由于大自然到处都一样，人们对最刺激感官和想象的事物，必然抱着同样正确和同样错误的看法。……总之，似乎所有民族都有迷信，只有中国的

文人学士例外。……一般说来，人类总是今天什么样，过去也是什么样。……人类一直有同样的本能，这种本能使人们爱自己，爱自己的妻子儿女，爱自己双手劳动所得的成果。……

我们每个人都有两种感情：同情和正义，这是社会的基础。……上帝给予我们以普遍的理性原则……这个原则是永恒不变的，尽管有各种情欲与之为敌。……神权政治不仅统治过很长时间，且暴戾恣睢，干出了失去理性的人们所能干出的最可怕的暴行。这种统治越是自称受之于神，就越是可憎可恨。……

在被不恰当地称为文明人的民族中，我只看到中国人没有干出这种荒唐透顶的暴行。在已知的古代国家中，唯有中国不曾受神职人员的统治……[1]

伏尔泰非常简洁而准确地概括出了人类文明得以确立、发展的传播机制：人类由于共同的情欲本能（自爱、爱恋妻子儿女等身边人、爱劳动果实即私有财产）而古今皆同，而共同的理性法则，又赋予人类更高的社群本能——同情与正义，每个民族正是在约束情欲、诉诸理性和共同法律等社群本能的基础上凝聚、建构而成，这一文明进程的最大干扰，就是各种迷信基础上的神权统治，神权统治的残暴性触发人类理性的觉醒，人们自然把追寻理性的目光，投向自古就没有神权统治的、年代悠久而又理性成熟的中华文明。

伏尔泰在《风俗论·导论》中非常精准地刻画了中华文明的基本品质和它对人类文明的重大典范意义：

如果说有些历史具有确实可靠性，那就是中国人的历史。……这个民族从一开始写历史，就写得合情合理。……这里有一个对我们来说尤其重要的原则，即如果一个民族最早的编年史证明确实存在过一个强大而文明的帝国，那么这个民族一定在多少个世纪以前就集合为一个实体。中国人就是这样一个民族，4000多年来，每天都在写它的编年史。……

中国没有一个读书人会怀疑《五经》是在公元前2300年写成的。……当我们还是一小群人并在阿登森林中踯躅流浪之时，中国人的幅员辽阔、人口众多的帝国已治理得像一个家庭，国君就是这个家庭的父亲，40名公卿大夫则被视为兄长。……皇帝和官员们的宗教从未受到伪善者的玷污、政教之争的干扰和乖谬的革新教派的诬蔑。革新教派常以同等乖谬的论据互相攻击，结果狂热信徒在叛逆者的引领下彼此兵戎相见。中国人特别在这方面胜过世界上的任何其他民族。他们的孔子不创新说、不立新礼；他不做神启者，也

---

[1] 伏尔泰.风俗论[M].北京：商务印书馆，1997：21-47.

不做先知。他是传授古代法律的贤明官吏。我们有时不恰当地把他的学说称为儒教,其实他并无宗教,他的宗教就是所有皇帝和大臣的宗教,就是先贤的宗教。孔子只以道德谆谆告诫人,而不宣扬什么奥义。……他宁愿教育人,不愿统治人。……这个伟大人物的两句话:"天生德于予,桓魋其如予何!"我们最伟大的圣徒也从未说过比这更为精辟的格言。……

确实,中国的法律不谈死后的惩罚与褒赏;中国人不愿肯定他们所不知道的事。他们与一切开化的伟大民族之间的这一差别是惊人的。地狱之说虽有用,但中国人的政府却从不采纳。他们只满足于鼓励人们虔诚敬天和为人正直。他们相信,一贯实行的正确的政治制度,会……更有用;人们更害怕现行的法典,而不是未来的律令。❶

伏尔泰作为世界文化史的近代开山人物,极其深刻而准确地把握住了中华文明的内在神髓——把社会稳定与繁荣的基础,牢固建树在儒家道德主义的伟大教诲与一贯奉行的上治天子下治万民的民主宪政制度之上,即本书所谓的古典宪政体系与文明秩序之上。将此伟大论断,与当代中国某些理论著述、学校教材以及公私论说稍稍进行比较,就令人油然生出"当局者迷,旁观者清"之叹。

伏尔泰援引耶稣会教士霍尔德所藏的一幅中国庙宇的对联拓本,精确优雅地揭示了中华文明的伟大传播秩序:

无始无终先作形声真主宰;
宣仁宣义聿昭拯济大权衡。❷

这幅寓意广大渊深的对联,由康熙帝恩赐在华天主教堂,被耶稣会士霍尔德载于《旅华实录》(1735年首版于巴黎),其横批是"万有真元"❸。康熙帝作为汉化最成功的清朝君主,实际上是在将自己虚心学习中华文明的心得,转而教诲那些天主教士们:先作、聿昭两词要紧,聿者迅也,亦即这些可爱而糊涂的宗教家、神学家啊!对宇宙起源与归宿的玄思,应让位于对无始无终、有形有声的宇宙万物、人民的善良对待、合理治理,拯救危难、慈济困苦、宣讲仁义,这才是"真主宰、大权衡"!中国人民,就是如此建树起独立人格、合理秩序和善良而美好生活的!

如今,我们可以接续康熙帝的教诲:让全民早早懂得仁义礼智信之"五常信仰"、贯彻天地君亲师之华夏宪政体系与文明传播秩序,也就是树立起正确合理的价值观、

---

❶ 伏尔泰. 风俗论[M]. 北京:商务印书馆,1997:84-90.
❷ 伏尔泰. 风俗论[M]. 北京:商务印书馆,1997:89.
❸ 伏尔泰. 风俗论[M]. 北京:商务印书馆,1997:89.

人生观、公平观、和谐观、法制观、传播观、文明观。

倘询问穿梭于中国无数华美庙宇的中国游客:"此联何意?"那些或腰缠万贯或一文莫名的中国人、外国人,一定茫然莫解,转头问导游:"此联何意?"两百多年前的伏尔泰,一定莫名惊诧地向他无限景仰的中国人解释说:"无始无终一句,将各民族从古至今的各种神话传说、宗教独断论一举超越,你们的祖先圣哲告诉你们:首要的是,先来做有形有声的宇宙万物的真主宰,也就是用道德力量掌握住你们自己每天的行为,那无形无声、无始无终的万有真谛,也就掌握了!宣仁宣义一句,是你们的祖先圣哲,早就告诉你们了:拯救危难、权衡万物利弊得失的唯一尺度、不二法门,就是不断在价值上确认、宣讲仁义,在制度上确保、贯彻、实施仁义,这是全球普遍适用、不可摇撼的文明公理,这是一切人类文明传播的终极真理与普世秩序!"❶

用"民国七贤"之一、20世纪中华文明的英雄人物——陈寅恪先生《冯友兰中国哲学史审查报告》中的话说,中华民族的当下任务,就是"一方面尽力输入"西欧、北美之合理思想,"一方面不忘记"本民族曾经拥有之崇高地位。

如今,中华文明复兴的关键在于:不要再被全盘西化派误导,而是勇于自我决断、自立权衡、自作主宰、自我独立,将西方合理价值融入中华文明宪政体系、传播体系中,每个中国人学会萃取人类文明的一切精华,激活人类一切生命能量,为自我挺立、全民挺立、世界大同而奋斗不息!

倘若如此,则天下一切有志者,就可以深刻思考、采纳明代名儒陈白沙对弟子的训诲:"出宇宙者,子也!"而以这幅对联为全民族、全人类当下奋斗之座右铭:

    正大清刚,傲立于天地之间;
    参赞化育,挺拔乎宇宙之外!

二、对"伏尔泰-李约瑟疑问"的解答

伏尔泰在《风俗论》中提出了一个在许多人心头萦绕不去的困惑和疑问,可称有关中华文明的"伏尔泰疑问":

    我不想在此研究:已然认识并运用一切有益于社会的智慧的中国人,为什么今天在科学方面却没有同我们一样取得长足的进步。我承认,中国人今

---

❶ 孔子告弟子:"未知生,焉知死",即训导人民,先把"有形有声的"万物的世俗生活治理好,比玄思那些"无始无终"的形而上学问题重要多了;又说:"民之于仁,甚于水火",价值上信仰仁义、制度上贯彻仁义,才是对人民生活最大的拯济事业和权衡一切利弊的智慧枢纽!

天跟两百年前的我们、古希腊人、古罗马人一样，都是并不高明的物理学家；但是他们完善了伦理学，伦理学是首要的科学。[1]

毋庸讳言，中华智慧并非完美无缺，它在实用科学等领域的某些欠缺，不能作为否定它高度发达的政治智慧与人文智慧的理由。换言之，中国人需要吸纳最近200年来西方物理学等一切实用科学的积极成果；与此同时，中国人更需要恢复、发扬、深入培育并向全球其他文明广泛传播，其远远超越西方实用科学之上的伦理、人文科学、道德哲学、价值哲学的伟大成就，进而赋予人类文明不可摇撼的、促使物质精神平衡的伟大传播秩序。

人类文明之过往、现状、未来，就在这一"伏尔泰疑问"（接踵者有"李约瑟难题"，与此同出一辙）的渐次廓清与完善解答之中，就在利玛窦、莱布尼茨、汤因比、"民国七贤"等名儒巨匠的伟大论断的持续证明与应验中，在文明传播学的伟大真理性认识的不断实现中！

自伏尔泰直至李约瑟等人，很多近现代学者一直对中国古代工商科技发达，却没有进一步发展出西方近代意义上的科学技术成就、民营工商势力等，感到困惑不解。深思中华古典文明与西方近代文明的各自宪政秩序、价值观、发展途径等根本传播机制，这一所谓"伏尔泰疑问"亦称"李约瑟难题"也就获得根本澄清而无须再迷惑下去了。

第一，中华古典文明是具有高度可持续性的农耕文明，它在一万年岁月中确立、成熟、完善了保持土壤肥力、山林养护、水利设施维护等各项伟大农耕制度、天文制度和敬天保民、仁政治国的宪政文治政府体系，因此，中华文明不需要急速扩张西方意义上的工商科技力量。西方迫切需要迅速提高其工商、科技、军事权势的原因之一，就是它的农业生产水平长期落后，希腊罗马、中古时代和近代早期的欧洲农民的产量，仅为中国农民的四分之一，欧洲农业耕作方式必须确保大量耕地处于休耕状态以保养土壤肥力，因此，它的财富来源除了航海、贸易、建立殖民地以掠夺当地资源外，别无出路。这一中西文明的根本差异，直到工业革命将大型机械引入欧美农业并启动粮食全球贸易，才出现根本变化，原本居于全球领先地位，尤其是农业、天文、商业领先的中国，开始落后于民用工业和军用工业发达的西方。中国自古传承的自然生机主义哲学和天地崇拜，也阻止了中国对自然状态妄加干预的西方科学态度的流弊。

第二，在政治层面上，中华文明的首要和根本性的传播课题，在于如何建构并确保一个宪政文治秩序的合理运行，使广土众民、种族、地域、文化差异非常大、长期处于自然形成的诸侯国松散联邦治理下、极易形成武装割据等动乱局面的中华各民族，逐步凝聚为一个紧密团结、步调一致、服从中央政府大一统集权治理的文明统一

---

[1] 伏尔泰. 风俗论[M]. 北京：商务印书馆，1997：87.

体，这一最大的政治考量，使"维持稳定"总比"开拓创新"更显重要，周武王、秦始皇、汉高祖、汉武帝等王朝创立者、继任者，往往采取收取天下武器一并销毁、严禁民间私藏武器、严禁民间从事铸造开采业、强制迁徙、剪除天下豪强势力等严厉措施，以严防地方、民间工商势力挑战中央政府权威、威胁天下政局稳定，民事、军事科技的发展与民营工商财富势力，长期处于附属官府的受压抑状态，从中国大一统政治稳定与历史有序发展的角度看，这一政府严厉管制乃至裁抑民营工商科技势力的政策是合理的。

伴随近代国际局势的巨变和近代国家财政负担的急剧加重等巨大转型，政府严厉管制民营工商科技势力的做法，才凸现其不合理性。简言之，古今异情，用当代标准来苛责、菲薄古人的刻板成见，夸大渲染"伏尔泰-李约瑟"难题而忽略古今情势之异同，往往后患无穷。

第三，与古希腊罗马和近代西方文明主要靠军事征服、殖民扩张、贸易扩张等方式来建立工商科技霸权不同，中华文明自古奉行"以德服人"的怀柔主义、和平主义、大同主义，尧舜二帝更创造性地推行"克明峻德……协和万邦"的宪政制度体系和文明传播制度，即诉诸仁义的文明手段，与"万邦"缔结"王纲"（宪法契约、社会契约），在华夏宪政制度体系内，中央政府凭借道德威信，采纳民意，建立普选天子、诸侯民意代表、官吏的古典民主体制，维系"五服"朝贡体系，维系诸侯各国的民事、军事效忠，这一联邦宪政制度体系和"王道"观念，深入中华民族的集体记忆中，绵延数千年，成为中华民族根深蒂固的道德信仰与伦理信念，亦即伏尔泰所言一切科学中首要的——伦理学、道德哲学、传播哲学，也就是要求一切社群成员，必须遵守履行公共责任、宪法责任的博大学问。因此，中国社会对工商科技的需求，远不如西方近代迫切，道家、佛教、宋明新儒家等士人、平民等各阶层，对近代工商科技更怀抱较深的疑惧与排拒。

第四，中华文明的人道观念的核心是公共责任的道义担当，而不是个人权利的无限伸张、个人欲望的无限满足。晚周"王纲（古典宪政秩序）解纽"后，齐桓公、晋文公等春秋大国，仍以"尊王攘夷"等道义相号召，孔子更以"尊王斥霸""尊义轻利"的"春秋三辨"等文明大义、道德学说号召天下，从稳定有效的宪政治理、文明传播等积极方面言，尊崇道义、轻视功利、斥责霸道的儒家人文观念，牢牢把握住了古典宪政体系的价值基石——"有德者才能居天下大位（天子、宰相、百官）"的王道（人道、仁政）观念，这些价值信仰，如此深入人心、未尝动摇，终于在汉唐文明中获得古典宪政秩序的重建、发展与繁盛。

譬如，秦始皇统一中国、曹操统一北方的历史功绩，不可磨灭，但秦始皇因其焚书坑儒等残暴政策而被斥为"霸政"，曹操既专权狡诈又不敢自行废立，被斥为"贼政"，二人永远无法列入"历代帝王庙"享后世祭祀奠仪，曹操更被后世戏曲作者以《击鼓骂曹》等艺术形式而饱受嘲谑、痛斥、鄙夷，即渊源于这种严正的道德—风俗—

文明考量。

第五，从文明传播的实际效果与历史功绩看，中华文明是在仁义礼智信等道德信仰、古典宪政秩序的基础上凝聚、维系、发展而成型的，更偏重文明价值的共享、社群的互爱互助（仁）和文明秩序下物质、精神利益的分配均衡（义），孔子"不患寡而患不均"之说，就是这种文明传播态度的哲理概括，与西方文明凭借发展工商、科技、军事实力，满足本社群内每个个人、集团的欲求和权利，进而征服、抢掠外族资源而达致强盛的野蛮途径，不可同日而语。

钱穆在《中国文化史导论》❶中，精妙形容中华文明特质，在于"可大可久"；而西方文明"可大而难久"，这是中西文明之间的根本价值差异，也澄清了伏尔泰-李约瑟难题的价值哲学的清晰分野：中华文明不如西方物质文明怀抱征服野心、亟亟发展工商科技以征服他族文明，因此更符合全人类文明和睦共处的未来方向。

第六，尽管政府将农耕作为王朝第一产业，而对工商实业采取官府操办、严限民间势力私自操办，经常压抑、限制工商豪强、权贵阶层侵犯小农权益，但中国古典工商科技，仍处于繁荣昌盛的状态，只是不如近代西欧各国对工商科技产业，采取民营为主、官营为辅的经营模式灵活、高效，西方工商科技超过中国的主要原因在此，而非中国大一统王朝下的古典宪政制度有根本弊病。

第七，明清两朝尤其是清朝"狭义部族政权"❷在政治、文化上的一系列专制、高压政策，是造成近代中国百业凋敝、内忧外患、流弊丛生的主要原因。这一特殊历史情况下的官民弊病，被利玛窦之后的某些传教士、与伏尔泰同时代的孟德斯鸠等人，误判为中华古典政治的一贯缺陷，促使中国近代舆论得出全盘西化的错误主张并延续至今。

三、孟德斯鸠的误判与莫斯卡的矫正

伏尔泰以历史哲学巨匠的贤明，预先批评了全盘西化论"错误主张"的一个源头性的知识错误——孟德斯鸠在《论法的精神》中，误判中华古典政治为"君主专制"，失之武断。

> 中国人最深刻了解、最精心培育、最致力完善的东西是道德和法律。儿

---

❶ 钱穆.中国文化史导论（修订本）[M].北京：商务印书馆，1994.
❷ 钱穆在《国史大纲》《中国历代政治得失》《国史新论》等名著对此论析透彻，柳诒徵《中国文化史》、孟森《心史丛刊》《明清史讲义》等论述与之相合。简言之，明初废宰相建内阁，造成明清两代政治专制之弊病，这些弊病在明代由于文官制度而被抑制，但在满族狭义部族政治中被强化，这一特殊病态与中国古典宪政秩序（尧舜周秦汉唐等朝代）的合理常态，应当区别对待，不该笼统毁弃。

女孝敬父亲是国家的基础。……一省一县的文官被称为父母官，而帝王则是一国的君父。这种思想在人们心中根深蒂固，把这个幅员广大的国家组成一个大家庭。正因为全国一家是根本大法，所以在中国比在其他地方更把维护公共利益视为首要责任。因此皇帝和官府始终极其关心修桥铺路、开凿运河、便利农耕和手工制作。……旅行者们、传教士们，都认为到处看到的是专制制度。这些人从表面现象判断一切：看到一些人跪拜，便认为他们是奴隶，而接受人们跪拜的那个人必定是1.5亿人生命财产的绝对主宰，他一人的旨意就是法律。可实际情况并非如此……在帝国初期，便允许人们在皇宫中一张长桌上写下他们认为朝政中应受谴责的事，这个规定在公元前2世纪的汉文帝时就已实行；在和平时期，官员的意见才具法律效力。这一重要事实推翻了《论法的精神》对世界上这个最古老国家笼统含混的责难。[1]

孟德斯鸠在《论法的精神》第一卷第二章第一节"三种政体的性质"中，把古往今来的政治制度，简单笼统地分类为共和、君主、专制三种，更进而假定：共和政体是全体人民（民主）或一部分人民（贵族）握有最高权力；君主政体是君主单独一人依据法律执政；专制政体则是单独一人仅凭一己意志与反复无常的性情领导一切。[2]

孟德斯鸠这一简单笼统的政体分类，根本无法有效解释古今历史上高度复杂错综的政治制度的常态，更无法解释史上最悠久、最灿烂的中华古典政治，所以，他在该章第二十节"以上各节的结论"之后，勉为其难地增加一节"中华帝国"，为自己的过分简单笼统的分类和在解释中华古典政制上的破绽百出进行极其勉强的自我弥缝与自我辩护：

对于我在上面所说的一切，人们可能有所非难，所以我在未结束本章之前，必须加以回答。我们的传教士告诉我们，那个幅员辽阔的中华帝国的政体是可称赞的，它的政体原则是畏惧、荣誉和品德兼而有之。那么，我所建立的三种政体原则的区分便毫无意义了。

但是我不晓得，一个国家只有使用棍棒才能让人民做些事情，还能有什么荣誉可言呢？加之，我们的商人从没有告诉我们教士们所谈的那些品德；我们可以参考一下商人们所说那里官吏们的掠夺行为。我可以找出知名人士安逊勋爵作见证。……这些书简（来华传教士书简）使我们看到那里经常施行的暴政……因此，中国是一个专制国家，它的原则是恐怖。[3]

---

[1] 伏尔泰. 风俗论[M]. 北京：商务印书馆，1997：249-250.
[2] 孟德斯鸠. 论法的精神（上卷）[M]. 北京：商务印书馆，1963：9.
[3] 孟德斯鸠. 论法的精神（上卷）[M]. 北京：商务印书馆，1963：151-153.

孟德斯鸠犯了自相矛盾的逻辑错误：一个实行恐怖统治的专制国家，根本不可能取得幅员最辽阔、历史最悠久、文明最灿烂的治理功绩，古今恐怖政权的迅速败亡，是基本的历史常识。孟德斯鸠为了将中华古典政治硬塞入自己简单笼统的三个政体的划分体系，就仅凭某些来华商人或来华教士指摘的若干缺点，武断草率地认定中华古典政治为专制恐怖政治，伏尔泰批评其"笼统含混"，并且根据中华文明采纳民意的完备法制体系这一重要事实，得出"推翻了《论法的精神》中对世界上这个最古老国家提出的笼统含混的责难"这一基本判断和基本结论，可谓世界史学上的一大摧陷廓清。接踵而至的学术清理与更深入的洞察，则有卡莱尔、爱默生、阿尔弗雷德·韦伯、韦尔斯、汤因比、谢和耐、郝大维、安乐哲以及"民国七贤"等一大批中外哲人巨匠和文史宗师的论断。

孟德斯鸠、卢梭等人的政治分类法与价值偏执，源自人类思维的常见错误。孔子形容为"意、必、固、我"，亦即尼采所谓"同一律、因果律的滥用"，即从一个高尚的人权理想出发，不断强行把复杂错综的古今政治制度，草率纳入一个先入为主的简单分析模式中。这一逻辑错误，不仅遭到埃德蒙·柏克等近代保守主义思想家的批评，也受到托克维尔等自由主义思想家的异议，更在法国大革命等"红色恐怖"中被历史验证为基本错误和十分有害的。

法国著名政治活动家罗兰夫人的名言"自由啊！多少暴政，以你的名义推行！"可谓一语道破启蒙-空想主义的最大偏执。意大利现代政治学家加埃塔诺·莫斯卡（Gaetano Mosca）的《政治科学要义》对人类政治制度的精微研究以及当代学者莫里斯·费诺切罗、阿瑟·利文斯顿等人对这一经典名著的疏解、引申，可以做伏尔泰-孟德斯鸠这场影响深远的历史性争论的细致入微、洞察深刻的"盖棺论定"❶。

1884年和1896年，莫斯卡分别出版了《政府和代议制政府理论：历史与社会研究》与《政治科学要义》，从而奠定其作为现代政治学大师的地位。费诺切罗概括这两部名著的最核心原理是："在所有社会，只要存在一个政府，掌握并行使公共权力（统治者）的总是少数人，而多数人（被统治者）事实上从未能参与政府，而只是服从罢了。"❷

在资本主义国家，政府总是由少数人主导、管理、统治而多数人接受、顺从这一统治的精英主义铁律，不仅揭开了人类政治史的真相，批驳了卢梭以来的大众民主理论之虚妄有害，也深刻批驳了自亚里士多德以来西方政治学的惯常分类法，尤其是孟德斯鸠的政治分类法：

> 孟德斯鸠将政府形式划分为专制、君主和共和体制……莫斯卡指出，这些分类方法的主要缺陷在于未能充分反映现实……在孟德斯鸠的政体分类法

---
❶ 加埃塔诺·莫斯卡.政治科学要义[M].上海：上海人民出版社，2005.
❷ 加埃塔诺·莫斯卡.政治科学要义[M].上海：上海人民出版社，2005：2.

中，同类政体往往差异很大，而不同类型的政体却明显相似。因此，他的分类标准失之肤浅，未能涵括更深层次的东西。❶

莫斯卡政治哲学的伟大高明之处，就在于超越了孟德斯鸠《论法的精神》的肤浅分类法，深刻揭示出：古今一切政治制度，都存在民主制与贵族制两种主导趋向，二者之间的互动与消长构成人类政治史的基本运动：

> 民主的这一术语更适合传达一种趋向，旨在以来自下层阶级的元素补充统治阶级，在所有政治机体中，这一过程始终存在，只是性质和强度不同罢了。相反的趋向我们称之为贵族的，它同样一贯存在，也有强度之别，旨在确保那些于特定历史时刻操控社会和政治权力的阶级维护其统治地位并将之传诸子孙。❷

换言之，一切社会都具备民主制与贵族制这两种趋向，前者表现为统治阶级不断吸纳被统治阶级的新鲜血液从而保持其政府活力，譬如在华夏古典民主制内，宰相以下文武百官均经由选举、考试后加以任命、考绩并督察，就是保持中华文明永世长存的传播秘诀；后者则是夏商以来的世袭制，譬如天子、王室等皇族集团，总像秦始皇、楚霸王一样企望万世一系、世代承袭王位、特权，但事与愿违，因为特权集团在血缘、政治、文化上日益封闭、僵化，因此必然被新崛起的平民英雄（譬如刘邦集团）所取代，而中国儒家政治的绝妙之处，就是以民主制趋向（文武百官选举产生）限制、转化、提升贵族制趋向，宰相制、御史大夫等规谏制度、督察制度就是限制王权特权专断的，这样，在王权世袭的全国稳定一统局面下，中央政府全由选举产生，华夏民主制趋向远远高出王权贵族制趋向。本书总体概括中国古典政治为"华夏民主制下的古典宪政秩序"，可谓符合1884—1896年莫斯卡政治哲学对古今政治规律的伟大洞见。

费诺切罗诠释莫斯卡这一洞见说：

> 这一界定使民主成了一个程度问题，而不是非此即彼的问题。这样一来，任何社会都存在不同程度的民主；只是程度不同罢了。❸

---

❶ 加埃塔诺·莫斯卡.政治科学要义[M].上海：上海人民出版社，2005：4.
❷ 加埃塔诺·莫斯卡.政治科学要义[M].上海：上海人民出版社，2005：21.
❸ 加埃塔诺·莫斯卡.政治科学要义[M].上海：上海人民出版社，2005：21.

准此可以判定，中国古典政治是民主制趋向很高的宪政法治制度和社会治理形态，尽管其贵族制趋向具有维系全国统一的巨大功能，但恰恰是王权的存在本身，往往给人造成专制的假象，从而得出古典中国是君主专制政体的错误结论。

这一错误罔顾王权与（宰）相权、文官权力、士绅权力、庶民权力之间受宪法、法律约束、协调这一基本历史事实，是简单草率地将错综复杂的政治制度、社会形态纳入单一模式所造成的误判。

比较古希腊、古罗马文明或中世纪基督教文明，中华古典文明确实是更为自由、宽容、开放的社会形态：

第一，中华文明没有大批奴隶被强制从事非人劳动，所谓"原始、奴隶、封建、资本"等社会发展阶段，在中国极不明显，钱穆在《国史大纲》中称其为"士农工商四民社会"更贴切、更具洞察力和诠释力；

第二，中华文明一视同仁地对待外族人，一贯实行种族-宗教-文化宽容政策，没有希腊罗马文明和基督教文明对外邦人的大规模歧视、迫害政策；

第三，中华文明很少开展大规模的、摧残其他文明也耗尽自身文明之人、财、物力储备的对外军事战争、殖民战争和宗教-种族战争，人口、经济、文化、工商、科技等文明事业，因此长期稳定、繁荣、进步；

第四，中华文明长期实行保护弱势群体尤其是小农户、严厉打击工商业豪强、严厉制裁贪污官吏等权贵阶层的一系列确保公平正义的经济、社会政策，从而有效确保了古典农工商业取得举世惊羡的成就，迟至1800年前后，中国对外贸易长期处于出超状态就是证明。

近代小说巨匠斯汤达在《红与黑》中描绘法国一个出身贫苦农民家庭的聪明俊秀的青年于连·索雷尔，寻求发迹的唯一途径是披上战袍（红）与教袍（黑），这一人生奋斗悲剧的发生，活画出西欧文明自古希腊罗马、基督教时代以来，直至近代早期，都把政权封闭在军功贵族（譬如英国上议院来源）和宗教贵族（教士）阶层，其贵族制趋向，远比中华文明以选举、科举制从一切平民子弟中选拔官吏的民主制趋向要落后很多，所以，在近代早期，欧洲频频爆发"第三等级"的平民革命，是其文明机制的不合理所致；中华古典文明，除了农民起义外，甚少革命性动荡，并不是什么"中华帝国的超稳定结构"所致，而是因为其政权向一切平民精英开放的民主程度非常高，有志青年凭真才实学即可加入政府、改良社会，根本无须发动各种得不偿失的革命。

中华国粹——传统京剧中，常精确记录了古典中国的真实风貌。譬如，程派名剧《陈三两》，描绘官宦闺秀陈三两沦落风尘但全力供养两个弟弟考取功名，蒙冤后拼死抗争，最终将其中一个堕落为贪官的胞弟揭露、定罪的感人故事，就活灵活现地展示刻画了中华文明的政权开放性、人才流动性，上自朝廷命官、下至风尘女子，全以道德正义感为善恶是非的准绳，与法国文学名著《红与黑》可谓东西映照也。

民主制与贵族制趋向永恒存在于古今中外一切社会形态中。莫斯卡在解析民主制与贵族制之间动态平衡的关系时，可谓深刻洞悉、把握了人类政治史运作的深刻规律：

> 只要民主制趋向不走过头、产生排他性，那么这一趋向便构成所谓守成力量，因为它能使统治阶级接纳那些具有领导天赋和意愿的新成员，从而为本阶级注入活力，防止贵族阶级的蜕化，因为这一蜕化往往是大规模社会巨变的前奏。……完全摧毁贵族趋向，任何偶然的血缘特权都不复存在，必使争取进入统治阶级的斗争、竞优斗争变得空前激烈，促使人们将主要精力花在谋取一己私利上，而不顾整个社会的利益。[1]

民主趋向和贵族趋向若保持均衡协调，则整个社会就稳定繁荣，反之，则必然是巨大动荡。莫斯卡进而细致考察民主制与贵族制、自由制与独裁制、封建制与官僚制这六大趋向之间的复杂交叉、动态平衡的保持与蜕化等方面，结论是：混合类型的政府是最好的。中华文明以民主制为主，同时保留了贵族制的若干优点以维系全国大一统稳定，可谓"混合政府"的古典范式。

莫斯卡指出："政治制度的优劣取决于它能否在那些所有政治机制中都互异而持久存在的原则与趋向之间建立适当的混合与平衡。"[2]尤其值得注意的，是莫斯卡对"封建制与官僚制"这组对立趋向的深入分析：

> 我们说封建国家，意味着那种由同一批人行使经济、司法、管理、军事等所有社会行政职能的政治组织，与此同时，国家由小型社会集团构成，每一集团都拥有自足所必需的所有机制……在官僚制国家，政府职能在专业化程度上要比封建国家高，其中最根本的在于将行政和司法从军事职能中分离出来。[3]

中华文明在夏商周时代可称封建制国家或华夏联邦王政体系，而在秦汉以下则为官僚制国家或称华夏统一央政体系，尽管封建制残余尚存，但中央地方行政、司法权力早已从军事建制中分离出来，而一贯的华夏民主宪政精神、法治精神，创立于尧舜禹时代，一直延续到明清时代。民初全盘西化派史学沿袭自孟德斯鸠误判我国古典政治为"封建专制"政体的荒谬论说，历经利玛窦、伏尔泰、莫斯卡等历代哲人的正本

---

[1] 加埃塔诺·莫斯卡. 政治科学要义[M]. 上海：上海人民出版社，2005：22.
[2] 加埃塔诺·莫斯卡. 政治科学要义[M]. 上海：上海人民出版社，2005：26.
[3] 加埃塔诺·莫斯卡. 政治科学要义[M]. 上海：上海人民出版社，2005：24.

清源、摧陷廓清，至此可谓真相大白了。

中华古典宪政体系，将民主制的采纳民意、普选官吏与贵族制的王位世袭、全国大一统稳定等两种互异而持久共存的趋向，维系在华夏宪法（《尚书》与《周礼》为代表）制度的最佳动态平衡状态。

天子、王室等皇族集团，往往优选民间儒学大师担任"三公""三孤"等政府最高顾问、民意代表和天子、太子老师（讲筵经师），确保天子、太子作为中央政府最高权力的象征，必须接受儒家宪政秩序的基本观念，推行敬天保民的仁政；宰相、太尉、御史大夫作为后来的"三公"，与九卿、六部百官，负责全国政治事务，由全国普选产生，以确保华夏民主制下广纳民意、优选人才、爱护民生、惩治腐败的士大夫宪政治理的高效、合法、公平、正义、和谐。

四、钱穆精准评判近代大变局

追今抚昔，中华古典文明，历尽近现代一系列政治、社会动荡的摧残，在草率浅薄的传媒、学术、舆论的误导下，形成固有文明传统的巨大断裂和深重劫难，足令中外好学深思之士扼腕叹息！如今，拨乱反正，我们终于可以从文献和理据中，逐渐清理出本书所谓"华夏古典宪政秩序"的政治精髓——融贯民主、贵族制两种趋向之各自优长，进而高明、完善地缔造出严整有序、公平合理的华夏民主宪政体系之文明智慧。

此刻重温"民国七贤"之一、一生持续而坚决地批评"全盘西化"思维的、博大深刻的文史宗师——钱穆先生在《国史大纲》（1939）全书结尾处的历史性结论，就能大体精准地把握住中华文明之过往、现况，亦可眺望全球一体、徐步融合与不断改进、新生的人类未来：

> 在此（始于清末）国家社会继续震荡与不断损伤中，过激思想亦逐步成长。康有为的"速变、全变"两语，可算是海通以来中国过激思想之最扼要的标语。同光之际，所变在船舶器械。戊戌以后，所变在法律制度。民国以来，则又有"文化革命"与"社会革命"之呼号与活动。
>
> 文化与历史之特征，曰连绵，曰持续。惟其连绵与持续，故以形成个性而见为不可移易。惟其有个性而不可移易，故亦谓之有生命、有精神。一民族文化与历史之生命与精神，皆由其民族所处特殊之环境、所遭特殊之问题、所用特殊之努力、所得特殊之成绩，而成一种特殊之机构（制）。一民族所自有之政治制度，亦包融于其民族之全部文化机构（制）中而自有其历史性。……因此，各民族各自有其连绵的努力与其特殊的创建。一民族政治

制度之真革新，在能就其自有问题得新处决（理）、辟新路径。不管自身问题，强效他人创制，冒昧推行，此乃一种"假革命"，以与自己历史文化生命无关，终不可久。

中国辛亥革命，颇有一切推翻故常而陷于"假革命"之嫌。辛亥革命易于成功，一部分由于以排斥满族人为号召，此在我民族自身历史中有生命、有渊源。至于民主共和之新政体，以理论言之，与我先民以往政治理论及政制精神靡不合。……误认以为中国自秦以来，即自有王室以来，一切政制习惯多是要不得。于是乃全弃我故常之传统，以追效他邦政制之为我所素不习者，此则当时一大错也。即如考试与铨选，乃中国政制传承甚久之客观用人标准，民国以来亦弃去不惜。如是则民治未达，官方已坏，政局乌得不乱？❶

钱穆先生以伟大史家如炬的目光，照射中国近代全局，深刻揭示出康梁"速变、全变论"、辛亥革命等一系列过激思想的逻辑进境和这些"假革命"背后的社会困境与思维迷误，更极富预见性地指出：对此迷误的纠正、遏止，需花费全民族的巨大精力与浩然元气。

可大可久之事业，无论何等民族、何等文明，全在于连绵持续之努力中培植其独特个性、生命与精神。

某大三学生发来手机短信，连连哀呼："倍感空虚、困惑，寝食难安、神思恍惚"云云。余复短信问："今日读书几何？古今中外史上，圣贤烈士、不凡人物，均有抗日英雄安重根所谓'一日不读书，胸中长荆棘'之意，君如何？"该生阅后答复："弟子思虑妄想太多，如今明白了！"

一个成长中的青年如此，一个崛起中的文明，亦复如是。倘潜心研读、埋头苦干、不妄思种种"假革命"（实乃"内无定准、胡乱盲从"，以排遣迷惘、彷徨、无助之悖德行为）而做实际艰苦之改进，则中华文明内蕴之生机、独特个性与无限广大自由之宪政精神，必可沛然焕发，并率领全球文明挣脱重重危机，走向繁荣、公平、和谐之太平盛景。

---

❶ 钱穆. 国史大纲（修订本）[M]. 北京：商务印书馆，1996：911-913.

第三十二章　以中国为典范

英国近代启蒙思想家约翰逊、哥德斯密、罗伯特·伯顿、坦普尔等人，经过对中华古典文明的深入研究，得出了与伏尔泰、莱布尼茨、魁奈、蒙田等哲学大师相同的结论：现代世界的政治治理与人文建设，应以古典中国为典范！

约翰逊与许多欧洲哲人一样，从利玛窦、杜赫德等传教士对中国事物的描绘中，无比惊喜地发现了一个单凭人文理性和道德规范，毫不凭借各种神秘启示、宗教教条，就能公平有序地获得治理与繁荣的文明——中华文明！

苦于战乱与宗教纷争的欧洲哲人，终于看到了人类创造的最悠久文明的道德光辉，其完善的政治组织、全社会一体遵守的法令、礼仪、道德规范的法治精神、至德要道对全社会的巨大协调作用、完备的文官晋升制度、御史谏议等，彰显出中华古典民主宪政机制的巨大合理性。

这一切，鼓舞着约翰逊、哥德斯密、写出名著《忧郁症的解剖》的思想家罗伯特·伯顿、坦普尔等英国启蒙主义作家、学者们，积极借鉴"中国事物"，进而大胆探索适合欧洲文明的近代民主宪政模式。伏尔泰、魁奈等法国启蒙思想大师，更凭借对中华文明的钻研与诠释，掀起了波澜壮阔、影响深远的欧洲启蒙（启明）运动。

一、约翰逊论古典中国三大法则

英国大文豪塞缪尔·约翰逊（Samuel Johnson，1709—1784年）在1733年为所译葡萄牙耶稣会教士洛沃《阿比西尼亚游记》撰写的序言中，首次提及中国人，说"他们最讲究礼貌并对各门科学十分熟练"。

他参与编撰著名的《君子杂志》(The Gentleman's Magazine)时，发表了两篇有关中国的文章，一篇收入1825年的《约翰逊文集》，该文以读者来信的形式，称赞中国人说："他们的古代文物，他们的宏伟、权威、智慧及其特有的风俗习惯和美好的政治制度，都毫无疑问值得大家注意。"

请注意，约翰逊对古典中国的"美好的政治制度"的积极肯定，这一肯定是欧洲启蒙思想家对中国评判的主流。

该文在赞扬了法国教士杜赫德（Jean-Baptist du Halde）编辑的《中国通志》（Description de la Chine）具有详尽引介之功后，声称："当他（读者）读了中国圣贤们的道德格言与智慧的训导，他一定会心平气和、感到满意。他会看到德行到处都一样，也会对胡言乱语的人更加鄙视；因为那些人断言道德不过是理想，而善恶区别完全是幻梦。"

约翰逊末句是对英国功利主义哲学的讥讽，英国经验主义、功利主义、实用主义哲学，有冲破天主教道德僵化的历史意义，但这派思想落入另一种偏执——忽视、否认、曲解了道德价值、文明传统、宗教信仰等事物具有不可替代的巨大合理性，把人类社会的根基，错误设定在实用经验、工具理性这一贫乏易变的考量之上，极容易滑入社会达尔文主义的深渊，这一派实用主义思想，经过美国杜威等人的推介鼓吹，误导出中国近代化的急功近利等不良倾向。

约翰逊从三个关键角度，抓住了中华文明的核心层面——

首先，是中国士阶层，对全社会的巨大楷模作用。

约翰逊精辟地指出，对中国事物的满意感觉，建立在健全的思维和细致的考虑之上："当他熟悉中国的政府和法制以后，他能享受新鲜事物所引起的一切快感。他会对世上有这样一个国家而感到惊奇。在那里，高贵和知识是同一件事；在那里，学问大了，地位就高，升级晋升是努力为善的结果；在那里，没有人认为愚昧是地位高的标志，懒惰是出身好的特权。"[1]仅凭知识学问，就能获得高的职位、社会地位，这在中古、近代早期的欧洲，是不可想象的。

与上述深刻观察相一致，现代国学宗师钱穆，在《国史大纲》等一系列伟大巨著中，以不可辩驳的历史事实证明，中国自晚周以来，国家政权向一切社会阶层尤其是贫寒阶层开放，其不遗余力的公平选拔人才、授予官职的体制，是中国远胜于西方"军功贵族"或"宗教精英"（教士）垄断国家政权的"西方专制政体"的更民主公平的政治形式，也是古典中国长期开明进步、稳定繁荣的关键所在。[2]

其次，则是大臣与天子之间的宪政制衡关系。

约翰逊写道："当他听到关于忠臣的记载，会更感惊讶。那些忠臣……竟然敢于指出皇上对国家法令没有遵从，或在个人行为上有所失误，以致危及自身安全或人民的幸福。他会读到，帝王们听到谏议，对大臣不冒火、不威吓、不训斥，也不以坚持错误为尊荣，而是以中国帝王们所应有的宽宏大量，心甘情愿地按照理性、法令和道德，来检查自己的所作所为……"[3]这就是自炎黄至明朝末年，历代王朝一直奉行的华

---

[1] 范存忠.中国文化在启蒙时期的英国[M].南京：译林出版社，2010：70-72.
[2] 详见钱穆先生《国史大纲》《历代政治得失》《国史新论》等一系列论著。唯依愚见，中国古典政权对一切阶层的全面开放，始于炎黄时代，登峰造极于尧舜以及三代，至晚周更加活跃突出，至汉唐则垂为国宪，举拔人才体制之精密高超，举世罕见。
[3] 范存忠.中国文化在启蒙时期的英国[M].南京：译林出版社，2010：70-72.

夏古典宪政体系、天子大臣之间彼此制衡关系的体现。

最后，就是孔子学说对全中国的道德轨范作用。

从天子、大臣、士子、百姓，一体奉行孔子学说，是为古典中国之"活的灵魂"，确保古典宪政合理运行的"大宪章"（辜鸿铭语）。在1742年6~9月间，《君子杂志》发表塞缪尔·约翰逊第二篇推介《中国通志》的文章，其第二部分是《孔子小传》。小传总结孔子学说为："他的整个学说的倾向是在于宣扬道德性，并使人性恢复到它原有的完美状态。"

准此可知，古典中国"美好的政治制度"体现在：（1）公平选拔士人；（2）士人组成文治政府，以制衡天子贵戚的权力；（3）全国上下，一体奉行孔子学说即"一视同仁地进行道德自治"的主张。确保古典中国长期开明进步、稳定繁荣的三大文明法则，被约翰逊精准地概括、表达出来了。

约翰逊在1749年发表《人类的虚荣》一诗，开篇说："要用远大的眼光来瞻顾人类，从中国一直到秘鲁。"

他向往中国的万里长城，深爱中国茶，对中国园林建筑也曾加以研究，可谓真正意义上的"中国通"。

二、向中国古典谏议制度学习

18世纪20至40年代初，英国首相罗伯特·沃尔波尔当政，他纠集一部分辉格党人专断独行、贿赂公行，辉格党中受排挤者与托利党结成"在野党"联盟，发起倒阁运动，中国事物就是武器之一。

报章作家巴杰尔（Eustace Budgell）发表《致斯巴达国王克利奥米尼斯书》（Letter to Cleomenes, King of Sparta，1731），宣称高官厚禄应当归属确有功勋者这一政治准则，"此刻，最认真地遵守和执行那条完美准则的，是世界上幅员最大、人口最多的帝国，中国"。

巴杰尔宣称，在政治和道德方面，中国超乎一切国家之上。他所创办的文摘周刊《蜜蜂报》和切斯特菲尔德勋爵创办的《工匠报》以及利特尔顿勋爵创办的《常识报》等彼此声援，以中国政治与道德成就，攻击首相为首的"在朝党"任人唯亲、独断专行，主张英国政治应当学习中国皇帝、官府公开倾听臣民意见的谏议制度等古典宪政机制。

"在朝党"气急败坏，组织匿名作者撰写《一篇非正式的论文》来反击"在野党"对中国的推崇，宣称"虚伪是中国一切政策的基本准则"，但立论毫无说服力。

著名戏剧家威廉·哈切特（William Hatchett）率先把《中国通志》里的元杂剧

-437-

《赵氏孤儿》改编成《中国孤儿》（著名的后继者，有伏尔泰、阿瑟·墨菲等），掀起"孤儿热潮"，他以戏剧形式揭露首相弄权、朝政腐败等，使援引"中国事物"来批评欧洲朝政的声浪更加高涨。

中华古典文明的合理性、人文性、民主性，成了促使腐败专权政府瓦解、垮台的道德与舆论力量。

三、世界公民，以中国为镜鉴

英国大文豪奥利佛·哥德斯密（Oliver Goldsmith，1730—1774）从1760年3月11日起，在伦敦《公共记事簿报》（Public Ledger）这一当时英国唯一的日报上，连续创作了假托一位"中国哲学家"与北京礼部官员及亲友之间往还信函的一组文章，名为《中国人信札》，1762年以《世界公民：中国哲学家从伦敦写给他的东方朋友的信札》出版，一举成为英国文学史上的名著。

哥德斯密是爱尔兰牧师之子，1749年毕业于都柏林三一学院，1754~1755年间游历欧洲，饱读伏尔泰等法国启蒙主义作品，他创作的小说《威克菲尔德牧师》（1766）、诗歌《旅行家》《荒村》和喜剧《委曲求全》（1773）等，均成为欧洲脍炙人口的文学名著。

在他发表《中国人信札》之前，孟德斯鸠的《波斯人信札》（1721）和英国首相罗伯特·沃尔波斯的幼子霍勒斯·沃尔波尔（Horace Walpole，1717—1797）的《叔和通信》（A Letter from Xo Ho，1757，全称《旅居伦敦的中国哲学家叔和致北京友人李安济书》）已享有盛名，收藏家托马斯·珀西翻译的《好逑传》与阿瑟·墨菲改编自元杂剧的《赵氏孤儿》也一时轰动欧洲，哥德斯密借此时机，以《中国人信札》来表达自己启蒙主义的人文观点。

在18世纪"中国热"中，传教士的中国观察，与商人、冒险家对中国的观察大相径庭，时常矛盾。

哥德斯密精辟地分析了两种"中国观"之所以不同的原因，在于对中华文明的"认识深度"不同。他认同伏尔泰、约翰逊等大师的看法，认为真正有知识、有教养、有操守的中国游历家，应当是文化使者，主要任务不是描绘山川河流或勘查古庙残碑，而是要深入到受访国的人民生活之中，描绘其风俗习惯、工艺发明和学术、道德成就。

因此，曾经访问并居住在中国的传教士，接触了中国"士大夫"、研习了中国学术思想、服膺了儒家学说，故而看重中国文化的积极层面；而商人、冒险家，接触的只是沿海口岸的生意人，由于言语不通、操奇计赢，难免心存怨气，凭此浅尝辄止的片面经验，往往看重中国文化的消极方面。

后者如英国旅行家邓碧安（Captain Dampier）和安逊子爵（Lord Anson）的游记，要么语焉不详，要么无理漫骂，不足为凭❶。可惜，孟德斯鸠依据这些游记，写出《论法的精神》等作品，误判"中华帝国的统治原则是恐怖"。

哥德斯密借"中国哲学家"之口说："一个人离家远行，目的是为了改善自己和他人，那才是哲学家；要是盲目地受好奇心驱使，从一国跑到另一国，那只是个流浪者而已。"爱默生在《自然沉思录》中也有类似看法：现代游客，毫无哲学气质，只是到别地、别国寻求刺激，等同乞儿。

哥德斯密笔下的中国哲学家，总结人类生活的目的，是"追求智慧，以促使生活过得愉快"。为此，应当摆脱狭隘的民族、宗教等偏见，成为"世界公民"。

苏格拉底、柏拉图、西塞罗、普鲁塔克、威廉·坦普尔、约翰逊等大师，都喜欢"世界公民"这一称号，哥德斯密在《中国人信札》第24函中直接将这一称号的创始人，应归于孔子名下："孔子讲过，读书人的责任在于加强社会的联系，使百姓成为世界公民。"❷

《中国文化在启蒙时期的英国》的作者范存忠先生，认为这句孔子的话"待考"，实际上，熟悉孔子思想和儒家文献者，当知《礼记·礼运》里的孔子名句"圣人耐以天下一家，中国一人"，即全人类不分民族、宗教、生活方式而能"一视同仁"地彼此以仁义相对待。这一大同主义，乃中华古典宪政体系的固有价值，是儒家崇高弘大教化之要义。

哥德斯密在名著《世界公民》（又称《中国人信札》，1760~1762年）中，对中国人治国安民的艺术（政治与道德），给予高度推崇，显示了他对中国事物的深刻洞察：

> 一个帝国换了多少朝代，依然如故；虽被鞑靼人征服，但仍保持古代的法典、古代的学术。因此，与其说屈服于侵略者，倒不如说它兼并了鞑靼。一个国家，幅员可抵欧洲全部，但只服从一个法典、一个君主，四千年来只经历一度长期革命。这是它特别伟大之处。因此，我觉得别的国家和它比，真是微不足道了。在这里，宗教迫害是不存在的，人们的不同主张也没有引起战争。老子的信徒、崇拜偶像的佛门弟子，继承孔子的哲学家们，只是通过各自活动来尽力表达其学说的真实而已。❸

哥德斯密在《中国人信札》中，以古典中国为镜鉴，深入解剖了西方近代早期文

---

❶ 范存忠. 中国文化在启蒙时期的英国[M]. 南京：译林出版社，2010：177、189-190.
❷ 范存忠. 中国文化在启蒙时期的英国[M]. 南京：译林出版社，2010：184-193.
❸ 范存忠. 中国文化在启蒙时期的英国[M]. 南京：译林出版社，2010：184-193.

明治理的诸多流弊：

> 不论从哪一个角度看，你总可以找到这样一条线索贯穿着整个欧洲历史，就是罪恶、愚蠢与祸害——政治没有计划，战争没有结果。……穷兵黩武、分散财富，难道能导致长治久安吗？……你在任何场合都可以听到自由之声，千千万万的人为此丧命，也许没有一人懂得自由的意义。……（譬如1761年伦敦地区的竞选）场面十分热闹，虽不及中国的上元灯节，大吃大喝却有过之而无不及。候选人合适与否不取决于才能高低，而取决于款客的丰啬，取决于牛排和白兰地酒的份量。……英国的法律只惩治罪恶，中国更进一步，它还奖励善行。……（在法网紊乱的情况下，受害最深的是劳苦人民。）贫苦人的啜泣得不到注意，却受到每一专制胥吏的迫害。……（又譬如圣保罗大教堂的布道）做礼拜者不少，但乐声一停，大部分人开溜，好像原是跑来听音乐的。……再看剩下的，有的东张西望，有的向隔座女子丢眼色，有的窃窃私语，有的嗅着鼻烟……其中一个因为吃喝过量，另一个青年女子因为通宵打牌，都倒在垫子上睡着了。……每个人，只要有足够的兴趣去租一个会堂，都可以像开铺子那样自立门户，贩卖一个新教规。他的铺子一定生意兴隆，花最小费用就可进入天堂，那自然再好不过了。❶

细细研读自希腊罗马帝国以来，直至两次世界大战、冷战等全部西方历史，不能不承认：哥德斯密所言不虚。

作为敏锐无私的观察家，哥德斯密在肯定中国的社会理想、政治理想的合理有序——开明的统治、幸福的生活、奖善惩恶的法律制度、合理近情的道德准则——的同时，也细密而深刻地指出了18世纪下半叶即清朝乾隆朝政的腐败僵滞："中国也今不如昔了：法律比以前受到更多的金钱腐蚀；商贾们更加投机取巧，艺术科学也不如以前活跃了。"

哥德斯密对此提出的文明学解释，是中国古老的循环论哲学思想，即所谓"天道循环，无往不复"——政治上的一治一乱，经济上的一盛一衰，个人命运的一得一失、一荣一辱，亦即"成由勤俭败由奢"的历史铁律。

哥德斯密援引道家"知足不辱，知止不殆"的超越学说，推崇每个人在小康状态下的克制平静、自求解脱。

至此，哥德斯密从启蒙主义推崇的"合理近情"的理性主义原则（Reasonableness）出发,在中华文明中，发现了高度发达的民族智慧与合理有序的文物制度，认为中国思想系统与文明制度下培育的公民，能切中当时欧洲社会文明治理的诸多流弊，

---

❶ 范存忠. 中国文化在启蒙时期的英国[M]. 南京：译林出版社，2010：202-204.

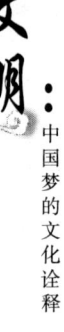

启迪全人类的头脑与心智。

范存忠先生总结《世界公民》（《中国人信札》）的历史意义说："从中国的思想文物与英国启蒙运动的关系来看，《世界公民》应该说是一个值得注意的里程碑。"❶

今日中国，再度奋起，渴望着以"世界公民"的姿态，融入西方主导的文明潮流，哥德斯密的真知灼见、对中华固有文明的睿智剖析，均堪反复玩味、吸纳融会。

四、启蒙诸家的"科学艺术之争"

人当少年轻狂之时，浪漫有余、理智不足，往往容易服膺反叛的卢梭主义；待学养、阅历、智慧、缜密、干练诸德增长，就逐步转化为服膺"道德理性"的伏尔泰主义了。

当时影响巨大的启蒙运动四大家，是伏尔泰、卢梭、孟德斯鸠、狄德罗，其各自不同的"中国观"，也有高下之别。著名法文翻译家范希衡谈到这一点，不得不"为贤者讳"，宣称孟德斯鸠"拿商人与海员的记述来平衡耶稣会教士的报道"❷，实际上，孟德斯鸠《论法的精神》是偏听、偏信安逊子爵所率个别船员的一面之词，远不及耶稣会教士对中国制度的深入研究，因为耶稣会教士扎根中国数十年，深入把握了中华古典文献、世风民情以及文明精髓所在。

对中国事物的不同看法，也源于启蒙四家的不同哲学和历史观点。这里，举出最具代表性的卢梭与伏尔泰为例。

譬如，在1749年，卢梭发表《论科学与艺术》，为了证明"科学与艺术的复兴，不能有助于敦风化俗"这一第戎学院征文的反题，卢梭得出了"科学艺术不足以促进人类的道德进步而适得其反、促使人类堕落"这一根本错误的判断。

他举出中国为例证，试图证明其反题：

> 在亚洲就有这样一个广阔无垠的国家，在那里文章得到荣誉就足以导致国家的最高禄位。如果各种科学可以敦风化俗，如果它们能教导人们为祖国流血，如果它们能鼓舞人们的勇气，那么中国人民就应该是聪明、自由和不可征服的了。然而……无论是大臣们的见识，还是法律所号称的睿智，还是那个广大帝国的众多居民，都不能保障他们免于愚昧粗野的羁轭……❸

---

❶ 范存忠. 中国文化在启蒙时期的英国[M]. 南京：译林出版社，2010：207-211.
❷ 范希衡. 赵氏孤儿与中国孤儿[M]. 上海：上海古籍出版社，2010：32.
❸ 卢梭. 论科学与艺术[M]. 何兆武，译. 北京：商务印书馆，1997：13.

时年38岁的卢梭，其思想包含了禀赋甚高、愤世甚深却又不明世风腐败之缘由，而企图迅速予以改善的思想者的"通病"，亦即孔子所谓"意、必、固、我"之误：

首先，他错误地判定"随着科学与艺术的光芒在我们的地平线上升起，德行也就消逝了，这一现象在各个时代和各地地方皆如此"❶，果真如此，人类文明有何意义？

其次，从这一错误前提出发，寻找论证这一错误前提的历史例证，为此不惜扭曲人类历史上几大文明的实际状况，譬如他攻击雅典文明堕落、斯巴达文明优越（与柏拉图犯同一错误，后经卡尔·波普在《开放社会及其敌人》予以全面驳斥），赞美罗马文明的穷兵黩武、摧残奴隶为"尚武精神"，再譬如以中国沦为鞑靼人（蒙古人和满族人）铁蹄下为例，说明道德理性、科学艺术（"文德"）无用；

最后，卢梭错误推导出一系列根本性的荒谬结论"科学与艺术都是从我们的罪恶（里）诞生的"❷，而解脱之道就是所谓"重返自然"、安于"幸福的无知状态"："全能的上帝啊！你手里掌握着人类心灵，请把我们从祖先那些知识与致命的艺术里解救出来吧；请赐还我们那种无知、无辜与贫穷吧，唯有这些东西才会使我们幸福！"❸

这一反文明的偏激之见，因厌恶列国争斗而偏激主张弃绝一切知识、技艺、道德、礼治等一切"文德"（文明技艺）而陷溺于同一偏枯、荒谬的境地。

与他的短视大相径庭，伏尔泰的名剧《中国孤儿》，就是为了批驳卢梭的"科学艺术无用有害论"而创作的戏剧，《中国孤儿》首版扉页上，赫然印着伏尔泰致卢梭的信：

> 先生，我收到了你那本攻击人类的新书，谢谢你。你将使人们高兴，因为你把他们的真实情况告诉了他们，但是你绝对纠正不了他们的毛病……从来没有人用这么多的才华来让我们变为野兽，读完你的大作，人们不禁要用四条腿走路了。
>
> 可惜，我失掉这个习惯已经六十多年了，我很惋惜地感到，不能再恢复这个习惯了。我把这"自然走路法"让给比你我更适宜的人们罢。❹

伏尔泰以天才的洞察力和幽默大度的优雅风趣，开导卢梭：一味攻击文明的弱点，并不能改进、增长人类的德行，人类更不能退回到"四条腿走路"的所谓"自然状态"。

改进人类的唯一途径，仍然靠"文明"（文德）的进步。关键在于：真正的进步，并非仅仅体现在卢梭所攻击的"科学艺术"等工具理性（技艺）层面上，不能靠那些无限繁复多样、花样百出的技术，卢梭的偏激批评，在此意义上，是有一定合理性

---

❶ 卢梭.论科学与艺术[M].何兆武，译.北京：商务印书馆，1997：11.
❷ 卢梭.论科学与艺术[M].何兆武，译.北京：商务印书馆，1997：21.
❸ 卢梭.论科学与艺术[M].何兆武，译.北京：商务印书馆，1997：35.
❹ 范希衡.赵氏孤儿与中国孤儿[M].上海：上海古籍出版社，2010：67-68.

的。卢梭的错误在于，从个别现象，推导出否定一切科学艺术本身，主张退回到"野蛮状态"或贫困、无知的"自然状态"，这等于是回到文明之前的野蛮中去!

伏尔泰正确地指出，要不断提升文明的道德境界与水准（道德理性），克服人类本能上的诸多弱点——好奇、贪婪、沉溺等，使文明技艺为道德进步服务，而不是相反。

每当人类文明出现重大转折乃至断裂时，总有人提出毁弃文明状态而退回到"小国寡民"的所谓"自然状态"（古有老庄，今有卢梭），而孔夫子、伏尔泰的英明、睿智在于，不是主张堕退为"绝圣弃智"的野蛮自然状态，而是给予人类以"向上一机"，即迎着时代发展、技术进步的潮流而上，在迅猛发展的时代潮流的前头，高瞻远瞩、富于远见地，用至大、至高、至正的"道德理性"，来约束、规范、平衡、协调"工具理性"（科学艺术等一切文明技艺）的迅猛发展，使之不脱离"文明造福人类"的正确轨道。

简言之，人类文明缺一不可：既要追求物质进步，也要追求道德进步，要分辨"善恶是非"，而不能舍此趋彼。

孔子标举这一境界是"贫而不谄，富而好礼"。

每当我在大学讲堂上宣讲孔子这一伟大教义时，总有学生不解地问"老师要反对技术进步吗?!"我每次都不厌其烦地解答说，"我的主张是：富要仁义，穷要上进! 既要工商科技，更要四书五经! 启蒙空想主义、实证主义的最大误导，现代大学制度、社会风俗的最大流弊，就在于只讲工商科技，不讲四书五经，所以扭曲、荒芜、失败!"

伏尔泰是在近代西方，能够深刻洞悉"中国精神"与文明奥妙的诸多启蒙主义大家之一。他将《赵氏孤儿》描绘的"家族复仇"故事，全然改换了时代背景，描绘成吉思汗征服中国后搜寻宋室遗孤，中国儒家士大夫臧惕夫妇毅然救孤并最终感化成吉思汗的故事。

经伏尔泰如此改写、提升，"文德"最终战胜了野蛮"暴力"，象征着文明、理性、道德力量的终极的合理性，而这种超越了工具理性亦即"实用性"层次的道德合理性，恰是"中国精神"（文明大一统精神）所在!

针对这场启蒙论争，范希衡精辟地指出：

> 成吉思汗征服了亚洲，征服了中国，殄灭了中国皇室，中国人的代表臧惕夫妇发扬着中国民族的道德，为保全正统的一脉，进行着不屈不挠的抵抗。这是一场文德与暴力的决斗。最后文德的威势压倒了暴力的恐怖，成吉思汗被感化了，首先向臧惕低头，战胜者接受了战败者的文化的统治。这就是伏尔泰与……《赵氏孤儿》完全不同的题材，也就是他……的命意。

《赵氏孤儿》就是影射宋元之争。伏尔泰并不知道中国作者影射的意图，却将中国作者不能明言的直接搬上了舞台，真可谓无巧不成书。然而这

个巧绝不是偶然……伏尔泰对赵宋那些孤儿的悲惨结局和中国儒臣那一连串壮烈抗争是早就清楚的。他在写《中国孤儿》之前已写成《风俗论》，戈比尔的《成吉思汗及蒙古朝史》是他重要参考之一。这部书把元人的残暴写得很详细……直至文天祥不受元职"南面叩头，从容就义"止，都写得如火如荼。这就是伏尔泰所谓之"中国精神"，也正是他在《赵氏孤儿》里所发现的"中国精神"。[1]

伟哉"中国精神"！

中国精神，就是绝不向任何野蛮粗暴的势力低头，而是想尽一切办法予以抵抗，促使其转化、提升的道德理性精神，儒家刚毅果敢的忠孝节义精神！

伏尔泰《中国孤儿》就是以"雄浑豪壮之美"（卢梭评价伏尔泰文才之语[2]）展现了"文德"不仅有用，而且可以最终战胜"蛮力"，这不仅批驳了卢梭的"科学艺术无用有害论"之立论荒谬，也树立起"文明终胜野蛮"的全球文明史上普世进步与古今传播的伟大规律。

中国人自古信奉"一时胜负在于力，千秋胜负在于理"的儒家道德理性主义学说，西方近代功利-实用主义，推奉"工具理性"之"实力决定一切"说，不断侵蚀着全球各古老文明的道德信念，遂使寡廉鲜耻、急功近利之风横扫世界，并使人产生卢梭式的浪漫错觉，以为"科学艺术不足以促进人类的道德进步"，进而堕退、沉沦、偏执，反其道而鼓吹"拔一毛以利天下而不为"（扬朱学派），或"小国寡民、绝圣弃智、清心寡欲"之说（老庄学派），或"严刑峻法、君尊臣卑"（法家学派）等，均未洞悉自孔子儒家一直到伏尔泰所揭示的人类文明大道："富而教之，富而好礼""齐一变而为鲁，鲁一变而为道"之博大境界与深邃义理。

每当我在课堂上宣讲儒家义理，总有学生堂下辩难道："儒家既然很好，为何不能阻挡西方入侵呢？"我告诉他们，历史决不可"以成败论是非"，西方近代凭借"工具理性"战胜中国，不等于中国"道德理性"有错，培根"知识就是权力"之说，可以行之一时，不能行之久远。

正确合理的文明态度是：尽量吸纳工具理性以发展工商科技，同时大力发扬中国固有之道德理性（孔子学说），以约束、规范、提升工具理性之野蛮粗暴、自私自利偏向，使之服务于人类的幸福与天下太平，而非相反。

---

[1] 范希衡. 赵氏孤儿与中国孤儿[M]. 上海：上海古籍出版社，2010：47-48.
[2] 卢梭. 论科学与艺术[M]. 何兆武，译. 北京：商务印书馆，1997：26.

五、对启蒙"中国观"的合理分析

著名法文翻译家范希衡先生，在专著《赵氏孤儿与中国孤儿》中，深入分析了启蒙诸家的"中国之争"。

他首先精辟揭示：元代遗民作家纪君祥编撰《赵氏孤儿》的主旨在于"以程婴存赵影射恢复赵宋……作者在元人统治下不能明说'华夷之辨'，特意用'魏绛和戎'典故暗点出来，具见其爱国苦心。作者一起手就想到了这样的收场，所以第一折里韩厥自刎就为第五折魏绛出台设伏……表达祖国复兴的愿望"[1]。

范希衡还在该页注释中批驳日本著名学者青木正儿《元人杂剧序说》认为《赵氏孤儿》第五折是"画蛇添足"的错误观点，明确指出："在思想上，第五折是画龙点睛。"[2]见解高出日本所谓学者名流，不知凡几。

范希衡进而分析了17—18世纪在巴黎和整个欧洲普遍发生的"中国热"风潮："自十七世纪末叶直到十八世纪的七十年代，中国知识和中国工艺品仿佛突然涌到了巴黎。……巴黎人赋性就爱好新奇，他们突然发现远东，有这样一个历史悠久的大国，这样地大物博、人口众多，又有这样高的文化，便仿佛看到一个奇迹，一致趋之若鹜。中国工艺品在巴黎'与黄金比重'。一个上等人家的沙龙里，如果没有几件中国陈设品，便仿佛是个耻辱。"[3]

热潮所及，连当时的普鲁士国王腓特烈二世，也用法文写了一部小说，题为《中国间谍在欧洲》（1765—1774），原著"无名氏著"，经考证为腓特烈二世手笔[4]。

范希衡在该书中罗列分析了一些深刻影响法国启蒙思想的大部头中国文化著作，譬如《中国通史》（塞麦多神父1667年著）、《中国现状记》和《中国礼仪》（李明神父1697、1700年著）、《中国通志》（杜赫德神父1763年编）以及《成吉思汗大帝史》（白迪·德·拉·夸尔神父1710年著）和《满族人征服中国史》（马亚神父1754年著）等，这些著作使"中国热"更加汹涌。

范希衡先生精辟地指出："中国思想，就是由于这些著作，透过法国启蒙运动作家的吸取和宣扬，影响了法国1789年资产阶级大革命。"[5]

范希衡具体分析说，法国在路易十四"黄金时代"之后，政治没落、社会混乱、风俗腐败，法国启蒙作家不再像文艺复兴前辈那样远觅古希腊罗马文明，而是就时代

---

[1] 范希衡.赵氏孤儿与中国孤儿[M].上海：上海古籍出版社，2010：28.
[2] 范希衡.赵氏孤儿与中国孤儿[M].上海：上海古籍出版社，2010：28.
[3] 范希衡.赵氏孤儿与中国孤儿[M].上海：上海古籍出版社，2010：29-30.
[4] 范希衡.赵氏孤儿与中国孤儿[M].上海：上海古籍出版社，2010：30.
[5] 范希衡.赵氏孤儿与中国孤儿[M].上海：上海古籍出版社，2010：30-31.

所近，以康雍乾盛世期的中华文明为榜样。

范希衡大致勾勒出当时中国现状与法国乃至欧洲现状的不同：法国政治由路易十四的开明专制，逐步演化成权贵个人、上层小集团满足私欲的暴政，而中国皇帝却是全民的"家长"，负责全民福利；路易十四后期豪奢黩武、苛捐杂税，耗尽民财，中国皇帝则崇尚节俭、鼓励农耕、长期与邻邦和睦；法国天主教会骄奢淫逸，与耶稣会等不同教派彼此倾轧、严酷迫害，而中国儒教，只有教义却无教会，教义也仅仅是简单实用的道德，对佛教等一切异教十分宽容；法国世袭贵族没落无能，而中国没有世袭贵族，是"选贤与能"的古典选举政治，单凭文章即可获取高官厚禄。[1]

事实上，卢梭本人缺少定见，时常摇摆，在《论科学与艺术》《新爱洛伊丝》和《论政治经济的演说》中，对待中国事物，采取了时而痛诋、时而歌颂的自相矛盾态度。

范希衡对此深深不以为然。

他高度认同另一位启蒙大家狄德罗在《百科全书》里"中国"词条的总体评价：

中国人民被一致认为，其悠久历史、聪明才智、艺术进步、道德、政治、其哲学好尚，均为亚洲国家之冠，甚至有人认为，可以凌驾欧洲任何最进步的国家。[2]

范希衡更赞许伏尔泰对中国的推崇：

他才力过人，胸襟开阔，读书多，见识广，笃信世界主义，所以他对中国的认识，比孟德斯鸠要全面些、深刻性，决不像卢梭那样零碎、矛盾，更不像狄德罗那样笼统、空泛。[3]

事实上，在启蒙运动四大哲人中，唯伏尔泰的见解最深刻、最公允、最恰切、最全面，范希衡、范存忠等精通欧洲文学的学者的专门研究与精确评价，堪称不刊之定论。

譬如，伏尔泰论中国，在全面肯定的同时，也指出某些不足以待改进的方面。伏尔泰精准地认定，孔子学说为中国文化的灵魂，认为孔子学说是一种自然宗教，古老而纯正："他们的宗教是简朴的、明智的、庄严的，无任何迷信，无任何蛮气……"[4]

他赞美中国政府是世界上组织最好、最明智的政府，因为皇帝以"好家长"的身份治国："基本的法则是：全帝国即家庭；在这个大家庭里，人们把公共利益看作第一

---

[1] 范希衡. 赵氏孤儿与中国孤儿[M]. 上海：上海古籍出版社，2010：31-32.
[2] 范希衡. 赵氏孤儿与中国孤儿[M]. 上海：上海古籍出版社，2010：32-33.
[3] 范希衡. 赵氏孤儿与中国孤儿[M]. 上海：上海古籍出版社，2010：34-35.
[4] 范希衡. 赵氏孤儿与中国孤儿[M]. 上海：上海古籍出版社，2010：36.

义务，这在任何其他国度里都不能如此。所以皇帝和官府经常注意修公路、疏水道、凿运河、奖励农业和工艺。"❶

也就是说，伏尔泰一方面充分肯定中国社会由孔子学说简朴教化下的良好道德风尚与皇帝、官府全面担负公共利益的维护这一政治制度的合理（前者简称"道德"，后者简称"政治"，二者相辅相成）；另一方面，伏尔泰也指出中国的若干缺点：譬如科学艺术进步较慢、对祖先遗产过度崇拜等，尽管这些观察和评价，如今看来尚不够全面，已被后来譬如李约瑟《中华科学文明史》等研究所"证伪"，但也具有"发人深思"之处，足以令国人自我警惕、防备其固有文明陷于僵化而无精准传承以促新生之机。❷

如今，真相终于大白：中国近代"新史学"和"新新史学"错误判定中国古典历史是落后愚昧的、封建专制的，以全盘西化的价值立场，对中华古典文明，多有误解、扭曲、污损，证明其洞察力远不如视野开阔、豁达的西方贤哲。

近代中国学术、舆论主流的最大失误，就是把儒家精英民主、古典宪政机制乃至一切古典文明成就，与西方近代自由民主宪政机制，人为虚构成"你死我活、水火不容、舍此取彼、彼此替代"的对立两极，而没有看出二者的本质同一性、兼容性、互补性。

民国初年，印度诗圣泰戈尔来华访问，主张中西融合，立即遭到当时舆论界、知识界一股激进逆流的围攻，对泰戈尔思想进行无理攻击，如今历史已证明了这些做法的错误。

冯友兰曾面询泰翁："方今西方功利文明犹如利刃袭来，东方道德文明如何应对？"

泰戈尔妙语解答："善用利刃，而不被利刃所用！"

伟哉诗圣！泰戈尔之见，一如伏尔泰之远见卓识！

尽力保守中华道德理性，善用西方工具理性的优长，二者融贯合一，中华文明必复兴，全球文明必康宁！

---

❶ 范希衡. 赵氏孤儿与中国孤儿[M]. 上海：上海古籍出版社，2010：36-37.
❷ 范希衡. 赵氏孤儿与中国孤儿[M]. 上海：上海古籍出版社，2010：37.

第三十三章　洞见真实：从维柯到宇野哲人

培根、笛卡尔、康德、卢梭等主张的启蒙空想主义信念的深刻失败：人的理性并非强大无比，人类感官的脆弱性，注定了大多数人不能专注于某个事物较长时间而不被其他感官印象干扰，在纷杂混乱的人类感官经验的基础上，要能树立稳固、坚韧、明辨的理性判断并随时依据这一理性判断开展行动，这只是意志坚定的少数人的品质与行为，绝大多数人根本无法从现象大海的湍急漩涡中，稳固、精准地掌控住自身的判断与行动，更无法在理性光芒照耀下披荆斩棘、艰苦卓绝地持续推进，进而掌控瞬息万变的自然与社会的复杂多变进程。

一、维柯深刻批判启蒙空想主义

极具原创性智慧的伟大思想家乔万尼·巴蒂斯塔·维柯（Giovanni Battista Vico，1668—1744年）是最早洞悉启蒙主义哲学错误的伟大天才之一。美国学者、维柯专家马克·里拉（Mark Lilla）在《维柯：反现代的创生》这部精彩纷呈的著作中，细密梳理出维柯思想的智慧要点：

> 维柯的哲学如何预见到一股被称为"反启蒙运动"（Counter-Enlightenment）的现代思想潮流……根据这种观点，如果一个哲学家武断地坚持，对于理性来说，一切关于自然和人的真理，都是普遍的、客观的、永恒的、透明的，这个哲学家就是彻底的理性主义者（rationalist）……那些缺乏历史根据的哲学论断和政治论断，都被证明是……乌托邦的、僵硬的、决定论的、傲慢自大的、毫无感情的、平均划一的、心胸狭隘的。
>
> 维柯是意识到笛卡尔的现代理性主义自身内含这种错误种子的第一个思想家。正是对笛卡尔的这种洞见，使维柯站到了崭新的路径上，这条路后来

被拓展为一条反启蒙运动的宽广大道。❶

在启蒙空想主义、功利实用主义、实证主义等近代主流哲学的误导下，世界各国的近代化试验，在短暂成功后，目前正面临着全球文明陷入生态紊乱、经济-社会动荡和人文堕落等巨大危机之中。马克·里拉对此总结道：

> 启蒙运动以科学和技术进步的名义破坏了自然，以世界主义和个人主义的名义毁灭了传统社群，以社会工程的名义来推进某种政治极端主义。❷

他概括维柯的伟大主张是：

> 人需要比理性和自由更多的东西，来统治他自己；他需要信仰、传统、习俗和秩序。❸

一生贫贱、默默无闻但却意志坚定、灼见鲜明的伟大天才维柯，作为近代第一个真正的历史哲学大师，远远超出培根、笛卡尔、康德、卢梭等人的思想水平，最早洞悉了每个当代大学课堂上轮番演出的人生悲剧：先是被片言只语、一丝灵感闪光、奇闻轶事、幽默谈吐所感染、鼓舞，然后伴随感官刺激的消退，逐渐被艰深的经典研读、浩繁的文献梳理、人类文明遗产对日积月累的生命经验、社会经验的严苛要求、沉潜涵咏、优雅宁静的心境、客观条件等一一吓退。

里拉在《维柯：反现代的创生》中概括出维柯历史哲学对古今文明及其体现——哲学、教育、学术的总体评判：

> 现代哲学和科学让自己以解放人类的面目出现，但实际上却让人成了奴隶——或者是不敬野心的奴隶（培根），或是"疯狂的"理性主义的奴隶（笛卡尔），或仅仅是未加驯服的语言和精神力量的奴隶。而古人则被认定为让人屈服于教条和迷信。维柯为古人辩护，认为他们才是人类理性的真正解放者。古典教育是经过系统安排的，非常适宜于通过几何学、演说术和论题法来驯服各种非理性能力。其结果是，青少年首先要经过审慎和常识的教育，以此作为理性训练的心理基础。尽管古人与现代人相比，也许对外在自然的理解尚有不足、未能开发自然为己服务，但他们确实哺育了更聪慧、更

---

❶ 马克·里拉.维柯：反现代的创生[M].北京：新星出版社，2008：4-5.（率先对此进行梳理的当代著作参见 艾恺.世界范围内的反现代化思潮——论文化守成主义[M].贵阳：贵州人民出版社，1991.
❷ 马克·里拉.维柯：反现代的创生[M].北京：新星出版社，2008：7.
❸ 马克·里拉.维柯：反现代的创生[M].北京：新星出版社，2008：15.

幸福、更自由的人类。[1]

中华文明就是"哺育了更聪慧、更幸福、更自由的人类"亦即古典中国人的文明制度与宪政体系，本书在宪法哲学上，称之为"古典宪政体系和华夏民主制度"，因为它把道德知识，置于工具理性知识（工商科技知识）之上，从而将人类脆弱的感官世界、混乱的内心世界、盲目的生命世界的一切强大能量，固置在正确的文明方向上，即仁义礼智信的共享价值上，以严谨规整的文明制度（天地君亲师等礼乐教化秩序）传播这些价值，让中国人转化、提升生命能量为道德境界，进而建树起聪慧、幸福、自由的公私生活。

中华古典文明的巨大优势，就是它在公共信仰体系（仁义礼智信的儒教信念）、公共教化体系（天地君亲师的儒家人文主义思想学术体系，旁接道释耶回各大宗教伦理）、公共治理-服务体系（华夏精英民主制下的宪政秩序）这三统（道、学、政）贯通、合一、协调中，亦即"天地人宇宙生命大一统"，缔造出的伟大文明的制度体系，这一体系，正符合维柯所谓的"理性和自由之上的、能够统治、管理人类自己、启蒙哲学严重残缺而现代化进程又须臾难离的的全球信仰、传统、习俗和秩序"。本书认为，这一文明传播的秩序、体系，就蕴含在中华文明的固有传统中，就蕴含在中华文明博采西方文明优长而重建自身的21世纪的伟大历史进程中，蕴含于共享价值的中国话语表达与文化形式中，"中国照亮世界"的过程，就是重新照亮中国人长久失落的灵魂，进而赋予重重危机中的全世界久觅不得的和谐与大同。

二、德配天地、道贯古今的儒家智慧

与维柯思想有异曲同工之妙的著名文化史家，是第二次世界大战后德国的一代宗师阿尔弗雷德·韦伯，著名社会学家马克斯·韦伯的胞弟。阿尔弗雷德·韦伯的见识，远远超过其兄。

> 尼古劳斯·桑巴特在引人入胜的缅怀、追忆第二次世界大战后德国知识界心路历程的名著《海德堡岁月》中开辟专章回忆道：阿尔弗雷德·韦伯（Alfred Weber，1868—1958）当时是海德堡大学的主导人物：皇权德国的遗老，尽管高龄，却保有赤子之心，一个青春永驻的形象。……他传授丰富的知识和文化社会学（那首先是种解释通史的方法）的方式难以描述。……阿

---

[1] 马克·里拉. 维柯：反现代的创生[M]. 北京：新星出版社，2008：52.

尔弗雷德·韦伯参与了那个贯穿19世纪的长期努力，虽然当时的哲学家、历史学家和社会科学的前驱们路径不同，但都同意历史是人类科学首要的认知对象……期望借助认知历史动态及历史进程，能够解开社会危机的原因和克服危机的可能性。（文化）社会学的核心关怀，在于分析历史整体存在中的人类命运，观察作为人类整体命运的历史，探索人类的"灵魂与精神"特质及在历史进程中的人类变化与变异……到底什么是文化社会学？文化社会学是可能区分"文化"与"文明"的学科。这是19世纪德国文化批评的正面遗产……只要是德意志的就是"文化"，不是德意志的便成了"文明"，亦即革命的法国、自由主义的英国、人权和民主的美国。德国在对抗整个世界，对抗世界文明。……在地球上有无数分散各地的文化……文化根植于自己的过去，在其自我认知中，和过去紧密联系，是传统、血缘、土地、起源、基础。而文明进程，相对而言，总是未来取向的。……文明进程是一种发展现象，其终极目标是制造"一个世界"……文明进程是普遍的、全球性的。……我们的时代意识，滞留于这些（技术、经济）发展之后，而不在时代的前沿。我们知道演化过程中这种存在与意识飘浮脱节的现象，因而塑造出文化失调（Cultural lag）的概念。❶

阿尔弗雷德·韦伯以"文化社会学"的方法，思考贯穿于全部历史中的人类命运，其名著《文化社会学视域中的文化史》（1935）就呈现出德国学者善于把握各民族文化中"灵魂与精神"特质的优点，而被桑巴特简单概括为"19世纪德国文化批评的正面遗产"的所谓"文化"与"文明"之间的虚假对立与后发冲突，除了具有一定的描述功能外，已被证明为一种无效或混乱的区分。

"文化"未必就一定是本土的、血缘的和根基性的，文化本身是观念、习俗的杂交过程，而"文明"也未必就一定是"未来取向的"、脱离历史的"发展"趋向，这一切区分，均来自19世纪欧洲思想的病态遗产——对古今、内外、存在与意识等文明侧面的虚假区分与妄为固执。

本书的立场，一如亚历山大大帝对神庙前一团乱麻的拦腰斩断：文明就是人类生活的价值整体，这一整体贯通古今，涵括内外，更无所谓"存在与意识"孰先孰后、谁决定谁的虚假判定。文明的鲜明标志，就是这一文明的"绵延性（可持续性）""广大性（可传播性）"如何，在历史时空中一种宪政秩序、传播秩序的兴起、展开、衰落等全部生命现象之总和，尤其是其价值秩序，就是"文明"。

用中华文明的表述法，文明的绵延性（可持续性）、广大性（可传播性），就是中华文明之最高价值与灵魂，其道德象征，可用那幅著名的孔庙楹联概括：

---

❶ 桑巴特.海德堡岁月[M].南京：江苏人民出版社，2007：125-133.

> 德配天地，道贯古今！

这意味着：人类的美德，足以呼应、配合天地养育之大德；文明之大道，足以贯通、融会古今万民！注意：中国人认为，检验人类文明程度的最重要标尺，不是人类的工商科技水平，而是人类的道德水平；划分人类进步的最重要标记，不是启蒙主义妄为隔绝的古代、近代等分类学固执，而是古今生命、古今制度、古今精神一气贯通——过往、现在、未来三者协调，密不可分；全部生存过、正在生存、将要生存的人类、万物，全宇宙生命大交汇，是一个价值整体！

文明绵延性（可持续性）、广大性（可传播性）的哲学含义，在于一举打破启蒙主义的历史哲学偏执，让古今文明交融成生命整体，让自我夸诞的当代人，学会"温故知新"并向一切人类经验、生命体验开放，从中萃取、提纯出具有共享意义的道德精华、人文精华，将之贡献于全球一体的伟大生命进程。

历史与未来，相向涌流，汹涌澎湃，灌注于当下，倘若全人类能以一种共享价值（仁义礼智信等）弥合分歧、共同应对全球挑战，就会起死回生。

用阿尔弗雷德·韦伯的话说，就是："以往是现在的明镜，而现在则是焚毁以往的柴堆。二者相加，经过诠释，便为生活在这个世界上的人们打开了认识的途径。"[1]引申而言，现在人类挣扎生存的欲望之火，犹如熊熊燃烧、浓烟滚滚的木柴，焚毁、缭乱、熏黑了历史的明镜；重温、诠释过往的教训，就是擦拭这面明镜，廓清上述启蒙观念释放的偏执迷雾，激发人类的道德良知与文明智慧以开辟未来。

三、华夏民主制：阿尔弗雷德·韦伯论断中华文明

阿尔弗雷德·韦伯在《文化社会学视域中的文化史》开头章节中揭示了"中国文化面貌"进而把握中华文明的精神特质与制度特质：

> 或许从更早的时候，宫廷和国家官僚主义就渐渐形成了。无论人或物，它都和部落统治及其发展而成的封建主义有千丝万缕的联系。也许它是修浚河流的必然结果。……这样的体制在某些封建世袭领地里被改造，使帝国松散，甚至几乎分裂成一个个独立国家。但一次次分裂也促使整个民族进行长期的深刻反省，这种反省是保守的。自省最富有成果的时期涌现出伟大思想家（老子、孔子、孟子），他们奠定了中国这个帝国稳固的思想基础，成为

---

[1] 阿尔弗雷德·韦伯. 文化社会学视域中的文化史[M]. 上海：上海人民出版社，2006：2.

以后中国所有时代思想的标准。始于公元前202年、止于公元220年的两汉时期，创造了无数美妙绝伦的文化珍品，至今仍影响着我们。……所有朝代都将农业问题置于中心，其生存依赖于农业，但几百年间都没能彻底解决农业问题。直到宋朝，著名官员和史学家司马光于1090年前后，实行了对中国来说唯一可行的办法：拥有千亩以上土地的大地主的土地被收归国有，王室世袭领地也被出租。此时，这个巨大农业帝国后来长期遵循的生活模式终于建立起来了。

中国文化的本质是隐藏在父系社会假象下的母权制存在，它脱离母腹之后，便沉浸在反对嗜权者、反战的民主气氛中，建立在由妇女主持的、极其稳固的家庭基础之上。尽管男性趾高气扬地担当家长，却只有女性能够真正主持家庭。……中国是民主的。官僚阶层由官员构成……这个阶层建立在土地租赁制的基础之上，土地租赁制嵌入民主的农业体制中，至今如此。没有一个国家在世袭贵族统治崩溃后，能像中国那样彻底消除特权，且长达几千年之久。❶

阿尔弗雷德·韦伯触及华夏民主制下古典宪政秩序的核心奥秘：炎黄尧舜时代以来日益完善的民主宪政制度，孔孟、老庄、陆贾、贾谊、董仲舒、司马迁、孔安国、郑玄、孔颖达等围绕在《十三经注疏》和《二十四史》、诸子文献中的中国主流学术思想，一以贯之地阐释着华夏民主宪政精神，都在呼应着尧舜禹、汤文武、周公孔子、汉高祖、文景武诸帝的伟大文明创制活动，都是要剪除、扫荡封建特权残余、地方割据势力、民间工商豪强，防止经济、军事上等任何层面的"特殊利益集团"盘剥自耕小农——中央财税的主要来源，进而威胁全国大一统的稳定、繁荣。

换言之，中华文明的"民主制趋向"远远高出"贵族制趋向"，成功维系了全国政教通行无阻、文明传播稳步扩大，而晚周诸侯割据、魏晋南北朝门阀制度、元和清的贵族特权制度等，可谓对"中华文明民主制趋向"的极大反动，因此遭到全民族上下一致的唾弃。

阿尔弗雷德·韦伯精辟地用"帝国民主思想"来描绘华夏民主制下古典宪政秩序：

成为国教的儒学，充满了经过深思熟虑的、冷静而客观的伦理法则和理性思想，调整着国家和日常生活中的每一个实际行为。……皇帝连接着整个帝国和宇宙……如果宇宙不通过让帝国发生饥荒、旱灾、用水紧缺、动乱等不幸来发泄怒气的话，皇帝便可直接感通神灵、得到"道"。一旦宇宙发

---

❶ 阿尔弗雷德·韦伯. 文化社会学视域中的文化史[M]. 上海：上海人民出版社，2006：53-56.

怒，皇帝就不再是天子，无法感通神灵者，就不是皇帝。在这种超验的、预知自然的帝国民主思想主宰下，他是要被驱逐的……但不是通过革命来完成，而是通过对"此在"（民生）秩序的修复。国家对宗教的虔信和国家伦理均出于上述机理。日常生活的伦理是社会整体与自然在宇宙中的统一，它体现为简单的规定，以便于人们理解。其内容包含少数几个具有普遍意义的信条：家庭责任、社会责任和涵义最深刻的仁爱。❶

华夏儒教宪政民主制，适足以在朝堂之上，限制特权阶层枉法害民，在江湖之下，保障、规范百姓安康。孔子、孟子、董子等原始儒家提出、诠释的"天地君亲师"的宇宙人文秩序，用意就是要把"君权"置于"天地"自然秩序之下，君主不遵天道推行仁政，就要遭受"天谴"，皇帝必须为帝国的水旱灾害与民生国策的重大失误"负全责"，通常的做法是"皇帝颁布自我谴责的《罪己诏》"、修改错误政策、惩治腐败官吏、大赦天下刑徒；严重犯错的皇帝，也可由宰相、御史大夫与众大臣、王室集团商议，予以废黜并择立新君。

阿尔弗雷德·韦伯以文化史家与一流哲人的双重锐敏，洞悉了中华文明与西方文明之间的深刻差异：

> 中国文化的本质一定是不会改变的，不会从内部被哪种思想摧毁，几千年来，它就像一个闪闪发光的球体，将生活、自然和宇宙反映出来，形成轮廓分明的奇特图像。在历史演进中，它不仅反映生活、自然和宇宙，还梳理、调整三者的关系。西方文明以理性掌控着"此在"，无法通过"此在"的各种力量反映内涵丰富的生活。自从高傲自大的西方文明松动了稳固的中国文化球体，这个球体开始破碎，那一幅幅图像不仅被盲目的空无所取代，还变成了毫无规则的废墟。在这片废墟上，掌权者不再通晓自然、人性和宇宙间的关系，也不再明白宇宙的规律。他们或者为了彼此争斗，或者为了建立新秩序，醉心于利用诡计、压迫、机关枪等等诸如此类的东西进行统治。这就是世界历史上惟一一个伟大文化的结局，它曾由男性塑造，长期立于不败之地，母性与宇宙力量直接神秘的结合，是它永久不变的本质。❷

阿尔弗雷德·韦伯的论断，尖锐地指出了西方启蒙工具理性下的文明，"高傲自大地"破坏了协调人性、自然和宇宙三者和谐关系的"中国文化球体"、破坏了长期立于不败之地的中华文明的内在稳定。但这一近代乱局不足以改变它的内在本质，它必将

---
❶ 阿尔弗雷德·韦伯. 文化社会学视域中的文化史[M]. 上海：上海人民出版社，2006：59-60.
❷ 阿尔弗雷德·韦伯. 文化社会学视域中的文化史[M]. 上海：上海人民出版社，2006：62.

重新"由男性塑造",即全民族的灵魂觉醒与男子气概的巨大复苏,进而挣脱困局而重获新生。

深受阿尔弗雷德·韦伯启发的德国哲学家卡尔·雅斯贝尔斯,就在1949年的名著《历史的起源与目标》中率先预言了当代中华文明的惊人崛起,伴随经济崛起的中华文明精神的复苏与灵魂新生,也必将是势不可挡的伟大潮流。

四、亲近体认中国历史实际与文明灵魂

本书一开篇就确立了以海德格尔之"生存现象学"观念、现象诠释学的"前理解"、"古今视界融合"等方法与陈寅恪等"民国七贤"所主张的"同情之理解"之方法,为研读古今经典文献、诠释古典文明的基本准绳。

中国近邻哲人、日本著名汉学家、东京高等师范学院、东京帝国大学教授宇野哲人(1875~1974年)的汉学名著《中国文明记》(1918年),就是这样一部深入体贴地考察研究清末中国社会、展现"同情之理解"的高远境界与优美文采、亲近体察中华文明灵魂的一流著作。

以余目力所涉,近代中国人所写回忆录、游历札记、调研报告,在观察的敏锐、把握的精确、对经典文献的熟悉、文笔的幽美蕴藉等诸方面,均不堪匹敌宇野哲人。

惟堪与比肩者,则非钱穆先生巨著《八十忆双亲·师友杂忆》莫属,二者同为洞悉清末民初中国古典社会、文明面貌之隐幽内情之精美、翔实之记录也。

宇野哲人,字季明,号澄江,一生深受中国文化熏陶,学养之深厚、信念之坚卓、对中华文明之热爱,超过与之同时代的许多中国学者。1894年,宇野哲人进入东京第五高等学校就读时,就立志攻读汉学,其直接动机就是对著名西化派代表人物福泽谕吉之"排击儒教论"存有深刻异议。1900年,宇野哲人毕业于东京帝国大学汉学科,广博吸取了汉唐训诂学和西欧哲学等人文知识,开始了他卓越的中国哲学史研究生涯。1906年来华留学游历两年多,归国后历任多所大学教授,1959年被表彰为近代文化功劳者。

《中国文明记》分成两部分:第一部分是作者在天津、北京、山东、西安、长沙、武汉、南京、镇江、苏州、杭州等大半个中国的考察、游历的札记,是弥足珍贵的清末中国的第一手观察记录;第二部分则是作者对中国社会与文化的简要研究,其中不乏真知灼见。

作者在该书"序"中说:

读古代圣贤经传,并以此来认识中国者,皆以为中国圣人并起、贤良如

云，实是世界上理想之国。中国果然是理想之国耶？世人又往往以自己贫乏之经验，动辄谩骂中国人忘恩背德，不可理喻。中国国民果然应得如此谩骂、不可交往耶？❶

经典文献中记载的中华文明，确为人类古典文明的治理典范和优雅极致，而明清以来古典宪政机制的逐渐衰颓与政府财政巨额亏空累积成的民生凋敝，是一些民众迫于生计而采背德态度的经济-社会主因。

宇野哲人在《中国文明记》第一节"最初之所见"和第二节"天津"文字中，开篇就鲜明刻画出清末中国之残破凋敝、官民贫富之悬殊隔绝、洋务派代表人物李鸿章祠堂所展现洋务派建筑之恶俗，透露出号称"自强运动"实则外强中干、涂饰虚荣、无助国计民生之洋务派虚假繁荣也：

> 自塘沽上陆，最初之所见，非常遗憾，绝非愉快之事。夹白河所建之民屋，均是极其矮陋之泥屋，墙壁自不待说，连屋顶亦是泥土所涂。……难怪先时将塘沽民屋误为猪圈。对捉襟见肘之中国而言……以此为北清之门户，此绝非中国之名誉所在也。……下等劳动者——苦力之肮脏是事实，然官吏及富民，有潇洒风采者亦不少。总督衙门虽不能乱进，然如李公祠，即前直隶总督李鸿章之祠堂等建筑，美轮美奂。惟其庄严典雅之趣绝无，不得不视之为俗恶，是为遗憾。总之，其华丽、殷赈，天津为北清门户绝无可羞之处，与塘沽比，实有天壤之别。若以此类比中国国民贫富悬隔之甚，不亦可乎。❷

以中国之大、人口之多，近代化之自强运动必须倾全国之力、历数百年经营，才能将国富、民强两大目标循序渐进地实现。然清朝本属"狭义的部族政权"（钱穆先生语），中枢政治被清朝贵族把持，其政权根本不向全国精英士人开放，其在古典宪政机制上的根本缺陷，造成对广大汉族人封闭、猜忌、高压的"合法性"内在危机，这一宪政危机必然在内忧外患的情况下加剧激化为统治危机。

宇野哲人在该书1918年修订版序言里，亦触及这一点："中国国土广袤，文化难以遽然普及。保守之中国，纵然铁路开通之里数增加，都会之外观亦有若干之变化，但大体之上，旧态依然。"❸引申而言，经济之惠及民生，文化之惠及大众，道德之规范社群，心态之开放自由，均需长久艰巨之举国努力。

然而，中国近代积贫积弱，除了上述古典宪政机制被清朝皇族集团"乾纲独断"

---

❶ 宇野哲人. 中国文明记[M]. 北京：中华书局，2008：序.
❷ 宇野哲人. 中国文明记[M]. 北京：中华书局，2008：3-4.
❸ 宇野哲人. 中国文明记[M]. 北京：中华书局，2008：修订版序.

所破坏这一内在主因外，其外在主因就是古典农耕经济体系，不足以支撑列强步步军事进逼、不断经济侵夺、巨额战败赔款之催索无度，政府在巨大的财政亏空下，完全无力应付一切紧迫的军政、民政需求，要举办经济文化事业，更无可能。官吏群体贪污自肥，造成公德堕落；百姓迫于生计而背德妄为，造成私德匮乏；公私堕落、上下推诿，在国际间必造成衰败印象。

一些浅学俗儒，凭粗浅印象，就草率判定"中国国民性低劣"，在日本朝野形成"辱华"成见，以作为"侵华"前奏。著名的"尧舜禹抹杀论"就是日本汉学界为了抹杀中国经典文献的可靠性，进而抹杀中华文明的伟大成就、动摇中华民族的自信心，从而为其阴谋侵占东北、侵略中国制造欺人舆论的诡计。

宇野哲人是较少受日本"疑古派"错误影响的汉学家。他在抵达北京前就怀抱对中华文明的热烈向往之情，遂在黄昏抵达北京城时自言激动心情：

> 予已成北京之人。暗中尚未见到任何事物，予已成北京之人。以燃烧般之好奇心，观察北京、了解北京，实为此后数月之大事。……游北京者，定先登上城墙。予被此城墙之壮大所惊倒，真正之金城铁壁之感慨亦由此而发。城墙上，正阳门侧有美国炮台，崇文门侧有德国炮台，巨炮朝向皇宫。一旦有事，一击之下，顷刻粉碎。见此形势，又让人再次吃惊。中国人不得随便登城，而吾等外国人却可自由曳杖登临。作为中国人，对此屈辱，又有何感？❶

宇野哲人以学者之诚实、哲人之锐利，一语道破清政权统治危机之实质：如此悠久富丽之文明，却因治理不善而遭受列强如此屈辱之对待与威胁，清政权之合法性完全丧失，已昭彰若日。距离宇野在华（1906）仅四五年后，这一"狭义的部族政权"即告崩溃，国人对其毫无惋惜之情，不亦宜乎？

宇野更在津门目睹贫富悬隔之余，忠实记录北京所见之贫富悬隔：

> 不见皇宫，焉知帝王之尊。此是古来所传之格言。故皇宫美轮美奂，壮丽至极。然城中人民之房屋，其矮陋令人吃惊。❷

贫富悬隔，乃一切政权覆亡之不变铁律，宇野哲人一语道破，不亦史家之正见、"汉学"（中国学）之正宗耶！宇野极其细致地刻画出清末北京房屋之破旧简陋、道路

---

❶ 宇野哲人. 中国文明记[M]. 北京：中华书局，2008：5-7.
❷ 宇野哲人. 中国文明记[M]. 北京：中华书局，2008：7.

等公共服务设施之肮脏不便、日用民俗之质朴奇异等，其中最值得注意的，是他对"货币"一条之记录评论："进入中国，最觉不便者，是其货币制度不一。即使北京，其货币亦是混杂错综，价值不一。……总之，中国之货币无一定之本位。"❶货币乃一国财政之根本制度，而清统治之不善，从币值不稳、币种混杂一项即可知晓，官民上下欺瞒、肆行不法攘夺，岂不亡国？清政府实乃中国自秦汉以下中央政府治理全国事务实效最差之政权，清朝贵族把持政权却尸位素餐、不思治理，只顾中饱私囊却任由百业凋敝，可见一斑也。

《中国文明记》在描绘北京城内外的名胜古迹时笔调一转，充满无限敬仰倾慕之情，表现了一个古典学养深厚的学者对中华文明景仰爱慕之深：

> 文庙在北京城北，是祭祀孔子之处。……入门后，见左右有石碑数十通，进士题名碑也。其最古者，是元朝之物。……大成门内，左右排列著名之周代石鼓。……庙内古柏森然，不禁令人正襟。大成殿结构极其宏伟壮丽，黄瓦灿然耀眼。肃然于古柏中前行……在神位前谨慎行礼，圣灵仿佛在咫尺之间，敬虔之情，油然而起。……恭恭敬敬退下堂来，又向东西两庑中从祀之历代贤臣深作一揖，读毕立于庙庭中之康熙、雍正、乾隆御碑而去。……文庙旁有国子监，即古之太学也。……新学尚未勃兴之时，太学即最高教育之府。近来，以京师大学堂为始，各种新学校设立，学生皆滔滔涌向新学，壮丽之辟雍，唯剩残骸而已。❷

钱穆先生在《八十忆双亲·师友杂忆》中自述"古今中外文化之优劣"为困其一生之"最大问题"，研读宇野哲人这段札记，沉思清末民初以来百年间中华文明屡废屡兴之沉痛历史，参究以孔子"温故知新、斟酌损益"之历史哲学、欧美东亚各国吸取旧文明而铸就新文明辉煌之历史进程，可为这一"最大问题"和百年公案作一论断：

惟汲取古典文明精华者，乃有广大坚固之未来；蔑视古典、扫荡往昔而妄想新造一种文明者，必如清末毁弃旧学而群鹜新学者一般遭到巨大挫败也。何故？古典文明制度与文明精神（古典宪政秩序）深具全球共享价值，是跨越古今中外界限之恒定不变者，是人类最可宝贵的文明经验的高度提纯与凝结，毁弃、扫荡、怀疑这些传播遗产，人类只能在黑暗中胡乱摸索、费尽周章、挫折连连而毫无出路。

宇野哲人深明此理，故而对中华文明之伟大制度与崇高精神备极尊敬爱慕，遂不惜笔墨再三致意焉：

---

❶ 宇野哲人. 中国文明记[M]. 北京：中华书局，2008：18-19.
❷ 宇野哲人. 中国文明记[M]. 北京：中华书局，2008：38-40.

城北安定门大街东有牌楼，上题育贤坊。此处即府学胡同，其路北有顺天府学及文庙。文天祥祠在文庙之东、府学之中。此处是元朝菜市口遗址，文天祥绝命之处。……元人重公之忠义，诱之以丞相之尊位，王侯之富贵，而公誓不屈服，以死殉国。其忠肝义胆，可贯日月，千载之下，尚凛凛有生气。予……谒公之遗像，钦公之遗风，感怀如涌，低回不忍离去。❶

余忝列大学教席，亦尝亲往拜谒，见此地顺天府学、文庙早已黄鹤杳然，文丞相祠堂亦门庭萧条、设施简陋，思文天祥衣带铭"读圣贤书，所学何事"之自我警醒、鞭策句。

宇野哲人对华夏经典文献、文史典章、各地掌故的精熟程度，足令当代中国许多学者汗颜。他所记《中国文明记》不足20万字，所涉猎之华夏人文脉络、山川风物、历史沿革等不下几万处，几乎每页均有多个文史典故，难怪陈寅恪先生有"群向东邻受国史，神州士夫羞欲死"之句，日本20世纪初年汉学之盛，可堪浩叹也！更令今人汗颜者，在于宇野哲人对待中华文明的高度尊仰、倾慕、向往之态度：

曲阜是古少昊氏之墟，周公封鲁，都此。有圣庙。予生于东瀛君子之国；地，相隔数千里；世，相距三千年。私淑渴仰，兹经多年，今夕何年，得以拜谒圣庙，徘徊圣林，三生之幸也。欢喜不知所措。……步上东阶，大成殿轮焉奂焉，庄严典雅至极。楣间有匾额，题"生民未有"。鞠躬如也，登上殿堂，正面有圣人在焉。戴王冠着衮衣御服端坐，眉目间无限慈爱，口含微笑，犹在循循垂教。不觉垂头拜倒，仿佛圣灵即在咫尺。不视可见其神，不听可闻其声。予之渺渺身躯，顿时被伟大之神灵所摄取，恍然无我。又见旁有人，愕然魂归躯体。定神顾望左右，右有复圣颜子、述圣子思子，左有宗圣曾子、亚圣孟子……今日在此得以与古圣贤会于一堂，满腔感慨，心绪万千。……过"万古长春"坊，到至圣林门。（孔子）墓为一撮土馒头，其上杂草茂盛。啊！彼大成至圣之孔子，近在咫尺之间，虽眠于杂草之下，然其灵魂遍满宇宙，与天地共悠久，赫赫以照世道人心。❷

历史哲学大师汤因比，曾恰切地称呼"宗教"之功用，在于"克服人之为人所必须面对的那一切困难"：人降生于世，不断遭受生老病死、得失荣辱之现象冲激，犹如急流中之脆弱飘萍，唯一稳住自己生命、克服心灵苦难的精神力量，就是宗教。而儒教之高妙，恰在于以简单平易寓托深刻广大，无宗教之外形却得宗教之神髓，所以既

---

❶ 宇野哲人. 中国文明记[M]. 北京：中华书局，2008：42-43.
❷ 宇野哲人. 中国文明记[M]. 北京：中华书局，2008：81-82, 84-86.

-459-

能扶持世道人心、维系社会稳定、规范公共秩序、培育文明教养,又无其他宗教礼拜仪式之烦琐、清规戒律之压抑,遂被举世推尊为"人文宗教"之最高者,钱穆谓之"秀才教",即华夏士人之高级宗教。

宇野哲人深慕久之,一旦亲近圣泽,不禁感如神灵附体,一代汉学宗师之功业,全在此深入躯体与灵魂之至诚、至敬、至爱也!宇野哲人遍历山东、河南、山西、陕西、两湖、江浙等大半个中国,其人文宗旨,不在游山玩水,而在体贴自幼所习、少年立志所求之中华文明灵魂何在也。

他一方面目睹清末中国时局之混乱衰败,另一方面更从中华文明固有之道德光辉以及文史遗迹中温存"体贴"出其新生之伟大前途。其自述云:

> 予在北京之日,见人情惟利,不知有义,浮薄而背信,北京之地,或是与外国人接触而误染此恶习耶?以北京一地而论中国,恐亦是群盲评鼎,不游中国广阔之内地,则无从遽断。故而作此番过齐鲁入汴梁之游。昔孔子尝言,鲁一变至道,齐一变至鲁……尝见有对联书"洪范五福先言富,大学十章半理财",实不差毫厘,皆所谓小人喻于利也。❶

余尝正言告课堂上之大学生、研究生,中华文明之灵魂,就在孔子《春秋》三辨:王霸之辨、华夷之辨、义利之辨,举凡判断公共生活之王道与霸道,文明生活之文雅高尚(华)与低俗野蛮(夷),其实全在判断其文明传播秩序是围绕"义"(仁爱公平)还是围绕"利"(工商科技)展开,亦即现代经济学之"公平与效率"之辨也。近代各国一味追求"效率"而罔顾"公平",遂不断酿成国内外动荡、世界大战、生态系统紊乱灭绝等全球各种自然-社会-人文灾难,清末中国之乱局,不亦全球乱局之变本加厉耶!

处此全球霸道之世、蛮夷横行之域,中华文明也被迫"迅速发展工商科技"以应对之,但同时,国人更要心中明白:霸道终不久,蛮夷必灭亡!中华文明之灵魂、制度,必须从这种病态西化思维中率先挣脱出来,才能引导全球文明挣脱弱肉强食之野蛮逻辑,逐步走上持久和平与繁荣自由的大一统王道也。

固执于贫富、贵贱、种族、宗教等一切不合理悬隔之狭隘文明,必然灭亡;公平仁爱地对待、打通一切贫富、贵贱、种族、宗教悬隔之共享价值文明,必然兴盛!

这是中华文明传播秩序颠扑不破的历史规律,也是全球一体的当代文明的唯一前途。宇野哲人《中国文明记》的一条札记("长安纪行"之三七条"满城")可作为此基本认识之忠实记录与鲜活注脚:

---

❶ 宇野哲人.中国文明记[M].北京:中华书局,2008:92.

> 自（西安）钟楼东至长乐门，北迄安远门，又有城墙，其内部面积占长安城四分之一，此城谓满城。……城内居住满族八旗士兵，故曰满城。满族一统天下，而关中在天下之上游，古来帝王之都，西连甘肃、四川，是形胜之重地，遂于此地设满城，以威压汉族。后来满族人渐弱，势力失坠，加以禄米难支全家生计，而邦家之制，官吏不得从事一切商业，故日益穷迫，现今房屋已尽归汉人之手，满族人已成无用之长物，受汉人之冷眼。❶

宇野哲人的犀利目光，超越李鸿章、康有为、梁启超等近代所谓"知时务"者不知凡几：诺大的西安城，满族八旗兵竟占据四分之一以为"满城"，当局自以为足以"威压汉人"，却不知满族"汉化"不足，反而日益自陷贫困和愚昧，房屋财产，终究落入汉族之手，此占据中国之一切外来落后势力之必然命运也。

五、宇野哲人："中国自古为民主政体！"

宇野哲人在《中国文明记》第二部分，对中华文明进行简要论述、概要研究时，表达了振聋发聩的卓越见解：

> 按予之私见，作为国家，中国今日之所以不振，或起因于彼国自古以来民主主义思想发达，由此形成易姓革命之风，缺乏在一定主权下统一团结之性格。而作为民族，之所以称之为具有大势力之民族，有种种理由可言，其一大理由，即在于其家族主义。
>
> 中国与我国，其趣大异。我日本以皇室为中心，皇室为宗家，大和民族渐次发展，创造出世界上无与伦比之国体，皇室与国民之关系，君臣之义，犹如父子之亲。然中国则反之，自古以来就形成禅让放伐之国体。……按中国国民之思想，天是万物之本，天降生民，赋之以彝德。为图社会安宁、人民福祉，天命聪明睿智之人为亿兆之君师，治理人民。天亦频频鉴临下土，察其是否适任。若顺天意，则永赐福祉；若负天意，则先降灾异以示警告，若无改过之意，则废其位以示罚，再命明德之君代为亿兆之师。体民心之意向，察天子之行为，是为天。于此一点，其民主性思想，彰如日月。中国之革命屡屡勃发，即本于此天命思想。
>
> 概要而言，因为自古以来民主主义思想发达，从而实行自治制度，中央

---

❶ 宇野哲人.中国文明记[M].北京：中华书局，2008：128.

之统治不能完全彻底，所以，中国社会——无论范围宽狭——实行了种种社会（自治）事业。（作者列举地方自卫、会馆、公所行会、消防组合、义仓、义学、慈善事业，笔者注）

总而言之，中国表面上是君主专制国家，而实际上是民主性自治国民。……乡党、同行业者之团结确实坚固，然作为国民之协调一致性则极其缺乏；虽然社会（自治）观念发达，但国家思想缺乏，此一点，使得中国国民与列强为伍上大大不利。

中国国民自古以来即是民主性国民。此一点，予于论文、讲演中已屡屡提及，且世人亦一般如此认为，此处无须多言。上古之时，从信仰天命看，即能明其民主性思想。尧舜之禅让、汤武之革命，无一不本于此民主主义。……此种民主主义，始终一贯，无所变容。因具有民主性，故自治制度非常发达，从某种程度讲，不劣于世界上任何民主国家。自治制盛行，人民享受和平之乐。……中国国民自身具有自治性格……地方官制上有总督或巡抚，但地方之治理，多为地方乡绅意见所左右，即在地方人民之意见下施行政务。此亦为众人所知。

中国强大之同化力，对外番之信仰，悉加包容。……通观中国历史，外夷侵入、支配中国之事，不下数回，其结果，均为汉人所同化。汉人比周围之种族更进步之故也。……现今所行明清法典，较之唐《六典》，大差无几。千余年间，可用同一法典治理天下，足见中国之保守性。……中国经常有揭竿而起之事，倘若力有不及，立即屈服投降，是态度极消极、极易改变初衷之国民。……对中国人而言，武是停止干戈之手段。……汉武帝击夷狄、雪高祖之耻，远至西域，中国人称之为穷兵黩武，大加非议。……兴礼乐之政，享太平之乐，是中国人之理想。……彼等是民主主义国民，富于自治精神，又是和平之国民，其社会（自治）性之发达是极自然之事。如社会（自治）事业等方面，其设置整备极其完善，令人敬服。……中国人不愧为大国之民……我日本国民，往往神经过敏，中国国民之从容不迫性格，非常值得一学。其态度之从容，使我等联想起大山之移动。……其坚忍持久之长处，惊天动地之大事业，亦因此从容不迫之性格而实现。昔有愚公移山故事，又有铁杵成针、水滴石穿之说。铁杵磨成针，并非绝无可能，对神经过敏者，无疑是愚蠢之举。此岂非大之所以为大之理由耶。[1]

中国之所以为大，依据从利玛窦、伏尔泰一直到宇野哲人《中国文明记》、"民国七贤"等中外文史巨匠的卓越论断，可以概括如下：一是因为华夏民主制下古典宪

---

[1] 宇野哲人.中国文明记[M].北京：中华书局，2008：205-232.

政治理体系之合理有效；二是儒家思想反复倡导、不惜以生命加以捍卫的文明传播秩序——三辨（王霸、华夷、义利）三统（道统、学统、政统）合一学说，对全社会上至皇室下至百姓一视同仁地加以规范、教化、协调之伟大文明制度体系与传播秩序；三是社会自治体系之完善与中国人的自治精神；四是普世一家的对待宗教、种族等一切异己成分的兼容并包的人文主义政策；五是坚忍不拔、持之以恒、谦恭有序的纲常礼教精神，这大一统的文明精神，赋予中国人如大山一般的性格，大山不轻易移动，但一旦移动，必令举世惊异其伟大！

下篇　大一统文明之路

第三十四章 翘盼东方：从谢和耐到汤因比

中华文明以其天子-诸侯-群臣-士绅-庶民的分权制衡、全民遵守道德和法律约束的古典宪政秩序，造就中国社会数千年的稳定繁荣和中华文明的高度凝聚力与扩展能力。

依据《尚书》《周礼》《春秋》《论语》《孟子》《国语》《新语》《春秋繁露》《史记》《白虎通议》《贞观政要》《资治通鉴》、诸子百家记述、《二十五史》等伟大典籍的忠实记录，可知华夏古典民主制，虽历经炎黄、尧舜时代诸侯大同推举（禅让）制、夏商周联邦大一统王制、秦汉直至明清的普选官吏的中央大一统集权制的不同历史阶段以及各种分权制衡模式的不同变化，但始终确保了：一介布衣平民，完全可以凭一己品德、才学、机遇而出任官吏，直至主持天下大政。中华文明从未设定以血缘、身份、地位、种族、信仰原因，堵塞、断绝平民受教育、获得升迁、参政的进路，更未在宪法制度上，杜绝平民议论朝政的权利，公平、开放、均衡、有序的华夏古典宪政制度，奠定了中华文明成为全球最具人文主义、民主宪政特质的古典文明。

这一古典宪政体制，由于明初统治者朱元璋废宰相、建内阁而遭一定程度破坏，但明朝的内阁首辅大学士，实际上仍拥有宰相作为全国文治政府首脑的许多宪政权力，譬如主持廷议、封驳皇帝昭书、纠察百官行政、严惩皇族、贵戚、权贵、百官腐败等，士绅、庶民，均可奏章上诉、弹劾官吏，再加上诉诸舆论的"清议"制度等，仍具很大威力[1]。

近代初期，由于清统治者入主华夏，对汉族士大夫心存猜忌，遂严厉推行政治专制主义和文化专制主义以及满族汉族分隔的种族歧视政策，肆意破坏中华文明古典宪政制度的基本治理结构——天子、以宰相为首的群臣文官系统、士绅、庶民之间分权制衡关系和"廷议"、封驳、清议、官民上书言事等一系列制度体系，政府肆意侵夺士农工商"四民社会"的经济文化生机，逐渐造成百业凋敝的困局，根本无力应对西方列强的肆意欺侮、掠夺和国内人口激增、经济破产的内外困境，中华国际声誉

---

[1] 参见 柳诒征《中国文化史》、钱穆《国史大纲》《国史新论》、孟森《明清史讲义》等名著的相关论述。

一落千丈。

清统治"合法性"的沦丧，深刻动摇了中华民族的自信心，激起近代中国人对中华文明固有遗产的错误怀疑、批判、毁弃，触发清末民初"全盘西化"等一系列具有重大偏颇的政治、文化主张，中华文明只能亦步亦趋地追随西方了❶

一、谢和耐论析中华文明大一统精髓

法国著名汉学家谢和耐（Jacques Gernet，1921—）在名著《中国社会史》（1971年首版）对"中国古典社会的基本性质"做出了极其精辟而公允的伟大论断：

> 希望在整体上和其整个存在期间的中国社会制度都（被）定性为帝制，是一种严重的方法错误。……我们所惯于在君主制和民主之间确立的区别，也太专断了。如同历史不具有纯民主模式一样，中国社会中的君主制度也远未能排除所有节制性的机构和所有表达民意的形式。对最弱小者的剥削、专断和暴力并非是中国社会的独创。经过全面斟酌之后，人们在历史上的所有其他民族中，都绝对找不到比中国更公正和更人道的社会了。❷

中国古典社会是"封建专制社会"，这一定性遮蔽了中华文明在历史的绝大部分时间里所取得的辉煌成就以及获得这些成就的制度性原因——华夏民主制下君主、官府的行动，必须接受"古典宪政秩序"尤其是实际主持政府、地方自治的儒家士大夫们世代传承、不惜以生命捍卫的"敬天保民"这一共享文明不可或缺的人道主义、民主主义宗旨、一系列对权力实施制衡的机构、制度、民意表达等诸多约束，上述一切中华文明的宪政机制与儒教民主秩序，最终确保了谢和耐所谓"中国（古典）社会是全球史上最公正和最人道社会"这一伟大论断的实现。

由于近代中国国势衰颓而"迁怒"于自身文明传统的错误思维习惯、权势误导与学术偏见，被1949年后中国在稳定政局下取得的，引起全球艳羡、惊叹并群起效法的经济、社会巨大成就，逐一击溃。

人们逐步意识到，这些伟大成就的取得，固然由于中国政局的稳定、开放和锐意

---

❶ 清末民初，深入洞察中华文明诸多优长同时深刻体验西方近代文明诸多流弊的学者辜鸿铭、陈寅恪、吴宓、柳诒征、杜亚泉、梁漱溟、熊十力、马一浮、蒙文通、钱穆等人在舆论界、学术界均居支流地位，不足以抗衡主流学术思想。参见 林毓生《二十世纪中国的反传统主义与中式乌托邦主义》，《市场社会与公共秩序》（223-253页，北京三联书店，1996）。

❷ 谢和耐.中国社会史[M].北京：中国藏学出版社，2006：23.

改革，更由于中华民族在过往数千年间累积而成的和平主义的内外发展战略以及协调各方利益、促使社群利益有序化和最大化的和谐主义精神。

二、汤因比的伟大历史哲学洞见

学贵先见之明。当20世纪70年代，大部分西方学者仍囿于孟德斯鸠、亚当·斯密以来的"西方中心论"，对中华古典文明的许多重要制度进行指责、挑剔的时候，英国历史哲学大师阿诺德·汤因比在旷世巨著《历史研究》《人类与大地母亲》和《展望21世纪》（与池田大作对话）中，一再宣告"21世纪是中国人的世纪"这一伟大预言，并且以深通东西文明奥秘的伟大哲学眼光，深刻而精辟地论述了这一预言的学术依据。

至今，这些不可倾摇的伟大论断，仍是深入讨论、研究"中华文明的共享价值"的不二法门：

> 从鸦片战争到中国共产党统一中国前，世界各国都以轻蔑的态度对待中国，无所顾忌地欺负中国。从物质方面说，就是现在中国和西欧各国、苏联、日本等相比，也不比过去受屈辱的那个世纪强大多少。虽然如此，像今天高度评价中国的重要性，与其说是由于中国在现代史上比较短时期所取得的成就，毋宁说是由于认识到在这以前两千年间所建立的功绩和中华民族一直保持下来的美德的缘故。中华民族的美德，就是在那屈辱的世纪里，也仍在继续发挥作用。特别在现代移居世界各地的华侨的个人活动中也都体现着这种美德。
>
> 东亚有很多历史遗产，这些都可以使其成为全世界统一的地理和文化上的主轴。依我看，这些遗产有以下几个方面：中华民族的经验。在过去21个世纪中，中国始终保持了迈向全世界的帝国，成为名副其实的地区性国家的榜样。第二，在漫长的中国历史长河中，中华民族逐步培育起来的世界精神。第三，儒教世界观中存在的人道主义。第四，儒教和佛教所具有的合理主义。第五，东亚人对宇宙的神秘性怀有一种敏感，认为人要想支配宇宙，就要遭到挫败。我认为这是道教带来的最宝贵的直感。第六，这种直感是佛教、神道教与中国哲学的所有流派（除去今天已灭绝的法家）共同具有的。人的目的不是狂妄地支配自己以外的自然，而是必须与自然保持协调而生存的信念。第七，以往在军事和非军事方面，将科学应用于技术的近代竞争中，西方人虽占优势，但东亚各国可以战胜他们。日本人已经证明这一点。

第八，敢于向西方挑战的勇气……今后还要保持下去，不过我希望在人类历史的下一阶段，能够把它贡献给和平解决人类问题这一建设性的事业上来。

从整体上看，帝政中国的历史是一部在政治上富有成功经验的历史，而且今天还在以"人民共和国"的形式继续存在着。这跟在西方企图实现持久的政治统一与和平而没有达成的罗马帝国的历史，形成了鲜明的对照。……罗马帝国解体后，西方的政治传统是民族主义的，而不是世界主义的。由此看来，今后西方也似乎不能完成全世界的政治统一。

将来统一世界的，大概不是西欧国家，也不是西欧化的国家，而是中国。并且正因中国有担任这样的未来政治任务的征兆，所以今天中国在世界上才有令人惊叹的威望。中国的统一政府在以前的两千二百年间，除了极短的空白时期外，一直是在政治上把几亿民众统一为一个整体。……

最近五百年，全世界在政治以外的各个领域，都按西方的意图统一起来了。恐怕可以说，正是中国，肩负着不止给半个世界而且是整个世界带来政治统一与和平的命运。❶

汤因比的伟大洞见与一系列卓越论断，启迪着从21世纪开始，未来数百年全球格局与人类文明传播史上最重大的历史性巨变。这一巨变有如下重要方面：

第一，中华文明不仅是数千年间地区性国家的榜样，更是21世纪全世界政治统一的地理、文化主轴（笔者所谓文明大轴心），这一伟大的历史预言，高度清晰地勾勒了21世纪之后的人类文明的最大趋势；

第二，中华文明的世界主义、天下大同主义精神，正是全球当代文明饱受困扰的种族主义、宗教极端主义、恐怖主义等剧烈动荡与巨大破坏力的解毒剂；

第三，儒家思想固有的人道主义精神，儒家教化、佛教思想以及道教思想等中华智慧，合理地看待宇宙、社会、人生的理性主义精神，正给陷于社会危机（譬如职务犯罪泛滥、治安犯罪激增）、道德危机和生态危机的当代全人类，以最可靠的精神出路：儒家社群伦理制度、孔夫子设立的"有教无类""君子不器"的中华教育学术体系，尤其是当代全球一系列公共信仰、公共教育的废弛、缺乏道德操守与人文关怀的学院教育之错乱以及自我囚禁在所谓"专业""实证"牢笼中的全球学术的最好拯救；

第四，儒道佛三家中国智慧、天地君亲师之公共信仰、教化、宪政体系所确立的文明传播秩序，其所共同治理、规范下的人与自然之间必须协调一致才能生存下去的大一统生命信仰，是当代全球文明正濒临生态环境崩溃这一紧迫危机的最大精神资源和制度资源，中华文明绵延一万年之久的有效保持土壤肥力的农耕制度、天文历法制

---

❶ 汤因比，池田大作. 展望21世纪[M]. 北京：国际文化出版公司，1985：287–289.

度、水土平治、山林保养等一系列制度，均极具借鉴意义；

第五，华夏古典民主制分权制衡的宪政体系与公共治理-服务体系，以天地人神、宗庙社稷、国族安危为核心的公共信仰体系，天下一家的社群伦理体系和法制体系等，构成了一个有别于近代西方自由主义民主模式的、兼顾各方权益和社群利益的、伟大有序的华夏民主治理体系，这一"帝政中国的成功经验"不仅可以完整而妥帖地解释中华文明具有高度可持续性的千古传播之谜，更足以在适当吸取西方近代民主模式优点的基础上，为全球广大非西方国家或地区实验民主改革，提供博大渊深的制度资源与精神资源。

三、全球危机源于西方启蒙独断思维

汤因比最早在历史哲学的高度上，向全人类揭示日益逼近的、即将毁灭全球文明的生态灾难，是由于西方近代偏执于工商科技进步的启蒙-功利世界观的内在弊病所致。

在他的伟大思想遗嘱《人类与大地母亲》（1976年首版）中，将我们时代的最高命题——"生物圈"作为他的最后一个鸿篇巨制的核心主题。在该书第二章中，汤因比首先概括了"生物圈"的规模："生物圈的规模极为有限，因此它所包含的资源也很有限，而所有物种都依赖这些资源以维持生存。……生物圈的厚度，与地球半径相比简直是微不足道的，就像是蒙在地球表面的一层纤细的皮肤。"[1]

他进一步指出生物圈的根本特性："有生命的和无生命的物质之间不断进行相互转换或'再循环'。……生物圈的各种成分是互相依赖的，人类也一样，依赖于他与生物圈其他部分的关系。……如果生物圈不再能够作为生命的栖身之地，人类就会遭到种属灭绝的命运……"汤因比断然否定了移民其他星球的任何可能性："这样的幻想不过是个乌托邦。……迄今一直是我们唯一栖身之地的生物圈，也将永远是我们唯一的栖身之地。这种认识告诫我们，把我们的思想和努力集中在这个生物圈上，考察它的历史，预测它的未来，尽一切努力保证这唯一的生物圈永远作为人类栖身之地……"[2]

历史的此时此刻，全人类已如履薄冰，冰面正从四面八方裂开："现在，人类物质力量的增长，已足以使生物圈变成一个难以栖身的地方。如果人类仍不能一致采取有力行动，紧急制止贪婪短视的行为对生物圈造成的污染和掠夺，就会在不远的将来造成这种自杀性的后果。"[3]汤因比写道："直到当代，人们才恍然认识到，人类的出现对生物圈内包括人类本身所有生命的栖身带来了威胁。……因此，我们处在生物圈的历

---

[1] 汤因比. 人类与大地母亲[M]. 徐波，等，译. 上海：上海人民出版社，2001：5.
[2] 汤因比. 人类与大地母亲[M]. 徐波，等，译. 上海：上海人民出版社，2001：6-7.
[3] 汤因比. 人类与大地母亲[M]. 徐波，等，译. 上海：上海人民出版社，2001：8.

史，以及它的造物和居民之———人类的一个短促的历史转折点上。人类征服了生命的母亲……如果生物圈被搞得不再适于栖身，人与其他一切物种都将遭到灭绝。"❶

汤因比寄望于人类良知的自我觉醒："人类是大地母亲的最强有力和最不可思议的孩子。其不可思议之处就在于，在生物圈的所有居民中，只有人类同时又是另一个王国——非物质的、无形的精神王国的居民。在生物圈中，人类是一种身心合一的生物，活动于有限的物质世界。在人类活动的这一方面，人类获得意识以来的目的就一直是使自己成为环境的主人。在我们这个时代，他的这种努力已经成功在望，自身的毁灭可能也已遥遥在望了。但人类的另一个家园，即人类的精神世界也是全部客观实在的一个组成部分，它与生物圈的区别，在于它是非物质的和无限的。在精神世界的生活中，人类发现他的使命不是谋求在物质上掌握环境，而是在精神上掌握自身。"❷

没有比这段论述更经典、更简洁也更深刻地描绘出"人在宇宙中的恰当地位"以及人生的本质：在物质上，人是有限的，是身心合一、交互为用的生物，尽管屡屡遭受挫败，他总是企图成为环境的主人；在精神上，人是无限的，人能够通过无限的精神潜能掌握自身，从而获得无限的精神自由，即成为自己的主人，超越了环境束缚与局限。

从物质有限性向精神无限性的升华，是以中华大一统古典世界观为表率的道德精神基础。希腊人的箴言是："认识你自己！"与之表面相反的箴言——基督教的教诲是："舍弃你自己！"佛陀的教诲是："消灭你自己！"

无论是理性认识的世俗行动，还是舍弃自身的宗教做为，其核心都是：意识到个体物质存在的有限性，进而在精神上超越它。超越的目的是为了获得心灵的平静与自由。

孔子以人生的不同阶段象征人类成长的历史："十有五而志于学"，这是在好奇心引领下热情探索一切并最终确立人生伟大志向的"希腊阶段"，孔子称为"兴于诗"；随着对物质世界有限性的认识不断深化，人的道德自我开始挺立起来，以应对物质世界的各种有限性问题，尤其是人类社会性交往中产生的问题，此即"三十而立"，《礼记·学记》所谓"强立而不反"，孔子又称为"立于礼"。"礼"就是自我约束，以应对一切有限性问题：生死、善恶、得失、荣辱、一切社会生活中必然出现的是是非非、一切文明的盛衰起落，孔子一概以"礼"作为协调的准则，一切对立矛盾的因素，因彼此自我约束而化解、而和谐，人生因此立于"不惑"之境。这大致相当于克服有限性的"宗教阶段"，但中国人认为：无限性不是上帝，而是真正"无限定"的"道"，因此一切宗教都被哲学化和伦理化了；人生的最高境界是一次次从物质有限性中自我振拔出来，进入音乐般和谐美妙的精神自由之中，孔子称之为"知天命""耳顺""从心所欲，不逾矩"，又可谓"成于乐"。

---

❶ 汤因比. 人类与大地母亲[M]. 徐波，等，译. 上海：上海人民出版社，2001：13-15.
❷ 汤因比. 人类与大地母亲[M]. 徐波，等，译. 上海：上海人民出版社，2001：15-16.

天命是中国文化中具有最高强度的词语。天命指向每一个人的人生。《大戴礼记·本命》云："分于道者谓之命，分，制也。"人之天命意味着：人受制于天，人受制于道，人知天命，即知道自己的局限，进而在物质局限之内寻求精神解放之途。行文至此，笔者突然领悟孔子将"心、欲、矩"三词连用以形容人生最高境界的深刻意味：心之所欲无穷，但宇宙有一定之规，只有认识到物质世界以及依附其上的人类文明社会的种种局限（"矩"），人的精神才获得自由。

行文至此，笔者心生感动、寄慨遥深：古今中外，"伟人"多多，但以五千年的人类历史衡量，大多不过沧海一粟，有的更是昙花一现，只有孔子的思想，才真正经受住了时间的考验，是变幻不息的思想潮流之下的真正大海。柳诒征《中国文化史》云："无孔子则无中国文化"；陈致平《中华通史》称孔子为"人类的巨星"，实乃千古定评。孔子的思想确实灿若明星，照耀着人类历史，尤其照耀着今日全球世界的浓重黑暗。

笔者幼年颇不喜"规矩"二字而好"反抗"之谈，读《论语》时，对"不逾矩""克己复礼"之说深不以为然；待阅历增长，始知自然与社会均有局限，无限自由只能靠社会层面上人的自我约束、彼此协调和在精神层面上人的自我控制与自我升华来实现，此时反观《论语》，方如梦初醒：心之欲也无涯，物之生也有涯，以无涯尽有涯，必殆。必从有涯之生中悟道之无涯，心之所欲方可入广大和谐之境，发而为翱翔不尽的美妙音乐。

贝多芬在钢琴奏鸣曲《悲怆》的第一乐章中，以强烈的叹息与火热的旋律象征现实和理想的冲突，而深情柔美的第二乐章则如同剧烈冲突之后的休养生息、更深沉的思考、矛盾的和解与协调。第三乐章作为终曲，以轻快活泼的节奏开始，仿佛青春重新焕发了活力，阴郁的调子、无可奈何的叹息被欢乐的浪潮所淹没，音乐在一派阳光与明朗中涌向终点。威廉·肯普夫的演奏淋漓尽致地表现了这一点：音符犹如清流，欢蹦乱跳地从长满青苔的岩石之间泻下，直沁心田。

与古典世界观对物质有限性和精神无限性的深刻认识不同，近代世界观认为物质是无限的，人类认识、控制物质世界的理性能力也是无限的，唯一有限的，是人类的精神生活，它受制于物质生活，是物质生活的反映。与此有细微差别的是一种"唯心主义"的理论，认为物质世界与人类的精神生活都受制于一种神秘的"绝对精神"。可以认为这是一种从古典世界观的神秘主义向近代世界观的物质主义过渡的一种残余形式。受近代科学革命和工业革命所造成的短促而虚假的"繁荣"鼓舞，近代世界观在物质无限观、理性无限观之外，发展出一种线性时间观，认为时间也像空间一样有起点和终点，并且直线前进，同时时间又是可逆的，人可以借助某种方法回到过去。在此基础上，现代人形成了所谓"进步"的历史观，他们一口咬定自己是历史发展的最高峰，此前的一切都是"落后的""过时的"。

这才是真正无知的"启蒙空想主义的大浪漫"，自我吹嘘与炫耀这一人性弱点的大暴露。现代历史因为这种无知正遭遇惨败。汤因比以亲身经历宣告了这种不可持续的世界观和历史观的破产："一位出生于1889年的英国中产者认为，从他开始认识周围世界时起到1914年8月这段时间，人间的天堂即将来临。……对于一个像本文作者这样，生活于1897年前后的英国中产阶级的孩子来说，那一年，正是英国举国欢庆维多利亚女王统治60周年的日子，仿佛他所诞生的那个世界已超乎于历史之外，因为历史所意味的'开化'民族已将不公正、暴力和苦难都留在身后，它们将不复重演。人们就是如此天真地看待这一切的。西方文明才是'文明'。它是惟一的文明，它的兴起及在全世界的统治是必然的，它的功德也是值得大加赞扬的。'文明'已经扎下了根，而这正是历史如今已经陈腐了的原因。"❶

陈腐的近代启蒙空想主义-功利主义-实证主义主流世界观，一再宣扬并自我吹嘘近代文明的伟大，尚不知道自身已步入崩溃的边缘。汤因比写道："成为乐观主义者根据的那些（现代）成就，确乎是令人难忘的。但这些成就中的每一个都不是尽善尽美的，自身就孕育着产生未来灾难的种子。在20世纪70年代，这些瑕疵已洞若观火了……"❷

汤因比指出，灾难的种子从英国工业革命开始已经种下："18世纪中后期开始于英国的技术和经济革命，转移到了农业、畜牧业和工业。1871年，这一革命超出了英国，席卷欧洲大陆，并且叩响了北美和日本的大门。时至20世纪70年代，这一革命仍有方兴未艾之势。尽管这场革命似乎仍未完结，但是当我们今天回首往事时却可看到这样一个事实：工业革命使人与生物圈的关系发生了颠倒。……迄今为止，像生物圈中的其他芸芸众生一样，人类仍无法超越生物圈为他提供的生存空间的限制。……事实上，连同人类在内的一切物种，迄今为止都生活在生物圈的恩惠之下。而工业革命却使生物圈遭受了由人类所带来的灭顶之灾。人类植根于生物圈并且无法离开它而生存，因此，当人类获得的力量足以使生物圈不适于人类生存时，人类的生存便受到人类自身的威胁。"❸

工业革命不仅破坏了生物圈使人类面临自我灭绝，它的另一个直接的社会后果是贫富分化、贪欲膨胀和道德堕落："生活和劳动条件以及收入和财产分配方面的这些变化，以不公正和痛苦为代价而使国民生产总值得到增长。……这些就是物质财富生产的增长给人类带来的自相矛盾的和不幸的结果。造成这种社会弊端的原因在于那些掀起工业革命的企业家们的动机。他们的动机是贪欲，而贪欲则使人们摆脱了传统的法律、习惯和意识形态的束缚。"❹

汤因比在论述1763—1973年这200年的世界历史时，非常鲜明地把标题和主题确定为"生物圈"（《人类与大地母亲》第八十、第八十一章），这意味着，作为对人类

---

❶ 汤因比.人类与大地母亲[M].徐波，等，译.上海：上海人民出版社，2001：514-515.
❷ 汤因比.人类与大地母亲[M].徐波，等，译.上海：上海人民出版社，2001：515.
❸ 汤因比.人类与大地母亲[M].徐波，等，译.上海：上海人民出版社，2001：502-503.
❹ 汤因比.人类与大地母亲[M].徐波，等，译.上海：上海人民出版社，2001：503-504.

事务具有超人的敏锐与深刻洞察的历史哲学大师，在他生命的最后几年，已经看穿了自己所处时代最紧迫的课题以及自己身后的世界命运。他总结自己的祖国——英国，"在这一时期的最大业绩是开创了工业革命。在这一革命的进程中，为了博取人类的欢心，英国打破了生物圈与人类之间的力量平衡，而这最终将使生物圈在人类力量的作用下，变得不适于所有生命物种的生存，其中也将毫无例外地包括人类本身"❶。

工业革命是人类历史的分水岭。

此前是人与万物的和谐被偶然的政治动荡打乱的历史，而在今天，一切和谐都被打破了。人类"内心深处的交战"与外在世界的战火燃成一片，硝烟污染了大气层。"1914—1973年成为全人类自相残杀的苦难时代。"迄今这一"残杀"仍在全球各地继续着。人类在"自相残杀"之余还把屠刀对准养育自己的母亲："……在大规模地把非生命的自然物理能用于机器之前，人类还不具有把生物圈破坏和剥夺到山穷水尽、不可救药地步的力量。……在今天的生物圈内，除了人类自身之外，不存在能置人类于死地的敌人。科学在技术方面的应用，已经使人类变得越来越可怕。"❷

现代化机械大生产使人类付出了高昂的精神代价："随着每一个技术方面的进步，机械性的工作越来越使人在精神上遭受痛苦。传送带和装配线的发明，增加了生产，降低了成本，却付出了精神上的代价，它把男人们和女人们变成了'被科学地管理'着的机器上的齿轮。"❸齿轮是没有思想和感情的，人的"齿轮化"造成现代社会普遍的精神萎靡与文化堕落，恶俗淹没了一切。机械化使生产劳动更为物质化、单调化，并以减少人对精神需要的满足作为代价，这造成工作乐趣与质量标准的下降。

汤因比深入分析了当代政治体制："自15世纪由于中国人、葡萄牙人和西班牙人掌握了航海技术而使人类文明世界连为一个整体以来，民族国家的政治理想一直是某种经济上的时代错误。……人类已经变得依赖于经济上的全球一体化，但仍不愿在政治范围内放弃民族分立。尽管从1914年以来，它已经导致了战争浩劫，但这种不相适应的状况仍在继续。接踵而来的是，人类事务已混乱到无以复加的地步，致使整个人类社会陷于瘫痪。"❹

当代世界高度依赖民族国家或地区性主权国家的政治决策和政治领导，偏偏这种决策和领导是不值得信赖的："我们已经论及了人类文明世界在政治上分化为地区性主权国家和它在技术和经济方面的全球一体化之间的矛盾。这种矛盾正是人类当今困境的症结所在。人们需要某种形式的全球政府来保持地区性的人类共同体之间的和平，来重建人类与生物圈其余部分之间的平衡，因为这种平衡已被作为工业革命结果的人类物质力量的空前增长所打破。然而，这项全球规模的事业的艰巨性和非个人所为性令人望而却步……进一步的分化正在导致商业的难于管理和信息的难于理解。规避的

---

❶ 汤因比. 人类与大地母亲[M]. 徐波，等，译. 上海：上海人民出版社，2001：512.
❷ 汤因比. 人类与大地母亲[M]. 徐波，等，译. 上海：上海人民出版社，2001：505.
❸ 汤因比. 人类与大地母亲[M]. 徐波，等，译. 上海：上海人民出版社，2001：516.
❹ 汤因比. 人类与大地母亲[M]. 徐波，等，译. 上海：上海人民出版社，2001：517-518.

行为并没有消除这种过剩现象，相反，人们仍允许这种现象继续扩大并可能使它最终为人类所无法控制。"❶

在《人类与大地母亲》的最后一章（八十二章）"抚今追昔，以史为鉴"中，汤因比进一步指出："地区性主权国家是一种难于掌握的机构。它们是两头落空。"一方面，高高在上的国家机器经常无力唤起人们进行自愿合作；另一方面，这些国家有足够的力量挑起战争，却不能缔造和平。"当今世界上的地区性主权国家，都没有维持和平的能力，也不具备把生物圈从人为的污染中拯救出来，或保护生物圈的非替代性自然资源的能力。政治方面的这种全球性的无政府状态再也不能继续下去了，因为人类文明世界在技术和经济方面已经成为一个整体。"❷

目前日益加剧的全球生态灭绝，已不容许任何形式的拖延塞责："在这些使人迷惑的情况下，只有一个判断是确定的。人类，这个大地母亲的孩子，如果继续他的弑母之罪的话，他将是不可能生存下去的。他所面临的惩罚将是人类的自我毁灭。"❸

汤因比呼吁全人类的道德觉醒与精神变革："这最近200年间的进步，极大地增加了人类的财富和力量，人类作恶的物质力量与对付这种力量的精神能力之间的'道德鸿沟'，像神话中敞开着的地狱之门那样不断扩大着裂痕。"❹生态灾难呼唤着人类精神的新生："在这200年中，人类已使他的物质力量增大到足以威胁生物圈生存的地步；但是他精神方面的潜能却未能随之增长。结果是两者之间的鸿沟在不断地扩大。这种不断扩大的裂隙使人忧心忡忡。因为人类精神潜能的提高，是目前能够挽救生物圈的生物圈构成要素中惟一可以信赖的变化。"❺

汤因比预感到："似乎可能的是，这种（政治）统一将推迟到人类自身酿成更大的灾难之时。"❻波澜壮阔的巨著《人类与大地母亲》以这样的警句结束："人类将会杀害大地母亲，抑或将使她得到拯救？如果滥用日益增长的技术力量，人类将置大地母亲于死地；如果克服了那导致自我毁灭的放肆的贪欲，人类则能够使她重返青春，而人类的贪欲正在使伟大母亲的生命之果——包括人类在内的一切生命造物付出代价。何去何从，这就是今天人类所面临的斯芬克斯之谜。"❼

目前的人类仍然处于浑浑噩噩之中，全球政治领导人、企业领导人、媒体尤其是广大民众的生态觉悟，是地球和人类自身起死回生的关键之所在。当许多国家仍在公开或秘密地进行核实验、核扩军、核讹诈的时候；当各国政府、企业和媒体仍在推诿塞责目前迫在眉睫的生态环境责任之时；当全球化的风险日益加重之时；当富翁们竞

---

❶ 汤因比. 人类与大地母亲[M]. 徐波，等，译. 上海：上海人民出版社，2001：523.
❷ 汤因比. 人类与大地母亲[M]. 徐波，等，译. 上海：上海人民出版社，2001：527.
❸ 汤因比. 人类与大地母亲[M]. 徐波，等，译. 上海：上海人民出版社，2001：523.
❹ 汤因比. 人类与大地母亲[M]. 徐波，等，译. 上海：上海人民出版社，2001：526.
❺ 汤因比. 人类与大地母亲[M]. 徐波，等，译. 上海：上海人民出版社，2001：513.
❻ 汤因比. 人类与大地母亲[M]. 徐波，等，译. 上海：上海人民出版社，2001：528.
❼ 汤因比. 人类与大地母亲[M]. 徐波，等，译. 上海：上海人民出版社，2001：529.

相花钱搭乘宇宙飞船遨游太空，把他们麻木不仁的德性散播到全宇宙之时，全世界人民必须紧急行动起来，焕发因上述情况而屡屡受损的人类良知，为了自己和子孙的未来，进行伟大的"环境抵抗运动"，为一切人、一切生命而战，这将是人类有史以来最伟大的行动：如果胜利了，历史将继续；如果失败了，也许将无人能够幸存。

在这全球规模的绿色行动中，将回荡着中国古老智慧的壮丽音乐："富有之谓大业，日新之谓盛德，生生之谓易……阴阳不测之谓神"（《易传·系辞》）和"胜人者有力，自胜者强！"（《道德经》）

第三十五章 捍卫大一统完整世界

天地人宇宙大生命系统，是一个息息相通的大一统完整世界。近代以来，由于欧亚大陆人口与社会规模的激剧膨胀，逼近乃至越过了欧亚大陆长期以来农耕畜牧生态与古典文明所能承受的"临界点"，人类自"新石器时代农业革命"以来，在近万年的时间-地理跨度内，凭借物品、身体与思想的交流等一系列文明传播形式，稳固形成的文明模式，遭遇巨大挑战，新的文明传播形态——工业革命、商业革命与科技革命，促成欧亚大陆人口向南北美大陆、非洲、东南亚等广袤地区移民的人口迁徙浪潮、社会变革浪潮不可遏止，迄今方兴未艾、汹涌澎湃。

建基于伟大宗教信仰、道德信念、精神教养的欧亚大一统文明，也遭遇到巨大裂变：曾经稳固、协调、秩序井然的人类生态-经济-社会-人文系统，在工商科技革命无限度的扩张、盘剥、摧残下，陷于枯竭、荒芜、紊乱、濒临崩溃的危险境地，曾经安然稳靠地抚育、滋养、托举全球数亿人口的生命需求与精神需求的"完整世界"（古典文明及其传播秩序），蒙受了无可挽回的内外崩溃，有论者形容为"一切坚固的东西都烟消云散了"。

天地之间，有几大生命力量，以微妙而坚韧的方式，反抗了这一看似不可逆的趋势：

首先，以全球生态系统，以能源、资源的枯竭、人口的过度膨胀、老龄化、全球规模的天气异常、物种与物产的巨大紊乱、常见病与罕见病的激烈爆发为形式，反扑全球工商科技势力的步步进逼，目前这场持久战尚难见分晓；

其次，全球经济-社会系统，以轮番加剧的经济危机、债务危机、恐怖主义与军事对抗相交织的公共安全危机、贫富分化等形式，每天吞噬着人类的血汗；

再次，由于担心上述危机的频繁而激剧的爆发，全球生理-心理疾患日益加剧，人人自危，惶惶不可终日的精神状态，造成现当代的精神产品，极度萎靡、鄙琐、浮躁；

最后，人性不堪忍受"现代性"的反复催逼、追索无度、日日算计而避入琐屑与残暴的深渊，启蒙作为主流思想一再许诺的"自由、平等、博爱"成了一出尤奈斯库、塞缪尔·贝克特式的荒诞喜剧、黑色幽默式的闹剧而再无人信奉了。

最早看穿现代文明这一深刻悲剧性的伟大贤哲,是意大利诗人、被现代著名诗人T. S. 艾略特尊为"六百年一见的天才"但丁;现代散文巨匠、法国人蒙田;英国戏剧大师莎士比亚。

以这些反启蒙的一代先驱贤哲为精神前驱,意大利人维柯、法国人约瑟夫·德·迈斯特与德国人约翰·哥特弗里德·赫尔德(1744—1803)接续而起:维柯以"诗性智慧"反抗笛卡尔的科学独断主义;迈斯特以君权神授等一系列宪政哲学思想,反抗卢梭有关"人民主权""社会契约"等启蒙空想主义;赫尔德则以博大深湛的"历史哲学思想"反抗康德"启蒙理性"。

这三大贤哲,巍然开启了"反现代化思潮"的智慧传承,叔本华、尼采、维根根斯坦、海德格尔、雅斯贝尔斯、汤因比、欧文·白璧德等人再续杰作,浪漫主义、现代主义、后现代主义等反思现代性的浪潮,日渐深入,代不乏人,印度的泰戈尔、中国的梁漱溟、熊十力、马一浮、辜鸿铭、柳诒征、陈寅恪、钱穆之"民国七贤"与之遥相呼应,以古今东西的伟大智慧,捍卫自然、社会、人文的完整世界,探求大一统文明的重建之路。

一、主权国家是一系列历史条件的耦合

作为最早对启蒙空想主义提出严厉批判的伟大人物之一,约瑟夫·德·迈斯特(Joseph de Maistre,一译梅斯特,1753—1821)以巍巍巨著,鲜明而雄辩地论证了现代思想三大主潮之一——"反启蒙思想"的诸多洞见,堪称近代伟大哲人、欧洲保守主义思想主潮的代表人物。约瑟夫·德·迈斯特,出生于萨沃伊,在都灵接受了法学教育,19岁时就任职于萨沃伊参议院,富于政治经验和文采,24岁时向参议院发表演说《论道德》,撰写有关法国议会的备忘录和无标题的对话录等多部。

1792年,法国大革命之后迅速陷于内外交困的法国,公然入侵原本享有独立地位的萨沃伊地区,迈斯特被迫逃亡,后定居瑞士洛桑。他陆续发表一系列反对法国大革命的论著,尤其以《人民主权论》《论自然状态》《论法国》等著作,闻名欧洲。他还撰写《萨沃伊与瑞士重新合并备忘录》《萨沃伊流亡贵族备忘录》《对新教和主权者的思考》等多部作品。

迈斯特后流亡威尼斯。1800—1803年,担任萨丁岛理事(相当于首席司法官),1803~1817年担任萨丁王国驻圣彼得堡亚历山大沙皇宫廷大使。1809—1819年间,撰写《宪政生成原理》《圣彼得堡对话录》《公共教育自由备忘录》《论教皇》《主权之研究》等论著,声誉日隆。他于1821年2月26日逝世。

迈斯特作为欧洲一流的宪政学家和宪法学家,对"主权"问题的深入研究,是他

宪政哲学思想的重要精华，也是如今理解中华文明"内在大一统完整性"的深湛智慧之源。

主权通常用来指称现代民族国家的最高权力。

《现代汉语词典》如此解释："一个国家在其领域内拥有的最高权力。根据这种权力，国家按照自己的意志决定内外政策，处理国内国际一切事务，而不受任何外来干涉。"❶

换言之，主权意味着某个政体、某种文明的独一无二的合法性，依据这一合法性，主权者实施对某个地域上一切生物的管辖。

主权这一最高权力的产生、行使和实现，并非如卢梭等启蒙空想主义者一厢情愿推理出来的——人民普选推举国家领导人、由其代行最高权力——亦即所谓"人民主权"之设计，恰恰相反，主权的产生、行使与实现，需要一系列复杂多样的历史条件与现实条件的神秘耦合，才能有效产生、行使和实现。

分析这些复杂多样的历史条件和现实条件，而非一厢情愿、先入为主地认为"既然人民是国家最高权力的源泉，人民就必然有能力行使这一主权"诸如此类"从逻辑和空想上推导"出来、在实践上寸步难行的"卢梭主义"，对此进行深入批判，正是迈斯特宪政思想的伟大之处：主权、宪政的合乎历史条件与现实条件的实际而有效的运行，才是人类文明的长治久安之道。

在《主权之研究》卷一"论主权的起源"第一章中，迈斯特开宗明义，对卢梭的"人民主权论"进行批驳："据说主权在民，那么人民对谁行使主权？显然是对他们自己。于是人民又成了臣民。……有人会说，人民通过他们的代表行使自己的主权。这开始变得有些道理了。人民是不能行使主权的主权者。"❷

自启蒙主义哲学传播流布以来，"人民"这一被卡尔·马克思揭露为"空洞的法权概念"就如雾霾一样横扫历史，从"雅各宾俱乐部"那些屠杀无辜的暴君们，到任何一个有所企图的政客，无不奉"人民"为最高权力"主权"的唯一的合法主体，进而标榜自己是"人民"的"代表""领袖""奴仆""学生"等。

而实际的政治运行是：一旦稍稍正常、稍稍理性（通常情形正相反）的选举结束，一旦那些口若悬河、妙语连珠的"代议制代表"大权在握，"人民"就在所谓的"平等宪政"中消失了，他们重新退回到无权状态，而那些对选民作出一系列庄严承诺的当选政客们立即发现，主宰政治运行的，根本不是那些消失了的、随时会激动、心甘情愿被愚弄、懒散、经常泄气的"人民"，而是那些藏身于沉沉夜色与各种高档场所里的"大佬"，那些真正决定谁来当选、谁来执政的权贵集团，无论这一集团是以天子、总统、总督、总裁还是什么其他面目与形式出现！

直面这一贯穿古今的政治史实际，迈斯特旗帜鲜明地主张，废弃这一自欺欺人、

---

❶ 现代汉语词典[M]. 北京：商务印书馆，1983：1511.
❷ 约瑟夫·德·迈斯特. 信仰与传统——迈斯特文集[C]. 北京：商务印书馆，2010：129.

空有其名的"人民主权说",代之以"上帝主权说":"上帝使人具有社会性;既然他要求有社会,他也就要求主权和法律,因为没有它们,也就不会有社会。因此,从上帝要求有法律并且它们应当得到遵守这个意义上讲,法律源于上帝。……主权在某种意义上也来自于人类,也就是说,就政府的具体类型而言,它是基于人类的同意而建立并宣布的。……人类的意愿,在政府的建立过程中,扮演了一定的角色……上帝是政府的卓越创造者。"[1]

推扩言之,由于各种复杂条件的神秘耦合,上帝赋予某个个人或集团以不容置疑、不可分享的"主权",由其颁布法律、制度、规范等一切社群公共生活的法则;与此同时,这些法律、制度、规范、政府类型,必然要符合各个民族的基本愿望,获得人类主要部分的认可,受"主权"驾驭宰制的人类(称之为人民、百姓、庶民、大众,均可)也在创建政府的过程中扮演了有限的角色;此外,必须牢记的是:被复杂历史条件的神秘耦合(称之为上帝、神明、天,均可)推上天子或领袖宝座的个人、集团,与受其宰制的大众,均不得违反其合法性的终极根源——上帝创造万物的善良意志,西方人谓之"自然法",中国人谓之"苍天"、谓之"良知",即"道德理性"。

循此理路,迈斯特廓清了人类社会的起源:

> 为了获得解难题的乐趣而制造难题,是人类的奇妙特性之一。环绕于人类四周的奥秘,对他而言仍嫌不够;他出于莫名其妙的怪诞的傲慢,认为相信人人都相信的东西是低人一等,所以拒绝清晰的理念,把每件事情都归结为"一个问题"。长期以来关于社会起源的争论,人们提出形形色色的形而上学理论,用以支持那些被常识和经验拒斥的空洞假设,企图用这些假设取代自然浮现在脑海中的简单答案。

> 毫无疑问,谁都不会否认整个地球是为了让人类居住的;既然人类的繁衍是上帝意愿的一部分,那么,由此可知,人类的本性就是在地球表面联合成大的社会。因为生物的本性就是像上帝要求的那样去生存。种种事实清晰显示了上帝的这一意志。因此,孤立的人根本不符合人的本性。当少数人散居于广袤地域时,人类尚未达到他应当达到的境界。那时只有家庭……都仅仅是民族的胚胎而已。

> 关于人性的每一个问题,必须通过历史来解决。……历史一再向我们展示,人类结合为受不同主权者统治的大大小小的社会。只要他们的数量超过某个临界点,他们就不可能以其他方式存在。……从来不存在一个社会之前的时期,因为在政治社会形成前,人还不是完全的人……社会并不是人类的

---

[1] 约瑟夫·德·迈斯特.信仰与传统——迈斯特文集[C].北京:商务印书馆,2010:130.

产物，而是上帝意志的直接产物，他要求人类如此，无论何时何地。❶

二、文明奥秘："古来如此，必将永恒！"

读一页孔子《易传》或《圣经·创世纪》，听一曲格利高里、海顿或亨德尔的"圣咏"，在阳光和微风中，吟唱一段安德烈·波切利演唱过的、巴赫、舒伯特作曲的《圣母颂》，欣赏一遍罗德里戈的吉他协奏曲《阿朗胡埃斯》，或者欣赏一下获奖美国荣获奥斯卡最佳的著名纪录片《从毛泽东到莫扎特：斯特恩在中国》，尤其是影片中那个不知名却端庄俏丽的中国女孩，那玲珑的手指在琵琶琴弦上飘舞出来的、让灵魂展翅翱翔的《彝族舞曲》，或许，你就能懂得文明的起源、人性与自然神性的伟大！

从约瑟夫·德·迈斯特上述那段深湛而不乏风趣地文字，能悟出一种贯通古今的、以宪政哲学与历史哲学的宏阔视野，精确概括出来的人性的历史实际与人类文明的起源：

首先，人类常常以"问题"自我困扰，恰如《列子》所谓"杞人忧天，庸人自扰"，恰如孔子一再提醒，却被人类一再遗忘的"知之为知之，不知为不知"（不要强不知以为知）态度一样：文明的起源，一如天地人宇宙大道、人类道德良知的开端等，与"环绕人类四周的奥秘"一样，都是上帝为了保护人性而设置的"伊甸园不可触碰的知善恶之树"的果实，即"不可解"的问题，而对此问题的精妙把握，最好遵循中国人的"平常心"或《庄子》所谓"知其不可而安之若素"态度，或如维特根斯坦所谓"人生问题的最终解决就是促使其自行消失"这一贤明的态度，而不要虚妄夸诞地造作出一大堆形而上学解释，自误误人。

其次，迈斯特的宪政哲学，显示出深湛博大的历史哲学思维："关于人性的每一个问题，必须通过历史来解决。……历史一再向我们展示，人类结合为受不同主权者统治的大大小小的社会。只要他们的数量超过某个临界点，他们就不可能以其他方式存在。"倘若摆脱了形而上学的猜测，观察人类本性的最佳途径与方法就是考察"历史"，古来如此，必将永恒：家庭扩展为民族，民族扩展为国家，而国家一旦确立，文明也就分晓了——尊卑秩序、宪政随之确立，主权形态伴随人口和社会规模的大小、民族习性的不同而千差万别，这就是文明诞生的大致历史情形。

返观中国经典，与之同解：《易·系辞》巍然开篇曰"天尊地卑，乾坤定矣；卑高以陈，贵贱位矣；动静有常，刚柔断矣"❷，意谓：浩天包裹、运行大地，天为尊；大地顺从天文时序，故为卑；乾坤、贵贱之时-位交错运行其间，尊者顺下，由尊而卑；卑者向上，由卑而尊，宇宙万物变动不居，生机无限，动静适宜，刚柔摩荡，万

---
❶ 约瑟夫·德·迈斯特. 信仰与传统——迈斯特文集[C]. 北京：商务印书馆，2010：131-132.
❷ 周易（全文注释本）[M]. 北京：华夏出版社，2001：39.

象广大而自由、庄严而完美!

从宪政哲学、历史哲学的角度看,人类文明的自我组织及其权力行使(主权)是各民族复杂历史条件的神秘耦合的产物,根本不可能如卢梭、康德等启蒙空想主义者那样,从一个逻辑起点(譬如卢梭的"社会契约"或康德的"自行认识的理性")上,予以人为设计;文明的起源、主权的形态,深埋于神性自然(称呼这一不可解析的生命进程为"上帝"或"苍天"均可)与各民族的"主观精神建构"(民族精神由此发源)之中,复杂难解的伟大历史进程,赋予了各民族不可摇撼的精神特质与政权形态,在此意义上,我们可以说:"古来如此,必将永恒!"

三、变迁之谜:人口与社会规模的临界点

迈斯特宪政-历史哲学尤其值得称道之处,在于他所谓"只要他们(人类)的数量超过某个临界点,他们就不可能以其他方式存在"这一伟大英明之见:人口、社会规模,决定着一个文明的存在方式、组织方式——或游牧渔猎文明,或农耕定居文明,或工商科技文明,三者全是由人类的"数量"即人口和社会规模决定了其文明形态,三者并无优劣之分。游牧民的英勇顽强,农耕者勤奋质朴,工商业者的大胆冒险,三者并驾齐驱,足堪比美;启蒙工具理性主义蔑视游牧、农耕文明为"蒙昧",标榜工商科技文明为"启蒙",实乃智慧上的野蛮无知。

迈斯特鲜明揭示了人口、社会规模和自然生态的承受能力之间的紧密关系,他用"临界点"来标示人类文明的三个大阶段的历史变迁:由于复杂多样的自然-历史条件的神秘耦合(上帝、神明、天意),全球人口一旦繁衍生息到超出某个生态极限,即"临界点",世界各地的文明必然变迁到一个更能满足人类需求的社会形态,由游牧到农耕再到工业文明,文明变迁的轨迹就是如此,三者之间无高低贵贱之别。

近现代的伟大贤哲罗伯特·马尔萨斯,与父亲老马尔萨斯一起,曾在英国的家里接待访英的卢梭,他对卢梭的乌托邦主义大不以为然,后写出了名著《人口原理》,深刻影响了中国著名人口经济学家马寅初;20世纪70年代至今,发表《增长的极限》系列报告的"罗马俱乐部"的科学家们,汤因比的《人类与大地母亲》等伟大巨著,接续迈斯特-马尔萨斯的伟大洞见,揭示了全球人口-生态-经济社会规模之间生死攸关的根本架构。

对中国明清以来的近代实际加以分析的结论亦确:著名华裔学者何炳棣,在名著《明初以降人口及其相关问题:1368—1953》中经过一系列扎实研究发现,明清两代的"开明专制"造成中国人口激增至难以承受的4.3亿,因此,新的社会变革不可避免,而造成中国人口激增、财政困窘的根本原因,恰是明清诸王朝的"仁政"

（合理治理才会使人口繁衍）而非"新史学"所大肆攻击的"治理不善""制度不佳"。

中国膨胀的人口与社会规模，在明清之际已然达到"临界点"，以往几千年里合理的宪政治理模式，不再适应新的人口与社会需求，洋务自强运动、新中国成立等变革，就不可避免了❶。

事实说明，古典宪政秩序下，中国固有的治理模式是农耕文明的最佳治理模式，恰恰由于其"治理完善"才造成了中国人口的激增，造成了人口与社会规模日益越过了"临界点"，使其不能满足膨胀的人口需求和社会需求，列强的侵逼掠夺，更加剧了各级政府内外交困的财政破产境地，故而，适应新的人口与社会规模的工业文明及其相关社会变革必然发生。

在此关键的历史时刻，公平对待、合理评价以往伟大的文明传统、古典宪政及其治理模式的态度，应当是陈寅恪先生提出的"温情与敬意"和"同情之了解"，而非对传统文明所采取的激烈批判的态度。

中国人口与社会规模，在古典农耕经济的水平上，始终保持了稳步、快速的增长，始终保持了中华文明的长期稳定、繁荣与绵延，只能证明这一古典宪政秩序的合理，而不是相反。

古典中国有一幅对联，最能说明这一伟大的文明传播秩序："此谓民之父母，以保我之子孙"，这幅对联，精妙概括了中国人对"国"与"家"完整一体的深沉博大的生命共鸣——一切政权的合法性、合理性，一切文明形态的"合目的性"，在于"保子孙"，即以合理的方式保护民生，涵养百姓的子子孙孙，使之无限繁衍、绵延，天子、大臣、士绅乃至每个百姓家庭内部，"大家长"（天子即表率）受到尊敬的合法前提在此，中国人的"贵生"信仰，在近代遭遇内忧（人口激增、财政困窘）和外患（列强侵夺）的轮番夹击下，仍支撑中国挺过危机而复兴！

本书对"中国问题"与"文明问题"的思考，即此。

迈斯特宣称："社会并不是人类的产物，而是上帝意志的直接产物，他要求人类如此，无论何时何地"，上帝的神秘意志，以世俗人文的角度看，是一种冥冥之中的苍天神意，让人类的数量冲过了自然生态的重重严酷考验（通常严冬、疾病、饥饿会杀死过多的人口；相反，新石器时代异常温暖的气候条件，使全球各地的农耕文明迅速发展）和战争等内乱的重重打击，不断激增膨胀到一个"临界点"，一个新社会就必然诞生出来了。

而今，当全球文明的工业化浪潮，极大地破坏了全人类赖以生存的全球自然生态系统的自我平衡，全球人口膨胀为70亿~90亿的规模，当代文明的"临界点"正日益逼近，迈斯特、马尔萨斯、"罗马俱乐部"、汤因比等人预言的"人类将改弦易辙、焕然新生还是相反"，这一"斯芬克斯之谜"也接近分晓了。

---

❶ 何炳棣. 明初以降人口及其相关问题：1368—1953[M]. 北京：三联书店，2000.

四、文明的凝聚，仰赖伟大的民族精神

在《主权之研究》第三章"主权概说"和第四章"具体的主权（形态）与国民"中，迈斯特深入分析了家庭里的"父亲权威"如何逐步扩展为不同民族的主权形态，如何哺育了各民族的普遍精神与民族性格，即民族精神：

> 规定了社会秩序和主权的同一种力量，也根据不同的民族特征，规定了不同的制度形态。民族就像个体一样有生有死。民族有"父亲"，并且十分真实地讲，民族也有比父亲更著名的"老师"，这些老师最伟大的功绩是渗透到幼年民族的性格之中，为它创造环境，使它发展出自己的全部能力。民族拥有普遍的精神和真正的精神统一性，这使其成为其自身。这种统一性的证据便是语言。❶

那"规定了社会秩序和主权的同一种力量"亦即上帝、神明、苍天或不可知的历史条件的神秘耦合，也造就了统一的民族精神与民族语言，"从这些不同的民族性格中，诞生了不同的政府形态……因此我们不能说：每一种政府形式对每一个国家都是适合的……那个绝对的问题，即什么是最好的政府形态，是无解的……在民族的相对状态和绝对状态之间，有多少种可能的组合，就有多少种正确的答案。"❷

迈斯特的宪政哲学，洞彻了中国近代以来全盘西化派学者主张的"照搬英美""照搬苏俄"政府模式的错误：引进没有民族精神与民族历史内涵的西方政府形态，注定不能在中国获得有效推行与长久持续。近现代史无数事实证明了这一点。

从第六章"创始人和各民族的政体"开始，一直到第九章"民族精神"以及后续的第十一、十二章，迈斯特以简练而鲜明的论断，精确概括了古今自由政体、宪政制度的伟大创始过程：

> 想想各民族的精神统一性吧，它毫无疑问是那唯一原因的产物。……每个民族的主要特征和鲜明性格，都是从一个独一无二的人那儿获得的。……他天生拥有超常的洞察力，或者更有可能的是，他拥有绝对可靠的本能（因为天纵之才并不知道自己正在成就什么，这也正是它高于理智的地方）。他

---

❶ 约瑟夫·德·迈斯特. 信仰与传统——迈斯特文集[C]. 北京：商务印书馆，2010：137.
❷ 约瑟夫·德·迈斯特. 信仰与传统——迈斯特文集[C]. 北京：商务印书馆，2010：137-139.

洞悉到那些构成民族性格的隐蔽能力和品质，他赋予它们以生命，让它们行动起来，最大限度地利用它们。他从不写作与辩论，他的行动方式来自灵感；即使写作，也不是为了辩论，而是为了下达命令。……几乎所有伟大的立法者都是君主，甚至那些注定成为共和国的民族，也是由君主建构的。他们主持了民族的政治建制，拟定了民族的第一部基本法。……我们可以指出这些制度出现的时间和创立者，但你会发现，政府的真正根基是保持不变的，揭示它们的起源是不可能的，理由很简单：它们和民族一样古老……重大而切实的政体改革，从来不创设任何新东西，它仅仅宣布和维护之前就已存在的权利。这就是为什么一国宪政永远不能仅从其宪法条文中加以理解，因为这些不同时期制定的条文，仅仅是为了重新确认被遗忘或发生争执的权利，还因为总是存在大量不成文的东西。……每个民族都有适合自己的政府，并且没有一个民族是选择了自己的政府。每当一个民族想给自己选择一个政府，或更确切地说，是该民族的相当一部分人朝这一目标努力，这种企图总是带来不幸；因为在致命的混乱中，一个民族太容易搞错自己的真正利益所在，太容易不顾一切地扑向不适合自己的东西，同时拒绝对它而言最好的东西：我们都知道这个领域的错误多么有害。所以塔西陀才以简洁的深刻性说："对人民来说，接受一个君主，要比寻求一个君主好得多。"……只有当政治系统的不同成分同时相伴而生，自由政体才是稳定的。人类从来不会尊敬他们自己创造的东西。这就是为什么选出的国王永远不会具有世袭君主的道德力量，因为他没有足够的尊贵，也就是说，他没有那种独立于人类的、由岁月造就的伟大。……民众对政治事件不起任何作用……他们服从主权，是因为他们感到主权具有某种他们既不能创造也不能毁坏的神圣性。……这就是为什么即使在自由国家，通过出身和财产所形成的名分，把统治者和人民大众区分开来，也是极为重要的；因为如果没有在意见和权威之间设置障碍，如果权力没有处于意见可及的范围之外，如果被统治的多数认为自己和统治的少数平起平坐，政府就会垮台。❶

迈斯特深刻揭示了一切主权、政府、文明得以稳定运行的宪政秘诀、文明奥秘、人性与历史的基本实际：被统治的多数，与统治的少数，永远不能"绝对平等"；与此同时，被统治的多数，与统治的少数，都被有效约束在成文或不成文的道德秩序、法律、规范、信仰之下，这就是古今"宪政"的基石。

人类的有限理性，总是产生出混乱、盲目、纠缠不休、朝三暮四的"意见"，而世袭君主制，就是为了摆脱这些混乱而设立的，君权神授的伟大世袭观念与制度，也因

---

❶ 约瑟夫·德·迈斯特.信仰与传统——迈斯特文集[C].北京：商务印书馆，2010：141-144.

此而建构起来。迈斯特用了好几章的篇幅,论述启蒙主义"平等乌托邦"严重忽略了"人类理性的天然缺陷""人类自控能力的一系列弱点"。因此,有效的宪政机制,建基于合理的信仰之上:

> 哲学意义上的宪政,仅仅是各民族之上的力量赋予它们的政治生活的方式而已。在此要的意义上,宪政不过是规定了这种生活方式的数量不等的法律集合体。这些法律不必落实到字面上。相反,对于宪法性法律而言,塔西陀的名言"法条多如牛毛,政必恶哉"是完全适用的。……一个民族自然形成的宪法,总是先于成文宪法。……人不能赋予自己权利,他只能捍卫超然力量赋予他的权利,这些权利就是良好的风俗……人类理性若仅依靠自身资源,不仅不能创造,也不能维护任何宗教和政治联合体,因为它只能导致争执不断,还因为人类若想行为得当,需要的是信仰而不是(争执不休的)问题。他的摇篮应当被教义所环绕,当他的理性觉醒时,他的所有意见,至少与他相关的意见,应当都已塑造成型。对他来说,没有什么比"成见"更加重要的了……它们是人类幸福的真正基础和国家的守护神。……彼此混合并融为一体的宗教和政治教义,形成一种普遍精神或民族精神,使它的力量足以压制个人理性的越轨行为,这类行为本质上是任何联合体的死敌,因为它只能导致歧见丛生。所有已知的国家,只要它们虔诚地服从这种民族精神,就是幸福而强大的。所谓民族精神,无非就是个人教条被消灭,民族教义——有益的偏见——行使普遍而绝对的统治。……什么是爱国主义?它就是我所谓的民族精神;它是个体的克制。信仰和爱国主义是世界上两个伟大的奇迹创造者。它们具有神性。……它们只知道两个词:服从和信念;它们以这两个词为杠杆,撑起了整个世界。……这两个天堂之子,用创造和保存,向世人证明自己;其力量若联合在一起,慑服一个民族,它们就会使其提升、具有神性,使其力量百倍增长。❶

迈斯特以伟大贤哲的目光,洞穿了古今宪政秩序的根本——对上帝神明的宗教信仰和对固有政府形态的忠诚服从,只要这一信仰和服从的力量,处于合理约束之下,哪怕是在"成见"或"偏见"的合理范围内,就如同士兵服从首长命令一样,能毅然为国家冲锋陷阵、不畏牺牲,而标榜个人理性的启蒙教条,只能使国家作为联合体逐步涣散、瓦解、衰败。

---

❶ 约瑟夫·德·迈斯特. 信仰与传统——迈斯特文集[C]. 北京:商务印书馆,2010:147-150.

五、开明的大一统王权，优于民主制

在《主权之研究》卷二"主权的性质"第一章"主权的性质概说"等章节中，迈斯特具体分析了君主制、贵族制和民主制的优劣。他从主权的性质入手：

> 所有类型的主权在本质上都是绝对的，不管它的各项权力是如何组织的……它是最完整意义上的"专制"……凡是对主权做了划分的地方，这些不同权力之间的冲突，可以看作是唯一的主权在进行自我协商……无论这样定义和行使主权，它永远是一个不可违抗的、绝对的整体。……因此，至上的权力不能受到审判，如果它能受审，拥有这一权利的权力就成了至上的权力，这是自相矛盾的。至上的权力唯一能够做出的改变是让渡自身；限制它就是毁灭它。……首先，人们将发现，任何至上的权力都是专制的，对这种权力只有有两种做法：要么服从，要么反叛。……其次，人们将发现，服从这个还是那个至上的权力，完全是一码事。[1]

迈斯特一语道破了主权的至高无上性、绝对排他性、不可限制性、不容挑战性，不管其主权形态是君主制、贵族共和制还是民主制，其实质是同一的：对主权，要么服从，要么反叛，而不能妄想加以限制。因此，孟德斯鸠的"三权分立"说也仅仅是在主权形态上的一种自我协商的细微机制而已，根本不具有启蒙空想主义者、全盘西化派论者幻想的"主权自我约束"的那种决定性的制衡意义：任何主权都要尽力排除对其"合法性"的怀疑与挑战，这一点，古今中外皆然，毫无例外。

因此，迈斯特认为君主制是稳定合理的宪政机制：

> 一般而言，人人都是为君主政体而生。这是一种最古老、最普遍的政体。……主权在本质上是单一的、绝对的和不可侵犯的，那么，为何要谴责王权，好像我们据以批评的种种弊端，跟其他政体有所不同？……人们必须不断回顾历史，它是第一位的、其实也是唯一的政治学导师。无论谁说人生而自由，都是在胡扯淡。……如果提问："对人类而言，最自然的政体是什么？"历史将回答："君主政体"。……君主制是一种集权制的贵族政体。无论何时何地，贵族阶层都占支配地位。……君主政体中的国王远不能为所欲

---

[1] 约瑟夫·德·迈斯特. 信仰与传统——迈斯特文集[C]. 北京：商务印书馆，2010：153-155.

为。……永远是国王的枢密院在统治。❶

君主是国家主权、稳定与统一的象征，而枢密院、贵族精英体制，才是真正的统治者。因此，君主制的优点，在于国家主权的稳定性："国王就是主权者，无人能与他分享主权，一切权力都来源于他"；作为稳定、统一与合法性的唯一源泉，"他的人身神圣不可侵犯，无人拥有罢黜或审判他的权利"；更重要的是，国王在宪法、法律的范围内活动："他不能判处死刑，也不能审判民事案件"；他下达的命令，必须听取通常由贵族精英组成的议事机构的建议；臣民拥有谴责他及其属下滥用职权的权利❷。

迈斯特进一步揭示了君主政体的宽仁公正："这些神圣的法律是更加真实的宪法，因为它们写在人民心中，具体存在于君主与臣民的家长式关系中……负责把臣民的上书和冤情传达给君主的人，可以组成各种机构或议事会"❸用以表达合理诉求；相反，贵族共和制与民主制，却因人们意见的分歧、盲目、混乱而常常出现灾难性的统治状况："人们抱怨君主的专制；他们本应抱怨人类的专制才对。"❹

迈斯特援引卢梭《社会契约论》的言论："公意总是正确的……人民从来不会腐败，但他们经常被误导，惟在此时，他们表现出想做一些坏事"，以苏格拉底被雅典民意法庭无辜宣判有罪而受死的著名案例，予以抨击道："喝吧，苏格拉底，喝下毒鸩吧，你只能用这样的区分聊以自慰了：优秀的雅典人民，只是表面上想做坏事而已。"❺

古希腊民主制的失败、雅典城邦荒谬的"民意"，把苏格拉底送上了断头台，迫使柏拉图等人流亡；历史惊人地相似，法国革命，再次更大规模地，把大批无辜者送上了断头台！

六、古今宪政机制的大一统模式

与迈斯特一致，历史哲学大师托马斯·卡莱尔也曾在《过往与现在》《论英雄与英雄崇拜》等名著中，一再批评雅典城邦民主、法国大革命使"民主幻想灰飞烟灭，全人类的一线光明，在中国古典民主制度中！"可谓启示深刻而久远。

迈斯特总结了古今宪政的实质：

---

❶ 约瑟夫·德·迈斯特. 信仰与传统——迈斯特文集[C]. 北京：商务印书馆，2010：155-158.
❷ 约瑟夫·德·迈斯特. 信仰与传统——迈斯特文集[C]. 北京：商务印书馆，2010：159-160.
❸ 约瑟夫·德·迈斯特. 信仰与传统——迈斯特文集[C]. 北京：商务印书馆，2010：160.
❹ 约瑟夫·德·迈斯特. 信仰与传统——迈斯特文集[C]. 北京：商务印书馆，2010：161.
❺ 约瑟夫·德·迈斯特. 信仰与传统——迈斯特文集[C]. 北京：商务印书馆，2010：171.

> 准确地讲，所有政体都是君主政体，区别仅在于君主是终身制还是任期制，是世袭制还是选举制，是一个人还是一伙人。……也可以说，所有政体都是贵族政体，只是统治的人数有多有少而已；在民主制中，贵族人数达到了最大限度；在君主制中，每个政府中不可避免地由位于金字塔顶端的一人担任首脑，它毋庸置疑构成了人类最自然的政体。在所有君主政体中，最严厉、最专制、最难以忍受的，就是"人民"这一国王……他们的专制独裁，总是比国王更严厉、更反复无常，并随臣民数量的增多而增强。❶

迈斯特的锐利目光，洞穿了人类古今宪政制度的一贯本质：总是少数精英，统治多数大众，这一权力集中的趋势通常不可逆转，意大利现代政治学家加埃塔诺·莫斯卡在《政治科学要义》（英译《统治阶级》）中有力印证了迈斯特的这一创见。

因此，要紧的宪政思考与设计，不要浪费在君主制、集权制、民主制的表面区别上，而是在历史与现实的基础上，保持任何一个政体的稳定、统一、均衡、合理、开明、有效。

毫无疑问，中国古典大一统中央集权制，是最符合迈斯特、卡莱尔、莫斯卡乃至汤因比等近现代一系列伟大宪政学家、历史哲学大师的所谓的"宪政"标准：

> 对每个民族而言最好的政体，就是在这个民族占有的领土之内，能够在尽可能长的时间内，为尽可能多的人，创造出尽可能多的幸福与实力的政体。……任何事物都无法阻止我们如此提问："哪一个民族在适合于它的政体的影响下，相对而言在最长的时间内人口最多？力量最强大？生活最幸福？"❷

从全球文明史的角度看，在适合自身的开明政体的合理治理下，以最少的耕地与资源，养育、支撑了全球最多的人口和最灿烂的文明，绵延了全球文明独一无二的文明体系，长达五千年以上的中华文明，其大一统古典宪政制度，无疑是全球最佳政体的代表，也是中华民族不断扩大、复兴的终极奥秘。

迈斯特以哲人的博大而深广的智慧，眺望一个全球大一统的文明图景，他的每一论断，就如同在面对着当今世界与中国，向积极谋求重建全球文明秩序、复兴各民族统一的伟大文明事业的人们，发出了黄金一般的肺腑之言：

> 要牢记，在每个民族的法律和古老习俗中，都有达到能够企及的幸福所需的一切。把这些古老的法律作为重建的基础，你就能展示自己走向完美的

---

❶ 约瑟夫·德·迈斯特. 信仰与传统——迈斯特文集[C]. 北京：商务印书馆，2010：173.
❷ 约瑟夫·德·迈斯特. 信仰与传统——迈斯特文集[C]. 北京：商务印书馆，2010：172.

全部潜能……除了那些已被遗忘的神圣格言,不存在任何济世良方。……一般而言,我们几乎对万物的统一性一无所知,在这方面我们是可以原谅的;但无视这种统一性的存在,就是不可原谅的了。……每个民族都是推进又被推进的漩涡,"整体"不过是这些漩涡的总和,一个民族就像组成它的个体一样处于漩涡中间。我们称为"民族"的大家庭的每一个成员,都获得了一定的性格、能力和自己特殊的使命。一些人注定悄无声息地滑过人生之路,沿途引不起任何注意;另一些人为自己的进步欢呼,得到的奖赏几乎总是名声而不是幸福。个人的天赋有着无限的多样性,表现着神性的恢弘壮丽……它们都始终不渝地向着统一体迈进。……没有任何民族将自己的性格归因于它的政体,就像不归因于语言一样,相反,它将政体归因于自己的性格,它实际上总是因政制建制而得到加强与完善。❶

每当我打开《十三经注疏》《史记》《资治通鉴》或诸子百家的伟大记述,我立刻产生了挥之不去的心灵印象——中国无数代古人,以生命、青春、热血,缔造出一个伟大、灿烂、悠久的"大一统完整世界",这一世界,犹如海德格尔在《艺术作品的本源》中所论述的"希腊神庙"一样,令"天地人神"在其中舞蹈,我不知这个"完整世界"是如何缔造成的,更不知道接续而起的"现代世界"为什么如此支离破碎、难以持久。如今,确切无疑,我知道了。

七、捍卫、重建全球大一统文明

如今,捍卫并重建一个天地人大一统协调的完整世界,首先必须深入批判并摒弃的,就是误导全球思想的启蒙空想-实证主义痼疾,还自然以神性,还人性以自由,还世界以完整!

约翰·哥特弗里德·赫尔德(1744—1803)就代表着近代反启蒙"纯粹理性"(实乃工具理性)与空想乌托邦主义的两大思潮——浪漫主义与现代主义的伟大智慧源头之一。

赫尔德1744年出生于东普鲁士,1762年进入柯尼斯堡大学就读,研读康德与哈曼(1730—1788)。他1767年成为路德宗牧师,先后发表《德国新文学评论断片集》(1767)和《批评之林》(1769),一举成名。1770年他在斯特拉斯堡,会见了还是法学生的歌德,对其多有指点,两人后来成为"狂飙突进"运动的伟大代表。1771—1799年间,赫尔德完成了一系列历史哲学巨著《关于人类教育的又一种历史哲学》

---

❶ 约瑟夫·德·迈斯特. 信仰与传统——迈斯特文集[C]. 北京:商务印书馆,2010:174-175.

(1774)、《人类历史哲学思想》(1784—1791)、《人类最古老的文献》、《基督教论集》(1794—1798)。他在伟大巨著《对〈纯粹理性批判〉的总批判》(1799年)中，深入批判了康德的启蒙理性主义思想，鲜明提出了"反启蒙理性"的主张，与康德的启蒙主张分庭抗礼。这些先后完成的成熟的历史哲学作品，为其赢得了广泛的国际声誉。

赫尔德的历史哲学，以深入批判启蒙主义历史哲学为伟大出发点。他发现了启蒙思想的根本缺陷：首先，启蒙思想的大多数人（伏尔泰是例外）都以鄙视和厌恶的态度对待以往的时代，把过往的一切视为蒙昧和野蛮，自我吹嘘把理性之光照进了黑暗的历史。赫尔德主张以同情的态度（陈寅恪先生所谓"同情之了解"）看待历史，从中发现可贵的文明成就、价值成就。赫尔德认为，历史并非以当代为终点和最高点的简单跨越过程，所有其他时代都是为了达到这一"当代最高点"的准备，每个时代都有独立的、不可替代的价值，它们独立自存，而非康德所谓的朝向某个"至善"目标的单纯工具。

其次，启蒙思想割裂了野蛮与文明、无知与理性、过去与现在的血肉联系，也抽空了各民族历史的独特性，是反历史的、粗暴的"历史"图解，历史本身的丰富、鲜活、生动，都被这种"图解"予以粗浅的歪曲，成了空洞而浅薄、苍白而危险的抽象物。

再次，各民族世界丰富多彩的独特品质，都被启蒙图解抽空为一种"前现代的民俗""即将消逝的奇观""人类学的对象"，康德把"至善"设立在彼岸世界，使人世的一切过往和现存，都成了趋近理想乌托邦的手段，每个时代丰富多彩的个人人生与社群人生，都沦落为不堪忍受的梦幻。

赫尔德深刻地写道：

> 在我看来，族和类除非它们存在于个别物之中时，都只是一般的概念而已……一个东西如果不单纯是一像手段的话，它的目的必须存在于它自身之中。如果我们被创造出来，目的只是为了像磁铁指向北方一样，用永远徒劳的努力来追求我们自身以外的、永难企及的完善性的话，那么我们就不仅要为我们自己，而且为我们的本质感到难过，这个本质注定了我们有一个痛苦的命运……那么这个本质将永远是一个凶残的本质，它用目的之梦，无济于事或幸灾乐祸地欺骗了我们，而我们是不值得它如此欺骗的。[1]

没有比赫尔德这段文字更深刻、更真切地揭穿了卢梭、康德为代表的启蒙空想主义乌托邦的"凶残本质"——那些被高高放置于"完善目的"或"理想彼岸"（理念、物自身、必然性）虚幻世界之巅的东西，毫无怜悯地看着芸芸众生为此"目的"虚耗

---

[1] 赫尔德.人类历史哲学思想[M]//韩震.西方历史哲学导论.济南：山东人民出版社，1992：171.

一个又一个时代、痛苦辗转一生而一无所得，一切妄想打碎天地人自足而完满的生命秩序（神性自然）的乌托邦幻想，都是些残害人性、历史与文明的恐怖之物，佛家谓之"无明""颠倒梦想"。

赫尔德向每一个不可替代的独立生命、每一个独一无二的历史瞬间、每一个不可复制的生命存在，发出庄严呼吁：

> 这种深刻的、简单的、不可替代的存在感，就是幸福……每一个人都自在地拥有其形式，他被塑造成这种形式，且就在这一形式的范围内，他独自感到幸福。正因此，自然在地球上创造了所有人的形式，为的是让他们每个人在自己的时代和地位上获得享受。❶

赫尔德认为，大自然的有机生命，把万物统一为完整的、自足的整体，人类历史就是这一整体的伟大体现，每一历史阶段都有独立价值，根本不存在启蒙主义虚构的蒙昧野蛮状态、黑暗的中世纪与近代启蒙人道状态之间的对立。

存在的伟大整体哺育了全人类，哺育了每一个体，人的理性就是上帝为实现人道事业而赋予人类的一种有限的手段，人在试错中进步，而宗教信仰就是人类精神完善的最高手段，宗教是最高级的人道精神，赫尔德希望开启一个注重人类完整性的人道教育，作为世界人道主义的伟大基础。

根本变革人类的教育、学术、思想、精神和生命，使之冲破近代启蒙空想-实证主义的精神枷锁，张开心灵之眼，重新看到天地人大一统宇宙生命秩序的丰富瑰丽，重新体认大一统文明之美，进而在个人生命与宇宙生命的融贯汇通处，体验到神性自然所赐予的、全人类彼此善待与互助的、独一无二的幸福。

---

❶ 赫尔德.人类历史哲学思想[M]//韩震.西方历史哲学导论.济南：山东人民出版社，1992：171.

第三十六章　为中国正名

孔子曰："必也正名乎！"事物的概念一旦确立，有关这一概念的各种机缘就会随之而来，无尽无休。佛家谓之"因缘和合"以造世间万物。西方贤哲谓之"自我实现的神话"，即某个神话一旦确立，有关这一神话的各种添油加醋的传说、解释、考据，就会无限膨胀下去。蒙田（1533—1592）的《随笔》，就是对人类思维的类似病态加以嘲讽的伟大名著。

近代以来，有关中国古典政治体制（政体）的各种人为建构的"神话"，常常脱离中国古典政治体制的历史实际。"神话"一旦被草率地建构起来后，随即发挥巨大的传播效能，加剧了政治潮流的激烈变幻。很少有人仔细分辨这些概念能否成立。大多数以讹传讹的概念、名词，被不加分辨、不由分说地加以使用、推论、引申，不仅完全脱离了中国历史实际，而且造成了对中华文明传承与发展的诸多误导。

称呼中国古典政治体制为"封建专制政体"就是这样一个以讹传讹的偏颇概念。

同样令人啼笑皆非的，是判定"中国为专制政体"，即君主一人独断诺大国家的一切事务。倘若如此，那么，宰相、御史台、太尉、六部尚书、各省督抚、布政史、监察御史、首辅大学士等官署系统，所设为何？从汉文帝、汉武帝，直到光绪帝，一再颁布"罪己诏"，天子自我谴责、向全民道歉、表示悔过，其宪法、法律依据是什么？明神宗万历皇帝20年不理朝政、不上朝议事，诺大中国千头万绪，却始终井井有条、百业繁荣，靠何人能来"专制、独断"呢？

仔细审察可知，"中国专制说"这一强加于中国历史之上的"莫须有"概念，乃是近代西方的一个"舶来品"，这一未经检验的概念、判断，却传播效能惊人，搅动起中国民初的激进反传统狂潮！

一、孟德斯鸠的误判与讹传

启蒙作家孟德斯鸠（1689—1755）的《论法的精神》（1748），是主张"中国专制说"的近代第一人。

在此之前，西方旅行家、商人、传教士，都把中国塑造为开明繁荣、富庶友善、治理完备的国家，中国古典士大夫政治的宽大公正，处于这一政治枢纽地位的儒家士绅的贤明聪慧，儒家世俗哲学所深刻蕴含的"自然神学"思想，又称"自由思想"，即中国人相信大自然中蕴含善良意志的思想，被欧洲进步思想家如伏尔泰、约翰逊、哥德斯密、莱布尼茨等人，标举为反抗罗马天主教会僵化统治的"启蒙"利器，与"希腊罗马异教思想"一道，触发了欧洲启蒙思想的大传播；同时，耶稣会传教团，作为天主教内的改革派、科学派、人道派，为了赢得罗马教廷对其传教事业的支持，也尽力弥合中国人的"天道信仰"与天主教"基督信仰"之间的分歧，把中华文明塑造为合理、繁荣、人道的文明。尽管措辞有些夸张，但基本符合中国在有限耕地与自然经济规模和人文条件下，凭精耕细作的生态经济制度和儒家士大夫的合理治理，取得人口持续稳步增长与巨大文明进步的历史实际。

孟德斯鸠对此大不以为然。他在《论法的精神》第一卷的最后部分，第十九节"专制政体的特质"和第二十一节"中华帝国"中，分别议论道：

> 一个广大帝国的统治者必须握有专制的权力。君主的决定必须迅速，这样才能弥补这些决定所要送达地区的遥远距离；必须使遥远的总督或官吏有所恐惧，以防止其怠忽；法律必须出自单独的个人，又必须按照所发生的偶然事件，不断地变更。国家越大，偶然事件越多。
>
> 我们的传教士告诉我们，那个幅员广阔的中华帝国的政体是可称赞的，它的政体原则是畏惧、荣誉和品德兼而有之。那么，我所建立的三种政体的原则区别，便毫无意义了。……因此，中国是一个专制国家，它的原则是恐怖。❶

依据孟德斯鸠对"专制政体"的定义，专制君主握有绝对的、不容限制的权力，他的意志就是法律，所谓"言出法随"，法律会因其意志而随时变更。

以此标准对照历史，我们发现，情况恰恰相反：中国上下都受到审慎制定的法律约束，从汉代萧何主持设立的《汉律》，直到清朝时修订的《大清律》，中国法律规范系统非常稳固，决不会因天子意志而随意变更；同时，天子权贵阶层，还要受到"祖宗成宪"即不成文、半成文的"道德法"（习惯法）的约束，历代政府都设有管束皇亲贵戚的专门官署，防止权贵侵害百姓利益。换言之，中国古典政治的运行实际，根本不符合孟德斯鸠自行设立的"专制"定义。

民国学术宗师钱穆（字宾四，1895—1990）在《国史大纲》（1939，商务印书馆1996修订重印）等著作中，详细论述了中国士大夫政治的制衡机制——国家大政须经

---

❶ 孟德斯鸠.论法的精神（上册）[M].北京：商务印书馆，1963：150-153.

宰辅、三公九卿、三省六部、百官群僚的反复商议与审核，廷议、封驳等制度就是政务协商的宪政机制，天子百官均须接受御史台等监察机关的纠弹和稳固法律规范（成文法和习惯法）的约束。官民均可越级言事、控告、申诉，直至天子直接受理。

与黄宗羲《明夷待访录》一致，钱穆认为明初"废宰相、建内阁"是明清以来中国政体由君臣制衡的士大夫政治向"传统政治复兴下之君主独裁"的病态与堕落。他在1945年3月的《东方杂志》第41卷第6期，发表文章《中国传统政治与五权宪法》中说："西方学者言政体，率分三类：一、君主专制。二、贵族政体。三、民主政体。中国自秦汉以下，严格言之，早无贵族，中国传统政治之非贵族政治，此不待论矣。中国虽有君主，然固非君主专制，此如英伦虽至今有君主，然不害其为民主政体也。中国传统政治，既非贵族政治，又非君主专制，则必为民主政体矣。"❶

1941年10月，钱穆在《思想与时代》第三期上发表著名文章《中国传统政治与儒家思想》，深入揭示了一国政体乃一种文明的自然生长之物，乃其文明整体之极重要而不可分割之一部分。他尖锐批评主张照搬西方政治模式的全盘西化论者，"一辈浅薄浮躁者流，误解革命真义，妄谓中国传统政治全无是处，盛夸西国政法"，"国人崇信西士，亦以专制自鄙"，其观念、舆论之争的背后，是政党攫取权力之争：

> 一国家一民族之政治，乃其国家民族全部文化一方面之表现，抑且为极重要而又不可分割之一面。苟非其国家民族传统文化可以全部推翻彻底改造，则其传统政治之理论与精神，势必仍有存在之价值。
>
> 我国自辛亥革命前后，一辈浅薄浮躁者流，误解革命真义，妄谓中国传统政治全无是处，盛夸西国政法，谓中西政治之不同，乃一种文野明暗之分，不啻如霄壤之悬绝。彼辈既对传统政治一意蔑弃，势必枝蔓牵引及于国家民族传统文化之全部。于是有"打倒孔家店""废止汉字""全盘西化"诸口号，相随而起。然使其国家民族数千年传统文化，果能快意毁灭，扫地无存，则国家民族之政治事业亦将何所凭依而建树？辛亥以来之政论……主英美政体之外，有别有主德意与主苏联政体之两派，不仅见之言论，抑且发之行动。并至于劫胁屠杀，不恤赌国命以争必胜。……使一国家民族之政治精神与理论，乃全部汲源仰流于外邦异族，自身仅如一生气已绝之僵尸，有待于借导外魂，使之复起……不谓之极人事之狂妄不可矣。❷

钱穆先生可谓在博通四库文献的基础上"洞烛古今"的一代贤明大师，中国正统史学的现代传人。与其同一深沉睿智之见的，尚有另一民国大师柳诒征（字翼谋，

---

❶ 钱穆. 政学私言[M]. 北京：九州出版社，2010：6.
❷ 钱穆. 政学私言[M]. 北京：九州出版社，2010：95-96.

1879—1956）的巨著《中国文化史》（1920—1947）、《国史要义》（1948）；现代新儒家开山大师梁漱溟（1893—1988）在《中国文化要义》（1941—1949）、《中国文化的命运》（遗著，中信出版社2010年在北京出版）等巍巍巨著中的卓越论述。

钱穆先生在晚年名著《中国历代政治得失》（1955，北京三联书店2001重印）和《国史新论》（1950、1988，北京三联书店2001重印）中，已决然摈弃了"专制""独裁"概念。钱穆、柳诒征、梁漱溟、陈寅恪、辜鸿铭、熊十力等民国大师学术思想的开创性意义，正在于毅然摈弃了"削足适履"地强加给中国的、经不起考验的西方启蒙概念。

长期旅居中国，对中国朝廷上下施政情形十分熟悉，深入研究过中国政治、法律、宗教等各个方面的耶稣会传教士，以利玛窦等思想大师为代表，他们观察记录的中国古典士大夫政治，比较符合中国实际情形。事实上，暂且接受孟德斯鸠虚妄分别、胡乱建构起来的"政体三分法——共和、君主、专制"体系，中国古典政治，恰恰是这一体系不能涵括、使其破绽百出的"混合政体"，它兼有共和政体的品德感、君主（贵族）政体的荣誉感和专制政体的畏惧感，时而某些成分强些，某些成分弱些。

倘若论断中国古典政体实际运行的历史基本面，比较符合的，应是孟德斯鸠提出的"君主政体的性质"："君主在那里握有最高权力，但是他依据既成的法律行使这一权力"；而绝不符合他为"专制政体的性质"所下的定义："一个单独的个人依据他的意志和反复无常的爱好在那里治国。"❶

可以说，中国是"混合了共和政体要素的、全国上下普遍受法律约束的君主制"，而不是"君主一人专断独行、言出法随、不受法律约束的专制政体"。

法国著名汉学家安田朴（Rene Etiemble，1909—）在论述"中学西渐"的力作《中国化的欧洲》（汉译《中国文化西传欧洲史》，商务印书馆2000）中，单辟一章"孟德斯鸠的中国观"，揭露了孟德斯鸠偏听偏信少数对耶稣会传教事业抱怨恨立场的传教士及商人的一面之词，对中华文明做出的重大误判：

> 孟德斯鸠在（《论法的精神》）第21章（"论中华帝国"）中使用的论据之一，清楚地表明了其偏见，或至少是他意图诽谤的欲念："我不晓得，一个国家只有使用棍棒才能让人民做些事情，这有何荣誉可言。"这是何意？可能指杜赫德神父其书（《中华帝国全志》）第二卷第134页所写："如果中国政府仅因杖笞而存在"，那是说中国刑法中包括杖笞。……总而言之，这是一章混乱不堪的文字，其中各种论据交织一起、相互矛盾，……暴露了作者（孟德斯鸠）在此问题上茫然不知所措。
>
> 中国这块遥远而辽阔的土地令人极难下手，几乎始终都与孟德斯鸠的思

---

❶ 孟德斯鸠.论法的精神（上册）[M].北京：商务印书馆，1963：22-23.

想体系完全不相吻合。……在孟德斯鸠讲到中国时很快就会完全自相矛盾……由于孟德斯鸠过分相信了傅圣泽（前耶稣会教士）的怨恨情绪并未加仔细研究，又接受了安松（即安逊船长）的流言蜚语，所以处于极端困窘之中……孟德斯鸠错了，而且是严重地错了。……孟德斯鸠获得的情报不准确，成了偏见的受害者。……如果说他尚未达到对中国不友好（丑华、排华）地步，那么他却为此而初步打开了一条路。❶

造成孟德斯鸠做出重大误判的历史背景与这一误判卷进中国近代史进程的原因，大致有三：

首先，孟德斯鸠建立的"政权三分"的理论体系，根本不能涵括、容纳古今政体纷繁复杂的实际情形，这一源自西方思维——苏格拉底的"定义法"和亚里士多德的"分类法"的较为僵化、教条的体系，虽在一定程度上，具有促使判断和研究"明晰化"的优点，同时又隐含着对事物的复杂生命与纷繁多样状态的"强暴""独断"与"偏执"等重大流弊。

这些思维流弊与病态，历经希腊罗马哲学，中世纪经院哲学等各种"独断论"，以洛克、卢梭、康德、笛卡尔等近代主流哲学为代表，日益僵化成"唯我独尊、非我即斥"的"启蒙思维"诸多病态——譬如对过往历史采取轻蔑态度，斥为"蒙昧、野蛮"，自我吹嘘为"启蒙"开端、人道起始，等等——在精神层面上，启蒙主义巧妙配合着西方殖民主义、帝国主义的野蛮侵略、扩张行径，宣称"自由、平等、博爱"等人类共享价值，为"西方现代文明独有"，宣称"启蒙-实证主义"才是"现代的"，否则，就是"前现代的、落伍的、停滞的、反动的"。这些"西方启蒙-实证主义"的独断话语与病态的偏执意识，深入渗透到全球学术与大众心态，成为"西方帝国思维"的一部分，至今仍误导着、破坏着原本丰富多彩、千差万别的宇宙自然进程、纷繁多样的各民族的文明历史进程与全球现代化彼此不同的道路与进程。

其次，孟德斯鸠的宪政哲学思想，虽包含了深刻的洞见（譬如分权制衡的思想），但也有许多牵强附会、先入为主、草率武断的偏见，沿袭着亚里士多德以来西方主流思维对"非西方世界""东方民族"的诸多根本性的偏见、曲解与歧视。

孟德斯鸠对中国、亚洲乃至整个东方世界采取偏执的轻蔑立场，源于古希腊时代的"种族优越感"和"文明优越感"，这一优越感由于"希腊罗马世界"的自我瓦解与一再崩溃，被"非希腊的蛮族世界"一再围攻、一再占领，变本加厉为一种心理病态，在"十字军东征""黄祸论""围堵中国"论中，一再顽固出现。并且，罗马天主教廷对耶稣会传教士可能使欧洲"中国化"即"世俗化"的恐惧，日益加深，促使"礼仪之争"即"中国人祭祖祭天仪式是否符合天主教义问题"被人为激化为中西之间

---

❶ 安田朴. 中国文化西传欧洲史[M]. 北京：商务印书馆，2000：493-515.

的文明冲突。

亚里士多德在《政治学》中说："凡照顾到公共利益的各种政体，就都是正当或正宗的政体；而那些只照顾统治者利益的政体，就都是错误的政体或正宗政体的变态（偏离）。这类变态政体都是专制的[他们以主人管理奴仆的方式施行统治]（1279a）"❶，依据这一标准，中国从汉至明，皆为"正当政体"；秦王朝的15年统治以及清朝260余年统治，虽然仍是中国古典政治体制，但含有较多奴役与变态。

然而，自希腊-波斯爆发战争开始，直至古罗马帝国时期，西方人都把非希腊-罗马政治模式的亚洲政体视为"专制政体"，认为这是"野蛮民族天生奴性"的产物。13世纪欧洲出现亚里士多德《政治学》的最早拉丁译本，"亚洲专制说"遂流行于欧洲。

孟德斯鸠在未予深究的情况下，对亚里士多德的"亚洲专制说"照单全收。他在《论法的精神》第三卷第十七章"政治奴役的法律与气候性质的关系"这一异想天开的主题（类似的"异想天开"还包括中国的人口繁衍能力与专制的关系，等等）下，单辟出"第六节"讨论所谓"亚洲的奴役"和"欧洲的自由"这一人为捏造的虚假"对立"及其"自然原因"："在亚洲，权力就不能不老是专制的了。因为如果奴役的统治不是极端严酷的话，便要迅速形成一种割据的局面，这和地理的性质不相容。……一种奴隶的思想统治着亚洲；而且从来没有离开过亚洲。在那个地方的一切历史里，是连一段表现自由精神的记录都不可能找到的。那里，除了极端的奴役外，我们将永远看不见任何其他东西。"❷

孟德斯鸠是以全盘否定的态度，将中国列入"专制政体"和"亚洲奴性"的西方近代第一人。他的这一错误判断，是在缺乏直接、间接资料与充分证据的前提下，草率提出的；这一误判，不仅与利玛窦等长期居华、拥有第一手确凿证据和多年精深研究的大批欧洲传教士所言大相径庭，而且也与当时也仅仅靠二手资料却得出充分肯定中华文明治理实绩的一流判断的历史哲学大师伏尔泰、魁奈、莱布尼茨、维柯等人的思维水平、学术洞察力不可同日而语。

再次，孟德斯鸠为了"削足适履"地把中国"混合政体"纳入其僵化的"政权三分体系"，只能依据极不准确的一面之词，把中国误判为"专制政体"，配合罗马天主教廷对耶稣会在华传教事业的制裁、否定。罗马教廷最终解散耶稣会传教团，企图以此避免欧洲被中国儒家治国的世俗人文思想所"误导"。

然而，自利玛窦等传教士来华传教，将四书五经等中国经典文献不断传回欧洲，引发欧洲持续数世纪的对中国事物仰慕、研究的"中国热"，伏尔泰、魁奈、约翰逊、哥德斯密、莱布尼茨等思想巨匠，一再援引耶稣会传教士翻译、传播的中华文明经验，用以对抗罗马天主教廷的僵化教义。与罗马天主教廷抗拒"世俗化"的意愿相反，全球世俗化进程不可阻挡，中国儒家士大夫的人文治理，不仅是中国古典宪政的

---

❶ 亚里士多德. 政治学[M]. 北京：商务印书馆，1965：132.
❷ 孟德斯鸠. 论法的精神（上册）[M]. 北京：商务印书馆，1963：332-333.

优秀遗产，而且将在"社群协商民主"框架下，在融会古今中外宪政经验的基础上，重建全球文明[1]。

不幸的历史插曲在于，虽然遭到许多学者批驳与反对，孟德斯鸠的误判却"谬种流传"，伴随欧洲"中国热"的退潮，"中国专制说"却保留、积淀在一些启蒙思想家的"历史记忆"中，譬如黑格尔、马克斯·韦伯等人，仍固执其说；而凭借日本鼓吹"维新"的翻译家、惯于追逐国际时髦的中国维新派、革命派、西化派人士的引进、鼓吹，趁中国内忧外患之危，一度窃据中国学术思想主流地位。

二、伏尔泰等人对孟德斯鸠的批驳

孟德斯鸠的"中国专制说"遭到一系列近现代思想巨匠、学术大师的尖锐批驳与坚决反对。

一贯批判启蒙思维的历史哲学大师乔万尼·巴蒂斯塔·维柯认为中国的皇帝是最人道的[2]；古典政治经济学的重要奠基人、重农学派代表人物弗朗索瓦·魁奈（1694—1774）认为，"中国的制度建立于明智和确定不移的法律之上，皇帝执行这些法律，而他自己也审慎地遵守这些法律"。他在名著《中华专制制度》（1767）中专门设立一节论述中国"皇帝的绝对权力受到制约"，认为孟德斯鸠夸大了"专制"一词的效能，他也把中国政体归为"专制"，但指的是"君主制"而非"不受约束的君主权力"[3]。

孟德斯鸠的误判，也遭到长期在亚洲各国担任公职的外交家、学问家的批评。1770年，英国驻君士坦丁堡公使波特（Porte）对孟德斯鸠关于土耳其人的专制主义这一过分简单的批评表示反对[4]；法国学者安格迪尔-杜贝隆（Anguetil-Duperron，1735—1805），根据他在印度多年的考察，发现欧洲人对亚洲宗教、历史、社会、政治制度抱有许多错误观念，他对孟德斯鸠的"亚洲专制说"予以批驳和揭露，认为事情的真相是：欧洲人利用"专制"这一概念评判亚洲政体，为自己对亚洲的压迫进行辩护[5]，堪称一针见血。

在北京传教20年之久的韩国英神父（Pierre Martial Gibot，1727—1780）、著名汉学家谢和耐（Jacques Gernet，1921— ）等，在论著中也一再驳斥了孟德斯鸠对中国政体与中华文明的误判[6]。

---

[1] 参见 郝大维，安乐哲. 先贤的民主：杜威、孔子与中国民主之希望[M]. 北京：江苏人民出版社，2004.
[2] 维柯. 新科学[M]. 北京：人民出版社，1987：560.
[3] 魁奈. 中华帝国的专制制度[M]. 北京：商务印书馆，1992：1，73-76，93-104.
[4] 安田朴. 中国文化西传欧洲史[M]. 北京：商务印书馆，2000：497.
[5] 侯旭东. 中国古代专制说的知识考古[J]. 近代史研究，2008（4）.
[6] 安田朴. 中国文化西传欧洲史[M]. 北京：商务印书馆，2000：515-516.

谢和耐在《中国社会史》（1972）这一权威著作、法国大学生通用教材中，极其精辟地指出：

> 希望在整体上把……中国社会制度定性为帝制，是一种严重的方法错误。……如同历史不具有纯民主的模式一样，中国社会中的君主制度也远不能排除所有制衡性机构和所有表达民意的形式。对最弱小者的剥削、专断与暴力，并非中国独创。经过全面斟酌，人们在历史上的所有其他民族中，都绝对找不到比中国更公正和更人道的社会了。
>
> 中国最突出的成就之一，便是在漫长的历史过程中，发展出人类史上最为完善复杂的政治组织形式。令人确实感到非常惊奇和瞩目的，是统一的施政制度在如此早的时代，得以扩大到一个如同欧洲一般辽阔、人文差异也足以和欧洲相比美的大社会中。……中国也是那些使用了最多精力、以系统的方式组织其地域的社会之一，譬如组织起了道路、驿站、仓库、带城郭的城市、防御城墙、调节河流、水库、运河灌溉……中国社会政治功能的发展，及较其他功能（军事、宗教、经济）所占的绝对优势，是中国最典型的特征之一。
>
> 因此，世人普遍形成的有关中国社会的思想是错误的，但也反映了被模糊而凌乱地感受到的一种普遍真理：不仅是宗教和军事活动，经济活动也由于政治功能的突出优势，而从未达到在其他文明中的那种独立性和独特性。在中国，无疑存在着独立的宗教生活形式、传统和行伍军人界、摆脱了国家控制的活跃的商业领域，但任何神职阶层、军事等级、商业阶级，都从未曾达到夺取政权的程度。这无疑正是中国社会的衡量常数，也是最大、最新奇的特征之一。它在这方面，有别于所有其他社会。[1]

请注意谢和耐这部名著对中国社会的精准把握，这是认识中国问题"独特性"的伟大钥匙，这是自利玛窦来华，直至20世纪70年代，西方一流思想家、学者，不断破除孟德斯鸠、卢梭等人设立的"启蒙教条"，精确把握住的中华文明的独立特质与独特品格所在。笔者称为"中华大一统"，即在地域、文化差异巨大的广阔幅员之内（领土与整个欧洲相当，人口却是欧洲的数倍乃至更多），以完善的政治组织形式（中华古典宪政机制）和儒家合理教化系统（从太学到官府，从乡学到县衙），使整个社会处于长期稳定繁荣、诸教包容、百业兴旺、文明不断进步的伟大境界。

在艰难抵达此"根本认识"之前很久，作为欧洲天纵之才的一流思想家伏尔泰，全面而深入地批驳了孟德斯鸠"中国专制说"。作为欧洲近代文豪、古典戏剧大师，他

---

[1] 谢和耐. 中国社会史[M]. 北京：中国藏学出版社，2006：22-30.

的远见卓识，立足于对中华文明的完整而精确的把握，而不是对个别传教士和商人的"一面之词"的偏执。在堪称历史哲学、世界文明史的一代开山巨著《风俗论》（1740—1756）中，伏尔泰用相当大的篇幅，精辟论述了中华文明的精髓，认为在政治、法律、文化、伦理、道德、宗教等几乎文明生活的各个方面，中国都优于西方。

在《风俗论》的导论和第一、第二章中，伏尔泰深入细致、恰如其分地论述了古典中国的军事、法律、风俗、科学、宗教等各个方面，他尤其推崇中国人的政治治理与风俗教化之间的紧密联系：

> 中国人最深刻了解、最精心培育、最致力完善的东西是道德和法律。儿女孝敬父母是国家的基础。……一省一县的文官被称为父母官，而帝王则是一国的君父。这种思想在人们心中根深蒂固，把这个幅员广大的国家，结成一个大家庭。正因为全国一家是根本大法，所以在中国，比在其他地方，更把维护公共利益视为首要责任。因此皇帝和官府始终极其关心修桥铺路，开凿运河，便利农耕和手工制作。……旅行者、尤其是传教者……看到一些人跪拜，便认为他们是奴隶，而接受跪拜的那个人，必定是1.5亿人生命财产的绝对主宰，他一人的旨意就是法律。可实际情形并非如此……在帝国最早时代，便允许人们在皇宫的一张长桌上写下他们认为朝政中应受谴责之事，这个规定在公元前2世纪汉文帝时就已经实行；在和平时期，官员的意见，从来就具有法律效力。这一重要事实推翻了《论法的精神》中对世上最古老国家提出的笼统含混的责难。跟其他地方一样，中国也存在各种不良行为，但这些行为肯定会因法律的约束而有所抑制，因为他们的法律始终如一。《海军上将安逊回忆录》的博学作者因广州小民曾经想方设法欺骗英国人，便鄙视和讽刺中国人。但是，难道可以根据边境群氓的行为，来评价一个伟大民族的政府吗？❶

伏尔泰的分析精辟入里、切中要害，不仅批驳了孟德斯鸠误判"中国专制政体说"不符合历史事实，而且指出了他思维方法上的谬误：根据某些未经检验的不实资料，笼统含混、以偏概全地对史上最古老国家的政治体制和文明成就，提出不负责任的评判，而其依据，仅仅是《海军上将安逊回忆录》这样的一面之词！

利玛窦、魁奈、伏尔泰笔下的中国，精确展现了中华文明的本来样貌与内在精神，是本真意义上的古典中国，是中华民族当代伟大复兴的重要资源。

---

❶ 伏尔泰. 风俗论（上册）[M]. 北京：商务印书馆，1997：249-250.

三、安逊船长与富察中丞的交涉

孔子曰："道听途说，德之弃也。"未经反复检验、常常以讹传讹的"公共意见"，由于全球近代历史的迅猛变幻、大众传播心态的浮躁而大行其道，往往造成不堪回首的后果。许多"启蒙-实证"教条的建立、歪曲与捏造的判断，就是如此"广泛传播"的。

孟德斯鸠根据个别传教士、商人的一面之词，对某些传教士的观察议论（譬如杜赫德《中华帝国全志》），予以断章取义式的"征引""解读""推论"，进而悍然判定"中华帝国的统治原则是恐怖"，其政体是"专制政体"，即君主一人用恐怖和横暴来奴役百姓，完全违背了中国古典士大夫政治的历史实际。

导致孟德斯鸠误判的事例之一，即英国上将安逊率船队来华、与中国交涉的真相，如今这一真相，也能予以确切、全面地了解和评判了。

1742年11月13日，英国船长乔治·安逊（George Anson）率领的环球航行船队，抵达中国虎门，这是英国船队首次进入中国境内。此时，两大航海强国——英国与西班牙，正在争夺海上霸权，安逊船长率领着主舰"百总"号（Centurion）等船潜伏在菲律宾群岛，袭击西班牙船只以及过往的他国商船，实际上兼有政治、军事意图以及劫掠财物的海盗行径。安逊的船队，与西班牙殖民地吕宋国（今菲律宾）的一艘大帆船作战，劫获了大量财物和五百多名俘虏后，顺风停靠在中国虎门，请求中国政府准予整修船舶、供给食物。于是，一页中西文明之间接触、对话、交流与"传播效能史"翻开了。[1]

中国不是参战国，对英国、西班牙、西班牙殖民统治下的吕宋国，持中立态度；英国船队停靠虎门，请求帮助和给养，中国依据国际惯例、人道原则、自古秉持的大国风范与好客习惯，满足了英国船队的请求，协助其整修、供给其食物等，并且接收了那批吕宋俘虏，负责把这批吕宋人送回本国，堪称对英国、西班牙和西班牙殖民统治下的吕宋"仁至义尽"。

不料，中国的仁义之举，却在不明真相的当时欧洲舆论界，引起始料未及的影响与评价：1743年12月15日，安逊船队离开澳门返航，1744年返抵英国。安逊船长向海军部报告说，中国总督及其属下很客气、很有礼貌，满足了他的要求。

当时的欧洲，对远方的中国、印度等古典文明非常向往，一些航海家、商人，譬如马可·波罗等人，把中国描绘为"天堂一般的美丽国度"；而耶稣会传教士利玛窦等人，根据长期在华的亲身经历，把一个富庶开明的"中国形象"树立在当时欧洲人的

---

[1] 范存忠. 中国文化在启蒙时期的英国[M]. 南京：译林出版社，2010：57-58.

心目中，更增添了古典中国的无穷魅力。

安逊船长的四个部下，顺应欧洲人环游世界的热望，分别出版了自己的航海经历。其中，约翰·菲利普斯、帕斯科·托马斯等人的航行记，出版于1744—1745年间，反响平平。唯有稍晚出版于1748年的理查德·华尔德（Richard Walter）的航海记，引起很大反响，两年内出版了法译本两种、德译本一种，到1756年，已经翻印了九次。他在谈到虎门交涉时，刻意描绘中国官员的拖拉作风，进而攻击中国美术工艺极其生硬、语言文字极其笨拙、人际关系装腔作势、政府软弱贪婪、中国人的一般性格是"麻木不仁"（insensibility），总之，中国一无是处！❶

这些游记后来合集，被称为《安逊回忆录》。

欧洲某些浮躁舆论对此大为兴奋：原来耶稣会教士一直报告的"中国人的聪慧果敢、文明发达、技艺精湛"等优点，如今看来都不可靠！《环球杂志》依据这篇航海记，断定中国人性格是"低劣可耻"的性格；《苏格兰人杂志》进而鼓吹安逊船长迫使整个中华帝国对英国国旗表示尊敬，是莫大的快事；稍晚发表评论的《君子杂志》态度稍公允，认为不能把管理海港的人作为整个中国人的代表，但又骑墙地认为各级官员的表现，足以描述一个民族的特征了❷。

华尔德以偏概全的航海记，在法国产生了始料不及的误导作用。那时启蒙派作家正在著书立说，主旨在刻意抨击法国太阳王路易十四创立的"开明专制"国家政体，华尔德笔下的"中国"，恰好是他们用来攻击法国政体的"反面"例证。卢梭恰在此时推出《论科学与艺术》（1749）的主导思想——科学艺术的进步，只能使一个民族堕落，中国就是例证。

卢梭诸多思想，虽然不无"片面的深刻性"，但其思维方式与精神主旨，属于典型的启蒙独断主义思维、脱离实际的激进空想，根本难以自圆其说：假如科学、艺术使人类堕落，那么全人类始终热望也被启蒙运动一再鼓吹的"进步"，又有什么意义呢？贤明的历史哲学大师伏尔泰，为此一再公开讥笑卢梭是"把人类推回到四爪爬行的境地"（暗喻其"重返自然"说等，乃荒谬不经、不切实际的空想）。

孟德斯鸠据此游记而写成《论法的精神》有关中国的部分，提出"中国专制说"谬论，影响甚大，是造成"中国污名化"的始作俑者。

然而，历史总能清洗这些不实的尘埃。

乔治·安逊船长，作为第一个进入中国的英国船长，他及其属下，与中国沿海人员之间的交涉"真相"，如今被笔者从《袁枚全集》中发现了。

中国清代著名诗人、学者、卓有政绩的地方官袁枚（1716—1798，字子才，号简斋、存斋，晚年号随园老人、仓山叟），在《小仓山房文集》卷八，写有《记富察中丞四事》一文，翔实而生动地记述了英国船长安逊率领船队，在与西班牙殖民统治下的

---

❶ 范存忠. 中国文化在启蒙时期的英国[M]. 南京：译林出版社，2010：58
❷ 范存忠. 中国文化在启蒙时期的英国[M]. 南京：译林出版社，2010：58-59.

吕宋国发生海战并获胜后，顺风抵达澳门，与中国沿海官民发生交涉的整个经过，堪称弥足珍贵的史料：

> 东南近海南诸夷，中国两戒之，守以广州虎门为限。乾隆八年，红毛国（英国）伐吕宋胜之，俘五百人。午，其众顺帆泊虎门，粤东大骇。总督策楞召布政使，托公曰："外夷交攻，扬兵我境。剿之乎？听之乎？于国体奚宜？"公曰："当使进表称贡，献所俘五百人，请公处分。"……公（对虎门知县印某）曰："汝直未思耳！红毛伐吕宋，涉大海数千里，粮能足乎？船漂浪击风必损坏，不于此修篷橹，其能归乎？此如婴儿寄食于人，小加裁禁，立可饿杀，何说之不能从？……"印令大喜……与参将杨（某）领百人，短后衣，持弹，据狮子洋而营焉。密令米商闭户……望其炊烟，渐缕缕希矣。居无何，红毛总兵求见，坐定未言，印令呵之曰："中国久以虎门为限，条禁森严。汝两国交阋，不偃旗疾过，乃扬兵于此，大悖。……所以守此者，欲断汝粮，饿死汝……"红毛总兵意大沮……伏地请曰："诚然粮尽，然终非有心犯天朝也。公幸赦之，且教之。"……红毛人抱弩负鞬，手加额，匍匐进表，贡所浮五百人，乞制府处分。策公大悦，竟以五百人仍还吕宋，而赏赐红毛，听其归国。越一年，吕宋修怨于红毛，遣兵数千驻澳门，扬言待红毛来战。总督又询公。公曰："此可一骂遣之也。红毛国小而强，屡胜；吕宋国大而弱，屡败。以大国败于小国，虑四邻轻之，欲洒削其耻，又不敢从海直下，挑战红毛。故逗留我地，自张虚声。公前将红毛所俘五百人送还伊国，恩甚大。可仍命印令往道破彼情，归曲责直。彼虽夷，必无辞而退。"公如言，吕宋兵船即日摇橹去。❶

研读这段文献，必须联系中国近海复杂的"地缘政治关系"：东海、南海（南中国海）是中国最重要的经济区——长江以南广大腹地的海上通道，也是历来日本、朝鲜、琉球、菲律宾、越南等各国的交通要冲与商贸生命线。海上两大霸权——英国与西班牙在全球海域争锋，必然波及中国东南沿海。安逊船长率船队潜伏在西班牙殖民统治下的吕宋（菲律宾）海域，大败其帆船，俘虏五百人，趁势抵达中国虎门，其多重的政治、军事意图，聚焦于英国殖民主义一直垂涎三尺的远东重大利益——窥伺、包揽中华帝国的财富、驱逐西班牙等殖民势力、建立大英殖民帝国。

广州总督策楞对此具有高度警觉："外夷交攻，扬兵我境"，关键在于"冒犯国体"即中华文明长期保持的、在整个东亚地区崇高的道德威望与"宗主国"地位！布政使富察庸（字师健）非等闲之辈（被恃才傲物的诗坛盟主袁枚看重，专门撰文予以

---

❶ 袁枚全集（第二册）[M]. 南京：江苏古籍出版社，1993：154-155.

歌颂，后官至"中丞"），立即献策：派兵据守狮子洋，密令米铺关门，使英船绝粮，必能迫使其一扫骄横、跪地进表，承认我国的东亚宗主地位！

果然，安逊船长（文中所谓"红毛总兵"）迫于无奈，不仅"进表"即外交上承认我宗主国地位，而且献上五百吕宋俘虏，以换取粮食等必要给养。中国作为东亚宗主国，对英国船队"厚加赏赐"，准予归国。同时，负责把五百吕宋俘虏安全送回菲律宾，充分体现了主持国际公义与和平的"大国风范"。

富察中丞、广州总督、虎门县令印某等人，不仅体面而巧妙地处理了英国船队冒犯边境给中国海防造成的军事、外交威胁，而且善待英国、西班牙、吕宋等冲突各方，为后来成功化解吕宋船队盘踞中国澳门的不法企图做了铺垫，可谓多方结欢、一举多得。

安逊船长向英国海军部报告"中国善待英船"，乃官方定论；其个别部下在回忆录中，不乏抱怨（毕竟在中国虎门被困绝粮多日，不能逞其横行天下的殖民帝国的霸权威风）之词，某些海港官民在接洽英船时拖沓、耍滑之风，招致批评，亦属正当；至于个别肆意诋毁的不实之词，稍具判断力的学者，当明辨是非，如袁枚妙笔所谓"归曲责直"，方显公允。

孟德斯鸠本着"启蒙独断思维"的偏执心态，据此不实之词，判定"中国乃专制政体"，显然失当。这一学术的"污名化"，由于近代中国内外环境的浮躁、煎熬，被盲目接受为"定论"，从而使中华古典文明蒙受了极大的不白之冤。

四、百年公案一朝廓清

法国批评家罗兰·巴特（1915—1980）曾不无哀怨地说："写作就是布下病菌，难保其不落入某个种子的永恒循环之中。"中国社科院历史研究所研究员、清华大学历史系教授侯旭东，在《近代史研究》2008年第4期上发表专题论文《中国古代专制说的知识考古》，对孟德斯鸠以来"中国专制政体"说这一数百年间流传甚广、影响甚深的传播公案，予以条分缕析的揭露与批判：

> 19世纪以来，秦至清的帝制时代的中国政体为专制政体、皇帝为专制皇帝的论断，流行不衰，并成为中国史研究的基本观点之一。本文……指出这一论断并非科学研究的结果，而是亚里士多德以来西方人对东方的偏见。18世纪个别西方思想家开始以此来描述中国，19世纪经由日本，广为不同立场的中国知识分子所接受，并通过辞书与历史教科书渗透到大众中，罕有质疑者。这一说法实际未经充分的事实论证，不加反思地用它来认识帝制时代中

国的统治机制，只会妨碍研究的深入。……正是由于这种深厚久远的影响，以至学界几乎视之为当然，丧失了对此论断的反省能力，使得这一论断成为众多学者认识中国历史的无意识框架……自出现之时，它就直接卷入了历史实践，清朝的灭亡与此说的流行有相当的关系。[1]

侯旭东不仅细密地考察了日本维新派学者、政要如加藤弘之（任天皇侍读）、福泽谕吉、尾崎三良、何礼之（1840—1923，根据英译本翻译了孟德斯鸠《论法的精神》，日译名《万法精理》）、中江兆民、大久保利通（主持政务）等，在鼓吹维新时，均把"专制政体"视为"不开化""落后"，而且刻意把"专制政体"与中国联系在一起，日本的国学派不断贬低中国历史与政治，视之为"恶之国"[2]，这一切，极大影响了维新派和革命派。这两派政治势力，受日本舆论的误导，未经审慎检验，为了政治宣传的实用目的，草率接受了"中国专制说"。

而不予审慎地反复检验，就全盘接受孟德斯鸠的"中国专制说"，鼓吹"中国自古黑暗、专制、不人道"等明显违背中国古典政体与历史运行实际的政治论调，客观上促成了全面否定中国数千年文明成就、全面打击中国人的"文明自信心"，在民族精神上瓦解、蹂躏中国人心灵的目的：既然中国数千年来文明"一无是处"，还要它何用?!

全盘西化论在此误导下，必然粉墨登场！

近代以来，部分中国知识分子逐渐形成了"自我谴责、自我否定"的民族虚无主义态度，诸如全盘西化论等，虽政治-学术立场有异，但都是建基于对中国历史文化的根本无知之上，违背了陈寅恪先生在《冯友兰中国哲学史审查报告》中提出的"思想原则"与"学术原则"："对古人不得不如此之苦心孤诣，表一种同情"，这一"温情与敬意"，源自中国正统史学、西方历史哲学、生命现象学、诠释学、新人文主义诸伟大智慧，是当代中国思想学术重建与全球文明秩序重建的根基所在。

五、中国坚韧四维，托举人类大厦

孔子的大一统大同王道思想认为，大一统古典宪政制度，要对民生高度重视、满足、保障、养育；国家政策与民间救济系统，对百姓生计，要刻意维护；儒释道诸子百家对民智的长期培育、涵养、开发与教化，构成"仁政"的核心。自炎黄大一统国家制度逐步确立，尤其《尚书·禹贡》九州制、五服制等中央财税制度建立以来，历代君相、士绅阶层，对大一统民力的治理、调动、培育等，都构成了大一统国家的稳

---

[1] 侯旭东. 中国古代专制说的知识考古[J]. 近代史研究，2008（4）：1.
[2] 牛建科. 试论日本国学家的中国观[J]. 延边大学学报，2007（4）：9-14.

固基础。中国近代化正是在民生保障、民智涵养与教化、民力培育与开发等几个大一统文明层级上的不断奋斗，终于在改革开放事业中获得了成功。

依余所见，中华大一统文明制度中的民生保障主义，确保了古代中央集权的士大夫政治，对百姓生存需求的宪政维护系统，明君贤相、文官士绅诸官民治理系统，乃至诸子百家，除了法家某些代表人物不太强调"体恤民情"外，全致力于维系"国计民生"，为此一再推行"剪抑豪强、裁撤冗员、重农抑商、崇俭抑奢"等伟大国策，构成中华古典宪政体系与长治久安的伟大柱石；

以儒家为主体、儒释道诸教配合的民智培育主义与民德涵养主义，把人类旺盛的情欲，纳入合理有序的教化渠道，有效维护了大一统文明的公共秩序与道德秩序，受儒家思想涵养培育的一代代精英知识分子，构成士大夫政治的主体与核心，保障了古典中国的四民繁盛、人口繁衍、文明精美与百业兴旺；

而以民力开发主义为宗旨的绿色可持续的古典生态农业文明，维系了最狭小的耕地上全球最庞大的人口、最合理的生活质量、官民救济与自治体系、最优美的官民多极教育体系与各项文明事业；造就出《清明上河图》一般的工商繁盛局面，堪称"士农工商之四民社会（从管子到范仲淹，历代贤哲予以精湛概括，而钱穆先生《国史新论》率先命名）之丰足景象"。

在近现代全球工业文明主导历史的文明新局面下，中国无须全盘否定、抛弃、摧毁以往数千年间形成的、以民生保障主义为古典宪政核心的大一统文明制度，更无须全盘否定、贬损以民智培育主义与民德涵养主义为核心的儒释道诸子百家的道德教化，唯须将民力开发主义的农业生态文明根基，凭借对西方工商科技力量等优秀文明因子的吸纳、消化、融贯、创新，不断改造、扩充、提升、增强为新的民力开发主义，即可实现里程碑式的伟大成功。

综上可知，民生保障主义（大一统古典宪政体系、古代中央大一统集权制度、儒家士大夫精英政治等），乃中国文明之根本基体，中国第一维；而民智培育主义与民德涵养主义，以儒家的敬天保民、忠孝仁义思想为中心，配合以佛老荡涤情欲、返璞归真的哲理启迪，构成伟大中国教化的核心，代表着人类自由、幸福与解放的大一统生命智慧的最高境界，乃中国文明大一统基体之第二、第三维；民力开发主义的绿色农业体系、现代工农商业体系，则构成中国大一统古今一贯的文明基体的第四维，巍巍四维，坚韧合力，托举起真美善统一的中华文明大厦。

管子曰："礼义廉耻，国之四维；四维不张，国乃灭亡。"仿乎此论，推而扩之，无论伏羲炎黄、虞夏殷商，还是西周东周八百载、秦汉以下数千年，抑或是中国1927—1937年民族资本主义的黄金十年发展期，乃至1978年改革开放以来大成就，都是围绕民生、民智、民德、民力开发之坚韧四维而展开辉煌！

中国古典文明以及伟大卓绝的近现代化进程，根本无须奉欧洲文明为人类唯一的文明祖师爷，也根本无须"照单全收"那些狂妄虚幻的启蒙主义史学、全盘西化派史学所错误设立的"统一标准",中华古典文明的独特基体,是适应这一伟大文明的观念与制度的统一体,余谓之"四维"。西化史学错误判定的"落后的封建小农经济",其实是绿色可持续的生态经济的典范,只须合理改造,就可以满足更庞大人口的需求;西化史学错误判定的"君主专制"政体,其实是大一统文明体制下必要的古代中央集权,而不是社会僵化的原因;至于被一再错误批判的儒家教化,非但不是"吃人礼教""封建帮凶",而是维系大一统公共道德秩序、文明秩序的伟大柱石,具有不朽而独特的共享文明价值。

整个中国知识界、传媒界,急需产生一次意义重大的思想解放,以往和现在仍奉欧美近代化为唯一标准的中国各层级的公私著述、议论,将逐步改换思维与腔调,深入体认中华文明的独特"基体",进而在孔子王道大同思想的基础上,创造出吸纳欧美又超越欧美的全球新文明!

民国七贤之一、文史宗师钱穆在《国史大纲》和《国史新论》等一系列伟大论著中,奋力从"疑古陋习"中挣扎而出,对承袭启蒙思维的全盘西化派、疑古辨伪学派等,予以严正批驳,指出这一文化上的"自我谴责的高论"误导出照搬西方模式的民族虚无主义倾向,实在发人深省。

日本著名汉学家沟口雄三,在《作为方法的中国》第一部第一篇《考察"中国近代"的视角》一文的"附记"部分,对"全盘西化派"在中国当代知识分子中的流毒,予以敏锐的揭示和严正的批评:

> 近年来,为了学习日本现代化的成功秘诀,很多中国学者和留学生纷纷东渡日本,在他们的意识里,所谓现代化指的无非就是欧洲化。他们当中很多人由于对中国本身缺乏客观了解,没有认识到我所说的历史的基体,所以全盘否定自己的近代,而对日本的近代憧憬不已。……因此,他们的日本近代研究完全是主观性的……有些人甚至认为,日本在明治时期飞快地抛弃传统、实行欧化,又在战后迅速吸收美国文化,这种转变之快,才是应该学习的"日本的近代"……他们所关心的,并不是如何来客观地了解日本的近代化过程,而是批判中国没有没有实现"现代化",以及批判被认为是阻碍"现代化"的主要因素……没有把对方当做一个客体来认识,所以也无法客观地来对待自身的客体性。[1]

遗弃传统者,必遗弃自身的现在与未来,成为人类文明之林的"弃儿",亦即孟子所谓"弃绝仁义,自暴自弃者也"。

以卢梭、孟德斯鸠、康德、亚当·斯密、黑格尔等人为代表的西方启蒙空想主义

---

[1] 沟口雄三. 作为方法的中国[M]. 北京: 三联书店, 2011: 30-31.

话语，总是试图把纷纭复杂的人类文明世界，纳入一个主观臆断的"全球进化法则"之中，凡是不符合这一胡乱编造的"法则""秩序"的文明——譬如中国文明、印度、伊斯兰文明等，就被武断而粗暴地打入"停滞、僵化、落后"的"冷宫"中，唯有遭受污损、肢解、扭曲、批判、决裂、湮灭的"命运"。子贡曰："其欲自绝，何伤乎日月？"此之谓也。

汉学家沟口雄三，以其朴素而深刻的洞察力，宣告了这一笼罩全球两百年之久的"重度精神雾霾"正逐渐趋于消散：

> 总之，通过"世界"来一元地衡量亚洲的时代已经结束了。只要就相对的场域，达成共识，我们就可以利用中国、亚洲来衡量欧洲，反之亦无不可；我希望通过这样的交流，创造出崭新的世界图景。
>
> 回顾以往，二十世纪是以欧洲为先进的世纪，而二十一世纪则将在亚洲和欧洲齐头并进中拉开序幕。并进，不是挤入"先进"行列，而必须是：从先后的纵向原理，转换成并列的横向原理。❶
>
> 在这个多元化的世界里，中国实际上已经没有必要以"世界"为目标，而只需向世界展现作为其中一部分的自己的世界就可以了。
>
> 今天，只要我们愿意，也可以通过中国这一独特的世界（无论好坏），即透过中国这副眼镜来观察欧洲，批判以往的"世界"。
>
> 以中国为方法，就是要用这种……相对性的眼光来看待中国，并通过中国来进一步充实我们对其他世界的多元性的认识；而以世界为目的，就是要在相对化的多元性原理之上，创造出更高层次的世界图景。❷

中国文明，是一个独特自足、坚韧伟大的"世界之维"，完全没有必要以"欧洲标准"构筑的那个陈旧僵化的"启蒙世界"为目标，费尽心机试图"挤进"那个故步自封、陈腐僵滞的"启蒙话语系统"中，费尽气力赢得一个"落后、前现代、不人道、不文明"等负面评价的可怜地位，而是以"并列的横向原理"、多元世界原理为根基，以中国文明的独特基体、品质而自立自足，同时欣赏、吸纳多元视野下的其他文明的优长，以补充、完善自身，在全人类的文明共识与相互尊重中，率先创造出一个更广大、更自由、更幸福的文明秩序，一个高远优美的世界图景。

---

❶ 沟口雄三. 作为方法的中国[M]. 北京：三联书店，2011：133.
❷ 沟口雄三. 作为方法的中国[M]. 北京：三联书店，2011：131-132.

结语　让广大自由的中国梦，展翅翱翔！

经常有人问我：中华文明包含这么多领域、成就、问题，如何理出一个清晰的脉络？在全球多元时代，如何才能言简意赅地把中华文明向世人说明？

本书尝试提出中华文明的"大一统特性"，把这一特性作为中国社会发展的若干原理的根基：

首先，是"中国大一统智慧"。

由于中国所处地理-人文环境的复杂多样、中国历史的漫长悠久、组成"中华民族"的各个民族社群的鲜明特色、中原文明对诸多族裔文明的汇纳融贯、兼容并蓄……由此熔铸而成的"中国"的一切，都拒绝"单一性"，即在苏格拉底-笛卡尔意义上的"定义""概念""内涵"等层面，妄想排除一切例外的普遍有效性、单一性、明晰性、刻板性的所谓"本质"。

中国从古至今都是一个开放的"大一统文明体系"，即向一切生命经验、文明经验，向一切世俗或神秘的经验，全方位地、无保留地开放——中国人，自古就具有我在《神秘主义诗学》中提出的、非常独特而精妙的"诗意神秘主义"的特质，即让万物自行演出其生命现象之美，而不予深究、诘问、探察、推理、解剖，也就不会固执于这些现象背后的"本质""规律"，也就不会独断论地、唯我独尊地，强加这些"本质""规律"于宇宙万物的浑全、完整的大生命（自然、历史、人性进程，皆然）之上。

中国大一统，根源于中华本土的两大贤哲——孔子曰："四时行焉，百物生焉，天何言哉！"老子曰："道可道，非常道"。依据儒道两家智慧，天与道的广大无边、不可究诘、不可理喻，深刻赋予了中国人"顺应天道，不加深究"的罕见而精美的生活品质，这也就是梁漱溟、熊十力、钱穆诸大师所谓的"葆有一切宗教敬畏自然、约束自身之优长，却又摈弃了一切宗教固有的偶像崇拜、排斥异己等等之短视"的"中国智慧"的独特品质，这一广大自由的"诗性智慧"的思维-历史特质，最早被16世纪的意大利历史哲学家乔万尼·巴蒂斯塔·维柯从各民族世界的源初智慧中发现，他在《论人文教育：那不勒斯大学开学典礼演讲集》《论意大利的古老智慧》《新科学》等巨著中，率先予以阐发，又被德国历史哲学大师、"狂飙突进"运动的先驱约翰·哥特弗里德·赫尔德（1744—1803）所继承、深化与弘扬。

本书的发现，部分根源于此。

中国的大一统智慧，源于以《河图易经》为代表的、创自伏羲时代，被中华民族在一万年间不断予以继承和完善的、涵盖哲学-科学-人文等诸多人类知识领域、博大而深湛的智慧框架。在此大一统智慧框架内，万物的本质（姑且用西方哲学的术语）处于潮汐般的流变之中，万象在"时-位"的微妙纷繁的生成与流变之中，获得精美的体验与把握，万物永远鲜活生动，永远变动不居，永远广大自由。

孔子《易传》所谓"生生之谓易……阴阳不测之谓神"，揭示出中国大一统智慧的根本原理：阴阳固然为宇宙生命运动的两大潜能、动势、趋向，但阴阳背后的终极力量——宇宙元气，却是不可究诘的"不测"，因此，阴阳本身，在《河图易经》的纷繁符号体系内，随机地展开，莫测地呈现，易学谓之"错综法"，万物广大自由的生命，犹如万马奔腾，犹如春气骀荡，获得不可预控的善与美的神秘表达，贤哲董仲舒谓之"达《易》者不占"，占卜师的演《易》，如同情侣热吻之间的语无伦次的颠倒情话，对热恋中的情侣，是燃烧着体温的真实（本真），而对旁观者来说，不过是某种荷尔蒙的异常分泌而已。

孟子曰："物之不齐，物之情也。"万物纷繁不齐，自是其是，自非其非，是是非非，全纳入一个开放、包容、自由的智慧框架之内、文明秩序之内，不"强不齐以为齐"，而是"物来顺应，廓然大公"，老庄列子谓之"浑沌"。宇宙浩然元气、时序生命之力，最终把不齐的一切，纳入整齐的"一"（道）之中。唐诗"遥望齐州九点烟"，齐州即中国，九州茫茫，纷繁不齐，终究归于"中国"，天地万物皆如是，谓之"天下"。亦即苍天自然，玉成万物，不齐而齐，浑全融贯，不可解析，美妙天成，因包容而"可大"，因"执一"而"可久"，《易传》谓之"百姓日用而不知……妙万物而为言"，故"神"。

中国人的精、气、神，根源于此。

其次，是"中国大一统政治"。

中国人的大一统智慧，把宇宙自然奉为最高的价值本源"天"，天（自然）创造、演化的一切，都被中国人所接纳，因此，中国人的政治智慧，就是孔子《礼记·礼运》所概括的理念——"天下一家，中国一人"，天下一切人，都是一家人，都应当"仁爱"地彼此对待，不能妄生分别，对诸如"本国人""外国人""本邦人""外邦人""文明人""野蛮人"等加以虚妄分别，予以区别对待的做法（自古希腊直至当代欧美发达国家对待少数族裔侨民的制度、态度，皆然），在中华文明的信念中，是"非法的、不人道的"，中国汇纳普天之下一切生机与活力的文明包容力、吸附力、凝聚力，皆根源于此；"中国一人"意味着：普天之下，上至天子，下至百姓，每个人都要"对天负责"，亦即对"天赋的良知"负责，这一道德理性的伟大信仰，用王国维《殷周制度论》的说法是"纳上下为一道德团体"，这一上下"一视同仁"、每一自我必须履行天然的道德责任、以理性自我约束的"道统"观念,这一上限天子、贵卿,下限士绅、万民的道德责任,普遍而深入地培育、浇灌了每一个中国人的心灵、行为、信念,即我所谓的"古典宪政秩序",或者,如现当代"社群民主"理论的先驱与提倡者对"中国大一统宪政机制"的深刻洞察——利玛窦、伏尔泰、魁奈、约翰逊、哥德斯密、托马斯·卡莱尔、法国汉学家谢和耐、美国学者大卫·霍尔等人在《先贤的民主》中、日本汉学家宇野哲人在《中国文明记》中一再提出的概念"华夏民主"或"儒家民主",这些概念或提法,得到了中国古典文献的有力支持——中国大一统宪政机制,经历了炎黄尧舜的大同推举制、夏商周联邦大一统制、秦汉以下中央集权大一统制的一再贯彻、实施、完善,是中华文明长期维持稳定繁荣、持续进步、不断复原与扩大的政治基石,也是当代中国探索新时期"民主法制建设"的极其有益的制度资源与观念借鉴。

再次,是"中国大一统民族精神"。

从古至今,家国一体之感,这至深的生命温情与实感,赋予全民族举世罕见的高度凝聚力:每个单独个人,从家庭、亲友和国家的稳定繁荣中,汲取自身幸福的源泉。

由于秉承孔子"仁者爱人"的道德理性宗旨,中华民族养成了极高的道德智慧、社群智慧与政治智慧,即从根本上,一个单独个人,如果脱离、隔绝于家庭、国家、社群等历史条件与社群环境之外,他就无法生存,更无法独自培育、发展、完善他的独有个性,他是"一切社会关系、血缘关系、伦理关系、温情关系"等所有"生命关系"的"统一体"(中国人道德上、精神上、社群关系上的大一统),这个大一统的文明生命,从天地秩序、家长教诲、师长培育、亲朋砥砺之中,绵绵不息地,把"人类普遍的文明价值"——仁义礼智信等,通过"天地君亲师"等价值与温情传递的途径,为每个中国人编织起一个价值鲜明、意义稳固、广大自由的精神秩序,一切文明价值,譬如"仁义礼智信""天地君亲师"等,在传递者与被传递者之间,形成彼此约束的"正反馈"传播秩序与传播关系,将中国凝结为永恒不朽的整体。

最后,是"中国大一统的文明精神"。

由于中国人自古秉承鲜活生动的《河图易经》普遍生机主义的宇宙观、人生观,自古在大一统智慧、大一统政治与大一统民族精神的哺育之下,中国人对苍天之下一切鲜活生动的事物,都充满好奇、吸纳、融贯、整合的心理趋势与精神趋向,举凡古、今、中、外等一切启蒙妄想与实证牢笼,对中国人来说,恰如佛家所谓"颠倒梦想""头上安头"一般虚妄、乏味。面对大千世界,中国人感兴趣的,不是这个事物属于什么时代、什么经济-社会等级或什么概念、定义、对象、方法等诸如此类的乏味主题,而是聚焦于这么一点:它美在哪里?用在何处?

中国大一统文明精神,让中国人能够融会贯通一切古今中外虚妄分别、"方便权设",以活泼有机的"宇宙精神"来看待一个"本真呈现"的世界:凡是美的、善的、有用的,都可拿来一用,"古为今用、洋为中用",恰如同儒家一贯强调的、在学术宗旨与智慧传递上，对全民族启迪深厚的名言——"通经致用"，即打通每一经典，辩证地为实际人生所用！

这种活泼有机的"开放精神"，正是当代中国全面融入全球现代化进程中，最值得珍视的、从事文明传播与建构事业的精神秩序的核心。

近代以来，古典中国极其繁盛的农耕经济-社会模式，不再能满足日益膨胀的人口-经济-社会规模的急迫需求，中国融入了全球现代化进程。

历史的玄机在于，原本繁盛的中国古典文明模式，由于利玛窦、伏尔泰等人的创造性诠释与吸纳，成为欧洲近代文明模式的有机组成部分——君臣制衡制度、文官选拔考核制度、儒家世俗人文主义对宗教独断势力的吸纳、转化与提升等；

相反，中国现代化的早期阶段，迫于内外情势的困窘与催逼，产生了对欧洲启蒙空想-实证-实用主义思维模式的照抄和对欧美现代化经济-社会模式的照搬，对启蒙思维的盲从和依赖，经历过痛苦的历史纠错过程，还在不断而缓慢的自我纠偏、自我矫正的学术思想过程中；而"中国特色社会主义"理论与实践，却毅然甩开了"启蒙独断下的西方现代教条"，吸纳其合理成分，取得改革开放事业的巨大而辉煌的成功，这伟大的经济-社会变革，一举解决了中国自明清以来五百余年的积弱积贫局面，为中华民族的伟大复兴、全球生态-经济-社会-人文秩序的合理重建，奠定了博大深厚的大一统文明基础。

大一统文明，呼唤着冲破古、今、中、外被启蒙空想-实证主义虚妄分别、人为划设的不合理界限，一种融会贯通的、古今中外交融的"大一统文明精神"，将灌注到对公共话语、社会治理、教育分科、学术管理、文化与传媒创意体制的根本变革中，冲破那些互不连属、各自为政、条块分割、支离破碎的不合理的精神枷锁与管理体制，还历史与人性为广大自由的本来面目，超越一切隔绝，人类终将可以在大一统文明价值与文明传播秩序下，拆除启蒙空想-实证-实用主义的重重枷锁，彼此欣赏、彼此吸纳、彼此协作、彼此交流，共同趋向《尚书·尧典》所谓"克明俊德……协和万邦"的大一统文明之梦，这是"文明大同之梦"的全人类崇高理想的合理实现，是"大一统文明传播秩序"下，中华民族伟大复兴之"中国梦"的合理实现，是一切生命的广大自由之梦，在天地人宇宙大一统秩序的包容下，获得幸福的实现！

伟大中国梦，照耀世界现实之路，开启了！

每个人的自我，在梦的激励下，展翅翱翔！